武威年鉴

2023

中共武威市委党史和地方志研究中心　编

方志出版社
Publishing House of Local Records

图书在版编目（CIP）数据

武威年鉴. 2023 / 中共武威市委党史和地方志研究
中心编. —北京 : 方志出版社, 2023.9
ISBN 978-7-5144-5852-7

Ⅰ. ①武… Ⅱ. ①中… Ⅲ. ①武威－2023－年鉴
Ⅳ. ①Z524.23

中国国家版本馆CIP数据核字（2023）第229934号

责任编辑：陈菁
责任校对：张玉霞
责任印制：梅中英
出 版 者：方志出版社
地　　址：北京市朝阳区潘家园东里9号（国家方志馆4层）
邮　　编：100021
网　　址：http://www.zgfzcb.cn
发　　行：方志出版社图书营销中心（010-67110500）
印　　刷：山东黄氏印务有限公司
开　　本：889毫米×1194毫米　1/16
印　　张：29.75
字　　数：730千字
版　　次：2023年9月第1版
印　　次：2023年9月第1次印刷
定　　价：298.00元

武威市党史和地方志工作领导小组

组　　长：曾国俊　市委副书记、政法委书记

副 组 长：华　伟　市委常委、秘书长

中共武威市委党史和地方志研究中心
《武威年鉴》编辑部

主　　编：罗文璧

副 主 编：王　艳

工作人员：（按姓氏笔画排列）

毛永芳　韦超琼　付建军　刘玉松

刘尧元　杨小楠　吴建栋　程对山

编辑说明

1.《武威年鉴（2023）》坚持以马克思列宁主义、毛泽东思想、邓小平理论、“三个代表”重要思想、科学发展观、习近平新时代中国特色社会主义思想为指导，坚持辩证唯物主义和历史唯物主义的立场、观点和方法，紧紧围绕武威市委、市政府中心工作，突出地方特色，反映时代特征。

2.《武威年鉴》是由中共武威市委、武威市人民政府主管，中共武威市委党史和地方志研究中心编纂的年度资料性文献，旨在全面、系统、准确地记述全市自然、政治、经济、文化、社会和生态文明建设等方面的综合情况，为广大读者了解和研究武威提供基本资料。自2003年开始编纂，已连续编纂出版19部。

3.《武威年鉴（2023）》记述时间起自2022年1月1日，截至12月31日。为确保内容的完整性与连续性，记述时间适当上溯或下延。书中“自然地理”“历史人文”内容起自事物发端。“我们这十年·武威”起自2012年中共十八大召开。

4.《武威年鉴（2023）》采用分类编辑法。内文分为类目、分目、条目三级结构层次，以条目为基本表现形式，全卷设特载、大事记、市情概览等类目。条目的标题统一用黑体加【 】表示。

5.《武威年鉴（2023）》中未冠有行政区划专名的“省”“市”称谓，分别指代“甘肃省”“武威市”，其他各级行政区划则冠以行政区划专名。数字用法、标点符号用法分别采用国家标准《出版物上数字用法》（GB/T 15835—2011）、《标点符号用法》（GB/T 15834—2011），计量单位采用国家技术监督局1993年12月发布的《量和单位》系列国家标准。

6.与《武威年鉴（2022）》相比，《武威年鉴（2023）》新增河西走廊经济带建设、房地产业2个类目，新设历史人文、城市地标等分目，进一步突出地方特色和年度特色。对农业、工业 建筑业、旅游业、交通 水利、乡村振兴等内容进行调整补充，人物部分删除新任职的地厅级领导干部简介。

7.《武威年鉴（2023）》所载内容和数据，由相关单位提供，部分内容选自武威政府网站，人物部分根据市人社局和供稿单位整理。反映全市国民经济和社会发展的数据以市统计局公布的资料数据为准。图片由市融媒体中心、供稿单位提供，未作时间注释的，一律为2022年拍摄。

数字武威

2022 SHUZI WUWEI

- 总面积 **32351.69** 平方千米
- 常住人口 **144.51** 万人
- 地区生产总值 **663.4** 亿元
- 第一产业增加值 **215.1** 亿元
- 第二产业增加值 **121.3** 亿元
- 第三产业增加值 **327** 亿元
- 三次产业结构比 **32.4∶18.3∶49.3**
- 人均地区生产总值 **45932** 元
- 十大生态产业增加值 **257.5** 亿元
- 农业总产值 **379.7** 亿元
- 粮食总产量 **124** 万吨
- 工业增加值 **88.2** 亿元
- 固定资产投资增长 **18%**
- 房地产开发投资下降 **14.62%**
- 社会消费品零售总额 **167** 亿元
- 外贸进出口总额 **69976.9** 万元
- 公路总里程 **13243.61** 千米
- 邮政寄递业务量 **3786.79** 万件
- 电信业务总量 **13.87** 亿元
- 一般公共预算收入 **27.8** 亿元
- 一般公共预算支出 **237.12** 亿元
- 金融机构本外币存款余额 **1340.82** 亿元
- 金融机构本外币贷款余额 **967.14** 亿元
- 组织实施科技项目 **147** 项
- 各级各类学校和幼儿园 **948** 所
- 在校（园）学生（幼儿）**271616** 人
- 医疗卫生机构 **1930** 个
- 卫生技术人员 **14206** 人
- 医疗卫生机构床位 **14481** 张
- 城镇居民人均可支配收入 **35244** 元
- 城镇居民人均消费支出 **27412** 元
- 农村居民人均可支配收入 **15899** 元
- 农村居民人均消费支出 **13403** 元

（市统计局）

经济发展迈上新台阶

十年来，武威市坚持强龙头、补链条、聚集群，着力做优现代农业、做强生态工业、做大文化旅游产业，经济综合实力迈上新台阶。经过十年的沉淀与发展，武威市“三大特色产业带”建设和“8+N”现代农业优势主导产业发展初具规模，奶牛、羊、猪、禽存栏和设施蔬菜、食用菌产量均列全省第一位。

做优现代农业

① ②
③ ④ ⑤

① 凉州区新华镇食用菌产业园
（甘曜毓　2022 年 8 月摄）

② 民勤县大滩镇标准化粮田
（蒋锦鹏　2022 年 6 月摄）

③ 古浪越海农业有限公司现代智能温室定植区，采摘工人推着小推车采摘串番茄（李万斌　2022 年 1 月摄）

④ 凉州区西营镇农民脸上展露丰收的喜悦（张文灿　王丽　2022 年 9 月摄）

⑤ 天祝县松山镇秀杰村鼓励群众种植食用菌大棚 176 座，带动 352 户群众发展食用菌产业，户均年增收 1.2 万元（蒋锦鹏　2022 年 8 月摄）

凉州区优质奶源基地（万头奶牛）养殖场（李政阳　2022 年 4 月摄）

古浪县西靖镇康乐新村甘肃羊如祥农业有限公司良种肉羊繁育场（韩筱蓓　2022 年 9 月摄）

做强生态工业

①

② ③

④

① 2022年，武威工业园区有规上工业企业32家，实现工业总产值76.5亿元。图为武威工业园区俯瞰图（武威工业园区供图　2022年6月摄）

② 达利、青啤等“老字号”企业稳步发展。图为青岛啤酒武威有限责任公司生产线（刘忠　2015年2月摄）

③ 2022年，省列重大项目嘉寓古浪清洁能源产业基地建设项目。图为车间工人在检查光伏板（尚禾　张福民　2022年7月摄）

④ 武威市全力打造河西走廊黄金奶源基地和百亿级奶产业集群，伊利乳业被列为全省第一批产业链链主企业。图为武威伊利乳制品绿色生产及智能制造示范应用全产业链服务项目（市发展和改革委员会供图　2022年7月摄）

甘肃重通成飞新材料有限公司大兆瓦级风电叶片智能制造升级产业链项目于 2022 年 1 月投产，年可实现销售收入 10 亿元。图为生产现场（甘曜毓　冯帅　2022 年 3 月摄）

甘肃红太阳面业集团有限责任公司日加工小麦 3000 吨，年加工 100 万吨，年销售收入 10 多亿元。图为面粉加工生产车间（尚禾　王丽　甘曜毓　2022 年 3 月摄）

做大文化旅游产业

①

②

① 2022年，武威市被新华网评为“最具文化魅力城市”。图为武威南城门楼（蒋锦鹏 2022年5月摄）

② 甘肃省最大的文化旅游综合体项目——武威雷台景区文化旅游综合体项目（省公航旅天马投资有限公司供图 2022年9月摄）

中国民勤
沙漠雕塑国际创作营
The Desert Sculpture International Symposium MINQIN,CHINA

① 国家 AAAA 级旅游景区武威白塔寺（武威市文体广电和旅游局供图　2022 年 6 月摄）

② 2021 年，民勤苏武沙漠大景区被评为国家 AAAA 级旅游景区。图为中国民勤沙漠雕塑国际创作营（市委组织部供图　2021 年摄）

③ 古浪县古浪镇峡峰村红色美丽村庄（李政阳　2022 年 8 月摄）

④ 天祝县抓喜秀龙镇着力打造生态旅游特色小镇。图为抓喜秀龙草原（张文灿　甘曜毓　2022 年 7 月摄）

武威市所辖县区被誉为“中国食用菌之乡”“中国蜜瓜之乡”“中国茴香之乡”“中国人参果之乡”“中国高原藜麦之都”“中国高原夏菜之乡”“中华苏武沙羊美食之乡”“中国高原走马之乡”。

①	③
②	④

生态文明建设大见成效

十年来，武威市牢固树立绿色发展导向，打好全域生态文明建设主动仗，走出了一条生态文明建设与高质量发展互促共赢的创新发展之路。完成治沙 250.5 万亩、人工造林 348 万亩、水域面积扩大到 26.7 平方千米、旱区湿地面积达到 106 平方千米。

防沙治沙

① ③ ④ ② ⑤

① 群众开展压沙活动（刘忠　2013 年 11 月摄）
② 民勤县秋冬季压沙造林滩地造林工程现场，机械进行打坑作业（王惠民　2022 年 12 月摄）
③ 凉州区九墩光伏治沙示范园区特变电工武威武晟 150 兆瓦天马光伏电站（甘曜毓　2022 年 11 月摄）
④ 八步沙第二代治沙人代表、“时代楷模”、“全国劳动模范”郭万刚，第三代治沙人郭玺在八步沙巡林（张文灿　2022 年 8 月摄）
⑤ 2021 年 7 月，古浪县八步沙入选生态环境部第一批 18 个“绿水青山就是金山银山”实践模式。图为八步沙眼窝子沙一景（张文灿　2022 年 8 月摄）

生态保护

① ③
②

① 凉州区国家储备林建设项目（甘曜毓　2022 年 7 月摄）

② 天祝县境内祁连山国家公园（王守辉　2022 年 8 月摄）

③ 2021 年，石羊河（武威段）入选全国首批 9 个美丽河湖提名案例。图为水鸟在石羊河流域民勤县红崖山水库里游弋觅食（李军　2022 年 11 月摄）

武威市被确定为全国防沙治沙综合示范区、被授予“省级森林城市”称号，八步沙林场被命名为全省首个全国“绿水青山就是金山银山”实践创新基地，石羊河创建为全省唯一的全国示范河湖并入选“全国美丽河湖”提名案例。

人民生活品质显著提升

十年来，武威市认真践行以人民为中心的发展思想，聚焦民生保障，保持民生投入只增不减。民生支出达到一般公预算支出的 85%，城镇新增就业 27.7 万人，新增中小学学位、公办幼儿园园位 45080 个，新改建医院 11 家，新增床位 8005 张。

基础设施建设

① 天马湖（市住房和建设局供图　2022 年 6 月摄）

② 凉州区祁连大道（市住房和建设局供图　2022 年 7 月摄）

③ 武威市以“路平、灯亮、墙白、文化上墙”为目标，推进老旧小区改造。图为改造后的会馆巷（市住房和建设局供图　2022 年 5 月摄）

④ 新建成的乙级中型体育场武威市体育场（董鹏　2022 年 9 月摄）

① 武威市人民医院（市卫健委供图　2022 年 6 月摄）

② 古浪县绿洲医院（甘曜毓　高德强　2022 年 6 月摄）

③ 兰张三四线是列入国家“十三五”“十四五”期间铁路发展规划的重大项目。图为兰张三四线铁路 ZQ3 标架梁向天祝县大里程乌鞘岭方向全面冲刺（赵世鹏　逄邓军　2022 年 7 月摄）

美丽乡村建设

古浪县富民新村（张文灿　甘曜毓　2022 年 8 月摄）

凉州区黄羊镇上庄村（甘曜毓　2022 年 8 月摄）

德吉新村党群服务中心

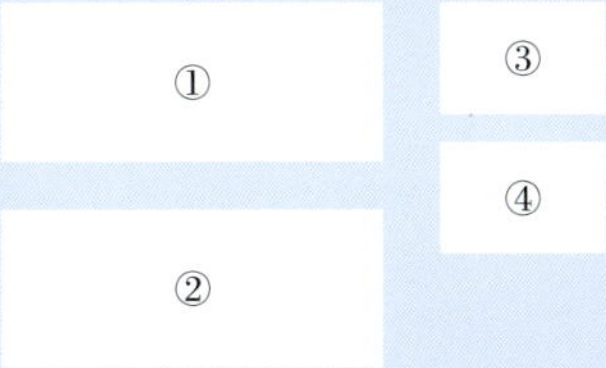

① 民勤县东湖镇正兴新村（李军　2022 年 8 月摄）

② 天祝县德吉新村（王春财　2022 年 7 月摄）

③ 天祝县祁连镇突出“一房两能”设计，打造生态休闲、民宿旅游为一体的美丽乡村居民点。图为青瓦白墙美丽村景（孙煜东　马开良　2022 年 9 月摄）

④ 天祝民俗展示（孙煜东　马开良　2022 年 9 月摄）

群众生活

① 2022 年 4 月，武威市“4·23”世界读书日全民阅读活动启动仪式暨“书成不夜　德润武威”诵读活动（市文联供图）

② 市民在公园里练习太极拳（蒋新文　2022 年 8 月摄）

③ 野性祁连越野跑及武威跑团成员在凉州植物园晨跑（达丽　虎晓娟　2022 年 2 月摄）

④ 凉州区组建出租车“爱心车队”，对“老、弱、病、残、孕”等特殊群体出行实行免费服务（张福民　2022 年 7 月摄）

古浪县干城乡富民新村的老人在富民综合养老服务中心就餐（甘曜毓　2022 年 8 月摄）

凉州区东关小学学生学习书法（董丽俊　2022 年 9 月摄）

政务服务

①

②

③

① 武威市数字政府运营指挥中心接入全民健康信息平台、甘肃政务服务、城市大脑等32个系统平台，为群众开展政务服务

（甘曜毓　2022年11月摄）

② 武威市政务服务中心规范服务“马上办”——志愿者为市民提供导引服务

（甘曜毓　王丽　2022年3月摄）

③ 凉州区税务局工作人员主动征求税务服务相关意见建议　（杨鹏元　2022年3月摄）

①

②

① 武威市政务服务中心集成服务“一窗办”——集成办公实现“一窗受理、综合服务”（甘曜毓　王丽　2022 年 3 月摄）

② 市运输管理局工作人员为办事群众解答相关问题（虎晓娟　赵东晓　2022 年 2 月摄）

武威市第五次被评为“全国双拥模范城”，2017 年以来连续五年被评为“平安甘肃建设优秀市”。

目 录

特 载

大事记

市情概览

自然地理

历史人文

城市地标

经济社会发展

中国共产党武威市委员会

综　述

重要会议

组织工作

宣传工作

统战工作

侨务工作

对台事务

督查督办

政策研究

机构编制管理

市直机关党建

网信工作

机要和保密工作

老干部服务

关心下一代工作

党校（行政学院）工作

武威市人民代表大会

综　述

重要会议

人大立法

人大监督

重大决定和人事任免

重要会议

协商议政

委员工作

中国共产党武威市纪律检查委员会 武威市监察委员会

综　述

党风廉政建设

监督执纪

审查调查

巡　察

民主党派　工商联

中国国民党革命委员会武威市委员会

武威市科学技术协会

武威市归侨侨眷联合会

武威市文学艺术界联合会

武威市残疾人联合会

武威市红十字会

法　治

人大立法

政法委与综治

法治政府建设

公　安

检　察

法　院

司法行政

仲　裁

军　事

武威军分区

武警武威支队

人民防空

退役军人事务

经济管理

宏观经济调控

自然资源管理

国有资产监管

公共资源交易管理

财　政

税　务

金融监管

审　计

统　计

价格监管

市场监督管理

知识产权保护

信用体系建设

河西走廊经济带建设

综　述

丝绸之路开放廊道建设

金武城市经济圈建设

现代产业发展

基础设施互联互通

河西走廊城镇带建设

城乡融合发展

生态环境联防联治

公共服务共建共享

农　业

综　述

种植业

林草业

畜牧业

渔　业

种　业

农田水利

农业机械化

农业科技

国家农业科技园区建设

现代农业产业园建设

农业产业化经营

农产品质量建设

工业　建筑业

综　述

新能源产业

奶产业

特色农产品及食品产业

非金属材料产业

医药产业

电力工业

建筑业

商贸服务业

商贸流通

住宿餐饮业

粮食和物资储备

供销合作

特种经营

烟草专卖

成品油销售

邮政　快递

电子商务

物流业

新型服务业

会展业

旅游业

综　述

旅游资源

旅游规划建设

旅游业态

对外及对港澳台贸易

国际陆港建设

保税物流中心

园区建设

经贸促进

招商引资

房地产业

房地产开发

房地产中介和租赁服务

房地产市场监管

物业管理

交通　水利

公　路

铁　路

民勤通用机场建设

西气东输四线武威段工程

水利建设

信息服务业

综　述

智慧武威建设

电　信

移动通信

联合网络通信

广电网络

无线电管理

城市建设与管理

城市规划

城市更新

城市基础设施建设

城市管理

乡村振兴

综　述

土地资源保护

水资源保护

水土保持

林草资源保护

自然保护地保护

生物多样性保护

生态修复

节能减排

污染防治

生态环境监管

科学技术

综　述

科技平台

科研项目

科技创新

科技成果

科技服务

科学技术普及

教 育

综 述

学前教育

义务教育

普通高中教育

特殊教育

中等职业教育

普通高等教育

民办教育

文　化

文化场馆

群众文化

文学艺术

文化遗产保护

凉州文化研究

长城文化保护研究

社会科学

党史研究

地方志编纂

档案管理

社会生活

人口家庭

劳动就业

收入消费

社会保险

社会救助

社会福利

住房保障

社区建设

社会组织管理

老年事务

区划与地名管理

民族宗教事务

应急管理

综　述

防灾减灾

安全生产监管

消防救援

县区发展

凉州区

民勤县

古浪县

天祝藏族自治县

人物与荣誉

先进人物

先进集体及殊荣

2022 年度取得正高级职称人物表

附　录

索　引

武威
年鉴
2023
WUWEI
YEARBOOK

向总书记报告:“沙海”已变“花海”

——“沿着总书记的足迹”回访记之生态篇

艳阳普照,沙漠尽染,八步沙又一次迎来了色彩缤纷的秋天。

这一片茫茫大漠,因为治沙、生态、产业、扶贫的可持续发展,已成为武威大地上喷薄欲出的“希望之海”,也代表着“守望相助、百折不挠、科学创新、绿富同兴”四个关键词的“西北样本”。

时间回到 2019 年 8 月 21 日。万物勃发的初秋时节,习近平总书记来到八步沙,实地察看当地治沙造林、生态保护等情况,与武威人民一起思考人与自然和谐共生的辩证法则,谋划生态永葆生机活力的发展之道。

站在碾轱辘沙——八步沙制高点上瞭望,几十万亩林海在风中昂扬,满眼的绿让总书记频频点头。

三年来,那沙、那树、那人都发生了什么样的变化?

求生存

访八步沙,不下 50 次。而每一次去,都能听到新的故事。

时隔一年,进眼窝子沙的路已然变成了一条红色水泥路,两边的沙枣树接上了一串串“绿玛瑙”。郭万刚站在沙梁上招手。他说,是向眼窝子沙的过去彻底告别,包括 30 年前驻扎在甘乌线古浪段那支消失的护路队。

嗯?“那是一支‘铁’队伍,无论刮风下雨,每天都来巡逻好几趟。尤其是春天,有时候一个晚上,沙子就能把铁路掩盖,从晨曦微露,到星星眨眼,除了吃饭时间之外,他们几乎都拿着铲子、铁锹在铲沙、挖沙。”

后来呢？“后来沙化得到了治理。1999年开始大规模在铁路沿线植树。2005年，防沙区撤销。六年后，治理成效大显，复垦了12万亩土地，2000年以后，再没有刮过10级以上大风。”

“队员们既高兴又失落。高兴的是：不用起早贪黑、风里来雨里去了，生态好了，老百姓也能过上安稳的日子。失落的是：护路队解散了。”

消失的护路队，是生态见好的最好证明。

而治沙的路，却并不容易。

古浪县是全国荒漠化重点监测县之一，境内沙漠化土地面积239.8万亩，风沙线长132千米，有重点风沙口20多个。如果说腾格里沙漠是一条巨大的沙龙，那么八步沙就是这条沙龙的龙头张开的一个巨口。20世纪80年代，这条沙龙吞噬着村庄、农田，一旦狭长的河西走廊被风沙拦腰斩断，后果难以想象。

治沙，是一个地区的责任；要绿，更是一代人的觉醒。治沙和要绿，在八步沙林场场长郭万刚和他的父辈们身上，体现得尤为明显。

早年，风沙和荒芜填满他们的记忆，“六老汉”靠一头毛驴、一辆架子车、一个大水桶、几把铁锹，开始了治沙造林……饿了吃炒面，渴了喝冷水，累了抽旱烟……卧雪爬冰、风餐露宿、披星戴月、早出晚归，他们以守护家园为己任，封沙造林、治理沙害，成为八步沙的第一代治沙人。

20世纪80年代，年富力强的郭万刚辞去工作，接替日渐年迈的父亲，卷起铺盖，带领着一百多人的治沙队伍，向腾格里沙漠挺进：他们用双手刨开沙土，用肩膀扛起树苗，用漫长的光阴一点点扮靓绿水青山……

“那时候治沙，没有房子，找到了一处废弃的房子，架上几块木板，晚上睡在上面。一次刮大风，沙子从墙缝里涌进来，早晨起来就被沙子埋了。”二代治沙人贺中强说，“我们吃的苦还不算多，最辛苦的就算是老大哥郭万刚了，因为打井到处借账，大年三十躲在场里不敢回家……”

尽管艰难，他们还是坚持，从不言放弃。郭万刚说，治沙累了，就静静地躺下，闻着沙漠的味道，感受着沙漠的气息，倾听着沙漠的声音，触摸着沙漠的脉搏……久而久之，就与沙漠有了默契，一种“我强你弱”的默契，沙子最终臣服在治沙人的脚下。

千里之内是荒凉，千里之外还是荒凉的局面终于改变。郭万刚指着一棵大树说，这是父辈们在20世纪80年代初栽的，它有15米高、胸径80公分宽，虽然部分根系已经老化，但新生的枝条不断抽芽，又长成了第二代树、第三代树，就像治沙人，一代一代生生不息……

“植树造林的讲究很多，在沙漠种植是一寸高一寸险，高大树种并不易在沙漠中成活，矮小粗壮的树种更易在沙漠栽种。”“树种越杂越好，乔灌草结合，这个不活那个就活”……在郭万刚身上看到的，除了有治沙人的勇气外，还有治沙人的智慧。

如今，古稀之年的郭万刚依旧一年四季继续与林木为伴……而年轻一代，也继承了父辈意志，在遍地绿荫中种下梦想。每年到了造林时节，一个个治沙队伍穿梭在腾格里沙漠，他们用稻草和梭梭为浑黄的沙漠披上绿色袍子。无论是广袤的大地，还是人们的心里，八步沙早已葱葱郁郁——“六老汉”三代人用40多年时间坚守，一共完成治沙造林30.63万亩，封育管护面积达到44.93万亩。以八步沙林区为中心，沿腾格里沙漠南缘132千米的风沙线，5年内新增沙地生态植被修复105万亩，让八步沙区域林草植被覆盖度达到60%以上，八步沙周边的沙漠已经基本治理完毕，把“栽一棵树比养活一个孩子都难”的沙漠边缘染得“绿肥黄瘦”。

在沙区，我们更新了时间意识，这里不是以秒为记，而是以年。十年树木、百年育人。栽下一棵树，一眼望十年。治沙人最喜欢说：十年之后再来看吧。

这诺言掷地有声，这信念矢志不渝。

求发展

走进沙漠不久，一场久违的暴雨突袭。采访车轮胎陷进潮湿的砂砾里打滑，采访无法进行。郭万刚却呵呵地笑，这笑，发自肺腑。他说，如果降雨量达到年 200 毫米以上，3 年就能治理好一片沙漠。

雨后，沙漠的味道清新又纯粹，那些刚怒放的花瓣、刚露出嫩芽儿的柠条都舒展了身子，欢畅地呼吸着新鲜空气……

“如果不说，能看出来现在眼前的花海曾经是一片沙漠吗？”郭万刚的骄傲来自眼前几乎很难看到的裸露的土黄。

寻绿变成了寻沙。一路驱车 20 多千米，满眼绿色，几乎找不到一片流动的大沙丘。

“现在八步沙发生了根本的变化，到这边参观学习来的人都非常吃惊，不相信这就是电视上看到的八步沙。”二代治沙人石银山说，总书记来了后，我们治沙更有劲了。

总书记的殷切嘱托，不仅让大家备受鼓舞，同时也为治沙工作指明了方向。

要想让林场“再立新功”，不能只守着原来的摊子，必须再创业！

现在，新一代治沙人已顺利接过“接力棒”、挑起“新担子”，他们用新思想、新科技治沙造林，给八步沙带来新活力。

听说第三代治沙人郭玺在甘蒙界古浪段一片荒芜的沙漠里修路，我们驱车前往。在甘蒙界八步沙管护站，远远地，他卷着裤管一步一步从新修的沙路上走来。

“等了半天，电话也打不通。”隔着几十米远的距离，记者喊话。“铲车坏了，我去有信号的地方打电话请求救援。”

小伙子黑瘦黑瘦的，脸上的皮肤皴裂得像树皮。

“后悔选择这条路吗？”记者问。

他嘿嘿嘿笑道：“反正我的梦想已经实现了一半，‘沙海’变成了我想要的‘花海’。”

不是正面回答，却比正面回答更铿锵有力。

从小跟着父辈们在沙窝里种树的郭玺，对治沙并不陌生。“那时候就是跟着玩，在灌木丛里摘沙枣、追兔子。”后来，大伯继承父志，郭玺跟着大伯也走上了治沙之路。2016 年之前，郭玺在外打工，学会了开装载机，每个月有 5000 多元的收入。每年冬季工地上停工的时候，他就回到家里，帮大伯郭万刚一起治沙种树，来年春天他继续外出打工。可是，2016 年再次回来种树的时候，看到大伯的腰佝偻了，眼睛瞬间湿润，他问自己，到底要不要践行祖辈们的约定留下来。

再次走进沙漠，他看到了沙漠生机盎然的春天，一串串一串串的柠条花儿在风中摇曳。就在那一瞬间，他下了决心：“如果爷爷、大伯他们不治沙，哪有如今的花海？”

这个外表像沙子一样粗糙、内心却盛满绿色的“90 后”小伙，就是一个个躬倒了身躯的治沙人群像的还原。想象一下吧，他们与天斗、与地斗、与沙斗的昂扬姿态。

治沙种树并不是郭玺考虑太多的事，年轻人有更多的想法。提高治沙植树效率后，他开始把精力放在林场的发展上。在郭玺和大学生技术员陈树君的建议下，场里组建机械队，引进“互联网 + 治沙”，种植梭梭嫁接肉苁蓉，注册养殖八步沙“溜达鸡”……在快手平台，他注册了八步沙林场的账号，为八步沙林场的散养土鸡等产品做推介。

不仅沙中种绿，还要沙中淘金。

他们，用沙漠的温度酿出了葡萄酒，将沙漠的阳光转化成了光伏。

他们，在沙漠里种出了香甜的硒砂瓜。

他们，在沙漠边缘建起了牛棚、温室、工厂。

……

这几年来，随着国家不断加大生态治理力度，具有丰富治沙经验的第二代、第三代八步沙治沙人承担了更多治沙任务。通过实施项目，他们带领八步沙林场周边更多农民共同参与治沙造林，扩大了治沙队伍，增加了当地群众收入。尤其是第三代治沙人，他们大力推行科学治沙方法，积极构建科学治沙平台，疏通了治沙区的道路，架设了通信网络，在各林区管护站配置了电脑，购买了无人机和虫情监测仪等，对林区管护情况和虫情进行巡视和监测，对治沙工作进行网络化管理。同时，引进现代企业管理理念，对林场全方位、多层次推行股份制改革，形成了“公司 + 基地 + 农户”的经营模式，迈开了“以农促林、以副养林、农林并举、科学发展”的新步伐，引领八步沙林场从单纯的防风治沙造林，向着发展沙产业、人与自然和谐共生的方向发展。

所有这些，都得益于八步沙的有效治理。没有八步沙的变化，就不能保障移民“搬得下、稳得住”的生活。

所以，这里的每一棵树、每一朵花、每一株草，都应该是大自然颁发给“六老汉”三代人最美的奖章。

求生态

治沙已经不单单是治沙人的事。四川有位退役军人叫郭万明，从网上知道八步沙的故事后，每个月从自己3000多元的工资里拿出300元打款给八步沙林场专门用作治沙经费。

在沙区，我们听到了一个又一个这样的故事。甘南有一位牧民叫李才高，带着1万元钱和简单的炊具来到甘蒙边界古浪段吃住40多天，栽植了100亩的花棒、梭梭。

由团省委、省青联组织开展的“美丽甘肃青春行动”八步沙春季植树活动中，以王一博和肖战的粉丝名义捐赠的“博肖爱心林”也长成了一片葱茏，成为甘肃省青少年生态环境教育基地的一部分。

……

2019—2022年，每年都要完成2万亩以上造林任务。经过三代人多年的治理和社会力量的参与，如今八步沙已成为南北长10余千米、东西宽8千米多的一片生机盎然的绿色屏障。众多植被保护着周边3个乡镇近10万亩农田，古浪县整个风沙线后退了30多千米。

2022年春季造林，八步沙林场完成古浪县北部沙区防沙治沙蚂蚁森林项目3万亩，三北防护林5000亩，栽植各类沙生苗木600多万株，还在S308线、营双高速、S316线完成绿化补植补造各类苗木1万多株、200多千米。

习近平总书记指出，新时代需要更多像“六老汉”这样的当代愚公、时代楷模。要弘扬“六老汉”困难面前不低头、敢把沙漠变绿洲的奋斗精神，激励人们投身生态文明建设，持续用力、久久为功，为建设美丽中国而奋斗。

如何牢记习近平总书记嘱托，持续发展和开创八步沙林场“绿水青山就是金山银山”实践创新基地新篇章，这是八步沙林场和武威市要深入思考的问题。

从党的十八大提出大力推进生态文明建设，到党的十九大持续推进绿色发展，加快生态文明体制改革，建设美丽中国，古浪县防沙治沙工程建设进入了历史上规模最大、数量最多、进度最快、群众参与程度最高的时期。八步沙林场又将脚步迈向了更远、条件更加艰苦的甘蒙边界百里风沙线生态屏障建设区，将业务拓展到了黄花滩生态移民区，探索发展沙产业开发。

武威市加强自然生态空间用途管控，科学谋划生态空间格局和产业发展布局。夯实生态本底，保值增值绿色资产，全面推进生态建设与修复。构建绿色经济体系，推动金山银山转化、发展林下经济与林业产业化建设、农业产业结构调整、推进循环经济、扶贫开发和美丽乡村建设等内容融合在一起，实现产业扶贫、产业富民。加快推进古浪县红色旅游基地项目，提升戈壁生态农业和大漠休闲度假于一体的旅游品质。打造“两山”生态产品品牌，大力创建规模化绿色农产品生产示范基地。深化制度改革，提升绿色发展水平，建立健全“两山”实践示范社会行动体系，结合农村“三变”改革，推动生态治理社会化，打通体制机制障碍，逐步构筑起支持荒漠化防治的政策体系，构建荒漠化防治的可持续长效机制。探索转化有效路径，形成特色转化模式，深入融入“一带一路”甘肃大通道建设，打通古浪与外界的连接通道，提高物流和信息流的速度和效率。加强生态产品品牌建设，重点做好林下养殖、林药产业以及特色农产品的品牌建设，提高生态产品附加值，拓宽产品的销售市场，增加农民收入，有效实现“绿水青山”转化为“金山银山”。

绿色已成为沙漠主色调，不只是红柳、柠条、梭梭……也不只是曼妙的风景、绿色的屏障，还是一种信仰、一种无形的力量，武威人已经把它记在脑中、装在心里，以实际行动践行总书记嘱托，以优异成绩向总书记报告。

（张尚梅　甘曜毓　李晓天　达　丽）

向总书记报告:移民住进了幸福里

——“沿着总书记的足迹”回访记之易地扶贫搬迁篇

对于大山,李应川又敬又怕。

敬的是,祖祖辈辈就在古浪县横梁山的环抱中繁衍生息。

怕的是,这山连着那山,如同一道枷锁,将山乡群众牢牢钉在穷困当中。

李应川也出过山见过世面,山里山外仿佛是两个永远并行无法交汇的世界。

长期以来,古浪县南部山区群众致富无门路,发展无优势,无法实现“两不愁”,受行路难、吃水难、上学难、就医难的制约,更是无法实现“三保障”。山大沟深、峁梁纵横。当地群众广种薄收,靠天吃饭,碰上雨水少的年头,种地挣的钱还买不上一袋精白面。吃水靠肩挑,出行是陡峭山路,挑一桶水,路上能洒半桶汗……

既然一方水土养不好一方人,既然贫困赶不走、小康进不来,那么最好的选择就是一个字:搬!

一

古浪县根据水资源条件、区域内自然禀赋等比较优势、可开发土地和产业发展可能性等资源要素条件,选择在黄花滩戈壁上开发建设生态移民区,举全县之力实施易地扶贫搬迁工程,先后建成富民新村等12个移民新村和1个生态移民小城镇。

在搬不搬的问题上曾经上演过一出“拉锯战”。

“为什么搬?搬下去靠什么生活?”“在山里好歹还有一亩三分地过活。”“搬下去吃什么?戈壁滩上喝西北风吗?”村干部动员搬迁,村里大半人不同意。

眼见为实,村干部领着村民们去建设中的移民区参观,拉了一车又一车人,看了一遍又一遍。

第一批村民回到村上,其他人围上来,“移民区咋样啊?”“新房子,舒坦得很。”

过几天,第二批村民回来,“大马路,阔气得很。”

又是几天,第三批村民回来的时候,语调都比之前高上几分,“学校医院就在家门口,攒劲得很。”

……

你一言我一语中,大家伙逐渐了解了未来的新家园。

“搬出去日子更好,那就搬!”

大山里,这山连着那山,绵绵不断;大山里,贫困接着贫困,世代不变。迎着朝阳,6.24万古浪县南部高深山区群众毅然走出来,迈向了新生活。其中就包括李应川一家,他们和1379户村民一起搬迁到了干城乡富民新村。

2019年8月21日,这一天对于富民新村的乡亲们来说,是永生难忘的一天。习近平总书记专程来到富民新村,亲切看望易地扶贫搬迁的乡亲们。沿着新修的村道,总书记步行察看村容村貌,又进学校、访农户,详细了解群众的生产生活情况,并要求从发展产业、壮大集体经济等方面想办法、找出路,让易地搬迁群众留得住、能就业、有收入,日子越过越好。

二

一座座砖瓦房拔地而起，宽阔平坦的马路纵横交错，曾经散落在群山之间的村民们拧成一股绳，铆足了劲奔小康。

移民群众搬入黄花滩，解决好移民区生产生活用水是当务之急。古浪县实施水利骨干工程和调蓄水池建设工程，建成调蓄水池51座1500万方，粗细不一的输水管网不断向移民区延伸，历史性地解决了长期困扰移民区建设和发展的根本性问题。

搬进富民新村的新家，李应川特地在客厅摆上过去横梁村老家的照片。“走到哪都不能忘了咱以前的家，更不能忘了过去为什么那么穷。”

黄花滩生态移民易地扶贫搬迁工程开展以来，为了真正完善后续扶持，确保搬迁群众搬得出，也要能致富，古浪县按照“多采光、少用水、新技术、高效益”的思路，大力发展以日光温室精细果蔬为主的现代丝路寒旱农业，以牛、羊、鸡、鸽为主的舍饲养殖业。

培育产业增收致富一直是移民区的主题词。“政府建起日光温室，让咱们家家户户有产业，种出来的东西不愁卖，心里别提多踏实了。”在自家日光温室里，李应川熟练地检查辣椒枝蔓，“这一茬的辣椒长势很好，又能丰收。”

李应川还记得3年前，习近平总书记来到他家，与全家人坐在搬迁的新居里拉家常。总书记的深情厚爱、殷殷嘱托，他铭记在心。

2022年，60多岁的李应川成为一名正式中共党员。“一想起总书记那么关心我们移民群众的生产生活，浑身就有使不完的劲。”如今，他承包着2座日光温室，一座种辣椒，另一座种香瓜，日子越过越红火。“今后我还要带着更多乡亲们共同致富。”李应川说。

李应川还被村里聘为护林员，时常回到横梁山巡护。他说，过去的家已经被郁郁葱葱的植被覆盖，绿草都长到了膝盖那么高，昔日荒山秃岭如今披满绿色。

大山和山里搬出来的人各自安好。

三年来，富民新村从发展产业、壮大村级集体经济等方面想办法、找出路，探索形成“一核引领、多元发展、共富共赢”的党建引领产业振兴“富民新村”模式。

村东头，天津市蓟州区帮扶建成的村集体经济林基地里，一棵棵山楂树拔节生长，枝头挂着沉甸甸的果实，树下边，垄垄西瓜瓜熟蒂落。今年，富民新村在蓟州帮扶林发展林下经济，6月初种植了120亩西瓜。

富民新村党总支书记张延堂蹲在地里捧着西瓜，笑呵呵地说，“咱们的瓜，皮薄瓤甜，销路肯定不愁。”

这便是富民新村探索的村集体经济发展思路：生态产业化、产业生态化，在有限的土地上将效益最大化。如今，富民新村村集体经济园区建成了种植区、养殖区、现代农业示范区、纸箱厂和经济林基地。

“总书记的话为我们指明了方向。”张延堂说：“我们认准一条，就是一门心思发展富民产业。”

三年来，富民新村干部群众牢记总书记嘱托，想出路、谋发展，兴产业、美环境，通过组织引领、龙头带动、入股分红、光伏支撑、建厂办企、流转土地、发展林下经济等方式，在壮大村级集体经济、推动现代农业发展上迈出新步伐、跃上新台阶，村级集体经济收入增长了近4倍。

富民新村优越的发展环境也在吸引越来越多的人们回乡参与到家乡建设当中。2019年，古浪籍大学生程军毕业了，他没有四处投简历，选择了返乡就业，来到位于富民新村的古浪越海农业有限公司工作。

“现代农业是篇大文章，把青春挥洒在家乡

图 1　古浪县黄花滩生态移民区富民新村村民和学生们举行升国旗仪式，迎接新年　（甘曜毓　俞春妍　摄）

的发展事业中才有价值。”程军说，这里为年轻人提供了高质量的干事创业平台，现在的他已成长为公司生产副经理。

三

“传球，传球；抢断，抢断……”

在富民完全小学的操场上，体育教师带领着十几个孩子踢足球。传球、运球、助跑、射门……足球该有的技术动作，孩子们全都会。他们踢得带劲、跑得有力。

“在足球场上挥洒汗水，自由自在，锻炼身体的同时还能训练我们的团队意识。”张天虎是校足球队的成员，说起足球来他滔滔不绝，眼里闪着光芒。“足球设施都是学校提供的，还有专门的老师指导技术战术。”

富民完全小学校长朱世云说，总书记考察后的这三年来，学校各方面都发生了巨大变化。他说，2020 年县上投资 270 万元建成富民完全小学人工草坪足球运动场，校足球队从 2019 年春季成立到 2022 年暑假，多次荣获市县两级足球联赛的冠军，尤其是学校的足球男队这个暑假要代表甘肃省脱贫摘帽县赴贵州参加乡村振兴中西部地区足球邀请赛。“现在的富民完全小学已经是一个小而精、小而优、小而美、小而特的乡村小学。”

教育是阻断贫困代际传递的重要途径。如果说，过去大山里的孩子走过的路都是崎岖蜿蜒的山路，那么富民新村的移民孩子，他们的人生因为易地扶贫搬迁而充满无限希望。

让老百姓更方便、让老百姓更舒心。

三年来，富民新村基础设施越来越优，实现天然气入户全覆盖，富民新村率先进入天然气时代，建成污水处理站并配套地下管网，新建“一老一小”关爱服务中心、新时代文明实践所、乡村大舞台、废水收集池、乡村小游园和公共卫生厕所 2 处，配套便民服务点 6 处，为村民提供全方位服务。

三年来，富民新村人居环境越来越美，大力推进美丽乡村建设，在村内道路两侧、空闲土地、房前屋后栽植各类绿化苗木 1500 亩、14 万多株，发动群众种植花卉 40 亩，建成蓟州帮扶林、沙漠桃、玫瑰园、沙枣林等经济林基地 1055 亩，实现了生态效益、经济效益、社会效益多方共赢，被中央文明办评为第二批“国家森林乡村”。

……

一座座整齐划一的院房、一张张充满幸福的笑脸、一棵棵枝叶繁茂的绿树、一朵朵颜色鲜艳的花朵，如今的富民新村像是一幅美丽的油画，劳作了一天的村民聚在文化广场，这一头唱起了眉户戏，那一头跳起了广场舞，歌声悠扬、舞姿翩翩，希望的田野上村连着村，干部群众心连着心、手牵着手共同奔向美好的未来。

（张尚梅　甘曜毓　李晓天　达　丽）

党的十八大以来
武威市经济社会高质量发展综述

十年，一段砥砺奋进的发展历程。

十年，一张满载硕果的惠民答卷。

党的十八大以来，特别是市委四届四次全会以来，武威市始终坚持以习近平新时代中国特色社会主义思想为指导，把习近平总书记对甘肃重要指示要求作为全部工作的总方针、总纲领、总遵循，感恩奋进、笃定实干，坚定不移沿着习近平总书记指引的方向前进，全市经济发展持续向好，改革开放有力推进，生态环境明显改善，民生福祉不断增进，社会大局和谐稳定，党风政风民风昂扬向上，以崭新的姿态迈上全面建设社会主义现代化新征程。

2021 年武威市生产总值 600.23 亿元，较 2012 年增加 303.06 亿元，年均增长 6.6%；农业增加值自 2014 年以来连续 8 年保持全省第一位……抚今追昔，令人心潮澎湃。

这十年，武威聚焦脱贫攻坚，靶向精准发力，同全国全省一道全面建成小康社会。

这十年，武威聚焦第一要务，推动高质量发展，经济综合实力迈上新台阶。

这十年，武威聚焦生态保护，筑牢生态屏障，生态文明建设大见成效。

这十年，武威聚焦重点领域，深化改革创新，发展活力日益增强。

这十年，武威聚焦民生保障，办好民生实事，人民群众生活品质持续提高。

这十年，武威聚焦党的建设，坚持全面从严治党，风清气正的政治生态不断充盈。

十年的砥砺奋进，让武威天蓝水绿，芳华似锦，未来可期。

一

草木苍翠，山野泛青，一条条蜿蜒的农村公路连珠成串，干净整洁的农家小院焕发新颜，青山碧水下美丽的乡村萌生新的希望……

十年来，武威市牢记嘱托、感恩奋进，开拓创新、攻坚克难，打赢了一次次硬仗，攻克了一个个堡垒。2020 年，全市农村贫困人口全部脱贫，历史性地解决了绝对贫困问题。4.42 万户 17.02 万名高深山区群众移居川区，群众生产生活条件得到根本性改善，走出了一条易地搬迁脱贫致富和祁连山生态环境保护双赢的生态移民新路子。

新征程、新使命。

脱贫攻坚成果如何巩固，如何与乡村振兴有效衔接，怎样才能让移民群众收入可持续、脱贫群众生活更上一层楼？面对这些现实难题，武威市以更加坚定的决心、更加有力的举措，书写人民满意的答卷。

——扎实推动巩固拓展脱贫攻坚成果同乡村振兴有效衔接、融合互促，培树推广“富民新村产业发展、上庄村美丽乡村建设、红旗村乡风文明、德吉新村基层治理”四种模式，引领乡村全面振兴，建设的 185 个示范村各具特色，乡村振兴画卷徐徐展开。

——立足资源禀赋，聚焦特色优势产业，强龙头、补链条、聚集群，初步构建起了农业特色优势产业体系，发展产业成为农民脱贫致富的“法宝”。

二

锚定高质量发展，着力构建新发展格局。

十年来，武威市坚持强龙头、补链条、聚集群，坚持扬长避短、培优增效，着力做优现代农业、做强生态工业、做大文化旅游产业，经济综合实力迈上了新台阶。

链长制是畅通产业循环、市场循环、经济循环，打造产业集群、推动产业迈向高质量发展的重要抓手。

2022 年 1 月，武威市制定印发产业链链长制工作方案，对实施产业链链长制作出具体安排部署，确定重点产业链及链长，提出了重点推进的特色农产品及食品加工、奶产业、新能源及装备制造、文化旅游、信息产业、特色医药、生态环保 7 条重点产业链，联通起一家家企业，统筹起一项项要素资源。

在链长制催动下，武威市产业变革浪潮涌动，催动全产业链优化升级加速推进，产业生态发生深刻变革。

7 条重点产业链持续延链补链强链，上下游配套愈发紧密，特色农产品及食品加工、奶产业、新能源及装备制造 3 个百亿级产业集群不断壮大，伊利乳业被列为全省第一批产业链链主企业，达利、青啤等一批“老字号”企业“老树发新芽”，风光电装机容量已达 343 万千瓦，年产值过亿元企业达到 56 家，规上工业企业达到 206 家。创建 AAAA 级旅游景区 9 家，铜奔马 AAAAA 级旅游景区创建工作有序开展，武威市被评为“全域旅游精品目的地”“天马行空·自在武威”文旅品牌影响力不断扩大。

稳住农业基本盘，守好“三农”基础是应变局、开新局的“压舱石”。

如何准确把握当前“三农”工作的阶段性特征，做到有的放矢？武威从容落子——持续打造沿山沿川沿沙“三大特色产业带”，大力发展牛羊猪禽果菜菌草“8+N”现代农业优势主导产业。

经过十年的沉淀与发展，武威市“三大特色产业带”建设和“8+N”现代农业优势主导产业发展初具规模，奶牛、羊、猪、禽存栏和设施蔬菜、食用菌产量均列全省第一位，所辖县区先后被誉为“中国食用菌之乡”“中国蜜瓜之乡”“中国茴香之乡”“中国人参果之乡”“中国高原藜麦之都”“中国高原夏菜之乡”“中华苏武沙羊美食之乡”“中国高原走马之乡”……

田野，凝聚着丰收的热望。按照“稳粮食、强基础、扩规模、创品牌”的发展思路，武威市推动特色富民产业规模化、标准化、品牌化发展，真正实现农业经济质量效益双提升。

三

“绿水青山就是金山银山。”

武威市牢固树立绿色发展导向，“反弹琵琶”打好全域生态文明建设主动仗，走出了一条生态文明建设与高质量发展互促共赢的创新发展之路。

早秋出凉州，沿 S308 线，由城区入群山，山路弯弯、草长莺飞。南部山区苍松青翠，半山腰环绕着一圈绿色飘带，那是祁连云杉。山峁之上，山杏、樟子松、云杉、沙棘等树在风中轻轻“舞动”。

十年来，武威市境内祁连山自然保护区生

态环境150个问题全部完成整改，以祁连山国家公园为主体的自然保护地体系加快构建。特别是2021年以来，凉州区抢抓黄河流域生态保护和高质量发展、国家储备林建设的政策机遇，将国家储备林建设作为林业产业转型发展的重要抓手，谋划实施凉州区国家储备林建设项目，计划利用5年时间，建设国家储备林14.59万亩。

“项目建成后，凉州区森林覆盖率可提升1.45个百分点，木材储备量可增加41.05万立方米，经济效益年均可达2.96亿元以上。”凉州区林业技术推广中心林业高级工程师王吉伟说，“曾经的荒山秃岭将成为春有花、夏有绿、秋有果、冬有景的‘金山银山’，生态产业化、产业生态化，实现生态效益和经济效益‘双丰收’。”

打赢蓝天保卫战，打好碧水保卫战，推进净土保卫战。为此，全市上下同频共振齐发力，创造了许多新经验，污染防治攻坚战三年行动目标任务如期实现，城区空气质量稳定在国家达标城市行列，国控、省控断面及集中式饮用水水源地水质全部达标，土壤环境质量总体稳定，走出了一条以可持续发展为核心的生态治理现代化路径。

绿色在延伸，希望在升腾。

十年来，武威市持续开展大规模防沙治沙和绿地倍增行动，深入实施“六大节水行动”，生态环境持续好转。目前，完成治沙250.5万亩、人工造林348万亩，森林覆盖率由2012年的12.1%提高到19.01%；全市用水总量由2012年的16.11亿立方米减少到14.78亿立方米，干涸50多年的青土湖碧波重现，水域面积扩大到26.7平方千米，旱区湿地面积达到106平方千米。武威市被确定为全国防沙治沙综合示范区、被授予“省级森林城市”称号，八步沙林场被命名为全省首个全国“绿水青山就是金山银山”实践创新基地，石羊河创建为全省唯一的全国示范河湖并入选全国美丽河湖提名案例。

四

回望来路，既有砥砺前行、爬坡过坎的坚韧和勇毅，也有千帆竞发、百舸争流的浩荡和豪迈。

十年来，武威市向改革要动力、要活力、要竞争力，高质量发展的动力越发强劲。

深入实施创新驱动发展战略，国内首台自主知识产权重离子治疗肿瘤系统投入临床治疗，新型农机研发、生物医药、碳化硅节能环保改造等科技项目顺利实施，全市综合科技进步水平指数达到42.92%，较2012年增长13.02个百分点。

推出一批重点领域和关键环节改革举措，事业单位、国资国企、农业农村、财税金融、文化教育、医疗卫生、司法执法等方面改革不断深化，工程建设领域审批制度改革领跑全省、“一书两证”电子证照在全省率先推行、敲响全省农村集体经营性建设用地入市“第一槌”。

主动融入“一带一路”，甘肃（武威）国际陆港口岸功能逐步完善，进境木材、进口肉类指定监管场地建成运营，铁路国际集装箱场站项目一期工程完成，中欧班列常态化运行，向西开放的重要枢纽作用日益凸显。

五

民之所盼，政之所向。

十年来，武威市聚焦民生保障，用温暖如春

的民生温度，为这里的每一个人托起更美好的明天。

武威市认真践行以人民为中心的发展思想，保持民生投入只增不减，民生支出达到一般公共预算支出的85%。坚持把就业作为最大的民生，不断拓宽就业渠道，城镇新增就业27.7万人，城乡居民人均可支配收入分别从2012年的15379元、6135元提高到33791元、14859元。新增中小学学位、公办幼儿园园位45080个，义务教育发展基本均衡县全部通过国家验收。新改建医院11家，新增床位8005张，3家医院创建为三甲医院，医疗卫生服务能力不断增强。全面实施文化惠民工程和文化精品打造工程，市体育馆、图书馆、博物馆、科技馆、天马剧院建成运营。扎实做好“一老一幼”工作，强化困难群体关爱服务，社会保障体系日益健全。切实抓好新冠肺炎疫情防控，全力保障人民群众生命安全和身体健康。

同时，积极创建全国文明城市，城市功能不断完善，文明理念深入人心。持续开展“我为群众办实事”实践活动，国有土地上已售城镇住宅历史遗留“登记难”问题化解、停车设施建设管理“一难两乱”专项整治等取得显著成效。打赢扫黑除恶专项斗争并建立常态化推进机制，扎实推进市域社会治理现代化，深入推进平安武威建设，武威市第五次被评为“全国双拥模范城”，2017年以来连续五年被评为“平安甘肃建设优秀市”，人民群众的获得感、幸福感和安全感更加充实、更有保障、更可持续。

六

武威市以党的政治建设为统领，坚持和加强党的全面领导，坚决扛牢全面从严治党主体责任，推动全面从严治党向纵深发展，全市风清气正的政治生态进一步巩固发展，全面从严治党引领和保障作用愈加凸显，为全市各项事业高质量发展提供了坚强保证。

我们可以看到，面对最后的贫困堡垒，全市广大党员干部尽锐出战、靶向攻坚；为筑牢西部生态安全屏障，在森林、河畔、戈壁滩，党旗猎猎迎风飘展……奋战在全市各条战线的党员干部，为推动全体人民共同富裕而不懈努力。

十年来，武威市坚持不懈用习近平新时代中国特色社会主义思想武装头脑，扎实开展党的群众路线教育实践活动、“三严三实”专题教育、“两学一做”学习教育、“不忘初心、牢记使命”主题教育和党史学习教育，坚定捍卫“两个确立”、坚决做到“两个维护”。大力弘扬新时代武威精神，激励广大党员干部以担当体现忠诚、以实干践行初心，做到善学善思善谋、想干能干会干。严格落实中央八项规定及其实施细则精神，持之以恒纠治“四风”，反腐败斗争压倒性态势已经形成并不断巩固发展。

武威交出的“答卷”，绝不限于此，绝不止于此。

大潮激荡，奋斗的脚步永不停歇。武威市将以更加昂扬的姿态，展现新气象，干出新作为，奋力书写高质量发展新篇章。

（尚　禾　甘曜毓）

武威市聚力构建百亿级奶产业集群供应链产业链纪实

产业兴旺，发展才有底气，群众的好日子才有盼头。

一组组数据，从不同侧面展现了武威市奶产业发展的强劲势头，也交出了一份奶产业高质量发展的优异答卷——

武威伊利乳业从奶源培育到签约落地，从开工建设到投产运营，用了不到两年时间；从建成投产到产值突破10亿元大关仅用了一年时间，2021年营业收入突破10亿元、产量突破12万吨。

全市千头以上大型牧场14个，现存栏奶牛7.5万头，泌乳牛2.55万头，日产奶量810吨。

全市已种植饲草115万亩，建成1000亩以上饲草种植基地60个。

全市有规模以上饲料企业13家，设计产能208万吨，2021年产量79.8万吨。

全市现有兽药生产企业4家，武威工业园区现有天泽、腾宇、巨龙等物流企业3家。

……

近年来，武威市坚定不移走生态优先、绿色发展之路，充分发挥地处北纬38度“黄金带”资源禀赋优势，将奶产业作为现代农业发展的重要组成部分高位推动，全力打造甘肃乳都和百亿级河西走廊黄金奶源基地，已初步形成“1+6+N”奶产业集群发展格局，奶产业发展“牛劲”十足。

龙头带动

武威，地处甘肃中部、河西走廊东端，东接兰州、南靠西宁、北临银川和内蒙古、西通新疆，是西部重要的交通隘口城市，也是古代中原与西域的经济枢纽。

这里，因地形地貌、气候水文等因素，有着得天独厚的优质饲草资源，是优质高端乳制品重要原料基地。历史上，也是多个少数民族的驻牧之地，有着悠久的奶牛养殖历史。

龙头引领锻强产业链。走进武威伊利乳业有限责任公司，一座现代化的高标准乳制品工厂令人眼前一亮。透过玻璃墙，看到在加工车间，工人各守岗位，流水线上都是自动化操作，灌装机准确无误地把一罐罐牛奶装进包装盒，一盒盒牛奶被机器自动粘贴吸管，就连装箱封口都是机器自动操作，整个生产过程无不展示着高科技的魅力。

该项目是伊利集团在河西走廊布局建设的唯一一家乳制品加工项目，也是伊利集团上百家分公司中整体投资最大的项目。项目总投资21亿元，一期投资11.2亿元，已建设主厂房等13个单体工程和安慕希等10条生产线，形成日产603吨液态奶产能；二期投资10亿元，增加18条生产线。该项目的建设，带动形成百亿级奶业优势主导产业，力争全市奶牛存栏量达到20万头，奶产量突破100万吨。

武威伊利乳业已被确定为甘肃省龙头企业“2512”提升行动首批百亿级链主企业，未来将加速带动武威百亿级奶产业集群发展，为推动武威经济社会高质量发展注入新活力。

而紧紧跟随伊利集团武威项目建成的甘肃

金世泰包装印刷有限公司，生产车间内机器轰鸣，一派热火朝天的生产景象：胶印车间、制箱车间、后道车间、礼盒车间，工人们或看样、测色，或调压、对位，各环节智能化设备有序运行，一件件包装产品快速成型，成批运往相隔不远的武威伊利乳业生产车间。

“二期项目计划再投资5600万元，主要用来购置设备、扩大产能，满足武威伊利乳业配套需要。一、二期项目全部达产后，可实现年产值3.6亿元以上，提供就业岗位500人以上。”甘肃金世泰包装印刷有限公司负责人吴波如此说，作为武威奶产业链上的配套企业，公司将持续提高技术水平和创新能力，全力以赴提供优质的包装产品，切实为构建百亿级奶产业集群供应链、产业链作出积极贡献。

巢引凤栖，花开蝶自来。武威市利用引进伊利集团武威项目这一“龙头”企业，不仅填补了乳品加工的空白，还围绕这一“链主”招来了众多“蝴蝶”进驻，让奶产业这一产业链条不断完善主链产业，更不断注入延伸链条产业，实现了“1+6+N”奶产业集群高质量发展。

奶业支撑

在腾格里沙漠南缘，矗立着这样一座独具一格的“城市”——它就是位于古浪县黄花滩生态移民区的生态奶牛产业园。在这里，几万头健壮的奶牛在厚厚的、松软的“卧床”上面小憩，显得悠然自得。

沿着平坦的柏油路，绕过几个移民村，车子一路带风驶入无边沙漠……走进古浪县黄花滩生态移民区奶牛产业园，一排排标准化牛舍映入眼帘，武威金宇浩睿农牧业有限公司就在其中。

“这儿都是戈壁滩，到处是沙地，通风条件好，是奶牛的天然‘卧床’。”指着卧在“沙床”

图2　作为武威奶产业链上的配套企业，甘肃金世泰包装印刷有限公司年产1亿平方米环保纸制品包装生产线智能化工厂项目总投资2.1亿元，分两期建设。图为甘肃金世泰包装印刷有限公司生产车间一角

（张　婷　2022年1月摄）

上晒太阳的奶牛，武威金宇浩睿农牧业有限公司副总经理金建荣如此说，员工每天都要定时对沙土进行打扫和消毒，保持土质松软、干燥、洁净。

“吃好、喝好、休息好才能产好奶。经过专家检测，这里产出的牛奶整体品质要比欧洲国家生产的牛奶在产奶量、乳蛋白、乳脂肪上都高出一筹。”金建荣自豪地说，公司计划5年内在古浪建5座单体容量为15000头的产业园，并且建一座奶业研究院进行饲草营养结构检测、奶牛疾病和胚胎的移植研究，实现自繁自育。

栽下梧桐树，引得凤凰来。古浪县黄花滩生态移民区奶牛产业园现有金宇浩睿农牧业有限公司、甘肃峰伟宝牧业有限公司等9家企业，目前存栏奶牛3.2万头，日产鲜奶300多吨。

古浪县立足地域优势，以黄花滩生态移民区为重点，大力发展奶牛产业，随着生态奶牛产业园的投产，奶牛产业实现了从无到有、从小到大、从零散到规模化的重要转变。

链条完善

500头良种荷斯坦澳洲奶牛在经历105天“漂泊”后，顺利抵达古浪生态奶牛产业园……

引进亚盛田园牧歌、沁纯农业等饲草种植龙头企业，2021年，建成500亩以上集中连片饲草种植示范点145个……

在武威牛满加药业有限责任公司，多条生产线有条不紊地运行着，工人们在生产线上紧张忙碌着，产品经过灌装、封盖、贴标、包装等工序后整齐码放……

位于黄羊工业园区的武威泰昆饲料有限责任公司，生产线上机械手上下翻飞，一袋袋加工好的饲料正在装车，准备发往周边省市。

新天马兽药生产线项目部分车间已建成，天泽物流园项目已投入运营……

在伊利集团武威项目的引领带动下，武威市用短短几年时间快速形成了集奶牛养殖、饲草种植、饲料加工、包装印刷、生物医药、物流物联等为一体的“1+6+N”奶产业集群，并以2021年伊利集团武威项目实现产值超10亿元为节点，标志着武威市“1+6+N”奶产业集群开花结果，且硕果累累。

武威立足新起点，放眼新时代，寻求新机遇，勃发新生机。如今，在这片广袤的土地上，正涌动着奶产业高质量发展的春潮，一幅用高科技、标准化、数字化描绘的奶产业新蓝图正在一步步变为现实。

（孙丽娟　王炳智）

武威市脱贫攻坚取得全面胜利乡村振兴稳步推进综述

十年沧桑巨变，十年砥砺前行。

党的十八大以来，武威市始终把脱贫攻坚作为头等大事和第一民生工程，牢记嘱托、感恩奋进，尽锐出战、攻坚克难，举全市之力决战决胜脱贫攻坚，历史性地解决了绝对贫困问题，如期同全国一道全面建成小康社会，书写了决战脱贫攻坚、决胜全面小康的优秀武威答卷。

全市35.5万建档立卡贫困人口全部脱贫，339个贫困村全部退出，4个县区如期摘帽。全市现行标准下的35.47万农村贫困人口全部脱贫，贫困发生率由2013年末的23.14%下降为零，消除了绝对贫困和区域性整体贫困。

无论是沙漠绿洲，还是大山深处，脱贫攻坚的阳光照耀到了每一个角落，无数人的命运因此而改变，无数人的梦想因此而实现，无数人的幸福因此而成就，武威市广大农村地区发生了历史性的变化，人民群众过上了幸福美好的新生活。

一

武威，作为全国、全省贫困地区之一，历来是扶贫开发的主战场。多少年来，受历史、自然、地理等多种因素影响，贫困人口多、贫困程度深，致贫因素复杂、自然条件差，农业产业发展滞后、传统农业特征明显，扶贫任务重、脱贫难度大。

一直以来，"贫困"制约着武威经济社会的发展和人民生活水平的提高。全市所辖的四县区中，凉州区、民勤县为省定"插花型"贫困县，古浪县为国家六盘山贫困片区县、省定深度贫困县，天祝县为涉藏贫困县、国定"三区三州"深度贫困县。2013年底，全市有建档立卡贫困村339个，其中深度贫困村115个；建档立卡贫困人口35.47万人，贫困发生率23.14%。

市委四届四次全会以来，市委着力观大势、谋全局、闯新路，把脱贫攻坚这个头等大事和一号工程牢牢抓在手上，大力开展精细精确精微的"绣花"式扶贫，精准培育富民产业，扎实推进易地搬迁脱贫，夯实稳定脱贫基础，完善脱贫管理机制，确保如期完成减贫脱贫目标。

为确保农村贫困人口实现脱贫，确保贫困县全部脱贫摘帽目标，在市委的坚强领导下，全市聚焦"两不愁三保障"底线任务，研究制定脱贫攻坚三年实施方案，开展脱贫攻坚大走访大调研活动和春季攻势、秋季攻坚专项行动，扎实开展"3+1"冲刺清零行动、后续行动和"5+1"专项提升行动，推动工作向深度贫困地区聚焦，资源向深度贫困地区聚集，力量向深度贫困地区聚合，聚力攻克深度贫困堡垒。

2019年8月21日，习近平总书记亲临古浪县黄花滩富民新村和八步沙林场视察调研，作出重要指示，寄予殷切期望，给全市干部群众以巨大鼓舞和有力鞭策。

全市上下感恩奋进，把习近平总书记的亲切关怀转化为履职尽责的强烈担当，把习近平总书记的谆谆教导转化为真抓实干的实际行动，把习近平总书记对甘肃重要指示要求作为全部工作的统揽和主线，在实践中一以贯之坚持并充分体现，始终沿着习近平总书记指引的方向前进，一年接着一年干，一张蓝图绘到底，全力打赢打好脱贫攻坚战。

二

产业扶贫是脱贫攻坚的根本之策，关系到脱贫质量和成色。武威的底色在农业，优势也在农业。武威市山、川、沙地貌特征明显，区域自然条件各不相同，产业发展基础和主攻方向也各有不同。

如何让老百姓有稳定的增收渠道，特别是把家门口的产业培育起来，让群众就近就地实现就业和增收致富，是脱贫攻坚和乡村振兴的一个重大问题。“三大特色产业带”发展，有效解决了这一问题，把龙头企业、农民专业合作社、能人大户和农民群众、投资者、科技人员等各方面要素都聚集到了产业链上，形成紧密的利益联结机制，凝聚了加快发展的合力。

走进古浪县干城乡为民新村的秀珍菇种植基地里，钢架上一个个菌棒整齐排列，一株株秀珍菇鲜嫩诱人，一阵阵蘑菇的清香迎面扑来。工人们正抢抓当前的好时节，用剪刀采摘形态饱满的秀珍菇，一派繁忙景象。

“在基地打工，一天能挣170多元，中午还能在这吃饭，也能照顾到家里。”说起收入，为民新村村民陈丰平难掩笑意。能在祖祖辈辈生活的农村，走上平坦的水泥路，住进宽敞明亮的新房子，在家门口找到轻松省力的好差事，陈丰平感慨地说：“这十年，农村人的生活变化真的太大了，国家脱贫攻坚的好政策，让我过上了以前做梦也不敢想的好日子。”

近年来，武威市坚持把产业发展作为促进脱贫人口稳定增收、推进乡村全面振兴的根本举措抓紧抓好、抓出成效。着力打造沿山沿川沿沙“三大特色产业带”，推动“8+N”现代农业优势主导产业规模化、集约化、标准化、品牌

图3 武威众兴菌业科技有限公司工人在包装菌类产品（韩筱蓓 高德强 2022年4月摄）

化、精细化发展。引进伊利乳业、牧原生猪、众兴菌业等一批省内外知名龙头企业，健全利益联结机制，将农户镶嵌在产业链上，在生产、加工、销售各环节分享更多增值收益。采取良种扩繁、延链补链、品牌创建、市场开拓等措施，推进优势特色产业提质增效。大力实施“种子工程”，推动品种培优、品质提升、品牌打造和标准化生产……

多年的实践证明，打造“三大特色产业带”、大力发展“8+N”现代农业优势主导产业的思路和举措完全符合新发展理念，符合中央、省委要求，符合武威现阶段农业发展的特征和实际，走出了一条适合武威的现代农业发展特色之路，广大人民群众“钱袋子”更加殷实。

三

武威市南部山区山大沟深、自然条件严酷。针对这一实际，武威统筹脱贫攻坚和祁连山生态修复保护，陆续将祁连山高深山区、水源涵养区和地质灾害易发区群众搬迁到了交通便利、地势开阔、容易培育产业的绿洲区进行安置，走出了一条高深山区贫困群众易地搬迁脱贫致富和祁连山生态环境保护双赢的生态移民路子。

富康新村、感恩新村、富民新村……如今，在古浪县黄花滩生态移民区、天祝县松山镇，一座座整齐划一的生态移民新村拔地而起。本着搬得出、住得好、能就业的思路，移民村按照社区进行配套建设和管理，医院、学校、商店、养老机构、文化活动场所一应俱全。移民迁入移民村，基本上达到了“拎包入住”的程度。

平坦宽阔的柏油路、整齐划一的新院落，宽敞整洁的大广场，村民们脸上笑容洋溢……走进凉州区黄羊镇上庄村，处处呈现着生机和活力。这个曾有贫困人口 119 户、407 人的村子于 2015 年实现了整村脱贫，村庄人居环境发生

图 4　天祝县大力发展白牦牛特色产业。图为抓喜秀龙草原上白牦牛悠闲地啃食着青草

（甘曜毓　2022 年 6 月摄）

了可喜的变化，建成水、电、路、给排水、绿化等基础设施配套完善的新民居住宅小区，全村群众全部乔迁新居，告别了土坯房，住上了“城里人”的房子。

武威市坚持“群众至上、实践第一、大抓基层、从严从实”四大导向，举全市之力攻坚，如期消除了绝对贫困和区域性整体贫困，在武威发展史上写下了浓墨重彩的一笔。4.4万户17万高深山区群众移居川区，建成古浪县黄花滩、天祝县南阳山等安置区93个。同步配套完善移民点基础设施和公共服务设施，下功夫培育发展后续增收产业，彻底解决了贫困群众行路难、饮水难、上学难、看病难、培育产业难等突出问题，群众生产生活条件得到根本性改善。

一个个贫困村实现华丽蜕变，一个个富民产业落地生根，群众稳定增收基础不断夯实。

四

脱贫摘帽不是终点，而是新生活、新奋斗的起点。习近平总书记指出，全面实施乡村振兴战略的深度、广度、难度都不亚于脱贫攻坚，必须加强顶层设计，以更有力的举措、汇聚更强大的力量来推进。

脱贫攻坚成果如何巩固？如何与乡村振兴有效衔接？怎样才能让农民群众收入可持续、脱贫群众生活更上一层楼？

在被誉为草原“白珍珠”的中国天祝白牦牛核心种群保护区——天祝县松山镇黑马圈河村，有一位老人成了这里的致富明星。

老人叫卓玛才旦，2018年，对老人来说，是不寻常的一年。这一年，他终于完成了心愿，在城里买了楼房，给儿子买了小车，存折上还存了5位数的存款。养殖白牦牛十几年，从最初的十几头发展到100多头，他家的日子过得芝麻开花节节高，一天比一天红火。

在天祝县西大滩、毛藏、松山等乡镇的草原上，涌现出了许多像卓玛才旦一样的牧民，通过保种、保育的方式，大力发展白牦牛特色产业，一步步走上了脱贫致富路。

在推进乡村振兴中，武威市因地制宜、因人施策，织密防贫监测帮扶网，落实产业就业、教育医疗、住房饮水、社会保障等帮扶措施，做到发现一户、帮扶一户。全面落实农村基本医疗保障政策，脱贫人口、监测人口基本医疗保险参保率和资助率均达100%。加强农户基本住房安全动态监测和改造提升，一处处易地搬迁安置点房屋错落有致，一片片特色致富产业生机盎然。

全市上下把实施乡村振兴战略作为“三农”工作的总抓手，统筹疫情防控和经济社会发展，一手打伞、一手干活，全力做好乡村发展、乡村建设、乡村治理等重点工作，农业农村工作保持了稳中向好的良好态势，乡村全面振兴各项工作稳步推进。

如今，在广阔的武威大地上，一幅幅乡村振兴的时代画卷徐徐展开。

（马开良　王　瑾）

大事记

1月

5日 市委经济工作会议召开，总结武威市2021年经济工作，分析研判当前经济形势，安排部署2022年经济工作。

同日 全省质量大会视频会议在兰州召开，对获得第七届省政府质量奖及提名奖的单位进行表彰，古浪县八步沙林场荣获第七届甘肃省政府质量奖。

6日 市五届人大常委会第一次会议表决通过人事任免案，对新一届市政府工作部门主要负责人及市监委、县区检察院有关负责人进行任命，并进行宪法宣誓。

7日 市纪委监委派驻机构改革工作推进会召开。

11日 全市党史学习教育总结会议召开。

12日 省委常委、省委宣传部部长王嘉毅到武威市调研党史学习教育总结和成果巩固工作。

同日 武威市总林长令第1号《关于切实加强林草资源保护工作的令》发布。

14日 市委五届二次全体会议召开。

15日 新华网甘肃频道、央视网、中国日报网、新甘肃·每日甘肃网、甘肃广电总台·视听甘肃、兰州新闻网等媒体到武威，开展“新春走基层 奶业新篇章”——媒体走进甘肃省乳制品产业链企业主题活动，对武威市奶产业发展进行集中采访。

22日 “冰雪藏乡·共迎冬奥”冰雪文化节启动仪式暨甘肃文旅集团与天祝县人民政府文化旅游产业合作签约仪式在乌鞘岭国际滑雪场举行。

24日 全市安全生产工作暨2022年市安委会第一次全体（扩大）会议召开，通报2021年全市安全生产和防灾减灾工作情况，签订2022年度安全生产、防灾减灾、应急管理和消防工作目标责任书。

27日 五届市政府召开第一次全体会议。

27日至28日 中共中央政治局常委、国务院总理李克强在甘肃省委书记尹弘、省长任振鹤陪同下到金昌、武威考察，看望基层干部群众。

28日 五届市纪委二次全会召开。

2 月

7 日 全市高质量发展产业链链长誓师暨重大项目建设启动大会召开，通报 2021 年全市高质量发展重大项目实施情况，印发 2022 年高质量发展重大项目、省列重大项目、重大前期项目、招商引资重点项目 4 个清单。

15 日 武威市 2022 年频网联动庆元宵歌舞晚会，在市广播电视台各频道及新媒体平台播出。

19 日 武威市举行 2022 年一季度全市重大项目集中开工动员大会。

21 日 共青团武威市四届四次全委（扩大）会议、青年工作联席会议第三次全体会议召开。

24 日 2022 年“凉州讲坛”（第一期）开讲。

25 日 甘肃省第三生态环境保护督察组进驻武威市开展生态环境保护督察。

同日 武威市与甘肃文旅产业集团战略合作协议签约仪式举行。

26 日 市委工作会议召开，总结 2021 年全市政法、组织、宣传、统战工作，安排部署 2022 年工作。

28 日 市文联第三届委员会第七次全体会议召开。

同日 全市创建第七届全国文明城市 2022 年攻坚动员大会召开，总结 2021 年创城工作，安排部署 2022 年创城重点工作任务。

同日 甘肃农村广播《那山那水我代言》节目走进武威市，在凉州区特色农产品展销馆为武威的自然山水、历史文化、项目和发展代言。

3 月

1 日 市委议军会议召开，全面总结全市国防动员和后备力量建设工作，安排部署 2022 年工作任务。

3 日 市青年志愿者协会第三次会员代表大会召开，选举产生协会第三届理事会理事。

4 日 市妇联四届四次执委（扩大）会议召开，安排部署 2022 年全市妇女工作，替补市妇联四届执委，选举市妇联副主席、兼职副主席。

6 日 由市人民医院、市中医医院、武威肿瘤医院、市第二人民医院 200 名医疗人员组成的医疗队，赴兰州新区支援兰州疫情防控工作。

7 日 市新冠肺炎疫情联防联控工作领导小组召开会议，贯彻落实全省新冠肺炎疫情防控工作视频会议精神，听取全市疫情防控工作情况汇报，安排部署疫情防控工作。

8 日 甘肃省武威医学科学院肿瘤医院重离子中心康复楼按期完成重离子康复科设置和放疗一、二、三科搬迁工作，正式开诊。

11 日 2022 年第 3 列“天马号”出口班列（武威—德国汉堡）从武威南站出发，该班列是甘肃省出口货物首次采用单一品名跨境电商报关模式通关的国际货运专列。

16 日 “凉州攻鼓子”荣获第十五届中国民间文艺山花奖。

18 日 武威市新时代文明实践中心办公室、武威市融媒体中心挂牌成立。

24 日 市委五届三次全体会议召开。

25 日 全市 2021 年度河湖长述职会议召开，通报全市河湖长制工作落实及考核情况，听取市、县区河湖长履职情况汇报，安排部署下一阶段工作任务。

30日 市纪委、监委制定出台《武威市纪检监察机关查处诬告陷害做好澄清正名工作办法（试行）》。

31日 武威唐代吐谷浑王族墓葬群入选“2021年度全国十大考古新发现”。

4月

2日 武威市支援兰州新区疫情防控工作的200名医疗队员顺利完成各项任务返回武威。

10日 《武威市奶产业链发展实施方案》公布，提出将武威市建成甘肃乳都和百亿级河西走廊黄金奶源基地目标。

同日 市委、市政府和北京伯璟文化传播有限公司联合拍摄的六集纪录片《梦幻凉州》在中央广播电视总台科教频道《探索·发现》栏目首播。

12日 甘肃省首家“劳动仲裁＋劳动监察＋劳动维权”一站式调处平台——“慧”调解工作室在武威市挂牌成立。

14日 市科协四届委员会第三次会议召开。

15日 市住房公积金管理委员会四届六次会议召开。

16日 民建武威市委员会在民建治沙造林帮扶点凉州区长城镇王家治沙区开展“民建林”揭牌仪式。

22日 武威市实现结婚登记“市内通办”。

23日 市委五届四次全体会议召开。

26日 市政协召开征集《人文武威》《武威文史》稿件座谈会，启动编辑工作。

同日 武威电网“十四五”重点建设工程武威土门330千伏输变电工程开工建设。

5月

5日至9日 省委党校中青年干部培训三班第二调研组到武威市开展“巩固脱贫攻坚成效，加快推动乡村振兴”专题社会调研。

7日 2022年全市全民科学素质工作会议召开。

同日 2022年度“河西民族团结进步示范走廊”联创共建工作动员部署会议暨第19个民族团结进步宣传月启动会议在武威市召开。

11日 武威小林商贸有限责任公司生产的9.5吨芫荽籽顺利出口。这是武威市首次出口芫荽籽。

18日 《武威市深入实施国家节水行动促进水资源节约集约利用实施方案》公布，促进国家节水行动在武威市实施。

19日 全市“干部能力素质提升年”活动安排部署会召开。

20日 《武威市推进新建商品房“交房即交证”改革实施方案》印发实施。

24日 农业农村部调研组到武威市调研农业产业发展情况。

25日 全市抗旱减灾工作会商会议召开，分析当前旱情形势，安排部署抗旱减灾工作。

26日 市五届人大常委会第四次会议对《武威市文明行为促进条例（草案）》进行二次审议。

同日 2022年度全省水文系统应急监测演练在民勤县蔡旗镇蔡旗水文站举行。

27日 市检察院联络人大代表高坝镇工作室揭牌运行。

31日 新一代“天地图·武威”地理信息公共服务平台上线运行。

6 月

2 日 甘肃省第十三届人民代表大会常务委员会第三十一次会议审查批准《武威市人民代表大会常务委员会关于修改〈武威市防沙治沙条例〉的决定》。

7 日 市生态环保产业链党委在市生态环境局揭牌。

7 日至 9 日 2022 年普通高校招生全国统一考试进行，武威市 14372 名考生参加高考。

9 日 民勤入选全省新时代文明实践中心建设试点工作优秀县。

同日 武威鑫牧旺农牧有限公司获得农行“活畜抵押贷款”300 万元，标志着全省首笔“活畜抵押贷款”业务在武威市落地。

同日 全市区域点数法总额预算和按病种分值（DIP）付费暨二级以下定点医疗机构启动改革会召开。

同日 国务院办公厅印发关于对 2021 年落实有关重大政策措施真抓实干成效明显地方予以督查激励的通报，武威市易地扶贫搬迁后续扶持工作成效明显受到激励支持，成为甘肃省唯一受到激励支持的市（自治州）。

10 日 历史传记题材电影《鸠摩罗什》在深圳沙井清平古墟影视小镇开机拍摄。

11 日 全国人大常委会原副委员长、中国关工委主任顾秀莲到武威调研指导新时代少年法庭工作。省政协原副主席、省关工委主任刘立军一同调研。

14 日 武威市绿色生态产业暨国际陆港外向型经济云招商推介会举行。在武威、兰州、南昌、深圳和马来西亚设立会场，采取五地同步、视频连线方式举行云招商活动。

17 日 全省“6·17”第 28 个世界防治荒漠化与干旱日宣传暨荒漠化防治技术培训会在武威市举办。

27 日 市政协向市图书馆捐赠文史资料图书仪式举行，捐赠图书 30 种 3098 册。

28 日 首届如意甘肃文旅产业运营高端论坛主旨演讲在武威举行。

28 日至 7 月 1 日 中共中央政治局委员、中宣部部长黄坤明在甘肃兰州、武威、张掖、嘉峪关等地调研，强调发扬历史主动精神，唱响时代奋进凯歌，激发全社会团结奋斗的信心力量。

7 月

3 日至 5 日 由中国侨联、甘肃省人民政府、中国侨商联合会主办，甘肃省侨联、武威市委市政府承办的“创业中华·筑梦陇原”侨领侨商武威行活动在武威市举行。

5 日 民勤县政府与京东物流签订战略合作协议。

6 日 甘肃武威绿洲农业高效用水国家野外科学观测研究站、西北旱区农业高效节水院士专家工作站揭牌仪式在中国农业大学石羊河实验站举行。

7 日 第二十八届中国兰州投资贸易洽谈会暨丝绸之路合作发展高端论坛在兰州开幕，全国政协副主席、中华全国工商业联合会主席、中国民间商会会长高云龙，省委书记、省人大常委会主任尹弘，省委副书记、省长任振鹤等到武威馆巡馆。

11 日 武威市被中国兰州投资贸易洽谈会组委会授予“优秀组织奖”和“绿色布展奖”。

11 日至 12 日 全国政协农业和农村委员会副主任陈晓华一行到武威市就小农户和现代

农业发展有机衔接开展调研。

25 日 《武威市劳动保障监察行政执法与刑事司法衔接工作实施细则》公布，推动根治拖欠农民工工资工作深入开展。

31 日 武威市学习贯彻习近平总书记在庆祝中国共产主义青年团成立 100 周年大会上的重要讲话精神座谈会召开。

同日 中央储备粮武威直属库有限公司 5 万吨仓储项目开工建设。

8 月

1 日至 4 日 全市县域经济高质量发展暨重大项目观摩活动走进三县一区，对 48 个重大项目进行现场观摩。

6 日 第五届民勤蜜瓜全网发售仪式在民勤县收成镇蜜瓜产业园举行。

9 日 市五届人大常委会第五次会议表决通过《武威市文明行为促进条例》。

10 日 市委五届五次全体会议召开。

12 日 平安武威建设暨扫黑除恶专项斗争表彰大会举行。

16 日 武威“金融通”“文旅通”开通仪式在市数字政府运营中心举行。

同日 市行政审批制度改革工作领导小组会议召开，审议通过《武威市行政许可事项清单（2022 年版）》。

同日 全市宣传部长会议召开，安排部署学习宣传贯彻习近平总书记重要讲话精神和迎接党的二十大宣传报道工作。

16 日至 18 日 省政协副主席康国玺带领调研组，深入武威市就包抓的省列重大项目建设情况进行实地调研。

18 日 五届市政府召开第二次全体会议。

同日 省委副书记王嘉毅到民勤县调研，要求加快推动农业农村高质量发展。

18 日至 19 日 武威市工会代表会议和市总工会四届五次全委（扩大）会议召开。邵新革当选市总工会主席。

19 日 市人大常委会召开《武威市城市绿化条例（草案）》立法调研座谈会。

同日，全省首个以地方党史为主线的共产党员党性教育基地——武威市共产党员党性教育基地建成启用。

同日 古浪县黄花滩生态移民区民生项目集中启用仪式在古浪县干城乡富民新村举行。古浪县黄花滩生态移民区民生项目 76 项、总投资 50.91 亿元。

20 日 武威保税物流中心首批国际公铁联运卡航车队满载 46 车集装箱货物鸣笛出发，分三个批次驶向中欧班列集散中心乌鲁木齐。

21 日 市妇联四届五次执委会议召开，补选市妇联第四届执行委员会委员，选举市妇联主席。

同日 “甲申三百年祭 反腐倡廉话甲申”武威巡展开展仪式在市委党校举行。

同日 由中国社会科学院古代史研究所和武威市委、市政府主办的古代河西走廊的地缘与社会学术研讨会在武威市举行。中国社科院古代史研究所、郭沫若纪念馆，清华大学、浙江大学、兰州大学、云南大学、厦门大学、西北师范大学等科研院所和高校专家学者 40 余人参加研讨。

同日 中国社科院古代史研究所与市政府签订《共同建设凉州文化研究基地的协议》。

21 日至 24 日 天津市蓟州区委书记贺亦农率领蓟州区考察团，到武威市古浪县、天祝县考察对接东西部协作工作。

24 日 全市巡察工作推进会暨五届市委

第二轮巡察工作动员部署会召开。

25日 远景民勤智能风机制造基地一期项目首台风机下线，标志着民勤县新能源装备制造业实现“零”的突破。

26日 武威市快递行业党委正式揭牌成立。

同日 全市防疫情稳经济保安全重点工作推进会召开。

29日 市住房公积金管理委员会五届一次会议召开。

29日至30日 省政协副主席贠建民带领省政协调研组到武威，就“引导农户科学储粮促进农民增产增收”工作开展调研。

30日 武威市总河长令第6号《武威市美丽幸福河湖“五赋两转一打造”实施方案》印发实施。

同日 全国“人民满意的公务员”和“人民满意的公务员集体”表彰大会在北京举行。武威市政府政务服务中心被中共中央、国务院授予全国“人民满意的公务员集体”称号，民勤县退耕还林办公室四级主任科员姜莉玲被中共中央、国务院授予全国“人民满意的公务员”称号。

9月

3日 武威市召开全域美丽幸福河湖“五赋两转一打造”启动会议。

6日 全市数字档案馆（室）建设推进会议召开。

同日 全市基层协商民主建设推进会在民勤县召开。

8日 全市百亿级奶产业链发展现场观摩推进会召开。

13日 市委印发《关于开展向全国“人民满意的公务员”姜莉玲和“人民满意的公务员集体”市政府政务服务中心学习活动的决定》，在全市开展向姜莉玲和市政府政务服务中心学习活动。

14日 国家知识产权局《关于确定国家知识产权强县建设试点示范县和国家级知识产权强国建设试点示范园区的通知》发布，民勤入选国家知识产权强县建设试点县。

16日 武威市2022年“全国科普日”系列活动启动仪式举办。

17日 武威市“喜迎二十大 永远跟党走奋进新征程”农民阅读大赛在武威新城区第一小学举行。

21日 “新武威”移动客户端正式上线运行。

22日 天祝县2022年新能源项目暨三季度16项高质量发展重大项目集中开工，总投资61.76亿元。

26日 “喜迎党的二十大·聚焦‘四强’链主企业”2022全国重点网络媒体甘肃“云采访”活动在武威启动。

27日 武威文庙入选第十批“中国华侨国际文化交流基地”，是甘肃省唯一一家入选的单位。

28日 根据《武威市人民政府关于甘肃广播电视大学武威分校更名为武威开放大学的批复》，武威开放大学揭牌仪式在武威职业学院举行。

10月

1日 经市委同意、省新闻出版局批准，从即日起，《武威日报》全新改版，由周7刊调整为周6刊，周一至周五为正常版，周六周日为周末版。

16日 中国共产党第二十次全国代表大会在北京隆重开幕，武威市各级干部群众通过各种形式，收听收看党的二十大开幕现场直播。

25日 全市党政主要领导干部会议召开，传达学习党的二十大精神，安排部署武威市学习宣传贯彻工作。

27日 省委书记、省人大常委会主任尹弘深入武威市企业和乡村，传达宣传党的二十大精神。

28日 党的二十大代表、市委书记柳鹏到古浪县富民新村传达宣传党的二十大精神。

31日 全市宣传文化系统学习宣传贯彻党的二十大精神电视电话会议召开，传达学习党的二十大精神，安排部署学习宣传贯彻工作。

11月

1日 《武威市文明行为促进条例》从即日起正式施行。

2日 省委常委、省纪委书记、省监委主任王赋深入古浪县宣讲党的二十大精神，调研巩固拓展脱贫攻坚成果同乡村振兴有效衔接工作。

5日 在新华网主办的第九届文化和旅游融合与创新论坛上，武威市荣获“最具文化魅力城市”称号。

6日 新建的兰州至张掖三四线铁路兰武段新乌鞘岭隧道顺利贯通。新乌鞘岭隧道全长17.13千米，是全线最长的特长隧道，也是兰张三四线铁路重点难点工程和控制性工程。

8日 武威市实现不动产转移登记和水电气暖同步过户。

同日 《中国西部地区县域发展监测报告2022》发布，武威市凉州区入围“2022中国西部百强区”名单。

15日 2辆国产“东风牌”EV18轻卡电动汽车搭乘“天马号”中欧班列发往土耳其，这是甘肃（武威）国际陆港首次出口自主品牌新能源汽车。

17日 天祝县赛什斯镇下古城村集中共享动力电服务点利用“共享动力电”完成饲料粉碎，标志着武威首座“共享动力电”设备投入运行。

30日 民勤红沙岗能源化工工业集中区、古浪工业集中区被省政府认定为省级开发区。

同日 党的二十大代表、省委宣讲团成员、市委书记柳鹏通过视频连线形式，向全市高校宣讲党的二十大精神，甘肃畜牧工程职业技术学院、武威职业学院师生代表800余人在线聆听宣讲报告。

12月

8日 凉州区国家现代农业产业园（养殖业和农产品加工）被认定为全省代表性现代农业园区。

9日 武威市新冠肺炎疫情联防联控工作领导小组会议召开，要求全市平稳有序做好政策衔接，确保疫情防控“新十条”在武威落地落实。

10日 武威市印发《复工复产工作方案》《复商复市工作方案》《复学复课工作方案》《新冠肺炎医疗救治工作方案》《返乡人员就近务工及整治拖欠农民工工资工作方案》。

11日 武威市委农村工作领导小组（市实施乡村振兴战略领导小组）全体会议召开。

12日至14日 中国人民政治协商会议武威市第五届委员会第二次会议召开。

13日 政协武威市第五届委员会第二次会议围绕“加大清洁能源及新材料和特色高效农业建设力度,积极融入‘一核三带’区域发展格局”举行专题议政会。

13日至15日 武威市第五届人民代表大会第二次会议召开。

15日 《武威市助力各类市场主体快速复苏若干措施》出台,不断提振市场主体发展信心,更好统筹疫情防控和经济社会发展。

20日 古浪手工地毯非遗工坊、天祝土族盘绣非遗工坊2家企业被确定为省级非遗工坊。至2022年,全市有5家省级非遗工坊。

同日 武威市人民政府与中国三峡新能源(集团)股份有限公司签署甘肃黄羊抽水蓄能电站项目投资开发协议。

(市委党史和地方志研究中心)

市情概览

自然地理

【地理位置】 武威市地处甘肃省中部、河西走廊东端,位于北纬 36° 29′ ~ 39° 27′,东经 101° 49′ ~ 104° 16′。东靠白银市、兰州市,南部隔祁连山与青海省为邻,西与张掖市、金昌市接壤,北与内蒙古自治区相连。南北最大距离 326 千米,东西最大距离 204 千米,总面积 32347 平方千米,其中陆地 31966 平方千米,占 98.8%;水域 381 平方千米,占 1.2%。

【地形地貌】 地处黄土高原、青藏高原和蒙新高原三大高原交汇地带,地势呈西高东低,局部地形复杂,形成明显的三个地理带。南部祁连山区,海拔在 2100 ~ 4800 米,山脉大致呈西北—东南走向,气候冷凉,降水丰富,有利于林业和畜牧业的发展。中部平原绿洲区,海拔 1450 ~ 2100 米,地势平坦,土地肥沃,是全省和全国重要的粮、油、瓜果、蔬菜生产基地。北部荒漠区,海拔 1300 米左右,干旱少雨,日照充足,是沙生植物、名贵药材的主要产地。境内最高峰天祝冷龙岭主峰咔哇掌位于县境西北,海拔 4872 米,最低点民勤白亭海位于民勤县北部,海拔 1020 米。

【气候】 属温带大陆性干旱气候,其特点是四季分明,冬寒夏暑,气温日、年变化大;降水较少,分布不均;蒸发量大,气候干燥,干旱发生频率高;太阳辐射强,光照充足;无霜期较短,冻害天气多。春季升温迅速,冷空气侵袭频繁,大风沙尘天气多,有效降水少。夏季高温炎热,降水相对较多,局地强对流天气造成的暴雨、冰雹时有发生。秋季较短而降温迅速,秋高气爽。冬季长而严寒,天气干冷,降雪少。多年平均气温 7.7℃, 1 月平均气温 -7.9℃,极端最低气温 -32.0℃(1991 年 12 月 27 日凉州区);7 月平均气温 21.4℃,极端最高气温 41.7℃(2010 年 7 月 30 日民勤县)。最低月均气温 -13.2℃(2011 年 1 月),最高月均气温 24.3℃(2010 年 7 月)。平均气温年较差 29.4℃,最大日较差 32.3℃(1965 年 3 月 15 日民勤县)。生长期年平均 191 天,无霜期年平均 154 天,最长达 190

天，最短为100天。年平均日照时数2811.4小时。0℃以上持续期249天（一般为3月10日至11月14日）。年平均降水量212.2毫米，年平均降雨日数为64天，最多达125天（2010年古浪县），最少为24天（1997年民勤县）。极端年最大雨量273.5毫米（2012年），极端年最少雨量125.8毫米（1962年）。降雨集中在每年6月至9月，8月最多。2022年平均气温8.1℃，比2021年下降0.1℃。年日照时数2691.8小时，比2021年增加26.9小时。年降水量244.8毫米，比2021年减少25.7毫米。

【水文】 武威境内有黄河流域与内陆河石羊河流域。黄河流域在武威境内过界水量23.15亿立方米，通过长度68千米，流域主要有大通河、金强河、松山河、新堡河、石门河5条水系10条河流，其一级沟22条291千米，二级沟1049条1023千米，三级沟1248条769千米，沟壑密度1.95千米/平方千米，黄河流域面积3620.22平方千米，占武威市域面积的11%。石羊河流域总面积4.16万平方千米。石羊河流域武威属区面积2.91万平方千米，占武威市域面积的87.7%。从东到西有大靖河、古浪河、黄羊河、杂木河、金塔河、西营河、东大河、西大河8条河流，8条一级河流总长717千米，二级河流118条1804千米，三级河流3149条5503千米，四级河流4641条4084千米，河网平均密度1.57千米/平方千米，产流面积1.11万平方千米，多年平均径流总量15.60亿立方米。2022年年末7座重点水库蓄水总量1.04亿立方米，比2021年年末增长20%。全年总用水量14.37亿立方米，比2021年下降3.3%。

【土壤】 武威地跨祁连山区、河西走廊、腾格里沙漠三大地貌单元，地质结构复杂，地貌特征多样，土壤呈现多样性，从西南到东北差异很大。西南部高山地区土壤有明显的垂直地带性变化规律，东北部地区地势平缓，土壤和植被变化过渡平缓。按照地势高低依次分布，有高山寒漠土、高山草甸土、亚高山草甸土、山地灰褐土、山地黑钙土、山地栗钙土、灰钙土、潮土、灰漠土、草甸土、红土、盐土、风沙土、绿洲灌淤土、沼泽土等。

【植被】 武威地区地形地貌多种多样，自然植被的分布也呈多样性。山区属垂直分布，平原、绿洲、盆地带状或片状分布。主要有高山寒漠稀疏植被、高山草甸植被、亚高山灌丛草甸植被、森林植被、灌丛草甸植被、干旱草原植被、浅山草原植被、丘陵荒漠植被、平原区荒漠化草原植被、荒漠植被等。

【矿藏及资源】 境内发现有黑色金属（铁、锰、钒、钼）、有色金属（铜、铅、锌、镍）、贵金属（金、银）、稀土（镧、铈）、能源（煤炭、油页岩）、化工（芒硝、湖盐、磷、重晶石、硫铁）、建材（石膏、石灰岩、砂石砾料、砖瓦黏土）、冶金辅料（白云岩、萤石、石英岩）及其他非金属矿产（石墨、高岭土、滑石、水晶）和地热、矿泉水等10类36个矿种。发现的各类矿床和矿点有100余处。境内有林地758万亩，森林覆盖率12.1%，比全国和全省分别低8.3和1.36个百分点。

【物产】 武威物产丰富，自古就是“人烟扑地桑柘稠”的富饶之地，地势平坦，风能、光热资源丰富。武威农业资源得天独厚，是全省瓜果及肉类生产基地，也是绿色食品最佳产区之一，更是酿酒葡萄的绝佳产地，日光温室蔬菜、肉蛋奶以及特色林果等发展优势明显。奶牛、羊、猪、禽存栏和设施蔬菜、食用菌产量均列全省第一位。所辖县区被誉为“中国食用菌之乡”“中国蜜瓜之乡”“中国茴香之乡”“中国人参果之乡”“中国高原藜麦之都”“中国高原夏菜之乡”“中华苏武沙羊美食之乡”等。

历史人文

【建置沿革】 中国历史文化名城武威,为丝路重镇、天马之乡、五凉古都、西夏辅郡、佛教圣地,是民族融汇之地、文明储聚之所。凉州区磨嘴子、天祝县东坪的马家窑文化,凉州区皇娘娘台、海藏寺的齐家文化,民勤县沙井子、古浪县暖泉的沙井文化等,证明从新石器时代起武威先民就在此繁衍生息。周为雍州,春秋以前为西戎占据。秦为月氏驻牧地。西汉文帝前元六年(前174),匈奴击败月氏,占领河西。匈奴休屠王筑盖臧(即姑臧)城。元狩二年(前121)春,汉武帝派骠骑将军霍去病出陇右击匈奴,使整个河西走廊纳入西汉版图。后设置武威、酒泉、张掖、敦煌四郡,武威郡辖10县,以姑臧(今凉州区)为治所。三国时,魏黄初元年(220)十月文帝曹丕重置凉州,辖武威等7郡,州治武威郡姑臧县,武威郡辖9县。东晋十六国时,姑臧县是“五凉”中前凉、后凉、南凉、北凉的都城。隋朝时先设凉州,大业三年(607)改州为武威郡,郡治姑臧。唐初仍沿用隋朝建置,贞观元年(627)唐分全国为10道,凉州属陇右道。天宝元年(742)改凉州为武威郡。广德二年(764),武威被吐蕃占据。五代宋元时期,为西凉府。其中,西夏占据武威时期,武威为西夏辅郡。明置凉州卫。清初袭明制。雍正二年(1724),撤凉州卫、镇番卫、永昌卫,分别设武威县、镇番县、永昌县;撤古浪守御千户所,置古浪县;撤庄浪卫,置平番县,并设庄浪厅。同时,置凉州府,辖武威、永昌、镇番(今民勤)、古浪、平番(今永登)5县及庄浪厅,府治武威县。民国时期,废府、州,设道。武威、永昌、镇番、古浪、平番、张掖、民乐、山丹、抚彝9县属甘凉道。后废道设行政督察区。1936年7月,第六行政督察区成立,辖武威、民乐、民勤、永昌、山丹、张掖、临泽、古浪8县,治所武威。1949年10月,甘肃行政公署武威分区专员公署成立,下辖武威、永登、景泰、古浪、民勤、永昌6县。1950年5月,天祝自治区人民政府成立,归武威分区管辖,撤销张掖分区,张掖、民乐、山丹3县划归武威分区;将景泰县并入靖远县。1955年10月,武威、酒泉两专区合并,成立张掖专区。1961年11月,恢复武威专区,辖武威、民勤、永昌、古浪和天祝藏族自治县。1963年10月,永登、景泰2县划归武威专区。1969年7月,内蒙古自治区的阿拉善右旗划入武威专区。1970年3月,永登县划归兰州市。1979年7月,阿拉善右旗划归内蒙古自治区管辖。1981年2月,永昌县划归金昌市管辖。1985年4月,撤销武威县,设立县级武威市。同年5月14日,景泰县划归白银市,武威地区辖县级武威市及民勤、古浪和天祝三县一市。2001年5月,撤销武威地区设立地级武威市,辖凉州区、民勤县、古浪县和天祝藏族自治县三县一区。

【行政区划】 武威市辖凉州区、民勤县、古浪县和天祝藏族自治县三县一区,有93个乡镇(9个乡84个镇),九墩滩、邓马营湖2个开发指挥部,9个街道办事处,78个社区居委会,建制村1054个。

【人口】 2022年,全市常住人口144.51

万人，比2021年年末增加0.18万人。其中，城镇人口71.31万人，占常住人口比重（常住人口城镇化率）为49.35%，比2021年年末提高1.13个百分点。全年出生人口1.13万人，出生率为7.84‰；死亡人口1.52万人，死亡率为10.55‰；人口自然增长率为-2.72‰。

2022年年末武威市人口数及构成表

表1

指　标	年末数（万人）	比重（%）
常住人口	144.51	100
其中：城 镇	71.31	49.35
乡 村	73.20	50.65
其中：男 性	72.95	50.48
女 性	71.56	49.52
其中：0–14岁	24.47	16.94
15–59岁	92.10	63.73
60岁及以上	27.94	19.33
其中：65岁及以上	20.96	14.51

【方言】 根据方言特点划分，武威方言属汉语北方方言的西北次方言。武威方言包括凉州话、天祝话、古浪话和民勤话。汉辟河西前，这里居住着月氏、匈奴等少数民族，河西纳入中原王朝版图后，有大量中原官吏、将士、移民迁入河西，还有长期居住在河西的少数民族，如吐蕃、党项、蒙古、藏等民族语言的影响，这就产生武威方言。武威方言，前人没有做过系统的叙述。1929年，武威籍学者李鼎超著有《武威县志方言志》，后更名《陇右方言》，1988年由兰州大学出版社出版。

【民族】 武威市常住人口144.51万人，聚居着汉、藏、回、蒙等41个民族，有藏、土、回、蒙等40个少数民族8.13万人，占全市常住人口的5.6%，少数民族人口分布呈现“大杂居、小聚居”的特点。

【宗教】 全市有信教群众约11.3万人，占全市常住人口的7.7%，有批准开放宗教活动场所95处（其中：固定宗教活动场所16处），有认定备案宗教教职人员767人，有市级宗教团体2个、县级宗教团体13个。

【民俗】 武威地处西北边陲，西汉前为月氏、匈奴等游牧民族聚居之地，或土屋而居，或穹庐而处，以游牧为生，其风情习俗颇殊内地。汉武以后，开疆置郡，武威渐为汉族与其他民族杂居之地，农牧业相继发展。汉王朝为了增强河西走廊实力，实行“徙民实边”政策，中原汉族大批迁徙河西，于是社会风情习俗逐渐接近中原。自晋以后，由于少数民族首领割据中原，中原动乱，文人学士相继西至河西，归附前凉，使河西成了当时保留中原文化习俗的地区之一，出现史书所载“自张氏以来，号有华风”的局面。人民节俭淳朴，勤劳憨直，“敦礼让，质而不野”。旧志记载“凉之俗,士短于世不供,农阙于蚕不情,工歉于精密不淫,商贾薄于货财不诈”。明清以来,人口增长,农业有所发展。中华人民共和国成立后,经济建设日益繁荣,交通事业迅速发展,人口来往交流频繁,相应的社会习俗也在不断变化发展,形成酒俗、留须、祝寿、备棺、穿红袄、送奶、洗三、过满月、拜干亲等习俗。

【历史名人】 武威英才辈出,人文荟萃。三国时期有名的谋士贾诩、南北朝时期的著名诗人阴铿、唐代被誉为清廉忠烈之士的段秀实、颇负盛名的边塞诗人李益、被誉为善为人师的清代河西著名教育家尹绾、被清雍正帝封为“灌顶普善广慈大国师”的章嘉·若贝多吉活佛、学术成就颇丰的清代学者张澍、领导武威农民大暴动的反清义士齐飞卿、在北京“三·一八”惨案中壮烈牺牲的陇上英烈李闽学等人物,都是这片土地孕育的时代精英。

【文化遗产】 武威是古丝绸之路要冲,现查明和公布的不可移动文物1029处,其中,全国重点文物保护单位13处、省级文物保护单位49处、市县级文物保护单位282处。全市国有收藏单位收藏可移动文物51807件(套)。有中国旅游标志马踏飞燕的出土地雷台汉墓、举世无双的西夏碑、中国“石窟鼻祖”天梯山石窟、西藏纳入中国版图的历史见证地凉州会盟纪念馆、“陇右学宫之冠”武威文庙、佛学大师鸠摩罗什“舌舍利”塔和西北保存最完整的地主庄园民勤瑞安堡等名胜古迹。国家AAAA级旅游景区10处、AAA级旅游景区10处、AA级旅游景区2处,雪域高原、绿洲风光和大漠戈壁等自然景观与历史文化交相辉映,具有较高的开发利用价值。

【凉州文化】 武威历史悠久,文化底蕴深厚,是古丝绸之路上的重镇,素有“四凉古都、河西都会”之美称。凉州文化是一种地域文化,是中国传统文化的重要组成部分。广义上,虽然不同历史时期武威、张掖、酒泉、敦煌等地的文化面貌有一定差别,但是河西地区作为一个相对独立的地理单元,其经济、社会、文化的发展具有一体化特质,所以凉州文化将武威及其周边的文化辐射区包括在内。狭义上,不同历史时期武威的地位都十分重要,中古时期一度成为西北地区经济、政治、军事与文化的中心,积淀了丰富而独特的历史文化资源。

城市地标

【中国旅游标志铜奔马】 铜奔马,别称马踏飞燕、马超龙雀、马袭乌鸦、鹰掠马、马踏飞

图5 武威市城标——中国旅游标志铜奔马
(刘 忠 摄)

隼、凌云奔马等，为东汉青铜器。铜奔马身高34.5厘米，身长45厘米，宽13厘米，重7.15千克。形象矫健俊美，别具风姿。马昂首嘶鸣，躯干壮实而四肢修长，腿蹄轻捷，三足腾空、飞驰向前，一足踏飞燕。1969年10月出土于甘肃省武威市雷台汉墓，现藏于甘肃省博物馆。1983年10月被国家旅游局确定为中国旅游标志，1986年被定为国宝级文物，2002年1月被列入《首批禁止出国（境）展览文物目录》。

【市树市花】 2021年2月3日，武威市四届人大常委会第三十三次会议确定武威市市树为国槐，市花为月季。市树市花是一座城市地域特点和人文特色的象征。国槐树干端直、树冠宽广、枝多叶密，树龄长、耐旱耐寒，是良好的绿化树种，也是武威市的乡土树种，国槐还有吉祥、幸福、美好的象征意义。月季株型多姿，花容秀美，花色艳丽，芳香馥郁，既是中国十大传统名花，也是世界主要花卉，享有“花中皇后”之美誉，被赋予“持久、永恒、长寿、吉祥”的美好寓意。月季花适应性强，生命力旺盛，象征着全市人民蓬勃向上的生命力和活力。

【新时代武威精神】 2019年11月3日，中国共产党武威市第四届委员会第十次全体会议审议通过《中共武威市委关于将八步沙“六老汉”困难面前不低头、敢把沙漠变绿洲的当代愚公精神作为新时代武威精神的决议》，将八步沙“六老汉”困难面前不低头、敢把沙漠变绿洲的当代愚公精神作为新时代武威精神。新时代武威精神内涵包括：矢志坚守、接续奋斗的创业精神；不畏艰难、实干苦干的拼搏精神；敢为人先、勇于探索的进取精神；任劳任怨、担当作为的奉献精神。

【武威市城市精神】 2018年4月19日，市委四届55次常委会会议审定通过“崇文尚德、包容创新”为武威市城市精神。“崇文”是武威文化特征的概括。历史悠久，底蕴深厚，崇文重教，文化兴盛，文脉绵长，以文化人，是武威崇尚文化的鲜明特质；“尚德”是武威人精神境界的体现。武威历来尊崇厚德载物、以德为先、以德育人，人民勤劳节俭，自强不息，尊老爱幼，倡兴仁义，有乐善大气的精神品格；“包容”是武威人地域精神的特质，独特、重要的地理位置，造就了武威兼容并蓄的宽阔胸襟和有容乃大的精神气度，各民族和衷共济，和睦相处，团结互助，共同进步；“创新”是武威人精神动力的诠释。武威物华天宝，人杰地灵，创新精神厚重，敢于创造、与时俱进。

经济社会发展

【经济发展】 2022年，全市地区生产总值663.4亿元，比2021年增长6.0%。其中，第一产业增加值215.1亿元、增长6.5%；第二产业增加值121.3亿元、增长7.5%；第三产业增加值327.0亿元、增长5.2%。三次产业结构比为32.4∶18.3∶49.3。按常住人口计算，人均地区生产总值45932元、增长6.5%。实现农业总产值379.7亿元、增长7.7%，八大优势主导产业产值287.1亿元、占农业总产值比重75.6%。工业增加值88.2亿元、增长9.4%。规模以上工业增加值增长9.7%。固定资产投资比2021年增长18%。实施500万元及以上项目610项，完成投资比2021年增长27.72%。实施招商引资项目234项，落实到位资金299.04亿元、增长27.6%。实现社会消费品零售总额167亿元、增长3.1%。实现外贸进出口总额69976.9万元、增长 50.4%。完成一般公共预算收入 27.8 亿元，增长 5.06%。完成一般公共预算支出 237.12 亿元、增长 16.26%。

2022 年武威市城乡居民家庭人均收支情况一览表

表 2

指　标	城镇居民		农村居民	
	绝对数（元）	比 2021 年增长（%）	绝对数（元）	比 2021 年增长（%）
可支配收入	35244	4.3	15899	7.0
工资性收入	27400	4.7	4548	6.9
经营净收入	2140	3.5	9214	7.3
财产净收入	1555	1.6	219	4.9
转移净收入	4149	3.4	1917	6.0
生活消费支出	27412	6.0	13403	8.7
食品烟酒	8183	1.6	4283	6.5
衣　着	2966	3.4	815	9.8
居　住	5227	7.9	2352	13.1
生活用品及服务	1453	7.1	605	11.6
交通通信	3081	7.9	1851	7.3
教育文化娱乐	3886	9.9	2089	5.4
医疗保健	2257	12.0	1237	14.4
其他用品和服务	360	6.8	171	4.8

【生态文明建设】 2022 年，全市完成造林面积 24.11 万亩。其中林业重点工程完成造林面积 10.8 万亩。森林覆盖率（含保护区）达到 19.01%。全年水资源总量 14.93 亿立方米，人均水资源量 1036 立方米。总用水量 14.37 亿立方米，比 2021 年下降 3.3%。其中，生活用水 0.89 亿立方米、增长 10.9%，工业用水 0.21 亿立方米、下降 46.5%，农业用水 11.32 亿立方米、下降 5.8%，生态用水 1.95 亿立方米、增长 17.5%。万元生产总值用水量 216 立方米、下降 19.7%，万元工业增加值用水量 24.9 立方米、下降 53.7%。城市污水处理厂日处理能力 9 万立方米，城市污水处理率 98.61%。城区集中供热面积 2321.3 万平方米，城市生活垃圾无害化

处理率100%，城市建成区绿地率36.66%。全市14个地表水监测断面中，达到或优于Ⅲ类断面比例为100%。城市空气质量优良天数达到289天，优良天数比率为79.4%。

【社会事业】 全市有各级各类学校和幼儿园948所，在校（园）学生（幼儿）271616人。九年义务教育巩固率达100%。学前三年毛入园率96.17%。组织实施科技项目147项，登记各类科技成果85项。获得授权专利1136件，有效发明专利307件，每万人口有效发明专利拥有量2.12件。有艺术表演机构2个，文物保护机构23个，图书馆5个，国有博物馆纪念馆11个，文化馆5个，乡镇文化站101个。村（社区）综合性文化服务中心建成率达100%。广播节目综合人口覆盖率为99.6%，电视节目综合人口覆盖率为99.85%。全年接待游客947.8万人次，实现旅游综合收入57亿元。有医疗卫生机构1930个，卫生技术人员14206人，医疗卫生机构床位14481张。全年总诊疗人次901.34万人次，出院人数30.5万人。有体育场地5655个，体育场地面积355.22万平方米，人均体育场地面积2.42平方米。

【居民生活】 全年城镇居民人均可支配收入35244元、增长4.3%，城镇居民人均消费支出27412元、增长6%；农村居民人均可支配收入15899元、增长7%；农村居民人均消费支出13403元、增长8.7%。城镇新增就业18281人，年末城镇登记失业率为3.3%。企业职工基本养老保险参保人数18.09万人，机关事业单位工作人员养老保险参保7.43万人，城乡居民基本养老保险参保人数90.73万人。失业保险参保人数11.75万人，领取失业金人数2444人。工伤保险参保人数15.87万人，享受工伤保险待遇人数1638人。城镇职工基本医疗保险参保人数16.11万人，城乡基本医疗保险参保人数141.55万人。城镇居民最低生活保障救助人数1.31万人，农村最低生活保障救助人数5.33万人，农村特困供养0.58万人。年末有福利院1所，在院人数172人；民办养老机构7所，拥有床位4188张；农村敬老院9个。各类养老机构拥有床位数7548张，在院人数3090人。

（市统计局、市委党史和地方志研究中心）

中国共产党武威市委员会

综　述

【概况】 2022年，在甘肃省委的坚强领导下，武威市全市上下坚持以习近平新时代中国特色社会主义思想为指导，全面贯彻党的十九大和十九届历次全会精神，认真学习宣传贯彻党的二十大精神，深入学习贯彻习近平总书记对甘肃重要讲话重要指示批示精神，全面落实“疫情要防住、经济要稳住、发展要安全”的重要要求，坚决落实党中央和省委重大决策部署，更好统筹疫情防控和经济社会发展，更好统筹发展和安全，辩证地看、科学地谋、务实地干，经济发展稳中向好，改革开放不断深化，生态文明建设持续推进，人民生活品质稳步提高，社会大局保持和谐稳定，党风政风民风昂扬向上，“十四五”规划实施进展顺利，“六个新武威”（产业更优、发展强劲，绿色低碳、生态文明，文化繁荣、社会文明，城乡融合、美丽宜居，治理高效、平安和谐，人民幸福、共同富裕的新武威）建设迈出坚实步伐。

【学习宣传贯彻党的二十大精神】 坚持把学习宣传贯彻党的二十大精神作为首要政治任务，组织全市各级党组织和广大党员干部深学细悟、笃信笃行，在全市迅速掀起学习宣传贯彻热潮。市委常委会会议第一时间传达学习，并通过召开市委理论学习中心组学习会、交流学习心得、邀请专家辅导等方式，深入学习、准确把握党的二十大精神，真正用以统一思想、统一意志、统一行动。市级领导干部带头深入基层一线开展传达宣传宣讲活动39场次，以“关键少数”带动“绝大多数”。市委组建宣讲团，县区组建70多个宣讲组和600多个宣讲小分队，分层分级开展宣讲，推动学习宣传贯彻持续走深走实。各级各类媒体加大宣传报道力度，全方位、多层次、多声部宣传党的二十大精神和党员干部群众贯彻落实的生动实践，营造了学习宣传贯彻的浓厚氛围。

【政治建设】 坚持和加强党的全面领导，旗帜鲜明讲政治，把政治标准、政治要求贯彻到工作全过程和事业发展各方面。严肃党内政治生活，严格落实“三会一课”、谈心谈话、民主评议党员等制度，推动党内生活常态化、规范化、制度化。严守党的政治纪律和政治规矩，严格执行民主集中制，发展积极健康的党内政治文化。加强思想政治引领，引导党员干部群众把准政治方向，增强政治敏锐性和政治鉴别力，共同担负起爱党、为党、兴党、护党的责任。

【经济高质量发展】 加强党对经济工作的全面领导，实施强科技、强工业、强县域行动，努力盘活存量、引入增量、提高质量、增强能量、做大总量，全市经济运行呈现逆势而进、稳步提质的良好态势。2022年，武威市2次获得省政府高质量发展重点工作“进步奖”。全年实现生产总值663.4亿元、增长6%，规上工业增加值增长9.7%，社会消费品零售总额增长3.1%，固定资产投资增长18%，城镇居民人均可支配收入35244元、增长4.3%，农村居民人均可支配收入15899元、增长7%，一般公共预算收入增长5%，一般公共预算支出增长17.3%。

【现代农业】 深度建设沿山沿川沿沙“三大特色产业带”，推动牛羊猪禽果菜菌草“8+N”现代农业优势主导产业园区化、规模化、品牌化发展，努力建设西北丝路寒旱农业发展示范基地、甘肃乳都和百亿级河西走廊黄金奶源基地。全市奶牛、羊、猪、鸡存栏和设施瓜菜、食用菌、藜麦产量均居全省第1位，农业增加值连续9年稳居全省第1位。新认证“三品一标”7个，达到332个，新增“甘味”品牌11个。

【生态工业】 深入实施绿色工业突破行动，突出打造奶产业、特色农产品及食品加工、新能源及装备制造3个百亿级产业集群。奶业全产业链产值突破60亿元、增长72%，食品工业全产业链产值达到318亿元、增长16.9%。风光电项目装机规模达到465万千瓦，新能源及装备制造产业实现产值62亿元。武威工业园区获评国家级绿色工业园区，民勤红沙岗工业集中区、古浪工业集中区升级为省级开发区。全市规上工业企业达到211家、高新技术企业达到69家。

【文化旅游业】 坚持以文塑旅、以旅彰文，

图6　市民在公共体育场观看党的二十大开幕式　（董海霞　摄）

推进文化和旅游深度融合发展。雷台文旅综合体、历史文化街区即将建成，凉州会盟纪念地项目前期工作加快推进。武威唐代吐谷浑王族墓葬群入选“2021年度全国十大考古新发现”。铜奔马AAAAA级旅游景区创建进展顺利，民勤县沙井文化民俗旅游景区创建为AAAA级旅游景区。

【重大项目建设】 实施高质量发展重大项目248个，完成投资360.8亿元，11个省列重大项目超额完成年度目标任务。兰张三四线铁路中川机场至武威段控制性工程新乌鞘岭隧道提前2个月贯通。北仙高速西渠至武威段通车。引大延伸增效工程列入国家《“十四五”水安全保障规划》。黄羊抽水蓄能电站完成核准。全市已建成调蓄水池调蓄能力达到4930万立方米。

【推进乡村振兴】 全力保障粮食安全，严格落实“藏粮于地、藏粮于技”战略，新建高标准农田47万亩，建成226.4万亩，整治撂荒地42.43万亩；粮播面积达到240.31万亩，粮食产量达到124万吨。加快推进乡村建设，坚持规划引领，编制完成“多规合一”实用性村庄规划755个，实现发展类村庄规划全覆盖。深入实施乡村建设示范行动，打造省级示范镇3个、示范村34个，实施生态及地质灾害避险搬迁3343户，新改建农村公路2054千米。深入开展农村人居环境整治提升行动，新改造农厕6768座，完成17.8万座、占常住农户总数的77.6%。加强乡村治理，推行乡村网格化管理、数字化赋能、精细化服务，乡村治理能力现代化水平不断提升。民勤县被纳入国家乡村振兴示范县创建名单。巩固提升脱贫成果，健全完善防止返贫动态监测和帮扶机制，因户因人、分层分类落实帮扶措施，坚决守牢不发生规模性返贫的底线。易地扶贫搬迁后续成效明显，获国务院大督查通报表扬。

【全域生态文明建设】 坚持山水林田湖草

图7　11月17日，在腾格里沙漠民勤县沙嘴墩—土圈梁区域实施秋冬季压沙工程　（王惠民　摄）

沙一体化保护和系统治理，加快民勤生态示范区建设、八步沙区域生态治理，完成人工造林24.11万亩、封育8.5万亩、压沙22.47万亩，治理退化草原89.66万亩，建设碳汇储备林5.1万亩，实施国土绿化提质增效12.7万亩，武威市创建为“省级森林城市”，金强河创建为“省级美丽幸福河湖”。全力打好污染防治攻坚战，持续深入打好蓝天、碧水、净土保卫战，全市9个地表水国控、省控断面及集中式饮用水水源地水质全部达标。深入实施国家节水行动，三县一区全部创建为全国县域节水型社会达标县。加快城镇供排水管网改造和节水器具推广，污水处理提标改造工程全部建成投运，城市再生水利用率达到46%。

【各领域改革】 加快推进各领域改革，经济、文化、司法等8个领域改革蹄疾步稳向纵深推进，一些重点领域和关键环节改革不断取得新进展、新突破。主动融入“一带一路”，武威国际陆港铁路集装箱场站建成投运，木材产业园加快建设，发运“天马号”中欧班列21列，货运总值增长37.6%。新增外贸企业43家，达到387家。全市进出口总额6.29亿元，增长53.9%、居全省第1位。不断优化营商环境，全面开展营商环境升级行动，数字政府12个系统平台在全省率先上线，政务服务事项全程网办率达到95%，企业开办压缩至1个工作日。城市信用排名跃居全国第60位，成为全省进入全国信用百强的4个城市之一。出台55条稳住经济一揽子政策措施，积极为企业排忧解难。全市新注册市场主体1.76万户，增长6.75%。

【保障和改善民生】 民生支出占一般公共预算支出的84.3%。坚决有力打好疫情防控主动仗，全面贯彻落实中央和省委决策部署，按照第九版防控方案要求，坚持不懈抓好常态化疫情防控，以快制快、有效处置输入的两轮疫情。全面加强就业和社会保障，城镇新增就业1.8万人，富余劳动力转移就业40.3万人。加快基础教育扩容提质，新增园位、学位5230个。武威职业技术大学申办工作进入教育部批复环节，成立武威开放大学。

【全国文明城市创建】 大力实施城市更新行动，改造老旧小区193个、1.3万户，打通“断头路”、整治背街小巷37条，新建城市小游园15个，新增和提质改造城市绿地156万平方米，城市建成区绿地率达到36.66%。持续开展停车设施建设管理“一难两乱”专项整治，新建停车场16个，新增盘活停车泊位3.3万个。依法化解国有土地上已售城镇住宅历史遗留“登记难”问题，化解7.44万套，化解率达到98.5%。

【主题宣传】 加强宣传引导，广泛组织开展“奋进新征程·建功新时代”等主题采访活动，开设《我们这十年》等40多个专题专栏，加大宣传报道力度，讲好武威故事，传播武威声音，凝聚发展正能量。

【精神文明建设】 颁布实施《武威市文明行为促进条例》，持续开展社会主义核心价值观培育、未成年人思想道德建设、城市荣誉建设等“十大提升行动”，深入开展精神文明创建和先进典型选树活动，涌现出全国“人民满意的公务员”姜莉玲和全国“人民满意的公务员集体”市政府政务服务中心等一批先进典型。成立市新时代文明实践中心办公室，全市实现中心（所、站）建设三级全覆盖。市融媒体中心挂牌成立，“新武威”客户端上线运营。持续整治薄养厚葬、铺张浪费，推进移风易俗，涵养文明乡风。深入推进“书香武威”建设，《梦幻凉州》在中央广播电视台首播，并入选优秀国产纪录片推荐目录。舞蹈《凉州攻鼓子》获中国民间文艺“山花奖”，电影《八步沙》获第34届金鸡奖提名。武威市在第十五届省运会上获得奖牌85枚，市体育场建成投用。

【民主法治建设】 推进社会主义民主法治建设，加强和改进市人大、市政协工作，支持依法依章履行职能。充分发挥统一战线法宝作用，完善大统战工作格局。支持工会、共青团、妇联等群团组织依法依章履行职责。深入推进铸牢中华民族共同体意识教育“石榴籽”工程，“凉州会盟”纪念馆、八步沙“六老汉”治沙纪念馆被确定为甘肃省首批铸牢中华民族共同体意识教育基地，武威市入选第十批全国民族团结进步示范区拟命名名单。

【平安武威建设】 高标准推进市域社会治理现代化试点，深入开展“平安细胞”工程创建，建成智慧安防小区462个。全面落实“八五”普法规划，建成武威市民法典公园，打造法治文化广场73个。常态化推进扫黑除恶，统筹抓好重点信访事项化解和安全生产、食品药品安全、应急管理、防灾减灾救灾工作。武威市连续5年被省委、省政府评为“平安甘肃建设优秀市”。

【基层党组织建设】 牢固树立大抓基层鲜明导向，扎实开展“基层党建质量提升年”活动，深入推进抓党建促乡村振兴、促基层治理、促高质量发展“三抓三促”（抓学习促提升、抓执行促落实、抓效能促发展）活动，实施基层党建“十百千”（在全市范围选树10个党建引领村集体经济发展市级示范点、100个党建引领乡村振兴样板村、1000个党员先锋引领示范岗）工程，创建“五星级”党支部613个，建立新业态新就业群体党组织56个，各领域基层党组织政治功能和组织力明显增强。深化货车司机群体党建工作试点，打造集续航补给、关爱服务功能于一体的“红色驿站·武威印象”51个。

【干部队伍建设】 坚持把政治标准作为选人用人首要标准，制定《市管干部政治素质考察操作规程》，任免县级干部14批500人次。建立健全人才政策体系，签约引进急需紧缺人才330名。严格稳妥推进县以下事业单位管理岗位职员等级晋升工作，统筹编制解决1083名民生项目人员入编问题。加强党员干部党性教育，建成启用武威市“四史”教育馆。

【正风肃纪反腐败】 加固落实中央八项规定精神堤坝，查处“四风”问题59件，批评教育帮助和处理137人、处分29人。深入开展重点领域侵害群众利益突出问题专项整治，查处群众身边腐败和作风问题85件，批评教育帮助和处理221人、处分41人。部署开展五届市委第一轮、第二轮巡察，巡察单位272个，发现问题3765个。巩固发展反腐败斗争压倒性胜利，处置线索1515件，立案639件，处分596人，查处职务违法职务犯罪案件31件37人。

重要会议

【市委全体会议】 2022年，市委第五届委员会召开4次全体会议。

市委五届二次全体会议 1月14日，市委五届二次全体会议召开。会议酝酿表决党的二十大代表候选人推荐人选。

市委五届三次全体会议 3月24日，市委五届三次全体会议召开。会议无记名投票确定武威市出席省第十四次党代会代表候选人预备人选，审议《关于召开中国共产党武威市代表会议的决定（草案）》。

市委五届四次全体会议 4月23日，市委五届四次全体会议召开。会议民主推荐十四届省委委员、候补委员和省纪委委员候选人初步建议人选。

市委五届五次全体会议 8月10日，市委五届五次全体会议召开。会议传达学习习近平总书记在省部级主要领导干部“学习习近平总书记重要讲话精神，迎接党的二十大”专题研讨班上的重要讲话精神、全省党政主要领导干部会议精神，审议通过市委常委会工作报告、《中国共产党武威市第五届委员会第五次全体会议决议》。市委书记柳鹏受市委常委会委托作工作报告，并对贯彻落实党中央和省委决策部署、做好全市下半年各项工作提出要求。市委副书记、市长王国斌报告上半年全市经济社会发展情况。

【市委常委会会议】 2022年，市委第五届委员会召开常委会会议43次。

市委五届六次常委会会议 1月4日，市委五届六次常委会会议召开，市委书记柳鹏主持会议。会议传达学习习近平总书记二〇二二年新年贺词和在全国政协新年茶话会上的重要讲话，在中央政治局专题民主生活会上的重要讲话精神，对党史学习教育、做好“三农”工作作出的重要指示精神，以及中央、省委有关会议精神；听取市人大常委会、市政府、市政协、市中级人民法院、市人民检察院党组工作汇报，安排部署相关工作；审议《市委常委会党史学习教育专题民主生活会实施方案》。

市委五届七次常委会会议 1月10日，市委五届七次常委会会议召开，市委书记柳鹏主持会议。会议传达学习1月6日中央政治局常委会会议精神，《中国共产党纪律检查委员会工作条例》，全国拓展新时代文明实践中心建设工作电视电话会议精神，安排部署全市贯彻落实工作；审议《关于进一步推进全市文化文艺事业高质量发展的实施方案》。

市委五届八次常委会会议 1月14日，市委五届八次常委会会议召开，市委书记柳鹏主持会议。会议传达学习习近平总书记在省部级主要领导干部学习贯彻党的十九届六中全会精神专题研讨班开班式上的重要讲话精神，安排部署全市贯彻落实工作。

市委五届九次常委会会议 1月24日，市委五届九次常委会会议召开，市委书记柳鹏主持会议。会议传达学习习近平总书记在十九届中央纪委六次全会上的重要讲话精神、《中国共产党第十九届中央纪律检查委员会第六次全体会议公报》，习近平总书记对政法工作、党的建设研究工作的重要指示精神，省十三届人大六次会议、省政协十二届五次会议精神，研究部署全面从严治党及政法等工作；审议《中共武威市委常委会党史学习教育专题民主生活会查摆问题整改方案》《关于加快现代农业产业园规范提升融合发展的指导意见》《武威市产业链链长制工作方案》。

市委五届十次常委会会议 2月7日，市委五届十次常委会会议召开，市委书记柳鹏主持会议。会议传达学习习近平总书记春节前夕赴山西看望慰问基层干部群众时的重要讲话精神，1月24日中央政治局会议精神，习近平总书记对信访工作重要指示及李克强总理等中央领导同志批示精神，习近平总书记在中央政治局第三十六次集体学习时的重要讲话精神，习近平总书记在二〇二二年春节团拜会上的重要讲话、习近平总书记同党外人士共迎新春时的重要讲话精神，李克强总理在甘肃考察时的讲话精神，安排部署全市贯彻落实工作；审议《关于推动现代职业教育高质量发展加快“技能武威”建设实施方案》《关于规范民办义务教育发展的实施方案》。

市委五届十一次常委会会议 2月11日，市委五届十一次常委会会议召开，市委书记柳鹏主持会议。会议传达学习十三届省纪委六次全会精神，安排部署全市贯彻落实工作；审议《武威市人大常委会立法规划2022—2026年（草案）》《武威市人大常委会2022年立法计划（草案）》《政协武威市第五届委员会2022年协商工作计划》。

市委五届十二次常委会会议 2月26日，市委五届十二次常委会会议召开，市委书记柳鹏主持会议。会议传达学习《中共中央 国务院关于做好2022年全面推进乡村振兴重点工作的意见》、省委农村工作会议精神、省市党政主要领导干部学习贯彻党的十九届六中全会精神专题研讨班精神、省委人才工作会议精神，审议《中共武威市委、武威市人民政府关于做好2022年全面推进乡村振兴重点工作的实施意见》，研究部署农业农村、人才等工作。

市委五届十三次常委会会议 3月7日，市委五届十三次常委会会议召开，市委副书记、市长王国斌主持会议。会议传达学习2月25日中央政治局会议精神，习近平总书记在中央政治局第三十七次集体学习时的重要讲话精神，习近平总书记在审阅中央政治局委员、书记处书记，全国人大常委会、国务院、全国政协党组成员，最高人民法院、最高人民检察院党组书记述职报告时的重要要求，习近平总书记在中央全面深化改革委员会第二十四次会议上的重要讲话精神，习近平总书记在中央党校（国家行政学院）中青年干部培训班开班式上的重要讲话精神，以及省委有关会议精神，研究部署全市贯彻落实工作。

市委五届十四次常委会会议 3月17日，市委五届十四次常委会会议召开，市委副书记、市长王国斌主持会议。会议传达学习习近平总书记在全国两会期间的重要讲话和全国两会精神、全国新冠肺炎疫情防控电视电话会议精神，安排部署全市贯彻落实工作；审议《中共武威市委常委会2022年工作要点》。

市委五届十五次常委会会议 3月22日，市委五届十五次常委会会议召开，市委副书记、市长王国斌主持会议。会议传达学习3月17日中央政治局常委会会议精神、3月19日全国疫情防控工作电视电话会议精神，《中共中央 国务院关于印发〈信访工作条例〉的通知》，研究部署全市贯彻落实工作。

市委五届十六次常委会会议 3月28日，市委五届十六次常委会会议召开，市委副书记、市长王国斌主持会议。会议传达学习《中共中央办公厅关于推动党史学习教育常态化长效化的意见》，研究部署党史学习教育常态化长效化工作，安排近期疫情防控、项目建设、春耕生产、绿化造林、乡村建设、安全生产等工作。

市委五届十七次常委会会议 4月11日，市委五届十七次常委会会议召开，市委副书记、市长王国斌主持会议。会议传达学习3月31日中央政治局常委会会议精神，习近平总书记对安全生产工作的重要指示精神和李克强总理批示要求，习近平总书记在参加首都义务植树活动时的重要讲话精神，全国巡视工作会议暨十九届中央第九轮巡视动员部署会精神，全国、全省安全生产电视电话会议精神，全国、全省基层党建工作重点任务推进会议和省委党的建设工作领导小组会议精神，省委全面深化改革委员会第十七次会议精神，审议相关文件，研究部署安全生产、生态文明建设、党的建设、深化改革等工作。

市委五届十八次常委会会议 4月18日，市委五届十八次常委会会议召开，市委副书记、市长王国斌主持会议。会议传达学习习近平总书记在北京冬奥会冬残奥会总结表彰大会上的重要讲话，习近平总书记在海南考察时的重要讲话精神，4月15日省委理论学习中心组专题学习会议精神，安排部署全市贯彻落实工作。

市委五届十九次常委会会议 4月23日，市委五届十九次常委会会议召开，市委副书记、市长王国斌主持会议。会议传达学习中共甘肃省委组织部《关于酝酿推荐十四届省委委员、候补委员和省纪委委员候选人初步建议人选的通知》，研究召开中国共产党武威市第五届委员会第四次全体会议事宜。

市委五届二十次常委会会议 4月23日，市委五届二十次常委会会议召开，市委副书记、市长王国斌主持会议。会议研究提出十四届省委委员、候补委员和省纪委委员候选人初步建议人选。

市委五届二十一次常委会会议 5月10日，市委五届二十一次常委会会议召开，市委副书记、市长王国斌主持会议。会议传达学习5月5日中央政治局常委会会议精神，习近平总书记在中央财经委员会第十一次会议上、在中央政治局第三十八次集体学习时、在中央全面深化改革委员会第二十五次会议上、在中国人民大学考察时的重要讲话精神，全国、全省新冠肺炎疫情防控工作电视电话会议精神等，安排部署疫情防控、经济运行、深化改革、安全生产等重点工作。

市委五届二十二次常委会会议 5月23日，市委五届二十二次常委会会议召开，市委副书记、市长王国斌主持会议。会议传达学习习近平总书记在庆祝中国共产主义青年团成立100周年大会上的讲话精神，省委十三届十六次全会、十三届省纪委七次全会、全省市州委书记座谈会精神，安排部署全市贯彻落实工作。

市委五届二十三次常委会会议 5月31日，市委五届二十三次常委会会议召开，市委副书记、市长王国斌主持会议。会议传达学习5月27日中央政治局会议精神、习近平总书记在中央政治局第三十九次集体学习时的重要讲话精神，中国共产党甘肃省第十四次代表大会精神，省委十四届一次全会、十四届省纪委一次全会精神，安排部署全市贯彻落实工作。

市委五届二十四次常委会会议 6月10日，市委五届二十四次常委会会议召开，市委副书记、市长王国斌主持会议。会议专题研究古浪县高考考生考试作弊事件调查处理情况。

市委五届二十五次常委会会议 6月20日，市委五届二十五次常委会会议召开，市委副书记、市长王国斌主持会议。会议传达学习6月17日中央政治局会议精神，习近平总书记在中央政治局第四十次集体学习时的重要讲话精神，习近平总书记致2022年六五环境日国家主场活动的贺信，习近平总书记在四川考察时的重要讲话精神，安排部署全市贯彻落实工作；审议《武威市贯彻落实稳住经济一揽子政策措施实施方案》《武威市强县域行动实施方案（2022—2025年）》。

市委五届二十六次常委会会议 7月1日，市委五届二十六次常委会会议召开，市委书记柳鹏主持会议。会议传达学习习近平总书记在中央全面深化改革委员会第二十六次会议上的重要讲话精神、在湖北武汉考察时的重要讲话精神、给安徽省太和县种粮大户徐淙祥的回信，安排部署全市项目建设、农业农村、疫情防控、安全生产和防汛抗旱等重点工作。

市委五届二十七次常委会会议 7月10日，市委五届二十七次常委会会议召开，市委书记柳鹏主持会议。会议传达学习习近平总书记给中国国家博物馆老专家的重要回信，中央政治局委员、中宣部部长黄坤明在甘肃调研时的讲话精神，研究部署全市贯彻落实工作；审议《关于五届市委第一轮巡察情况的综合报告》。

市委五届二十八次常委会会议 7月14日，市委五届二十八次常委会会议召开，市委书记柳鹏主持会议。会议传达学习中共中央办公厅转发《中央宣传部、中央组织部关于认真组织学习〈习近平谈治国理政〉第四卷的通知》精神，李克强总理重要批示和全国安全生产电视电话会议精神；传达学习全省新冠肺炎疫情联防联控领导小组会议精神，听取全市疫情防控工作情况汇报；安排部署全市安全生产、疫情防控等工作。

市委五届二十九次常委会会议 7月28日，市委五届二十九次常委会会议召开，市委书记柳鹏主持会议。会议传达学习习近平总书记在省部级主要领导干部“学习习近平总书记重要讲话精神，迎接党的二十大”专题研讨班上的重要讲话精神，习近平总书记在新疆考察时的重要讲话精神，安排部署全市贯彻落实工作；传达学习十四届省委财经委员会第一次会议精神，听取上半年全市经济运行和高质量发展情况汇报，分析当前经济形势，部署下半年全市经济工作；审议《武威市强科技行动实施方案（2022—2025年）》《武威市推动城乡建设绿色发展的实施方案》。

市委五届三十次常委会会议 8月8日，市委五届三十次常委会会议召开，市委书记柳鹏主持会议。会议传达学习7月28日中央政治局会议精神、7月25日习近平总书记在党外人士座谈会上的重要讲话精神，习近平总书记在中央政治局第四十一次集体学习时、在中央统战工作会议上的重要讲话精神，全省党政主要领导干部会议精神，安排部署经济发展、统战等工作；审议《武威市文明行为促进条例（草案）》。

市委五届三十一次常委会会议 8月10日，市委五届三十一次常委会会议召开，市委书记柳鹏主持会议。会议听取市委五届五次全会分组讨论审议情况汇报。

市委五届三十二次常委会会议 8月19日，市委五届三十二次常委会会议召开，市委书记柳鹏主持会议。会议传达学习习近平总书记在辽宁考察时的重要讲话精神，省委书记尹弘，省委副书记、省长任振鹤关于防汛减灾的批示，安排部署全市贯彻落实工作。

市委五届三十三次常委会会议 8月23日，市委五届三十三次常委会会议召开，市委书记柳鹏主持会议。会议传达学习全省新冠肺炎疫情联防联控领导小组（扩大）会议精神，安排部署全市常态化疫情防控等工作；听取引大入秦延伸增效工程前期工作进展情况汇报、武威高铁东站站前广场暨交通枢纽项目规划设计情况汇报。

市委五届三十四次常委会会议 9月7日，市委五届三十四次常委会会议召开，市委书记柳鹏主持会议。会议传达学习8月30日中央政治局会议精神，第九次全国信访工作会议和全省信访工作会议精神，安排部署全市信访和深化改革等工作；听取全市国企改革三年行动完成情况汇报。

市委五届三十五次常委会会议 9月22

日，市委五届三十五次常委会会议召开，市委书记柳鹏主持会议。会议传达学习9月9日中央政治局会议精神，习近平总书记在中央全面深化改革委员会第二十七次会议上的重要讲话精神，习近平总书记致2022年全国专精特新中小企业发展大会的贺信，省委书记尹弘关于加强全省党内法规制度建设的批示和全省党内法规工作会议精神，省委副书记、省长任振鹤在武威调研时的讲话精神，研究部署全市贯彻落实工作。

市委五届三十六次常委会会议 9月27日，市委五届三十六次常委会会议召开，市委书记柳鹏主持会议。会议传达学习习近平总书记在第五个"中国农民丰收节"到来之际向全国广大农民和工作在"三农"战线上的同志们致以的节日祝贺和慰问精神，全国全省安全生产电视电话会议精神，省委书记尹弘在省委常委会会议上关于做好安全生产和当前重点工作的讲话精神，安排部署全市安全生产、疫情防控等工作。

市委五届三十七次常委会会议 10月8日，市委五届三十七次常委会会议召开，市委书记柳鹏主持会议。会议传达学习习近平总书记在参观"奋进新时代"主题成就展时的重要讲话精神，安排部署全市贯彻落实工作；听取全市未成年人思想道德建设工作情况汇报。

市委五届三十八次常委会会议 10月25日，市委五届三十八次常委会会议召开，市委书记柳鹏主持会议。会议专题传达学习中国共产党第二十次全国代表大会精神、二十届一中全会精神，安排部署全市学习宣传贯彻工作。

市委五届三十九次常委会会议 10月28日，市委五届三十九次常委会会议召开，市委书记柳鹏主持会议。会议传达学习10月25日中央政治局会议精神，习近平总书记在中央政治局第一次集体学习时的重要讲话精神，习近平总书记在瞻仰延安革命纪念地时的重要讲话精神，安排部署全市贯彻落实工作；听取全市贯彻执行中央八项规定及其实施细则精神情况和整治形式主义为基层减负工作汇报；审议《武威市关于完整准确全面贯彻新发展理念做好碳达峰碳中和工作的实施意见》。

市委五届四十次常委会会议 11月6日，市委五届四十次常委会会议召开，市委书记柳鹏主持会议。会议传达学习习近平总书记在陕西延安和河南安阳考察时的重要讲话精神，《中共中央关于认真学习宣传贯彻党的二十大精神的决定》和《中共甘肃省委关于深入学习宣传贯彻党的二十大精神的意见》，安排部署全市贯彻落实工作；听取前三季度全市经济运行和高质量发展情况汇报，安排部署下一阶段重点工作；审议《中共武威市委关于深入学习宣传贯彻党的二十大精神的实施意见》。

市委五届四十一次常委会会议 11月13日，市委五届四十一次常委会会议召开，市委书记柳鹏主持会议。会议传达学习11月10日中央政治局常委会会议精神、国务院联防联控机制电视电话会议精神，省委常委会会议关于疫情防控工作的有关精神、全省新冠肺炎疫情联防联控领导小组会议精神，贯彻落实进一步优化防控工作的二十条措施，安排部署全市疫情防控工作。

市委五届四十二次常委会会议 11月16日，市委五届四十二次常委会会议召开，市委书记柳鹏主持会议。会议学习习近平总书记重要文章《坚持人民至上》，传达学习十四届省委全面深化改革委员会第一次会议精神，安排部署全市贯彻落实工作；审议《武威市全面深化改革考评工作办法》。

市委五届四十三次常委会会议 11月21

日，市委五届四十三次常委会会议召开，市委书记柳鹏主持会议。会议传达学习习近平总书记关于疫情防控工作的重要指示精神，省委书记尹弘关于疫情防控工作的有关要求和省委常委会会议关于疫情防控工作的有关精神，听取全市和各县区疫情防控工作情况汇报，安排部署全市疫情防控工作。

市委五届四十四次常委会会议 11月30日，市委五届四十四次常委会会议召开，市委书记柳鹏主持会议。会议传达学习习近平总书记对河南安阳市凯信达商贸有限公司火灾事故作出的重要指示，中组部干部人才"组团式"帮扶国家乡村振兴重点帮扶县工作推进会议精神，省委书记尹弘关于安全生产工作的批示要求和2022年省安委会第四次全体（扩大）会议精神，安排部署全市贯彻落实工作；审议《中共武威市委常委会进一步完善密切联系群众工作的规定》《中共武威市委常委会贯彻中央八项规定实施细则的实施办法》。

市委五届四十五次常委会会议 12月9日，市委五届四十五次常委会会议召开，市委书记柳鹏主持会议。会议传达学习12月6日中央政治局会议和习近平总书记在党外人士座谈会上的重要讲话精神，省委人才工作领导小组专题会议精神，全省新冠肺炎疫情联防联控领导小组会议精神，安排部署全市经济发展、人才、疫情防控等工作；审议《武威市关于加强和改进新时代人才工作的实施意见》《武威市乡村建设行动实施方案》。

市委五届四十六常委会会议 12月10日，市委五届四十六次常委会会议召开，市委书记柳鹏主持会议。会议审议《政府工作报告》《关于2022年国民经济和社会发展计划执行情况及2023年国民经济和社会发展计划草案的报告》《关于2022年全市财政预算执行情况和2023年全市及市级财政预算草案的报告》《武威市人民代表大会常务委员会工作报告》《政协武威市第五届委员会常务委员会工作报告》《武威市中级人民法院工作报告》《武威市人民检察院工作报告》。

市委五届四十七次常委会会议 12月16日，市委五届四十七次常委会会议召开，市委书记柳鹏主持会议。会议传达学习习近平总书记对非物质文化遗产保护工作的重要指示精神，《中国共产党农村工作条例》《中华人民共和国乡村振兴促进法》《中共中央办公厅、国务院办公厅关于印发〈乡村振兴责任制实施办法〉的通知》，全省全面推行林长制工作领导小组会议精神，安排部署全市非遗保护、乡村振兴、林长制等工作；听取市人大常委会、市政府、市政协、市中级人民法院、市人民检察院党组工作汇报；审议《武威市林长制工作考核办法（试行）》。

市委五届四十八次常委会会议 12月30日，市委五届四十八次常委会会议召开，市委书记柳鹏主持会议。会议传达学习习近平总书记在中央政治局民主生活会上的重要讲话精神，中央经济工作会议精神，中央农村工作会议精神，省委十四届二次全会和省委经济工作会议精神，全省2022年度党委（党组）书记抓基层党建工作述职评议考核大会精神，全省疫情防控工作电视电话会议精神，安排部署全市贯彻落实工作；审议《中共武威市委关于深入学习宣传贯彻党的二十大精神全面建设社会主义现代化幸福美好新武威的决定》。

【市委经济工作会议】 1月5日，市委经济工作会议召开。会议全面贯彻落实党的十九大和十九届历次全会精神，认真学习贯彻中央经济工作会议精神，深入贯彻落实习近平总书记对甘肃重要讲话和指示精神，全面落实省委十三届十五次全会暨省委经济工作会议精神，坚持稳中求进工作总基调，牢牢把握“三新一高”导向，总结2021年工作，分析研判当前经济形势，安排部署2022年全市经济工作。会议传达学习中央经济工作会议和省委十三届十五次全会暨省委经济工作会议精神。

【市委工作会议】 2月26日，市委工作会议召开。会议传达学习习近平总书记对政法工作重要指示精神，全国、全省宣传部长会议、统战部长会议精神，中央和省委政法工作会议精神，全省网信工作会议精神；总结2021年全市政法、统战、宣传工作，分析当前形势和面临的任务，安排部署2022年工作。

【市委议军会议】 3月1日，市委议军会议召开。会议传达学习省委议军会议精神，全面总结全市国防动员和后备力量建设工作，安排部署2022年工作任务。各县区党委主要负责人作了党管武装工作述职报告。

【中国共产党武威市代表会议】 4月18日，中国共产党武威市代表会议召开。推选武威市出席中国共产党甘肃省第十四次代表大会代表。

【全市防疫情稳经济保安全重点工作推进会议】 8月26日，全市防疫情稳经济保安全重点工作推进会召开。会议全面贯彻落实党的十九大和十九届历次全会精神，深入贯彻落实习近平总书记对甘肃重要指示要求，全面落实疫情要防住、经济要稳住、发展要安全的要求，统筹推进疫情防控和经济社会发展，统筹发展和安全，认真落实省第十四次党代会精神，围绕市第五次党代会确定的目标任务，安排部署当前防疫情、稳经济、保安全重点工作。会议传达学习4月29日中央政治局会议精神，全省新冠肺炎疫情联防联控领导小组（扩大）会议精神；市委、市政府分管领导和各县区委主要负责人围绕防疫情、稳经济、保安全作了大会发言。

【全市百亿级奶产业链发展现场观摩推进会议】 9月8日，全市百亿级奶产业链发展现场观摩推进会召开。会议总结奶产业链发展工作，安排部署当前和今后一段时期的重点任务。凉州区、古浪县汇报奶产业链发展情况，武威伊利乳业、嘉立荷、金宇浩睿、佳秉运、金世泰等奶产业链重点龙头企业作交流发言。会前，与会人员实地观摩凉州区奶产业链重点企业和项目。

【全市安全生产暨疫情防控工作会议】 9月26日，全市安全生产暨疫情防控工作会议召开。会议传达学习全国、全省安全生产电视电话会议和9月23日省委常委会会议关于做好全省安全生产工作的部署要求；通报近期全市安全生产工作情况，各县区、市直有关部门作了表态发言；部署近期安全生产和疫情防控等重点工作。

【全市党政主要领导干部会议】 10月25日，全市党政主要领导干部会议召开。会议传达学习党的二十大精神，安排部署武威市学习宣传贯彻工作。市委书记柳鹏主持会议，并对近期重点工作作安排部署。市委副书记、市长王国斌传达党的十九届七中全会和十九届中央纪委工作报告精神。市委副书记、市委政法委书记曾国俊传达《中国共产党章程（修正案）》主要精神。会议书面传达学习省委常委会（扩大）会议和全省党政主要领导干部会议精神。

（市委办公室）

组织工作

【概况】 截至2022年年底，武威市有基层党组织4216个，其中党委286个，党总支227个，党支部3703个。有党员106386名，其中女党员23707名，少数民族党员5433名。从年龄结构看：35岁及以下21239名、占19.96%，36岁至45岁21659名、占20.36%；46岁至55岁23912名、占22.48%；56岁至60岁13637名、占12.82%；61岁及以上25939名、占24.38%。从学历层次看：研究生学历党员1634名、占1.54%；大学本科学历党员27997名、占26.32%；大学专科学历党员18468名、占17.36%；中专学历党员5360名、占5.04%；高中中技学历党员20801名、占19.55%；初中及以下学历党员32126名、占30.20%。2022年发展党员1598名。

【党员干部思想政治建设】 把学习贯彻习近平新时代中国特色社会主义思想与学习贯彻党的二十大、党的十九届六中全会精神结合起来，开展“党课开讲啦·学习贯彻党的二十大精神系列专题宣讲”活动，组建专家学者、领导干部、理论骨干、先进典型四支师资队伍全面阐述解读，组织943名县处级以上干部、6.8万名党员干部参加党的二十大精神网络培训和线上知识竞赛。举办学习贯彻党的十九届六中全会精神市级轮训班5期，县区和市直部门轮训党员干部3.16万人次。在干部培训中突出政治内容，把理论教育和党性教育比重不低于70%作为教育培训硬约束。坚持抓在经常、融入日常，指导各级党组织通过理论学习中心组、“三会一课”、党员冬训等方式，系统学习习近平总书记重要论述和指示批示精神，教育引导广大党员干部忠诚拥护“两个确立”、坚决做到“两个维护”。聚焦党史学习教育常态化长效化，建成全省首个以地方党史为主线的武威市“四史”教育馆，依托本地红色资源打造凉州区四十里村、古浪县峡峰村2个红色美丽村庄，承接党性教育514场次，受众达4.7万名。

【党员作用发挥】 认真贯彻落实“疫情要防住、经济要稳住、发展要安全”的要求，动员3.67万名党员干部在疫情防控一线冲锋陷阵，组建临时党支部402个，成立党员突击队1529个。动员基层党组织和广大党员充分发挥作用，全力推动复工复产，工作做法载入《中国组

图8　12月8日，党课开讲啦·学习贯彻党的二十大精神系列专题宣讲
（市委宣传部　供图）

织人事报》。建立党建引领基层治理领导协调机制，优化设置基层治理网格 8911 个。聚焦“四强”行动和七条重点产业链延链补链强链，成立生态环保产业链党委，选派 139 名优秀干部到重点工作一线挂职任职，柔性引进 25 名契合产业发展的高层次人才。

【干部队伍建设】 坚持把政治标准放在首位，全面推行“五察五注重”工作模式，对政治上不合格的“一票否决”。建立市管领导班子和领导干部常态化研判机制，分行业、分领域对 78 个单位领导班子进行分析研判，与 1700 余名干部个别谈话，全方位多角度近距离了解干部。注重在疫情防控、乡村振兴、高质量发展等重大斗争一线考察识别干部，市委常委会研究干部 14 批 500 人次，其中从乡镇、县区直部门等基层一线选拔干部 37 人，跨县区跨部门交流干部 128 人。制定《市管干部政治素质考察操作规程》，对 304 名研判对象政治素质做出评价。实施“干部能力素质提升年”活动，有针对性地举办新进县区和市直部门班子成员培训班等主体班 25 期、培训 2764 人次。充分发挥考核的激励鞭策作用，对考核排名靠后的 34 名干部提醒谈话。对处分期满、表现优秀的 23 名干部重新提拔使用。着力破解不胜任不适宜干部“下”的问题，对考核末位的 1 名县级干部调整岗位，凉州区、民勤县对考核排名靠后的 3 名镇党委书记予以免职。统筹事业编制解决 1083 名民生项目人员入编问题，将 209 名长期在艰苦边远乡镇工作的干部交流到县城或周边乡镇工作。

【年轻干部选树培养】 实施“百名优秀年轻干部选树培养工程”，开展年轻干部专项调研，市县两级储备优秀年轻干部 448 名、1453 名。注重源头建设，为市直部门遴选选调干部 60 名，招录公务员、选调生和事业干部 1793 名。加大年轻干部培养选拔力度，举办为期 2 个月的全市中青年干部培训班，召开年轻干部学习贯彻习近平总书记在庆祝共青团成立 100 周年大会上的重要讲话精神座谈会，提拔使用 45 岁及以下正县级和 40 岁及以下副县级干部占提拔干部总数的 27.88%。

【基层党组织建设】 扎实开展“基层党建质量提升年”活动，督促各级党委（党组）书记领办基层党建项目 1961 项、帮助解决问题 2764 个。整顿软弱涣散党组织 58 个，在公立医院和中小学校全面推行党组织领导下的院（校）长负责制，制定市属国有企业党委会议事规则指引、重大事项集体研究把关指导意见等。实施基层党建“十百千”工程，选树 10 个党建引领集体经济发展市级示范点、100 个党建引领乡村振兴样板村、1000 个党员先锋引领示范岗，以点带面、整体提升。抓好村党组织带头人队伍建设，实施村干部学历能力“双提升”行动，与甘肃农业大学合作办学，计划利用五年时间将 2483 名村干部学历提升到大专及以上，首批在读 384 人。抓实基础保障工作，划拨 526 万元用于支持基层党建工作，筹集 1320 万元新建改造村级活动场所 70 个。制定《加强农村发展党员工作的若干措施》，加大在重点群体、薄弱领域发展党员力度，坚持标准发展党员 1598 名。深化党员先锋引领工程，涌现出全国“人民满意的公务员”姜莉玲、“人民满意的公务员集体”市政府政务服务中心等一批先进典型，在电视台开设“党旗飘扬新武威”党员教育专栏并制作播放节目 25 期。

【新业态新就业群体党建工作】 实施《新业态新就业群体党建工作三年提升计划》，成立交通运输、物业、快递行业党委，采取单独组建、区域共建、行业联建等方式组建党支部 56 个，并划拨 164 万元专项经费支持新业态新就业群体党建工作。深化货车司机群体党建工作试点，打造集续航补给、关爱服务功能为一体的“红色驿站·武威印象”51 个，实施“护航民勤蜜瓜·服务天下客商”行动，帮助群众解决疫情防控期间卖瓜难问题，实现蜜瓜产值 16.2 亿元。

【人才工作】 制定《关于加强和改进新时代人才工作的实施意见》《武威市“一事一议”柔性引进人才办法》《“天马文艺奖”评奖办法》等政策，构建起衔接配套、功能完善的人才政策体系。在人才工作中突出政治吸纳，市级领导干部联系服务 96 名专家人才，推荐 26 名引进人才担任省、市、县区“两代表一委员”。加大急需紧缺人才引进力度，在中国农业大学先后 3 次举办引才活动引进各类急需紧缺人才 330 名。联合甘肃农业大学、河西学院举办乡村人才振兴培训班 3 期，培训高素质农民、合作社负责人 320 名。制定《农村实用人才职称评定细则》，首次打破学历、论文等条框限制，评聘“土专家”“田秀才”67 名。加大干部人才“组团式”帮扶、东西部协作人才交流力度，用足用好帮扶人才资源，古浪县科技特派团帮扶工作得到中组部肯定。认真落实“陇原人才服务卡”制度，为 58 名高层次人才颁发“陇原人才服务卡”。全面落实引进人才政府津贴、子女入学、配偶工作调配、职称评聘等配套政策，13 名引进人才突破结构比例限制晋升高级职称，发放人才津贴补贴 292.6 万元。

（市委组织部）

宣传工作

【概况】 2022 年，武威市宣传工作坚持以习近平新时代中国特色社会主义思想为指导，突出学习宣传贯彻党的二十大精神主线，坚决扛起“举旗帜、聚民心、育新人、兴文化、展形象”使命任务，深入推进理论武装、思想教育、舆论引导、文明培育等工作，为建设幸福美好新武威提供有力思想保证和强大精神力量。市委理论学习中心组开展集体学习 14 次、研讨交流 5 次、专题辅导 6 次，各县区各部门平均学习 13 次，启动开展第一轮党委（党组）理论学习中心组学习巡学旁听工作。

【宣传贯彻党的二十大精神】 精心组织“党课开讲啦·学习贯彻党的二十大精神系列专题宣讲”活动，全市各级党组织开展专题学习研讨 7500 余场次，组织开展宣讲 4828 场次，覆盖人数达 7.1 万余人次。发挥媒体平台作用，开设“非凡十年”“聚焦党的二十大”等专题专栏 23 个，制作新媒体产品 612 个，刊发专题报道 3521 篇（条），引导广大党员干部群众不断深化对党的二十大精神的深刻理解和全面把握。

【强化理论武装】 严格落实“第一议题”学习制度，深入学习贯彻党的十九大、十九届历次全会和党的二十大精神，及时跟进学习习近平总书记最新重要讲话和重要指示精神，市委理论学习中心组开展集体学习 14 次、研讨交流 5 次、专题辅导 6 次，启动开展第一轮党委（党组）理论学习中心组学习巡学旁听工作，学习频次和质效实现“双提升”。用好“马背宣讲”“星期二夜校”“民勤小曲戏”“音乐快板”“古浪小调”“凉州贤孝唱理论”等宣讲品牌，全年组织开展党的二十大、十九届六中全会、新发展理念、省第十四次党代会精神等各类主题宣讲9100余场次，受众36.4万人次，不断推动党的创新理论“飞入寻常百姓家”。

【壮大主流思想舆论】 组织开展“沿着总书记的足迹”“奋进新征程 创造新伟业”等重大主题采访活动，策划组织“侨领侨商武威行”等23场图文直播，开设“奋进新征程 建功新时代”“我们这十年”等40多个专题专栏，全年刊发稿件11万多篇（条），全方位、多角度、立体式展示新时代10年特别是5年来全市经济社会高质量发展的成就。统筹用好各类宣传文化阵地，设置横幅标语、主题海报、公益广告3.2万条，在重点街区、中心广场等布设路灯道旗、宣传牌1630块，搭建景观小品35个，制作主题墙绘120处。古浪县富民新村、天祝县安家河村新时代文明实践站社会宣传经验做法被省委宣传部在全省范围内推广，持续营造团结奋进、昂扬向上的浓厚氛围。

【外宣工作】 主动邀请配合中央和省级媒体记者到武威开展采访报道，全年刊播外宣稿件1.1万余篇（条），人民日报《扎根荒漠 接续奋斗（奋斗者正青春）》、中央广播电视台新闻短视频《“你们就是新时代愚公”不负总书记嘱托 让绿色奇迹代代传下去》等报道产生广泛影响。与甘肃国际传播中心开展“甘肃多彩文化故事——武威天梯山石窟”英文推介等活动，极大提升武威美誉度和影响力。

【全国文明城市创建】 制定武威市创建全国文明城市《2022年实施方案》《“631”专项攻坚整治提升行动方案》，采取“分管领导+工作专班+联络员+创城专家”的工作机制，推进创城工作。严格督查考评，组织开展“日常考评、季度互评”，发布考评结果和“红黄榜”。分13批次组织开展实地点位督导检查35次，交办责任单位问题1369个，整改986个。开发实地考察点位智慧管理系统，完成对社区、小区、主次干道、背街小巷、银行网点、宾馆饭店等40类点位全覆盖测评检查。进一步完善“月初分解、月末初审、月中督办、下月通报”材料申报工作机制，及时收集整理图片、视频等资料。广泛宣传发动，积极营造创城浓厚氛围，举办武威市第二届创建全国文明城市公益广告大赛，征集作品2077幅（组），评选出平面类46幅、视频类39幅，并将获奖作品纳入武威市公益广告库。在新闻媒体开设创城专栏14个，播发创城有关稿件2200多篇（条）。常态化组织开展2022年度入户宣传工作，入户20.3万户，收集网络调查问卷5.9万份。凉州区组建文明行为引导总队1支、中队7支、分队33支，常态化开展文明引导工作，引导劝阻各类不文明行为19622起。

【新时代文明实践中心建设】 挂牌成立武威市新时代文明实践中心办公室。全市建成新时代文明实践所106个、实践站1127个。制定《武威市推进移风易俗建设文明乡风实施方案》，对全市284个村镇乡风文明建设工作进行指导。持续推进精神文明教育和文明风尚提升行动，倡导文明健康绿色环保生活方式，大力普及文明礼仪规范。组织开展全民节约教育实践活动，深化“反对浪费、崇尚节约”文明行动，制止餐饮浪费行为。广泛开展文明餐桌、文明旅游、文明交通、文明观赛行动，深化“公筷公夹”“车让人、人快走”“一盔一带”文明创建行动。

【公民道德建设】 坚持把社会主义核心价值观要求融入法治建设、融入社会发展、融入日常生活，用社会主义核心价值观铸魂育人。颁布实施《武威市文明行为促进条例》。深入贯彻落实《新时代公民道德建设实施纲要》，传承弘扬中华民族传统美德，加强“四德”建设。进一步推进诚信建设制度化，发布十一期“共筑诚信·德润武威”诚信“红黑榜”，核定“红黑榜”名单108个，发布“红榜”企业58家、“黑榜”企业50家。贯彻落实习近平总书记给“中国好人”重要回信精神，持续深化“我推荐我评议身边好人”活动，评选市级道德模范21名，道德模范提名奖10人，2人获评第八届甘肃省道德模范荣誉称号。评选“最美武威人”30人，1人获评“甘肃好人”荣誉称号。

【群众性精神文明创建】 开展市级文明单位、文明村镇、文明校园、文明家庭创建，评选市级文明村镇56个、文明单位64个、文明校园30个、文明家庭40个，推荐省级文明县1个、文明单位13个、文明村镇47个、文明校园7个、文明家庭3个、先进工作者8人。市委办公室等5个单位获省级“无疫示范单位”称号。

【未成年人思想道德建设】 加强文明校园动态管理，完成35所新申报市级文明校园测评验收工作，94所往届市级及以上文明校园复查工作，推荐7所学校参评省级文明校园。开展“新时代武威好少年”学习宣传和评选活动，评选“新时代武威好少年”25人，推荐10名中小学生参加“新时代甘肃好少年”评选活动，其中3人获评“新时代甘肃好少年”荣誉称号。加强阵地建设，巩固拓展乡村学校少年宫建设成果，及时向古浪县、天祝县30所中央项目拨付运转经费45万元，加强乡村少年宫建设。

【志愿者工作】 至2022年，注册志愿者33.3万人，成立市级志愿服务队伍10支，县区级志愿服务总队4支，乡镇（街道）、村（社区）志愿服务小分队3446支，开展志愿服务活

图9　民勤县新时代文明实践中心精心编排音乐群口快板《六中全会精神走进千万家》，把党的好声音传递到千家万户。图为志愿者在广场表演音乐快板《六中全会精神走进千万家》　（张　婷　董丽俊　摄）

动2.9万余场次。评选最美志愿者30名，最佳志愿服务项目15个、最佳志愿服务组织15个、最美志愿服务社区10个、疫情防控优秀志愿者20名、疫情防控优秀志愿服务集体10个。持续推进周五志愿服务活动常态化开展，组织开展交通劝导等主题志愿服务活动10余场次。开展100场红歌传唱、模范巡讲、美育课堂、健康义诊、全民健身、心理健康培训、文明实践应急救援志愿服务展示交流活动。

（市委宣传部、市精神文明办）

统战工作

【概况】 2022年，武威市统战工作全面落实习近平总书记关于加强和改进统一战线工作重要思想及《中国共产党统一战线工作条例》，强化统战意识，发挥统战优势，用好统战法宝，积极把统战思维、统战理念、统战工作融入各领域、全过程，为推动“六个新武威”画好最大“同心圆”，寻求最大公约数。

图10 武威第十中学学生观看英雄事迹展板（王 丽 2022年9月摄）

【大统战格局构建】 2022年，市委常委会研究统战工作15次，理论学习中心组学习统战政策法规2次，调研督导7次，作出批示22次，召开市委统战工作会议，市委书记2次主持召开统一战线工作（民族宗教工作）领导小组会议，审议通过统战各领域文件7个。市委书记在《甘肃日报》发表署名文章。在《武威日报》开辟专栏刊登县区委书记落实中央、省市委统战工作会议精神文章。3名市领导带头宣讲党的民族宗教理论政策，举办报告会4场次，1000多人参加。组织开展中央和省委统战工作会议精神网络知识竞赛，6.3万名党员干部群众参赛。

【民主党派和无党派人士统战工作】 支持民主党派和无党派人士充分履行参政议政、民主监督、政党协商职能，形成调研文章12篇，在市两会上提交议案提案140件。制定落实《市委2022年政党协商计划》，组织召开建设“六个新武威”、全年经济工作专题协商座谈会，支持各民主党派和无党派人士积极建言献策。完成武威市第十三届省政协非中共党员委员推荐提名、考察等工作。

【民营经济统战工作】 持续开展理想信念主题教育，开展学习宣讲活动13场次，召开座谈会2次，及时传达贯彻中央、省委和市委统战工作会议精神，民营经济代表人士“四个意识”更加牢固，“四个自信”更加坚定，“两个维护”更加坚决。拓展“民企武威行”活动成果，全年新增招商项目36项，总投资33.37

亿元。深入实施“百企兴百村”行动，192家企业结对支持100个村，实施经营类项目18个，投入资金13.9亿元，开展公益类项目52个，投入资金765万元。认真落实市委市政府稳经济一揽子政策，竭尽全力惠企纾困，为市场主体留抵退税18.1亿元，延缓缴纳税费1.9亿元，减免税费6221万元，发放和减免稳岗返还补助资金8900万元，支持3.5万户市场主体获得“甘肃信易贷”融资52.9亿元。组织民营经济代表人士积极投身社会公益事业，工商联所属商会、会员企业举行捐赠活动10场次，捐赠物资约460万元。

【党外知识分子工作】 深化政治引领、价值引领、事业引领，更好发挥市党外知识分子联谊会作用。积极开展“专家带队·春晖蓓蕾”和“情暖耄耋老人·助力乡村振兴”敬老爱老助老慰问活动，党外知识分子社会责任意识明显增强。召开调研协商座谈会，征求党外知识分子对市政府工作报告的意见建议。召开通报会，向党外人士通报2022年度党风廉政建设和反腐败工作情况。加强党外干部培养选拔使用，2022年提拔使用党外干部139名。

【新的社会阶层人士统战工作】 深入开展“凝聚新力量·筑梦新时代”主题教育，加强思想政治引领，夯实共同团结奋斗的思想政治基础。积极打造实践创新、联络联谊、社会服务基地，更好发挥市新的社会阶层人士联谊会作用。建立完善联席会议机制，健全领导走访调研、联谊交友等制度，推动工作制度化规范化。建立市、县区、实践创新基地三级工作网络，不断扩大工作覆盖面。打造新的社会阶层人士省级实践基地1个、市县级实践基地9个，创新建立“两新”组织党建工作服务站。建立990名新的社会阶层代表人士数据库和90名重点人物库，实行动态管理。推荐95名新的社会阶层人士担任市县区人大代表、政协委员。组织新的社会阶层人士深入调查研究，积极建言献策，向市委、市政府提出建设性意见建议20余条。倡导开展“献爱心、送温暖”活动，通过送项目、送科技、送教育、送温暖，助推乡村振兴，助力疫情防控，捐款捐物46.7万余元。组织行业协会，为企业提供政策咨询、法律援助、纳税评估等20多项服务。

【网络统战工作】 开设“武威统战”“武威民宗”等覆盖市县统战系统的微信公众号14个，组织网络人士开展“寻美·甘肃 2022武威再出发”主题活动，发布作品14篇，阅读播放量超30万次，统战工作的知晓度和统一战线的影响力进一步扩大。走访调研全市14家互联网企业，加强联系沟通，强化正面引导。利用微信群、QQ群等平台，引导广大统战成员特别是党外人大代表、政协委员围绕市委中心工作、统战事业发展、社会热点问题积极建言献策，向有关方面提出建设性意见建议20多条。

（市委统战部）

侨务工作

【概况】 全市有归侨13人，有侨眷308人，海外华侨华人76人。举办“侨领侨商考察团”到武威考察、中药材土特产马来西亚视频推介会、“1+4”云招商推介会、实地观摩考察、产品展览展销等活动。坚持以侨为“桥”、以云为“媒”，克服疫情影响，携手四海宾朋，线上线下交流互动，国内国际洽谈对接，成功举办“创业中华·筑梦陇原”侨领侨商武威行活动，实现招商引资 300.5 亿元，实施公益捐赠 3243 万元。

【侨务管理】 利用微信、QQ 等新媒体向归侨侨眷及其亲属宣传党和国家关于侨务工作的方针政策。组织侨界人士赴古浪战役纪念馆、八步沙“六老汉”治沙纪念馆开展爱国主义教育。建设武威市、凉州区“侨胞之家”。市归侨侨眷中 4 人担任市、县区政协委员，提交提案 9 件，其中 5 件提案被立项办理。武威文庙被中国侨联确定为 2022 年甘肃唯一“中国华侨国际文化交流基地”。

【侨界作用发挥】 依托第二十八届中国兰州投资贸易洽谈会等重大平台引资引智，发挥调动侨的优势和力量。中国华侨基金会为古浪县人民医院捐赠价值 200 万元的等离子双极电切点凝系统（泌尿）2 台，价值 55 万元的新冠肺炎人工智能 CT 快速检测系统 1 套。深化“侨爱心工程”，发动侨界力量，做大做强公益品牌。每年在武威一中、民勤四中实施助学项目“珍珠班”各 1 个，资助学生 1312 人，资助资金 984 万元。

【归侨侨眷联络帮扶】 印发《中华人民共和国归侨侨眷权益保护法》宣传资料 2300 余份。专项救助 2 户，慰问困难侨眷 19 户。筹措资金 22.7 万元，对 159 户困难侨眷进行慰问。网络转发《致武威归侨侨眷的一封信》，为全市 31 名华侨、留学生邮寄疫情防控“侨爱心健康包”，传递党委和政府对海外侨胞的关心爱护。

（市委统战部）

对台事务

【概况】 武威市有台胞 21 户 23 人，台属 122 户 231 人，两岸婚生子女 11 人。台资企业 11 家，其中，凉州区 6 家，古浪县 5 家。市委统战部挂“武威市台湾事务办公室”“武威市政府侨务办公室”牌子，办公室主任由市委统战部副部长兼任。县（区）委台办撤销，职能并入县（区）委统战部。

图 11 7 月 4 日，侨领侨商观摩考察武威伊利绿色生产及智能制造示范应用项目 （李政阳 摄）

【支持台资企业发展】 支持台资企业最大限度享受武威市扶持企业发展 30 条政策，正林瓜子、正文菌业等台企享受奖补资金 270 余万元。申报设立“古浪海峡两岸乡村振兴合作基地”，概算总投资 7.53 亿元，打造“一园区、两基地、三体系”。加强台资企业、台胞台属疫情防控工作，做好疫苗接种和健康码使用工作。

【对台服务工作】 市总工会、市台湾事务办公室共同承办“喜迎二十大共筑中国梦”——省总工会送文化进台企活动，为古浪工业集中区台资企业送去文化、送去墨宝，同时对台商进行慰问。春节前，对11名台商台胞进行慰问。五一前，对肿瘤医院2名台胞进行慰问。举办台胞台属台商“迎中秋·庆国庆·话团圆”茶话会，共话团圆一家亲。联系古浪县、市民政局、市医保局落实台商享受的医疗政策。

（市委统战部）

督查督办

【概况】 2022年，始终坚持政治督查定位，充分发挥督查“利剑”作用，推动各项决策部署落地见效。召开市委督查工作领导小组会议，印发《关于进一步加强和改进党委督查工作的若干措施》，制定督查检查考核年度工作计划，建立清单督办制度，规范市委常委会会议议定事项和市委领导批示件办理流程。

【重大事项督办】 围绕学习贯彻习近平总书记对甘肃重要指示要求、贯彻新发展理念、落实省第十四次党代会精神情况等深入开展督查检查，下发督查通报4期，督办落实省委领导批示7件、省委督查室《转办通知》11件、市委领导批示432件。

【网民留言办理】 制定《人民网“领导留言板”书记留言办理实施细则》，办理人民网领导留言板网民留言1927条，办结回复1732条、回复率89.9%，网民留言办理工作在全省党委系统进行交流。

【基层减负】 制定为基层减负专项工作机制年度工作要点，细化分解基层减负工作任务。市委、市政府和市委办公室、市政府办公室全年制发文件306件，召开市级层面会议18次，开展督查检查13次，比2021年分别减少8.9%、5.3%和23.5%。

（市委办公室）

政策研究

【调查研究】 制定《2022年度市委政研室重点调研课题安排》，确定乡村振兴、项目建设、“链长制”实施、教育“双减”等12个调研课题，组建两支调研小分队，通过实地走访、召开座谈会等形式，形成《武威市新能源产业发展情况调研报告》《关于对武威市国企改革三年行动落实情况的调研报告》等调研报告12篇。围绕开展“干部能力素质提升年”活动，制定《关于在干部能力素质提升年活动中广泛开展调查研究工作的实施方案》，形成一批实实在在的调研成果，并择优刊印《干部能力素质提升年调研报告汇编》。

【文稿起草】 坚持把文稿起草与学习调研有机结合，超前谋划、深入思考、反复打磨，完成百亿级奶产业链发展观摩推进会、市委经济工作会、市委农村工作会、创城攻坚动员会、疫情防控工作会、高质量发展项目观摩等重要会议材料和省委领导到武威调研汇报、市委常委会工作要点、市委工作总结等综合性文稿，共计170余篇，充分发挥以文辅政和参谋助手作用。

【服务改革】 制定《中共武威市委全面深化改革委员会2022年工作要点》，确定的109

项重点改革任务稳步有序推进。高效服务市委全面深化改革委员会会议 4 次。配合完成省委全面深化改革第三方评估 2 次、专题调研 1 次、专项督察 1 次。对实施“强科技”行动、健全“强工业”行动保障机制、国企改革三年行动任务完成情况等 8 项重点改革事项进行督察 1 次。向省委全面深化改革委员会办公室上报改革信息 190 篇，被《改革动态》刊载推广 9 篇。武威市和民勤县在基层治理方面的创新经验做法被《改革情况交流》刊载推广 3 条，武威市做好易地扶贫搬迁后续扶持工作经验被《中国经济导报》刊载，并在中共中央宣传部“学习强国”学习平台推送。

【服务财经】 立足武威实际起草武威市贯彻落实中央财经委员会第十次、第十一次会议精神有关工作分工方案。组织召开市委财经委员会会议 3 场次，分析经济运行情况，研究下阶段经济重点，为市委统筹抓好疫情防控和经济社会发展工作及时提供决策参考。向省委财经委员会办公室上报武威市农业产业现代化情况报告、工业园区建设发展情况报告、扶贫项目资产后续管理情况报告、2022 年经济工作亮点及 2023 年重点经济工作报告等调研材料。向省委财经委员会办公室上报经济动态 24 期。

【《武威工作》编辑】 编发市委机关刊物《武威工作》12 期、约 120 万余字，广泛宣传市委发展思路和重大决策部署，集中展现全市经济社会高质量发展的新成就新气象，刊载有影响、有分量的调研报告，传递党的创新理论、最新政策，打造了有影响力的传播品牌。

（市委政研室）

机构编制管理

【概况】 坚持党管机构编制、坚持优化协同高效、坚持机构编制刚性约束、坚持瘦身与健身相结合的原则，统筹使用各类机构编制资源，召开市委编委会会议 4 次，研究机构编制事项 342 项，调整优化机构 134 个、领导职数 385 名、各类编制 540 名。创新综合监督评价体系，强化机构编制监督检查，机构编制科学化规范化法治化水平持续提升。

【优化机构设置】 聚焦“双碳”战略、项目建设、特色产业、文化旅游、信访维稳等重点领域，研究设立市委国家安全委员会办公室、市国防动员委员会办公室、融媒体中心、新时代文明实践中心办公室、长城文化保护研究中心、大数据管理局、应急管理综合行政执法队等 7 个处级机构，设立引大入秦延伸增效工程项目服务中心、“四史”教育馆、吐谷浑文化保护研究中心、食用菌研究所，各县区大数据管理局、邮政业安全保障中心等 27 个科级机构。

【动态调配领导职数】 聚焦全市重点工作和关键环节，给市融媒体中心、新时代文明实践中心办公室、发改委、大数据管理局、长城文化保护研究中心、应急管理综合行政执法队、农产品质量检测站和市直中学、公立医院等部门单位核增处级领导职数；给市委党校、市司法局、工业节能监测中心、纪委监委信息技术服务保障中心、水利推广科技中心，县区发改局、农业农村局，凉州区各民主党派机关等核增科级领导职数，进一步推动部门单位高效履职。

【编制配置】 全力支持武威职业学院筹建武威职业技术大学,调剂核增全额事业编制200名,专门用于引进和调入硕士研究生及以上高层次人才。统筹调剂县区事业单位空编,通过专项招聘将1083名民生项目人员纳入编制管理,解决民生项目人员入编问题。着力保障乡村振兴、生态文明、教育卫生、文化旅游等重点领域用编需求。安置转业军官、退役士兵16名。

【事业单位机构编制管理】 制定市应急管理综合行政执法队、社会保险事业服务中心、体育运动学校和中心血站"三定"规定,推动机构、职能、权限、程序、责任法定化。即时办结77个事业单位法人登记事项,22个机关群团信用代码赋码事项,完成全市925个事业单位法人年度报告公示。

【重点领域改革】 统筹推进行政复议、应急管理、国防动员、国安、融媒体等重点领域体制机制改革。在原安全生产执法队基础上,组建市县区应急管理综合行政执法队。按照"一级政府只设立一个复议机关"的要求,整合行政复议职责,优化市司法局内设机构,明确人员编制承担行政复议工作。积极整合市级媒体资源、推进媒体转型升级,设立市融媒体中心和市新时代文明实践中心办公室2个正处级事业单位。设立武威市大数据管理局,为市政府办公室挂牌机构,设专职副局长1名(副处级)。将武威市大数据服务中心更名为武威市大数据中心,为市政府直属事业单位,业务归口市政府办公室(市大数据管理局)管理。将市、区道路运输管理局自收自支事业编制人员,连人带编划转到市交通运输综合行政执法队,理顺全市交通综合行政执法体制机制。

【重新核定中小学教职工编制】 2022年4月,根据省委编办、省教育厅、省财政厅印发《关于重新核定全省市县中小学教职工编制实现以县(市区)为单位全面达标的通知》要求,重新核定武威市中小学教职工达标编制13744名,其中:市直1296名、凉州区6628名、民勤县1418名、古浪县2645名、天祝县1757名。全市中小学教职工编制从总量和市直、县区两个层面均实现全面达标。

【机构编制法治建设】 坚持把学习宣传和贯彻落实《中国共产党机构编制工作条例》《中共甘肃省委机构编制管理规定(试行)》等机构编制法规政策作为一项重要政治任务,推动机构编制工作科学化、法治化、规范化。严格执行机构编制动议、论证、审议决定、组织实施有关规定,创新"三个不"内部审批工作流程,即申报主体不明确不通过、申报内容不清楚不通过、申报要求不规范不通过,从源头上杜绝机构编制违规行为发生。撰写的《强化法治思维 提升管理水平 武威创新机构编制法治建设》先后在《中国机构编制》《甘肃机构与编制》杂志刊发。

(市委编办)

市直机关党建

【概况】 2022年,以党的政治建设为统领,严格落实"第一议题"制度,围绕学习贯彻党的十九届六中全会和省第十四次党代会、市第五次党代会精神,各基层党组织学习研讨493场次,知识测试101场次,党组织书记讲专题党课317场次,组织机关党员到红色教育基地开展现场教学67场次。开展党的二十大精神学习活动，划拨党费14.4万元，为机关党员购买《党的二十大报告学习辅导百问》等学习用书1.28万册。开展“学用新思想·建功新时代”市直机关青年大学习活动，成立学习研究小组379个，参与人数6700多名。开展“喜迎二十大·奋进新征程”主题有奖征文和机关党建课题论文评选，印发《武威机关党建课题研究获奖论文汇编》。开展“喜迎二十大”系列活动，举办市直机关青年干部读书分享会2次。

【基层党组织建设】 落实《市委直属机关工委、部门党组（党委）、机关党委和机关党支部抓机关党建责任清单》，制定《市委直属机关工委指导督促市直部门党组（党委）落实机关党建主体责任具体措施》。层层组织开展机关党组织书记述职评议考核，对综合评价排名靠后的机关党组织书记进行约谈提醒。深入85个机关基层党组织调研督导，督促整改问题173个。落实党员领导干部党支部工作联系点制度。制定《关于破解“两张皮”问题推动市直机关党建和业务工作深度融合的若干措施》。扎实开展“干部能力素质提升年”活动。开展“学习身边榜样”活动117场次。

【机关党建品牌打造】 推进“三抓三促”活动，指导机关党组织打造“忠诚担当铸利刃，清风护航扬正气”“党建引领强根基，治水管水惠民生”“红心永向党，银发再启航”“党心聚民心，救助暖人心”等机关党建品牌136个。推行“党建+”工作模式，实施基层党建“十百千”工程，深化先锋引领活动，培树300个“党员先锋引领示范岗”。全力助推乡村振兴，163个机关党组织与141个农村党支部结对共建，帮办实事好事279件。积极动员机关党员干部积极参与疫情防控，常态化开展全国文明城市创建志愿服务活动。市委直属机关工委报送的《坚持党建引领，打造石羊河流域经济与生态互促共赢新模式》入选中央和国家机关工委《旗帜》杂志社“党建引领保障黄河重大国家战略”创新案例。

【提升基层党建质量】 开展“基层党建质量提升年”活动，按照“便于党员活动、便于加强管理、便于发挥作用”的原则，修订完善《市直部门（单位）机关基层党组织工作规范》。督促84个机关党组织按期完成换届和届中补选。组织完成市直机关出席党的二十大、省第十四次党代会和中国共产党武威市代表会议代表人选推荐提名考察等工作。持续开展党支部“达标创星、整体创优”活动，评选市直机关“五星级”党支部90个，对2018年以来27个软弱涣散党支部整治进行“回头看”。健全《党支部工作手册》调阅机制，综合运用“甘肃党建”在线督办等措施，从严从实规范机关党组织“三会一课”等组织生活。重温入党誓词165场次，为2109名党员过“政治生日”，为48名老党员颁发“光荣在党50年”纪念章，慰问因公牺牲党员家属、老党员、生活困难党员426人次。

【模范机关创建】 开展“喜迎二十大·深化模范机关创建”活动，积极打造政治型、学习型、实干型、文明型、廉洁型机关，持续推动中央和省委、市委决策部署落实。组织评选市直机关“文明科室”410个，推荐第十六批市级文明单位12个，教育引导党员干部紧扣实施“十四五”规划和建设“六个新武威”目标，推动中央和省委、市委决策部署落实和部门业务开展。

【持续正风肃纪】 锲而不舍落实中央八项规定及其实施细则精神，常态化开展党章党规党纪学习教育，专门召开党风廉政建设专题会议，组织开展党风廉政建设警示教育廉政谈话会议2次。坚持防治结合，抓细抓小抓早，充分运用监督执纪“四种形态”，深入开展整治腐败和不正之风。处理违纪党员1人，确认不予承认党员身份2人。

（市委直属机关工委）

网信工作

【概况】 健全完善全市一体化的应急指挥体系，建成武威市网络综合治理指挥平台，开发上线武威市互联网违法和不良信息举报平台，入驻“天马行市民云”App。

【网上传播引导】 认真落实网上重大主题宣传方案，策划开展“新春走基层·奶业新篇章”“天马古韵新武威”等主题宣传4项，开展“甘吃甘喝·甘玩甘乐”等采访活动3项。以办好“武威发布”为统领，将市级190家政务新媒体纳入传播矩阵，集纳推送正能量稿件15.15万篇，阅读量达4848.8万人次。组织自媒体开展“体验冰雪乐趣·感受运动魅力——助力文旅产业高质量发展”网络公益活动。

【网络安全】 印发《武威市网络安全事件应急预案》。督促整改网络安全漏洞11个，处置一般网络安全事件53起，整改重点信息系统安全隐患184个。开展“个人信息泄露”专项整治行动和防疫信息系统数据安全大排查，查删泄漏个人信息链接319条。开展2022年武威市网络安全宣传周活动，举办“移动杯”网络安全知识线上答题活动，开展网络安全知识进社区、进企业、进校园等宣传活动220余场，发放宣传资料2万余份。

【网络管理执法】 开展网络空间综合治理百日大检查执纪执法行动，清理僵尸网站182家，处置违法违规账号75个，清理违法违规信息107条，对6家网站不履行网络安全保护义务行为进行约谈，给予行政警告处罚。督促整改不规范表述1180条，约谈责任人7名。组织参加全国互联网法律法规知识云大赛，市委网信办被评为市级优秀组织单位。

【互联网行业党建工作】 摸排掌握全市互联网企业40家，登记从业人员215人、党员12名。组织全市互联网企业深入学习贯彻党的二十大精神，组织开展“党建引领聚合力·互联共建助发展”等主题活动，印发《武威市互联网企业党建工作双提升三年行动计划实施方案》，打造党建示范点2个。组织互联网企业开展4次网络公益活动，参与“甘肃好网民 同心同向同行”等话题，获得网民广泛好评。深入开展“网络文明宣传月”“网络中国节”系列活动，培养正能量网络名人13人，在2所高校设立武威市网民素养教育基地，评选第二届“武威好网民”15人、第三批“文明网站”5家、“文明政务新媒体账号”124个。

（市委网信办）

机要和保密工作

【落实工作责任】 2022年，市委常委会会议5次专题传达学习机要和保密工作有关会议、文件精神，研究部署武威市贯彻意见。8月

23日，市委书记对全市机要和保密工作作出批示，对机要和保密部门服务保障党的二十大胜利召开，统筹发展和安全，全力做好机要和保密工作提出明确要求。市委保密委员会和市委密码工作领导小组适时召开会议，安排部署全市机要和保密工作，压紧压实党管机要、党管保密工作的政治责任。

【保密培训宣传】 举办为期5天的全市机要和保密工作专题培训班，邀请省上领导专题授课辅导。分批次组织重点单位人员150人赴省保密教育实训平台开展现场体验教学。选派业务骨干深入县区、市直部门开展保密培训，受训人员1500多人。为地级领导干部赠送保密宣传册、组织机关单位征订保密宣传资料、制作保密宣传教育展板等，开展保密普法宣传活动。

【保密督促检查】 对全市各级机关单位保密自查自评工作专项检查，连续7年实现“全覆盖”。对涉密资质企业进行日常监管和“双随机”抽查检查全覆盖。加大失泄密案件查处力度，有效维护保密法纪的权威性和严肃性。为全市重大活动和市委重要会议提供保密安全技术服务保障。对国家统一考试保密管理工作进行指导、监督和检查。

【保密管理工作】 持续抓好保密“三大管理”，严格落实定密责任人责任，切实规范定密程序，加强源头管控，及时纠正定密不严谨、不准确、不规范的问题。综合运用教育培训、签订承诺书、人员调整报批等多种手段，对涉密人员实施动态管理。严格信息公开保密审查制度，加强开源信息保密管理，持续提升网络保密管控水平。

（市委机要和保密局）

老干部服务

【概况】 2022年，指导全市离退休干部党支部进一步加强政治、思想建设和党组织建设，强化基础保障，健全完善组织机构，严格组织生活，强化组织功能，持续推进离退休干部党支部标准化建设。采取集中收看和分散学习相结合的方式，组织中央文件专题学习培训3场次，收看网上专题报告5场次，教育引导老干部模范遵守党中央关于讲座、论坛、企业社团兼职等方面的纪律规定，自觉做讲政治、守规矩的表率。

【离退休干部党建工作】 指导离退休干部党支部加强政治建设、思想建设和组织建设，每月向支部发送“三会一课”工作提醒，专题发文安排系列主题党日活动。开展市直单位离退休干部党建工作核查统计。举办全市离退休干部党支部书记暨“五老”骨干代表培训班。认真落实《离退休干部党支部工作经费管理使用制度》，向56个市直单位离退休干部党支部核拨工作经费11.9万元，统一征订赠阅2023年度《中国老年报》58份。开展全省离退休干部党建亮点工作征集评选活动，征集亮点工作案例21个，择优推荐上报省委老干部局7个。做好“六好”离退休干部示范党支部创建前期准备工作，制定创建活动方案。

【活动阵地建设】 加强市老干部活动中心、市老年大学等阵地建设，着力打造老干部政治学习、文化教育、健身娱乐三位一体的学习活动平台。积极推动老年大学转型发展，推动课堂教学、第二课堂和社会实践活动相结合，全面推行“课前10分钟思政课”，充分利用微信、电子屏、校园宣传窗等媒体，大力宣传党的政策方针。组织老年大学书画、摄影、模特、舞蹈等专业开辟户外课堂30次，参加公益演出8次，开展采风、笔会、写生等创作和教学交流活动40余次，创作书法绘画作品1000余幅，举办线上演出与展览44次，深入企业、部队、社区、学校、医院、乡村送文化活动26场次。

【落实两项待遇】 全面落实老干部政治待遇和生活待遇。认真落实离退休干部送学上门、定期阅读文件、订阅党报党刊，参加重要会议、重大活动和参观考察等政治待遇，组织50名退休干部参加市政府工作报告征求意见会，组织地级离退休干部观摩全市县域经济高质量发展暨重大项目。深化细化服务内容，建立定期联系老干部制度，及时掌握老干部身体情况、生活状况和困难诉求，及时开展走访慰问和困难帮扶活动。元旦、春节、七一、中秋、国庆等重大节日期间，走访和帮扶慰问离退休干部和遗属400多人次，发放慰问金64.35万元。组织市直单位离退休干部131人进行健康体检，审核发放离退休干部门诊费、健康奖、遗属生活补助费68万元，报销离休干部住院费38万元。及时调整离休干部丧葬费标准。

【提升服务质效】 落实“五必访”联络机制，不断完善离休干部“一人一策”服务档案，发放爱心服务卡、畅通就医绿色通道、缩短医药费报销周期，为离休干部提供个性化优质服务。建立“六个台账”，登记备案走访慰问、医疗报销、信访回访、困难帮扶等数据500多条。采取单位在职干部包抓结对方式，每名干部结对联系4至6名老干部，每月至少电话联系一次。耐心细致做好信访工作，接待离退休干部及遗属来电来访10人次。

【助力经济社会发展】 立足全市中心工作，组织老干部为建设“六个新武威”汇智聚力，组建“喜迎二十大·银发再启航”等8项志愿服务队伍85支，开展志愿服务活动150多场次。组织开展“喜迎二十大，奋进新征程”全市离退休干部文艺演出以及书画、摄影暨诗词楹联征集活动，收到诗词楹联128首，书画摄影330幅。组织开展“建言二十大”“我看中国特色社会主义新时代”等专题调研，召开座谈会5场次，老干部提出意见建议43条。举办助力乡村振兴科普志愿服务活动。民勤县建立6个助力乡村振兴青年农民现代农业技术培训基地，聘请“五老”优秀专业老师，为农村青年开展日光温室技术、烹饪、电工、家政等方面实用技能培训40班（次），培训人数2000余人。古浪县邀请老专家深入黄花滩移民区指导日光温室种植、暖棚养殖，

图12 组织老干部学习阅读（市委老干部局 供图）

帮助移民区种养产业健康发展。

【信息化平台建设】 搭建信息管理平台，完善老干部基础信息库数据，更新离退休干部基础信息1.5万多人，录入党组织信息1300多条。开展"互联网+"服务模式，引导安装使用"陇上夕阳红"App、关注离退休干部公众号。在凉州城区12个社区建立"社区+"服务工作机制，以"资源众筹"为手段、以"智慧养老"为引擎，健全离退休干部居家养老信息服务体系。

（市委老干部局）

关心下一代工作

【概况】 2022年，以宣传贯彻党的二十大精神为主线，通过开展"颂歌献给党""同心共筑中国梦""建言二十大"等系列活动，采取悬挂条幅、制作展板、校园电子屏播放、主题黑板报、手抄报评比等形式，积极营造喜迎二十大浓厚氛围，教育引导青少年深学党史，厚植爱国情怀。积极推动党的二十大精神进学校、进课堂，市关工委"五老"结合实际开展多场次宣讲。

【主题教育】 围绕立德树人根本任务，开展"老少同声颂党恩 携手喜迎二十大"8项主题教育实践活动。开展"喜迎二十大·奋进新时代""扣好人生第一粒扣子""传承红色基因·争做时代新人"等主题宣讲教育活动700余场（次）。开展"游基地、学党史"线下活动22场（次）。

【红色教育】 组织青少年深入西路军古浪战役纪念馆、八步沙"六老汉"治沙纪念馆等红色教育基地，开展主题党日团日、网络祭英烈、英雄事迹整理、红色家风传承等活动567场次，受教育人数达23万人次。组织青少年观看《跨过鸭绿江》《八步沙》等红色影片1350场次，擦亮"西征讲堂""红色微电影展播"等活动品牌，讲好红色故事，赓续红色血脉。

【关心关爱工作】 联系爱心企业，为10所学校捐赠26万元的"中国书法数字化暨优秀传统文化教学系统"，为80名农村困境儿童落实"双千工程"帮扶资金4万元，为古浪县、民勤县的50名在校困境中小学生申请"千人扶助"行动帮扶资金5万元。为凉州区阳光实验学校60名留守儿童举办"留守儿童集体生日会"，赠送书包、衣服、文具等学习生活用品。推进"五老"关爱工程，帮助困境青少年60人。凉州区开展"情暖童心·助力乡村振兴"励志成长包裹公益捐赠活动，捐赠温暖包2312个。天祝县开展"春蕾女童救助"行动，争取资金18万元帮助困难女学生100名。

（市关工委）

党校（行政学院）工作

【概况】 2022年，按照"五聚焦、五提升、五保障"工作部署，以办学质量评估整改为契机，持续推进一流教学质量、一流科研成果、一流新型智库、一流干部培训、一流管理服务、一流干部队伍、一流基础设施建设，着力打造红色校园、书香校园、智慧校园、绿色校园、文明校园，切实发挥干部培训、思想引领、理论建设、决策咨询作用。

【干部培训】 根据不同班次特点，建立标

准化精细化服务流程，先后制定《主体班次培训项目管理办法》《对外开放办学培训项目管理办法》等8项培训管理制度。加大开放办学力度，深化省内外校际合作，拓展培训合作领域，扩大对外宣传交流。高质量承办河西学院2021年省级乡村振兴人才实训项目武威乡村振兴培训班、甘肃省有色金属地质勘查局党的十九届六中全会精神学习教育培训班、舟曲县乡村振兴骨干队伍培训班等域外班次。全年举办培训班65期，培训学员6708人次。

【教学管理】 坚持定向任务安排与自主特色选报相结合，创新专题申报机制，拓宽专题征集范围，丰富教学专题类型，逐步形成全员参与、内容广泛、形式多样的专题入库机制。高质量开展年度重点教学专题招标说课评审，14个专题通过评审立项。全面推行“1+X”和AB角备课模式，持续完善经典著作导读、习近平新时代中国特色社会主义思想和武威发展等特色专题，构建特色鲜明课程体系，制定科学务实教学计划，及时跟进党的重大理论政策宣讲阐释，组织开发更新党的二十大精神课堂讲授专题和微党课专题24个。

【精品课程打造】 创新教学方式，打造精品课程，推动构建形式多样、系统规范的教学体系。开发打造的《领导干部媒体应对能力提升》《党支部“三会一课”》《学唱红歌》等创新课程成功走进学员课堂。成功举办“奋进新征程 建功新时代 喜迎二十大”微课竞赛，从23名参赛教师推选2名教师参加全市理论宣讲大赛，1名教师获得全市一等奖，并代表武威参加全省理论宣讲大赛。围绕“庆祝七一、喜迎二十大”和“党的二十大精神”为主题，录制微课18节。

图13 “传承红色基因·争做时代新人”主题教育活动 （市关工委 供图）

【科研咨政工作】 组织申报校外各级各类课题31项，立项20项，结项7项。申报校级科研咨政课题10项，结项10项，形成调研报告8篇。向各类研讨会、论坛、学术年会等推荐理论文章48篇，其中11篇分获一二三等奖。扎实开展全省党校系统“学习贯彻党的二十大精神”征文活动，征集论文15篇。编印《天马论坛》4期，刊发理论文章63篇，向省讲师团“辛理瑄”栏目推送理论文章3篇、《武威日报》理论专栏推送理论文章20篇、《武威信息》推送理论文章4篇。精心组织中青班学员开展社会调研，形成高质量调研成果报告7篇。汇编形成《2021年调查研究报告》。举办“落实‘四强’行动，推动高质量发展——深入学习贯彻省第十四次党代会精神理论研讨会”，征集参会论文44篇。

【名师工程打造】 积极构建“党校教师+党政领导+校院专家+模范人物+乡土人才”的师资结构体系，对符合条件的专家人才、党政领导、模范人物等及时颁发聘书，充实校内师资库。制定《新入职教师培养与管理办法》，通过常态化开展“每周一讲”岗位大练兵活动、指定导师一对一“传帮带”，多措并举提升青年教师业务水平。积极选派11名教师赴省委党校进修培训，选派1名教师赴省委党校跟班学习，选派3名中青年教师赴基层党校支教锻炼，1名教师被评为“第一批陇原青年英才”和“甘肃省优秀青年文化人才”。

【信息化建设】 加强图书馆建设和特色资源库建设工作，先后采购图书1000余册充实书库。对接省委党校、移动公司等部门，加快推进数字图书和特色数字资源库共建共享，谋划构建校园“一卡通”等信息化管理体系。招录引进信息化专业人才，谋划打造虚拟录播教室等功能平台，切实提升党校信息化水平。

（市委党校）

武威市人民代表大会

综　述

【概况】 2022年，紧扣党中央大政方针和省委、市委决策部署，紧贴人民群众对美好生活的期盼，聚焦建设"六个新武威"奋斗目标，为推动全市经济社会高质量发展和民主法治建设发挥积极作用。制定《武威市人大常委会立法顾问工作办法》《武威市人大常委会地方立法联系点工作办法》，聘任立法顾问，设立立法联系点。加强规范性文件备案审查，审查备案规范性文件7件。

【坚持党的全面领导】 坚持把学习宣传贯彻党的二十大精神作为首要政治任务，组织常委会组成人员、各级人大代表和机关干部通过收看收听、专题学习、宣讲辅导、研讨交流、个人自学等多种方式，提升政治能力。坚持把贯彻落实党中央大政方针和省委、市委决策部署作为重大政治任务，坚持市委工作重心在哪里，人大工作就跟进到哪里。主任会议成员围绕构建新发展格局、推动高质量发展，就事关全市改革发展的产业培育、生态保护、民生改善、社会治理等，深入基层调研督导16次，形成一批调研成果。

【落实全过程人民民主】 全面贯彻落实习近平总书记关于全过程人民民主的重要论述，把全过程人民民主贯穿于人大立法、监督、代表等各项工作中。不断完善人大的民主民意表达平台和载体，健全吸纳民意、汇集民智的工作机制，推进人大协商、立法协商，设立6个基层立法联系点，征求法规草案意见建议38条。建立完善听取人民群众意见建议渠道，邀请代表和人民群众参与常委会各项监督活动。加强代表工作能力建设，密切代表与人民群众的联系，做到民有所呼、我有所应。

【制度建设】 制定《武威市人大常委会组成人员守则》《武威市人民代表大会各专门委员会向常委会报告工作制度》等常委会监督、代表工作制度5项，修订完善市人大专门委员会、常委会、常委会党组及机关党建、信访、运行管理等工作制度32项。认真落实相关制度，组织党组会议、理论学习中心组学习会议、机关集体学习会议 34 次，研讨交流 8 次，举办专题辅导讲座 2 期。

重要会议

【市第五届人民代表大会第二次会议】 2022 年 12 月 13—15 日，武威市第五届人民代表大会第二次会议召开。会议听取和审议武威市人民政府工作报告，审查和批准武威市 2022 年国民经济和社会发展计划执行情况及 2023 年国民经济和社会发展计划草案的报告、批准 2022 年国民经济和社会发展计划，审查和批准 2022 年全市财政预算执行情况和 2023 年全市及市级财政预算草案的报告、批准 2022 年市级财政预算，听取和审议武威市人大常委会工作报告、武威市中级人民法院工作报告、武威市人民检察院工作报告，并作出决议。会议补选市人大常委会副主任 1 名，决定设立武威市第五届人民代表大会环境与资源建设保护委员会，通过环境与资源保护委员会主任委员、副主任委员、委员名单，社会建设委员会部分副主任委员、委员名单。补选 10 名市人大常委会委员，选举 32 名武威市出席甘肃省第十四届人民代表大会代表。

【市人民代表大会常务委员会会议】 2022 年，武威市第五届人民代表大会常务委员会召开会议 8 次。

第一次会议 1 月 6 日，市五届人大常委会第一次会议召开。会议专题学习《中华人民共和国宪法》，传达学习党的十九届六中全会精神，中央人大工作会议精神，省人大常委会深入学习贯彻习近平法治思想、习近平总书记关于坚持和完善人民代表大会制度的重要思想交流会精神和市委书记柳鹏在市人大常委会机关调研时的讲话精神。审议通过武威市人民政府关于 2021 年市级财政预算调整方案、市监察委员会关于整治群众反映强烈问题工作情况的报告、市五届人大常委会代表资格审查委员会组成人员名单，听取市人大常委会法制工作委员

图 14　12 月 13 日，武威市第五届人民代表大会第二次会议开幕　（甘曜毓　摄）

会关于2021年规范性文件备案审查工作情况的报告。审议通过人事任免事项，向被任命的45名国家机关工作人员颁发任命书。

第二次会议 2月11日，市五届人大常委会第二次会议召开。会议专题学习宪法，审议通过《武威市防沙治沙条例（修正草案）》《武威市人大常委会立法规划（2022—2026年）》《武威市人大常委会2022年立法计划》《武威市人大常委会2022年度工作要点》和有关任免事项。

第三次会议 4月21日，市五届人大常委会第三次会议召开。会议学习宪法和十三届全国人大五次会议精神，审议《武威市文明行为促进条例（草案）》，表决通过《武威市人民代表大会常务委员会关于修改〈武威市防沙治沙条例〉的决定》《武威市人民代表大会常务委员会关于加强国有资产管理情况监督的决定》和市政府相关专项工作报告，表决通过人事任免事项。

第四次会议 5月26日，市五届人大常委会第四次会议召开。会议专题学习《中华人民共和国地方各级人民代表大会和地方各级人民政府组织法》，对《武威市文明行为促进条例（草案）》进行二次审议，听取市人大常委会3个执法检查和调研报告，审议通过市政府3个专项工作报告和有关人事任免事项。

第五次会议 8月9日，市五届人大常委会第五次会议召开。会议专题学习《中华人民共和国地方各级人民代表大会和地方各级人民政府组织法》，审议通过《武威市文明行为促进条例》，审议市人大常委会5个执法检查和调研、视察报告，表决通过"一府两院"7个专项工作报告，审查批准2021年市级财政决算，表决通过人事任免事项。

第六次会议 9月28日，市五届人大常委会第六次会议召开。会议专题学习中央人大工作会议精神，通过视频连线方式，邀请十三届全国人大代表、省人大常委会教科文卫工委原主任范鹏作了专题辅导。审议《武威市城市绿化条例（草案）》、市人大常委会2个调研报告和1个视察报告，审议通过市政府3个专项工作报告和人事任免案，审查批准2022年市级财政预算调整方案。

第七次会议 11月14日，市五届人大常委会第七次会议召开。会议专题学习党的二十大精神，表决通过《武威市人民代表大会常务委员会关于召开武威市第五届人民代表大会第二次会议的决定》，审议通过市政府2个专项工作报告，表决通过人事任免事项。

第八次会议 12月11日，市五届人大常委会第八次会议召开。会议讨论通过召开市五届人大二次会议有关事项，讨论《武威市人民代表大会常务委员会工作报告》，审议通过《市五届人大常委会代表资格审查委员会关于个别代表的代表资格的报告》《市人民政府关于市五届人大一次会议代表建议办理情况的报告》，对政府有关部门办理人大代表建议进行专项测评，表决通过有关辞职事项。

【市人民代表大会常务委员会主任会议】 2022年，武威市第五届人民代表大会常务委员会召开主任会议8次。

第一次主任会议 1月4日，市五届人大常委会第一次主任会议召开。会议讨论市五届人大常委会第一次会议有关事项，听取《市人大常委会法制工作委员会关于2021年规范性文件备案审查工作情况的报告》《市人民政府关于2021年市级财政预算调整方案（草案）的议案》和《市人大财政经济委市监察委员会关于整治群众反映强烈问题工作情况报告》以及人事任免等情况汇报，决定近期召开市五届人大常委会第一次会议。

第二次主任会议 2月8日，市五届人大常委会第二次主任会议召开。会议听取《武威市人大常委会立法规划（2022—2026年）（草案）》《武威市人大常委会2022年立法计划（草案）》《武威市防沙治沙条例（修正草案）》以及人事任免事项等情况汇报，讨论《武威市人大常委会2022年度工作要点（讨论稿）》《武威市第五届人大代表五年培训规划（2022—2026年）》和地方立法联系点、立法顾问工作办法等文件，决定近期召开市五届人大常委会第二次会议。

第三次主任会议 4月19日，市五届人大常委会第三次主任会议召开。会议听取《武威市文明行为促进条例（草案）》《武威市人民代表大会常务委员会关于修改〈武威市防沙治沙条例〉的决定（草案）》的议案和《市人民政府关于2020年度市级预算执行和其他财政收支审计查出问题整改情况报告》《武威市人民代表大会常务委员会关于加强国有资产管理情况监督的决定（草案）》的议案以及人事任免等情况汇报，决定近期召开市五届人大常委会第三次会议。

第四次主任会议 5月24日，市五届人大常委会第四次主任会议召开。会议听取《武威市文明行为促进条例（草案二次审议稿）》《市人民政府关于2021年度自然资源国有资产管理情况的报告》和《市人大常委会执法检查组关于检查〈中华人民共和国乡村振兴促进法〉实施情况的报告》《市人民政府关于全市加强和推进老龄工作进展情况的报告》和《市人大常委会调研组关于全市义务教育阶段素质教育和“双减”及延时服务开展情况的调研报告》以及人事任免事项等情况汇报，决定近期召开市五届人大常委会第四次会议。

第五次主任会议 8月8日，市人大常委会第五次主任会议召开。会议听取《武威市文明行为促进条例（草案三次审议稿）》《市人民政府关于全市县域经济发展情况的报告》《市人民政府关于2022年上半年国民经济和社会发展计划执行情况的报告》和《市中级人民法院关于破解执行难工作情况的报告》等准备情况汇报，听取市人大常委会执法检查组关于检查《中华人民共和国安全生产法》《中华人民共和国反家庭暴力法》《中华人民共和国环境保护法》等实施情况的报告以及人事任免事项等情况汇报，决定近期召开市五届人大常委会第五次会议。

第六次主任会议 9月26日，市人大常委会第六次主任会议召开。会议听取《武威市文明行为促进条例》施行日期的备案报告和《武威市城市绿化条例（草案）审查意见》等准备情况，听取市人大常委会调研组《关于全市促进区域竞相发展打造向西开放国际物流节点城市工作情况的调研报告》《关于全市高质量发展产业链暨重大项目实施情况的调研报告》和《市人民政府关于2022年市级财政预算调整方案（草案）的议案》《市人民政府关于全市反恐怖主义工作开展情况的报告》《市人民政府关于全市中医药及其产业发展情况的报告》以及人事任免等准备情况，决定近日召开市五届人大常委会第六次会议。

第七次主任会议 11月13日，市人大常委会第七次主任会议召开。会议听取《市人民政府关于2021年度市级预算执行和其他财政收支审计查出问题整改情况的报告》和《市人民政府关于2021年度全市国有资产管理情况综合报告》准备情况，听取《武威市人民代表大会常务委员会关于召开武威市第五届人民代表大会第二次会议的决定（草案）》的议案》以及人事任免事项等情况汇报，决定近日召开市五届人大常委会第七次会议。

第八次主任会议 12月10日，市人大常委会第八次主任会议召开。会议听取市五届人大常委会第八次会议有关议题准备情况的汇报，讨论《武威市人大常委会2023年立法计划（草案）》和召开市五届人大二次会议有关事项。决定近日召开市五届人大常委会第八次会议。

人大立法

【概况】 2022年，加强地方立法工作，颁布施行《武威市文明行为促进条例》，审议《武威市城市绿化条例》，调研《武威市城市社会生活噪声污染防治条例》落实情况，启动《武威市历史文化名城保护条例》等3部法规前期调研工作。加强规范性文件备案审查，审查备案规范性文件7件。

【完善立法机制】 在广泛征求意见、深入调研和充分论证的基础上，编制形成五年立法规划和2022年立法计划，经市委常委会研究、市人大常委会审议通过后印发执行。制定《武威市人大常委会立法顾问工作办法》《武威市人大常委会地方立法联系点工作办法》，聘任立法顾问，设立立法联系点，有效拓展人民群众有序参与立法的形式和渠道。

【年度立法计划】 有序推进地方立法工作，以良法促进发展保障善治。紧扣市委中心工作，将文明行为促进、城市绿化、防沙治沙修改列入2022年立法计划。加强重点领域立法，将白牦牛保护与发展、公共餐饮具卫生管理、停车场建设与管理等纳入规划。把体现人民利益、反映人民愿望、维护人民权益、增进人民福祉落实到立法工作中，将社会生活噪声污染防治修改、居家养老服务等纳入规划。

【地方性法规制定】 为培育和践行社会主义核心价值观，倡导文明行为，提升公民文明素养和社会文明程度，助推全国文明城市创建，制定《武威市文明行为促进条例》。9月23日甘肃省第十三届人民代表大会常务委员会第三十三次会议审查批准，9月27日通过政府网站和《武威日报》公布，自2022年11月1日起施行。

【地方性法规修订】 为贯彻落实习近平生态文明思想，强化武威市沙化土地治理，促进生态文明建设和高质量发展，提出《武威市人民代表大会常务委员会关于修改〈武威市防沙治沙条例〉的决定》，2022年4月21日市五届人大常委会第三次会议审议通过，并经省十三届人大常委会第三十一次会议于2022年6月2日批准，6月9日在市政府网站和《武威日报》全文公告，同时向全国人大常委会法工委报送备案。

人大监督

【概况】 2022年，自觉担负宪法法律赋予的监督职责，坚持正确监督、有效监督、依法监督，紧扣建设“六个新武威”重大决策部署，围绕高质量发展、生态文明、民生保障、乡村振兴、公平正义等方面开展监督。组织开展执法检查、视察调研11项。

【重点工作监督】 围绕高质量发展，聚焦粮食安全和种业振兴，听取审议专项工作报告；听取审议计划执行情况报告，督促经济社会发展目标任务落实。围绕加强生态保护，听取审议2021年度全市环境状况和环境保护目标任务完成情况报告，督促严格落实环境保护责任；听取审议实施国家节水行动专项报告，推动国家节水行动向纵深发展。围绕实施“四强”（强科技、强工业、强省会、强县域）行动，调研“8+N”优势主导产业发展、打造向西开放国际物流节点城市、高质量发展暨重大项目实施情况，听取审议县域经济发展情况专项报告，提出建议举措；听取审议中医药及其产业传承创新发展情况报告，推动市域中医药产业稳步发展。

【财经工作监督】 加强预算审查监督，听取审议预算、审计工作报告，依法批准市级财政决算、预算调整和新增政府债务限额分配计划。加强审计查出问题整改情况的监督，推动政府及相关部门落实整改责任。全面落实市委关于进一步加强武威市各级人大对政府债务审查监督的实施办法，加强政府债务全口径审查、全过程监督。加强国有资产管理监督，作出关于加强国有资产管理情况监督的决定，听取审议自然资源资产和国有资产管理情况综合报告，督促政府管好用好国有资产。

【改善民生监督】 调研义务教育阶段素质教育和“双减”政策落实情况，推进构建良好教育生态，办好人民满意教育。听取审议加强和推进老龄工作情况报告，提出务实有效的意见建议。调研城市绿化工作情况，聚焦绿色惠民工程，推动城市绿化健康发展。贯彻落实“一廊一区一带”部署要求，视察河西民族团结进步示范走廊门户市创建情况，助力创建全国民族团结进步示范市。

【社会公平正义监督】 加强司法监督，听取审议市法院关于破解执行难、市检察院关于刑事检察工作情况的报告，推动解决影响司法公正、制约司法能力的深层次问题。聚焦法治武威建设，听取审议市政府市域社会治理工作情况报告，推进构建共建共治共享的社会治理格局。首次听取审议市监委关于整治群众反映强烈问题工作情况的报告，提出审议意见，促进监察机关依法履行职责。全面落实人大信访办理制度和联席会议制度，召开联席会议3次，受理群众来信来访24件（次）。

【执法检查】 立足深化农村改革、推动农业现代化，开展乡村振兴促进法执法检查，做好巩固拓展脱贫攻坚成果和乡村振兴有效衔接工作。立足提升全民科学素质，开展科学技术普及法执法检查，更好推动科普惠民。立足保障妇女儿童老人合法权益，首次开展反家庭暴力法执法检查，引导社会各界关注家庭暴力问题，营造安定有序社会环境。立足生态环境保护，开展环境保护法执法检查，助力绿色低碳、生态文明新武威建设。立足统筹发展和安全，坚持人民至上、生命至上理念，检查安全生产法实施情况，持续巩固全市安全生产稳定向好局面。

重大决定和人事任免

【概况】 坚持党对人大工作的全面领导，坚决维护党总揽全局、协调各方的领导核心作用。牢牢把握人大工作的正确政治方向，围绕“六个新武威”奋斗目标，切实把党的领导体现到立法、监督、决定、代表等工作中，确保市委各项决策部署在人大工作中得到全面贯彻，为建设社会主义现代化新武威做出新贡献。全年向市委请示报告重大事项、重点工作12项。

【重大事项决定】 听取审议“一府一委两院”专项工作报告18项，作出决议决定6项。修订《武威市防沙治沙条例》，颁布施行《武威市文明行为促进条例》，审议《武威市城市绿化条例》，启动《武威市历史文化名城保护条例》等3部法规前期调研。

【国家机关人员任免】 市人大常委会依法开展国家机关工作人员任免工作，审议通过任免案25件，任免国家机关工作人员134人次，向被任命的国家机关工作人员颁发任命书，组织任职人员进行了宪法宣誓。

代表工作

【保障代表履职】 制定市五届人大代表五年培训规划和2022年培训计划。依托各级党校等培训基地，举办代表履职培训班，全年培训市、县区代表1370人次。修订《武威市人大代表活动经费管理使用（暂行）办法》，增加代表活动经费和无固定收入代表补贴，更好保障代表依法履职。

【联系人大代表】 落实市人大常委会组成人员联系代表工作制度，35名常委会组成人员常态化联系90名基层人大代表。邀请28名代表列席常委会会议，32人次代表参加执法检查、视察调研等活动。建立市县区检察机关联络人大代表工作室。发挥人大代表之“家”、代表工作“室”作用，积极开展评议、述职、接待选民、学习交流等活动。组建21个市人大代表小组，311名市人大代表围绕全市重点工作开展视察调研。

【代表建议办理】 修订《武威市人大常委会代表建议、批评和意见办理办法》，坚持代表建议办理前了解意图、办理中求计问策、办理后征求意见全过程沟通，承办时邀请代表直接参与，建议办理实现由“文来文往”向“人来人往”转变。强化重点督办，常委会主任会议成员牵头督办涉及乡村振兴、项目建设、环境保护、民生改善等12件重点建议。开展建议办理满意度测评。市五届人大一次会议收到的73件代表建议全部办结。

（市人大常委会办公室）

武威市人民政府

综　述

【概况】 2022年，市政府坚决落实“疫情要防住、经济要稳住、发展要安全”的要求，坚定不移走生态优先、绿色发展之路，全市经济社会高质量发展取得新成效。全年实现生产总值663.4亿元、增长6%，规上工业增加值增长9.7%，社会消费品零售总额增长3.1%，固定资产投资增长18%，城镇居民人均可支配收入35244元、增长4.3%，农村居民人均可支配收入15899元、增长7%，一般公共预算收入增长5%，一般公共预算支出增长17.3%。

【重点产业链打造】 实施新能源及装备制造产业链项目38项、总投资226亿元。开工建设风光电项目360万千瓦，年底并网125万千瓦，装机规模达到465万千瓦。创新光伏治沙模式，治理沙漠8万亩。90米级大兆瓦风机叶片、智能风机总装、光伏组件等项目建成投产。新能源及装备制造产业实现产值62亿元。初步形成乳制品、奶牛养殖、饲料加工、生物医药、彩印包装、物流物联等奶产业集群，奶牛存栏达到10万头、增长41%，奶业全产业链产值突破60亿元、增长71%。食品工业全产业链产值达到318亿元，增长16.9%。实施10万亩中药材种植产业园、5000万盒宣肺止嗽合剂生产线项目，祖师麻膏药、宫瘤宁片等3个品种被列为陇药大品种大品牌目录。实施污染防治、垃圾资源化利用等项目35个，完成投资16.1亿元。实施重点文旅项目22个、完成投资19.2亿元。武威市被新华网评为“最具文化魅力城市”。新建5G基站645个，累计建成1784个。

【高质量发展项目建设】 确定高质量发展重大项目248个，完成投资320亿元，比2021年增加140亿元。争取中央预算内资金18.5亿元、增长20.1%，争取专项债券资金39.9亿元、增长81.5%。兰张三四线铁路中川机场至武威段控制性工程新乌鞘岭隧道提前2个月贯通，武威东、古浪北、天祝西3个高铁站房全部开工。北仙高速西渠至武威段通车运行，武威至仙米寺段完成投资13.5亿元，路基拉通

80%。民勤通用机场站坪和跑道工程完工。引大入秦延伸增效工程列入国家《“十四五”水安全保障规划》。总投资18亿元、总容积2000万立方米的凉州区调蓄水池工程进展顺利，其中西营五千片区2座调蓄水池建成蓄水。总投资15.4亿元的西气东输四线武威段工程完成年度建设任务。全年招商引资签约金额300.5亿元，是2021年的2.2倍，落实招商引资到位资金295亿元、增长26%。

【乡村振兴建设】 “8+N”优势主导产业产值占农业总产值的比重达75%，比2021年提高5个百分点。牛羊猪饲养量增长10.6%，蔬菜产量增长6.6%。新认证“三品一标”7个，累计332个，新增“甘味”品牌11个，建成粤港澳大湾区“菜篮子”生产基地4个，农产品外销量达70%以上。新建高标准农田47万亩，建成226.4万亩，整治撂荒地42万亩。粮播面积达到241万亩，粮食产量124万吨。大豆玉米带状复合种植机械化技术被树为全国典型。编制实用性村庄规划747个，建设省级示范村34个，完成农房抗震改造1万户，实施生态及地质灾害避险搬迁3343户，新改建农村公路2054千米，农村集中供水率达到93%。民勤县入选创建国家乡村振兴示范县。

【生态文明建设】 加快民勤生态示范区建设、八步沙区域生态治理，天祝县纳入全省青藏高原生态保护和可持续发展先行区。完成防沙治沙15.9万亩、人工造林24.1万亩，建设碳汇储备林5.1万亩，实施国土绿化提质增效12.7万亩，治理退化草原89万亩，武威市成功创建省级森林城市。全面启动建设全流域美丽幸福河湖，实施“五赋两转一打造”（赋魂、赋文、赋美、赋能、赋制，有名有责转向有能有效，打造全域美丽幸福河湖）工程，完成79条市级河流、

图15　古浪新华水电公司15万千瓦沙漠光伏发电项目（蒋锦鹏　2022年6月摄）

18座湖库划界和岸线规划编制，金强河成功创建为省级美丽幸福河湖，石羊河全国示范河湖成果巩固拓展。

【持续推进改革开放】 国企改革三年行动任务基本完成。农村土地“三权分置”、集体产权制度改革不断深化。武威工业园区获评国家级绿色工业园区，民勤红沙岗工业集中区、古浪工业集中区升级为省级开发区。数字政府12个系统平台在全省率先上线，政务服务事项全程网办率达到95%。城市信用监测排名跃居全国第33位。武威国际陆港铁路集装箱场站建成投运。木材产业园开始“筑巢引凤”。开辟哈萨克斯坦（跨里海）—格鲁吉亚—土耳其—欧洲海铁联运南线新线路，开行武威—莫斯科国际货运班列，发运“天马号”21列，货运总值增长37.6%。新增外贸备案登记企业43家，累计达到387家。

【保障改善民生】 民生支出占一般公共预算支出的84.3%，高于全省4.3个百分点。市、县区投入为民办实事财政资金17.8亿元。在全省率先推行“互联网+不动产登记”，7.5万户群众拿到期盼已久的不动产权证。争取实施北方地区冬季清洁取暖项目，获中央预算内补助资金9亿元，有效改善17.8万户城乡居民供暖条件。发放就业补助1.2亿元，开展职业技能培训3.1万人次，城镇新增就业1.8万人，富余劳动力转移就业40.3万人。建成乡镇（街道）综合养老服务中心13个、托幼机构5所。加大校舍建设力度，新增园位、学位5200个。“双减”政策全面落实，义务教育阶段学科类培训机构全部压减。市妇幼健康服务中心、方舱医院建成投用，市、县区综合医院区域医学中心、急危重症救治中心全部建成。基层医疗机构中医馆实现全覆盖。重离子中心治疗患者656例。

【全国文明城市创建】 着力打造德城、文城、绿城、清城、智城“五城”品牌，颁布实施

图16　7月3日，武威市下半年重大项目开工活动现场　（甘曜毓　摄）

《武威市文明行为促进条例》,全国文明城市创建深入推进。改造老旧小区 193 个、1.3 万户,建设保障性住房 4179 套。新建城市小游园 15 个,新增和提质改造城市绿地 156 万平方米。打通"断头路"、整治背街小巷 37 条。新建停车场 16 个,开展"一难两乱"专项整治,新增盘活停车泊位 3.3 万个。

重要会议

【市政府全体会议】 2022 年,市政府召开全体会议 2 次。

第一次全体会议 1 月 27 日,五届市政府召开第一次全体会议,全面贯彻中央和省委经济工作会议、省两会、省政府第十次全体会议精神,深入落实市第五次党代会、市委经济工作会议和市人代会工作部署。会议通报全市 2021 年主要经济指标完成、高质量发展重大项目实施、争取资金、招商引资、工业园(集中)区工作和污染防治攻坚战工作情况。

第二次全体会议 8 月 18 日,五届市政府召开第二次全体会议,深入学习贯彻党中央国务院决策部署,认真落实全省党政主要领导干部会议、省政府第十一次全体会议暨全省经济运行调度电视电话会议、市委五届五次全会精神,总结全市经济社会发展工作,安排部署重点任务和政府系统廉政建设。

【市政府常务会议】 2022 年,市政府召开常务会议 24 次。

市政府第三次常务会议 1 月 4 日,市委副书记、市长王国斌主持召开五届市政府第三次常务会议,研究人事任免事宜。

市政府第四次常务会议 1 月 12 日,市委副书记、市长王国斌主持召开五届市政府第四次常务会议,学习《中华人民共和国数据安全法》,审定《武威市人民政府质量奖实施办法》《武威市"十四五"市场体系建设规划》《关于加快建立健全绿色低碳循环发展经济体系实施方案》《武威市"十四五"综合交通运输发展规划》,审议《关于进一步加快食用菌产业发展的指导意见》《武威市 2022 年国土绿化倍增行动实施方案》。会议还研究其他事项。

市政府第五次常务会议 1 月 26 日,市委副书记、市长王国斌主持召开五届市政府第五次常务会议,学习《中华人民共和国审计法》,审定《2022 年全市高质量发展产业链链长誓师暨重大项目建设启动大会建议方案》《2021 年高质量发展重大项目奖励及奖补政策兑现方案》《2022 年高质量发展重大项目清单》《国有土地上已售城镇住宅历史遗留"登记难"问题需市政府研究审定的事项清单(第二批)处置意见》和武威市《妇女发展规划》《儿童发展规划》《"十四五"数字经济发展规划》《"十四五"生态环境保护规划》《矿产资源总体规划》《"十四五"基础测绘规划》,审议《关于规范民办义务教育发展的实施方案》。会议还研究其他事项。

市政府第六次常务会议 2 月 22 日,市委副书记、市长王国斌主持召开五届市政府第六次常务会议,学习《中华人民共和国环境保护法》,传达学习全省国企改革三年行动推进会议精神并听取武威市工作进展情况汇报,审议《武威市支持招商引资项目若干措施》。会议还研究其他事项。

市政府第七次常务会议 2 月 27 日,市委副书记、市长王国斌主持召开五届市政府第七次常务会议,专题安排部署生态环境保护及问题整改落实工作。

市政府第八次常务会议 3月15日，市委副书记、市长王国斌主持召开五届市政府第八次常务会议，学习《中华人民共和国传染病防治法》，传达学习中共甘肃省委办公厅《关于天定高速公路整改不力问题及其教训警示的通报》，审定《武威市中心城区部分地块控制性详细规划调整论证报告及方案》《武威市"十四五"制造业发展规划》《武威市"十四五"公共服务规划》《武威市"十四五"水利发展规划》《武威市"十四五"能源发展规划》《武威市"十四五"残疾人保障和发展规划》《关于深入打好污染防治攻坚战的实施意见》《武威市融媒体中心建设方案》《全市公办幼儿园保育教育费收费标准调整方案》，审议《武威市古浪县新堡乡、干城乡、横梁乡等乡镇行政区划变更实施方案》，研究审计工作有关事项、人事任免事宜。

市政府第九次常务会议 4月1日，市委副书记、市长王国斌主持召开五届市政府第九次常务会议，学习《甘肃省安全生产条例》，传达学习"应急使命·2022"抗震救灾演习部省有关会议精神，研究武威市贯彻落实意见，审议兰张三四线铁路武威至张掖段项目武威市筹资意见、《武威市铜奔马文化旅游景区创建国家A级旅游景区工作方案》、《武威市法治政府建设实施方案（2021—2025年）》、《武威市人民政府2022年立法计划（草案）》，研究人事任免事宜。会议还安排近期重点工作。

市政府第十次常务会议 4月28日，市委副书记、市长王国斌主持召开五届市政府第十次常务会议，传达学习中央政治局常委会会议精神，习近平总书记对安全生产工作的重要指示精神和李克强总理批示要求，全国、全省安全生产电视电话会议精神，国务院、省政府第五次廉政工作会议精神，学习《甘肃省消防安全责任制实施办法》，研究分析全市一季度经济运行形势，听取全市一季度生态环境保护工作情况汇报，审定武威市《2022年大气污染防治实施方案》《"十四五"推进农业农村现代化规划》《深入实施国家节水行动促进水资源节约集约利用实施方案》《全民健身实施计划》和《武威水利"四抓一打通"实施方案》。会议还研究其他事项。

市政府第十一次常务会议 5月18日，市委副书记、市长王国斌主持召开五届市政府第十一次常务会议，学习《信访工作条例》；传达学习省食品药品安全委员会全体会议精神，听取全市食品药品安全工作情况汇报，安排部署食品药品安全工作；传达学习全国巩固易地搬迁脱贫成果工作推进会暨部际沟通协调会议精神，研究贯彻落实意见；听取全市粮食生产、耕地保护工作进展情况汇报；审定《武威市推进新建商品房"交房即交证"改革实施方案》《武威市公路交通保障应急预案》《武威市城镇职工基本医疗保险市级统筹实施办法》；审议《关于进一步强化安全生产责任落实坚决防范遏制重特大事故的实施方案》。会议还部署近期重点工作。

市政府第十二次常务会议 5月23日，市委副书记、市长王国斌主持召开五届市政府第十二次常务会议，研究人事任免事宜。

市政府第十三次常务会议 6月1日，市委副书记、市长王国斌主持召开五届市政府第十三次常务会议，学习《中华人民共和国反有组织犯罪法》，审定2022年全市第一批重大项目前期费安排计划、《武威市消防安全责任制实施办法》、《武威市消防车通道管理办法》、《武威市市政消火栓管理办法》、《武威市人民政府2022年消防任务清单和市政府领导消防安全工作责任清单》，专题安排部署消防安全工作，审议《武威市城市绿化条例（草案）》、2022年市级第二批新增债券额度分配事宜。

市政府第十四次常务会议 6月16日，市委副书记、市长王国斌主持召开五届市政府第十四次常务会议，学习《甘肃省促进中小企业发展条例》，传达学习省委办公厅、省政府办公厅《印发〈关于更加有效发挥统计监督职能作用的若干措施〉的通知》、全省优化营商环境大会、省生态及地质灾害避险搬迁工作领导小组第一次会议暨工作推进会议精神，审议武威市《贯彻落实稳住经济一揽子政策措施实施方案》《强县域行动实施方案》《强县域行动2022年度重点工作清单》《生态及地质灾害避险搬迁实施方案》《生态及地质灾害避险搬迁2022年度实施方案》《贯彻落实省级生态环境保护督察反馈意见整改方案》《农村人居环境整治提升五年行动实施方案》，审定《武威市"十四五"深度融入共建"一带一路"加快构建全面开放新格局的实施方案》。会议还研究其他事项。

市政府第十五次常务会议 7月13日，市委副书记、市长王国斌主持召开五届市政府第十五次常务会议，学习《中华人民共和国市场主体登记管理条例》，审议武威市《贯彻落实〈甘肃省知识产权强省建设纲要（2021—2035）〉实施方案》《推动城乡建设绿色发展的实施方案》，听取武威市创建新一届全国双拥模范城工作情况汇报，审定第五批市级非物质文化遗产代表性项目。会议还研究其他事项。

市政府第十六次常务会议 7月27日，市委副书记、市长王国斌主持召开五届市政府第十六次常务会议，学习《突发公共卫生事件应急条例》，传达学习全省强县域工作推进会精神和省防汛抗旱指挥部有关通报，听取上半年经济运行和高质量发展情况汇报、安排部署下半年高质量发展工作，审定《武威市冬季清洁取暖项目建设实施方案》《2021年度市级预算执行和其他财政收支审计结果报告》，审议《武威市强科技行动实施方案》。会议还研究其他事项。

市政府第十七次常务会议 8月8日，市委副书记、市长王国斌主持召开五届市政府第十七次常务会议，研究人事任免事宜。

市政府第十八次常务会议 8月21日，市委副书记、市长王国斌主持召开五届市政府第十八次常务会议，学习《政府督查工作条例》，传达学习省质量发展领导小组会议、全省生态及地质灾害避险搬迁工作调度会精神，听取2022年质量工作、近期全市安全生产和防灾减灾工作情况汇报，研究省安委办"四不两直"督导检查反馈问题整改工作，审定《市政府领导2022年度安全生产工作责任清单》，安排部署有关工作。会议还研究其他事项。

市政府第十九次常务会议 8月26日，市委副书记、市长王国斌主持召开五届市政府第十九次常务会议，学习《中华人民共和国土地管理法实施条例》，传达学习习近平总书记关于防汛抗旱工作的重要指示批示精神，审议2021年度市长金融奖拟表彰对象，安排部署相关工作。会议还研究其他事项。

市政府第二十次常务会议 9月16日，市委副书记、市长王国斌主持召开五届市政府第二十次常务会议，学习甘肃省《规章行政规范性文件备案审查办法》《行政规范性文件管理办法》，传达学习全国、全省信访工作会议精神，听取第二轮省级生态环境保护督察反馈问题整改进展情况汇报，专题研究全市生活垃圾分类工作，审定《武威市企业投资工业项目"标准地"改革实施方案》，审议《武威市"一老一小"整体解决方案》《关于进一步加强生物多样性保护的实施方案》《武威开放大学综合改革实施方案》。会议还研究其他事项。

市政府第二十一次常务会议　9月28日，市委副书记、市长王国斌主持召开五届市政府第二十一次常务会议，学习《中华人民共和国未成年人保护法》，传达学习省委副书记、省长任振鹤在武威调研时的讲话精神，听取全市未成年人思想道德建设工作情况汇报。会议还研究其他事项。

市政府第二十二次常务会议　10月26日，市委副书记、市长王国斌主持召开五届市政府第二十二次常务会议，学习《中华人民共和国节约能源法》，传达学习全省乡村产业发展推进会议、乡村建设工作现场推进会议精神，审定《武威市"十四五"节能减排综合工作方案》，审议《关于完整准确全面贯彻新发展理念做好碳达峰碳中和工作的实施意见》。会议还研究其他事项。

市政府第二十三次常务会议　11月5日，市委副书记、市长王国斌主持召开五届市政府第二十三次常务会议，学习《中华人民共和国预算法》，传达学习甘肃省关于厉行勤俭节约过紧日子确保财政平稳运行通知精神，听取前三季度经济运行情况汇报、安排部署四季度高质量发展工作，审议《武威市绿色工业突破行动实施意见》。会议还研究其他事项。

市政府第二十四次常务会议　11月12日，市委副书记、市长王国斌主持召开五届市政府第二十四次常务会议，传达学习《中共中央关于认真学习宣传贯彻党的二十大精神的决定》《中共甘肃省委关于深入学习宣传贯彻党的二十大精神的意见》《中共甘肃省人民政府党组关于深入学习宣传贯彻党的二十大精神的实施意见》《中共武威市委关于深入学习宣传贯彻党的二十大精神的实施意见》，审定《中共武威市人民政府党组关于深入学习宣传贯彻党的二十大精神的工作方案》，研究人事任免事宜。

市政府第二十五次常务会议　11月22日，市委副书记、市长王国斌主持召开五届市政府第二十五次常务会议，传达学习国务院食品安全委员会《关于建立健全分层分级精准防控末端发力终端见效工作机制推动食品安全属地管理责任落地落实的意见》、全省央地合作项目推进会议精神，研究贯彻落实意见；审定《武威民勤红沙岗能源化工工业集中区精细化工园区发展总体规划（2022—2035年）》。

市政府第二十六次常务会议　12月5日，市委副书记、市长王国斌主持召开五届市政府第二十六次常务会议，学习《促进个体工商户发展条例》，审议《政府工作报告（审议稿）》《关于2022年国民经济和社会发展计划执行情况及2023年国民经济和社会发展计划草案的报告（审议稿）》《关于2022年全市财政预算执行情况和2023年全市及市级财政预算草案的报告（审议稿）》，研究全市实施乡村建设行动等工作。

（市政府办公室）

政务服务

【概况】　2022年，市政务服务中心认真落实市委、市政府深化"放管服"改革优化营商环境部署要求，坚持党的领导、坚持以人民为中心、坚持系统观念，全面推进政务服务标准化、规范化、便利化，企业和群众办事便捷度明显提升。省、市电视台专题报道市政务服务中心优化政务服务工作动态21次，国家和省、市报纸杂志刊登工作动态20次。市政务服务中心被中共中央、国务院授予"人民满意的公务员集体”称号。

【政务服务标准化建设】 坚持把政务服务事项梳理编制作为提升网上政务服务能力的一项基础性工作，及时认领上级部门推送的实施清单，补充完善相关要素信息。推进政务服务事项实施清单的受理条件、办理流程、申请材料、承诺办结时限、跑动次数等基础和关键要素数据同源，实现同一事项线上线下同要素管理、同标准办理。编制公开政务服务事项市级1319项、县区级5850项、乡镇（街道)5658项、村（社区）32889项。

【政务服务规范化建设】 按照“前台综合受理、后台分类审批、综合窗口出件”模式，实现“一窗受理、综合服务”的一站式工作流程。制定并公布进驻事项清单和第一批负面清单，建立部门业务综合授权的“首席事务代表”制度，推动服务事项“即收即办”、简单事项“即时办结”。实现申请受理、审查决定、结果送达等全流程、全环节“闭环式”网上服务。推进政务服务事项、办事指南等在线上线下服务渠道同源发布、同步更新，做到线上线下无差别受理、同标准办理。办理政务服务事项63.51万件。

【政务服务便利化建设】 梳理公布“一件事一次办”事项目录103项。优化整合军人退役“一件事”服务，办理事项8540件。全新打造全省面积最大的自助服务厅，配置集成式自助服务终端和部门业务服务终端40余台，提供“24小时不打烊”服务。通过自助服务终端办理事项1.5万余件。将“甘快办”App作为移动政务服务的主要提供渠道和总入口，为企业和群众提供查询、预约、办理、投诉建议和评价反馈等一体化服务。可在线办理政务服务事项6270项，网办率99.06%，全程网办率95.13%。政务服务“跨省通办”137项、“省内通办”47项、“掌上办”1911项。企业和群众评价数100.45万条，好评率99.99%。梳理公布告知承诺制服务事项322项，用承诺书代替证明材料事项659项，通过告知承诺制办理事项12.43万件，减少证明材料13.54万件。加强“政务+邮政”合作，企业和群众通过免费邮寄方式办理事项2.93万件。

【政务公开】 依法及时准确公开政务信息，优化市政府门户网站栏目设置，编制重点公开领域16个，规范市、县（区）、乡镇（街道）信息目录168条、公开内容标准1206项，建成省级标准化政务公开专区和基层政府信息公开查阅点20个。聚焦重点领域，加强行政规范性文件、行政许可、行政处罚、财政预决算、减税降费、疫情防控、就业稳岗、助企纾困、民生保障等方面信息公开，发布各级各类信息57.66万条。市本级办理依申请公开9件，已全部办结。

【政务服务便民热线建设】 优化热线办理流程和资源配置，丰富事项知识库，完善受理、派单、转办、督办、评价等工作机制，打造便捷、高效、规范、智慧的政务服务“总客服”，提供“7×24小时”全天候人工服务，企业群众反映的问题和合理诉求及时得到处置办理。受理群众诉求15.09万件，热线接通率80.75%，按时办结率98.29%，群众满意率100%。办理甘肃政务服务网网民留言1045件，按时答复率100%。

【新址服务大厅启用】 2022年2月，市政务大厅搬迁至武威市公共服务中心大楼1—6

楼，建筑面积1.1万平方米，比原办公面积增加近3倍。六层大厅分设综合受理、工程建设项目审批、企业开办、医保社保、不动产服务、24小时自助服务大厅等12个综合服务功能区。按照“市区一体、应进必进”的原则，将与群众、企业、项目和各类市场主体有关的政务服务和受理事项最大限度整合进驻，进驻市、区部门单位90个，工作人员287人。

（市政府政务服务中心）

外事工作

【引才引智工作】 加强引才引智体制机制建设，鼓励企业、科研机构等创新主体加强与“一带一路”沿线国家的国际科技交流合作。组织人才引进、产学研合作等方面与相关专家组织、培训机构、专业人才进行交流洽谈。充分发挥引才引智基地及外国专家作用，柔性引进科技创新团队、吸引国内外科技人才参与武威市科技创新活动。

【发展外向型经济】 举办国际陆港外向型经济云招商推介会。借助甘肃（武威）国际陆港“五大外向型经济平台”，与格鲁吉亚、匈牙利等“一带一路”沿线国家，以及陕西、四川等地外向型经济企业，签约木材加工产业园区、跨境电商进出口业务合作、海外保税仓合作运营等方面的合作协议。甘肃（武威）国际陆港常态化组织开行中俄木材班列、中亚进口粮食饲料班列，深化国际经贸合作，加快推动与“一带一路”沿线国家在国际贸易、国际物流、跨境电商等方面深度合作。

（市政府办公室）

港澳事务

【概况】 武威市有港澳企业2家。建立粤港澳大湾区“菜篮子”生产基地4个，正常有

图17　民勤县昌宁镇铧尖村供港蔬菜种植基地　（李　军　2022年9月摄）

序开展蔬菜供应。积极做好港澳有关人士到武威考察等工作，全力开展合作交流。向"港澳委员看甘肃"上报"腾格里沙漠边缘有一颗塞上明珠"文章等。

【粤港澳大湾区蔬菜供应】 建成民勤县腾盛贸易有限责任公司供港澳蔬菜基地、甘肃勇馨科技农业有限公司古浪分公司古浪县黄花滩10号移民点六道沟生产基地、民勤县珍宝农林牧产销专业合作社申报的民勤县收成镇蜜瓜产业园、民勤县东坝镇人参果产业园4个粤港澳大湾区"菜篮子"生产基地，农产品外销量达70%。其中，民勤县腾盛贸易有限责任公司种植蔬菜品种主要有西兰花、菜心、甘蓝、松花、芥蓝、学斗、白菜苔、上海青、春菜等，建成供港蔬菜基地6800亩，日光温室120座，蔬菜保鲜库2座3万吨，基地年加工精选蔬菜1.5万吨，蔬菜交易量达20万吨以上。古浪县六道沟生产基培育发展日光温室精细蔬菜产业主要种植番茄、辣椒、茄子、西瓜、芦笋、草莓等瓜果蔬菜。民勤县蜜瓜有形成金红宝、哈密瓜、银帝、黄河蜜、玉金香五大品系、108个品种，种植面积稳定保持在20万亩左右，年产量50万吨以上。民勤县东坝镇推动人参果产业园区化建设、集约化经营、链条式发展，建成东一、拐湾2个千亩种植基地，全镇人参果日光温室规模达1200座、5000亩以上。

（市委统战部）

决策服务

【调查研究】 围绕开展干部能力素质提升年活动，紧扣产业培育、乡村振兴、项目建设、民生改善等重点工作，制定《关于在干部能力素质提升年活动中广泛开展调查研究工作的实施方案》，指导各县区和市直各部门扎实开展调研活动，形成一批实实在在的调研成果，起草的《关于民勤县推进乡村振兴情况的调研报告》编入《干部能力素质提升年调研报告汇编》。配合省政府研究室、省政府参事室课题调研组分别对"三农"情况、温泉康养产业开发利用情况、中小学美育体育师资情况、乡村幼儿园教育发展情况、公共体育设施运行情况开展调研，调研成果通过服务决策、融入文稿等方式得到有效转化。

【文稿起草】 坚持把文稿起草与理论学习、调查研究有机结合起来，深学细研中央精神和省第十四次党代会、市第五次党代会部署，结合市情实际，超前谋划、深入思考、反复打磨，完成市政府工作报告、市委经济工作会、市委农村工作会、市政府全体会、经济运行调度会、疫情防控工作会、高质量发展项目观摩等重要会议材料和省领导到武威调研汇报。协同完成绿色工业行动突破大会、产业链链长制、创城攻坚大会、行政复议体制改革、安委会等重要会议材料，为服务决策、推动落实、谋划发展发挥重要作用。

【《武威发展》编辑】 编发《武威发展》，广泛宣传市委、市政府发展思路和重大决策部署，积极展示全市经济社会发展中涌现出来的亮点工作。深入挖掘基层典型经验，每期选择1个市内企业或2个乡镇，展示企业发展风采，宣传乡镇工作经验，达到宣传政策、交流经验、传递信息、服务基层、推动工作的办刊目的。

（市政府研究室）

信访工作

【概况】 2022年,全市信访总量4165批(件)5426人次。全市受理群众来信182件,受理网上投诉1230件,受理省级领导信箱信访件244件。

【领导干部接访下访】 市委、市政府高度重视信访工作,市委常委会会议、市政府常务会议6次研究信访工作,严格落实领导干部接访下访制度,市委、市政府主要领导以上率下,带头接访包案,推动疑难问题化解。19名市级领导公开接访群众67批(件)209人次,县区有102名县级领导接访446批(件)2125人次,全市信访部门排查矛盾纠纷1085件,化解1042件,化解率96%。

【信访案件督办落实】 严格按照"控增量、减存量、防变量"的总体要求,把领导包案、升级调查处理作为"治重化积"关键举措,精准开展"治重化积"专项工作。至年底,中央信访联席办交办武威市2批信访积案233件和市级梳理交办重点信访事项66件全部办结。依法依规复查复核信访事项12件,督查督办各类信访事项360件。

【网上信访】 成立武威市信访接待中心,增加5个事业编制,充实网上信访工作力量,"领导信箱"留言办理工作规范有序,全市网上信访占比达70%,全市信访事项及时受理率、按期答复率、群众参评率保持在100%。

【提升信访工作质效】 全市95个乡镇、12个街道全部建立信访工作联席会议机制。高度重视初信初访,初信初访办结率保持在95%以上;对疑难复杂案件,充分发挥信访工作联席会议协调作用,召集责任县区和部门共同会商会诊,召开协调会议62次。及时、规范使用中央财政拨付的信访补助资金35万元,解决15件久拖不决的信访案件。

(市信访局)

人事管理

【招聘考试】 组织专项招聘工作,解决1083名民生实事就业项目人员入编问题。积极克服疫情影响,采取"点对点"接送、"一对一"服务等措施,安全顺利完成1.7万余人事业单位公开招聘考试。招募106名高校毕业生到基层从事"三支一扶"服务工作,较2021年增加17名。

【职称评审】 深入推进职称制度改革,优化职称评审流程,评审正高级职称192人、副高级职称995人、中级职称1814人。实施特殊人才评价"直通车",审核推荐11名特殊人才评审高级职称。

【人才待遇】 提前着手抢占引才先机,签约引进急需紧缺人才450名。持续深化技能人才评价制度改革,完成全市第一批社会培训评价组织16家27个工种的审核备案,对2175人的资格进行初审。筛选优质见习基地55家,开发见习岗位660个,组织260名人才参加就业见习,拨付见习补贴资金84.12万元。为18名工业企业人才兑现津补贴、购房补贴161万元。

【人事档案管理】 在全省率先高效完成全市86305名流动人员档案基础数据录入和向省级系统集中迁移工作,率先启用流动人员档案管理服务信息系统。推行档案线上接转“不见面”服务模式,档案转递用“快递跑”取代“群众跑”。全年接收档案69627份,转出5996份,为378名毕业生提供档案机要直寄服务。在大就业系统、市政务服务系统,统一规范人事档案经办规程,档案转递、查询等7项事务初步实现网上经办。

(市人力资源和社会保障局)

机关事务管理

【国有资产管理】 建立行政事业单位国有资产共享共用和调剂机制,划转2个单位49项资产,价值59.6万元。加强资产报废审批、出租出售管理,推动国有资产保值增值、高效使用。审批市商务局等4个单位报废资产,涉及金额87.77万元。审批市发改委等单位捐赠资产64项,价值9.1万元。落实阶段性减免市场主体房屋租金政策,减免租金17.85万元。调整市政协办公室等13个单位办公用房,推进办公用房资源合理配置、节约使用。审批市公安局等单位办公及业务用房维修改造项目24个。

【公务用车管理】 加强车辆编制管理,审批报废公车7辆、更新购置25辆、调拨划转43辆。健全“一车一档”,及时做好车辆维修保养。严格落实安全生产责任制,每季度开展驾驶员交通安全警示教育,及时推送安全行车知识。按照统筹安排、先急后缓原则,科学合理调度平台车辆。全年出车4500台(次),安全行驶80万千米。

【规范公务接待】 落实中央八项规定及其实施细则精神,认真执行《武威市党政机关公务接待管理办法》等相关规定,严格接待标准、接待范围,规范节俭、周到细致完成好每一批次接待任务。全年完成公(商)务接待174批次、2125人。认真贯彻落实习近平总书记关于制止餐饮浪费行为的重要指示精神,推行分餐制、小份餐,在减少浪费的同时,提升菜品精细化水平。建立全市特色农产品目录,加大菜品开发创新力度,推出地方特色菜品。

【节约型机关创建】 深入推进节约型机关创建活动,充分发挥公共机构在全社会绿色低碳发展中的示范引领作用。在文化广场举办2022年全国节能宣传周、低碳日活动启动仪式,在天马云等网络平台开展公共机构节能有奖知识竞赛,印制发放节能倡议书及节电、节水小贴士1500份,发放环保手提袋1.5万个、纸杯1万个,制作公共机构节能环保宣传亚克力板196件。

(市机关事务管理局)

中国人民政治协商会议武威市委员会

综　述

【概况】 2022年，紧紧围绕市第五次党代会确定的总体发展思路和目标任务，坚持发扬民主和增进团结相互贯通、建言资政和凝聚共识双向发力，不断提高政治协商、民主监督、参政议政水平，服务大局展现新作为，为民履职取得新成效。制定实施《武威市政协关于加强和促进凝聚共识工作的实施办法》。加强同市级各民主党派、工商联和无党派的合作共事，全年邀请119名党外代表人士参与政协各项履职活动。召开多党合作与政治协商座谈会，走访调研市级各民主党派、工商联机关。组织政协委员和机关干部参观全市党性教育基地，从武威百年辉煌党史中汲取接续奋斗的精神力量。

【民主监督】 强化对政协提案办理的跟踪监督，市政协常委会会议听取市政府通报经济社会发展情况和政协提案办理情况。市政协五届一次会议审查立案的110件提案已全部办复，主席会议成员和各专委会领衔督办的17件重点提案全部办结。主席会议成员加强督导落实，包案督办的信访积案全部结案化解，包抓的重大项目年内建设工程已顺利完工，跨年度建设项目有力有序推进。选派政治素质高、社会责任心强的政协委员担任监督员，参与司法旁听、座谈讨论、意见征求、民主评议等活动36人次，助力职能部门改进作风、提升效能。开展“民族团结进步创建工作”监督性视察，为倾力打造创建民族团结进步示范市武威品牌提出建设性意见建议。

【团结联谊工作】 认真贯彻中央和省委、市委统战工作会议精神，落实政协党组成员联系党外委员和主席会议成员联系重要代表人士、谈心谈话等制度，密切同党外知识分子、非公有制经济人士、新的社会阶层人士的联系联谊，开展富有政协特色的友好交往工作，把团结联谊工作做细做实。经常走访联系少数民族和宗教界委员，邀请参与调研座谈，发挥宗教界人士引领作用，带动广大信教群众不断增强“五个认同”，铸牢中华民族共同体意识。切实落实主席会议成员联系委员制度，全年走访联系委员64名。

【以文资政】 组织编纂《武威文史》（第八辑），发挥政协文史资料“存史、资政、团结、育人”重要作用。启动《人文武威》系列丛书编纂工作，用政协平台展现武威风貌，助力武威文化旅游名市建设。向市图书馆捐赠文史资料图书30种3098册，推进政协文史资料走向大众。举办“贯彻二十大·同心聚合力·奋进新征程”主题征文活动，以文寄情，唱响时代主旋律。加强“武威政协”微信公众号建设管理，转载刊发宣传稿件265篇。

【组建新一届参政议政人才库】 继承四届政协的创新举措，经各专委会推荐初选、广泛征求市级各职能部门意见，提交政协党组会议审定等程序，选聘来自全市各领域的79名研究型、复合型、专家型、实用型人才共同组成新一届政协参政议政人才库，进一步加强和充实工作力量，为高质量履职建言提供智力支撑。

重要会议

【政协武威市第五届委员会第二次会议】 12月12—14日，中国人民政治协商会议武威市第五届委员会第二次会议召开。会议议程为：听取和审议政协武威市第五届委员会常务委员会工作报告；听取和审议政协武威市第五届委员会常务委员会关于政协武威市五届一次会议以来提案工作情况的报告；列席武威市第五届人民代表大会第二次会议，听取并讨论政府工作报告及其他有关报告；审议通过政协武威市第五届委员会第二次会议政治决议；审议通过政协武威市第五届委员会第二次会议关于常务委员会工作报告的决议；审议通过政协武威市第五届委员会第二次会议关于政协武威市五届一次会议以来提案工作情况报告的决议；

图18　12月12日，中国人民政治协商会议武威市第五届委员会第二次会议开幕　（张文灿　摄）

审议通过政协武威市第五届委员会提案社会法制委员会关于政协武威市五届二次会议提案审查情况的报告；选举事项及其他。

【政协武威市第五届委员会常务委员会会议】 2022年，政协武威市第五届委员会常务委员会召开会议6次。

第一次会议 3月3日，政协武威市第五届委员会常务委员会第一次会议召开。会议传达学习李克强总理在甘肃考察时的重要讲话精神，中央和省委、市委经济工作会议精神，中共中央办公厅印发的《关于加强和改进新时代市县政协工作的意见》和省政协十二届五次会议、省政协凝聚共识工作推进会议上的讲话精神；审议通过《政协武威市第五届委员会常务委员会2022年工作要点》和人事事项。

第二次会议 6月16日，政协武威市第五届委员会常务委员会第二次会议召开。会议传达学习全国政协“学习贯彻习近平总书记重要指示深入开展政协委员读书活动”座谈会及全省政协系统主题读书学习活动成果交流座谈会精神，省第十四次党代会精神；审议通过人事事项。围绕“壮大特色优势产业，推进现代农业高质高效发展”专题开展常委会协商，18名委员针对全市“8+N”现代农业优势主导产业，结合各自工作，从不同侧重提出意见建议。市级相关部门负责人到会听取委员议政发言并进行互动交流。

第三次会议 12月10日，政协武威市第五届委员会常务委员会第三次会议召开。会议传达学习中国共产党第二十次全国代表大会精神及中央和省、市相关会议精神，听取市政府关于2022年前三季度全市经济运行情况通报和市政府关于市政协五届一次会议提案办理情况的通报，审议通过召开市政协五届二次会议的相关文件，通报2022年度市政协委员履职情况，部分市政协常委进行述职，通过有关人事事项。围绕“巩固祁连山（武威段）各类生态环境问题整治成果，筑牢国家西部生态安全屏障”专题开展常委会协商，9名委员针对巩固祁连山（武威段）生态环境问题整治成果，结合各自工作，从不同侧面提出意见建议。市直相关部门负责人到会听取委员议政发言并进行互动交流。

第四次会议 12月12日，政协武威市第五届委员会常务委员会第四次会议召开。会议听取各小组讨论市委书记柳鹏在政协武威市第五届委员会第二次会议开幕大会上的讲话、市政协常委会工作报告和提案工作情况报告情况的汇报；听取关于推荐政协武威市第五届委员会补选秘书长、常务委员候选人名单的说明；审议通过政协武威市第五届委员会第二次会议选举办法（草案）；通过政协武威市第五届委员会补选秘书长、常务委员候选人建议名单；通过政协武威市第五届委员会第二次会议选举总监票人、副总监票人、监票人建议名单；审议通过政协武威市第五届委员会第二次会议关于常务委员会工作报告的决议（草案）；审议通过政协武威市第五届委员会第二次会议关于政协武威市五届一次会议以来提案工作情况报告的决议（草案）；审议通过政协武威市第五届委员会提案社会法制委员会关于政协武威市第五届委员会第二次会议提案审查情况的报告（草案）；审议通过政协武威市第五届委员会第二次会议政治决议（草案）。

第五次会议 12月13日，政协武威市第五届委员会常务委员会第五次会议召开。会议听取各小组讨论市政府工作报告和市计划报告、财政预算报告情况的汇报；听取各小组酝酿候选人情况的汇报；通过政协武威市第五届委员会补选秘书长和常务委员正式候选人名单。

第六次会议 12 月 14 日，政协武威市第五届委员会常务委员会第六次会议召开。会议确认第三次全体会议选举计票结果，确定政协武威市第五届委员会秘书长和常务委员当选人名单。

协商议政

【概况】 坚持围绕中心、服务大局，紧扣市第五次党代会确定的总体思路和建设“六个新武威”奋斗目标，精心制定年度协商工作计划，全年开展常委会专题协商 2 项，双月协商 4 项，调研视察 6 项，提出意见建议 63 条，以高质量履职助力全市经济社会高质量发展。

【专题议政】 聚焦构建现代产业体系，开展“壮大特色优势产业，推进现代农业高质高效发展”常委会专题协商和“着力建链延链补链强链，加快构建现代产业体系”双月协商，推进现代农业扩规提质。聚焦生态文明建设，开展“巩固祁连山（武威段）各类生态环境问题整治成果，筑牢国家西部生态安全屏障”常委会专题协商，为践行习近平生态文明思想、构筑国家祁连山生态安全屏障贡献政协力量。聚焦乡村振兴，开展“推进农村环境整治，助力乡村振兴”“加大人才引培力度，为乡村产业振兴提供支撑”双月协商，大力推动乡村建设行动。聚焦全力保障和改善民生，开展“加强基层公共卫生队伍和防控能力建设”双月协商，为提升武威市公共卫生水平，做好疫情防控工作献计出力。

【调研视察】 围绕城乡基层社会治理格局、加强城市精细化管理助推创城、文化事业

图 19 9 月 6 日，武威市基层协商民主建设推进会在民勤县召开 （赵鸿泰 摄）

和文化产业发展、科研机构能力建设等专题深入调查研究，形成一批有见地、有质量的调研成果。配合全国政协、省政协10批调研组，围绕“小农户与现代农业发展有机衔接”“建立健全防范打击新型违法犯罪综合机制”“开展常态化整治，建立长效化机制，不断修复祁连山生态环境”“引导农户科学储粮，促进农民增产增收”“对冲疫情影响，促进消费发展”“加强食品药品安全监管，稳步推进‘食安甘肃’建设”“抢抓‘一带一路’建设机遇，加快我省外向型优势产业发展”等课题开展调研视察，报送《持续加强祁连山生态环境保护，坚决筑牢国家西部生态安全屏障》《加强水资源节约集约利用，促进经济社会高质量发展》等调研报告或发言材料6篇，提出工作建议31条。

【基层协商民主建设】 增设政协机关基层协商民主指导中心，增加事业编制8名。召开全市基层协商民主建设推进会。深入开展主席会议成员、专委会、政协委员“三个下沉”，推进基层协商与政协协商高度契合。全市实现乡镇（街道）和村（社区）“好商量”协商平台全覆盖和常态化运行，涌现出凉州区荣华街道惠泽社区“好商量”睦邻中心、民勤县三雷镇北街社区“11345”（设置1个协商议事室；构建1个社区—片区—楼院巷道”三级网格服务体系；建立政治、法治、德治、自治、智治“五治”融合，双向需求征集、双向提供服务、双向沟通协调、双向评价通报“四个双向”，“阳光幸福”协商民主3套机制；搭建基层党建、为民服务、社会治理和志愿服务4个服务平台；组建物业管理、环卫整治、文化娱乐、治安巡逻、矛盾纠纷调处5支基层协商服务队伍）协商工作法、古浪县城关街道“贴心党建+社区协商议事会”、天祝县安远镇“产业链上的协商”等一批富有特色的基层协商品牌，有效解决基层群众“急难愁盼”问题5132件。

委员工作

【概况】 始终以改革创新精神推进政协委员履职能力建设，在《武威日报》开辟“政协委员风采”专栏，大力宣传委员履职事迹，提升政协履职工作社会影响力。建立健全专委会联系委员机制。广泛动员组织政协委员开展养殖技术培训、疫病防治指导、文艺下乡、苗木捐赠等惠民活动，为巩固拓展脱贫攻坚成果、全力推进乡村振兴贡献政协力量。鼓励政协委员积极主动发声，提出“老旧小区消防通道安装视频监控设备”“加强停车位优化管理和增加停车位供给”等提案，被政府相关部门采纳到2022年市列为民办实事项目中。

【委员履职管理】 修订《关于进一步强化政协委员责任担当的意见》，坚持委员履职情况评价和常务委员年度述职制度，建立委员履职档案，督促引导委员践行“懂政协、会协商、善议政，守纪律、讲规矩、重品行”要求，做好“委员作业”，交好“履职答卷”。

【委员培训教育】 举办委员履职能力培训班，开展党的十九届六中全会精神和政协知识专题培训，实现新任委员学习培训全覆盖。举办书香政协系列活动，推动委员读书与履职相互赋能。组织委员赴四县区观摩全市经济高质量发展暨重大项目建设情况，搭建知情平台，深化市情认识，开拓履职视野，提振发展信心。

（市政协办公室）

中国共产党武威市纪律检查委员会
武威市监察委员会

综　述

【概况】 2022年，武威市各级纪检监察机关全面贯彻落实中央纪委和省纪委六次全会精神，坚持不懈推进全面从严治党，坚定不移正风肃纪反腐。召开五届市纪委二次全会，对全市党风廉政建设和反腐败工作作出部署。推动落实全面从严治党政治责任，召开党风廉政建设专题会议689次。对2021年度县级领导班子和领导干部管党治党责任落实情况进行检查考核。对全市政治生态进行综合分析。开展党风廉政建设重点任务落实情况专项督查，督促整改问题104个。

【纪检监察体制改革】 全面完成市县区纪委监委派驻机构改革，指导各县区监委向乡镇派出监察室。派驻机构全年主动约谈1955人，处置问题线索822件，立案138件，处分121人，组织处理882人。严格落实市人大常委会审议市监委整治群众反映强烈的突出问题专项报告反馈意见，指导各县区监委依法向本级人大常委会报告专项工作。加强制度建设，制定修改制度27项，形成较为完备的制度体系。

【精准问责】 严格问责程序，精准有效问责，坚决防止不当问责、问责泛化简单化等问题。全年问责党组织4个、党员干部199人。认真落实“三个区分开来”要求，对2名领导干部有关问题进行容错处理，澄清诬告和不实举报385件次。

【“一把手”和领导班子监督】 制定落实《关于加强对“一把手”和领导班子监督的若干措施》分工方案，对28项监督措施靠实责任，认真学习贯彻省纪委监委“四张责任清单”，精准化推进“一把手”和领导班子监督。对各级领导班子民主生活会进行督导，督促抓好查摆问题整改。严格落实纪检监察机关负责人同下级党组织“一把手”谈话制度，市纪委监委主要领导“一对一”约谈各县区委书记，集体约谈县区党政班子成员及人大常委会、政协、法院、检察院主要负责人76人。各级纪检监察机构分层级约谈3464人次。全面起底党的十八大以来涉及“一把手”问题线索，全年查处违纪违法“一把手”16人。

【干部日常管理】 制定《武威市纪委常委会加强自身建设“八带头”》《全市纪检监察机关严守保密纪律“七严禁”》，带动全市纪检监察干部强化自身建设。扎实开展干部教育培训，常态开展跟班学习、跟案锻炼。开展“作风建设年”“干部能力素质提升年”“打铁必须自身硬”等活动，引导纪检监察干部持续改进作风。加大严管严治力度，完善岗位风险防控体系，建立纪检监察干部廉政档案，督促纪检监察干部严格遵守各项制度规定。全年处置反映纪检监察干部问题线索53件、立案1人、组织处理26人。

【查办问题整改】 深化“以案三促”，从查办案件中发现的个人违纪违法问题、行业不良风气等入手，深入剖析案件暴露出的廉政风险、制度漏洞以及监督短板，督促抓好问题整改、完善制度机制。制定《规范运用纪检监察建议工作办法（试行）》，发出纪检监察建议361份，做实案件查办“后半篇”文章。

【五届市纪委二次全会】 1月28日，中国共产党武威市第五届纪律检查委员会第二次全体会议召开。会议全面贯彻落实中央纪委六次全会、省委十三届十五次全会、省纪委六次全会和市第五次党代会部署，总结2021年工作，部署2022年任务，审议通过市委常委、市纪委书记、市监委主任孙光慧代表市纪委常委会所作的《纵深推进纪检监察工作高质量发展，为建设“六个新武威”提供坚强保障》工作报告。

党风廉政建设

【概况】 制定《关于进一步严明纪律持之

图20 6月30日，市纪委监委举行喜迎二十大·奋进新征程“庆七一、唱红歌、诵经典”活动，增强履职尽责能力（尚 禾 魏晓莹 摄）

以恒落实中央八项规定精神的通知》，紧盯元旦、春节、中秋、国庆等重要节点，组织开展纠治“四风”监督检查5轮次，督促整改问题971个。专项整治“酒杯中的奢靡之风”，组织对公安机关查处的党员干部酒驾醉驾背后的违规吃喝等隐形问题深挖彻查。开展违规配备使用公务用车问题专项检查，发现问题204个、移交问题线索5条。查处享乐主义奢靡之风问题19件，批评教育帮助和处理37人，处分16人。全年通报典型案例9批34件。

【整治形式主义官僚主义】 坚决查处影响贯彻党中央决策部署、漠视侵害群众利益、加重基层负担等形式主义官僚主义问题，特别是打折扣搞变通、表态多调门高、行动少落实差问题，以及执行政策中的“一刀切”、层层加码等问题，推动为基层减负。查处形式主义官僚主义问题40件，批评教育帮助和处理100人，处分13人。

【重点领域专项整治】 深入开展重点领域侵害群众利益突出问题专项整治，查处群众身边腐败和作风问题85件，批评教育帮助和处理221人，处分41人。化解国有土地上已售城镇住宅历史遗留“登记难”问题7.48万套，首次登记化解率99.06%，总体登记发证率96.48%。着力推进停车设施建设管理“一难两乱”专项整治，完善停车收费政策，规范停车收费行为，全市新增盘活停车泊位3.25万个。加强生态及地质灾害避险搬迁监督，全市2022年1243户搬迁任务指标主体工程全部完工，1183户搬迁入住。常态化推进“惩腐打伞”，深化十大行业领域专项整治，加强防范整治“村霸”问题监督。

【弘扬新风正气】 制定《关于加强新时代廉洁文化建设的实施方案》，提出35项措施，推进加强新时代廉洁文化建设。充分利用武威市“四史”教育馆、古浪战役纪念馆、八步沙“两山”实践基地等，开展主题教育，引导党员干部传承红色基因，弘扬当代愚公精神。开展家庭助廉等活动，推进家风建设。开通“天马风纪”微信公众号，制作廉政微视频，推进建设廉政长廊、廉政文化墙、廉政广场等，构筑倡廉社会氛围。

监督执纪

【概况】 紧盯学习贯彻习近平总书记对甘肃重要讲话和指示精神，紧盯落实全面从严治党主体责任规定，紧盯贯彻“三新一高”、推进黄河流域生态保护和高质量发展、实施河西走廊经济带发展规划、“四强”行动、粮食安全、疫情防控等重点任务落实，及时跟进监督、精准监督，发现并督促整改问题3217个，查处疫情防控中不担当不作为等问题42件，处理164人。更新完善政治监督清单，梳理监督事项23项167条。

【纪律监督】 通过新任领导干部廉政谈话、党校主体班培训、廉政讲座等，坚持把纪律挺在前面。督促各级党组织常态化开展纪律教育，引导党员干部尊崇党章党规党纪，严守党章党规党纪。做实同级同类警示教育，注重用身边事教育身边人，运用反面典型案例开展警示教育。充分发挥警示教育片的作用，市县区纪委监委围绕查处的典型案例拍摄警示教育片，逐级播放。坚持从严监督执纪，查处违反政治纪律3人、组织纪律28人、廉洁纪律64人、群众纪律 5 人、工作纪律 108 人、生活纪律 5 人。

【日常监督执纪】 完善“室组”联动监督、“室组地”联合办案机制，在监督检查中发现违纪违法问题线索 79 件。全年回复党风廉政意见 26817 人次，对拟提拔任用、评优评先等的 168 名干部提出暂缓或否定性意见。谈话提醒 241 人次，提出纪检监察建议 48 份，对 2017 年以来的 457 件函询了结件进行评估复核。

【“四种形态”运用】 全年处理 3045 人次，其中第一种形态处理 2423 人次，占 79.6%；第二种形态处理 465 人次，占 15.3%。加强对年轻干部的监督。做好受处分党员干部的跟踪回访和思想政治工作。

【专项监督】 聚焦巩固拓展脱贫攻坚成果同乡村振兴有效衔接，制定《市纪委监委关于进一步强化过渡期专项监督若干措施的分工方案》，提出 10 个方面 25 项措施，市县区开展专项监督检查 29 次，发现并推动整改问题 722 个。配合省纪委监委对古浪县乡村振兴重点项目实施开展专项检查，督促整改问题 3 个、移交问题线索 6 条。加强过渡期各类资金运行监督，持续开展村（社区）集体“三资”提级监督试点。优化小微权力监督信息平台建设。录入数据 5760 万条，涉及资金 379 亿元，群众点击量达到 3543 万次，受理投诉 1048 件次，收缴和返还违规资金 769.76 万元。全年查处乡村振兴领域问题 56 件，批评教育帮助和处理 146 人，处分 27 人。

审查调查

【概况】 完善线索处置和重大案件集体研判机制，全面起底党的十八大以来年轻干部违纪违法问题线索以及金融领域、工程建设、县级管理领导干部钱权交易腐败等问题。从严查处各类违纪违法问题，接受信访举报 1479 件，处置问题线索 1515 件，立案 639 件，处分 596 人。坚持受贿行贿一起查，建立行贿人“黑名单”制度，做好全国行贿人信息库建设管理和信息集中补录工作，收录行贿人员信息 44 条，依纪依法追究行贿人员 9 人。

【重点案件查办】 开展“一保两提升”专项行动，把职务违法职务犯罪案件查办作为审查调查的重中之重，集中力量进行查办。查处职务违法职务犯罪案件 31 件 37 人，移送司法机关 9 人，严肃查处严重违纪违法案。指导各县区纪委监委开展县管领导干部钱权交易腐败问题“攻坚破零”行动，留置 2 人。

【专项整治】 深入开展粮食购销领域腐败问题、供销社系统腐败和作风问题专项整治，督促自查自纠问题 146 个，立案 14 件，处理 56 人，处分 20 人，严肃查处国有粮食企业“蛀虫”。制发纪检监察建议 20 份，推动修订和建立各方面制度 146 项。深入开展金融领域腐败和作风问题专项整治，立案 6 件，处理 7 人，处分 3 人。

【审查调查安全监管】 认真贯彻中央纪委国家监委、省纪委监委关于审查调查安全的各项要求，抓好省纪委监委审查调查安全检查反馈问题整改，组织开展审查调查安全大检查。制定“走读式”谈话安全监管值班、责任追究等制度，认真落实安全首课和领导首谈制度，强化“走读式”谈话安全监管。建立留置场所领导带班制度，强化留置场所日常监管。

（市纪委办公室）

巡　察

【概况】 市委科学统筹谋划，加强组织领导，把巡察工作作为重大政治任务，列入市委常委会2022年工作要点，制定《中共武威市委巡察工作规划（2022—2026年）》。市委常委会会议6次传达学习习近平总书记和党中央、省委关于巡视巡察工作部署要求，研究贯彻落实意见。市委书记、市委巡察工作领导小组组长柳鹏7次对巡察工作作出批示，推进五届市委第一、第二轮巡察工作。市委巡察办认真履行统筹协调、督导指导、服务保障职责，科学谋划年度工作，推动具体任务落实。

【常规巡察】 组织开展五届市委第一轮巡察，采取“提级＋联动”方式开展镇村巡察，市委对15个乡镇开展提级巡察，各县区联动巡察27个乡镇、160个村（社区），发现问题2827个、线索105件。主动承接十四届省委第一轮巡视，统筹县区力量，组织开展五届市委第二轮巡察，市县区同步对70个党组织进行巡察，发现问题1140个、线索62件。

【专项巡察】 市县区联动开展巡视巡察整改落实走过场问题专项整治，推动巡视巡察反馈问题全面彻底整改。市委涉粮问题专项巡察反馈51个问题全部整改到位，移交的13件线索全部办结。

【巡察整改落实】 市委巡察工作领导小组召开4次会议听取巡察组工作情况汇报。采取统分结合方式反馈巡察情况，巡察工作领导小组成员和纪检监察机关、组织等有关部门参加巡察反馈，传导压力。向组织、农业农村等部门（单位）分类移交问题372个，同步向市级分管领导通报巡察情况，形成整改合力。指导督促被巡察党组织制定整改方案，开好专题民主生活会，三方联审整改方案和整改情况报告，督促抓好集中整改期整改落实。开展全市供销社系统巡察反馈问题整改督查“回头看”，督促整改问题20个。五届市委第一轮巡察反馈问题整改率达95.4%，推动建章立制183项。

（市委巡察办）

民主党派　工商联

中国国民党革命委员会武威市委员会

【思想政治建设】 认真贯彻落实《各民主党派中央关于建立健全理论学习中心组学习制度座谈会纪要》，建立完善市委会理论中心组学习制度。落实基层组织学习制度，组织党员深入学习习近平新时代中国特色社会主义思想，深入学习全国两会、中央统战工作会议、中共甘肃省第十四次代表大会、中共武威市第五次代表大会精神和民革甘肃省十三次代表大会精神等。推动“矢志不渝跟党走，携手奋进新时代”政治交接主题教育深入开展。开展“民革党员献一策，我为武威发展做贡献”主题讨论、“孙中山先生逝世 97 周年”纪念活动、“传承红色基因，凝聚奋进力量”主题观摩活动等教育活动，积极组织党员参加民革中央、民革省委会、市政协、市委统战部举办的各类活动，引导广大民革党员深刻领会“两个确立”的决定性意义。抓好民革党员之家建设。全年撰写工作信息 50 余篇。

【组织建设】 建立完善《民革武威市委员会理论学习中心组学习制度》《民革武威市委员会谈心谈话制度（试行）》等制度，落实好班子成员分工负责制、联系基层组织制度。建立班子成员与基层支部“一对一”联系制度。成立民革武威市委员会内部监督委员会，制定《民革武威市委员会监督委员会工作规程（试行）》，召开民革武威市委员会监督委员会全体会议 2 次。扎实开展民革示范支部（第三批）创建活动。选派 40 余人次参加省民革、市政协、市委统战部举办的培训班。市委会举办民革新党员培训会、委员履职能力培训会，开展观摩学习教育 6 次。开展党员看望、寻找失联党员回家、关心关爱党员活动，走访市、区 7 个基层支部 50 余名党员。2022 年发展新党员 8 人。

【参政议政】 制定《民革武威市委员会参政议政工作考核办法》。大力实施“履职能力提升计划”，不断将参政议政积极性强的骨干党员充实到参政议政队伍。开展“我为武威发展献一策”“一人一建议”“一支部一调研”“大调研、小民意”社情民意征集活动，激发广大民革党员参政议政热情。召开参政议政工作推进会，开展社情民意信息工作专题培训，宣传信息工作先进典型。报送社情民意信息20余篇。向政协武威市五届一次全委会议提交《关于切实加强武威市乡村振兴人才队伍建设的提案》《关于加强多元化矛盾纠纷化解机制的提案》等19件提案。

【调查研究】 围绕推动“三新一高”和省委“四强”行动及市委“六个新武威”奋斗目标等重大课题，扎实开展调查研究。组织调研组就“乡村振兴过程中农业产业发展的思考”“进一步完善农业保险机制 助推现代农业发展”重点课题开展调研，报送调研报告2篇。《关于老旧小区消防通道安装视频监控设备的建议》被市政府纳入2022年市列为民办实事项目中。

【社会服务】 市委会在凉州区羊下坝镇开展“迎新春送健康送科技送文化送温暖”活动，向留守儿童赠送价值2000余元的爱心助学大礼包；入户走访留守老人、残疾家庭，送去了大米、清油等生活物资；为行动不便的老年人进行上门义诊；向群众赠送口罩、洗手液等防疫物资，书写春联600余幅。组织会内医疗专家开展“矢志不渝跟党走 携手奋进新时代”健康义诊进乡村活动，为群众提供免费诊断和健康咨询服务200余人次。积极筹建民革武威市委员会“三农”服务社会实践基地。助力常态化疫情防控，组织党员捐款捐物2.5万余元。

（民革武威市委员会）

中国民主同盟武威市委员会

【思想政治建设】 深入学习领会中共二十大、中央统战工作会议、省第十四次党代会、市第五次党代会精神，深刻领会“两个确立”的决定性意义，增强“四个意识”、坚定“四个自信”、做到“两个维护”，把党的思想和主张转化为盟组织及盟员个人的思想自觉和行动自觉，以学习解放思想，以学习推进履职，始终在思想上政治上行动上同以习近平同志为核心的中共中央保持高度一致，旗帜鲜明讲政治。

【组织建设】 成立民盟武威市委会内部监督委员会，印发《民盟武威市委员会贯彻中国民主同盟盟内监督工作条例实施办法》《民盟武威市委会委员履行职责管理办法》。发展有潜力的中青年人才以及参政议政等专门人才14名。选派21名盟员参加民盟省委、省社会主义学院、市政协举办的各类培训班。

【参政议政】 向民盟省委上报《关于提升农产品精深加工水平推动特色产业提质增效的提案》等10件提案。向政协武威市五届二次会议提交《关于大力推动武威市青少年足球活动的提案》等34件提案。向民盟省委上报《关于组建中小学生球类联赛的建议》等社情民意信息31条，被采纳6条。民盟市委会被授予“2021年反映社情民意信息工作先进集体”。民盟天祝县支部上报的“提高黄河流域大中型水库资源利用效率，保障经济社会高质量发展供水需求调研报告”获2021年度民盟甘肃省联动调研课题奖励。民盟凉州区委员会上报的“关于改变土地碎片化推进规模化经营生产的提案”和民盟民勤县支部上报的“关于加快农业全产业链建设，推进一二三产业融合发展的提案”分别获2021年度民盟甘肃省政协提案奖励。

【调查研究】 向民盟省委上报《关于加快“双减”目标落实提高教育质量的调研报告》《武威市社区老年活动中心建设情况的调研报告》《武威市太阳能光热产业发展情况的调研报告》。向中共武威市委上报《武威市老旧小区改造情况调研报告》《武威市新能源项目建设情况调研报告》。

【社会服务】 联系民盟江苏省委组织开展“烛光行动”，为天祝县天堂中学捐赠图书840册，价值3万元；为古浪县西靖阳光初级中学、春晖小学学生捐赠棉鞋300多双，价值10万元。民盟甘肃省委“烛光行动·艺术启航”乡村学校美育同行活动在西靖阳光初级中学启动，为古浪县西靖阳光初级中学捐赠移动式大屏幕一块，价值7万元。10位盟员主动请缨，奔赴兰州抗疫一线。100多位盟员下沉社区参与新冠肺炎疫情防控值守。部分盟员向社区疫情防控点送去慰问品。

（民盟武威市委员会）

中国民主建国会武威市委员会

【思想政治建设】 印发《民建武威市委员会关于深入学习宣传贯彻中共二十大精神的通知》，组织班子成员和广大会员深入学习贯彻中共二十大精神、习近平新时代中国特色社会主义思想、中共中央党外人士座谈会精神、中央统战工作会议精神、民建十二大精神，省、市党代会精神，民建中央及民建甘肃省委会重要会议和领导讲话精神以及“四史”、多党合作史、民建会史等。制定《民建武威市委员会开展“矢志不渝跟党走、携手奋进新时代”政治交接主题教育工作方案》。开展“矢志不渝跟党走，携手奋进新时代”政治交接主题教育系列活动，参观了“甲申三百年祭·反腐倡廉话甲申”主题展览、武威市委党校“初心书吧”、武威市“喜迎二十大、奋进新征程”美术书法作品展等。

【组织建设】 按期完成民建武威市第四届委员会离任交接工作。创建并授牌民建“会员之家”5个，设立市、区“社情民意信息联系点”13个。组织4名会员参加省委会的新会员培训。邀请省委会相关部门负责人到武威开办社情民意培训班，58人参加培训。组织7名会员代表参加民建甘肃省第十次代表大会。发展会员8名。

【参政议政】 向市政协报送集体提案11件，个人提案13件。组织民建市、区人大代表和政协委员29人次参加市、区“两会”，其中王克昌在市政协专题议政会上作了大会发言，许金生撰写的《关于打造良好营商环境 扎实推进民营经济高质量发展的提案》被区政协评为优秀提案。向省委会报送信息13篇，被采用10篇。其中被中共甘肃省委采用1篇，省政协采用1篇。

【调查研究】《关于加快壮大新能源及装备制造产业链 建设河西走廊清洁能源基地的调研报告》《以“五赋两转一打造”为抓手 倾力打造全域美丽幸福河湖——关于武威市全面推行河湖长制工作的调研报告》被民建甘肃省

委领导批示。《关于加快壮大新能源及装备制造产业链 建设河西走廊清洁能源基地的调研报告》被中共武威市委批转至有关部门研究。

【社会服务】 开展武威市东西部协作社会动员专项工作捐赠活动，为古浪县土门镇教育工作站捐赠12万元的电脑等教学设备。向全国劳模、治沙英雄王银吉捐赠价值3.5万元压沙车1台。组织80多人开展“民建林”揭牌仪式暨会员义务压沙植树活动。及时发出《民建武威市委员会致全市会员抗击疫情的倡议书》，30多名会员到疫情防控点值班值守，会员企业家购置6.3万元疫情防护和生活物资慰问志愿者。发动会员和会员企业为中国儿童少年基金会甘肃春蕾计划——助困境女童成才圆梦活动捐款0.5万元。为15名在2021年社会服务工作中做出突出贡献的会员企业家颁发社会服务贡献奖牌予以表彰。

（民建武威市委员会）

中国民主促进会武威市委员会

【思想政治建设】 始终把思想政治建设放在参政党建设首位，举办中共二十大、省十四次党代会、市第五次党代会、省委统战会议、市两会精神等专题学习会5次，参加全市统一战线中共二十大精神学习宣讲会、市政协学习贯彻中共十九届六中全会精神宣讲会、“富民兴陇”专题讲座。扎实开展“矢志不渝跟党走 携手奋进新时代”政治交接主题教育，组织会员参观凉州战役纪念馆。参加省委会“喜迎二十大·奋进新征程”书画摄影展，市委会6件作品入展，组织会员在线上参观画展。建立武威民进微信公众号新媒体。在民进中央网站刊发信息15条，在甘肃民进、甘肃统战、武威统战网站和公众号刊发信息82条，在武威民进微信公众号刊发信息46条。

【组织建设】 加强新领导班子建设，强化内部监督，成立民进武威市第五届委员会内部监督委员会，制定《民进武威市委员会贯彻〈中国民主促进会会内监督工作条例〉实施办法》。加强会员履职能力建设，推荐11名骨干会员加入省委会的各专门委员会，推荐13名骨干会员参加省委会参政议政培训班、新任委员培训班、信息化建设培训班，有36名会员参加市县区政协、统战部门举办的各类培训班、专题讲座班。举办新会员入会教育培训班。新发展会员10名。

【参政议政】 在市政协五届二次会上，针对建立人才引进及使用长效机制、加强对未成年人思想道德建设、发展养老事业提升养老服务能力等方面提交集体提案9件、个人提案36件、议案2件。市两会期间，1名会员作了题为《打造优化营商环境“聚宝盆”，汇聚高质量发展新动能》的大会发言，4名会员接受大会新闻专访，17名市政协委员和1名人大代表围绕全市高质量发展建诤言献良策38条。参加全市县域经济高质量发展暨重大项目观摩活动，市委征求意见会、情况通报会以及市政府、市政协各类座谈会、民主协商会。制定《2022年反映社情民意信息工作计划》，向省委会提交高质量社情民意信息33篇。

【调查研究】 制定《民进武威市委员会2022年调研课题工作计划》，围绕教育“双减”“书香武威”建设两个课题，组成相关界别专业会员深入开展调查研究，形成并向中共武威市委和民进甘肃省委会上报《关于全民阅读环境下推进“书香武威”建设的调研报告》《关于全市义务教育在“双减”政策背景下“减负提质”的调研报告》2篇，提出建议19条。配合省委会开展《优化营商环境，推动民营企业发展》《推动“五链”融合，提高科技成果就地转化率》《抢抓“一带一路”建设最大机遇，加快外向型优势产业发展》3项专题调研。

【社会服务】以“爱满民进·温暖百姓”“文化四进·崇文惠民”“春联万家·推进共同富裕”三项服务社会品牌尽显社会责任。开展“寒冬送温暖 姜茶暖人心”公益服务活动，向城区2800多名环卫保洁员赠送姜茶、护手霜、棉衣等价值9万余元物品。在武南镇开展“关爱老人”公益捐赠活动，捐赠价值1万元的清油、衣服、棉被等物资。在康宁镇和松树镇开展“山娃娃成长关爱计划 走进甘肃”公益捐赠活动，为9所学校500名农村学生捐赠“爱益行”助学包，价值8.5万元。天祝支部开展“民族团结进步·同心书画惠民”三下乡服务活动。举办武威民进“文化讲堂”。80余名会员下沉社区参与新冠肺炎疫情防控，捐款捐物6万余元。

（民进武威市委员会）

图21 1月15日，民进武威市委员会开展“寒冬送温暖·姜茶暖人心”慰问城区保洁员活动 （董丽俊 戴声桥 摄）

中国农工民主党武威市委员会

【思想政治建设】组织市委会班子成员参加农工党中央举办的2022年市级组织领导班子成员培训班和农工党省委会、市委统战部举办的各类学习研讨会。组织农工党员全面学习贯彻习近平新时代中国特色社会主义思想，深入学习贯彻中共二十大精神、习近平总书记关于加强和改进统一战线工作、关于中国新型政党制度等方面的重要论述、中共中央关于加强中国特色社会主义参政党建设的意见等文件精神，跟进学习中央统战工作会议、全国两会、省第十四次党代会和市第五次党代会精神等。深入开展“矢志不渝跟党走，携手奋进新时代”主题教育，举办喜迎二十大健康徒步走活动，组织党员参加农工党省委会举办的主题教育书画展和喜迎二十大文艺汇演。在甘肃统一战线网站上刊登信息8篇，在农工党甘肃省委会网站和微信公众号上刊登20多篇。

【组织建设】根据《中国农工民主党章程》，对标对表农工党中央、省委会出台各项规章制度，建立完善市委会各项规章制度。完善

《农工党市委会议事规则》《农工党市委会主委、副主委、秘书长工作职责》。建立领导班子成员定期学习制度。建立领导班子成员联系基层组织制度。继续在全体农工党员中开展廉洁风险预警提示活动。开展基层组织评先创优工作。发展8人加入农工党。

【参政议政】 在市政协五届二次会议上提交《关于推进武威市中小学校医配备的提案》《关于进一步发展武威市马铃薯产业的提案》等30多件提案，其中《关于“加快武威市村庄规划建设，促进乡村全面振兴”的建议》被列为市政协主席会议成员督办重点提案。市委会内的政协委员参加市政协关于“推进农村环境整治、助力乡村振兴”和“加强基层公共卫生及防控能力”双月协商专题议政会。《强化农业面源污染综合治理，打造优质特色农产品基地》建议被省政协确定为集体提案。积极向上反映社情民意，其中1条信息被农工党中央采纳，2条信息被省委办公厅采纳。

【调查研究】 结合自身实际认真选题，围绕“武威市蔬菜产业发展现状及高质量推进对策”“强化农业科技引领，助推乡村振兴”“加强基层公共卫生队伍能力建设”开展专题调研。《武威市蔬菜产业发展现状及高质量推进对策》调研报告，受到市委领导充分肯定，并批转相关部门借鉴采纳。《强化农业科技引领，助推乡村振兴》报告，被农工党甘肃省委会确定为省政协集体提案。

【社会服务】 组织12位医疗专家赴天祝县祁连镇开展送医疗下乡服务活动，为100多名村民进行义诊。在武威文庙献血屋开展“热血传递真情、以实际行动迎接党的二十大胜利召开”无偿献血活动，有20多名农工党员参加，这是市委会连续13年组织党员开展无偿献血活动。组织眼科专家赴武南铁中，为230多名师生详细讲解青少年眼健康知识。组织畜牧专家在古浪县西靖镇举办畜牧科技知识讲座，共50多人参加讲座。有3名党员赴新疆开展防疫工作，15名党员前往兰州、临夏等地支援兄弟市州开展疫情防控，20多名党员临危授命在武威市开展疫情防控。

（农工党武威市委员会）

九三学社武威市委员会

【思想政治建设】 以开展“矢志不渝跟党走、携手奋进新时代”政治交接主题教育为主轴，集中学习习近平新时代中国特色社会主义思想、中共二十大精神、中央统战工作会议、九三学社甘肃省第九次代表大会、中共武威市委五届五次全会精神，筑牢团结奋斗的共同思想政治基础。组织社市委委员、社内部监督委委员、基层组织负责人、骨干社员代表赴武威市共产党员党性教育基地开展政治交接主题教育现场教学活动。召开庆祝九三学社建社77周年座谈会，组织观看社史专题片《为了民主与科学》。组织编排录制诗朗诵《党的二十大之歌》、舞蹈《家园》等4个节目参加社省委“喜迎二十大 奋进新征程”——庆祝建社77周年暨政治交接主题教育线上文艺展演。九三学社武威市委被九三学社中央评为九三学社全国宣传思想工作先进单位。

【组织建设】 始终把政治纪律和政治规矩挺在前面，常态化开展学习教育，严格落实“一岗双责”。成立届内内部监督工作委员会，下发

《九三学社武威市第五届委员会内部监督委员会工作办法》,加强社内部监督。制定《九三学社武威市委员会基层组织工作考核方案》,召开基层组织社务工作培训会,加强基层组织规范化建设。

【参政议政】 在市政协五届一次会议上提交的《关于加强武威市良种基地建设的提案》等2件提案,被列为2022年市政协主席会议成员和各专委会督办重点提案。在市政协五届二次会议上提交个人和集体提案共18件。社市委主委在武威市政协五届一次常委会、中共武威市委统战部多党合作与政治协商座谈会作了交流发言,《关于设立国家大数据管理机构的建议》主要内容被选用并形成全国政协提案。

【调查研究】 围绕武威市2022年经济社会发展重点工作,确定重点调研课题两项,组织调研组深入县区和相关单位开展调研,广泛征求意见,积极研究,完成《天祝县藜麦产业发展助推乡村振兴的调研报告》和《关于加快数字政府建设助推放管服改革优化营商环境的调研报告》,并转相关部门和县区阅研。

【社会服务】 召开社会服务工作推进会,组织调研组赴凉州区发放镇发放村、下双镇蓄水村、四坝镇海湾村和甘肃盛隆农业科技有限公司等开展社会服务工作调研。组织社内农林专家赴古浪县大靖镇长城村、东关村开展枸杞高效栽培技术培训活动。组织社员赴凉州区四坝镇海湾村海湾小学开展主题教育助学活动。40多人次社员下沉社区开展疫情防控,60多人次医疗卫生系统社员闭环坚守抗疫一线。

(九三学社武威市委员会)

武威市工商业联合会

【概况】 2022年,市工商联围绕中心服务大局,充分发挥职能优势,制定《关于加强全市工商联所属商会党建工作的实施方案》,组织6家市属商会党支部100余人次开展“缅怀革命先烈·传承红色精神”“传承红色文化·弘扬革命精神”“不忘初心担使命·反腐倡廉话甲申·同心共建新武威”主题党日暨理想信念教育实践活动3场次。市、县区工商联全部召开会员代表大会,选举产生工商联(民间商会)新一届执委会和领导班子。各县区工商联均被确认为全国“五好”县级工商联。全市各级工商联所属商会中有11家成立党组织,党组织覆盖率75%。制定实施《武威市工商联民营经济代表人士兼职副主席、副会长轮值工作方案》。开展“千企调研纾困”活动,形成高质量调研报告5篇。编发《商会信息》70多条。

【服务民营企业发展】 召开“政银税互动”助企纾困座谈会,现场为4家企业签订信贷协议,为184户民营企业落实贷款5325万元,其中经营e贷客户18户、小微快贷客户168户、税e通客户18户。开展“春雨润苗”专项行动,成立武威市首家“助力大学生就业创业税费服务站”,税费专家顾问团队为大学生上了“就业创业税费第一课”。建立健全市工商联与市检察院、市人民法院、市司法局沟通联系机制。聘请43名专家组成涉案企业合规第三方监督评估机制管理委员会,加大涉案企业合规审查。建立健全商会调解组织机制。设立古浪县土门商会人民调解委员会和古浪县大靖商会人民调解委员会。

【招商引资】 全力参与“侨领侨商武威行”活动，大力开展“以商招商”“以会招商”和“以企招商”。邀请甘肃省文化产业商会等全国工商联所属商会和外省企业家到武威参观考察，推动商会企业参与支持武威经济发展。持续跟踪对接“民企武威行”招商引资项目。2022年“民企武威行”活动项目新增36项，总投资33.37亿元，到位资金18.02亿元。共签约招商引资项目119项，总投资170.67亿元，到位资金50.05亿元。

【“百企兴百村”行动】 深入各基层商会、会员企业进行走访座谈，传达中央、省、市民企兴村工作精神。制定印发《武威市“百企兴百村”行动实施方案》。与农行武威分行签署助力“百企兴百村”战略合作协议，为民营企业助力乡村振兴提供贷款5.98亿元。着力引导企业因村施策，通过资金、技术、就业、教育等方面的扶持增强帮扶村的内生动力，助力加快乡村振兴步伐。有192家企业结对支持100个村组，实施经营类项目18个，投入帮扶资金13.9亿元。开展公益类项目52个，投入资金765万元。

【东西部协作帮扶工作】 持续深化与天津市蓟州区工商联的沟通对接，古浪县工商联、天祝县工商联和蓟州区工商联分别签订战略合作协议。古浪县工商联争取蓟州区“万企兴万村”帮扶资金113万元，实施干城乡富民新村养殖小区建设、泗水镇光辉村日光温室蓄水池建设、黄羊川镇菜子口村蔬菜加工车间配套制冷设备安装和荒山荒坡绿化灌溉设备安装、民权镇“一老一小”关爱服务中心建设4个帮扶项目。协调天津金星教育科技有限公司向古浪县教育系统捐赠图书14112册，价值52.66万元；捐赠资金4.8万元资助困难大学生16名。天祝县工商联争取蓟州区帮扶资金88万元，实施天堂镇本康村弱电入地改造、哈溪镇双龙村乡村旅游产业扶持和祁连镇石达坂村农用机械采购3个帮扶项目；捐赠资金6.3万元资助困难学生21名。

【“光彩”事业】 广大民营企业家积极投身社会福利事业和“光彩”事业，全市工商联所属商会、会员企业举行捐赠活动10余场次，捐赠物资约460万元。其中，新疆武威商会向凉州区双城镇160户困难家庭、60名环卫工人发放近10多万元慰问品；甘肃省山东商会、武威市山东商会和明日之星教育基金会向凉州区学校捐赠价值100万元的教学设备和资源；凉州区爱华育新学校为张义镇捐赠现金10万元；天一集团捐资30余万元修复石头坝村水磨坊；武威市豪恩商贸有限公司向凉州区南部山区各镇中小学捐赠500个足球比赛专业用球；民勤县煜祺市政工程有限公司、甘肃雨禾节水灌溉设备有限公司2家企业为民勤县慈善协会各自捐款30万元；兰州古浪商会、大靖商会、甘肃傲农饲料科技有限公司等多家商会、企业筹资约10多万元，对贫困农户进行新春慰问。天祝县同德矿业有限责任公司为炭山岭镇、东大滩乡的46名留守及困境少年儿童捐送价值2万余元的羽绒服、书包等爱心物资，为敬老院老人捐送价值3.8万余元的面粉。全市有70多家民营企业和商（协）会为疫情防控捐资捐物180余万元。

（市工商联）

群众团体

武威市总工会

【概况】 2022年，全市各级工会全面贯彻实施武威市工运事业和工会工作“十四五”发展规划，着力抓好职工思想政治引领、产业工人队伍建设改革、维护劳动领域政治安全、提升维权服务质量、深化工会改革、加强工会党的建设等重点工作。开展“中国梦·劳动美——喜迎二十大 建功新时代”主题宣传教育活动，举办“劳动创造幸福”宣传教育、全市职工书画摄影作品展、送文化进台企、市直单位气排球比赛等活动7场次，覆盖职工1万多人次。开展职工普法宣传系列活动3场次，覆盖职工2万多人次。

【产业工人队伍建设改革】 开展“建功‘十四五’、奋进新征程”主题劳动和技能大赛23场次、涉及44个工种，参赛职工3189人。征集职工优秀技术创新成果17项、先进操作法2项，推荐申报全省技术优秀职工技术创新成果7项、先进操作法2项，申报甘肃省职工创新项目补助资金2项。命名市级劳模（工匠）创新工作室12家、创新型班组11家，建成甘肃省示范性劳模创新工作室2个、创新型班组3个、创新明星班组1个。推荐荣获全国五一劳动奖章先进个人1名，省五一劳动奖状先进单位2个、省五一劳动奖章先进个人5名、省工人先锋号先进集体6个，省五一巾帼奖先进集体2个、先进个人4名。命名第二届“天马工匠”10名、“提名天马工匠”5名。

【落实劳动领域政治安全责任】 加强劳动关系领域政治安全风险评估和预警预判，常态化开展职工队伍稳定风险专项排查化解，每月、每季度向省总工会上报专项排查化解工作情况和分析研判报告。制定《武威市深入学习贯彻总体国家安全观构建落实“五个坚决”要求长效机制的实施方案》，建立责任落实、工作专班、信息队伍、信息报送、会商研判、新闻发布、舆情引导、市级联动、考核激励9项机制。完善“12351”职工维权热线制度，签约专业律师在工会法律服务工作室定期坐诊接访，协调处理职工各类维权问题19起，上报职工个案维权服务4例。

【职工维权服务工作】持续开展“我为群众办实事”实践活动，着力为职工群众办好10件实事。广泛开展帮扶送温暖活动，各类帮扶送温暖活动覆盖职工6000多人次、投入资金519.14万元。常态化帮扶救助困难职工651人次，投入帮扶资金360多万元。开展“金秋助学”活动，各级工会筹措资金93.3万元，资助困难职工（农民工）家庭子女311人。扎实开展困难职工（农民工）技能培训，全市培训困难职工（农民工）1357人次。推进省、市列为民办实事项目，投入资金35万元，在全市建成5个“新就业形态劳动者驿站”。广泛开展工会户外劳动者服务站点建设，新建工会户外劳动者驿站35个、标准化母婴休息室6个，2个站点被全国总工会评为“2022年最美工会户外劳动者服务站点”。关心关爱劳模，为全市符合补助条件的33名省部级劳模发放困难补助金54万元，为4名全国劳模申报生活困难补助金、8名全国劳模申报荣誉津贴、11名全国劳模申报春节慰问金、9名全国劳模申报健康体检金。为全市712名新就业形态劳动者开展免费体检。推进互助保障工作，为1963名职工理赔互助保障医疗金293.36万元，为23名患重疾困难职工及家属发放慰问金11.87万元。组织200多名新就业形态职工会员开展专项技能、健康保健、职工互助保障等知识培训。

图22 4月23日，市总工会举办“喜迎二十大、建功新时代”职工阅读分享交流活动
（孙丽娟 王炳智 摄）

【基层工会组织建设】加强和规范乡镇（街道）工会，区域性、行业性工会联合会建设，全市基层工会达到2796个，会员18.96万人，各类法人单位建会率达到80%以上。推进新就业形态劳动者建会入会，全市新就业形态劳动者所在企业287个、从业人员约1.89万人，建立工会组织159个、发展会员数16300人、入会率86.31%。快递员、网约送餐员、护工护理员、家政服务员等4个群体建会入会全覆盖。加强基层工会经费补助，向全市93个乡镇工会、10个街道工会、7个工业园区工会，下拨经费补助189万元。落实减税降费政策，向县区总工会、市直基层企业工会返还工会经费（筹备金）633.92万元。

（市总工会）

共青团武威市委

【概况】2022年，武威市各级团组织紧紧围绕中心大局，全力推进思想引领、深化改革、青春建功、青年发展、从严治团等重点工作。以“学习二十大、永远跟党走、奋进新征程”为主题，录制网上主题微团（队）课9期。结合庆祝建团100周年，广泛开展红色经典诵读、集中入团仪式、主题团队日、“红领巾心向党”等庆祝建团百年系列活动3460多场次。以“五个青年”为抓手，开展“喜迎二十大·争做好队员”“争做文明有礼武威人”等主题活动870多场次。开展“100年·正青春”网络主题系列活动，设置“我的青春我的团”“我的青春故事”“家乡变化我来拍”等微话题，参与青少年23万人次。开展“榜样青春”系列活动，选树“新时代武威好青年”“青年五四奖章”等先进青年典型260余名。组织开展“乡村振兴·志愿同行”活动，募集社会资金745万元，向全市各行政村捐赠小空调等设备757套，为青少年发放“励志成长包裹”5294个，资助家庭经济困难学生836名，援建标准化篮球场1个。

【深化改革】 制定《共青团武威市委深化改革方案》，提出5个方面17条改革措施。凉州区完成改革试点任务，三县改革实施方案全部经党委常委会研究并以党委文件印发落实，团县委机关增加编制4名、机构1个、经费预算44万元。市青联完成换届选举，县区青联机构经县区党委批复。探索建立校外少先队组织11个，命名少先队校外实践教育基地17个。

【青年发展工作】 以实施中长期青年发展规划为统揽，健全完善市县两级青年工作联席会议机制，38项年度目标任务全部完成。举办武威市首届青年创新创业大赛，遴选优秀创业项目42项。实施大学生“返家乡”社会实践活动，提供岗位182个。创建青年文明号、青年岗位能手、青年安全示范岗27个。完成青年志愿者协会换届，开展“暖冬行动”“筑梦者”“与爱同行·相伴成长”等青年志愿服务活动190余场次。指导帮助青年实现就业1210人。实施困难家庭子女普通高校入学资助实事项目，资助学生293人、275.4万元。举办青年联谊活动6场次，参与青年2100多人。举办心理健康讲座40场、1.8万人次。开办“爱心寒暑假托管班”10期、481人。

【服务经济社会发展工作】 深化乡村振兴青春建功行动，组织开展“青年人才进乡村”“直播带货”“乡村振兴青年先锋”评选活动。开展“小手拉大手·武威更美丽”主题实践活动，带动青少年投身生态文明建设，参与青少年8.5万人次。开展学雷锋志愿服务活动，参与青少年10.8万人次。招募1500名青年志愿者，组建青年突击队80支，下沉基层参与疫情防控工作。以“开学第一课”为抓手，开展“法治进校园”巡讲活动145场次，11万名师生接受法治教育，有效预防青少年违法犯罪。实施“青春兴陇”育人工程，开展“乡村振兴我当先·青年人才在行动”系列活动6场次，直接服务基层群众2000多人。

【全面从严治团】 从严从实执行请示报告制度，向市委报告共青团工作事项34项，市委常委会研究共青团工作6次，向团省委请示报告事项37项。从严从实推进基层组织建设，开展“基层组织建设扩面提升年”活动，建成“两新”领域团组织433个。从严从实加强团员队伍建设，突出政治性标准和先进性要求，发展团员4647名，推优入党247名。严格落实“三会两制一课”制度。从严从实加强团干部队伍建设，深入开展“干部能力素质提升年”活动，通过读书分享、业务交流、实践练兵等形式，团干部能力得到提升。

（团市委）

武威市妇女联合会

【概况】2022年，市妇联全面履行引领、服务、联系妇女职责，用心用情用力促进妇女全面发展、儿童健康成长、家家幸福安康，团结引领广大妇女为推动武威经济社会高质量发展贡献巾帼力量。印发《关于认真学习宣传贯彻党的二十大精神的通知》，通过“学+讲”传出来、“宣讲+文艺”唱出来、“巾帼三句半”说出来、“板凳会”聊起来及线上宣传等方式，推动党的二十大精神飞入寻常百姓家，共宣传389场次。聚焦“强国复兴有我”，线上线下同期开展“巾帼心向党 喜迎二十大”“我奋斗 家国美”故事汇及妇联系统“奋进新征程 建功新时代 喜迎二十大”短视频征集展示等主题活动近500场次，参与妇女20余万人次。建立“妇女之家”“妇女微家”43个。新发展团体会员5个。培树“田鼠大婶”裴爱民、“全国人民满意的公务员”姜莉玲等新时代优秀女性及三八红旗手等妇女典型95人。

【巾帼乡村振兴行动】实施妇女劳务品牌项目培训，开展重点行业创业带头人、“巾帼乡村就业工厂”骨干等培训及易地搬迁巾帼讲堂，多措并举提升乡村振兴巾帼技能。创建“乡村振兴示范基地”等10个，为9个“巾帼乡村就业工厂”争取扶持资金45万元，带动吸纳3000多名妇女就业增收。开展“巾帼兴粮爱粮”、杜绝餐饮浪费、生活垃圾分类等宣传活动36场次。争取资金80万元，实施乡村振兴农业节水、“乡村亮化工程”等公益项目。深化东西部协作，争取天津蓟州区妇联帮扶资金10万元。

【妇女就业创业工作】积极参与“春风行动”专场招聘会，推送务工信息52条，发放宣传资料3万余份。申报“凉州巧嫂子”劳务品牌，培树省级“最美家政人”“创业达人”4名。通过培育一批农村妇女网络达人和直播红人，激发妇女创业活力。成立武威市女科技工作者服务团，召开女科技工作者座谈会2次，开展“巾帼科技助农直通车”进乡村活动172场次，受益群众达1.78万人次。

【家庭文明建设】推荐命名各级“最美家庭”“五好家庭”801户，开展好家风好家训征集等主题宣传教育活动46场次。印发《武威市关于指导推进家庭教育的五年规划（2021—2025年）》，成立家庭教育讲师团，举办《中华人民共和国家庭教育促进法》等家庭教育知识讲座103场次，惠及2万多家庭。充分发挥全市211个“巾帼家美积分超市”载体作用，组织“巾帼共建·美丽家园”清洁行动684场次，积分兑换活动623次，调动广大妇女积极参与环境卫生整治、推动移风易俗等活动，推进乡风文明建设。培树全国、全省家庭工作先进集体、个人13个，创建省、市级家庭亲子阅读体验基地8个。

【维权工作】市人大对《中华人民共和国反家庭暴力法》实施情况进行执法检查，推进《武威市妇女儿童发展规划（2021—2030年）》落地落实。开展“建设法治武威·巾帼在行动”等普法宣传、法律咨询1200场次，有效提升妇女群众维权意识。推荐17名基层工作人员进入“全省调解组织和调解员资源库”。“12338”维权热线全天候接听服务，受理群众来电来访152件，结案率达100%。依托已建成“汇聚幸福 和合之家”，调节婚姻家庭矛盾

图 23　3 月 8 日，市公安局交通警察支队开展“巾帼风采耀警徽”庆“三八”主题活动　（虎晓娟　摄）

突出案件 73 件，调处率达 97.26%。

【关爱妇女儿童活动】 打造市级巾帼志愿阳光站 4 个，服务妇女儿童 16.5 万人次。持续实施妇女“两癌”免费检查民生实事项目，为 5509 名城乡妇女作了检查，争取全国妇联低收入妇女“两癌”救助专项基金 67 万元。开展“99 公益日—春蕾计划”“hello 小孩”募捐、“翌晶康康公益班”等活动，资金达 500 余万元。为一线防疫人员、困境妇女儿童捐赠价值达 30.82 万元的物资。

（市妇联）

武威市科学技术协会

【概况】 2022 年，市科协团结带领广大科技工作者强化科学普及，提高全民科学素质，各项工作取得新突破。召开“全国科技工作者日”座谈会，慰问 26 名全市优秀科技工作者代表。召开 2022 年全市学术年会，邀请省农业科学院研究员作了专题报告，市内科技工作者开展学术交流，编印《2022 年武威市学术年会论文集》。武威科普微信公众号运行顺畅，全年发送信息 512 条，点击阅读量达到 5.8 万人次。科技直播间运行顺畅，全年播出技术、生活小常识 50 多个，受众达到 3.6 万多人。

【科普宣传】 在武威科技馆·空间规划馆举行全国科普日活动启动仪式。组织 4 万余人参加甘肃省全民科学素质有奖网络竞赛活动，3000 多人参加全市全国科普日线上科普知识答题活动。通过武威科普微信公众号对 6 所中小学 18 件科普展品进行网上展示。在古浪县举办全市科技活动周启动仪式，举办具有区域优势和特点的群众性科技活动 7 场次，展出科普展品、科普展板 400 余件，发放科普资料 5000 余份。积极参与不同领域和行业科普宣传咨询活动，先后参与食品药品安全宣传周、5·12 防灾减灾日等活动 20 多场次。

【科普惠农】 在中国农业大学石羊河实验站成功建立西北旱区农业高效节水院士专家工作站，为全市节水农业发展搭建校地合作平台。中国农业大学石羊河实验站、民勤县彭颖林果技术研发中心认定为全国科普教育基地。开展“科普之春”活动，开展科技培训 16 场次，发送科普资料 2 万余份，受众达 3 万余人。科普直播间通过拼多多、淘宝等平台，销售凉州番茄、民勤甜瓜、古浪挂面等特色农产品 200 多吨。

【提升全民科学素质】 组织农技协和广大科技工作者开展科技培训、科技服务，提升群众发展特色产业的能力水平。先后深入民勤东湖、古浪黄花滩等17个乡镇举办“肉羊养殖疫病防治培训班”“高原夏菜种植技术”等培训班27场次，在凉州区西营等镇皇冠梨、核桃种植基地，培训皇冠梨、核桃管理技术5场次，受益群众达6万余人。开展“中国流动科技馆”巡展活动，为1.2万余名青少年搭建了解科学、体验科学、探索科学的平台。2次组织中小学观看天宫课堂现场直播，其中观看神舟十四号飞行乘组太空授课青少年达到8万人次。广泛组织青少年开展科技创新，在全省第36届青少年创新大赛中，获奖24项；在第八届全国青年科普创新实验暨作品大赛（甘肃赛区）中，获奖26项；在第三届甘肃省青少年创意编程与智能设计大赛中，获奖40项。

【科技场馆建设】 有序推进市科技馆·空间规划馆布展建设，一层规划馆完成基础装修布展，开展墙面图文审核，二层、三层科技馆展区全面完成基础装修布展、展品安装调试、试运行以及工程预验收。天祝县科技馆主体工程完工，民勤县校园科技馆运转顺畅，凉州区青少年科技活动中心持续对外开放，全年接待中小学师生、群众达1.2万人次。凉州区和寨中学、新城区第一小学等5所学校科技馆深受师生青睐。

【基层建设】 依托基层学校、卫生所、村委会等公共场所，新建科普益民服务站、科技宣传普及栏或橱窗、新增省级科普教育基地。市农技协联合会创建农产品研发生产销售品牌运营示范基地3个，成功申报“甘西凉”公用商标。市老科协选聘副高级以上专家31人，成立老科协专家服务团。成功承办“喜迎二十大，志愿我先行”全省心理健康培训文明实践志愿服务示范活动，来自全省心理服务的工作者和志愿者600余人参加。

（市科协）

武威市归侨侨眷联合会

【概况】 通过“武威侨联”公众号、微信交流群等新媒体，认真宣传中共二十大精神和党的侨务政策。深入推进“侨爱心工程”，积极申报侨界医疗队下基层、“侨爱心·乡村学生眼视光工程”等项目。积极申请中国侨商会公益助学金项目4万元。协调做好民勤四中“珍珠班”建设，2022年资助学生170人，资助金额33.25万元。争取省侨联资金2万元，支持民勤县建设“侨胞之家”。建立涉侨纠纷在线诉调平台，切实处理侨界群众来信来访来电。认真做好生活困难归侨侨眷救助工作，专项救助大病困难侨眷2户1万元，慰问困难归侨侨眷29户1.8万元。

【归侨侨眷联络联谊】 加强与归侨侨眷的联络联谊，发挥好桥梁纽带作用，做好民间外交工作。掌握回国探亲华人华侨信息，及时联系对接，开展为侨服务和引资引智等活动，广泛增进他们对祖国（籍）的认同和热爱，通过华人华侨的新视角、新语境，讲好武威故事。认真组织开展“第二十二届世界华人学生作文大赛”，全市邮寄大赛征稿1241篇。成功申报武威文庙为第10批“中国华侨国际文化交流基地”。

【侨商招商活动】 第二十八届中国兰州投资贸易洽谈会期间，成功举办“创业中华·筑梦陇原”侨领侨商武威行活动，先后组织开展全省侨商考察团来武威考察洽谈，举办“武威市绿色生态产业暨国际陆港外向型经济云招商推介会”，组织参加第一届甘肃中药材土特产马来西亚视频推介会，全方位开展项目推介和招商引资活动。通过线上线下等渠道，120多位侨商到武威实地考察对接，280多位侨商参加“云招商”推介活动，300名侨领侨商参加主体大会，共签约招商引资项目97项、总投资300.5亿元，实施公益捐赠项目356项、捐款捐物3243万元。

【市侨联三届二次全委会议】 2月25日，市侨联三届二次全委会议召开。会议传达学习中央和省、市纪委全会精神以及中国侨联十届五次全委会议精神，总结2021年度侨联工作，安排部署2022年度工作任务，卸免、增补委员、专职副主席。

（市侨联）

武威市文学艺术界联合会

【概况】 2022年，市文联坚持以习近平新时代中国特色社会主义思想为指导，紧紧围绕全市经济社会发展大局履行职责职能，高质量完成各项工作任务。严格执行“三审三查”制度，加强对《西凉文学》《天马》诗刊及“武威文艺”等文艺阵地的管理，对文艺家协会组织的研讨会、网络作品发表等进行登记备案。挂牌成立武威市文学艺术创作研究中心，建立“武威汉简”书法研学基地，广泛开展文艺创作与研究，成立武威市朗诵者协会。“甘肃党建”发布推广市文联党建工作信息5条。

【文化惠民活动】 以社会主义核心价值观为引领，着眼于丰富群众精神文化生活，组织各

图24　7月，侨领侨商武威行活动主体大会招商引资签约项目签约仪式（市委统战部　供图）

类文化惠民活动。组织文艺工作者在村镇社区开展送春联送福字活动，为群众书写赠送春联1万多幅。组织“弘扬传统文化”系列活动，开展我们的节日·元宵节猜灯谜闹元宵活动及武威作家话年俗活动6次，“艺逢盛世百花齐放——文艺工作者贺新春”系列活动7次，丰富群众节日文化生活。开展公益文化活动，举办“书画名家进校园 翰墨飘香育栋梁”等文艺志愿服务活动4场（次）。举办传统文化讲座，开展书法名家公益大讲堂，组织诗词楹联培训、“游目骋怀、激情翰墨”等文化公益讲座6次，培训学员200多人。

（市文联）

武威市残疾人联合会

【概况】 2022年，制定《武威市“十四五”残疾人保障和发展规划》，加快推进残疾人关爱服务体系建设，全市残疾人事业健康有序发展。积极争取东西部协作天津帮扶资金105万元，扶持天祝县、古浪县348户残疾人家庭发展种养殖等产业。在古浪县、天祝县实施帮扶项目6个。认真落实残疾人信访工作制度，残疾人信访件办结率达100%。

【残疾人社会保障服务】 持续对疑似残疾人进行摸排办证，提供残疾人证上门办、网上办和“跨省通办”等服务，全年新办证2011本，换发证1704本，为行动不便的残疾人上门评残683人次。实施“阳光家园”计划，为符合条件的840名残疾人提供多种形式的社会化照护服务，为300名重度残疾人开展日间照料服务。为320户农村残疾人家庭实施无障碍改造，改善其生活质量。开展“科技助残”行动，通过购买无障碍电话卡服务，实现语音文字转换，方便684名听力、言语残疾人联系沟通。

【残疾人康复服务】 不断完善残疾儿童康复救助机制，使483名儿童受益。为9196名有

图25　2月23日，以“拥抱冬残奥，热情迎嘉宾”为主题的“第六届中国残疾人冰雪运动季”甘肃武威冰雪活动在凉州区塔尔湾滑雪场举行

（吴建宏　摄）

需求的持证残疾人提供基本康复服务，其中获得辅具适配5857人。申报新建武威市残疾人康复中心及综合服务中心项目。

【残疾人就业创业】 培育5家残疾人职业技能培训基地，为345名残疾人提供农业实用技术、盲人按摩等培训，帮助灵活就业。公益岗和机关企事业单位按比例安置400名残疾人就业。扶持残疾人集中就业机构，开展就业援助月、残疾人专场招聘会和残疾人大学生就业服务活动，实现就业176人。

【残疾人体育运动】 全面实施“十四五”残疾人体育发展规划，推动全市残疾人康复健身与社区全民健身活动融合，举办残疾人冰雪季、“全国爱耳日”“全国助残日”等系列活动，实施文化进残疾人家庭“五个一”项目100户。备战参加甘肃省第十一届残运会暨第五届特奥会，武威市代表团获得23金、45银、30铜，总奖牌数98枚，位列总分榜第三名。

【基层残疾人组织建设】 及时成立换届工作领导小组，审定下发残联换届工作实施方案，选优配强残联领导班子，完成全市村（社区）残协、乡镇（街道）残联、县区残联换届任务。提升村（社区）残协标准化规范化建设水平，全面加强基层专职委员队伍建设，建立健全常态化联系残疾人机制，打通服务残疾人“最后一公里”。

（市残联）

武威市红十字会

【概况】 2022年，全市红十字系统筹集款物235.42万元。其中，自主开展非定向捐赠款物110.99万元，“5·8”公益日网络众筹资金7.08万元，“9·9”公益日网络众筹资金4.17万元。完成普及性应急救护培训23800人，红十字救护员培训12850人。自主培育优秀志愿服务项目2个，发展志愿者队伍64支，发展登记志愿者1088人，培训志愿者骨干82人。建立学校红十字工作阵地5个，建立红十字基层组织1190个，入会会员22314人。民勤县、天祝县在乡镇（街道）、村（社区）、卫健系统、教育系统、企事业单位和其他行业建立红十字会组织。

【应急救援救护】 红十字应急救援纳入全市应急救援体系。市红十字应急救援队队员由10名增加到15名，参加“应急使命·2022”高原高寒地区抗震救灾实战化演习。凉州区、天祝县新组建应急救援队1支。民勤县备灾库房建成投入使用，市级备灾库房协调到位，凉州区红十字会与区疾控中心达成共用物资储备库协议。全市红十字应急救护知识普及率、红十字救护员培训达到常住人口的1.63%、0.88%。古浪县八步沙救护站项目完成业务用房主体、停车场及配套基础设施建设。

【人道救助帮扶】 深入开展“红十字博爱送万家”活动，全市慰问重大疾病、特困家庭、孤寡老人、罕见病精神病患者714户1734人，慰问品价值23.18万元。民勤县为15户因患大病生活困难家庭发放救助资金4.3万元，为38名困难在校大学生发放救助金3.8万元，为3户发放“博爱家园·生计金”项目无息贷款17万元。成功申报“小天使”救助项目7人，救助金23万元。登记先心病筛查患儿58名，为符合申报条件的患儿及时完成项目申报。在民勤县执行2021年“9·9”公益项目，为孩子们发放爱牙包和益乐读阅读包。

图26　4月2日，市红十字会开展“人体器官捐献缅怀纪念”活动。图为志愿者进行遗体器官捐献登记　（于　芳　赵东晓　摄）

【“三献”工作】 认真组织开展第19个“6·14”世界无偿献血者日主题宣传活动，发出无偿献血宣传、合理用血知识宣传资料3800余份。做好3名低分辨配型相合的造血干细胞捐献志愿者本人及家属动员工作，全部同意并成功完成高分辨采样。完成中国造血干细胞捐献者资料库甘肃省分库血样采集140人份。争取中国人体器官捐献中心支持资金5万元，建成武威市遗体器官捐献缅怀纪念馆，完成遗体器官捐献登记32人。

【志愿服务活动】 发展红十字志愿服务团队，成立74支志愿服务队伍，发展登记志愿者1835人。开展“弘扬雷锋精神·聚力文明实践·共享美好生活”学雷锋志愿服务暨“小手拉大手·武威更美丽”主题实践活动，“喜迎二十大 志愿我先行”应急救援文明实践志愿服务示范活动。民勤县组织开展“做新时代雷锋传人”志愿服务活动，发放新冠疫情防控、健康保健、应急救护知识等宣传材料2500余份，健康咨询650人次，测量血压586人次，测血糖120人次，应急救护科普110人次，关爱孤寡老人86人，上门健康服务150余人。古浪县开展“弘扬抗疫精神，聚力文明实践，共享美好生活”为主题的学雷锋志愿服务活动，发放健康宣传资料1800余份。天祝县深入岔口驿敬老院，开展“情暖阳春”学雷锋爱心志愿服务活动，指导老人们养成良好生活习惯。

【红十字运动】 大力弘扬“人道、博爱、奉献”红十字精神，市区红十字会在凉州区植物园烈士陵园举行人体遗体器官捐献缅怀纪念活动，同步开展云端缅怀活动。在凉州区祁连路小学举行“5·8世界红十字日”主题宣传服务活动，对全体师生进行普及性应急救护培训。举办“生命教育大学生手工创作大赛”，厚植红十字运动理念。民勤县组织志愿者深入养老机构、学校开展“养老服务+生命教育”“生命教育讲堂”活动，广泛传播健康、科学、文明的生命理念和人道价值。天祝县认真开展第19个“6·14”世界献血者日、“终身学急救，救护伴我行”世界急救日和“世界骨髓捐献者日”主题宣传活动，发放宣传资料5000余份，悬挂宣传标语20条，展板20余块，接受咨询服务3000余人次。

（市红十字会）

人大立法

（参见武威市人民代表大会·人大立法）

政法委与综治

【概况】 2022年，武威市紧盯政治安全、风险隐患等重点领域，突出情报信息搜集研判，及时预警化解矛盾风险，加强重点部位巡防查控，组织开展“六大专项行动”，建立健全平安武威建设十大长效机制。武威市获评“2017—2020年度平安甘肃建设示范市”。

【维护社会稳定】 加强社会治安防控体系建设，坚决打击各类违法犯罪。调处各类矛盾纠纷4991件、成功率98%，全市刑事案件、治安案件发案分别下降4%和17%，命案发案数连续两年保持全省最低。

【平安细胞工程】 坚持和发展新时代“枫桥经验”，制定《武威市平安细胞工程创建方案》，开展平安细胞工程创建，大力推行矛盾纠纷多元化解机制，常态化开展扫黑除恶斗争，推进打击整治养老诈骗、夏季治安打击整治“百日行动”、命案攻坚和安全生产大检查等专项行动，37.1万个创建主体被命名为平安细胞工程创建达标单位。

【防范化解重大风险】 围绕“六个新武威”建设目标，发挥服务保障职责，防范重大风险，围绕5个方面28类91个风险隐患点，全力开展风险隐患防范化解，先后3次预警化解重大警情，全市交通事故、生产安全事故起数、死亡人数、受伤人数、直接经济损失全面下降。

【市域社会治理】 制定《武威市市域社会治理现代化试点工作实施细则》，组织开展基层治理六项行动，扎实推进综治中心规范化建设实体化运行，为全市近万名基层网格员购买人身意外伤害保险，印制工作日志，配备标识、肩灯、喊话器、反光背心和强光手电等装备，建成智慧安防小区300个。常态化开展“公益诉讼守护美好生活”专项行动，完成79.51亿元不良资产清收任务，选派218名民警担任企业“护航警官”，执结涉企案件4722件，办理环资类公益诉讼案件342件，评估各类重大事项819件。

【规范执法司法程序】 制定《武威市2022年政法领域全面深化改革工作要点》，检查评估党的十九大以来政法领域重点改革任务，召开全市诉源治理暨诉前调解工作现场推进会，编印《武威市执法司法工作流程指引》“口袋书”，常态化开展典型案例评选，全市政法跨部门大数据办案平台办理各类案件2321件。

（市委政法委）

法治政府建设

【概况】 2022年，推进法治建设第一责任人职责履行和“述法”工作。制定印发《武威市法治政府建设实施方案（2021—2025年）》和重点举措分工方案，全力抓好法治武威、法治政府、法治社会建设“三个实施方案”重点任务落实。

【政府立法】 行使政府立法的重要权力，保障人民合法权益、协调社会冲突、保证国家领土安全、形成有效管理体制和强化国家政治制度的良好氛围。稳妥推进地方立法，提请市人大常委会审议《武威市城市绿化条例》，修改《武威市防沙治沙条例》，制定《武威市城市垃

图27 6月15日，武威市宣传贯彻《中华人民共和国反有组织犯罪法》暨打击整治养老诈骗专项行动集中宣传活动

（李军旭 摄）

圾分类管理办法》，严格落实重大行政决策法定程序。

【依法治市】 坚持依法治市、依法执政、依法行政共同推进。接受市人大及其常委会法律监督、工作监督和市政协民主监督，向市人大常委会提请审议国有资产、财政预算、节约用水、高质量发展等15个专题工作报告，高度重视认真办理市人大调研视察、执法检查反馈意见，以及市政协参政议政、基层民主协商意见，73件人大代表建议、110件政协提案全部办复。依法履行审计监督职责，切实担负起新时代审计政治责任，确保推动党委政府决策部署和要求落地落实，审计工作促进增收节支1960万元。

【法治武威建设】 扎实推进“八五”普法宣传，把法治宣传教育融入市域社会治理和文明城市创建。落实全面从严治党要求，严格执行中央八项规定精神，力戒形式主义、官僚主义，激励干部担当、加强基层治理等工作，有效整改涉粮专项巡视、生态环保督察、安全生产督导检查等反馈问题，作风建设持续好转。扎实做好全民守法基础工程，加大全民普法力度，深化基层依法治理，加强社会主义法治文化建设，持续优化法治化营商环境，法治武威建设不断取得新成效。

【重大行政决策和规范性文件审查】 充分发挥法律顾问、公职律师在重大行政决策中的作用，健全落实合法性审查程序相关配套制度，加强政府重大行政决策和规范性文件合法性审核工作。审查规范性文件、市政府重大行政决策和常务会议题、合同（协议）等事项130件，提出审查意见167条。向省政府、市人大常委会报备规范性文件5件，备案审查县区政府的规范性文件7件，市直部门规范性文件3件。

（市司法局）

公　安

【概况】 2022年，破获各类刑事案件1572起，受理各类治安案件4995起。抓获逃犯155名，在“猎狐2022”专项行动中率先规劝逃犯1名，抓获国际刑警组织红色通缉逃犯1名。紧盯民生领域违法犯罪，破获价值1000万元以上涉烟国标网络案件2起。侦破金融领域违法犯罪案件60起，侦破涉税犯罪案件11起，侦破涉企犯罪案件82起。

【刑事案件侦查】 重拳惩处违法犯罪，侦破黄赌刑事案件59起，移送起诉犯罪嫌疑人188人。查处涉爆行政案件8起，行政处罚7人，处罚民爆物品从业单位1家。破获拒不支付劳动报酬刑事案件33起，侦办省督案件2起，市督案件5起，追回拖欠农民工工资2230余万元。严厉打击制售非法出版物、传播贩卖淫秽色情物品等各类违法犯罪活动，大力查处侵权盗版出版物和网上侵权盗版行为，严肃整治非法报刊和非法网络报刊。立案侦办刑事案件4起，破案3起，移送起诉7人；查处行政案件6起，配合成员单位检查出版物市场71家次，查缴各类非法出版物94册。

【经济案件侦查】 制定印发《全市公安机关服务全市高质量发展产业链和保障重大项目建设十条措施》，选派218名民警担任企业“护航警官”，护航经济社会发展勇当先锋。优化营商环境，把服务经济社会发展作为第一要务，依法严厉打击扰乱市场经济秩序违法犯罪行为，侦破金融领域违法犯罪案件 60 起，挽回经济损失 3.02 亿元；侦破涉税犯罪案件 11 起，追缴税款 5614 万元；侦破涉企犯罪案件 82 起，挽回经济损失 2034.88 万元。

【社会治安管理】 开展风险隐患排查整治行动，成功处置苗头性事件 8 起，走访摸排重点部位、企业 66 次。组织派出所对全市河湖、水库夏季防汛、防溺水进行安全检查，发现整改安全隐患问题 7 处。紧盯行业场所监管。牵头组织交警、巡警、特警、派出所等多部门、多警种联动，加大对宾馆旅店、酒吧、KTV、洗浴、足浴等行业场所监管力度，周密部署开展旅馆业整治专项行动。2022 年，启动治安卡点 42 个，日均投入警力 126 人，办理涉疫刑事案件 2 起，查处行政案件 18 起。清查宾馆旅店、歌舞娱乐场所等各类行业场所 3453 家次，处罚未按规定落实实名登记 25 家次。

【治安防控体系建设】 推进“三项建设”，全力提升治安防控能力。持续推进基层基础建设，制定《武威市公安局关于进一步建立健全警种部门支援派出所机制的实施意见》，完成“一村一警”建设任务，激活“末梢神经”。落实“无犯罪记录证明”网上办、异地通办，办理 32403 人次。持续推进智慧安防小区建设，依托老旧小区改造等项目，建成智慧安防小区 300 个，覆盖约 8 万余户、25 万常住及暂住人口。持续推进平安校园建设，打造校园安全升级版，选派 108 个派出所所长兼任法制副校长，开展联合督导检查 9 次，排查整改校园内部安全隐患 6 处，整治校园周边治安乱点 13 处，指导学校开展反恐、应急处突等演练 6 次。

【食药环领域专项治理】 严打生产有毒有害食品、假药、生产销售假冒伪劣产品、非法采矿、破坏森林和野生动植物资源等各类违法犯罪行为。立案侦办危害食品安全犯罪案件 36 起，移送起诉 34 人，涉案金额 10.2 万元；立案侦办危害药品安全犯罪案件 12 起；立案侦办侵权假冒犯罪案件 28 起，移送起诉 54 人，捣毁制售假窝点 6 个，涉案金额 6100 余万元；侦办 1000 万元以上涉烟案件 3 起、100 万元以上涉烟案件 4 起；立案侦办危害环境资源安全犯罪案件 55 起，移送起诉 87 人。

【公共安全监督】 2022 年，全市布建智能门禁、车禁、人脸抓拍等前端感知设备 1963 套，覆盖小区居民约 43 万人，投入建设资金 1045.38 万元。严格按照省公安厅“9 个平台 1 个系统”建设布局要求，充分征求省公安厅和市公安局警种部门意见，专题汇报市公安局党委同意，顺利完成“武威市公安局智慧小区安防管控系统”建设，数据汇聚平台正常运行。发挥前端设备作用，实时监控小区内部异常变化，降低风险因素，提升治安防范水平，小区治安秩序明显好转，治安、刑事警情大幅下降。组织开展专项网上督察 120 余次，预警发现问题 3714 条，查实整改接处警、受立案、案件信息录入等方面问题 635 条，将评查结果通报各分县公安机关作出整改问责，确保各项工作措施落地落实。

【户籍管理】 加强人口户籍信息档案规范化建设，落实档案材料实体管理制度，对户籍材料档案分门别类，统一规范装订，妥善保存，进一步规范档案管理，加强督导检查，确保户籍档案完备归档。严把重点业务审核、审批关，规范办理程序，对审批的户籍业务进一步压缩审批时间，提高办理效率。

【禁毒工作】 深入开展"清源断流"行动，全面开展寄递物流行业等专项治理，严厉打击各类违法犯罪。强化源头治理，扩大禁毒预防教育覆盖面，举行"全民禁毒宣传月"启动仪式暨纪念"6·3"虎门销烟日主体宣传活动、"6·26"国际禁毒日暨"喜迎二十大 禁毒做贡献"主题宣传活动和禁毒宣传进校园等活动，努力提高全民识毒、防毒、拒毒能力。

【道路交通安全管理】 坚持以问题警务树导向、自查自纠强基础、监督公开促规范、培训练兵促提升，着力解决道路交通安全和运输执法领域突出问题。制定《全市公安交警系统道路交通安全执法突出问题和顽瘴痼疾专项整治实施方案》，从问题整改、制度建设、培训计划、群众满意度测评等方面细化考核评价标准。客观审视公安交警执法实践中存在的问题，将中央、省、市确定的逐利执法等五大类问题，按业务类型引申拓展为五大方面 68 个问题，直击交警执法短板，关切群众切身利益。整合政工、宣传、秩序等部门资源，抽调精干力量，组成专项整治工作专班，将专项整治 4 个阶段细化为 28 个步骤要求，进行图表化陈列。加大检查力度，全方位检查动员部署情况，精准化指导查找问题，提高工作针对性。扎实推进源头隐患排查治理、路面交通秩序管控、基层基础支撑保障、行业部门协同共治、交通安全宣传教育五大体系建设。

【矛盾纠纷化解】 弘扬新时代"枫桥经验"，结合"百万警进千万家"活动，排查化解各类矛盾问题，排查化解矛盾纠纷 2540 余起，化解率 93.2%，预警有激化苗头、可能引发案件的突出矛盾纠纷 13 起。服务经济发展到位。制定《全市公安机关服务全市高质量发展产业链和保障重大项目建设十条措施》，选派 218 名民警担任企业"护航警官"，深入企业开展政策法规宣传 1600 次，排查化解劳资纠纷、合同债务纠纷、工人讨薪等矛盾纠纷 230 余起。

图 28 9 月 9 日，武威市公安系统开展夏夜治安巡查宣防集中统一行动，强化交通安全整治 （市公安局 供图）

【出入境管理】 受理审批因私出国（境）证件 383 件次；免费照相 358 人次，加急办证 5 人次，接听咨询电话 2000 余通；劝阻引导提醒全市 800 余人非必要不出国（境）；查处违反出入境法律法规行政案件 5 起。扎实做好"双备库"登记备案工作，登记录入审批国家工作人员信息 4909 条，审批法定不批准出入境人员信息 758 条。推进"出入境 + 政务服务"事项，完成省、部级政务事项的认领编制审批工作190余项。录入境外人员临时住宿登记280人次，登记率、及时率和准确率均达100%；受理审核签发外国人停居留证件19人次，普通签证4人次。持续开展集中打击妨害国（边）境管理犯罪专项斗争，市公安局出入境民警主动出击、广辟案件线索来源。

【森林公安工作】 开展森林草原防灭火、整治枪爆、禁种铲毒、矛盾化解等工作，对全市的防火工作落实情况督导检查3轮次，核查信访案件1起，调处各类矛盾纠纷6起。开展生态环境问题排查整治工作，组织全警对重点部位逐个进行摸底排查，巡查森林草原湿地、河湖水库、矿山矿区163次，救助野生动物49只（羽），保护百年古树1株。开展“护航平安2022”“昆仑2022”“清风行动”“清源安民”“百日行动”等专项行动，严厉打击各类涉林违法犯罪活动。全年立案查处各类涉林刑事案件51起，增长200%，抓获犯罪嫌疑人83人，增长207.4%，48起案件移送检察机关审查起诉，移送起诉80人，破获省督案件1起。

（市公安局）

检　察

【概况】 2022年，市检察院践行“为大局服务、为人民司法”初心使命，主动担当作为，依法能动履职，各项检察工作取得新成效。在全市102个乡镇（街道）设立检察机关联络人大代表工作室，开展联络218人次，办理反馈意见建议87条，建立市县（区）两级院班子成员直接联系各级人大代表制度，形成检察机关联络人大代表常态化规范化工作机制。主动听取各民主党派、工商联和无党派人士意见，邀请人大代表、政协委员、人民监督员、特约检察员监督参与检察工作和办案315件次。

【刑事检察】 依法批捕各类刑事犯罪276人、起诉1119人。严厉打击危害公共安全犯罪及故意杀人、抢劫等严重暴力犯罪，起诉116人。突出惩治黄赌毒、盗抢骗、食药环等犯罪，起诉294人。维护金融安全稳定，起诉破坏金融管理秩序、金融诈骗犯罪18人，监督追缴不良资产2500余万元，严防金融风险演化为政治社会风险。起诉涉农刑事犯罪178人、职务犯罪3人。持续关注农村人居环境、农业面源污染等突出问题，提出检察建议69件，监督整改问题75个。

【民事检察】 牢固树立精准监督理念，坚持与审判机关谋共识、护公信，切实保障人民群众合法权益。对认为确有错误的民事裁判提出抗诉、再审检察建议15件。监督纠正民事审判和执行活动违法85件，上升270%。深化虚假诉讼监督，提出再审检察建议3件，起诉3人。起诉危害食药安全犯罪6人、提出检察建议16件，督促消除风险隐患21个。针对窨井盖缺失、高空掷物等公共安全隐患制发检察建议19件，督促整改问题35个。

【行政检察】 充分发挥行政检察职能，监督公正司法，促进依法行政。办理行政生效裁判监督案件3件。围绕土地执法、水土保持补偿费征缴等5个领域，开展行政非诉执行专项监督，提出检察建议29件。以“案结事了政和”为目标，实质性化解行政争议17件。依法保障行政相对人合法权益，提出纠正行政违法行为检察建议55件。

【公益诉讼检察】 坚持“实体程序并重、解决问题为要”，扎实办好法定领域案件，有序拓展办案范围。办理公益诉讼案件493件，提出诉前检察建议404件，提起诉讼12件，有力维护生态资源、国财国土、食药安全等公共利益。稳妥推进“公共安全、乡村振兴”等领域专项行动，提出诉前检察建议236件，督促整改问题317个。

【生态环境司法保护】 以检察保障筑牢生态安全防线，携手打好蓝天碧水净土保卫战。起诉非法采矿、危害国家重点保护植物等破坏生态环境资源犯罪27人。坚持“双赢多赢共赢”理念，运用公开听证、诉前磋商等方式办理环资类公益诉讼案件293件，提出检察建议241件，努力实现诉前保护公益目的。选聘42名公益诉讼观察员，参与办理案件67件。

【民营经济保护】 起诉破坏市场经济秩序、侵害市场主体合法权益犯罪76人。做细做实民营经济司法保护，依法不起诉涉企人员37人，提出涉民企案件再审检察建议10件，采纳率100%。与市司法局、财政局等八部门联合建立涉案企业合规监督评估工作机制，促进企业守法经营、健康发展。针对民营经济保护等方面治理短板，提出检察建议107件，监督相关部门整改问题111个、健全常治长效制度机制14项，努力做到“办理一案、治理一片”。严格落实“谁执法谁普法”责任制，深化释法说理、公开听证等工作，开展法治宣传210场次，引领全社会形成尊法守法新风尚。

【特殊群体合法权益保护】 紧盯农民工“烦薪”事，老年人“钱袋子”，加大对特殊群体司法保护力度。与市公安局、人社局会签《劳动保障监察行政执法与刑事司法衔接工作意见》，起诉拒不支付劳动报酬犯罪16人，支持农民工起诉127件，帮助追回欠薪375.7万元。扎实推进打击整治养老诈骗专项行动，摸排线索380条，起诉涉养老诈骗犯罪7人，开展专项法治宣传12场次，筑牢养老诈骗检察防护网。

【未成年人司法保护】 落实“一号检察建议”，构建检察综合保障体系。依法严厉打击侵害未成年人严重暴力犯罪，批捕29人、起诉34人。落实“教育、感化、挽救”方针，对未成年犯罪嫌疑人不捕16人、不诉29人。创新制定《未成年人“一令一函”工作办法》，向“失职家长”制发督促监护令98份，向相关部门发出检察关注函20份。78名检察官担任法治副校长，举办法治宣讲223场次。开展学校、校外培训机构工作人员入职查询680人次，有效净化未成年人成长环境。

（市人民检察院）

法　院

【概况】 2022年，围绕“努力让人民群众在每一个司法案件中感受到公平正义”目标和全市高质量发展大局，忠实履行宪法法律赋予的职责，各项工作取得新进展。受理各类案件48782件，审（执）结44031件，法定审限内结案率99.54%；其中，市法院受理案件3187件，审（执）结2706件，法定审限内结案率99.89%。员额法官人均结案217件。

【刑事审判】 审结严重刑事犯罪案件109件;审结涉电信网络诈骗类案件113件,判处犯罪分子223人;审结职务犯罪、经济犯罪案件106件。严惩侵犯公民个人信息犯罪,专项整治养老诈骗。依法妥善审理涉案金额17.7亿元27名被告人、3个被告单位贷款诈骗、骗取贷款等一案,有效维护金融管理秩序和金融机构贷款安全。坚持教育感化挽救方针,采用圆桌审判、封存犯罪记录、送达家庭教育指导令等方式,加强未成年人司法保护。全市法院选派90名优秀法官担任法治副校长,开展"法治进校园"系列活动,真情呵护未成年人健康成长。

【行政审判】 认真履行行政审判职能,监督行政机关依法行使职权,服务法治政府建设。加强行政争议实质性化解,审结行政案件347件,审查非诉行政案件57件,执结非诉执行案件43件,全市行政机关负责人出庭应诉233人。市法院与兰州新区建立行政纠纷诉调对接中心,进一步实现行政与司法资源良性互动。

【民商事审判】 依法审结各类民商事案件23152件。妥善化解涉及婚姻家庭、教育就业、劳动争议、经济金融、社会保障等领域的纠纷案件8422件。加强产权司法保护,重拳惩治商标攀附、仿冒搭车、恶意抢注等行为,审结知识产权案件55件。高度关注家事审判工作,把家事案件审理重点从处理财产争议回归到家庭亲情关系的修复,依法惩治家庭暴力,最大限度保障未成年人、妇女、老年人合法权益。

【执行工作】 受理执行案件19578件,结案18913件,执行到位金额40.236亿元。健全"一案一账号"制度,实行重点督办、超期预警、月通报制度,推行人民法庭办理执行案件机制,多措并举攻坚"执行难",保障公民合法权益。发布失信被执行人名单8337个,限制高消费

图29 6月7日,旁听庭审"零距离" 以案说法"敲警钟"——武威市农业综合行政执法队组织旁听行政案件
(市中级人民法院 供图)

12962人，拘留506人，拘传943人，让失信者无处藏身、寸步难行。民勤法院开展“秋冬执行会战”。

【诉讼服务】常态化开展案件质量、庭审规范、裁判文书评查工作，评查各类案件43841件，整改207件，把好案件质量关。完善专业法官会议制度，重大、疑难、复杂案件提交专业法官会议讨论，统一裁判尺度。加强对改判、发回重审、再审等案件的评析监督，保障案件质量。实行审（执）限审批跟踪、到期预警等措施，加强案件审限管理。强化减刑、假释案件的实质化审查，依法公开办理减刑、假释案件609件。深化司法公开，上网公开裁判文书4918份，庭审直播案件2633件，以公开促公正，确保案件政治效果、法律效果、社会效果相统一。

【审判监督】自觉接受各方监督，执行市人大及其常委会的决议决定。加强代表委员联络工作，邀请人大代表、政协委员参与法院活动、视察法院工作，认真办好代表建议、政协提案，不断增强监督实效。依法接受检察机关法律监督，邀请检察长列席审判委员会，依法审理抗诉案件10件，共同维护司法公正。虚心接受人民群众、新闻媒体等各方面监督，不断扩大司法民主，全市423名人民陪审员参审案件4437件。

（市中级人民法院）

司法行政

【概况】2022年，推进依法治市和司法行政工作取得新成效，创建行政复议与应诉、市公法中心“党员先锋引领示范岗”2个。贯彻落实《关于进一步加强市县法治建设的意见》，开展法治建设工作督察。制定《武威市司法所规范化建设提升三年行动实施方案（2022—2024年）》，加大司法所政策落实遗留问题解决力度，配备科级司法所长100名，建成个人调解工作室58个，维修改造基层司法所10个。新设立律师事务所1家，申请律师执业14人。

【行政执法监督】推行行政执法“三项制度”，开展行政执法能力建设“六个一”专项活动。组织6200多名执法人员开展综合法律知识培训和执法资格考试。学习贯彻新修订的《中华人民共和国行政处罚法》，健全完善行政裁量权基准。聘任政府特邀行政执法监督员26名。开展物业服务专项执法监督检查109次，清退不合理收费14.64万元。

【法治化营商环境营造】落实《关于进一步打造法治化营商环境助力武威高质量发展的具体措施》，开展优化法治化营商环境增效扩面行动，推行行政柔性执法，为企业提供“容错支持”，办理“两轻一免”案件2.04万件。深化法治助力园区企业发展10项措施，健全完善“万所联万会”长效合作机制，走访民营企业111家，开展法治体检46场次。

【行政复议和应诉工作】落实“有机构、有人员、有经费、有场所、有手段”的“五有”要求，整合政府各部门复议职责，一级政府只保留一个行政复议机关，实现“一个口子对外”，健全完善“1+3”领导运行机制和“三级办案模式”，市县区核增调剂编制41人，新增行政复议业务科（股）室7个，行政复议与应诉服务中心3个。全年办理行政应诉案件49件，办结行政复议案件79件，行政复议纠错率11.39%，下降19.9个百分点。

【社区矫正工作】 贯彻落实《中华人民共和国社区矫正法》,完成市县两级社区矫正委员会和社区矫正机构设置,严格执行报到、请销假、执行地变更、警告、提请撤销缓刑(假释)、考核奖惩、解除矫正等执法程序审批。在册701名社区矫正对象,未发生脱管漏管和重新违法犯罪事件。开展刑满释放人员“有效安置 精准帮扶”百日攻坚行动,对4312名在册刑满释放人员落实一人一档、细化措施,动态管理。拓宽安置渠道,协调相关部门组织开展就业指导和职业技能培训,在企业和各类实体安置刑满释放人员76人。

【法律服务】 突出服务优势,整合服务资源,将甘肃“12348”公共法律服务热线武威分中心并入武威市“12345”政务服务热线服务区,实现政务服务与法律服务有机融合。加强民族地区、脱贫地区公共法律服务体系建设,推动全市公共法律服务均等化发展。组织开展“法援惠民生”活动,为留守儿童、空巢老人、残疾人、农民工等困难群体提供有针对性的法律援助服务,切实维护人民群众合法权益。办理法律援助案件1197件,接听热线咨询电话28985通,解答各类法律问题28900个。

【律师、公证和司法鉴定】 发挥律师在打造法治化营商环境中的重要作用,制定下发《关于进一步发挥律师在打造法治化营商环境助力武威高质量发展中重要作用的若干措施》,开展“服务为民走基层”实践活动。以“万所联万会”“一村(社区)一法律顾问”活动为载体,引导律师认真做好民生领域法律服务工作,提供公益服务。全市有律师事务所21家(市直9家、凉州区6家、民勤县2家、天祝县3家、古浪县1家),有专职律师143人,有公职律师62人,公司律师9人,法律援助律师19人。全年办理公证事项7715件,司法鉴定2113件。全年全市律师事务所走访各类民营企业111家,召开企业经营管理人员座谈会27场次,开展法治体检46场次,解答企业、员工法律问题咨询700余件,全市律师事务所开展法律知识讲座、法律咨询50场次,为群众提供法律意见建议355个。

【普法宣传工作】 落实“八五”普法规划,开展“12·4”国家宪法日暨宪法宣传周活动,开展宪法宣誓361场次。全市中小学法治副校长(辅导员)实现全覆盖。编印发放《武威市农民工普法手册》2万册,开展

图30 11月24日,天祝县公安局乌鞘岭派出所民警为群众普及法律常识
(徐世鹏 徐俊年 摄)

"乡村振兴·法治同行"等各类集中法治宣传1450场次。创建"全国民主法治示范村"2个,"全省民主法治示范村"12个,培训"法律明白人"1.3万人,培育农村学法用法示范户553户。开办《与法同行》《法在身边》普法栏目,制作播出154期。建成武威市民法典主题公园,打造法治广场190个,法治文化长廊196个。

(市司法局)

仲　裁

【概况】2022年,坚持"仲裁为民"宗旨,打造"456"标准化服务模式,推行"案后回访"机制,及时跟进结案案件履行结果,做到"有访必接、有询必答、有接必果",助推仲裁质效再提升。司法仲裁积极有序推进。全市有125个乡镇、街道设立基层劳动争议调解组织,有专业调解员204名。全年接到劳动人事争议案件1171件,立案332件,结案率100%,调解成功率75%,为劳动者挽回经济损失1843.25万元。

【完善仲裁体制】不断优化办案方式,规范办案程序,完善司法仲裁体制,完善劳动人事争议仲裁委员会成员单位常态化交流互动机制,加强与各级法院沟通联系,建立案件研讨机制,统一裁量标准。协调司法局开展仲裁院受理案件劳动者需法律援助工作,提升仲裁服务水平。建立"集中咨询日""庭审开放日"长效机制,创建"市仲裁+县区仲裁"的纵向办案模式,探索形成"简单案件马上办、普通案件提速办、重大案件联合办"的"三办"工作机制,在全市推行"五步调解法",缩短解决纠纷的时间,减轻劳动者诉累。仲裁简易程序平均审限缩短至25.5天,普通程序平均审限缩短至42天。

【劳动争议仲裁】畅通仲裁院、工会和法院联系沟通渠道,通过联合办案、信息共享、学习交流,最大限度实现"案结事了",实现裁审衔接机制长效化、受理范围一致化、审理标准统一化。建立矛盾纠纷调处中心,协调工会在"慧调解"工作室设立劳动人事争议协商室,组织统筹劳动法律监督委员会和集体协商指导员、法律援助志愿者队伍等资源,推动健全劳动者申诉渠道和争议协商平台,帮助劳动者与用人单位开展劳动人事争议协商。

【创设"慧调解"工作室】成立全省首家"慧调解"工作室,以"慧调解、慧解纷、慧服务"为落脚点,建立健全涵盖劳动仲裁、劳动监察执法、劳动保障维权、人民调解、法律援助、仲裁审查、司法确认等功能的劳动纠纷"一站式"多元联动处置机制。与凉州区人民法院共建"慧调解"工作室劳动人事争议诉调对接工作机制,打通为民办实事"最后一公里"。"慧调解"工作室入驻市中级人民法院,将劳动纠纷调解"关口"前移,提高人民群众的满意度。

(市司法局、市劳动人事争议仲裁院)

军　事

武威军分区

【概况】 2022年，军分区党委坚持以习近平新时代中国特色社会主义思想和习近平强军思想为指引，坚决贯彻军委国防动员部和省军区党委决策部署，举旗铸魂抓引领，紧贴使命强备战，全面从严正纲纪，求实奋进谋发展，军分区全面建设持续向好、稳中有进。组织实案化开训动员演练，落实党委议战议训、定期考核通报制度，做好专武干部、民兵分队训练，组织基干民兵轮训备勤。强力推进民兵“十四五”建设规划落实，配齐配全民兵应急装备，应战应急能力不断提升。

【思想政治建设】 持续深化习近平新时代中国特色社会主义思想和习近平强军思想理论武装，跟进学习习近平主席最新重要讲话，聚焦“忠诚维护核心、矢志奋斗强军”深化主题教育，落实形势政策、安全保密教育，开展国防教育“五进”活动，联动推进党史学习教育常态化、长效化落实，进一步固牢坚决听党指挥、坚定维护核心的思想根基。

【国防动员】 紧跟国防动员改革、建设、准备要求，修订完善国防动员计划和方案体系，为部队备战打仗征集输送高素质兵员，聚力提升大学毕业生征集质效，推动审批定兵更加科学合理、公平公正，强化征兵工作组织领导，召开全市征兵工作电视电话会议，制定《武威市征兵工作规范》，完成兵员征集任务。组织全市基层乡镇（街道）专武干部开展业务培训，旨在培养一批基层武装工作的“明白人”。

【国防教育和学生军训】 将国防教育融入学生军训工作，做好人民武装动员宣传，动员广大青年积极参军入伍。加大战争观教育在国防教育的比重，做好国防理论、国防历史和国防常识等教育。加强战争背景下应急能力训练，将个人防护、自救互救、战场生存等实用技能基础常识有限纳入学生军训内容，选修掌握，提高青年学生群体自我防护能力。

【双拥工作】 把“爱我人民爱我军”作为新时代双拥运动主旋律，开展双拥宣传和国防教育“进机关、进学校、进企业、进乡村、进社区、进军营”活动，命名武威职业学院、武威第三中学、武威第十八中学、凉州区高坝镇台庄小学为“双拥特色学校”。中国农业银行武威分行、中国联通公司武威市分公司、武威市鸿凯翔建筑劳务有限公司等为“标杆型双拥单位”，形成“党政军民学热爱国防、东西南北中处处拥军”的新局面。协调地方教育、学校等有关部门，召开协调会议3次，专门明确责任分工、跟踪落实问效。通过开设咨询热线、现场答疑解惑、减少审批手续、线上审核办理等方式，为军人子女办理优待入学手续。

（武威军分区政治工作处）

武警武威支队

【概况】 2022年，武警武威支队坚持以习近平强军思想为引领，贯彻中央军委、武警部队和总队党委决策部署，团结和带领全体官兵奋力攻坚克难，部队全面建设呈现出稳中有进、进中向好、开新图强、持续向上的态势。

【思想政治建设】 坚持用习近平新时代中国特色社会主义思想和习近平强军思想贯注部队、武装官兵。按照突出重点学、区分层次学、联系实际学的方式，将党的二十大精神设置在课堂上，延伸至训练场，推动学习贯彻党的二十大精神入脑入心入行。利用“三个半小时”载体，学习权威媒体报道和评论员文章，全方位、多角度、深层次拓展学习渠道，延伸学习触角，进一步激发听党话、跟党走的坚定信念，激发忠实履职的政治热情。

【抗震救灾实战化演习】 武威支队结合武威演习场整体安排，指派精干力量，完成此次演习任务。高度重视此次演习，精心挑选参演队员，指派专人讲授救援技能，在营区模拟灾情，进一步练协同、练指挥、熟悉装备性能、掌握操作方法。通过此次演练，考验各级与地方协同融合、部门股室之间沟通配合的整体水平，锻炼指挥员的组织指挥和应急处突能力，检验任务分队处置自然灾害事故能力。

【民勤县城区内涝救援任务】 7月31日18时，武威市民勤县城区出现短时强降雨天气，降雨量达到50毫米，造成全县大面积短时停电，县城区出现严重内涝，14个镇（街道）42个村受灾，部分村镇农作物受灾、房屋受损。险情发生后，武威支队第一时间投入抗洪抢险救援行动，全力以赴确保人民群众生命财产安全。参与救援的官兵始终坚持以人民为中心，发扬“特别能吃苦、特别能战斗、特别能忍耐、特别能奉献”的精神，克服不良天候、水情复杂、任务繁重等困难因素，坚决把转移群众、抢救物资等作为工作重心，展示人民子弟兵的良好形象。

【双拥工作】 紧盯巩固脱贫成果，专门派出巩固脱贫成果工作组深入古浪县石坡村调查研究，检查援建石坡村光伏发电项目工程建设情况，持续推进援建石坡村光伏发电项目工程，同村干部一同研究扶贫成果巩固工作，切实把“真扶贫、扶真贫”的要求推向实处。与古浪县党委政府通力合作，援建一座小型光伏发电站和光伏发电站二期工程，提高经济效益。

（武警武威支队）

人民防空

【制度体系建设】 完成综合信息管理等系统建设，市、县两级警报报知网络系统运行稳定。严格落实值班制度，加强信息化演训。落实“以建为主、应建尽建”要求，在多个环节和关口核实建设项目行政审批手续，杜绝建设项目“漏办”“避办”手续现象。

【人防宣传教育】 推动人防教育纳入全民国防教育体系，将“法制人防”融入日常业务，做好法律法规宣传。通过设置展板、开展应急疏散演练等多种方式，向群众宣传人民防空知识和避灾自救技能，开展防空减灾知识宣传，增强人防工作影响力。

【防空警报试鸣】 根据《中华人民共和国人民防空法》《甘肃省实施〈中华人民共和国人民防空法〉办法》规定，9 月 18 日，在武威市区进行防空警报试鸣，并开展多种形式的纪念活动，悼念同胞、缅怀先烈，引导广大人民群众不忘历史、砥砺前行。

（市人民政府国防动员办公室）

退役军人事务

【概况】 2022 年，教育引导退役军人珍惜荣誉、永葆本色，发挥示范引领作用，创建全国示范型退役军人服务中心（站）143 个。市县（区）开展“最美退役军人”选树活动，凉州区、古浪县选树各 10 名，民勤县 6 名，天祝县 12 名。以打造“一个双拥主题公园，两条双拥示范街区，三个双拥共建社区，四所双拥特色学校，五个标杆型双拥单位”为总体思路，加强双拥阵地建设，开展双拥模范单位和模范个人选树活动，确定模范单位 18 家、模范个人 30 名。

【落实抚恤优待政策】 做好优待证发放工作，及时足额将各类优抚对象抚恤资金发放到位，完成建档立卡及优待证发放工作。为 2021 年度大学生入伍士兵发放一次性奖励金，为自主就业退役士兵发放一次性经济补助金，为自主择业和逐月领取退役金军转干部发放退役金。

【权益维护】 实行首办责任制，突出重复访治理和挂牌督办件办理。紧盯春节、“两会”和党的二十大等重要时间节点，化解各类矛盾纠纷。

【就业创业】 组织自主就业退役士兵参加学历教育和技能培训，参训率、培训合格率均达到 100%。围绕“创业达人”“创业新秀”评选活动，选树、推荐“创业达人”3 名、“创业新秀”5 人，1 人获得第二届全国退役军人创业创新大赛优胜奖。广泛开展线上线下招聘，组织开展 2022 年春、秋两季退役军人暨现役军人家属专场招聘会，多名退役军人和现役军人家属招聘就业。

【褒扬纪念】 围绕清明节、烈士纪念日、抗战胜利日等重要时间节点开展褒扬纪念活动，9 万余人次参与网上祭扫，组织 70 场次、4000 余人参加现场祭扫。对全市 8 处烈士纪念保护设施、1 处零散烈士墓数据信息进行更新校核，完成影像资料、位置坐标的采集上传和维护整修工作，并通过验收。凉州区、民勤县、古浪县

图 31　清明节前夕，部分单位、学校在武威烈士陵园组织开展“缅怀革命先烈 赓续红色血脉”主题祭扫活动
（董丽俊　蒋锦鹏　王　丽　摄）

烈士纪念设施保护中心获准成立。

【退役军人事务服务体系建设】 推行“123456”军休服务管理模式，组建军休干部健康保健室和健身活动室，实行红、黄、绿健康等级管理制度，开通绿色就医“七优先”通道。加强基础设施建设，调整供应食谱，加强营养配膳。严把食品采购，营养制膳等环节，确保做到高标准、大批次、全天候、安全化供应保障。

【退役军人接收安置】 市退役军人事务局在移交安置工作中，落实退役军人安置主体责任，完成计划安置军转干部和符合政府安置工作条件的退役士兵的安置任务。

（市退役军人事务局）

经济管理

宏观经济调控

【概况】 2022年，立足武威市经济发展重点任务，集中精力抓经济综合协调、抓规划实施、抓重大政策制定。推进“一带一路”建设、西部大开发国家战略，制定《2022年西部大开发工作要点》《“十四五”深度融入共建“一带一路”加快构建全面开放新格局的实施方案》。全市地区生产总值663.4亿元，比2021年增长6.0%。

【统筹疫情防控和经济发展】 统筹疫情防控和经济社会发展，统筹发展和安全，做好稳增长、调结构、促改革、惠民生、防风险各项工作，制定稳住经济55条一揽子政策及23条接续政策措施、促进服务业领域困难行业恢复发展41条和后疫情时代促进经济恢复发展27条具体措施。组建复工复产、复商复市、复学复课等5个工作专班，强化督导检查。落实国家降成本、减免房租、加大服务业纾困、加大物流支持等优惠政策，开展治理涉企违规收费“纾困减负”专项行动，加大助企纾困支持力度，加大物流枢纽和企业的支持力度。有力有序恢复生产生活秩序，高质量发展重大项目除受季节性影响正常停工的外复工率达到100%，规上工业企业剔除季节性和留库企业后复产率达到93.7%，商贸服务业复商复市率达到98%，20家A级旅游景区恢复正常开放，最大限度减少疫情对经济社会发展的影响。

【固定资产投资】 全年固定资产投资比2021年增长18%，实施500万元及以上项目610项，完成投资比2021年增长27.72%，其中5000万元及以上项目205项，完成投资增长36.4%。248个高质量发展重大项目完成投资380亿元，11个省列重大项目完成投资103亿元。落实中央预算内投资18.5亿元，政府专项债券39.93亿元，分别较2021年净增3.1亿元和17.93亿元。签约投放政策性开发性金融工具项目2项、1.45亿元，有力保障学校、医院、养老服务、城市基础设施等152个民生项目的顺利实施。

2022 年武威市分行业项目投资增长速度及占比一览表

表 3

行　业	比 2021 年增长（%）	占投资项目比重（%）
项目投资	27.72	100
农、林、牧、渔业	−26.65	7.22
采矿业	−7.96	0.17
制造业	−9.13	4.49
电力、热力、燃气及水生产和供应业	329.90	37.98
交通运输、仓储和邮政业	−35.01	15.30
水利、环境和公共设施管理业	93.04	18.55
教　育	5.28	2.79
卫生和社会工作	116.92	3.76
文化、体育和娱乐业	18.92	1.38
公共管理和社会组织	−31.49	0.52
其　他	−47.85	7.84

【重大项目建设】 全年实施高质量发展重大项目 248 个，完成投资 380 亿元、占计划的 103%，增长 59.6%；11 个省列重大项目完成投资 107 亿元、占计划的 121%，增长 168.5%。兰张三四线铁路控制性工程新乌鞘岭隧道提前 2 个月贯通，武威至张掖段涉及武威市境内相关要件全部办结，武威东、古浪北、天祝西 3 个高铁站房全部开工；西气东输四线武威段、武威机场、引大入秦延伸增效工程等项目前期工作有序推进。

图 32　远景武威民勤智能风机制造基地

（市发展和改革委员会供图　2022 年 12 月摄）

【特色优势产业发展】 充分发挥产业链链长制办公室作用，落实产业链工作任务，组织召开全市高质量发展产业链链长誓师暨重大项目建设启动大会，精准谋划确定 7 条重点产业链。聚焦重点产业链发展，确定链主企业 27 家，谋划实施延链补链强链重点项目 258 项、总投资 847 亿元，有力推动重点产业链链式、集群发展。大力发展新能源产业，“十四五”第一批200万千瓦风光电、国家第一批大基地160万千瓦光伏治沙工程及7座330千伏汇集升压站加快建设，75万千瓦光伏发电项目并网发电，全年建成190万千瓦，新增并网120万千瓦。引进实施新能源协同产业项目12项、总投资63亿元，嘉寓清洁能源产业基地、远景智能风机等产业链项目相继建成投产。黄羊抽水蓄能电站项目完成核准，陇电入浙±800千伏特高压直流输电及配套2×100万千瓦调峰火电、750千伏输变电工程前期工作推进顺利。

【绿色生态产业建设】 启动实施石羊河中下游防沙治沙林草综合治理、凉州区国家储备林等项目，顺利完成民勤生态建设示范区、古浪八步沙区域生态治理年度任务，天祝国家生态综合补偿试点县建设有序推进。有序推动“双碳”战略，提请市委、市政府研究制定《关于完整准确全面贯彻新发展理念做好碳达峰碳中和工作的实施意见》。组织召开“双碳”领导小组第一次会议，印发《武威市2022年碳达峰碳中和工作要点》，启动编制《武威市碳达峰实施方案》。

【区域经济协调发展】 坚持把县域经济作为区域发展的重要基石，研究制定评价办法，聚焦县区功能定位和主导产业，下足延链补链强链功夫，着力培育壮大县区产业发展规模。修编完善园区发展规划和考评办法、运行机制，强化政策供给、项目支撑和要素保障，“一园一策”培育打造主导产业。融入全省“一核三带”区域发展格局，更大力度、更深层次参与河西走廊经济带建设。深化金武组团发展，畅通两市常态化合作交流机制，共同推动协议合作事项落实。

【民生保障工程】 谋划实施易地扶贫搬迁后续扶持重点项目54个，古浪县现代丝路寒旱农业产业园、天祝县国家农村产业融合发展示范园基础设施提升等52个项目建成投运，完成投资28.18亿元。持续加大以工代赈项目实施力度，在农业农村、交通水利、文化旅游等基础设施领域推广实施以工代赈项目47项，吸纳带动6028名群众参与工程建设，发放劳务报酬6252万元。落实迎峰度冬能源保供工作方案，全力保障能源安全，全市地方煤矿生产原煤323万吨。加快民生实事办理，完成天然气入户7150户。

（市发展和改革委员会）

自然资源管理

【概况】 武威市国土总面积3235169.38公顷，其中建设用地面积82620.00公顷，耕地面积428575.44公顷，园地面积11283.34公顷，林地面积874032.66公顷，草地面积964998.36公顷，湿地面积26941.16公顷。全市已发现矿产资源45种，其中已查明资源储量的有煤、铁、锰、铜、金、晶质石墨、芒硝、磷、石膏、水泥用灰岩等34种；优势矿产为煤、晶质石墨、芒硝、石膏、普通萤石、水泥用灰岩等。全市已发现各类矿产地292处，其中大型矿床11处，包括煤、稀土、晶质石墨、水泥用灰岩、建筑用砂等；中型矿床13处，包括煤、芒硝、石膏、电石用石灰岩、水泥用石灰岩、制灰用石灰岩、配料用黄土、砖瓦用页岩等；小型矿床268处。

【规划管控】 编制完成《武威市矿产资源总体规划（2021—2025年）》《武威市“十四五”基础测绘规划》《武威市地质灾害

防治“十四五”规划》等专项规划。国土空间规划成果通过专家审查，确定全市耕地保有量629.61万亩，永久基本农田526.3万亩，生态保护红线面积1452.61万亩，城镇开发边界31.25万亩。新编“多规合一”实用性村庄规划755个，纳入乡镇控规管理47个，实现发展类村庄规划全覆盖。

【用地保障】 审查上报省政府审批单选项目4个4212.38亩、批次建设用地10个2076.95亩。审查上报市政府审批单选项目5个273.3亩、批次建设用地6个301.73亩。县区政府审批村民住宅用地933.86亩、国有未利用地2062.2345亩。供应建设用地3.64万亩，实现出让收入9.19亿元。紧盯高质量发展重大项目，具备条件的114个项目全部完成报批。兰张三四线高铁项目永久性征收土地5224.32亩，落实征拆资金7.22亿元。处置批而未供土地1651.05亩、闲置土地2955.9亩，摸排存量土地74宗4223亩。

【耕地保护】 严格耕地用途管制，建设占用耕地2852.55亩全部落实占补平衡，耕地保有量和永久基本农田保护面积均达到任务指标以上。完成2021年耕地卫片核实整改工作，自主提取486个图斑，整治新增违法违规占用耕地问题76个。2020年之前土地例行督察发现问题完成整改销号，2021年耕地保护督察反馈的49个问题整改到位28个。承担补充耕地指标省域内统筹任务1.29万亩，到位资金4.94亿元。申报实施增减挂钩节余指标跨省域调剂项目2个2939.68亩，复垦通过国家认定耕地1873亩。

【自然资源治理】 制定《武威市生态及地质灾害避险搬迁实施方案（2022—2026年）》和2022年度搬迁方案，推进“五化五通五配套”，整合各类项目资金2.675亿元，凉州区崖湾村、民勤县北沟村、天祝县下河村等16个安置点按期完成建设任务，1243户搬迁任务全部交付入住，同步先行先干实施搬迁2100户。组织实施民勤县西渠镇号顺村土地整治、古浪县天祝县采煤沉陷区综合治理、2022年度地质灾害防治专群结合监测预警点建设等项目6个。组织验收历年实施项目8个，古浪县历史遗留无主矿山地质环境恢复治理项目被评为全省优秀项目。

【矿产管理】 民勤庙台子—白石头照子井地区等4个1∶50000矿产地质调查项目获批实施，大沙沟萤石矿详查等3个地勘基金项目加快推进，古浪石城子区域提交优质电石用石灰岩资源量2.04亿吨。拍卖出让矿业权6宗，出让收益达到2.78亿元。3个油气勘查项目纳入国家盘子公开挂牌出让，成交价款940万元。有序推进露天矿山综合整治，排查发现的13个问题全部整改到位，实现安全生产“零事故”。制定《武威市绿色矿山建设实施方案》，明确18家矿山企业绿色矿山建设任务，分类有序推进绿色矿山建设。推动矿山地质环境恢复治理，完成矿山修复面积630公顷，缴存矿山地质环境治理恢复基金3437万元。

【不动产登记管理】 对全市577个小区7.56万套“登记难”问题房屋分类施策、精准化解，化解“登记难”问题房屋7.44万套，总体登记发证率达到97.09%，依法追缴土地出让金及税费4.2亿元。7个新建商品房项目设置“交房即交证”便民服务点，1207户群众实现“一手领钥匙，一手拿房本”。启动2个自然保护地、13个水流资源、10个森林资源的自然资源统一确权登记工作。推进农村房地一体宅基地确权登记发证工作，全市27.1万宗宅基地使用权全面完成登薄任务。颁发不动产登记证书、证明15.1万本，助推市场主体和群众抵押融资101.8亿元。

【放管服改革】 推动工程建设项目并联审批，实现“多审合一、多证合一”。整合规划、土地、房产测绘服务，做到“一次委托、联合测绘、成果共享”。年内核发“一书两证”154项、规划条件通知书49项、建设工程验收合格书46项。制定《武威市完善建设用地使用权转让、出租、抵押二级市场实施方案》，不断健全完善土地交易市场。用足用好国有未利用地授权审批和民勤县、古浪县、天祝县建设用地县级直报试点政策，进一步提高市县政府用地审批自主权和审批效率。制定《武威市企业投资工业项目“标准地”改革实施方案》，全力推进工业项目“标准地”改革。

【自然资源调查监测】 开展土地、森林、草原、湿地等多门类自然资源调查监测，水资源与水文地质调查，自然资源评价预警研究，国土空间评价与区划，工程地质、环境地质、城市地质调查监测与应用研究工作。不断夯实自然资源基础支撑，更好发挥数据效能，坚持系统、转换、集成、创新原则，逐步建立统一调查监测评价体系。“祁连山生态环境遥感监测”等项目先后获得“2022年全国地理信息产业优秀工程铜奖”“2022年甘肃省测绘科学技术优秀工程银奖”。

【自然资源管理信息化建设】 制定《武威市“十四五”自然资源信息化发展规划》，加强信息化建设，建立统一的国土空间基础信息平台，实行土地管理全流程信息化管理，对土地利用状况进行动态监测。强化调查监

图33 群众咨询办理不动产登记事宜 （市政务服务中心供图 2022年9月摄）

测数字化转型等方面不断深化实践，完成自然资源部总体方案提出的2022年完成调查监测体系构建的目标，与发展改革、住房和城乡建设等有关部门建立土地管理信息共享机制，依法公开土地管理信息。《耕地保护“样本库”建设探究》《基于数字政府的市县国产卫星数据推广应用探索研究》等8个科技项目立项实施。

【测绘管理】 实施科技部自然资源部“城市多规数据融合与动态认知平台研发与应用示范”武威试点项目，完成全市国土空间5大类、2163个图层、720万要素的底层数据融合，通过自然资源部初验。引进自然资源测绘管理领域高层次人才2位，建成“天地图·武威”应用节点，在农业、水务、林草等多个领域广泛应用。

【执法监察】 开展卫片执法检查，核查卫片图斑4271个，查处土地、矿产违法案件69起，收缴罚没款1192.59万元，拆除没收违法建筑物1584平方米。对凉州主城区内所有已批在建项目实现监管全覆盖，形成项目审批全过程和项目建设全流程闭环监管。全年实地核查在建项目284个，发现违反规划违法建设行为35起，责令整改到位31起，立案调查4起。查处存量违法建设案件19起，立案处罚12起，执行罚款95.48万元，追缴土地出让金941.05万元。

（市自然资源局）

国有资产监管

【概况】 2022年，市属国有企业资产总额294.68亿元，增长2.56%；负债181.67亿元，增长2.89%，资产负债率61.65%；所有者权益113.01亿元，增长2.02%。实现营业收入6.92亿元，增长31%。上缴税金2548.03万元，增长27.4%。

【国有企业改革】 制定《武威市国企改革三年行动高质量收官工作方案》，推进国企改革三年行动高质量收官工作，全市国企改革三年行动134项主体任务基本完成，董事会授权放权、委派外部董事、三项制度改革、管资本为主的国有资产监管体制改革等一批重点难点改革任务取得实质进展。混合所有制改革顺利推进，市属国有企业混改率18.18%，子企业混改率22.22%，市生态集团转让子公司林草工程公司股权引入社会资本，启动子公司实体化运营。

【项目建设】 市属国有企业新建续建高质量发展重大项目8项，完成投资约2.7亿元。市发展集团集中供热管网改造、换热站提升改造项目基本完成年度改造计划，市交投公司天丰街、凤阳路停车场投入运营，市国投公司国际铁路集装箱场站完成建设任务并通过铁路局验收，武威高铁东站站前广场暨交通枢纽项目基本完成前期工作并开工建设。推进对外经济技术合作项目，严格按照《武威市关于建立央地合作项目协调推进工作机制》，统筹协调推进做好与中央企业项目对接合作工作。签约项目12个，总投资83.95亿元。

【化解历史遗留问题】 推进历史遗留问题排查化解，会同企业会商推进企业与政府债权债务等历史遗留问题化解，19项历史遗留问题中化解4项，6项取得实质性进展，6项正在推进，3项暂无实质性进展。强化融资工作，企业加强与各银行及资产管理公司的对接，企业多渠道融资 11.85 亿元，其中银行贷款 6.25 亿元、申请政府专项债券 5.3 亿元，融资租赁 0.3 亿元。

【国有资本运营】 制定《武威市市属监管企业固定资产监督管理暂行办法（试行）》《武威市市属国有企业参股投资管理办法（试行）》《武威市政府国资委履行多元投资主体公司股东职责办法（试行）》，规范各治理主体决策事项权责划分，确保依法依规实施国有资本运营工作。开展企业财务大检查和打击假冒国企专项行动，加强考核监督，与企业签订的经营目标责任书中量化了融资业绩、项目建设、保值增值率等指标分值，同时将国有资产保值增值责任与领导人员薪酬挂钩，以考核督促企业改革发展。加强出资人监督与纪检监督、审计监督、财政监督、行业部门监督的通力合作，通过调研、督查、专项检查等方式，及时消除国有资本运营领域的违规行为，督促企业依法合规运行。

【国资国企监管】 指导国资企业完善内部管控监督体系，强化党组织、内部审计、职工监督等作用。切实抓好国资国企监管工作，防范债务风险管控，加快推进企业存量债务处置，动态监测债务变化情况。从严控制新增债务，维护国资企业信用等级，全市各国资企业化解各类债务本息 11.98 亿元。

（市政府国资委）

公共资源交易管理

【概况】 2022 年，武威市立足公共服务职能定位，着力打造规则统一、公开透明、服务高效、监督规范的公共资源交易体系，组织完成公共资源交易项目 6396 项，实现交易金额 182.73 亿元，与 2021 年相比，项目数增加 22.93%，交易金额增长 28.61%。

【电子化交易服务系统】 持续推进“互联网 + 公共资源交易”建设，推行“不见面”网上交易和全流程电子化常态化运行。建成智能

图 34　凉州区凤阳路地下停车库　（王栋　2022 年 9 月摄）

化管理设施，新增智能专家抽取终端、门禁、闸机、球机、人脸识别、人证核验等设备，实现软件系统与硬件设备互联互通，让关键数据充分流通，减少人工操作。

【简化交易服务流程】 交易项目入场登记时仅需网上提交立项批复、代理协议、招标承诺书、代理承诺书4项资料，取消可承诺、可监管的核查事项，减少资料10余项，实现项目入场无门槛；交易时间和交易场地通过“影院式选座”方式在网络上自行预约选定，招标文件由招标人自行网上发布，潜在投标人免费下载，自主参与投标。

【优化交易服务模式】 建成高标准远程异地评标室，实现电子服务系统、电子监管系统、电子交易系统、专家库系统与省公共资源交易中心建设的“公共资源交易一网通办系统和全省远程异地评标评审系统”对接。本地远程异地评标室环境监控实现与省中心互联网专线IP地址和访问端口的映射，完成与省中心、白银中心远程异地评标系统功能的模拟测试，为实现评标专家、信息系统等资源跨区域共享、全流程远程异地评标奠定基础。

【公共资源交易规范化建设】 创新开标方式，上线“不见面”开评标系统，实现网上不见面开标常态化、全覆盖，投标人远程投标、在线解密，无需制作纸质文件、无需现场提交，实现开标不见面，过程全留痕，投标“零跑腿”，大大降低投标成本，全年为投标人节省各类费用近3142万元。全程利用音视频监控见证，系统自动记录活动轨迹，保证专家在全封闭、全监控条件下完成评标，最大程度减少与中心工作人员接触，实现进场交易的封闭式管理和无缝化监控。上线电子银行保函和担保保函，最快3分钟即可开具。中标公示后，系统按期自动退还投标保证金本息。交易服务费收取实现《缴费通知书》扫描上传，招标人自行下载缴费。

【交易服务监管】 查找岗位职责、流程控制等方面存在的党风廉政风险点93个，采取积极预防、动态监控、及时处置等105条防控措施，有效防范平台运行的廉政风险。对发现的交易现场异常情况，及时报告监管部门。实现行业监管部门对交易项目的在线办理、预警、监管、督办和交易现场的远程在线音视频监控。利用电子评价系统，实行“一标一评价”，对评标专家和招标代理机构在评标过程和进场服务工作中出现的违规行为进行监督评价，定期进行通报，情节严重的反馈行业监管部门处理。对3家招标代理公司和29名评标专家进行信用评价告诫。

（市公共资源交易管理中心）

财 政

【概况】 2022年，组织财政收入，优化支出结构，落实组合式税费支持政策，持续深化财政管理改革，切实防范债务风险，财政预算执行总体平稳，有力保障全市经济社会高质量发展。全市完成一般公共预算收入27.8亿元，增长5.06%，其中税收收入11.2亿元、增长3.76%，非税收入16.6亿元、增长6.45%。完成一般公共预算支出237.12亿元、增长16.26%。

【争取上级项目资金】 围绕“四强行动”“六个新武威”建设，精心谋划、精准对接，争取中央和省各类补助资金201.7亿元，增加29.9亿元，增长17.4%；争取新增政府债券128.9亿元，其中专项债券123.5亿元，剔除补充高风险金融机构资本金专项债券后增加17.9亿元，增长81.5%，有力支持重大项目建设。成功争取中央财政主导的北方地区冬季清洁取暖项目，3年获9亿元中央财政资金支持，到位2.4亿元；争取生态及地质灾害避险搬迁项目，2022至2026年将获得中央和省级财政补助资金6.5亿元，到位9944万元；凉州区入选首批中央财政支持普惠金融发展示范区，到位资金1000万元。

【财政政策落实】 贯彻落实国务院和省、市稳住经济大盘一揽子政策及接续措施，高效统筹疫情防控和经济社会发展。打好惠企纾困“组合拳”，千方百计惠企助企安企，全力稳住经济社会发展基本盘。落实国家新的组合式税费支持政策，优先保障退税资金，加快留抵退税办理进度，为1243户企业和市场主体落实增值税留抵退税18.1亿元，延缓缴纳税费1.9亿元，减免税费6221万元，有效提振市场主体信心、增强企业发展内生动力。落实政府性融资担保等政策，投入创业担保贷款贴息资金2790万元，缓解中小微企业融资难题。落实社保费缓缴政策，加大稳岗支持力度，加强服务保障，发放和减免稳岗返还补助资金8900万元，推动经济运行逆势而进，稳步提质。

【财政服务经济社会发展】 强化财政支出管理，加快预算支出进度，提高资金使用效益。清理盘活各类结转结余资金2.97亿元，统筹用于三农、教育、科技等重点领域支出。加强政府采购监督管理，不断优化营商环境，提升市场主体获得感。坚持项目为王理念，围绕抓投资上项目促发展，市级安排项目前期费2000万元，大力支持项目谋划储备和前期工作。

【财政绩效化管理】 推进预算绩效管理，完善“全方位、全过程、全覆盖”的预算绩效管理体系，强化绩效评价结果应用在部门绩效自评全覆盖基础上，对政府专项债券等重点项目资金开展财政绩效评价，提升预算绩效管理质效。

【财政监督】 自觉接受市人大及其常委会法律监督、工作监督和市政协民主监督，及时向市人大常委会报告预算执行、预算调整和决算等情况，专题报告国有资产管理情况。配合推进预算联网监督系统，服务人大代表依法加强支出预算和政策审查监督。持续推进预决算信息公开，主动接受社会监督，着力打造“阳光财政”。配合审计监督，做好审计反馈问题整改，不断提升财政管理效能和资金使用效益。发挥财政管理监督效能，围绕减税降费、政府过紧日子等8个重点领域，组织开展财经秩序专项整治行动。

【政府债务管控】 加强政府债务管理，规范举债融资，按期偿还到期政府债务本息20.1亿元；健全“遏增量、化存量、防风险”管控体系，压实各级责任，坚持综合施策，处置化解隐性债务存量，牢牢守住不发生区域性系统性债务风险的底线。

【财政体制改革】 印发《关于进一步深化预算管理制度改革的实施方案》，全面推进预算管理制度改革。大力压减一般性和非急需非刚性支出，狠抓“三公”经费支出管理，强化预算约束和过程管控，全市“三公”经费支出3632万元，下降8.4%，行政运行成本进一步下降。

【财政服务民生工程】武威市民生支出201.89亿元，增长17.22%，占一般公共预算支出的84.39%。投入社会保障资金27.5亿元，支持新建乡镇（街道）综合养老服务中心13个、托幼机构5所，城乡低保月人均标准分别提高8%和10%、达到673元和439元，城乡特困供养人员年人均财政补助标准分别增加768元和636元，残疾人"两项补贴"年人均财政补贴标准增加120元，城乡居民基本医疗保险人均财政补助标准增加30元，城乡居民养老保险待遇逐年提标。投入资金9.9亿元，支持改造老旧小区193个、1.3万户，建设保障性住房4179套。筹措资金1025万元支持开展消费促进活动，全力促消费、扩内需、惠民生、稳经济。

【财政服务科技教育事业】落实强科技行动，完善科技创新投入机制，投入资金1.5亿元，支持实施重大科技项目，落实财政奖补政策，推进科技创新发展。投入资金38亿元，支持新增园位、学位5200个，助推学前教育普及普惠发展，保障中小学教育建设项目，支持职业教育可持续发展。落实稳就业政策，发放就业补助1.2亿元。投入资金17.8亿元，有力支持省市列教育医疗、乡村道路、农房改造、城市建设等为民实事全面落实。

【财政服务乡村振兴】落实各级财政衔接推进乡村振兴补助资金15.8亿元、耕地占补平衡指标交易资金3.1亿元，整合财政涉农资金17.1亿元，争取东西部协作和中央单位定点帮扶资金1.2亿元，持续巩固拓展脱贫攻坚成果，保障农业农村优先发展。

【财政服务生态环境保护】坚持生态优先、绿色发展，推进黄河流域生态保护，投入各类生态环保资金22.9亿元，支持打好蓝天、碧水、净土保卫战，加快民勤生态示范区建设、八步沙区域生态治理，天祝县被纳入全省青藏高原生态保护和可持续发展先行区。支持开展大规模防沙治沙和国土绿化，完成防沙治沙15.9万亩、人工造林24.1万亩，建设碳汇储备林5.1万亩，实施国土绿化提质增效12.7万亩，治理退化草原89万亩，成功创建省级森林城市，美丽武威建设取得新进展。

（市财政局）

税　务

【概况】2022年，深化"党建+"探索实践，推进"党建+征管改革""党建+纳税服务"等融通互促，在退减缓税、税务稽查等急难险重工作中成立党员突击队、临时党支部，推动重点工作任务落实落地。全年完成税收收入11.2亿元、增长3.76%；非税收入16.6亿元、增长6.45%。

【税费征管】贯彻国家产业政策，指导、监督纳税人正确履行纳税义务，发挥税收作用的重要措施实现税费征管目标，将潜在的税源变为现实的税收收入，在管理、征收和检查等环节中靠实责任，保证税费征管工作取得成就。全市入库企业所得税7.5亿元，增收1.59亿元，增长26.85%。

【纳税服务】落实"一窗通办"，设立5部门联合办证窗口，税务注销当天办结率提升至95.18%。推广"幸福两单"，助力纳税人缴费人算清政策"明白账"，算准政策"红利账"，全

图 35　3 月 3 日，市税务局开展送政策进企业宣传活动　（赵常叡　摄）

年送达“幸福两单”7066 户次。深化“银税互动”，帮助 1478 户中小微企业获得贷款 42.25 亿元。近 500 名税务干部争当“陇税雷锋”，为 12700 多户企业提供“全天候”政策精准推送、点对点咨询辅导、视频远程帮办和诉求响应服务。

【减税降费】 开展“便民办税春风行动”，创新政策宣传方式，拓宽宣传渠道，大力宣传税收优惠政策。全年推出 5 大类 20 项 116 条惠民利企举措，落实新的组合式税费支持政策，全年新增减税降费及退税缓税缓费达 25.8 亿元。

【税务稽查】 试点组建“数据处理中心”+“风险管理中心”，探索疑点数据应对处理由“分散型”向“集约型”的转变，风险应对入库税收 1.3 亿元，税收监管更加有效。严厉打击税收违法行为，持续净化税收环境，全年通过税务稽查查补入库收入 8391 万元，增收 3700 万元，增长 78.87%。组建土地增值税专业团队，完成清算项目 29 个。持续做好环保税风险管理，加强扬尘环保税征管。

【税收法治】 规范税务执法行为，高效解决税费争议，切实维护纳税人缴费人的合法权益。将线上线下税费争议调解室打造成集“纳税服务、政策咨询、争议咨询、争议调解、办税辅导、权益救济”六项功能为一体的新型税费调解中心，在纳税人遇到涉税费争议后，由重大税费争议调解中心对争议情况进行研判和调解，形成争议调解及后续服务工作闭环，全力助推争议调解“终点站”建设，让来访人反映问题“只跑一地”“只跑一次”，实现“矛盾不上交，服务不缺位”，及时化解潜在的涉税矛盾。借鉴“枫桥经验”，探索建立“税务分局 + 县区局 + 市局”的三级税费争议化解机制，前移化解矛盾关口，纳税人满意率达到 100%。

（市税务局）

金融监管

【概况】 贯彻落实党中央国务院、省委省政府和市委市政府关于金融工作的安排部署，不断推进金融支持高质量、稳经济一揽子、普惠金融等政策措施落地，全力推动各项金融指标稳中有进。建成农村金融综合服务室 1062 个，基础金融服务行政村覆盖率 100%。“甘农贷”金融助力乡村振兴示范工程贷款余额 2.12 亿元。

【货币政策】 贯彻落实国家一揽子政策及接续措施，中国人民银行联合银保监局等部门召开金融工作座谈会、设备更新改造专项再贷款政策宣贯及融资对接会、金融形势分析会，制定多份金融助力经济高质量发展方案、通知，开展多项促融资专项行动，推动信贷投放增量、扩面、降价。召开各类融资对接会180多场次，授信近200亿元，推动全市企业贷款和小微企业贷款加权平均利率较年初分别下降140和133个BP。截至12月末，全市金融机构各项贷款余额达967.14亿元，增长3.85%；贷款投放533.48亿元，增速达15.60%。

【金融消费者权益保护】 健全完善“制度完备、机制顺畅、标准清晰、多元化解、查处有力、信息透明、评价科学”消费者权益保护工作体系，做好“送上门”的群众工作。2022年，接收各类咨询、投诉、来信来访等324件，其中：消费者投诉206件，下降40.39%；投诉平均办结时间5.4天，办结率100%；调解成功法院委派诉讼案件98件，涉及标的625.86万元，调解成功案件数是2021年的10倍。

【地方金融监管】 制定《关于落实防范化解金融风险党政同责的实施方案》《武威市高风险机构通报制度》等制度，着力健全工作机制。细化实施“十个一批”清收措施，建立“一户一专班”机制，党政领导主动对不良资产“大户”开展约谈，县镇村三级采取宣传动员、集中攻坚等方式全民动员、全天候开展清收。常态化深入县区、乡镇、金融机构、贷款企业等，现场调研分析，驻点分析研判。做好83.6亿元第二期补充中小银行资本专项债券各项工作，市政府分管领导召开专项债券管理使用工作推进会议专门安排部署，着力发挥专项债作用，提升化险实效，服务中小企业融资，助力实体经济发展。推动陈案积案处置工作，2022年新发案件1件，数量明显下降，陈案积案从年初的14件下降到4件，化解成效明显。

【外汇管理】 持续改进外汇服务水平，全市进出口总额增长46.92%。推进政务服务一网通办，外汇业务网上办理比例达到76.92%，平均办理时间缩减至1个小时，网上服务评价率、整体满意率达100%。多渠道为涉汇群体推送外汇改革新政，同时在《武威日报》刊发专栏信息6期。

【反洗钱工作】 贯彻落实中国人民银行等11部门关于《打击治理洗钱违法犯罪三年行动计划的通知》要求，中国人民银行武威市中心支行构建打击预防、监测调查、监管督导“三位一体”的工作格局，成功推动三年行动计划顺利启动，有序实施。制定《武威市“反洗钱监测分析深化年”活动实施方案》，及时有效梳理洗钱风险类型和特征，增强监测的针对性、前瞻性、有效性，提升义务机构可疑交易监测、甄别的综合质效。全市司法机关以刑法191条、312条立案侦查、涉及洗钱犯罪的案件19起。

【银行业监管】 联合公安、人行、银保监、市场监管、税务等部门组织开展小额贷款公司、典当行、融资担保公司等地方金融从业机构现场检查工作，加强地方金融从业机构现场监管，对检查中发现的问题，督促限期整改，并建立分类监管台账，实行差异化管理。紧盯“风险类”企业，采取“穿透式监管”，定期对公司账目、贷款流向、贷户信息、放贷行为等进行“穿透式”检查。督促地方金融机构完善公司治理结构和信贷风险防范机制，严格落实信贷管理、风险防控、财务管理、信息披露等制度。引导企业根据自身实际情况，深耕细分市场，创新经营模式，精细化运作“小而专”的小额信贷业务，不断提高盈利能力。

【保险业监管】 贯彻落实国务院、中国银保监会系统关于消费者权益保护工作的各项政策要求，推进金融消费者权益保护工作。防范保险业经营中存在的潜在流动性风险和偿付能力风险，引导险企稳健经营，对销售中短存续期保险产品的险企偿付能力及销售额度提出具体监管要求。召开全市银行业保险业消费者权益保护工作会议，提高合规经营的意识。加强保险从业人员对相关法律、司法解释、部门规章的学习，完善保险销售规范性，依法合规开展各类保险销售活动。避免“重业绩 轻合规”心理，杜绝“误导销售”“阻碍告知”情形。对发现的风险苗头要主动采取措施进行及时处置，始终坚持和认真践行以人民为中心的发展理念，切实保护好保险消费者合法权益。

（中国人民银行武威支行、市政府金融办、中国银保监会武威监管分局）

审 计

【概况】 2022年，完成审计项目40个，查出问题253个（应整改问题222个，移送纪检部门案件线索6件，移交相关部门处理事项25件），查出违规及管理不规范金额2.95亿元，提出审计建议79条，推动被审计单位建章立制63项。

【预算执行审计】 完成民勤县2020年决算和2021年预算执行情况审计；完成2021年度市级预算执行和决算草案编制情况审计；完成武威市应急管理局2021年度预算执行情况审计；完成武威市地震局2021年度预算执行情况审计；完成武威市人民政府国有资产监督管理委员会2021年度预算执行情况审计；完成武威市妇女联合会2021年度预算执行情况审计。

【财政财务收支审计】 完成武威市石羊河林业总场2012年4月至2020年12月财政财务收支情况审计；完成武威市公安局凉州分局2016年8月至2020年12月财政财务收支情况审计。

【政策跟踪审计】 完成甘肃省古浪县乡村振兴重点帮扶县相关政策落实和资金审计；完成凉州区2020年度乡村振兴相关政策措施落实和资金分配管理使用情况审计；完成古浪县、天祝县2021年度东西部协作和对口支援资金分配管理和使用情况审计；组织实施全市耕地保护政策措施落实及资金管理使用情况专项审计调查，促进政策措施落实落地，规范资金管理使用。

【资源环境审计】 完成年度全市生态及地质灾害避险搬迁工程跟踪审计；完成市水务局领导干部自然资源资产离任（任中）审计。

【经济责任审计】 组织实施经济责任审计项目22个（其中，国有企业经济责任审计项目1个）；完成离任交接审计30个；完成领导干部廉政审查8次202人；人大代表、政协委员审查2次20人。

【固定资产投资审计】 完成武威市博物馆建设项目竣工决算审计；完成武威市影剧院建设项目竣工决算审计；武威市人力资源市场和社会保障服务中心及农民工培训中心项目竣工

决算审计；完成武威市经济发展投资（集团）有限公司利用德国促进贷款建设武威市城区集中供热项目竣工决算审计。

【信息化建设审计】 完成全市网络安全和信息化建设项目跟踪审计，并向省审计厅专题上报审计情况报告；根据省审计厅安排完成金审三期机房设备购置；升级消防、监控设备；完成审计专网和审计分析网安装调试，同时对三县一区相关负责人进行金审三期相关培训。

【审计问题整改】 坚持"谁审计、谁督促、谁认定"，审计整改结果认定严格遵循依法依规、客观公正、实事求是、注重实效的原则。进一步健全审计整改的责任机制，夯实被审计单位的整改主体责任，压实主管部门的监督管理责任，强化审计机关的督促检查责任。促进审计人员按照"三个区分开来"的要求对待审计发现的问题，倒逼审计人员做到问题查找精准、问题定性精准、审计建议精准、复核审理精准，努力提升审计质量。

（市审计局）

图36 7月7日，耕地保护审计组在古浪县召开耕地保护政策落实及资金管理使用情况专项审计进点会 （徐万鹏 摄）

统 计

【概况】 2022年，创新统计调查方式方法，拓展统计调查领域内容，健全完善统计监督机制，加强基层统计规范化建设，推进构建高质量发展的现代化统计调查体系。制定《2022年季度县区地区生产总值统一核算方案》，完成各县区地区生产总值核算工作。联合市委组织部、市发改委完成2021年度武威市高质量发展综合绩效评价工作，将投产达标企业及时督促入库纳统。全年申请入库投资项目425项，申请入库建筑企业26家，房地产企业13家。

【统计监测】 做好重点行业和重点企业、项目的动态监测，加强对规上工业下行压力加大、建安投资增长乏力、三产增长不足、疫情冲击较大的批零住餐等行业的跟踪监测，对短板弱项指标及时进行预警报告。先后10余次组织召开经济运行分析会议，多次以书面形式向市政府就经济运行中出现的新情况新问题进行专题汇报，做到现状分析准确、问题解析清楚、意见建议针对性强。

【强化数据管控】 贯彻执行统计方法制度，从严遵守联网直报平台"四条红线"，会同市发改委编印《主要经济指标解读及考核评价体系汇编》，组织专题培训3场次，发放宣传彩页2000余份，解答统计咨询300余人次。制定《2022年"双随机"抽查工作计划》，对38家企业形成执法案卷。开展统计造假不收手不收敛问题专项纠治，“双随机”抽查2个县区、12户企业，及时反馈问题并跟进督促整改，有效防止调查单位统计造假弄虚作假行为。

【统计服务工作】 完成第七次全国人口普查后续工作、2022年人口变动抽样调查，编印《武威市第七次全国人口普查年鉴》。组建第五次全国经济普查准备工作机构，开展经普前期筹备工作。坚持不懈抓好统计行风建设，强化统计重点领域风险防控。编印统计月报11期，撰写刊发统计分析120余篇、统计信息280余条，为相关单位和社会各界提供统计资料200多次，全面准确反映各项重点工作成效。

【统计基层基础】 发布《国家统计局武威调查队关于进一步做好农业农村统计调查基层基础工作的通知》，对县区近三年以来的统计基础工作情况、规章制度建立和执行情况、基础台账建设情况、数据质量情况和统计法律法规的学习贯彻情况等进行检查。严格执行报表制度，建立健全各类统计台账，报表数据质量高、逻辑错误少，对历年的统计资料装订分类归档，统计基层基础工作比较扎实，有效提高统计管理及统计数据的真实性。

【依法治统】 贯彻落实《甘肃省“十四五”时期统计现代化改革规划实施方案》，推动统计管理体制改革，在国民经济核算、统计制度方法改革、重大国情国力普查、统计服务水平提升、统计法治建设、现代信息技术应用等方面取得显著成效。根据《中华人民共和国统计法》有关规定，加强基层基础统计工作，督促指导乡镇（街道）、调查单位及时、真实、准确填报调查数据，确保年报数据与定报数据相匹配。坚持依法统计，切实提高统计数据质量。建立健全防范和惩治统计造假、弄虚作假的责任体系，全面提高依法统计意识。

【国家统计调查】 持续推动高质量发展，加快推进国家统计现代化改革，加大统计执法力度。贯彻落实《关于更加有效发挥统计监督职能作用的意见》，不断夯实为党和国家及时准确提供真实可靠数据和鲜活实情的理论遵循和实践基础。推进国家统计调查现代化改革，全流程监控数据质量，高效运用统计监督成果，全力营造诚信统计良好氛围。加强对国家统计调查数据管理工作，加强数据安全技术保障，推动数据管理安全保密防范体系的建设和升级。

（市统计局）

价格监管

【概况】 2022年，武威市强化市场价格监管工作，为消费者提供价格合理的商品和服务，自觉维护市场价格秩序和公众利益。加强督查整治力度，加强重要民生商品市场调控和价格监测，严厉打击临时加价、串通涨价、哄抬价格等价格违法行为，及时启动社会救助和保障标准与物价上涨挂钩联动机制，发放价格临时补贴815万元，惠及困难群众35.44万人次，投放储备肉257.4吨、蔬菜1721.9吨。

【价格认定】 制定《武威市“十四五”时期深化价格机制改革行动方案》，确立网络型自然垄断环节科学定价机制，完善能源资源价格认定工作机制，健全重要民生商品价格调控机制，完善公共服务价格政策，建立适应高质量发展要求的价格政策体系。

【价格监测】运用现代信息技术，健全价格监测预警系统，建立健全多部门联合分析预警工作机制，加强与市场机构的对接沟通，共享价格信息资源，动态跟踪产、供、销、运等市场形势，加强综合研判和趋势分析，强化风险评估和预测预警。加强重要民生商品市场调控和价格监测，确保粮、油、肉、蛋、菜等重要生活必需品市场货源充足。健全完善针对重大自然灾害、公共卫生危机等突发事件的价格应急风险预警机制，有效防范重大风险。跟踪监测全市物业、停车服务收费管理标准，指导各县区合理制定物业服务、停车服务收费标准。

【热点领域价费治理】指导各类经营者应当根据商品和服务、行业、区域等特点，在经营场所醒目位置公示商品、服务价格，做到真实准确、货签对位、标识醒目。节假日加大景区及其周边住宿、餐饮、购物、停车等各环节价格巡查检查力度，严厉打击临时加价、串通涨价、哄抬价格等价格违法行为。

【价格调整】落实《国务院办公厅转发国家发展改革委等部门关于清理规范城镇供水供电供气供暖行业收费促进行业高质量发展意见的通知》精神，建立科学、规范、透明的价格形成机制。按照补偿成本并合理盈利的原则，合理制定调整生活垃圾处理收费标准，推行非居民餐厨垃圾计量收费。对具备条件的县区探索建立农户生活垃圾处理付费制度，完善危险废物处置收费机制并适时调整收费标准。修订完善公办普通高中、学前教育收费管理政策，及时疏导价格矛盾，建立收费标准动态调整机制。修订殡葬服务收费管理政策，合理确定基本殡葬服务定价范围，规范收费行为。健全景区门票价格形成机制，着力规范景区内垄断性较强的交通车等服务价格监管。

【专项监管】针对违规自立收费价格等问题，开展专项监管工作。全年检查市场主体708家，发现整改问题396个，立案13起，处理投诉举报35起，罚没款6.01万元，立案数提高62%。严厉打击制售假冒伪劣产品，囤积居奇、哄抬物价等违法行为，当场处罚价格领域违法案件16起，保障市场质量可控，价格稳定，维护广大人民群众的合法利益。

【热点领域价格整治】加强节日市场、殡葬领域和涉农物资及农产品价格监管，切实维护市场价格秩序。开展涉企违规收费“纾困减负”专项行动、停车场“收费乱”问题整治和教育收费、医疗收费专项检查，查处违法案件81起，退还用户307.28万元。常态化开展公平竞争审查工作，完成政策措施文件增量审查395件，存量清理92件。开展“保公平、促发展”反不正当竞争专项执法行动，严厉打击仿冒混淆、“口碑”营销、商业贿赂等不正当竞争行为，促进形成公平竞争的市场环境。

（市发展和改革委员会、市市场监督管理局）

市场监督管理

【概况】2022年，深化质量管理和“放管服”改革，强化监管执法，开展“守底线、查隐患、保安全”专项行动，守好稳中向好的安全环境，优化惠企惠民的政务环境，构建竞争有序的市场环境。认真履行非公经济组织党建工作指导职责，建立党组织248个，覆盖率87.33%，打造非公企业党建示范点 15 个。

【市场主体登记】 贯彻落实《促进个体工商户发展条例》和国务院、省、市稳住经济一揽子政策措施和全省优化营商环境大会、全省稳经济暨强工业促发展大会精神，持续落实国家“33 条”、省上“53 条”、省市场监管局两个“28 条”“甘快办”10 条措施和加大市场主体培育力度开展便企服务“16 条措施”。全市新注册市场主体 1.76 万户，累计 15.30 万户，增长 6.75%。

【网络交易和广告监管】 加强“互联网 + 监管”系统应用，归集监管行为信息 15.29 万条，发布监管动态信息 2555 条、曝光台信息 567 条。加强涉企信息统一归集，实施联合惩戒，共享信息 40.61 万条，评优限制企业 76 户。落实以网管网，开展 2022 年网络市场监管专项行动，责令整改网站 29 家，督促网络交易平台删除违法商品信息 59 条。开展广告专项整治和监测，监测广告 52.32 万条（次），派发涉嫌违法线索 64 条，查处违法案件 35 起。

【公平竞争审查和消费环境建设】 开展“保公平、促发展”反不正当竞争专项执法行动，严厉打击仿冒混淆、“口碑”营销、商业贿赂等不正当竞争行为，促进形成公平竞争的市场环境。发布消费警示 58 条。公示投诉信息 10 期 4513 条。深化“双打”“铁拳”“清源”“扫黄打非”等专项行动，立案查办各类违法案件 852 起。

【消费者权益保护】 鼓励引导大型商超、街区、综合体、品牌连锁等经营主体承诺践诺，创建“放心消费承诺单位”95 家。畅通渠道，处理投诉举报 6379 件，为消费者挽回直接经济损失 179.72 万元。开展涉企违规收费“纾困减负”专项行动、停车场“收费乱”问题整治和教育收费、医疗收费专项检查，查处违法案件 81 起，退还用户 307.28 万元。

【商事制度改革】 围绕提升企业开办便利度、推进企业名称登记便利化、推动经营主体高质量发展等工作深化商事制度改革，推出一系列便利政策，激发市场活力和社会创造力。推进市场主体年报公示工作，鼓励全市工商户依照国家要求组织开展会计核算、审计职责，并对重大事项进行信息公示上传至全国信用信息公示系统。推行联络员登录、个体工商户年报登录、电子营业执照登录方式进行身份认证，仍大地便利工商户年报工作。企业年报率 98.76%，农专年报率 99.11%，个体工商户年报率 98.98%。

【“双随机、一公开”监管】 落实《国务院办公厅关于推广随机抽查规范事中事后监管的通知》精神，推行“双随机、一公开”监管模式。深入县区随机抽取监管对象，随机选派执法检查人员，抽查情况及查处结果及时向社会公开。通过发布抽查计划、按照计划抓落实、随机抽取监管对象、随机选派执法人员，有力杜绝权力寻租。全市开展部门内随机抽查 370 次，抽查市场主体 4002 户。

【市场综合执法】 聚焦关系群众生命健康安全、市场监管风险大的食用油掺杂掺假、食品非法添加等十三项重点领域突出问题，检查市场主体 4600 余户次，立案查处民生领域违法案件 25 起，报送典型案例 21 个，印发宣传材料 55000 余份。开展停车场收费、教育收费等价格检查专项行动，强化市场监管，深化“保公平、促发展”反不正当竞争等专项整治，构建竞争有序的市场环境，全市市场监管系统查办各类违法案件1050件，涉案货值836万元。

【质量强市建设】 制定《武威市2022年质量工作要点》，对接武威经济社会发展需求，开展产品质量、工程质量、服务质量、环境质量提升行动。针对公共服务质量检测反馈问题，制定《武威市公共服务提质增效措施及整改方案》，紧盯公共服务领域突出问题，补短板、强弱项、抓整改、促提升，推进公共服务质量提质增效。推进质量强市建设，引导鼓励企业和组织强化品牌创建，加强质量管理，提升质量水平。

【特种设备安全监管】 组织开展春节、冬奥会、全国两会、国庆节等重大节日活动期间特种设备安全检查和特种设备专项整治三年行动及城镇燃气、电梯、黑气瓶、燃煤锅炉、非公路用旅游观光车辆、大型游乐设施等专项整治，检查生产、经营、使用单位和检验检测机构941家（次），督促整改问题隐患468个，查封设备32台，立案查处8起。检验设备8635台（套）、气瓶22114只、压力管道9.17千米。考核作业人员1421人（次），合格890人。实施企业产品标准自我声明公开制度，275家企业公开产品标准1579项。推荐傲农饲料、普安制药申报智能制造标准应用试点项目。开展认证认可检验检测重点领域安全专项整治行动，提升认证认可检验检测有效性和公信力，有效认证证书754张，获证组织267家，检验检测机构61家。

【工业产品质量安全监管】 以危险化学品、燃气具、消防产品等11类产品为重点，开展排查治理专项行动，市、县区监督抽查工业产品1075批次，查处质量违法案件75起。对9家化工产业转移承接地危险化学品生产企业质量安全进行全面排查、重点监管，着力防范化解区域性、行业性、系统性风险。

【计量标准化监管】 聚焦中小企业疫情常态化复工复产计量需求，精心组织，强化服务，精准施“测”，扎实开展“计量服务中小企业行”活动，充分发挥计量服务中小企业的技术保障作用。全年检定计量器具74794台，增长4.5%。其中强检计量器具68181台，占检定总量的91.2%，免征检定费用472.04万元。完成产品质量检验392批次，其中市级监督抽查260批次，委托检验132批次。强化计量器具检定服务，检定计量器具64433台（件）。深化“计量服务中小企业行”活动，为全市中小企业提供计量技术服务和指导，培训计量检定人员16名，帮助8家企业建标9项。

【认证认可建设】 坚持绿色导向、标准引领和质量安全技术支撑，统筹推进两个“认证认可”建设，推动产品质量品牌化发展。落实绿色食品监管制度，严格落实五项监管制度，将绿色食品证后监管纳入农业行政综合执法工作范畴。加大对假冒绿色食品标志产品的打击力度，净化绿色食品市场环境，维护好品牌公信力。充分利用多种媒体和形式系统宣传绿色优质农产品基本知识和消费常识，组织企业参加中国绿色食品暨有机食品博览会、国际农产品交易会等大型展会进行宣传推介，持续扩大产品知名度和影响力。

【食品安全监管】 聚焦保健食品、农村食品、校园食品、“小饭桌”、网络订餐、食醋、肉制品等领域，开展“守底线、查隐患、保安

图 37　6 月 28 日，武威市开展“你点我检食品安全进校园”活动，市市场监管局工作人员在凉州区第一幼儿园对食品进行抽检

（孙丽娟　赵东晓　摄）

全”专项行动，完成食品抽检 3928 批次（合格率 98.24%）、食品快检 90829 批次（合格率 99.86%），后处置 100%，查处食品违法案件 225 起。实施网络餐饮“后厨直播”和推广使用“食安武威封签”，保障食品安全“最后一公里”。6477 家食品生产经营单位实施“互联网 + 明厨亮灶 + 透明车间 + 阳光仓储”智慧监管，监管效能全面提升。深入县区 146 家食品生产、销售和餐饮服务单位，持续开展“以查带训、交叉互查”实战练兵，培训执法人员 400 余人。

【药品监管】 组织开展特殊药品、中药饮片专项检查。会同市农业农村局、工信局等 9 部门印发《武威市大宗地产中药材产地加工（趁鲜切制）工作方案》，对加工企业质量管理、体系追溯、晾晒场地设置等进行现场指导，全力推进中医药产业发展。完成药品抽检任务 423 批次，收到检验报告书 389 份，检验结论全部符合规定。推进药品不良反应监测工作，完成 1098 份，完成率 122%。

【医疗器械监管】 组织开展无菌植入性高风险医疗器械专项检查，常态化加强碳离子治疗系统“周督导、月检查、季督查”监管，在药械化领域组织“学政策法规、强实操技能、补基层短板、促能力提升”为主题的系列培训和“以查带训、交互检查”现场执法实操培训。完成医疗器械抽样 63 批次，其中不合格报告 1 份，已立案查处。审核评价医疗器械不良事件报表 441 份，完成率达 116%。

【化妆品监管】 结合药品安全巩固提升行动，对化妆品领域违法行为进行集中治理。引

图 38　11 月 7 日，武威市药品检验检测中心工作人员进行药品检测、取样工作

（董丽俊　戴声桥　摄）

导企业落实化妆品质量安全主体责任，持续净化化妆品市场环境，促进行业健康发展，保障公众用妆安全。开展化妆品违法行为专项检查，集中排查治理通过在产品标签上违法标注化妆品注册备案资料以外的文字、商标、标识或者以其他方式套用特殊化妆品注册证编号或者普通化妆品备案编号的行为。化妆品抽样 67 批次，化妆品不良反应报表 123 份，完成率达 105%。

知识产权保护

【概况】 2022 年，武威市开展知识产权质押融资及专利保险工作，建立中小企业专利、商标数据库，向科技型企业推送匹配专利，推动中小企业知识产权成果转化运用，通过专利赋能，实现中小企业新增销售额年均增幅 25%。培育国家知识产权优势（示范）企业 10 家，省、市知识产权优势企业 31 家。新增省级地理标志产品保护示范区 1 个、知识产权品牌指导服务站 1 个。

【知识产权申请和培育】 立足武威资源禀赋，发展自主知识产权，新注册商标 1149 件，新授权专利 984 件，有效发明专利 304 件，有效注册商标 9499 件。加强知识产权优势企业和高价值专利培育，新增知识产权优势企业 3 家，荣获甘肃省专利奖 2 项、专利发明人奖 1 项，落实省政府专利奖配套奖励和优势企业奖补资金 103 万元。

【服务咨询工作】 推进知识产权服务专业化工作，加强与专业知识产权服务机构合作，制定知识产权战略，有效保护知识产权。加强检索分析、数据库建设等信息服务，逐步完善申请、注册、登记、维权诉讼等代理服务与法律服务工作，对发明专利进行评估、交易、质押融资、托管、经营及运用转化服务。在预警分析、管理咨询、战略制定等咨询服务中，有针对性地提供指导服务。

【知识产权执法】 制定《武威市贯彻落实〈甘肃省知识产权强省建设纲要（2021—2035）〉实施方案》《武威市“十四五”知识产权保护和运用规划》，推动知识产权保护工作。印发《关于加强知识产权纠纷调解工作的实施意见》《武威市加强海外知识产权纠纷应对工作方案》，知识产权纠纷多元化解机制进一步完善。开展“蓝天”“剑网”“铁拳”“昆仑”等知识产权专项执法行动，撤回非正常专利 115 件，查处侵犯商标专用权案件 10 起，移送司法机关 2 起。

【知识产权运用】 结合“十四五”知识产权保护和运用规划编制工作，重点围绕“六大”板块开展“六抓”行动，加强知识产权创造、保护和运用。开展深入企业调研座谈、知识产权专项执法等一系列活动，增强全社会尊重和保护知识产权意识。落实国家知识产权局与甘肃省合作会商项目，加强国家、省、市知识产权示范、优势企业培育。服务科技公司申报国家知识产权贯标认证，以知识产权管理和运用促进武威经济社会取得更大发展效益。

【知识产权宣传】 围绕“全面开启知识产权强国建设新征程”主题活动，在全市范围组织开展知识产权业务法规宣传活动。邀请丝绸之路国际知识产权港举办线上培训。开展知识产权“五进”（进企业、进机关、进学校、进社区、进网络）宣传，出动宣传人员 160 多人次，悬挂以 2022 年知识产权宣传周主题为主要内容的条幅 50 余条，发放宣传海报 2300 余份，《中国知识产权报》200 余份，《甘肃省知识产权强省建设纲要（2021—2035）》《甘肃省“十四五”知识产权保护和运用规划》白皮书 40 余册。散发知识产权政策法规宣传彩页 15000 余张，接受群众咨询 1600 余人次，有效扩大知识产权宣传面和社会知晓度。

（市市场监督管理局）

信用体系建设

【概况】 2022 年，武威市在全国 45 个地级市信用平台预观摩中列前 8 名，成功入围全国信用平台示范总观摩，信用城市监测排名跃居全国第 33 名。加大“甘肃信易贷”平台宣传推广，入驻市场主体 3.7 万户、列全省第 1 位，入驻金融机构 20 家、融资 4.2 亿元。持续开展市场主体入驻“甘肃信易贷”平台工作，按月向各金融机构推荐信用状况良好的平台入驻企业，帮助企业获得信用贷款支持。组织 3.67 万户企业入驻“甘肃信易贷”平台，获得融资 4.23 亿元。

【信用信息归集共享】 依托武威市信用信息共享平台，组织各县区、市直相关部门加强信用信息归集力度，推动信用信息归集提质增量扩面，归集信用信息 5000 万条，其中“十公示”信息 28.56 万条，基础信息 85.08 万条，水电气暖、仓储物流信息 9.2 万条，信用承诺信息 21.43 万条，信用评价信息 4.9 万条，公积金、医保、社保、纳税等信息 4850.83 万条。

【社会信用监管】 制定《武威市关于进一步完善失信约束制度构建诚信建设长效机制的实施方案》《武威市 2022 年社会信用体系建设工作要点》，建立“月通报、季评估”工作机制。制定《武威市开展证明事项告知承诺制工作实施方案》《武威市人民政府办公室关于贯彻落实甘肃省政务服务事项告知承诺制实施办法的通知》，梳理公布实行告知承诺制的政务服务事项 322 项，行政相对人可用承诺书代替证明材料事项 659 项，市、县区政府涉及政务服务事项告知承诺制的单位 88 个。鼓励市场主体开展主动承诺，做出主动信用承诺 22.15 万份。全市通过告知承诺制办理政务服务事项 12.5 万件。加强公共资源交易监管，从严查办各类投诉举报案件，受理调解交易纠纷 19 起，处理投诉举报案件 5 起。

【失信联合惩戒机制】 制定《关于进一步完善失信约束制度构建诚信建设长效机制的实施方案》，规范和健全失信行为认定、记录、归集、共享、公开、惩戒和信用修复等机制，梳理失信约束措施 20 件，废止 10 件，修订 1 件，保留 9 件。利用武威市信用信息共享平台将联合奖惩系统嵌入工程建设项目审批、公共资源交易等业务系统，实现自动核查信用信息、自动匹配红黑名单、自动嵌入奖惩措施、自动汇集反馈实施情况，案例反馈上报率达 100%。开通信用修复快速通道，为 657 家企业完成信用修复，发布诚信“红榜”企业 58 家、“黑榜”企业 50 家。

【信用管理制度建设】 推行“一网通办”“不来即享”、不见面审批等工作机制，企业投资项目全部实现在线办理。落实《甘肃省社会信用条例》，梳理发布市县两级 208 家部门单位、287 项信用信息目录以及 36 项奖惩措施，覆盖国家目录全部事项。指导各县区建立信用信息归集制度，推动信用信息归集提质增量。落实《国务院办公厅关于印发加强信用信息共享应用促进中小微企业融资实施方案的通知》要求，归集信用信息5239.43万条。落实《武威市关于加快推进社会信用体系建设构建以信用为基础的新型监管机制的实施方案》，健全完善事前、事中、事后全监管环节的新型监管机制。大力推进事前信用承诺，公布信用承诺事项344项，减少证明材料13.5万件。加强事中信用等级分类监管，全面归集市场主体信用信息形成信用档案，为全市市场主体出具公共信用综合评价报告，并推送相关部门单位对监管对象进行分级分类，健全完善覆盖48个领域的信用分级分类监管制度。立案查处5件，罚没款12万元。依法依规实施事后联合奖惩，将联合奖惩系统嵌入工程建设项目审批、公共资源交易等业务系统，案例反馈上报率达100%，开通信用修复快速通道，为637家企业完成信用修复。

【公共信用信息平台建设】 拓展信用评价、联合奖惩、分级分类管理等功能，实现与公共信用信息平台实现对接。信用中国（甘肃武威）网站于2月28日全新改版上线运行，信息平台完成系统平台配置优化并进行初步验收。通过加强特定信用信息归集、全市重错码专项整改、严控全市失信被执行人企业数量等手段，提升巩固提升武威市全国信用城市监测排名，排名由2021年底的206名提升至全国地级市第33名。

【信用服务】 落实以信用服务助力发展现代商贸物流体系、与“一带一路”沿线国家和地区深度合作、支持招商引资、做优沿山沿川沿沙“三大特色产业带”、提供政策资金扶持等守信激励措施等五大创新举措，服务构建新发展格局。依托信用信息共享平台及门户网站做好信用服务工作，逐步构建以信用为基础的新型监管机制，推进事前、事中、事后信用监管服务工作，归集6大类132万条信用承诺信息，实时推送1.2万余次信用评价结果至行业监管部门开展差异化监管。针对武威市837个信用主体在招标投标、行政审批、限制消费等领域提供信用联合服务措施，案例反馈上报率达到100%。

（市发展和改革委员会）

河西走廊经济带建设

综　述

【概况】 武威市依托中国历史文化名城、中国旅游标志之都、中国葡萄酒城品牌优势，着力打造“一带一路”黄金节点城市和河西走廊中心城市，加快推进基础设施建设，完善城区功能配套，不断提升城市总体功能和承载水平。2022 年，全市实现生产总值 663.4 亿元、增长 6%。

【规划落实】 制定《武威市〈“十四五”河西走廊经济带发展规划〉实施方案》，进一步细化工作措施，明确责任分工，确保各项工作任务落实见效。健全规划实施监测评估制度，加强规划实施跟踪监测和运行监管，积极协调解决存在的困难和问题，加强规划实施过程中的环境影响跟踪监测和评价，确保在河西走廊经济带建设中促进生态环境高质量发展。

【重点工程项目】《“十四五”河西走廊经济带发展规划》涉及武威市重点工程 22 项，武威雷台文化旅游综合体、民勤通用机场、民勤苏武沙漠大景区建设、古浪八步沙区域生态治理等项目已建成；兰州至张掖三四线中川机场至武威段、黄羊抽水蓄能电站、松山滩风电基地 100 万千瓦风电项目、武威历史文化街区保护建设等项目正在加快建设；武威机场、凉州会盟纪念地建设正在办理前期手续；天梯山生态文化旅游区建设、天祝至景泰高速公路项目正在规划。

丝绸之路开放廊道建设

【经贸合作】 2022 年，开拓跨里海、黑海新线路，开展甘肃省首次新能源汽车搭乘中欧班列出口业务和全市首批跨境电商 B2B 直接出口业务，在第比利斯、布达佩斯等地设立启用首批保税海外仓，开启对外经贸新业态和新模式。与山东港口集团合作开行全省首列海铁联运木材班列（日照港—武威陆港），发运 4 列，发运新西兰辐射松约 6250 立方米，货运总值约

1150万元，商定设立山东港口武威内陆港，构建“陆港+海港”联动发展新模式。立足区域优势产业，开展与亚欧国家之间的经济交流与合作，在承接国内产业转移的同时开辟国际市场，努力打造河西走廊经济社会高质量发展桥头堡和丝绸之路经济带甘肃段重要节点城市。

【拓展口岸功能】 甘肃（武威）国际陆港形成“两中心、两口岸、一场站”外向型平台架构。保税物流中心实现正常运营，是甘肃省唯一的B型保税物流中心。辐照中心是河西走廊唯一的辐照中心，辐照食品、药品等1500多吨。进口肉类指定监管场地是甘肃省首个进口肉类指定监管场地，从德国、阿根廷等国家进口各类肉制品150吨。进境木材指定监管场地是全国第二个、北方唯一的内陆进境木材指定监管场地，发运中俄木材班列28列。武威铁路国际集装箱场站项目一期建成投运，项目二期综合货运工程加快建设。

【扩大外贸出口】 落实国家和省出台的促进外贸保稳提质、助企纾困降成本等政策措施，多措并举促进外贸平稳增长。2022年实现进出口总额6.99亿元。新增9家有外贸进出口实绩企业，甘肃籽农食品有限公司首次实现跨境电商出口。出口产品提档升级，从南瓜籽、真空玉米、葵花籽、茴香、蔬菜种子等农产品发展到宠物食品、化肥增效剂、农药等化工产品和电子产品、服装鞋帽等消费品，出口化工产品占出口总额的52%。

金武城市经济圈建设

【金武城市经济圈发展战略】 落实省委、省政府“促进金昌武威组团发展，建设金武城市经济圈”决策部署，加快推进金武组团发展，着力构筑中心集聚、网络连接、带状组团的城镇和产业发展格局。签订金武两市《经济社会发

图39 甘肃（武威）国际陆港进境肉类指定监管场地 （市招商局 供图）

展战略合作框架协议》和《武威市人民政府金川集团股份有限公司产业发展战略合作框架协议》，制定印发2022年重点合作事项清单，全力推动合作事项落地落实。

【区域协调发展】 结合兰州市、金昌市、张掖市、白银市国土空间总体规划征求意见，在市级国土空间规划中增加加强区域协同发展与合作的章节。通过紧抓新时代西部大开发、黄河流域生态保护和高质量发展等重大国家战略机遇，依托甘肃（武威）国际陆港，深度融入“一带一路”建设，促进文旅产业国际合作和对外文化贸易发展。

【融入甘肃省“一核三带”区域发展格局】 通过不断加强产业协同合作、推动交通物流一体畅通、加强设施共建互享，加快融入兰州1小时经济圈发展，引领金武城镇圈发展，推动河西走廊经济带建设，形成区域一体的要素市场，推进武威经济社会高质量发展。

【保障流域水生态安全】 与金昌市生态环境部门交流合作，落实凉州区与永昌县签订的《县区跨界河流联防联控合作协议》，健全跨界流域水污染联防联控机制，有效预防和应对突发水污染事件，促进上下游生态保护利益共享、良性互动。

【固体废物监管处置】 武威市天祝宏达环保科技有限公司与金昌市金川集团铜业有限公司、甘肃叶林环保科技有限公司签订危险废物利用处置协议。2021—2022年，武威市向金川集团镍盐有限公司、甘肃叶林环保科技有限公司转移处置危险废物1870.15吨。通过两市的协同治理，在固体废物监管和处置方面，达到减量化、资源化和无害化处理。

现代产业发展

【生态工业】 围绕产业链部署创新链，以科技计划项目为抓手，支持企业加强与科研单位、高校和产业链上下游企业的科技协作，有效聚集各类创新资源，健全技术创新体系，开展新技术、新工艺、新产品研发，推动产业链与创新链精准对接，增强高质量科技供给。强化企业创新主体地位，2022年度规上工业企业中有研发活动企业86户，占规上工业企业的40.7%，较2021年户数增加15户、占比提升5.5个百分点，规上工业企业填报研发经费投入3.33亿元，增幅51.3%。全市高新技术企业达到69家，国家专精特新“小巨人”企业4家、省级“专精特新”中小企业18家，省级科技创新型企业73家，入库评价科技型中小企业149家。着力加强科研单位创新能力建设，全市纳统科学研究与技术推广单位51家，科研单位年度研发经费投入达到1.3亿元，着力开展科学研究与技术推广服务，尤其是在动植物品种改良、新品种新模式应用、农业技术创新与推广、防沙治沙、石羊河流域综合治理、节水型社会建设等方面，形成一批优秀科技成果。推进创新创业服务体系建设，着力搭建综合科技服务平台，建成省级科技企业孵化器2家、众创空间4家。充分发挥甘肃武威国家农业科技园区作用，引领示范农业科技创新。四县区确保获批建设省级农业科技园区。争取创建省级高新技术产业开发区，组织武威工业园区编制“高新技术产业发展规划”及“省级高新区建设实施方案”，启动省级高新技术产业开发区创建。

图 40　重通成飞大兆瓦级风电叶片智能制造升级及废旧风电叶片循环再利用产业链项目

（市发展和改革委员会供图　2022 年 5 月摄）

【国家新能源产业基地建设】 凉州区九墩滩、民勤县红沙岗、古浪县黄花滩、天祝县松山滩百万千瓦级风光电基地加快建设，开工新能源项目 39 项 630 万千瓦。陇电入浙 ±800 千伏特高压直流输电工程和腾格里沙漠河西新能源基地 1020 万千瓦外送项目前期工作顺利推进。黄羊 140 万千瓦抽水蓄能电站开工建设，大靖峡、张义、金塔河、西营 4 个抽水蓄能电站稳步论证纳规。武威热电公司“三改联动”工作顺利开展，陇电入浙工程配套 2×100 万千瓦调峰煤电项目完成项目选址和可研报告评审，“风光水火核氢”多能互补综合能源基地加快构建。

【先进制造业】 全力打造新能源装备制造产业链、供应链集群，风电装备制造形成 2 吉瓦风机总装、400 套大兆瓦级风电叶片生产能力，光伏装备制造建成 3.5 吉瓦光伏组件、400 兆瓦光伏逆变器生产能力。大力发展特色农产品及食品加工产业，构建百亿级特色农产品及食品加工产业集群，2022 年，全市规模以上食品及农产品加工企业达 57 家，年产值亿元以上企业达到 23 家，全年实现工业总产值达 98.22 亿元，占规模以上工业总产值的 28.73%。天祝高性能碳基材料特色产业基地获批国家火炬特色产业基地，全市现有碳化硅企业 19 户，建成碳化硅生产线 31 条，产能 50 万吨，其中规模以上碳化硅企业 18 户。规模以上医药企业 6 户，已建成普安制药年产 2500 万盒宣肺止嗽合剂，泰康制药“祖师麻”膏药，牛满加药业、天利达和汇能生物等年生产兽用片剂、中药散剂、消毒剂及饲料添加剂等 1.62 万吨的生产能力。

【文旅产业】 全力打造“5+N”文化旅游产业链（历史文化游、自然风光和民族风情游、红色文化游、康养研学游、乡村旅游、“文化旅游+”产业链），“天马行空·自在武威”知名度和影响力不断扩大。冰沟河、神州荒漠野生动物园、沙漠公园改造提升工程和八步沙“两山”实践创新基地等建成投用，雷台文化旅游综合体开园。天祝华藏景区旅游基础设施、古浪战役纪念馆红色景区商业设施、文庙儒学院基础设施等一批重点文旅项目加快建设。苏武沙漠大景区等重点项目进展顺利，串联苏武沙漠大景区、天堂大景区等优质旅游资源，推出历史文化游等 8 条精品线路。凉州区已成功创建省级全域旅游示范区。天梯山石窟景区和苏武沙漠景区晋升为国家 AAAA 级旅游景区，民勤县沙井文化民俗旅游景区创建为 AAAA 级旅游景区，铜奔马 AAAAA 级旅游景区和民勤县乡村记忆馆 AAAA 级旅游景区创建工作有序推进。

【现代农业】 实施“种子工程”，建立古浪羊如祥、民勤人参果脱毒育苗等种畜繁育基地，培育省级重点种畜禽场 31 个，年供应良种畜禽 30 多万头只，全市畜禽良种化率均达到 93% 以上，日光温室优质种苗统供率达 97%。新提升改造“四化”种子生产基地 4 万亩，国家、省级审定玉米新品种分别达到 29 个和 90 个，玉米制种面积达到 8.8 万亩，增长 44.2%。加强种质资源保护与利用，收集繁育玉米、麦类、藜麦等种质资源 4225 份，引进经济林种质资源 685 份，征集古老、珍稀、名优、特有地方品种等农作物种质资源 640 份。引进培育伊利乳业、达利食品、牧原生猪、红太阳面业等一批带动力强的骨干龙头企业，形成以龙头企业带动农业产业化、以农业产业化引领农业现代化的良好格局。21 个农业产业园区启动建设，形成产业优势的园区达 8 个，建成种养基地 113 个。三县一区全部创建为全国县域节水型社会达标县，年推广高效农田节水 250 万亩以上，农田灌溉利用系数达到 0.639。

【产业数字化转型】 推进信息基础设施建设，建成 4G 通信基站 7961 个，4G 网络覆盖率达到 99.3%，全市所有行政村、A 级旅游景区、乡村旅游示范点、20 户以上自然村组实现光纤宽带、4G 网络全覆盖。建成 5G 基站 3055 个，实现市县城区、重点乡镇热点区域、工业园区 5G 网络覆盖。推进产业数字化转型。建设智慧农业服务平台，鼓励武威荣华农业公司、武威优然牧业公司引进或自主研发自动挤奶、牧场监控等智能化系统，实现牧场精准管理。加快农产品质量安全追溯管理信息平台建设，建成市级追溯监管指挥中心 1 家、县级追溯监管指挥中心 4 家、乡镇监管站平台 82 个，建立监管主体名录数据库 566 家。“5G+ 工业互联网”公共服务云平台注册工业企业 170 户。普安制药、傲农饲料被省工信厅认定为数字车间，设备自动化率达到 80% 以上，用工成本减少 15% 以上。利用大数据赋能创新文旅消费模式。全民健康信息平台联通省级平台，接入 16 家县级及以上公立医疗机构、117 家乡镇卫生院和社区卫生服务中心、1226 家村卫生室和 36 家民营医院，上线远程医疗、双向转诊等云业务。培育电商公共服务体系，打造政务服务新模式，加快市级政务服务平台与“甘快办”移动端深度融合，推进政务服务事项全程网办。

基础设施互联互通

【综合交通设施建设】 优化高速公路网布局，加快推进 G569 线武威至仙米寺公路建设，联通青海省海北州与 G6 京藏高速互通，打通南向通道，完成投资 39.5 亿元，路基工程完成 90%。兰张三四线铁路中川机场至武威段新建客运站房全部实现封顶，控制性工程新乌鞘岭隧道贯通，路基、桥梁工程分别完成设计量的99.25%，桥梁工程完成设计量的99.82%，已进入铺轨阶段。兰张三四线铁路武威至张掖段工程进行可研报批、初步设计等前期工作。民勤通用机场完成工程全部建设内容。武威机场项目前期工作进展顺利。

【综合交通物流枢纽】 完善甘肃（武威）国际陆港“一中心两口岸”发展格局，相继开通中欧班列“天马号”（中亚线、中欧线）、中俄木材班列和西部陆海新通道等国际货运班列，发运197列，货运总值29.45亿元，货运总量33.12万吨。围绕山东港内陆港建设、海铁联运木材班列、疆煤东运及农产品出口等深化与山东港口战略合作，推动形成陆港木材、肉类、通道物流产业链。建成武威铁路国际集装箱场站一期工程、民勤县综合快递配送中心等项目和武威市金沙物流园、安达物流园和昊天农产品交易市场等货运枢纽。推广网络货运发展，打造甘肃腾宇云供应链科技有限责任公司网络货运平台，构建“托运人—无车承运人—实际承运人”的合作新模式，提高货运车辆配载率，实现货运市场由分散经营向集约组织、资源整合的转变。

河西走廊城镇带建设

【城镇规划体系建设】 以“三区三线”（城镇空间、农业空间、生态空间和生态保护、永久基本农田、城镇开发边界）划定成果为依据，编制完成市县国土空间总体规划，科学合理布局生态、农业、城镇空间格局。制定新型城镇化、基础设施、公共服务设施等专项规划和详细规划。完成省级“5155”行动确定的1个省级示范县、3个示范镇、72个示范村规划编制工作。形成定位清晰、功能互补、衔接有序、覆盖全域的城乡规划体系。扎实推进以县城为重要载体的新型城镇化建设，稳步提高城镇化率，2022年常住人口城镇化率为49.35%。

【城镇设施设备改造】 以创建全国文明城市为契机，开展“三项革命”“三项行动”，着力打造“德城”“文城”“绿城”“清城”，完成老旧小区改造393个27472户，新建城市（县城）停车场16个，新增盘活停车泊位3.25万个。截至2022年底，全市84个建制镇中，具备污水收集处理能力的50个、占比59.5%，污水处理设施均能达标排放。

【城镇路网建设】 新城区主要路网基本形成，天马湖景观治理工程、市体育馆、市博物馆、市影剧院、雷台文化旅游综合体等一批基础设施和公共服务项目相继建成投入使用。推进电子政务建设，推进城市管理执法体制改革，智能交通指挥中心、智慧公交调度平台建成投运。

城乡融合发展

【城乡融合发展战略】 统筹城乡发展，强化以工补农、以城带乡，构建“中心城区—县城—镇（乡）—村庄”协调发展格局，推进城乡基础设施互联互通、产业统筹布局、公共服务共建共享、生态环境共建共治。完善产业用地政策，支持农产品精深加工，加大对乡村产业发展用地倾斜力度，促进农村一二三产业融合发展。

【乡村建设行动】 加快农村基础设施建

设，改造提升供水管网187.2千米，农村集中供水率达到93%，自来水普及率92%，建成农村公路3256千米，完成投资16.28亿元，实现76.8%的乡镇通三级及以上公路，具备条件的自然村组69%通硬化路。全市20户以上自然村组实现光纤宽带、4G网络全覆盖，农村地区建成5G基站584个，行政村覆盖率达到60%。改造农电线路307.8千米，新建物流网点26个。实施古浪县农村天然气入户工程，辐射输气管线38.6千米，新增农村天然气用户5900户。完成39个行政村环境整治，新建改建农村户厕达到17.8万个，完成村庄绿化386个，新建乡村森林小游园82个，凉州区张义镇灯山村成功创建为全国乡村旅游重点村。持续培育壮大经营主体，引培农业产业化企业215家，组建农民专业合作社6982家，发展家庭农场6785家。提高农业机械装备智能化水平，农业机械拥有量达到16.6万台，农业机械总动力达340千瓦，主要农作物耕种收综合机械化率提高到80.8%。

【城乡一体化发展】 推进县城基础设施向乡村延伸、公共服务和社会事业向乡村覆盖。建成5G基站1745个，实现市县城区、重点乡镇热点区域、工业园区5G网络覆盖。建成古浪综合交通运输服务中心、民勤县综合快递配送中心、凉州区丰乐镇公路综合服务体等客货运枢纽场站。加快紧密型医联体、县域医共体建设，全市4家三级医院组建医联体，三县一区全部建立县域医共体。凉州区在全市率先建成区域远程心电网络会诊系统。古浪县建成全市首个紧密型医共体。促进县域教育均衡发展，落实中小学（幼儿园）教职工“以县为主”管理体制，促进县域内师资均衡配置。深化户籍制度改革，简化户籍迁移手续，实现城区落户“零门槛”。大力提升县城公共设施和服务能力，增加就业、教育、医疗、养老等公共服务供给，2022年常住人口城镇化率达到49.35%。落实以居住证为主的外来人员子女入学和转学政策，接受义务教育的进城务工随迁子女5142

图41　天马湖景观　（王　丽　2022年11月摄）

人，100% 安排入学就读。

生态环境联防联治

【祁连山生态保护和治理】 全面保护祁连山地区森林、草原、河湖、湿地、冰川、荒漠等生态系统。加强祁连山沿山浅山区生态保护，提升森林生态系统功能。严格落实草畜平衡制度，强化草原禁牧和草畜平衡监管，开展无人机草原禁牧和草畜平衡监管监测 3 万亩，严禁草原超载过牧、禁牧区违规放牧。深化落实林长制，设立林长 4247 名，林长公示牌 1075 块，市、县区党委政府主要负责人担任总林长的“双林长”工作机制和全域覆盖的市县乡村四级林长责任体系建立，建立“林长 + 警长 + 检察长”协同工作机制。开展生态环境问题排查整治、交叉执法检查和突出生态环境问题“回头看”，持续巩固提升祁连山生态环境质量。加强祁连山生态环境保护常态化监管，构建“天上看、地上查、网上管”立体化监管体系，扎实开展“绿盾”自然保护地强化监督、自然保护区执法检查等专项行动，2021 年市级及三县区祁连山生态环境保护省级考核综合考评结果均为“优秀”等次。

【内陆河生态综合治理】 严格守牢水环境质量底线，加强地表水环境污染管控和风险防范，及时排查化解水源地水质超标隐患，保障水质达标。制作拍摄石羊河美丽河湖宣传视频，石羊河入选全国首批、西北诸河唯一美丽河湖提名案例。启动石羊河流域入河排污口排查项目，加快民勤县污水处理厂生态湿地工程建设，建成古浪县水源地规范化建设项目。推进黄河流域生态保护和高质量发展，制定《武威市“十四五”黄河流域生态保护和高质量发展实施方案重点任务清单、重要政策清单、重大工程清单落实责任分解表》，逐项靠实责任。

【防风防沙治沙生态带建设】 围绕构建北方防沙带，坚决打好防沙治沙阵地战，持续推进全国防沙治沙综合示范区建设。组织实施石羊河中下游防沙治沙林草综合治理、河西走廊生态保护与修复、凉州区东北部沙区治理及沙产业建设、防沙治沙示范等重点工程项目。大力推广八步沙林场治沙经验，探索生态产品价值实现机制。坚持机关干部义务压沙造林制度，组织机关干部职工义务压沙造林 4.87 万亩，适龄公民完成义务植树 2514 万株。“蚂蚁森林”“大众公益林”、青梭公益等社会公益造林项目完成治沙造林 20.6 万亩。实施古浪八步沙区域防沙治沙以工代赈项目，提升八步沙林场全国“绿水青山就是金山银山”实践创新基地影响

图 42　8 月 6 日，天祝县乡村建设示范村建设现场工人铺设道路

（赵世鹏　摄）

力，打造甘肃乃至全国重要的生态治理教育、科研、创新示范基地。

【生态保护和修复】 完善大气污染综合管控体系，建立“日调度、周分析、月通报”工作机制，成立巡查工作组，重点对夜间、节假日等的大气污染排放源实行错峰执法检查和巡查。完成全市地级、县级饮用水水源地环境状况评估，县级及以上水源地均评价为优秀等次。梯次推进农村生活污水治理，分区分类、因地制宜实施污水收集管网或污水处理设施建设工程，民勤县夹河镇朱案村、天祝县朵什镇南冲村等10个污水处理站开复工建设。全市建设农村生活污水处理站92座。土壤环境质量总体良好，农用地和重点建设用地安全利用有效保障。对全市重点危险废物产生（经营）单位建立管理台账，至2022年12月底，全市有危险废物经营单位8家，组织496家企业制定危险废物管理计划并报备，医疗废物全部规范收集转运处置，医疗废物处置率和工业危险废物利用处置率均达到100%。开展国土绿化行动，组织实施防沙治沙示范、河西走廊生态保护和修复等重点项目。

【碳排放碳达峰行动】 印发《关于完整准确全面贯彻新发展理念做好碳达峰碳中和工作的实施意见》《武威市碳达峰碳中和“1+N”政策体系编制工作方案》等，科学有序推进碳达峰碳中和工作。持续推动地方、重点行业和企业开展碳达峰行动，编制完成《武威市减污降碳协同增效实施方案》，组织22家重点控排企业开展温室气体排放报告与核查，企业均按要求对温室气体排放进行核算并完成排放报告编制。对甘肃电投武威热电有限责任公司、亿利洁能科技（武威）有限公司等2家纳入碳交易市场的发电企业进行日常监管与执法，配合省生态环境厅对2家发电企业碳排放进行入场核查。

公共服务共建共享

【公共就业服务共建共享】 推动公共就业服务向前延伸、提质增效，多层次举办各类网络招聘和直播带岗活动，为高校毕业生等青年求职者搭建就业服务平台。落实灵活就业人员参加企业职工养老保险取消地域限制、户籍限制政策，进一步扩大养老、失业、工伤保险覆盖面，推动实现法定人群全覆盖。加快发展保障性租赁住房，着力解决新市民、青年人等群体阶段性住房困难问题。

【教育文体资源合作共享】 推进集团化办学和“大学区制”管理模式，扩大优质教育资源辐射效应。加快推进“技能武威”建设，支持武威职业学院省级“双高计划”建设和申办本科层次职业教育。推动职业学校1+X证书试点工作，建成高等职业院校证书试点77个，中等职业学校证书试点45个。参与构建“书香河西”全民阅读服务体系，利用新媒体平台开展“赏春意品书香暖万家”春节主题活动、“看展览·学文化”主题展览活动等各类线上线下阅读推广活动200余场次、培训20余场次，参与2000人次。建成市体育场、古浪县全民健身中心，民勤县文化体育中心、天祝县体育场、市体校迁建项目加快推进。建成25个较高标准乡镇农民体育健身工程、69个乡镇（社区）体育健身中心、1125个村级体育场。常态化举办五凉文化论坛、凉州讲坛，举办万人健步行、天祝赛马会、古浪长城徒步大会等特色文旅活动。

【公共卫生和医疗养老合作】 武威市人民医院、武威肿瘤医院、市中医院先后创建为三级甲等医院，凉州医院、古浪县人民医院、民勤县人民医院先后创建为三级乙等医院，支持武威肿瘤医院依托武威重离子治疗肿瘤中心争创省级医学中心，建成11个省级重点学科，38个市级临床重点专科。县级医疗机构服务能力不断提升，建设县级医院重点专科14个、薄弱学科18个。微创、介入等技术向县级延伸，危重症病人诊治及急救能力得到提升，县域内就诊率提高至91%。实施凉州区传染病医院住院楼、凉州区中西医结合医院诊治能力提升、凉州区金山镇卫生院异地迁建、光明颐养院扩建等项目，推动全区医疗资源提质升级。探索“互联网+养老”服务模式，提升养老服务信息化水平，建成居家养老服务平台5个，为居家老人提供生活照料、精神慰藉等服务69万人次。凉州区康德颐养院被省、市确定为医养融合试点单位。幸业养老中心老年专科医院设置疗养床位180张，与市医院组成医疗联合体。全区65岁以上老年人健康管理率达到100%，基本满足老年人健康养老服务需求。

【公共安全保障能力建设】 推进安全生产全面责任、隐患排查、监督管理、宣传培训、应急救援“五大体系”建设，推进危化、矿山、道路交通、建筑施工、城镇燃气等重点行业领域安全生产风险专项整治，聘请专家检查38轮次，共检查单位1.43万家，查改隐患问题3.59万条。保障粮食安全，2022年粮食综合生产能力达到123.99万吨。建立部门协同配合、“防抗救”相结合的防灾减灾救灾工作体系。常态化开展地震、防汛、森林草原防灭火应急演练。加强救灾物资保障。

（市发展和改革委员会）

图43 市图书馆志愿者引导市民进行电子阅览（王丽 2022年4月摄）

农　业

综　述

【概况】 2022年，武威市坚定不移走生态优先、绿色发展之路，牢牢守住保障粮食安全、耕地保护两条底线，统筹推进乡村发展、乡村建设、乡村治理，推动农业农村现代化迈出新步伐、取得新进展。全年实现农业总产值379.7亿元，比2021年增长7.7%，八大优势主导产业产值287.1亿元，占农业总产值比重75.6%。农村居民人均可支配收入15899元，比2021年增长7%，农村居民人均消费支出13403元、增长8.7%，武威农业发展领先优势持续巩固。

【农业绿色发展】 不断夯实农业绿色发展底蕴，推广测土配方施肥技术382万亩、有机肥457.1万亩、新型肥料72.2万亩、水肥一体化技术108万亩，推广高效农业节水技术250万亩、旱作农业技术45.6万亩，农业灌溉区实现高效节水技术全覆盖。强化农业面源污染治理，实施凉州区绿色种养循环农业试点、凉州区古浪县畜禽粪污资源化利用整县推进、地膜科学使用等项目，推动投入品减量化、生产清洁化、废弃物资源化、产业模式生态化，全市推广高强度地膜32.6万亩，秸秆综合利用率、畜禽粪污综合利用率、废旧农膜回收率、尾菜处理利用率分别达到86%、89.9%、83.6%和53.6%，农药化肥使用量实现零增长，完成农业外来入侵物种年度普查任务。

【农业示范园区建设】 充分发挥水源足、土壤好、光照强、气候凉、温差大、污染少的水土光热气组合优势，坚持“扬长避短、特色发展，企业引领、产业集群，量化赋能、品牌提升”的思路，以种养基地为基础，推行“产业园+龙头企业+合作社+家庭农场+农户”联动发展模式，加快推进现代农业产业园建设。列入《深度推进现代农业优势主导产业振兴三年行动实施意见》的19个农业示范园区启动建设，初具形成规模的达到8个，其中武威现代奶业产业园被农业农村部、财政部公示列入2021年度国家级现代农业产业园创建名单，凉州区生猪、民勤县肉羊、古浪县牛羊、天祝县食用菌藜麦4个产业园列入省级产业园创建名单。全市农业产业园区建成种养基地113个，基本实现“8+N”现代农业优势主导产业全覆盖。其中：建成特色种植基地69个，辐射带动面积56.15万亩；建成特色养殖基地44个。坚持农产品产加销全程标准化，949家种养生产经营主体实施备案管理，主要农产品全部纳入质量追溯平台，创建省级蔬菜水果标准园41个，畜禽标准养殖场87个。带动农户6.78万余户，从业农民近29万人。

【农业农村改革】 完成土地确权431.2万亩，带动家庭承包耕地流转面积128.4万亩，增长28.1%。推进农村“三变”改革，以45个示范村创建为引领，村集体和农户入股耕地10.3万亩、资金4.8亿元，分红2.56亿元、增长8%，将高标准农田项目新增1.37万亩耕地纳入村集体资产由村级股份合作社管理，带动村集体增收863万元。加强农村宅基地管理，争取到位宅改资金1200万元，完成基础信息调查16.8万宗。推进农业保险“增品、扩面、提标”改革，签单实施保险品种29个，投保农户6.57万户，实现签单保费2.25亿元，直接受益农户2.93万户次。

【农业执法】 履行市场监管职责，从严查处涉农违法行为，全力保障农业生产安全和农产品质量安全，维护农民群众合法权益。开展普法工作，以“3·15”消费者权益日、“农产品质量安全宣传周”、“送放心农资下乡”宣传周、“12·4”国家宪法日等专题普法活动为依托，向农资从业人员和群众讲解涉农法律法规和农资识假辨假知识，发放《农药管理条例》、《兽药管理条例》、农产品质量安全知识、农资经营门店安全经营须知等资料20000余份。规范市场秩序，加强农资市场执法检查，及时纠正不规范行为，对118家企业（门店）进行“双随机，一公开”执法检查，抽取样品30个，发现问

图44　凉州区四坝镇现代农业产业园蔬菜种植（甘曜毓　2022年7月摄）

题53个，责令整改22个，立案1起，发放安全生产宣传资料2000多份。组织开展春季农资打假“护奥运，保春耕”专项执法“春雷”行动、送放心农资下乡进村活动，“种业监管执法年活动”、秋冬季农资打假等各类专项执法行动，出动执法人员1315人次，检查农资生产经营单位2125家（次），责令整改84家，立案查处违法案件81件，其中种子19件（含移送司法机关2件），农药18件，肥料11件，兽药10件，农机13件，动物卫生6件，农产品质量3件，其他1件，结案75件，收缴罚没款34.49万元；受理群众投诉举报问题60件，挽回经济损失186.5万元。

种植业

【概况】 2022年，围绕农户生产经营需要，加强农产品市场供需形势分析研判，用市场信息引导农户按市场需求调整“8+N”优势主导产业种养结构，合理安排农业生产，增加农民收入。落实强农惠农政策和耕地地力保护补贴、实际种粮农民一次性补贴、农机购置补贴等强农惠农政策，引导农户购买储备农资，鼓励增施有机肥和农家肥，改善土壤结构，提升耕地生产能力。全年农作物播种面积396.2万亩。

【粮食生产】 落实粮食安全政治责任，克服春夏连旱、旱涝急转等多重不利影响，制定《2022年武威市稳定粮食生产行动方案》，明确目标任务，加大政策扶持，促进全市粮食产量只增不减、粮食品质和效益只升不降。全市粮食作物播种面积240.3万亩，其中，夏粮69.1万亩、秋粮171.2万亩。粮食产量124万吨，比2021年增长1.5%。其中，夏粮产量27.4万吨、增长5.6%，秋粮产量96.6万吨、增长0.4%。

【蔬菜生产】 推进蔬菜标准化、产业化、品牌化发展，打造特色鲜明、绿色生态、产业高效的蔬菜全产业链，武威已发展成为全省乃至全国重要的蔬菜生产供应基地之一，蔬菜产业成为农民增收致富的支柱产业。全市发展蔬菜的乡镇达83个，占乡镇总数的90%以上，常年生产茄果类、叶菜类等9大类300多个品种的多样化种植结构，蔬菜生产实现“四季有鲜、均衡上市、品种繁多、优质营养”的周年生产目标。全市设施蔬菜在田面积15.8万亩，增长7.8%。蔬菜种植面积69.5万亩、增长7.8%；蔬菜产量291.4万吨、增长7.4%。

【食用菌生产】 发挥资源优势、因地制宜打造“沿山、沿川、沿沙”三大特色产业带，将食用菌产业作为特色优势产业，主要生产菇品有金针菇、香菇、海鲜菇、秀珍菇、双孢菇、杏鲍菇、平菇、羊肚菌、滑子菇、大球盖菇等10余种优质菌种。全市食用菌产量9.5万吨。全市食用菌“三品一标”产品达到7个，获得国家A级绿色食品认证2项，注册食用菌商标5项。

【瓜果生产】 大力发展经济林果产业，全市有经济林果面积22.36万亩，葡萄、枸杞、梨和红枣等经济林果发展优势明显。民勤县素有“蜜瓜之乡”之美誉，蜜瓜种植面积达15万亩、34.5万吨，实现产值约13.45亿元，成为西北地区最大的优质蜜瓜生产基地。凉州区西瓜种植面积0.75万亩，以发放、大柳、杨下坝、清源四镇为主，全力打造优质西瓜高端市场供应基地，日光温室西瓜实现一年四茬种植，产品畅销、供不应求。古浪香瓜种植面积达0.26万亩，年产量5000吨以上，具有独特的地域产品品质特性，“古浪香瓜”获得全国农产品地理标志认证。人参果产业持续发展，以凉州区、古浪县为重点区域，充分利用设施农业优势，持续推进人参果产业发展，人参果种植面积达到0.8万亩、产量达6万吨。全年瓜类种植面积18.5万亩、比2021年增长24.6%。瓜类产量71.9万吨、增长29.2%，其中西瓜产量18.7万吨、增长72.3%；草莓产量498.1吨、增长52.6%。

2022年武威市主要农产品产量及增长速度表

表4

产品名称	单位	产量	比2021年增长（%）
粮　食	万吨	124.0	1.5
夏　粮	万吨	27.4	5.6
秋　粮	万吨	96.6	0.4
油　料	万吨	3.8	18.7
水　果	万吨	14.9	–5.1
蔬　菜	万吨	291.4	7.4
食用菌	万吨	9.5	0.1
瓜　类	万吨	71.9	29.2

图45、46　天祝县松山镇秀杰村食用菌标准化种植大棚　（赵世鹏　2022年9月摄）

【粮食生产责任制落实】 贯彻党中央、国务院决策部署，落实国家粮食安全战略，切实稳定粮食生产，提高种粮比较效益，确保粮食有效供给。利用中央财政将综合实施补贴、奖励、金融等一揽子政策措施，稳定实施耕地地力保护补贴。新建1亿亩高标准农田，扩大黑土地保护性耕作面积，实施种业振兴行动，实施农机购置与应用补贴政策，提升粮食生产综合能力。鼓励县区财政安排专项资金支持粮食生产，调动种粮农民积极性。加强与气象、水务、应急等部门的联系协调，密切关注天气变化，及时通过网络、电视、手机短信等，多渠道发布预警信息和应急防范措施，指导农户及时科学进行防范。

【农作物病虫害防治】 加大农业防灾减灾救灾资金投入，支持粮食作物重大病虫害防控防治，做好小麦促弱转壮和重大农业自然灾害及时救助。加大检疫性或危险性农业有害生物现场快速鉴定技术学习研究应用，加强农作物病虫疫情普查、排查与防控。采取灵活多样的形式，加强乡镇农技人员及农民群众技术指导培训，织牢织密病虫疫情监测防控网，提升全市病虫疫情监测调查和防控处置效能与水平。

【植物防疫检疫】 常态化调查县区果树苹果蠹蛾、梨火疫病等检疫性有害生物监测防控情况，查看了解疫情监测、检疫处置、综合防控及宣传指导等工作。宣传解读《植物检疫条例》《农作物病虫害防治条例》《农作物病虫害监测与预报管理办法》等法律法规，加强检疫监管和技术指导。推行质量兴农、绿色兴农、品牌强农，加强源头治理、过程管控和风险防控，植物监测合格率稳定在98%以上。

图47 武威市特色产品（市招商局 供图）

【特色品牌创建】 充分发挥绿色食品、有机农产品、地理标志农产品在品种培优、品质提升、品牌打造和标准化生产中的重要作用，推进标准化生产和绿色农产品标准化生产基地建设。开展农产品品质评价，以“甘味”知名农产品品牌和“凉州农鲜”“民清源”“原味古浪”“天祝原生”等区域公共品牌为重点，配合省农业农村厅持续开展营养品质评价，探索制定农产品分等分级标准，提升特色优势农产品评价水平。加强绿色优质农产品认证管理、宣传推介和技术服务，引导生产经营主体提高申报积极性，新认证产品15个以上。组织申报2022年国家地理标志农产品保护工程项目，推动地理标志农产品生产标准化、产品特色化、身份标准化、全程数字化发展。

（市农业农村局）

林草业

【概况】 2022年，制定《武威市“十四五”草原保护发展规划》，实施祁连山北麓水源涵养与生态保护修复、草原生态修复治理等工程项目，完成退化草原综合治理，完成无人机草原生态监测及禁牧、草畜平衡监管。全市森林面积达到922万亩，森林覆盖率达到19.01%；草原面积达到1452.4万亩，草原植被盖度达到42.99%。

【林业发展】 武威市牢固树立和认真践行绿水青山就是金山银山理念，紧盯国家“双碳”

图48、49 武威亚盛田园牧歌草业有限责任公司优质苜蓿生产基地 （冯旭文 2022年6月摄）

战略目标，充分利用林草资源优势，稳妥推进林业发展。按照“南护水源、中保绿洲、北固风沙”整体布局，大规模开展国土绿化倍增行动和提质增效行动，扩大林草资源面积。至2022年12月，全市完成人工造林102.1万亩，封山沙育林草24万亩，退化林修复18万亩，综合治理退化草原136.7万亩，国土绿化提质增效39.6万亩。

【牧草生产】 以沿山产业带为重点，统筹实施好草牧业、退耕还草、退牧还草项目，推广种植燕麦等一年生优质牧草品种，探索发展南部山区移民搬迁退耕地种草。以沿沙、沿川产业带为重点，统筹实施好高产优质苜蓿项目，加大高产优质苜蓿推广种植，注重发展以500亩单元为主的集中连片规模种植。以土地流转为抓手，大力调整种植结构，引进牧草加工企业，集中连片流转土地，建成万亩优质牧草生产基地，为优质奶源基地提供优质饲草。

【植树造林】 全年完成人工造林24.11万亩，其中，南部山区水源涵养林6.36万亩，中部绿洲防护林1.87万亩，北部沙区防风固沙林15.88万亩，封育8.5万亩，退化林修复4万亩，国土绿化提质增效12.72万亩，建设碳汇林5.04万亩，新增城市绿地109万平方米，分别占目标任务的117.6%、100%、100%、101.6%、100.8%和218%。

【林果资源开发】 培育经济林果品牌18个，实现产值5.96亿元。建成梭梭接种肉苁蓉基地8.16万亩，锁阳1万亩，林木种苗繁育基地3.2万亩。申报中央、省、市科技项目34个，实施《耐寒月季引种选育及栽培繁育技术研究项目》《武威市沙木蓼技术推广示范》等林草科技项目22个，落实到位资金491万元。《河西走廊葡萄调质及病虫害精准预报技术研发与应用》获省科技进步奖三等奖。引进新品种119个、新技术3项、新材料5个，实施林木良种培育项目4项，培育林木良种145万株，收集葡萄、梨、杨树等种质资源509份，建设试验示范园3处。

（市林业和草原局）

畜牧业

【概况】 2022年，围绕“8+N”现代农业优势主导产业，加快畜牧业持续健康发展的新要求，凝心聚力、狠抓落实，养殖产业不断壮大。全市牛、羊、猪、禽存栏达到2817万头（只），交易量达到964万头（只），养殖规模不断壮大，形成以规模养殖场为引领、散养户为补充的现代养殖体系，成为重要的畜产品生产供应基地。

【生猪产业】 制定《关于稳定生猪生产促进转型升级的实施意见》，支持生猪全产业链发展，落实扶持政策，加快发展标准化规模养殖，保障养殖用地。生猪养殖企业规模猪场认定标准由年出栏5000头以上调整为500头以上。将能繁母猪保额从1000元增加至1500元，对养殖场（户）引进的种公猪及能繁母猪给予适当补助。强化加工物流配送，降低物流成本，提高生猪产品加工储藏能力和远距离运输能力。加强猪产业品种改良，对从省级种猪场引进二元良种母猪或长白、大白、杜洛克等纯种猪20头以上的养殖场，经验收合格后，每头奖补1500元，最高奖补15万元。生猪存栏91.2万头，比2021年增长0.8%；出栏180.4万头，比2021年下降1.6%。

【羊产业】 随着农村电商的发展，肉羊养殖、生产加工、销售、品牌打造、冷链物流完整产业链发展实现质的飞跃，不断羊产业打造“金字招牌”，“凉州羊羔肉”“甄程大漠羊”等75个肉羊品牌认证“三品一标”，“凉州羊羔肉”“民勤羊肉”“天祝羊肉”获国家农产品地理标志和证明商标，“民勤肉羊”入选“甘味”知名农产品区域公用品牌目录，民勤县获“中国肉羊之乡”“中华苏武沙羊美食之乡”誉名，古浪县成为全省羊产业第一大县。羊产业全链产值达到96亿元，饲养量1102万只，规模以上养殖场（小区）1177个。全市羊存栏619.1万只，比2021年增长11%；出栏483万只，比2021年增长9%。

【牛产业】 立足气候干燥、日照充足、水源无污染等独特自然资源条件和畜牧养殖传统优势，优化资源要素配置，全力打造牛产业及乳品加工集聚区。布局大型牧场21个，设计规模25万头，建成百亿级河西走廊黄金奶源基地。其中，凉州区在收缩安置点配套千头牛场项目，探索构建种养结合农业循环体系，以牛产业牵引农业产业结构优化升级，形成“就地消纳、能量循环、综合利用”的绿色发展模式。保证农户就地发展产业或就近务工，稳定向市场提供优质犊牛，从而辐射带动养殖户发展壮大牛产业。全年牛存栏76.4万头，比2021年增长6.5%；出栏31.5万头，比2021年下降5.5%。

图50、51 武威金宇牧光互补产业园2号牧场项目（尚 禾 张福民 2022年7月摄）

【家禽产业】 武威市从产业构成、存栏数量,养殖方式、产品产量、区域布局、集约化生产、产业化经营方面同步发展,发展蛋鸡产业、肉鸡产业和特色禽业,以土种蛋鸡、肉鸡为代表,还包括肉鸭、鹅、鹌鹑、野禽等。全市家禽存栏 785.5 万只,比 2021 年下降 7.7%;出栏 550.1 万只,比 2021 年增长 5.7%。

【草产业】 紧盯绿色循环生态发展,坚持源头减量、过程控制、末端利用,形成“大型场自行处理 + 中小场第三方处理 + 散养户‘进棚入园’处理”模式,年减少化肥用量 3 万吨。建成 1000 亩以上饲草种植基地 60 个、5000 吨以上玉米青贮基地 32 个,优质饲草面积达到 116 万亩,产生各类农作物秸秆 353.2 万吨,饲料化利用 263.4 万吨利用率达到 74.58%;建成饲料生产企业 37 家,饲料总产量 67.97 万吨,实现产值 25.68 亿元,为养殖业发展提供丰富的饲料资源。

2022 年武威市主要畜产品产量及增长速度表

表 5

产品名称	单位	产量	比 2021 年增长(%)
牛出栏	万头	31.5	-5.5
羊出栏	万只	483.0	9.0
猪出栏	万头	180.4	-1.6
鸡出栏	万只	550.1	5.7
猪牛羊禽肉	万吨	25.6	-6.0
猪　肉	万吨	13.7	-13.9
牛　肉	万吨	3.5	-5.7
羊　肉	万吨	7.7	9.8
禽　肉	万吨	0.7	4.9
鸡　蛋	万吨	2.4	-22.4
牛　奶	万吨	20.4	115.9

【良种繁育】 完成牛冻配 21 万头,产活杂种犊牛 26 万头;完成羊杂交改良授配 280 万只,产活羔羊 460.6 万只;杂交授配母猪 13.7 万头,繁活仔猪 190 万头;推广良种鸡 1496.8 万只。创建部级标准化示范场 2 个,培育国家核心育种场 2 家。

【畜牧业项目建设】 争取实施奶业生产能力整县推进、肉牛增量提质、粮改饲、高产优质苜蓿、畜牧良种补贴、畜禽遗传资源保护和种畜禽生产性能测定、“甘味”肉羊产业集群等畜牧业项目 12 个,到位资金 16573 万元,其中中央资金 14273 万元,省级资金 2300 万元。

【畜禽集中免疫】 发放各类疫苗 4772 万毫升(头份、羽份),完成免疫注射 5691.96 万头（只、羽），应免率均达到100%，完成实验室免疫效果监测88390份，免疫抗体合格率均达到80%以上。采购布病疫苗440万头份、包虫病疫苗35万头份、犬驱虫药117.647万片，发放宣传彩页1.75万份，统筹推进人畜患病防控工作。采购发放消毒剂23吨，完成消毒面积约2200多万平方米，养殖场（小区、大户）达到全覆盖消毒灭源。

【畜禽检疫监管】 产地检疫各类畜禽964.92万头（只、羽），规模养殖场（小区）出栏动物检疫率达100%，散养户检疫率达70%；向22家屠宰企业派驻官方兽医57人，检疫各类畜禽153.29万头（只、羽），检出病害畜禽7.02万头（只、羽），全部按规定无害化处理。

【兽药生产监管】 配合省畜牧兽医局完成3家兽药生产企业12条生产线GMP检查验收；配合市农业农村局检查验收兽药GSP经营企业（连锁店）8批62家。438家兽药经营企业通过兽药GSP认证完成并开展二维码追溯工作；优然牧业等4家养殖企业通过部级、省级兽用抗菌药使用减量化行动达标认证。

【养殖标准化】 加快构建现代养殖体系，推进畜牧业高质量发展，提升畜禽养殖设施化、标准化水平，增强畜牧业质量效益竞争力和畜产品供给保障能力。坚持农产品产加销全程标准化，种养生产经营主体实施备案管理，主要农产品全部纳入质量追溯平台。武威市金绿源农业科技发展有限公司申报为部级畜禽养殖标准化示范场，武威普康养殖有限公司入选国家肉羊核心育种场和畜禽养殖标准化示范场，古浪县黄花滩移民区兴盛万只种羊繁育基地被命名为全省优质种羊繁育示范基地。

【畜禽屠宰加工】 贯彻落实《生猪屠宰管理条例》《甘肃省家畜屠宰管理办法》、中华人民共和国农业农村部公告第637号《生猪屠宰肉品品质检验规程（试行）》，排查整治畜禽产品质量安全隐患，压实部门监管责任和屠宰企业主体责任。以强化屠宰企业日常监管和飞行检查为手段，严厉打击屠宰违法行为，督促屠宰企业规范屠宰行为，提高屠宰企业生产经营者守法意识、责任意识和质量安全管理水平，有效维护畜禽产品安全。定期开展畜禽屠宰“强管理促提升”行动，切实保障畜禽产品质量安全，防止发生畜禽产品质量安全事件。

（市农业农村局）

图52 武威牛满加药业有限责任公司生产车间内，工人正在兽药生产线上作业 （韩筱蓓 魏晓莹 2022年12月摄）

渔　业

【概况】 2022年，武威市实施生态健康养殖模式推广行动、养殖尾水治理模式推广行动、水产养殖用药减量行动和水产种业质量提升行动，按照《水产绿色健康养殖技术推广"五大行动"骨干基地认定管理办法（试行）》，推动"五大行动"全覆盖骨干渔业基地创建，全市建立全覆盖骨干基地1个，示范面积5亩，梳理提炼成熟技术模式1项。建成市级水产健康养殖示范场1个，示范推广生态健康养殖面积47亩。

【生态健康养殖模式推广】 利用当地丰富优质的冷水资源，在武威市利昇农牧渔有限责任公司设置渔业养殖示范点，采取"养殖＋休闲"的生产经营模式。开展生态健康养殖模式示范，推广池塘工程化循环水养殖等生态健康养殖模式，鼓励养殖主体发展以餐饮、垂钓、娱乐为主的季节性休闲养殖渔业，增加养殖收入，提升效益。

【养殖尾水治理技术】 因地制宜推广池塘底排污等水产养殖尾水治理技术模式，综合物理（自然沉淀、过滤等）、化学（臭氧等杀菌消毒、化学药品处理）等技术集成熟化和改进提升，加强骨干基地示范带动作用，推动池塘工程化循环水模式等尾水质量技术模式应用，养殖尾水实现循环综合利用或达标排放。

【水产种业质量提升行动】 按照《甘肃省第一次全国水产养殖种质资源普查实施方案（2021—2023年）》和《武威市第一次全国水产养殖种质资源普查实施方案（2021—2023年）》部署要求，开展基本情况普查数据审核和分析，做好查缺补漏，摸清水产养殖状况，持续加强虹鳟、甘肃金樽等特色冷水性品种的健康养殖及用药指导，加强渔业病害监测与防治，进一步提升水产养殖良种化水平和创新能力，保障全市水产养殖业绿色、健康、协调、可持续发展。实施渔业资源增殖放流苗种项目，引进草、鲢、鳙鱼75万尾，祁连山裸鲤5万尾，推动渔业养殖发展。

种　业

【概况】 2022年，大力宣传、示范应用优良品种和配套栽培技术，引导农民使用高质量的商品种子。对大豆玉米带状复合种植大豆种子田建设和生产情况进行调度，开展种子行业监管，春耕备耕期间调运储备种子（种薯）49821吨，为粮食生产和重要农产品供给提供保障。

【种业生产基地建设】 结合高标准农田建设等项目实施，推进高质量玉米种子生产基地建设。2022年玉米制种面积达16.61万亩，较2021年增加5.11万亩，增幅达44.4%；凉州区对2.3万亩玉米种子生产基地进行"四化"提升改造。支持种子企业争取实施项目，12家玉米种子企业实施种子烘干热风炉"煤改气"项目，争取投入资金2908万元，完成改造烧煤锅炉34台。3家玉米种子企业参加全国农技中心组织的种子企业检验能力验证活动。

【种子质量管理】 落实种子质量控制措施，督促企业提高种子质量，组织实施冬季企

图 53　德农种业股份公司武禾分公司内，工人通过传送带往加工车间投放种子　　　　　　　　　　（高德强　2022 年 10 月摄）

业督查、春季种子市场专项检查等行动，加大对种子生产经营重点环节的质量抽查力度，市级抽取质量检验的种子样品数量较 2021 年增加 12.3%。联合县区对 31 家种子企业的 16.6 万亩玉米制种进行田间质量抽查检验，田检率 100%，质量合格率 100%。参加小麦、玉米、娃娃菜、胡萝卜、玉米、大豆等种子质量纠纷田间现场鉴定 6 次，协助市农业综合行政执法队案件查处，开展种子扦样等工作 9 次。调查处理种子质量、侵权生产等种子纠纷 5 起。开展种子生产企业安全生产专项督查 2 次，督查种子企业 20 多家、种苗企业 6 家，督促整改安全隐患问题 20 多个。

【转基因监管】　组织县区对 2022 年用于杂交制种的亲本种子进行全覆盖转基因成分快速检测，抽取 31 家生产企业 289 个组合的亲本种子样品，经检测未发现转基因成分。组织县区对全市 16.6 万亩玉米制种基地进行全覆盖专项检查，检测种子苗期叶片样品 1282 份，发现转基因制种地块约 180 亩，依法依程序进行处理。开展市、区两级联合排查 1 次；参与举报投诉件的实地核查和种子扦样 4 次。

【农作物良种培育】　按照《2022 年现代种业（玉米）省级抓点示范实施方案》，围绕现代种业发展，省、市、区协作开展抓点示范，建设 2 个玉米制种技术示范点，示范面积 4300 亩，辐射推广带动 3.5 万亩。在凉州区良种场建立农作物新品种试验展示示范点 1 个，展示示范粮饲兼用型玉米新品种 9 个、普通玉米新品种 6 个；开展玉米新品种筛选比较试验 1 项，引进试验新品种 12 个。结合科技特派员技术工作，围绕马铃薯种薯、蔬菜种苗的繁育生产开展新品种引进示范和技术指导服务。

【种业调研和信息统计】　开展种业调研，提出南水北调工程武威市计划新增玉米制种基地建设建议。对 3 个全国种子市场监测点和 1 个种子质量监测点加强技术指导和监督管理，上报全国种子市场观察点信息 70 条，提供全国种子质量监测玉米种子样品 2 个。组织县区开展 3 次主要农作物种子产供需信息调度、2 次农作物良种繁育信息调度工作和农作物种子受灾情况周调度工作。

农田水利

【概况】　2022 年，建成高标准农田 45 万亩，完成撂荒地整治 42.43 万亩，启动第三次土壤普查，完成盐碱地普查任务。强化资金和项目支撑，争取财政统筹整合资金10.2亿元、财政衔接推进乡村振兴补助资金9.15亿元支持农田水利建设事业，16个市列高质量发展重大项目完成投资21.58亿元，10个中央省级预算内投资项目完成投资2.71亿元。

【高标准农田建设】 针对沿山沿川沿沙特征明显、耕地质量参差不齐的现状，推进高标准农田建设，确定项目选址和规模，重点对各县区2011年以来高效节水、土地整理、农业综合开发等项目进行摸排，在历年未实施项目的乡镇筛选集中连片且建设规模不低于3000亩的村社，落实年度高标准农田建设项目。围绕田、土、水、路、林、电、技、管等方面进行综合配套，科学设计高标准农田建设内容，重点在土地平整、土壤改良、灌溉与排水、田间道路、农田防护与生态环境保护、农田输配电等方面开展建设，加强科技服务与建后管护。耕地质量逐年提升，农业生产条件、生产能力和水土资源利用效率明显提高，粮食生产能力提高10%以上，农药使用量减少20%，化肥使用量减少30%，亩均节水40%以上，节省人工50%以上。

【撂荒地整治】 推进旱作节水技术应用，着力推广全膜平作穴播、全膜垄作、小畦灌溉、膜下滴灌、水肥一体化蓄水保墒等旱作节水

图54 装有北斗导航系统的无人驾驶小麦播种拖拉机在下中畦村高标准农田示范点进行施肥、播种、滴灌带铺设等作业

（于 芳 2022年10月摄）

图55 凉州区武南镇下中畦村高标准农田示范点（市融媒体中心供图 2022年7月摄）

技术，遏制大水漫灌和频繁灌水，将结余水量调至因缺水撂荒的耕地。针对移民搬迁后的撂荒耕地，集中流转给农业企业、专业合作社和种植大户，进行集中整治，发展旱地小麦、马铃薯等粮食作物。同时，把具备条件的撂荒地尽可能纳入高标准农田建设范围，加大投入力度，整片推进，配套完善灌水、输配电、田间道路、农田防护等基础设施，增强生产的便利性。组织农业技术人员对撂荒地恢复生产进行分类技术指导，通过引进优质籽种、测土配方等方式，指导群众科学复垦复耕。

【农田灌溉水利用系数测算】 开展农田灌溉水利用系数测算分析工作，落实最严格水资源管理制度、实施国家节水行动、推进水资源消耗总量和强度双控行动和建设节水型社会的重点考核指标。指导政府控制水利工程建设投资规模，做好样点灌区典型田块选取、外业水量观测、统计分析计算等分析工作。2022 年，武威市农田灌溉水利用系数为 0.639，其中不同规模类型灌区灌溉水利用系数分别为大型灌区 0.597、中型灌区 0.582 和纯井灌区 0.794。

农业机械化

【概况】 2022 年，紧扣全市“8+N”现代农业优势主导产业发展要求，以提升薄弱环节机械化水平为突破点，以推广先进适用农机装备和技术为着力点，努力拓展农机化服务领域，不断提高农机装备水平、作业水平、安全水平和服务水平，不断推进实用高效作业装备引进试验示范，切实为全市粮食生产和特色产业发展提供装备支撑和服务保障。开展“春种”“三夏”“三秋”农业机械化作业，全市耕种收综合机械化水平达到 81.5%，大豆玉米带状复合种植机械化技术被选树为全国典型。

【农机装备水平提高】 不断提升农机装备现代化水平，全市农机总动力达到 340 万千瓦，大中型拖拉机达到 15951 台，联合收割机达到 2724 台，大中型、多功能、智能、环保和农业生产短板弱项机具得到较快发展。小麦、玉米等主要农作物生产基本实现全程机械化，设施农业、畜牧养殖、农产品初加工机械化水平和能力得到进一步提升。

【大豆玉米带状复合种植全程机械化技术】 以合作社和农机户为依托，通过技术示范、宣传培训、引进推广、试验改进、集中应用等服务，打造千亩大豆玉米带状复合种植全程机械化技术示范基地，推广应用机械化耕整地、大豆玉米覆膜施肥铺管播种一体机、机械化喷药、无人机防控、机械化收获等技术，集成应用大豆玉米分控滴灌、水肥一体化、北斗卫星导航无人驾驶等先进技术，推动全市大豆玉米带状复合种植工作顺利进行。

【纵横可调式压膜覆土机推广使用】 研制成功能够实现横向、纵向调整覆土方式的一种纵横可调式压膜覆土机，解决风沙大、畦面宽膜容易被风损坏人工二次覆土费时费力的问题。该机具自研制成功后，示范推广机具数量为 45000 台，示范推广总面积为 2430 万亩。2022 年获甘肃省人民政府专利二等奖。

农业科技

【概况】 指导调整作物种植结构，基本农田用于粮、油、菜、饲草等作物种植，高标准农田用于粮食作物种植，旱作农业生产优先种植粮食作物。加强粮油作物综合集成技术推广，提升粮食作物生产集成技术，推广优良品种、耕地质量提升、农业灾害防控、全程机械化作业等良种良法配套技术；优化灌区、旱作区、不保灌区种植技术，完善推广不同自然条件下小麦、玉米、马铃薯等作物生产技术模式。

【农作物重大病虫防控】 印发《武威市2022年农作物重大病虫防控方案》《武威市2022年“两增两减”虫口夺粮促丰收行动方案》，设立植物检疫签证点5处，签证调运18391吨，产地检疫4.3万亩次。建立以草地贪夜蛾、设施瓜菜病虫、马铃薯晚疫病、苹果蠹蛾等重大病虫为重点的农作物病虫疫情监测点200个以上，发布病虫情报47期。全市病虫草鼠害发生面积593.8万亩次，较2021年减少21.6%。农作物病虫草鼠害防控面积810.9万亩次，挽回损失44.3万吨，危害损失率2%。粮食作物病虫害专业化统防统治面积163.0万亩次，覆盖率47.3%，较2021年提高7.0%。

【自然灾害防范】 制定《武威市抗灾促春管技术措施》《武威市农作物抗旱减灾预案》等，针对蓝色寒潮预警信息，对乡镇的钢架拱棚、小拱棚西瓜、娃娃菜、芹菜等蔬菜寒潮预防进行指导。开展低温冻害预防与技术指导，指导大豆玉米复合种植喷施叶面肥和生长调节剂预防冻害，制定和指导落实主要粮食作物旱灾补救措施。

【农田节水技术】 集成推广垄膜沟灌、膜下滴灌、管灌、小畦灌灌溉模式和顶凌覆膜、免耕、免冬灌、干播湿出、地膜连年利用、土壤保水、作物蒸腾调控等节水技术251万亩，其中，水肥一体化面积108万亩，亩节水80～120立方米。

【农作物肥料使用】 推广抗（耐）病（虫）品种、滴灌控湿、全膜覆盖、健身栽培、生物防治、无人机防控、专业化统防统治、新型施药器械等绿色防控措施。推广有机肥施用面积457.10万亩、新型肥料72.20万亩、玉米种肥同播67.60万亩、机械化施肥142.06万亩、绿肥种植4.23万亩、测土配方施肥技术382万亩、配方肥施用面积142.30万亩；实施粪肥还田项目11万亩、地力提升项目1.16万亩、土壤培肥项目1.20万亩。落实绿色防控面积187.10万亩，化学农药使用量377.40吨、降低0.6%，农药利用率达到42.09%、提高2.4%。

【栽培技术】 开展“三新”技术引进、试验和示范，加大土、肥、水、光、气、热等资源高效利用技术创新研究、应用。围绕小麦、玉米、马铃薯、中药材、食用菌、高原夏菜等区域主导产业和农田高效节水、旱作农业模式、病虫害绿色防控、化肥农药减量增效等技术领域，建立科技创新示范基点。同各县区农技推广单位、新型农业经营主体协作建立农业科技示范基点13个，示范面积2.44万亩；注重关键技术，开展攻关研究试验79项次，引进小麦、玉米、豆类、果菜、食用菌等作物新品种154个，新技术8项、新材料24个。

【农业技术推广】 组建蔬菜、食用菌、马铃薯产业链专家服务组3个，粮食、瓜果、中药材、茴香等技术服务组4个，选派12人开展科技特派员和“三区人才”服务工作，开展技术巡回指导服务。引进、推广优良品种，指导落实培肥修复土壤、水肥一体化节水灌溉、病虫草害绿色防控和物联网信息技术等。巩固扩大设施种植提质增效，指导改造老旧日光温室，规范设施蔬菜种植技术，示范推广精细作物品种、壮苗培育、多茬口组配、节水灌溉、精准施肥、绿色防控、轻简栽培、智能控制等优质高效生产技术。

国家农业科技园区建设

【概况】 2022 年，围绕市委、市政府决策部署，实施"强科技"行动，全力推进农业科技创新，精准服务优势主导产业，支撑引领经济社会高质量发展。开展招商引资，协调解决招商引资企业用水、用电、农业保险等方面的问题，帮助企业安心落户、放心经营。聚焦企业、项目融资困难问题，主动对接金融机构，破解企业融资难题。

【农牧业研发基地建设】 实施种业振兴行动，强化种质资源保护和开发利用，加快建设河西走廊种质资源库与农牧业研发基地，建立古浪羊如祥、民勤纯种湖羊等种畜繁育基地及凉州甜美蔬菜种苗、民勤人参果脱毒育苗、古浪县食用菌研究院等种苗研发基地，牛、羊、猪、鸡良种化率达到 95% 以上，日光温室种苗统供率达 97% 以上。围绕重点产业发展技术需求，加快科技创新平台建设，指导培育企业创新平台 6 家，申报高新技术企业 4 家，认定省级科技创新型企业 8 家，建立成果转化基地 13 个，引进试验农作物新品种 105 个，开展新技术、新模式引进试验 32 项，筛选适宜武威市优良蔬菜品种 12 个、食用菌品种 2 个，提升企业技术研发、产品创新能力，加快农业科技成果转化和实用技术推广应用。

【园区农业科研成果】 发挥科技在产业发展中的引擎作用，助力主导产业高质量发展。指导企业、科研单位联合谋划、申报省级科技项目 13 项，切实增强园区发展内生动力。开展院地、院企合作，承接转化科技计划成果 8 项。通过"以奖代补"方式扶持科研单位、企业加大科技创新力度，组织实施设施蔬菜新品种选育、奶产业链种养循环技术示范、玉米大豆复合种植配套农机装备开发、粮食作物限额灌溉模式研究、食用菌新品种引进试验及绿色防控技术应用等科研项目 16 项。开展技术攻关和成果转化，成功开发玉米大豆复合种植一体机并投入生产，完成幼畜补血预混料的研发和生产，示范推广小麦畦灌、玉米膜下滴灌、马铃薯沟灌等 3 种节水模式，形成羊肚菌病虫害绿色防控示范、武威设施葡萄主要病虫害防治、猪场疫病综合防控等防治体系，加快科研成果转化应用，实现科研与生产深度融合。

【园区特色产业发展】 大力实施"8+N"现代农业优势主导产业三年倍增行动，发挥园区产业联盟作用，培育建立凉州区金大棚瓜菜育苗、民勤人参果脱毒育苗、普康种羊、玉霖汉和牛等优势主导产业示范基地 12 个，引领带动合作社、家庭农场和农户大力发展设施瓜菜、生态养殖、食用菌等现代种养业，推动优势主导产业园区化、规模化、特色化、品牌化发展。优化完善园区信息化服务平台，打造线上"科技园区"，集中展示推介企业 54 家、特色产品 116 种，不断扩大企业和特色农产品知名度、影响力。

【园区绿色有机农业发展】 突出绿色、生态、优质的产业定位，坚持绿色有机、节水高效发展方向，推进农业投入品减量化，集成推广农药减施增效和绿色防控技术，着力打造绿色有机农业。开展农业品种培优、品质提升、品牌打造和标准化生产提升行动，大力推进农产品“三品一标”建设，培育“甘味”农产品区域公用品牌和企业商标品牌。

【园区农业节水行动】 开展产业技术攻关、成果转化和高新技术示范推广，不断提升科技支撑和服务现代农业发展的能力。推广高效农业节水技术 250 万亩，旱作农业技术 45.6 万亩，农业灌溉区实现高效节水技术全覆盖。

【园区环保行动】 加强农业面源污染综合治理，推广机械施肥、水肥一体化等高效施肥技术，农药和化肥使用量实现零增长。加快推进畜禽粪污资源化利用，大力推广粪污全量收集还田利用、肥水肥料化利用等技术模式，畜禽养殖废弃物资源化利用率达到 89.9%。推进废旧农膜回收利用，强化农膜源头防控，完善回收利用体系，废旧农膜处理利用率达到 83.1%。加强尾菜无害玉米化处理和资源化利用，推广尾菜沼气发酵能源化和生物发酵肥料化技术，推进绿色循环农业持续发展。

（甘肃武威国家农业科技园区）

现代农业产业园建设

【概况】 武威市以种养基地为基础，推行“产业园 + 龙头企业 + 合作社 + 家庭农场 + 农户”联动发展模式，加快推进现代农业产业园建设。列入《深度推进现代农业优势主导产业振兴三年行动实施意见》的 19 个农业示范园区启动建设，初具形成规模的达到 8 个，其中武威现代奶业产业园已被农业农村部、财政部公示列入 2021 年度国家级现代农业产业园创建名单，凉州区生猪、民勤县肉羊、古浪县牛羊、天祝县食用菌藜麦等 4 个产业园列入省级产业园创建名单。全市农业产业园区建成种养基地 113 个，基本实现“8+N”现代农业优势主导产业全覆盖。全市农业产业园区示范带动农户 6.78 万余户，从业农民近 29 万人。

【凉州区国家现代农业产业园】 凉州区国家现代农业产业园是 2021 年由农业农村部、财政部批准创建的以奶业为主导的产业园区，是全省 10 个百亿级产业园之一。产业园位于凉州区中东部，涉及高坝镇、武南镇、邓马营湖、九墩滩等 10 个镇（指挥部），144 个行政村，面积 817.2 平方千米，农业人口 24.22 万人。产业园实施生产基地建设、乳品加工能力提升、产品包装和冷链物流仓储、绿色发展、科技创新、社会化服务和支撑保障体系、农旅融合七大工程 19 个子项目，着力打造以伊利乳业、高原生物为核心，集养殖、饲草、研发、粪污资源化及秸秆饲料化利用、产品包装和冷链物流的五大基地，实现“生产 + 加工 + 科技 + 品牌”一体化发展的“一核心、五基地、多点发展”的空间布局。产业园已入园骨干企业 15 家，建成甘肃亚盛田园牧歌、沁纯农业 2 个万亩优质苜蓿种植基地和天牧草业、金科脉饲料等优质饲草种植加工基地，带动全区种植饲草 25.35 万亩；建成优然牧业、嘉立荷（甘肃）牧业、荣华新型农业公司 3 个万头牧场和武威瑞达、金谷丰 2 个千头牧场优质奶牛纯繁扩群，产业园奶牛存栏 4.5 万头，奶产量达 22 万吨。

【凉州区省级现代农业产业园】 凉州区省级现代农业产业园（生猪）以甘肃凉州牧原农牧有限公司为核心场，以凉州区永昌、九墩、下双、清源、黄羊等5镇为重点镇进行建设，区域面积422.09平方千米，耕地面积30.22万亩，园区农业人口13.6166万人。主要建设内容为按照生猪全产业链功能配置，建立健全生猪良种繁育、饲料加工供应、生物安全、技术研发、智能化管理、无害化处理、产品质量追溯、屠宰冷链物流、品牌运营等九大体系。在凉州区发放镇沙子沟村，建成日处理能力30吨的动物无害化处理中心一处，包括本项目用于病死无害化处理中心废气处理、冷却包装、蒸汽热源设备购置；在凉州区丰乐镇乔家寺村建成存栏4000头母猪的繁殖场，包括本项目养殖环节自动饲喂系统和配套管道塞链系统。

【民勤县省级现代农业产业园】 民勤县省级现代农业产业园（肉羊）按照“一个中心、两个基地、六大体系”的总体布局进行建设，建设一个中心即肉羊产品精深加工聚集服务中心，一个中心即民勤湖羊供种基地、10万只以上集中连片现代化肉羊标准化示范基地，构建六大体系即饲草开发利用体系、疫病防控体系、技术支撑体系、现代流通体系、品牌营销体系、粪污资源化利用体系。全县规模养羊小区达500多个，建成万只纯种湖羊种羊场1个，打造提升种羊扩繁场7个，发展养羊专业村40个、养羊农户5万多户，万只育肥小区60个，10万只以上集中连片现代化肉羊标准化示范基地建设成效显著。培育发展省级肉羊产业化龙头企业2家，建成精深加工屠宰线3条，年屠宰加工能力达110万只。依托“民清源”农产品区域公用品牌和苏武沙羊、陇原中天、巴腾羔羊等肉羊商标影响力，在全国大中型城市开设民勤羊肉直营店和电商专卖店80多家，年销售精深加工羊肉产品1万吨以上。

【古浪县省级现代畜牧业产业园】 古浪县省级现代畜牧业（肉羊、肉牛）产业园主要建设具备畜牧产业优势明显、生产基地建设规模化、加工能力配套、要素高度聚集、市场体系完善、品牌带动有力、生产方式绿色、产业深度融合、辐射带动有力、持续助农增收、质量效益明显的“生产＋加工＋科技＋营销”畜牧产业园。良种化率达到88%以上，规模化养殖场粪污资源化利用率达到93%以上。畜牧业增加值占全县一产增加值的比重达到50%以上。依托甘肃省优质种羊繁育基地——古浪县黄花滩移民区兴盛种羊繁育有限公司建立“八步沙”牛、羊纯种繁育场，组建“八步沙”牛、羊培育推广技术组。已建成甘肃省优质种羊繁育基地，在古浪县黄花滩兴盛种羊繁育有限公司建立核心群，建成万只扩繁羊场16个。

【天祝县省级现代农业产业园】 天祝县省级现代农业产业园（藜麦、食用菌）根据全县藜麦“两园六区”（两园：松山藜麦科技产业园、哈溪东滩产业园；六区：生产种植区、科技研发区、产品加工区、仓储物流区、旅游观光区、综合服务区）、食用菌“六园九基地”（六园：天沪香菇双创产业园、臣祥滑子菇产业园、天禾海鲜菇产业园、蘑瑞尔斯羊肚菌产业园、瑞珍秀珍菇产业园、凌昆金针菇产业园；九基地：在华藏寺镇、松山镇、祁连镇建设秀珍菇标准化生产基地各1个，在松山镇、哈溪镇、朵什镇、西大滩镇建设香菇标准化生产基地各1个，在松山镇建设金耳、羊肚菌标准化生产基地各1个。）产业空间布局，发展“绿色、有机、优质”的高原藜麦、食用菌产业；农村活力增强，农村基础设施加快完善，城乡基本公共服务实现均等化。藜麦产业先后引进甘肃纯洁高原农业科技有限公司和甘肃格瑞丰农牧科技有限公司2家龙头企业，建成松山藜麦科技产业园、哈溪东滩产业园。研发出藜麦啤酒、藜麦饼干等产品。食用菌产业建成天沪香菇双创产业园、臣祥滑子菇产业园、天禾海鲜菇产业园、瑞珍秀珍菇产业园、凌昆金针菇产业园5个。

（市农业农村局）

农业产业化经营

【概况】 武威市打造“三大特色产业带”、发展“8+N”现代农业优势主导产业的部署要求，充分发挥水源足、土壤好、光照强、气候凉、温差大、污染少的水土光热气组合优势，坚持“扬长避短、特色发展，企业引领、产业集群，量化赋能、品牌提升”的思路，以种养基地为基础，推行“产业园+龙头企业+合作社+家庭农场+农户”联动发展模式，加快推进现代农业产业园建设，基本形成“一园一业”“产业强园”的良好发展格局。

【农业全产业链建设】 坚持以工业思维发展现代农业，落实执行链长职责，成立工作专班和专家组，推进特色农产品及食品加工产业链、奶产业链建设，伊利乳业被列入全省第一批链主企业，带动全市奶牛存栏达到9.57万头、增长35%，奶产业链产值60.69亿元、增长72%。培优扶强产业主体，新引培农业产业化龙头企业21家，全市市级以上农业产业化龙头企业达到215家，其中年产值过亿元的企业12家，发展农民合作社6994家、家庭农场6563家，把利益分配重点向产业链上游倾斜，让农民获得更多收益。

【优势主导产业体系建设】 突出园区功能，打造聚集度高、规模大、各具特色的优势产业集群。推进现代丝路寒旱农业发展示范基地建设，建成园艺作物标准园41个、畜禽规模

图56　天祝县国家农村产业融合发展示范园高原食用菌示范基地建设项目（蒋锦鹏　2022年7月摄）

养殖场1726个、日光温室22.5万亩、养殖暖棚4388万平方米，有效引领现代农业高质量发展。松山镇入选2022年度国家农业产业强镇，民勤肉羊、古浪牛羊、天祝藜麦及食用菌产业园入选省级现代农业产业园。加强品牌建设，陇上兄弟、春晓等11个企业商标品牌入选2022年度“甘味”品牌目录，持续加强农产品质量安全监管，主要农产品监测总体合格率达到99.5%。

农产品质量建设

【概况】 2022年，推行质量兴农、绿色兴农、品牌强农，加强源头治理、过程管控和风险防控，农产品质量安全例行监测合格率稳定在98%以上，为全市“8+N”农业优势主导产业发展作出贡献。市级农产品检测机构顺利完成“双认证”工作，凉州区、天祝县3个农产品检测机构获“双认证”资质。

【农业标准化生产】 增加绿色优质农产品供给，新认证“三品一标”农产品7个，续展绿色食品39个，新申报绿色食品19个，全市“三品一标”认证有效数量332个。新增“甘味”企业商标品牌11个，入选“甘味”品牌数量达到42个。“凉州农鲜”“明清源”“原味古浪”“天祝原生”县域公用品牌优势日益凸显。推行食用农产品达标合格证制度，建立监管主体名录566家，实施合格证制度农产品生产企业65个、合作社324个、家庭农场和种植大户21个、农户5个，开具食用农产品合格证23813张，附带合格证上市的农产品42674吨。

【农产品质量安全监管】 开展市级例行监测4次、专项监测2次、监督抽查3次，开展“治违禁控药残促提升”整治行动3次，全年完成定量监测1231批次，农产品检测平均合格率达99%以上。省农业农村厅对武威市开展3次省级例行监测、1次监督抽查，抽检种植产品268个，畜禽产品106个、水产品22个，检测合格率100%。

【畜产品质量安全监管】 强化畜产品质量安全监督管理工作，全年登记备案畜禽运输车辆292辆，贩运主体201个，落地监管跨省调入畜禽491.34万头（只、匹、羽）。指导22家屠宰企业、37家饲料生产企业、438家兽药经营企业签订安全生产责任书，进一步落实企业安全生产主体责任。对屠宰、兽药生产、经营企业开展安全检查35场次，排查各类肉品贮存库41个，杜绝畜产品安全生产事故发生。

【农膜回收及尾菜处理利用】 争取中央财政资金2070万元，省级资金563万元。培育废旧农膜回收加工龙头企业13个，建成专业化回收站17个、回收网点89个。下达的18万元省级地膜残留监测资金，完成50个农田地膜残留监测点取样监测分析。争取省级尾菜处理利用资金400万元，用于天祝县流通环节尾菜资源化利用。全年废旧农膜回收量1.71万吨，回收率达83.4%；生产环节和流通环节处理尾菜55.41万吨，处理利用率达53.55%。

（市农业农村局）

工业　建筑业

综　述

【概况】 2022年，武威市坚定不移走生态优先、绿色发展之路，以“强龙头、补链条、聚集群”为导向，以推动高质量发展为主题，聚焦传统产业转型升级，注重优势产业延链补链，培育发展装备制造、新材料、新能源、绿色环保、生物医药等新兴产业，大力构建绿色、低碳、可持续发展的生态工业体系。全年全部工业增加值88.2亿元，比2021年增长9.4%。规模以上工业增加值增长9.7%。在规模以上工业中，国有企业增加值增长3.2%；集体企业增长29.3%，股份制企业增长10.7%，外商及港澳台商投资企业增长8.9%；私营企业增长8.3%。

【工业产业发展】 轻工业增加值下降2.7%，重工业增加值增长13.7%。煤炭开采和洗选业增长20.7%，农副食品加工业下降12.4%，酒、饮料和精制茶制造业下降8.4%，非金属矿物制品业下降2.4%，食品制造业增长8.7%，化学原料和化学制品制造业增长70%，医药制造业增长10.2%，电力、热力生产和供应业增长1.9%。规模以上工业实现利润13.3亿元，营业收入利润率4.1%，每100元营业收入中的成本为85元，产品销售率93.2%，年末规模以上工业企业资产负债率72.9%。

【工业项目建设】 2022年，实施500万元以上工业项目130项，其中新建项目75项，续建项目55项，工业固定资产投资同比增长205.4%。武威伊利绿色生产及智能制造示范应用一期、金世泰年产1亿平方米环保纸制品包装生产线智能化工厂、德斯威年产1吉瓦高效光伏组件一期项目、重通成飞大兆瓦级风电叶片智能制造项目、远景能源智能风机制造一期项目、嘉寓清洁能源产业基地、新疆特变电工武威高端装备制造产业园等项目建成投产；云风达特高压装备生产项目、甘肃汉跃电力10万台高低压配电柜等项目加快推进。推荐28个项目列入甘肃省2022年工业和信息产业重点项目投资导向计划。争取省级制造业高质量发展和数据信息产业发展专项资金1285万元。

2022 年武威市规模以上工业分行业增加值增长速度及占比表

表 6

行　业	比 2021 年增长（%）	占规模以上工业增加值比重（%）
全　市	9.7	100
煤炭开采和洗选业	20.7	26.3
黑色金属矿采选业	225.5	0.5
农副食品加工业	-12.4	7.9
食品制造业	8.7	5.0
酒、饮料和精制茶制造业	-8.4	2.9
纺织服装、服饰业	-5.0	0.6
印刷和记录媒介复制业	52.8	0.8
石油、煤炭及其他燃料加工业	-38.0	1.2
化学原料和化学制品制造业	70.0	7.4
医药制造业	10.2	2.7
橡胶和塑料制品业	8.2	0.8
非金属矿物制品业	-2.4	12.6
黑色金属冶炼和压延加工业	-46.9	1.1
专用设备制造业	24.2	3.9
电气机械和器材制造业	5737.4	2.4
电力、热力生产和供应业	1.9	22.1
燃气生产和供应业	8.3	0.6
水的生产和供应业	26.6	0.8

2022 年武威市规模以上工业主要产品产量及增长速度表

表 7

产品名称	单位	产量	比 2021 年增长（%）
原　煤	万吨	435.0	49.8
洗　煤	万吨	59.0	-10.1
发电量	亿千瓦时	85.7	3.8
太阳能发电量	亿千瓦时	25.6	17.9
火力发电量	亿千瓦时	37.0	3.2
风力发电量	亿千瓦时	20.1	-8.3

续表 7

产品名称	单位	产量	比 2021 年增长（%）
小麦粉	万吨	51.8	10.2
饲　料	万吨	62.6	-13.6
白　酒（折 65 度）	千升	3319.8	25.6
啤　酒	千升	48722	8.8
乳制品	万吨	18.0	43.3
鲜、冷藏肉	万吨	5.2	-8.4
商品混凝土	万立方米	136.1	-21.9
塑料制品	万吨	0.9	0.2
水　泥	万吨	152.5	7.7
铁合金	万吨	5.5	-14.3
中成药	吨	4046.3	56.9
石墨及碳素制品	万吨	30.5	-2.9
摩托车整车	辆	12948	30.0
化学农药原药	万吨	4.0	7.7

【中小微企业发展】 落实稳经济发展、六稳、六保、促进中小企业和民营经济发展等政策措施，深化“放管服”改革，开展营商环境升级行动，企业开办压缩至 1 个工作日，设立登记事项即来即办。全年新注册市场主体 1.89 万户。强化惠企政策落实，为 1256 户企业办理增值税留抵退税 18.33 亿元，为 4346 户企业减免失业保险费 3135.1 万元，为 108 户企业缓缴社保费 2267.86 万元，为 2243 户企业返还失业保险稳岗资金 2170.57 万元，为 11 家企业阶段性缓缴住房公积金 200.8 万元。严格落实政府性融资担保降费让利规定，为 3 家担保公司争取小微企业融资担保降费奖补资金 450.59 万元。

【产业倍增行动】 以绿色优先、重点突破、科技引领、量质并重为方向，围绕新能源、奶产

图 57　甘肃德斯威光伏材料有限公司年产 3 万吨 PVB 功能膜和年产 1GW 高效光伏组件生产线建设项目

（市发展和改革委员会供图　2022 年 8 月摄）

业、特色农产品及食品、非金属材料、医药五大优势产业，实施产业倍增行动，打造多能互补、黄金奶源、绿色食品、新材料、特色医药五大基地。推进产业链“链长制”，系统、有序、高效推进产业基础高级化、产业链现代化工作。引培“链主”企业，有效发挥伊利乳业、重通成飞等链主企业带动作用，新能源及装备制造产业初见成效，实现产值62亿元。建成投运2座330千伏汇集升压站，新增并网120万千瓦，装机规模达到465万千瓦。发挥武威伊利乳业龙头带动作用，乳制品加工产值突破12亿元，快速形成了以乳制品加工企业为主，集奶牛养殖、饲草种植、饲料加工、包装印刷、生物医药、物流物联为一体的“1+6+N”奶业全产业链，全链产值突破60亿元、增长71%。坚持走精深加工路子，特色农产品及食品加工产业链产值达到318亿元、增长16.9%。

【梯次培育行动】 加大“规下转规上”企业培育力度，推行“梯次培育”行动，为2021年入规企业落实“规下转规上”奖励资金420万元。推进传统企业“三化”改造，加强技术创新体系建设，金仓生物科技公司企业技术中心被认定为省级企业技术中心，甘肃省传统膏药行业技术中心被认定为省级行业技术中心，达华节水公司工业设计中心被认定为省级工业设计中心，省级技术创新和研发设计平台37家。2022年，新增规上工业企业30户，全市市场主体达到15.38万户，增长6.47%。

【提档升级行动】 制定《武威市提升中小企业竞争力若干措施》《武威市为“专精特新”中小企业办实事清单》，建立“创新型”中小企业、“专精特新”中小企业、“小巨人”企业培育库，制定培育措施，推动企业“提档升级”发展之路。牛电森祥被认定为省级“专精特新”中小企业，达华节水被认定为国家专精特新“小巨人”企业，重通成飞列入国家第三批第一年支持的“小巨人”企业名单。全市“专精特新”“小巨人”企业22家。做好

图58　嘉寓未来能源科技（武威）有限公司清洁能源产业基地一期项目生产线　（李政阳　2022年10月摄）

防范和化解拖欠中小企业账款工作，建立健全清理拖欠民营企业中小企业账款工作联席会议机制，完成国家无分歧账款“清零”目标任务。

【创新提升行动】 优化科技创新布局，释放科技创新效能，推动资源开启创新提升行动。推动技术创新，切实把科技创新优势转化为产业发展优势。加大培育力度，提升创新能力，推动融合创新，引培一批核心技术能力突出、集成创新能力强的创新型企业。围绕“4个百亿级产业集群”和“7条重点产业链”，聚焦“六个精准发力”，做优做强创新服务平台，激发创新主体活力，实施重大科技项目。建成武威绿洲农业高效用水、民勤荒漠草地生态系统等2个国家野外科学观测研究站，建成全市省级技术创新中心、企业技术中心等各类创新平台近40家。在新能源及装备制造、生物医药、新材料、种质资源保护利用等领域取得一批优秀科技成果，全市授权专利9417件，技术市场合同成交额占地区生产总值的比重达到3.52%。

【数字赋能行动】 实施数字赋能行动，布局高技术、高成长性、高附加值的产业项目，打造百亿级产业集群和百亿级产业园区。扩大新能源开发规模，年内实施新能源续建项目235万千瓦、新建项目220万千瓦，新增并网300万千瓦以上，“绿电”达到160亿千瓦时。开展制造服务业主体培育行动，鼓励引进电子信息、软件设计、互联网服务等企业，提高现代物流、采购分销、生产控制、售后服务发展水平。落实金融惠企纾困政策，采取新发放贷款、展期或续贷等方式，支持受疫情影响较大的批发零售、餐饮住宿、物流运输等恢复发展。

【绿色转型行动】 牢固树立和贯彻新发展理念，坚持生态优先、绿色发展，强化宣传引导，推动绿色技术研发和创新，推进重点行业和重要领域绿色转型行动，推进绿色工业园区、绿色工厂、绿色设计产品创建。甘肃普安制药股份有限公司、甘肃邦德实业有限公司、达华节水科技股份有限公司3家企业获评省级绿色工厂。全市认定国家绿色工业园区1家，国家绿色工厂2家，国家绿色设计产品1个；省级绿色工厂5家，省级绿色设计产品1个，工业节水型企业3家。推进工业节能，组织开展工业企业专项节能监察和节能诊断服务，指导企业做好节能降耗、降本增效工作，万元工业增加值能耗同比下降7.12%。

新能源产业

【概况】 2022年，武威市按照“系统性谋划、板块化开发、大通道外输、产业链延伸、清洁化应用”要求，把新能源项目作为推动全市经济高质量发展的重要引擎，加大对新能源及相关产业的培育引进，不断强化电网基础设施配套，全市集电源、电网、储能、消纳和装备制造为一体的新能源全产业链加快发展。中国华电50万千瓦光伏治沙、中国三峡新能源20万千瓦光伏治沙、浙江正泰20万千瓦光伏治沙等一大批项目竞相开工建设，“光伏+治沙”“光热+风光电”、新能源就地消纳等多样化特征呈现，新能源产业实现绿色发展、高质量发展。

【新能源开发总体布局】 立足各县区土地空间资源、生态红线、电力消纳等实际，统筹新能源开发总体布局和整体优化利用，分区域明确发展方向，推动新能源及配套产业融合协同发展。凉州区以凉州工业园区为重点，引进风机整机、轮毂、变流器、机舱罩和光伏组件、逆变器、汇流箱等制造项目，全产业链打造风电、光伏装备制造产业示范园。民勤县集中连片大规模开发建设风电、光伏基地，配套发展共享储能电站和新能源装备制造业，推进高温制氢示范项目、制氢装备制造和绿氢化工相关产业发展，加快建设千万千瓦级“风光核氢储”多能互补一体化能源基地。古浪县重点实施光伏治沙、农光互补、牧光互补工程，推动太阳能发电与沙漠治埋、农牧业立体化协同发展，打造百万千瓦级沙漠生态光伏发电基地和“光伏 +”综合应用基地。天祝县结合资源条件适度发展光伏发电产业，加快推进松山滩百万千瓦级风电基地建设。

【新能源项目建设】 坚持规划引领，编制完成《武威市“十四五”能源发展规划》，规划建设百万千瓦级光伏发电基地 7 个，百万千瓦级风电基地 4 个，新增风电光伏发电装机规模 1500 万千瓦。先后引进华电集团、亿利集团、嘉寓国际等多家大型央企和知名企业集中连片开发建设太阳能、风力发电等项目。全市在建和开展前期项目 21 项、382 万千瓦，其中“十四五”第一批风光电项目 13 项、200 万千瓦；国家第一批大型光伏基地项目 5 项、160 万千瓦。“十二五”时期存量风电项目 2 项、20 万千瓦；“十二五”时期建成汇集升压站剩余容量项目 1 项、2 万千瓦。完成投资 16.9 亿元。

【新能源装备制造全产业链】 结合新能源资源开发与产业培育融合发展需求，科学制定《风电光伏发电整体开发方案》，围绕梳理储备的 26 项产业项目，科学制定《风电光伏电项目竞争性配置办法》，按照投资能力、建设业绩、风光电设备选型、技术方案、上网电价、储能规模、产业项目带动作用、投资强度、项目进度、税收就业等 15 项评价指标细化赋分标准，将省上下达的 200 万千瓦风光电建设指标配置到远景能源、华电集团、国家能源集团等 11 家企业，配套

图 59　中节能凉州区 10 万千瓦光伏发电项目 （甘曜毓　2022 年 8 月摄）

风光电装备制造、氢产业、储能等协同产业项目13项，总投资72亿元。2022年，新能源装机规模达到465万千瓦（风电150万千瓦，光伏315万千瓦），风电装备制造已形成2吉瓦风机总装、360套大兆瓦级风电叶片生产能力，光伏装备制造建成3.5吉瓦光伏组件、400兆瓦光伏逆变器生产能力，新能源及装备制造产业实现产值62亿元。

【创建“光伏＋生态综合治理”模式】 以保障绿洲生态安全为目标，以增加绿量、治理风沙为主线，结合民勤县“固沙削顶、拦腰分段”固沙模式、古浪“四带一体”风沙口治理模式和内蒙古库布其光伏治沙经验，引进亿利集团、浙江正泰、中国电建等5家新能源发电企业在凉州区九墩滩、民勤县双茨科镇实施160万千瓦光伏治沙项目，总投资81亿元。项目采用“板上发电、板下种植、板间养殖、治沙改土、工业旅游”立体化新型产业模式，在光伏场区板下、板间铺设稻草、芦苇秸秆等，对沙地进行固盖，同时，在板下、板间种植花棒、柠条、沙米、沙打旺等耐旱沙生植物，发展优质牧草产业，养殖育肥羊，创新发展“光伏＋现代农业”等“光伏＋”应用平台。2022年，5项160万千瓦光伏治沙项目均开工建设，完成投资2.9亿元。

（市工业和信息化局）

奶产业

【概况】 武威市立足资源禀赋和产业基础，抢抓国家和省上实施奶业振兴行动的重大机遇，把奶业作为推动全市现代农业高质量发展的支柱产业来抓，强龙头、补链条、聚集群，推动全市产业结构“绿色蝶变”和一二三产业深度融合，促进高质量发展。实施奶业振兴行动，制定《武威市奶产业链发展实施方案》，充分发挥武威伊利乳业龙头带动作用，配套建设奶牛养殖、饲草种植、饲料加工、包装印刷、生物医药、物流物联等上下游产业链项目，着力发展壮大“1+6+N”百亿级奶产业集群，全力打造甘肃乳都和百亿级河西走廊黄金奶源基地。全年牛奶产量20.4万吨，比2021年增长115.9%。

【重点项目建设】 投资21.2亿元的武威伊利绿色生产及智能制造示范应用项目一期工程在武威工业园开工，成为伊利集团在河西走廊布局建设的唯一一家乳制品加工企业，实现日生产能力603吨。武威伊利二期项目新增生产线18条，年产值67亿元，上缴税金1亿元以上，解决就业1500人以上。武威金宇浩睿农牧业有限公司引进澳大利亚荷斯坦奶牛1.33万头，建设金宇牧光互补产业园2号牧场，总投资6亿元，设计养殖总规模1.5万头，建设周期2年。先后引进金宇浩睿、嘉立荷、优然牧业等11个大型奶牛牧场项目，全市千头以上大型牧场达14个，引进繁育荷斯坦等优质奶牛7.1万头，奶牛存栏由2018年的2.8万头，日产奶突破800吨。

【百亿级奶产业集群建设】 创建甘肃乳都和百亿级河西走廊黄金奶源基地，坚持园区化、标准化、品牌化发展方向，借伊利之能，举全市之力，加快推进百亿级奶产业集群建设。武威伊利项目一期加工原奶11万吨，全市奶产业链产值达到22亿元。二期项目年计划投入资金1.1亿元，新增2条高速利乐砖生产线。引进实施宁夏金宇牧光互补、天津嘉立荷等奶牛养殖项目16个，奶牛存栏达到7.6万头、增长65.2%，牛奶产量达到8.3万吨、增长1.1倍，武威现代生态奶业产业园被列入全省10个百亿级产业园。

特色农产品及食品产业

【概况】 武威市印发《武威市特色农产品及食品加工产业链发展实施方案》和《分产业实施方案》，严格遵循“基在农业、惠在农村、利在农民”原则，打造特色农产品及食品加工产业链。坚持以工促农，依托重点工业园区，先后引进福建达利、山东威龙、青岛啤酒、伊利乳业等一批国内知名农产品加工龙头企业，培育壮大黄羊河集团、莫高酒业、红太阳面业等一批地方企业，初步形成以小麦、马铃薯、藜麦为主的粮油加工业，以乳制品、肉类、果蔬、食用菌、中药材为主的特色农产品加工业，以葡萄酒、白酒及熏醋为主的酿造业，以功能饲料、新型添加剂为主的饲草料业等加工体系。2022年，全市规模以上食品及农产品加工企业达45家，年总产值达105亿元以上。

【特色农畜产品加工业】 精准引进培育以顶乐农牧、甘肃伊牧兰为主的肉牛，以武威伊利、金宇浩睿为主的奶牛，以武威普康、甘肃凯伟为主的肉羊，以凉州牧原、武威天祥为主的生猪，以甘肃华中、河西甜美、天祝富盛为主的蔬菜，以武威众兴、天祝臣祥为主的食用菌，以红太阳面业、甘肃达利、黄羊河集团为主的粮食，以田园牧歌为主的草产业等一大批配套企业引领特色产业集聚发展的新雁阵，初步形成集农产品生产、食品加工、营销服务有机衔接的农业全产业链条，依托丰富的畜禽资源，发展肉制品加工产业和饲料加工产业，形成以天祥、顶牛伊禾、浪美食品、伊牧兰为龙头的肉制品深加工产业链。2022年，规上工业企业生产饲料62.6万吨、小麦粉51.8万吨、鲜冷藏肉5.2万吨；全市牛奶产量20.4万吨、蔬菜产量291.4万吨、食用菌产量9.47万吨、猪存栏91.2万头、牛存栏76.4万头、羊存栏619.1万只、鸡存栏785.5万只。

【特色饮品加工业】 强化武威伊利乳业奶产业链链主企业辐射带动作用，围绕上下游产业协同，加快从原奶生产到消费终端的全产业链培育，推进奶产业强链补链，加大酿造葡萄加工成品比重，推进啤酒、白酒和葡萄酒产业与文化旅游业融合，支持发展酒类和饮料产业，形成以伊利、达利、青啤、红太阳酒业为龙头的酒和饮料制造产业链。扶持凉州熏醋品牌争创名牌，鼓励企业开发保健醋、水果醋、饮料醋等系列醋产品，做大做强调味品产业。2022年，规上工业企业生产白酒（折65度）3319.8千升、

图60　青岛啤酒武威有限责任公司生产流水线
（甘曜毓　张宏年　2022年2月摄）

啤酒 48722 千升、乳制品 18.0 万吨。

【特色主食加工业】 支持藜麦系列产品开发，推进天祝藜麦产业园建设发展藜麦产业。扶持企业向集团化发展，延长小麦制粉、挂面生产等面粉产业链，开发生产精深加工产品。鼓励开展油料副产物综合利用项目，发展粮油制品产业。形成以达利、红太阳面业、黄洋河食品为龙头的休闲食品、面粉、玉米精深加工产业链。

非金属材料产业

【建材产业】 全市现有规模以上建筑建材企业 22 家。其中：水泥生产企业 1 家，产能 200 万吨；铝型材生产企业 1 家，设计年生产建筑门窗型材、幕墙型材、装饰型材等 1 万吨；商砼企业 12 家，年可生产 570 万立方米商品混凝土，环保型沥青混凝土产能 30 万吨；加气块、空心砖、电杆、防水材料以及外墙保温材料生产企业 8 家。

【绿色化工产业】 现有规模以上化工企业 12 家。其中民勤县 9 家、古浪县 1 家、凉州区 1 家、天祝县 1 家，主要生产精细化工产品和化学助剂试剂、医药及农药中间体。

【绿色环保产业】 围绕强龙头、补链条、聚集群，聚焦重点领域和关键环节，谋划生态环保高质量发展重大项目，打造以生活垃圾焚烧发电、餐厨垃圾处理、资源综合利用等为重点“1+N”生态环保产业链，推动形成生态与经济良性循环高质量发展新模式。紧盯生态修复、国土绿化、污染治理、防沙治沙、环保基础设施建设龙头企业，突出精中选优，统筹培育一批重点企业为链主企业，发挥辐射带动作用。推进重点行业企业挥发性有机物治理、工业园区污水集中处理和再生回用、集中供热供汽、固体废物处置等设施配套完善和提升改造，加快推进民勤县污水处理厂生态湿地建设项目、古浪县污水处理厂中水回用项目。推动实施民勤红沙岗工业集聚区建设工业废水处理厂和一般工业固废填埋场二期工程等基础设施建设项目。全市现有规模以上资源综合利用企业 4 家。亿利洁能 2×75t/h+2×6MW 热电联产机组项目已建成，年可生产蒸汽 65 万蒸吨，外销蒸汽 53 万吨，上网发电 524 万度。蓝博环保科技年产 3 万套农村改厕配套设备项目已建成。光大环保能源有限公司 35 千伏垃圾发电厂已并网发电，年可发电 1.23 亿千瓦时，处理垃圾 29.2 万吨。

医药产业

【概况】 2022 年，充分利用道地药材主产地的优势，培育发展特色医药产业，推动特色医药产业转型升级。推动中医药企业开展中药材精深加工，围绕产业链重点领域，开展项目梳理和谋划工作，引导培育辖区中药饮片生产企业创建中药材产地加工趁鲜切制龙头企业，支持龙头企业提升研发创新能力，促进中医药企业扩大产能。

【中医药加工产业】 中医药加工业从传统的丸、散、膏、丹等发展到中药饮片、中药提取、中成药、保健食品、化妆品等多个系列。产品科技含量和附加值不断提高，产业发展态势呈高值化、系列化，中医药工业转型升级迈出新的步伐。形成以甘肃普安、甘肃泰康制药公司为代表的中西药制剂、中药前处理和中药提取生化原料加工等多元化业态的高新技术企业，生产的宣肺止嗽合剂、“祖师麻”膏药和宫瘤宁胶囊系列产品在本地备受青睐的同时，广销全国各地。

【生物医药产业】 全市现有规模以上医药企业6家，建成普安制药年产2500万盒宣肺止嗽合剂，泰康制药“祖师麻”膏药，牛满加药业、天利达和汇能生物等年生产兽用片剂、中药散剂、消毒剂及饲料添加剂等1.62万吨的生产能力。普安制药年产5000万盒宣肺止嗽合剂扩产项目已开工建设，完成配套热力系统主体工程，生产的宣肺止嗽合剂对治疗以咳嗽为主症的风邪犯肺证具有优势疗效。通过改造生产线，认定为数字化车间。

【中药材种植】 制定《关于2022年推进中药材标准化种植的指导意见》，推行“企业+专业合作组织（种植大户）+基地+农户”的产业化经营模式，在南部山区重点发展当归、秦艽、羌活、乌药、藏木香等道地中藏药材，沿山冷凉灌区重点发展黄芪、党参等道地中药材，沿沙区重点发展甘草、肉苁蓉、枸杞等沙生药材，不断推进中藏药材标准化种植基地建设，紧盯中药材标准化种植，中药材种植面积稳步扩大。建成古浪县黄羊川镇、古丰镇芍药种植示范点、凉州区邓马营湖中药材种植示范点等千亩中药材示范点6个，500亩以上中药材集中连片示范点30个，示范面积达到3万余亩。全市种植中药材20.26万亩，产量达12.21万吨，标准化种植率达到70%以上。

【医药产业项目建设】 制定《武威市特色医药产业链发展重点项目清单》，围绕产业链重点领域，开展项目梳理和谋划工作，聚焦延链补链强链，激发“链”式效应，全市谋划特色医药产业重点项目五大类43项，总投资22.23亿元。普安制药年产5000万盒（3亿支）宣肺止嗽合剂等液体制剂生产线升级改造项目等29个项目已开工建设，完成投资4.5亿元。参加中国（甘肃）中医药产业博览会、第二十八届中国兰州投资贸易洽谈会、第一届甘肃中药材土特产马来西亚推介会、“创业中华·筑梦陇原”侨领侨商武威行等活动。围绕中药材标准化种植、精深加工、产销一体化、康养旅游，谋划重点

图61　6月24日，泰康制药工人在车间内生产“祖师麻”膏药　（韩筱蓓　摄）

图62　3月24日，甘肃普安制药股份有限公司药物生产车间　（李政阳　摄）

招商引资项目 11 项，总投资 12.03 亿元。

（市工业和信息化局）

电力工业

【概况】 2022 年，国网武威供电公司服务武威市“三县一区”65.09 万客户，供电面积 3.3 万平方千米，供电人口 183 万。全社会用电量 73.17 亿千瓦时、增长 3.32%，其中工业用电量 43.37 亿千瓦时、增长 2.73%。售电量完成 70.45 亿千瓦时，综合线损完成 3.72%，下降 0.62 个百分点。全年售电量突破 70 亿大关，市场化交易电量达到 43.65 亿千瓦时，公司市场化交易用户达 6103 户。

【新型电力系统建设】 服务“双碳”顶层设计，制定“双碳”目标落地行动方案。配合“十四五”首座嘉寓宝华 330 千伏新能源汇集站并网。完成《整县分布式光伏整体接入系统方案》审查，动态更新新能源并网清单 75 项，完成新能源并网 503 兆瓦。推进现代设备管理体系建设，深化输电专业“立体巡检＋集中监控”，实现 330 千伏线路适航区无人机自主飞行。

【电力发电】 新投发电厂（站）9 座，新增发电容量 504.44 兆瓦。其中新增光伏电站 5 座，新增容量 503.44 兆瓦，生物质电站 4 座，新增容量 1 兆瓦。新（改）建 10 千伏及以上交流输电线路 17 条，长度 351.078 千米。其中公网线路 9 条，长度 237.414 千米；用户线路 8 条，长度 113.664 千米。其中重点实施 5 项电力工程包括：甘肃武威土门 330 千伏输变电工程，总投资 2.8 亿元，360 兆伏安变压器 2 台；甘肃武威苏武 110 千伏输变电工程，总投资 8158 万元，50 兆伏安变压器 2 台；甘肃武威 110 千伏变电站 3 号主变扩建工程，总投资 1358 万元，50 兆伏安变压器 1 台；甘肃武威羊路至夹河 35 千伏线路新建工程，总投资 493.38 万元，线路长度 8.78 千米，投产时间 2022 年 12 月 22 日；兰张三四线甘肃牵引站 330 千伏外部供电工程，总投资 4.66 亿元，变电部分单体工程 7 项，线路部分单体工程 11 项。

【配农网管理建设】 完成配农网工程建设总投资约 8.25 亿元，其中“甘肃武威凉州清源镇宣庄村二、七组下台区改造工程”获得国网公司质量评价示范工程。“武威民勤县 2022 年配农网工程第二施工项目部”等两个项目部被评选为省公司标准化项目部；“甘肃武威凉州和平镇中庄村四组 10 千伏及以下台区改造工程”等五项工程被评选为省公司 2022 年配农网工

图 63　国网武威供电公司职工在凉州区实施拉线无绝缘子消除施工作业

（国网武威供电公司供图　2022 年 6 月摄）

程质量评价优质工程，2021年配变能效提升工程等两项目被武威市委评选为武威市高质量发展贡献奖。配变能效工程总投资5.42亿元，占全省投资近40%。

【电网调度运行】 武威电网电力供应满足需求，并网新能源5座，总装机50.344万千瓦。全年新能源利用率98.03%，其中风电利用率97.33%，光伏利用率98.56%。落实保电措施，完成迎峰度夏等各类保电工作15次，开展电磁合解环操作76次，减少电量损失126.684万千瓦时。开展配电主站系统建设，实现与省公司数据贯通，形成省地配电系统“N+1”体系。

【电力安全生产】 强化风险分级管控，防范化解六级及以上电网风险28项、三级及以上作业风险124项。治理房线、“三跨”、拉线无绝缘子等安全隐患1.74万余处。开展“零容忍”反违章专项行动，考核问责179人次，经济处罚46.17万元，专项奖励11.95万元。完成国家“应急使命·2022”武威分会场保电任务和应急演练。

（国网武威供电公司）

建筑业

【概况】 2022年，武威市具有资质的建筑施工总承包和专业承包企业308个，入库222个，新增入库企业24个。完成建筑业产值103.1亿元、增速15.9%，完成建筑业增加值33亿元、增速3.5%。

【新建工程项目】 实施重大项目33项，完成投资25.3亿元。武威东站综合客运枢纽及停车场项目启动建设。全市新增节能建筑

图64 武威市大力发展绿色节能建筑，全力提升人均公园绿化面积。图为民勤县东湖公园

（张福民 2022年7月摄）

137.7万平方米，城镇新建绿色建筑竣工面积占比达到100%，新开工装配式建筑28.8万平方米，装配式建筑竣工面积比例达到16.9%。受理房屋市政工程招投标项目320项，监督不见面开标项目576项。完成施工图审查政府购买服务36项（次）。减免城市基础设施配套费411.7万元。

【绿色节能建筑】 制定《武威市推动城乡建设绿色发展实施方案》《武威市停车设施建设管理“一难两乱”专项整治实施方案》，成功申报实施北方地区清洁取暖项目，获得中央预算内奖补资金9亿元，实施清洁取暖项目35项，新建改造供热管网84.4千米、换热站19座。新建改造供排水管网84.64千米，污水收集率达到75%以上，城市再生水利用率达到50%以上。继续保持城市、县城建成区范围内无黑臭水体。新增城市（县城）绿地109万平方米、提质改造绿地47.04万平方米，建成城市（县城）小游园15个，城市建成区绿地率达到36.66%，城市人均公园绿地面积达到12.92平方米。建成垃圾分类试点单位、小区18个，实现垃圾分类末端综合处理，生活垃圾跨县区、跨区域集中处理模式逐步推行。

【建设市场管理】 受理审批事项3444项（次），涉及项目1095项。推行“竣工验收备案”电子证照、“建设项目发包备案”全流程线上办理。建成市县（区）数字化城市管理平台，受理案件3.04万件，办结率100%。排查自建房录入房屋信息141.68万栋，录入率100%；排查自建房73.2898万栋、排查率100%；全覆盖排查经营性自建房1.6188万栋，排查率100%、信息录入率100%。全市排查存在隐患的自建房242栋。办理城乡建设历史遗留问题，完成房屋质量结构安全性鉴定17栋、5.7万平方米。解决国有土地已售城镇住宅历史遗留“登记难”、工程竣工验收等问题1.9万套。

【建筑施工安全监管】 开展建筑施工安全专项整治，检查在建工程793项（次），整改隐患问题3675个、大气污染问题2368个，工程质量问题346个。清理注销超期起重机械675台。排查自建房73.3万栋，全覆盖排查经营性自建房1.61万栋，分级分类及时处置初判存在隐患的经营性自建房74栋。排查整改燃气安全隐患428个，督促餐饮企业全覆盖安装报警器4037个。开展房屋建筑和市政设施调查，调查城乡房屋建筑149.54万栋、供水管线57条、供水厂站6座、市政桥梁48座、市政道路199条。修订住建领域应急预案13个，组建专业性应急救援队伍7个、952人，准备重型工程救援机械287台。完成81个建筑施工项目和230家建筑施工企业安全风险分级管控动态评级，指导51个在建项目实行安责险制度。办理建设工程消防设计审查58项、消防验收37项、消防验收备案80项。开展物业小区消防安全排查整治，消除安全隐患246个。

（市住房和城乡建设局）

商贸服务业

商贸流通

【概况】 2022年,贯彻落实国家、省、市稳住经济一揽子政策措施,坚决落实“疫情要防住、经济要发展、发展要安全”的要求,强化工作调度,采取有力措施,推动工作落实,商务各项工作稳中有进、稳中向好。全年完成第三产业增加值327亿元,增长5.2%。实现外贸进出口总额6.99亿元,增长50.4%。争取促消费、服务业发展、电子商务、外经贸发展、国际货运班列物流补贴等各类资金3500多万元。全力推进全市商贸服务业繁荣发展,国内贸易实现社会消费品零售总额167亿元,增长3.1%。

【县域商业体系建设】 根据省商务厅、省财政厅、省乡村振兴局《关于支持实施县域商业建设行动的通知》,对照《县域商业建设指南》,在充分调查摸底的基础上,围绕补齐县域商业基础设施短板、完善县乡村三级物流配送体系、改善优化县域消费渠道、增强农产品上行动能、提高生活服务供给质量等5个方面,指导县区完成方案编制工作,编制市县域商业体系建设行动工作方案,同时将方案和154个项目上报省商务厅等三部门。申报争取古浪县、天祝县为2022年国家县域商业体系建设实施县,民勤县确定为省级县域商业体系建设试点县,争取到位项目资金934万元。

【重点项目建设】 武威市7个批发市场列入全市高质量发展重大项目,总投资17.35亿元,计划完成投资2.3亿元,完成投资2.51亿元。亚峰农产品市场、凉州花卉市场取得重大进展,金朝农副产品市场、甘肃华中农业等3个续建项目稳步推进。落实省级商务发展资金230万元,支持荣源冷链物流、凉州老街、京华万家等改造升级项目,推进凉州尚丰农达、古浪笔架山、天祝臣祥菌业等6个冷链物流项目建设,围绕构建农产品供应链体系,积极申报储备农产品冷链物流项目。启动运营甘肃理工中专、天祝天泰等便民市场,健全完善农产品终端流通设施,满足群众便利消费需求。

【批发零售】 全市批发和零售业实现商品销售额234.7亿元、增长4.9%。其中，批发业销售额156.2亿元、增长7.1%；零售业销售额78.5亿元、增长0.7%。住宿和餐饮业实现营业额18.5亿元、增长3.6%。其中，住宿业营业额2.3亿元、下降9.3%；餐饮业营业额16.1亿元、增长5.8%。全市有零售商店55432个、从业人员约13万余人，覆盖城乡，引导和扩大城乡消费。全市餐饮服务单位6700余家、从业人员5万余人，宾馆酒店招待所396家、从业人员2002人，美容美发个体户3185家、从业人员4000余人。引导市场主体让利约1亿元，动员300多户重点企业、商家策划丰富多彩的营销活动，通过展销、满赠、打折等举措，提高市场关注度，带动消费4亿元。商贸服务业市场主体持续扩大。

【疫情防控物资保供】 坚持“保供应就是保民生”理念，优化完善重点企业保供机制，新增市级保供企业15家，达到90家。常态化开展商场超市、宾馆酒店、批发市场等商贸行业疫情防控督导检查，落实落细各项疫情防控措施。疫情防控期间，市区联动，划片分区，督导批发市场、大型商超，拓宽供货渠道，加大调运力度，增加商业库存。应急启动亚峰蔬菜批发市场，协同社区采取分片包干、无接触式配送等模式，做好“最后100米”末端配送，配送生活物资45万单，有效保障蔬菜、粮油、肉、蛋等生活必需品市场供应。

【行业监管】 加强商务领域行业监管，动态调整权责清单，编制行政处罚事项目录45项。开展成品油、报废机动车、再生资源行业综合治理行动。落实安全生产行业监管责任，组织开展安全生产、餐饮行业燃气安全、自建房安全整治检查15次，检查企业200多家，督导整改安全隐患问题93个。落实生态环保部门责任，有效整改督察反馈问题，整改任务全部验收销号。深化“放管服”改革优化营商环境，办理成品油、报废机动车回收（拆解）、二手车交易等备案登记事项41项。提升部门联合“双随机、一公开”监管效能，对汽车销售、单用途商业预付卡等14家企业开展了跨部门双随机检查，对对外贸易、外商投资、再生资源回收等111家企业开展单部门双随机检查。

图65　12月10日，天祝县落实疫情防控物资保供，市民在大通超市选购新鲜水果
（徐世乾　摄）

【电商新业态】 推进落实民勤县电子商务进村农村综合示范项目（升级版）实施，智慧运营服务中心、公共服务中心等工程有序推进，项目资金支出883.94万元。申报实施天祝县电商同城配送项目，落实项目资金40万元。谋划申报2023年县域电子商务与产业融合集聚区建设、新

业态电商企业培育、东西协作消费帮扶等电子商务专项资金项目7个。发挥电商助力乡村振兴作用，组织电商企业参加《那山那水我代言》节目组武威专场融媒体直播带货活动，提升武威特色农产品在全网的知名度和本土品牌影响力。采购武威特色产品电商直供产品包装10万件，免费提供给电商企业，助力销售民勤蜜瓜5.2万吨。组织电商专业技能培训班3次，培训400多人次。深化东西消费帮扶，天祝格瑞丰、华锐之星、古浪绿农与天津蓟州绿色食品集团有限公司签订农特产品购销协议3000万元，全市完成东西部协作消费帮扶2.29亿元。

【促消费举措】 紧盯重要节日节点，常态化组织开展系列促消费活动，先后组织“迎新春促消费助力乡村振兴”“春季消费促进月”“重点消费促进季”等促消费活动，市县区投入财政资金1025万元，围绕汽车、家电、零售等重点领域开展促销，激发消费活力，促进消费回暖。组织企业参加“2022全国网上年货节”“双品网购节”等网上节庆促销活动，启动“应时优质甘味农产品大品尝”线上线下融合促销活动，搭建线上线下促销平台，培育消费新热点。全年发放零售餐饮（含家电、电子产品）消费券9万余张，直接补贴消费者，带动消费4600多万元。补助汽车油卡410万元、4100张，带动汽车销售2650辆、销售额3.59亿元。通过财政资金撬动，带动300多户企业、商家采取展销展示、满赠满减、打折让利等举措，多形式开展促销活动，带动社会消费4亿元。

（市商务局）

住宿餐饮业

【概况】 2022年，武威市住宿和餐饮业实现营业额18.5亿元、增长3.6%。其中，住宿业营业额2.3亿元、下降9.3%；餐饮业营业额16.1亿元、增长5.8%。

【餐饮业发展】 发挥餐饮行业协会作用，协调引导外卖等互联网平台企业进一步下调餐饮业商户服务费标准，降低相关餐饮企业经营成本。引导互联网平台企业对县区内的餐饮企业，给予阶段性商户服务费优惠。对餐饮行业以单位方式参加失业保险、工伤保险且足额缴费的非失信企业，可向参保地人民政府社会保险行政部门提出申请缓缴失业保险、工伤保险费。结合县区实际，因地制宜支持餐饮企业与社区养老服务网点、养老院等进行合作，对老年人助餐服务给予适当支持。

【服务业安全生产】 建立动态机制，形成住宿餐饮监督服务对象台账，及时更新信息。指导县区商务部门做好服务业纾困政策宣传解读、报送零售餐饮惠企纾困政策落实情况和月报表。会同市明办、市市场监管局等7部门制定《武威市平安酒店创建工作实施方案》，明确部门职责，工作任务，补短板、强弱项，完善功能，提高档次，形成满足不同消费层次人群的住餐服务体系。

【能力提升和宣传推介】 组织参加2022年全省住宿餐饮业职业技能大赛，获优秀组织奖和个人三等奖。组织动员企业参加“陇上风味”餐饮行业创业创新大赛，组织武威建隆大酒店参加第四届陇上美食博览会暨兰州老街美食文化节开幕式。动员组织62家餐饮企业提供美食图片和企业简介，编辑并上传省商务厅甘肃美食地图软件系统，拓展宣传渠道，进一步提升武威美食知名度，促进餐饮消费增长。

粮食和物资储备

【概况】 2022年，落实粮食安全省长责任制，不断增强粮食宏观调控能力，健全完善物资储备机制。科学确定全市储备粮油规模布局，提出增储计划，将“十四五”期间储备粮增储计划分解下达至县区，全年完成增储任务。

【粮油产业发展】 全市粮食加工企业达91家，年设计总产能464.66万吨。饲料加工企业50家，饲料生产线64条，年设计总产能260万吨以上。市委、市政府出台“小升规”扶持政策等产业政策，对饲料加工、重点招商引资暨高质量发展重大项目进行资金奖励。

【重点项目建设】 争取市级专项资金770万元，采购救灾物资16196件，协调督促各县区采购救灾物资63716件。实施“优质粮食工程”项目、粮库智能化升级改造项目21个，总投资1.4亿元。谋划推进天祝县粮食储备库项目和民勤县粮食储备库项目，中储粮武威直属库仓储项目和古浪县粮食储备库建设项目列入2022年全市高质量发展重大项目，分别完成投资1500万元和2800万元。建成凉州区粮食和应急物资储备中心和救灾物资储备库。疫情防控期间向各经营网点供应馒头、花卷、面条等，有效保障食品供应。

【物资储备管理】 强化部门协同监管，优化粮食营商环境，充分运用现代化监管理念、智能化监管手段，严格依法管粮。充分发挥粮库智能化升级改造项目成效，实现储备粮在线实时监管和全程闭环管理。扦取各类粮油样品53份，检验各类粮油样品124份，开展“两个安全”普查，普查率和安全保粮率均达到100%。办结12325监管热线转办案件6起，对3家粮食收购企业予以行政处罚，切实保障种粮农民利益。

（市粮食和物资储备局）

图66 7月18日，凉州区新华镇农户用大型农机具抢收小麦

（甘曜毓 摄）

供销合作

【概况】 2022年，武威市实现商品销售总额66亿元、农产品购进34亿元、利润1355万元。修订市级供销合作社改革发展资金管理办法，设立市级供销社发展资金账户，市、县级化肥储备制度全部建立。

【项目建设】 实施项目7个，总投资2385.9万元。按照国家政策支持领域和投资导向，古浪县冷链仓储物流建设项目开工建设，总投资16952.6万元，占地面积94.99亩。探索“社有资产+”模式，盘活资产32处，新增经济效益1200多万元。

【农资保供】 应对农资价格高位运行形势，采取团购分销、直供让利等方式，购进各类化肥17.24万吨、农药313吨、农膜8992吨，供应各类化肥17.04万吨、农药280吨、农膜8652吨。指导凉州区以鑫富农农资公司为依托，按照“六统一”（统一采购、统一配送、统一价格、统一标识、统一核算、统一服务）经营模式，建成区级农资集采配中心1个，乡镇农资配送中心5个，发展村级服务网点125个。实施绿色农资行动，推进化肥农药减量增效，销售绿色农资4.9万吨。

【基层组织体系建设】 进一步优化经营网点布局，新建改造基层社和综合服务社55个，发展综合超市5个。抓好集采集配中心建设，建成县级农资配送中心3个、日用消费品配送中心1个。实施农业社会化服务惠农工程，托管、流转土地面积达16.6万亩，购置植保无人机38架，服务面积30万亩，实现服务收入100多万元。通过直投、合作设点、委托代投等方式，基层服务网点开展快递服务总数达到143个。

【农产品产销对接】 完成农产品销售额37.3亿元，增长20%。第二十八届中国兰州投资贸易洽谈会促成4880万元产销对接订单，电子商务销售额可达1.8亿元。深化东西部帮扶协作，加强与天津市供销系统对接合作，21家企业的60多种农特产品通过帮扶产品认证，“832”平台企业实现销售额1017万元。加快再生资源回收利用体系建设，完成回收额1.6亿元，回收农村生活垃圾、废旧农膜、农药包装废弃物9.8万吨。

（市供销社）

特种经营

【再生资源回收】 制定《武威市再生资源回收利用体系建设实施方案（2022—2025）》《武威市再生资源回收利用体系专项整治工作方案》，对区县再生资源回收经营者、回收市场、从业人员以及在建、改扩建和规划的再生资源回收体系建设项目等情况进行普遍的摸底调查。全市有再生资源回收业务企业26家，个体户115家，年回收量约6.9万吨。回收物品主要包括废旧金属、塑料、废纸、玻璃瓶等。塑料、废纸、玻璃瓶主要来源于个体小商贩，铁主要来源于工程废旧料、废旧农机具、修理铺的废旧零件。利用专项督查、部门联合等方式，集中开展再生资源市场经营户焚烧废品、门前乱堆乱放、非法回收报废机动车及其零部件等专项大排查，强化再生资源市场生态环境保护工作的监督管理。

【机动车辆报废回收】 全市有资质的报废机动车回收拆解企业8家,其中凉州区5家,分别是武威康力物资再生利用公司、武威君宇再生物资有限公司、武威保环物资再生利用有限公司、武威金安特钢有限公司、武威金乾来再生资源有限公司。民勤县1家,是民勤县顺腾再生资源科技有限公司;古浪县1家,是古浪县贵玉再生资源回收有限公司;天祝藏族自治县1家,是天祝藏族自治县鑫旭源再生资源回收有限公司。严格落实《报废机动车回收管理办法》,规范报废机动车回收拆解活动,加强环境污染防治工作。

【拍卖企业核查管理】 2022年,拍卖业务的市场环境受全国层面的司法网络拍卖改革、公共资源交易中心建设以及新冠肺炎疫情等因素影响,拍卖业务资源明显趋于枯竭,由于土地使用权和房地产拍卖业务下滑和网络拍卖平台的兴起等诸多因素的影响,武威市拍卖行业拍卖成交金额呈现出持续下降的趋势。武威市有拍卖企业有3家,分别为武威汇丰拍卖有限责任公司、甘肃品辰拍卖有限公司、甘肃省龙联时代拍卖有限公司。全年举办拍卖会25场,成交拍卖场次25场,成交总额2.3亿元。

（市商务局）

烟草专卖

【概况】 2022年,围绕卷烟专卖专营重点工作,更加注重稳增长、调结构、推改革、育品牌、强素质、防风险,全年实现利税3.69亿元。建立“告知承诺制”和“好差评”机制,受理行政许可新办申请900户次,准予许可821户次,准予许可率91.22%。全年办理烟草专卖零售许可证业务1958起。持续推进文明吸烟环境建设,建成吸烟亭10个、吸烟点985个,文明吸烟场所城区建设平均密度达到17个/平方千米。不断增强物流设备自主管控能力,《卷烟配送辅助便捷式小车的设计和应用》获得国家新型实用性专利。

【烟草营销】 不断提升终端建设影响力和辐射力,建成现代终端2135户,加盟终端客户166户,全市系统“新商通”使用客户达到2516户,开通聚合支付客户1126户,自主结算客户2058户。社会库存2029箱,条价指数保持在99左右,盒价指数保持在100,客户经营毛利率保持在15.8%左右,卷烟价格指数和客户盈利水平持续提升。落实三级品牌共育机制,全年引进新品卷烟17个（含雪茄）,退出品牌6个,持续提升卷烟供给与市场需求的适配度。

【市场监管】 联合公安、市场监管等部门组织开展“利剑2022”“护航2022”“春雷2022”等专项行动,有力打击涉烟违法犯罪行为。侦办涉烟刑事案件10起,完成1起四级以上假烟网络案件工作任务。查获各类涉烟违法案件398起,查获卷烟323.24万支,其中查获5万元以上卷烟异常流动案件10起、涉案卷烟101.95万支、案值88.83万元,查获假私卷烟54.05万支、案值118.35万元,较好维护卷烟市场秩序。

（市烟草专卖局）

成品油销售

【概况】 2022年,中国石化甘肃武威石油分公司完成油品经营总量2.8万吨,完成年度任务4.1万立方米的68%;天然气销售125万立方米,完成年度任务155万立方米的80.6%,增幅0.64%。非油品完成393.91万元,完成年度任务816万元的48.2%,比2021年增长15.7万元,增幅4.5%。中国石油甘肃武威销售分公司实现成品油销售27.19万吨;天然气销售0.82万吨;缴纳1919.11万元税款。

【项目建设】 中国石化甘肃武威石油分公司重点实施4项加油站项目,其中新城区加油站项目于5月20日完成建设,6月10日开始试运行;新能源装备制造产业园加油站项目、谢河镇武家寨子加油站项目开工建设;东河加油站项目推进前期工作。中国石油甘肃武威销售分公司积极落实新能源项目储备,完成油库、加油站充电桩、分布式光伏项目备案13座,与电力部门合作建成投运新城区加油站充电站1座,建成凉都大道加油站光伏项目1座。

【经营销售】 中国石化甘肃武威石油分公司与社会加油站达成协议,形成长期合作关系,与3座社会站点实现供油,围绕“服务提升百日竞赛”和“攻坚创效专项营销”活动,规范加能站现场服务水平和服务形象,进一步提升客户体验感,新增非油品团购客户5家。新增农机用油客户122家。参与政府组织的乐享消费活动,实现加油组织推进直播业务,实现直播销售额9.59万元。开展“油非互促”活动、“一户一价”政策,实现安顺加油站机出油品年度增幅91.84%,周家井加油站机出油品年度增幅240.11%。

【油品质量检验】 中国石化甘肃武威石油分公司推进落实“安全生产专项整治三年行动计划”收官工作、“百日安全专项行动”、“总经理2号令”及“五查五严保安全”等专项活动。强化油品质量安全,全年检验样品1140批次,其中汽油出入库检验102批,柴油出入库检验162批,内部抽检646批,外部抽检105批,汽油国VIB升级检验125批,样品质检结果均为合格。

（中国石化甘肃武威石油分公司、
中国石油甘肃武威销售分公司）

邮政 快递

【概况】 2022年,邮政行业寄递业务量完成3786.79万件、比2021年增长17.86%。邮政寄递服务业务量完成2823.83万件、增长23.54%,其中包裹业务0.64万件,函件业务18.73万件,订销报纸2676.19万份,杂志45.16万份,汇兑0.11万笔,其他业务量82.24万件;快递业务量962.96万件、增长3.87%,快递业务收入18360.61万元、增长3.46%。

【快递进村工程】 制定《武威市加快农村寄递物流体系建设实施方案》,协调出台各县区加快农村寄递物流体系建设具体落实方案,将农村寄递物流体系建设具体工作进行细化。引导企业完成2个农村电商快递协同发展示范区和3个快递服务现代农业示范项目申报培育创建工作任务。民勤县邮政公司申请到279万项目资金,建成县级快递物流共配中心1个,建成乡镇共配中心4个，村级综合服务站点37个。组织和引导邮政快递企业落实“快递进村”工程，快递进村覆盖率达到92.29%。

【邮政普遍服务】 开展普遍服务监督检查。开展规范邮政普遍服务设施建设工作，设置智能快件箱，明确使用要求、收费情况。投入普遍服务与特殊服务补贴2098.65万元，下拨建制村直接补贴88.91万元，合计2187.56万元。用于从事普遍服务和特殊服务相关工作日常运营的生产投入，以及从事邮政普遍服务和特殊服务的人工开支，以保障和提升邮政普遍服务和特殊服务能力。

【寄递安全保障】 设置邮件时限，确保寄递安全保障工作。包裹寄递实现同一城市城区间次日内送达比例为100%，2天内送达比例为100%。省内3天内送达比例为98.91%，5天内送达比例为98.91%。监督企业高效完成2022年高校录取通知书寄递工作，完成2022年邮政用品用具检查和产品质量抽检工作，开展生态环保安全专项检查2次，全市邮政快递企业实现采购使用符合标准的包装材料比例达到90%。

【快递业务发展】 制定《武威市“十四五”现代流通体系建设实施方案》，完善县乡村三级快递物流配送体系。提升快递服务效率，构建高效的全市同城配送体系，引导邮政、快递企业和本地物流企业联合组建三级物流配送企业，推行分级分类配送，推动完善三级物流配送体系。鼓励物流企业配置节能环保的冷链运输车辆，提升冷链运输配送水平，畅通生鲜冷链产销

图67 武威快递小哥
（张文灿 甘曜毓 张福民 2022年4月摄）

图68 市邮政管理局快递分拣实现机械化、自动化、信息化 （施晓芬 2022年4月摄）

"最先一千米""最后一公里"。统筹利用各类资金支持，推进流通领域基础设施建设，落实流通领域各类税费减免政策，降低企业运营成本。

【快递员权益保障】 将关心关爱快递员纳入年度重点工作任务，制定10项措施，明确责任，限期推进落实。制定《关于做好快递员群体合法权益保障工作实施方案》《关于维护新就业形态劳动者劳动保障权益实施方案》，制定18条保护快递员群体合法权益的具体举措，保障快递员合法权益落实。争取将快递员职业技能培训纳入培训补贴范围，每人补助标准600元。全年开展快递员职业技能培训18期，培训882人次，补助资金52.92万元。将快递员职称评审纳入寄递企业年度考核目标，督促企业高度重视快递员职称评审工作，完成37名快递员初级职称评审。督促人社部门按照0.2%的费率，完成1184名快递员工伤保险缴纳工作，实现参保全覆盖。

【中国邮政武威市分公司】 联合交通行业党委，按照"地域相邻、规模适当、便于管理"的原则，组建联合党支部4个。武威市邮政寄递业务总量和业务收入分别完成3786.79万件和3.12亿元，比2021年增长17.86%和7.4%；快递业务量和业务收入分别完成962.96万件和1.84亿元，比2021年增长3.87%和3.64%。开展安全生产专项整治，以收寄验视、实名寄递、过机安检落实"三项制度"，依法对6家违规企业立案处罚。武威市分公司全年实现收入比2021年增长14.5%。

（市邮政管理局）

电子商务

【概况】 2022年，武威市成立推进电子商务产业发展工作领导小组，实施国家电子商务进农村综合示范县项目建设。抓紧"互联网+"政策机遇，培育三级电商公共服务体系，建成县级电子商务服务中心4个、乡镇服务站80个、村级服务点619个，成立电子商务协会5个，促进特色产品销售。实施创新平台增量、创新主体培育、科技服务覆盖、着力构建以企业为主体、市场为导向、产学研深度融合的电商服务产业。鼓励传统企业实现电商转型，引导大学生村官、广大农村青年致富带头人、农村专业合作组织成员和返乡创业青年等开办网店创业，激发全社会创新创业的热情和活力。

【农村电商发展】 武威市申报实施国家电子商务进农村综合示范项目，推进国家电子商务进农村示范县项目建设工作。全市建成县级电商公共服务中心、物流仓储配送中心、公共服务信息报送平台、物流仓储信息管理平台、农产品溯源平台。民勤县申报实施示范项目升级版，争取项目资金7500万元。培育打造"民清源""原味古浪""天祝原生"区域电商公共品牌。培育梭梭农庄、善乙农品、淘村长等100多家本地电子商务企业，在阿里巴巴、淘宝、天猫、拼多多等第三方电商平台开设店铺3000多个。网上销售羊肉、蜜瓜、人参果、枸杞、锁阳、苁蓉、白牦牛等农特产品360多种。

【网络销售】 加快构建网络销售新发展格局，依靠短视频、直播带货等电商新业态发展，指导建立"武威市直播电商主播孵化基地"，举

图 69　9 月 23 日，武威市凉州区 2022 年“中国农民丰收节”现场，主播直播带货（韩筱蓓　摄）

冷链项目，总投资 42.72 亿元，上报发改部门，争取国家支持。围绕构建农产品供应链体系，做好农产品冷链物流项目储备工作。以增强农产品批发市场冷链流通能力、提高冷链物流重点干支线配送效率、完善农产品零售终端冷链环境等 3 个方向筛选申报农产品供应链冷链物流发展项目，全市筛选申报 60 个项目，总投资 25.55 亿元。

办“青春扶贫 能量助农”助力消费扶贫武威市专场直播活动启动仪式，组织网红直播带货营销。各县区分别组织多场次电商直播带货活动，销售本地特色农产品，取得良好的宣传效果。通过实施示范县项目、电商扶贫项目，依托电商人才培训中标企业，举办淘宝运营实操培训班、移动电商营销班等各类培训班，培训电商从业人员 2 万多人次。

物流业

【概况】 2022 年，武威不断拓宽农产品销路，线上线下齐头并进，加强现代物流体系建设，让物流快递进村入户，提升农村流通现代化水平，培育昊天、金佛等冷链仓储物流企业，建成 164 家果蔬保鲜库、静态冷藏能力达到 89 万吨，推进发展现代物流业。

【商品配送体系建设】 争取项目资金，围绕加强基础设施建设，做好项目谋划储备工作全力加强市场体系建设。全市谋划 34 个物流、

【城乡市场体系建设】 按照《武威市“十四五”市场体系建设规划》，确定大市场大商场和物流基地的布局布点，加快大型商业设施建设。通过实施“以奖代补”商贸流通建设项目，加大专业市场建设力度，推动消费品市场升级改造，扩大县乡农贸市场覆盖面，规范再生资源回收体系。全市建设和改造提升专业市场、农村集贸市场、农产品市场、消费品市场等各类市场，相继建成投入运营农产品、建材、五金、煤炭、石材、汽车、农机、再生资源、农资等一大批商品市场，健全市场种类，进一步扩大市场规模。全市建成专业批发市场、农村集贸市场（便民市场）、农产品市场、消费品市场等各类市场 145 个。

【电商物流】 随着城镇化水平提高和农村基础设施建设的逐步完善，电商物流网点迅猛发展，以县城和中心城镇为重点，建设县城综合商贸服务中心、乡镇商贸中心，各类连锁超市、便利店不断向农村扩张。利用电商企业仓储设施和车辆，对与其合作零售门店的进行配送，部分零售商店自行进行进货。形成以县城商贸流

通企业为龙头，乡镇店为骨干，村级店为基础的电商物流网络。以集中采购、统一配送为核心的新型农产品、药品、日用消费品、生产资料等商贸流通营销体系基本建成。

【农产品冷链物流】 建成凉州尚丰农达、古浪海子滩生态果蔬产业园、古浪土门笔架山、天祝臣祥菌业等4个冷链物流项目，武威荣源5000吨冷链物流项目稳步推进。推进民勤县鲜活农产品加工及冷链仓储物流、古浪县便民服务市场、天祝华锐之星冷链物流建设项目。建成凉州理工专便民市场，天祝县天泰便民市场准备启动运营，进一步健全农产品终端流通设施，满足群众便利消费。

【物流园区】 推进各县区物流园区建设工作，形成布局合理的三级城乡物流体系，物流分拨网络和城市配送网络更加健全，基本满足城市配送和农村物流服务需求。以覆盖自营停车、住宿、会议接待、租赁服务、商务咨询服务等设施标准建设金沙物流园区，吸引企业入驻，涵盖物流运输、仓储配送、电子商务、信息技术等多个领域。通过采用物联网、云计算等先进技术手段，实现对物流过程的全程监控和管理，提高物流的可视化程度，优化物流资源配置和调度。

【物流企业】 围绕构建电商产品供应链体系，大力发展物流企业。统筹物流服务网点建设，扩大物流配送终端综合服务，加密物流企业智能快递自提终端设施网络，实现城市住宅小区覆盖率达到90%以上。落实省级商务发展资金230万元，支持天祝天泰、凉州理工街、荣源冷链物流3个项目建设，组织实施民勤农特产品展销中心、京华万家、凉州老街等商业升级改造项目。启动运营甘肃理工中专、天祝天泰等便民市场，健全完善农产品物流终端设施，满足群众便利消费需求。

新型服务业

【家政服务】 2022年，武威市家政服务企业42家，利用节假日开展季节性家政从业人员达2500多人，年龄结构为20～58岁，文化程度占比是小学占10%、初中占60%、高中占20%、大专及本科占10%，工种有育婴师、养老护理员、月嫂、保洁等。员工制家政企业2家。录入家政企业信用体系平台27家，录入家政服务员7912人，认证4028人。支持城镇失业人员、农民工从事家政服务，不断满足人民群众日益增长的生活服务需求。

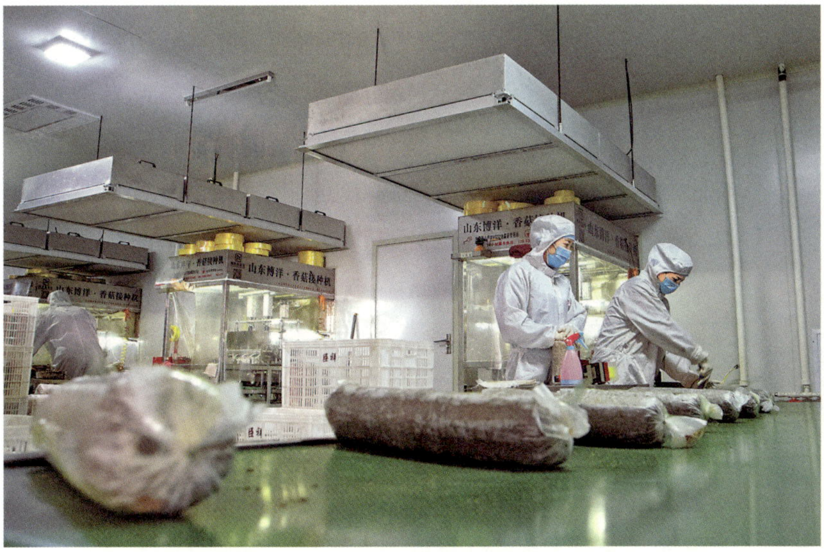

图70 天祝县臣祥菌业生产车间一角 （甘曜毓 高德强 2022年1月摄）

【人力资源服务】 开展就业劳动力输转活动，做好人力资源服务工作。以线上线下相结合的方式开展公共就业服务活动，组织春风行动、民营企业招聘月、残疾人就业帮扶、金秋招聘月等公共就业服务活动和人社局长“直播带岗”暖心行动、七条产业链用工保障“直播带岗”、重大项目和重点企业用工保障等抖音“直播带岗”活动45场次，提供就业岗位2.8万多个。全年输转城乡富余劳动力40.31万人，完成任务40万人的100.78%。创劳务收入116.9亿元，完成任务106亿元的110.28%。通过专列、专车等方式“点对点”输送务工人员1699人。

【养老服务】 全市有特困供养服务机构5所，集中供养特困人员728人，配有管理人员28人，护理人员53人，设置床位1010张，其中，护理型床位501张，护理型床位占比达50%；民办养老机构5家，入住老人660人，设置床位1415张，其中，护理型床位840张，有效满足老年人的养老服务需求。打造“15分钟养老服务圈”，推进“助餐、助浴、助医、助洁”等社区居家养老服务项目发展。建成智慧养老信息平台5处，加盟各类服务企业18家，提供助餐、助洁、助行、巡访、精神慰藉等上门服务6.3万人次。以“党建强”促进“服务强”，以“党建红”点亮“夕阳红”，推广“互助幸福院+长寿食堂”“老年活动驿站+长寿食堂”模式。依托邻里互助点、农村幸福院发展互助式养老；探索“社区+居家”服务模式，通过“村集体经济+政府补贴+捐助”的方式建成凉州区清源镇东城嘉园等爱心食堂5处。完善“监控—双向对讲”和“腕表—一键呼叫”应急救助服务功能，配发智能腕表1000户、架设终端服务监控1000户，随时关注老人身体、生活状况，达到“一键呼叫、一体派单、实时喊话”的综合服务效应。

图71　8月1日，民勤县东湖镇综合养老服务中心老年人进行娱乐活动
（韩筱蓓　王炳智　摄）

【公证】 优化公证服务，更好利企便民，贯彻落实公证改革各项决策部署，持续优化办证机制，逐步提升公证服务水平。一次性告知办证清单、指明开证路径、释明公证利害，努力实现“让群众最多跑一次”。系统梳理高频公证事项证明材料，结合办证实际，反复权衡，组织编制继承公证事项证明材料清单。推进学历、学位、驾驶证公证事项“跨省通办”。严格落实赋强公证利企便民措施，有效降低化险成本。开展“公证服务解民忧”专项行动，为病残、老弱、孕期、哺乳期妇女等特殊群体开展上门服务，切实做到“急群众所急，盼群众所盼”，为特殊群体提供上门服务15次。

【律师】 加大对律师职

业道德和执业纪律的培训，要求各所开展案卷专项检查，严格按照省司法厅律师案卷质量评查标准进行自查整改，规范财务管理办法，进一步规范办案程序，提升案卷质量。围绕中心工作，保障经济社会发展。组织律师开展“一村一法律顾问”活动，利用专业优势为贫困群众提供法律咨询、法律宣传，引导群众化解矛盾或以法律途径维护自己合法权益。落实法律援助工作制度，根据法律援助制度规定的援助范围为经济困难群众以及符合援助范围的群众提供法律服务，通过法律援助，保障人民群众遇到法律问题或权益受到侵害时获得有效法律帮助。组织律师参与信访积案化解，在市、县区信访接待中心设立律师席位，派驻律师值班，积极化解涉法纠纷。全市有律师事务所21家。

【广告服务】 培育和发展壮大广告业市场主体，调整和优化广告产业结构，加快构建广告业公共服务管理体系，着力营造广告产业健康发展的良好环境，提升广告业现代化水平和整体竞争力，促进广告业又好又快发展。重点推进市区广告产业能级提升，重点扶持数字传媒、移动视频、电子报刊、LED等新兴媒介发展和新技术、新材料运用，广告业营业收入年均增长保持在10%以上。

会展业

【概况】 2022年，武威市搭建优质创新创业平台，健全完善大众创业万众创新工作机制，加快推进省级双创示范基地建设，推进大众创业万众创新纵深发展。精心搭建节会平台，参展参会成果丰硕。在第二十八届中国兰州投资贸易洽谈会期间举办外向型经济云招商推介会，组织“侨领侨商武威行”专场签约活动，签约金额300.5亿元。大力发展园区招商，产业集聚效应明显增强，落实招商引资到位资金295亿元。

【云招商推介会】 2022年6月14日，武威市绿色生态产业暨国际陆港外向型经济“云招商”推介会举行。推介会集中展示武威独特的区位优势、丰富的物产资源、悠久的历史文化、巨大的发展潜力、良好的发展环境和一流的营商环境，重点推介多个领域的发展规划及重点项目。特色农产品及食品加工、奶产业、新能源及装备制造、文化旅游、信息产业、特色医药、生态环保成为投资热点。推介会线上线下签约项目45项、签约金额66.6亿元，涉及现代农业、生态工业、文旅融合、生态环保等方面。

【全国大众创业万众创新活动周甘肃分会场】 2022年9月15日，武威市以视频连线方式参加2022年全国大众创业万众创新活动周甘肃分会场启动仪式。市推进大众创业万众创新部门联席会议成员单位、市属国有企业、省级双创示范基地、省级众创空间等单位负责人40余人参加会议。围绕活动周主题，以良好的创新创业生态为基础，按照重点活动安排，有效开展形式多样、内涵丰富的系列重大活动，集中宣传最新政策、展示优秀案例，进一步提升全市创新创业能力、拓展创新创业空间、培育创新创业氛围，为全市经济社会高质量发展和“六个新武威”建设奠定良好基础。

【会展场馆】 在甘肃国际会展中心二楼设置占地252平方米的第二十八届中国兰州投资贸易洽谈会武威会展场馆，以视频、图片及文

图 72、73　7 月 7 日至 11 日，第二十八届中国兰州投资贸易洽谈会武威展馆　（市商务局　供图）

字、实物模型、特色产品等形式，重点展现武威着力打造的奶产业等 7 大产业链、中国葡萄酒城及招商引资项目。武威有 20 多家优势企业、150 多种特色产品参加展览展示，重点展现奶产业等 7 大产业链、中国葡萄酒城及招商引资项目。重点展示伊利公司 5 个系列 108 种产品，其中凉州区有 27 家重点企业、100 多种产品参加展示展销。重点展现“1+6+N”奶产业集群和特色农产品及食品加工、新能源及装备制造、文化旅游、数字产业、特色医药、生态环保等重点产业链，展示展销伊利公司、优然牧业、达利食品、青岛啤酒、德斯威光伏材料公司等企业的特色优势产品。

（市商务局）

旅游业

综　述

【概况】 2022年，制定《武威市文化旅游产业链发展实施方案》，依托全市文化旅游产业发展基础，以产业链龙头为主体，聚焦文化旅游产业关键环节，优化区域产业链布局，着力打造“5+N”文化旅游产业链。

【全域旅游】 开展全域旅游示范区创建工程，按照足量化、标准化、特色化、品牌化发展要求，增强“吃、住、行、游、购、娱”要素供给能力，加快推进精品景区提质改造，提升景区核心竞争力。开发面皮子、“三套车”、民勤羊羔肉、天祝白牦牛、凉州乳鸽等特色美食，加快建设姑臧风情街、凉州十七巷等美食街区，建设特色鲜明的餐饮服务集聚区，塑造武威“舌尖上的丝路”品牌。引进知名连锁休闲度假饭店品牌，带动星级酒店发展，不断提升宾馆酒店服务质量。高品质打造提升天梯山精品民宿、民勤摘星小镇、天祝哈溪十六号院等乡村精品民宿，建设富有武威特色的主题酒店、养生度假酒店、乡村民俗客栈、葡萄酒庄园酒店，打造“自在武威”文化主题酒店品牌。加快兰张三四线、民勤通用机场等重大交通项目建设，南部山区旅游公路建成通车，实施天马大道至凉州会盟纪念馆等一批AAAA级旅游景区连接道路，开通武威城区至沙漠公园、神州荒漠野生动物园、西营温泉度假村等旅游专线，构建连接全市AAA级以上旅游景区的直通车网络。发展旅游交通，成为推动全域旅游、实现旅游高质量发展的重要环节。

【文旅融合发展】 依托厚重的历史文化底蕴和优美的自然风光，促进文旅融合发展。挖掘山水生态、农耕文化、特色种植等旅游资源价值，着力打造高品质旅游景区，加快创建铜奔马AAAAA级旅游景区，优化提升天梯山生态文化旅游区、冰沟河景区等特色景区。研发“凉州印象”系列文创旅游商品，举办“天马行空·自在武威”文创旅游商品大赛。以文促创、以创彰文，推出一系列种类丰富、设计精巧、实用性强、深受消费者喜爱的文创产品，向广大游客展示武威深厚的历史文化底蕴和丰富的旅游资源，将历史文化印记融入现代生活，让文物“活”起来。打造特色旅游村，持续美化旅游景区景观风貌，重点打造城市景观风貌带、特色文化街区及乡野田园景观，进一步提升武威文旅融合发展的吸引力和影响力。

【旅游接待】 武威市着力加强旅游接待基础设施建设工作，提升饭店接待能力、交通运输能力和各种旅游物资的供应能力。拓展旅游业所需能源的供应能力和公用设施的配套能力建设业务，激励旅行社及旅游服务机构加大旅游服务工作质量。对接待外地游客服务工作成绩突出的旅行社兑现奖补资金225万元，退还旅行社质量保证金380万元。开展“文化进万家 旅游迎新春”百日攻坚行动，有效激活各阶段旅游市场，全年接待游客947.8万人次。

【旅游收入】 武威市实施旅行社暂退旅游服务质量保证金扶持政策，对符合条件的旅行社维持80%的暂退比例。落实国家发展改革委、财政部、文化和旅游部等十四部门《关于促进服务业领域困难行业恢复发展的若干政策》，从服务业普惠性纾困扶持措施、餐饮业纾困扶持措施、旅游业纾困扶持措施等方面实施旅游业的恢复发展。采取国有重点旅游景区、博物馆免费开放等措施，在众多优惠政策和特色活动助推下，全市旅游市场得到复苏，旅游出游规模、消费结构、服务质量及市场主体得到逐步回升，全年实现旅游综合收入57亿元。

【旅游规划】 发挥市文化旅游产业发展领导小组作用，将旅游业发展纳入重要议事日程，形成政府推动、部门协用、全社会参与、广大人民群众共建共享的大旅游发展格局。制定《武威市“十四五”旅游业发展实施方案》，确立旅游业发展作为武威“十四五”时期重要工作组成部分。深化文化旅游供两端结构优化升级，发挥全域旅游示范区的引领作用，以“转型升级、提质增效”为目标，更好实现文化赋能、旅

图74 天祝县西大滩镇西大滩村“牧场时光”特色旅游村 （蒋锦鹏 2022年7月摄）

游带动，以全季旅游、全产业链旅游发展为方向。合理规划旅游路线，优化产品布局。着力推动文化旅游项目建设，发挥雷台文化旅游综合体、历史文化街区等重大项目核心引领和辐射带动作用，将铜奔马文化旅游景区创建为国家AAAAA级旅游景区，进一步扩大突出“中国旅游标志”的影响力。

旅游资源

【概况】 武威市旅游资源富集，优势明显，潜力巨大。2022年，着力宣传“天马行空·自在武威”的旅游形象，打造特色文化旅游品牌，形成以雷台、文庙和鸠摩罗什寺景区为代表的“历史文化游”；以天祝三峡国家森林公园、石羊河国家湿地公园、冰沟河、青土湖为代表的“生态观光游”；以天祝大红沟、民勤红旗谷、古浪金水源为代表的“乡村休闲游”；以天祝天堂寺、抓喜秀龙草原、乌鞘岭大景区为代表的“民俗风情游”。在传统旅游线路的基础上，推出以温泉度假村、普康田园综合体为代表的城市休闲游；以民勤沙漠雕塑创作营、民勤摘星小镇为代表的“网红打卡游”；以古浪战役纪念馆、八步沙六老汉治沙纪念馆、民勤防沙治沙展览馆为代表的“红色体验游”。武威拥有国家级自然保护区2处、国家级森林公园1处、国家级湿地公园1处，国家A级旅游景区22处，其中雷台景区、文庙景区、神州荒漠野生动物园、凉州白塔寺、沙漠公园、天祝冰沟河景区、红军西路军古浪战役纪念馆、天梯山石窟、民勤苏武沙漠景区、民勤沙井文化民俗旅游景区被评为AAAA级旅游景区。

【自然旅游资源】 自然旅游资源以雪山冰川森林草原景观、青土湖沙漠景观为其主体特色，在河西走廊表现较为典型突出，而且在全省同类旅游资源中亦具有鲜明的代表性。高山冰川森林草原景观丰富，武威南部祁连山有现代冰川65条，为山前绿洲提供丰富的水源。从山顶到山坡依次为冰缘地貌景观、森林景观、草原景观。大雪山山脊雄伟，冰峰林立，可开展登山

图75　民勤摘星小镇　（蒋锦鹏　2022年8月摄）

探险旅游和冬季高山滑雪运动。东北部腾格里沙漠可开展沙漠探险旅游,风沙地貌景观、沙生动植物、绿洲和湖泊构成独特的大漠风光。武威城东腾格里沙漠前缘的沙漠公园,是一座融大漠风光、草原风情、园林特色为一体的游览胜地,是国内第一座大漠风光与沙漠绿洲相结合的旅游乐园。武威不仅具有高山、森林、草原、河流、湖泊、绿洲以及动植物等自然旅游资源,而且还有典型的现代冰川、沙漠戈壁,游客来到武威,可领略到全国不同地域的特色旅游资源,享受到不同的景致。

【人文旅游资源】 武威古称凉州,是著名古诗曲调“凉州词”的发祥地。宋元之际西藏纳入中央行政管辖的重大历史事件“凉州会谈”即发生于兹。境内风景名胜众多,因拥有“齐家文化”“沙井文化”“马家窑文化”“马厂文化遗址”“汉文化遗址”而享有盛名,更因中国旅游标志铜奔马的出土地而著称于世。在漫长的历史发展过程中,大量的城堡、塔寺、石窟、墓穴、古建筑和诗词歌舞等保留下来,淀积成了历史悠久、文化灿烂、具有典型融合特色的人文旅游资源。凉州区有雷台(汉文化博物馆)、文庙、西夏博物馆、鸠摩罗什寺塔、古钟楼(大云寺)、李铭汉故居、南城门楼、皇娘娘台(尹台寺)遗址、白塔寺、天梯山石窟、金刚亥母洞遗址、海藏寺、松涛寺、莲花寺遗址等人文旅游资源,民勤县有镇国塔、圣容寺、瑞安堡、二分大庙双楼、东镇大庙、汉明长城及烽燧等人文旅游资源,古浪县有红西路军烈士陵园、龙泉寺、大靖古城遗址、土门古城遗址、山陕会馆、大靖财神阁、土门三义殿、罗汉楼、青山寺、昌灵山、明长城烽燧、马家祠堂等人文旅游资源。天祝藏族自治县有天堂寺、东大寺、华藏寺、石门寺、南冲寺、祝贡寺、毛藏寺遗址、乌鞘岭长城遗址、朵什寺遗址、松山古城遗址等人文旅游资源。

【雷台景区】 国家AAAA级旅游景区,位于武威市城区内,有着丰富的汉代历史遗迹及文物,是丝绸之路上的精品旅游景区、全国重点文物保护单位。主要景点有汉墓(马踏飞燕出土地)、凉州词陈列馆、雷台汉文化陈列馆、汉风格大门、天下第一马以及凝聚汉文化精粹的巨型浮雕、牌楼、图腾柱和堪称“世界之最”的整体被放大6倍的99件铜车马仪仗俑队列等。1969年9月在甘肃省武威市雷台汉墓出土的马踏飞燕是举世闻名的稀世珍宝,被定为中国旅游标志。2022年景区内雷台汉文化博物馆开展“迎冬奥·庆元宵”“月儿圆圆话中秋”“东方乐器延音律,源远流长奏古诗”等主题社教活动,开展汉服展演等大型文艺活动,推出文创产品。

【文庙景区】 国家AAAA级旅游景区,位于凉州区崇文街,始建于明正统四年(1439),为全国重点文物保护单位。文庙由三部分组成,东为文昌宫,中为文庙,西为儒学院,占地面积3万平方米。整个建筑布局对称,结构严谨,是一组造型雄伟的宫阙式建筑群,被誉为“陇右学宫之冠”,是西北地区建筑规模最大、保存最完整的孔庙,属全国三大孔庙之一。主要景点有文昌宫、山门、崇圣祠、大成殿、戟门、棂星门、状元桥、泮池,尊经阁等。武威文庙内的匾额,保存在桂籍殿内,最为引人注目,多达44块。匾额内容有“天下文明”“书城不夜”“聚精扬纪”等,其中“聚精扬纪”“书城不夜”两匾,被收入《中华名匾》一书。2022年编印《凉州文化研究》之《武威文庙匾额文化专辑》,收录19篇文章,对文庙匾额进行立体展示,积极开展“文化研学、回望初心”缅怀先师孔子等研学活动。

【天梯山石窟】 国家AAAA级旅游景区，位于凉州区张义镇灯山村，始建于东晋十六国时期的北凉，被称为“石窟鼻祖”，为全国重点文物保护单位。天梯山石窟现存18个洞窟，主体大佛窟如来坐像高达28米，大佛左右两侧有迦叶、阿难、普贤、文殊、广目、多闻天王6尊造像，神态逼真，形象各异，塑造精致。石窟所在地势险峻，正处峡口，窟内大佛、北凉中心柱、佛龛及部分珍贵的壁画依山傍水，兼有内涵丰富的天梯山陈列馆，是参观、研究古文物和游乐休闲的理想之地。2022年，始终坚持“保护为主、抢救第一、合理利用、加强管理”的文物保护总方针，加强文物保护利用，抓好项目实施。

【沙漠公园】 国家AAAA级旅游景区，位于凉州区清源镇，地处腾格里沙漠边缘，是一座融大漠风光、草原风情、园林雅趣为一体的沙漠公园。园内现有漠迹漫居酒店、度假别墅、仿古四合院、蒙古包度假村、莫高葡萄酒堡等经营服务场所和仿土楼、仿傣王宫、仿古木回廊、吊脚楼、罗布人村寨等人文景观，有卡丁车、沙滩摩托、骆驼骑行、儿童游乐等娱乐项目。园内沙丘起伏，百草丛生，有梭梭、桦木、红柳、沙米、蓬棵等沙生植物和大面积葡萄园、梨园、苹果园等乔灌木作物，游人既可登上起伏的沙丘。2022年，定期对园内外的林木花草进行灌溉、除草、施肥、病虫害防治等日常管护，对各绿化地块进行美化改造，进一步提升生态景观效应。

2022年武威市国家A级旅游景区名录表（22家）

表8

序号	景区名称	地址	等级	主管部门
1	雷台景区	凉州区雷海路	AAAA	市文体广电和旅游局
2	文庙景区	凉州区崇文街	AAAA	市文体广电和旅游局
3	神州荒漠野生动物园	凉州区清源镇（凉古公路20千米处）	AAAA	市文旅集团
4	凉州白塔寺	凉州区武南镇百塔村	AAAA	凉州区文体广电和旅游局
5	沙漠公园	凉州区清源镇	AAAA	甘肃文旅集团武威投资有限公司
6	红军西路军古浪战役纪念馆	古浪县城	AAAA	古浪县文体广电和旅游局
7	天祝冰沟河生态文化旅游景区	天祝县祁连镇	AAAA	天祝三河源文化旅游有限责任公司
8	天梯山石窟	凉州区张义镇灯山村	AAAA	凉州区文体广电和旅游局
9	民勤苏武沙漠景区	民勤县民南路23千米处	AAAA	民勤县文化旅游交通投资有限公司
10	民勤沙井文化民俗旅游景区	民勤县三雷镇新陶村	AAAA	民勤乡村记忆博物馆

续表 8

序号	景区名称	地址	等级	主管部门
11	民勤县沙生药材科技文化博览园	民勤县民西公路 11 千米处	AAA	民勤县成功农业开发有限公司
12	天乙生态园	凉州区武南镇（312 国道古永高速公路武南收费站东侧）	AAA	武威天乙生态园
13	民勤县郎福生态文化旅游景区	民勤县三雷镇	AAA	民勤县郎福房地产开发公司
14	凉州区塔儿湾景区	凉州区古城镇	AAA	武威雪域春文化旅游开发有限责任公司
15	鸠摩罗什寺	凉州区共和街	AAA	凉州区宗教局武威鸠摩罗什寺民主管理委员会
16	武威温泉度假村	凉州区西营镇五沟湾村	AAA	武威温泉度假村有限责任公司
17	头道槽大漠旅游景区	凉州区长城镇向东 5 千米处	AAA	武威头道槽生态旅游服务有限责任公司
18	普康田园综合体	凉州区永丰镇	AAA	甘肃普康现代农业产业化集团有限公司
19	民勤石羊河景区	民勤县红旗谷生态旅游村	AAA	民勤县文化旅游交通投资有限公司
20	古浪金水源丝路驿站景区	古浪县西靖镇阳光新村腾格里沙漠南部八步沙治林区	AAA	古浪县金水源现代农业开发有限公司
21	民勤红崖山水库	民勤县重兴乡	AA	民勤县水务局
22	磨嘴子神泉山庄	凉州区古城镇小河村	AA	武威市利昇农林渔有限责任公司

2022 年武威市乡村旅游示范村名录表（20 家）

表 9

序号	省级乡村旅游示范村名称	地址	等级	评定时间	主管部门
1	天祝县天堂镇天堂村	天祝县天堂镇天堂村	省级	2018 年	天堂镇人民政府
2	凉州区高坝镇蜻蜓村	凉州区高坝镇蜻蜓村	省级	2018 年	高坝镇人民政府
3	民勤县西渠镇号顺村	民勤县西渠镇号顺村	省级	2018 年	西渠镇人民政府
4	民勤县重兴镇红旗村	民勤县重兴镇红旗村	省级	2018 年	重兴镇人民政府
5	凉州区古城镇小河村	凉州区古城镇小河村	省级	2018 年	古城镇人民政府
6	凉州区松树镇中堡村	凉州区松树镇中堡村	省级	2018 年	松树镇人民政府
7	天祝县大红沟镇大红沟村	天祝县大红沟镇大红沟村	省级	2019 年	大红沟镇人民政府

续表 9

序号	省级乡村旅游示范村名称	地址	等级	评定时间	主管部门
8	凉州区清源镇王庄村	凉州区清源镇王庄村	省级	2019 年	清源镇人民政府
9	凉州区张义镇灯山村	凉州区张义镇灯山村	省级	2019 年	张义镇人民政府
10	凉州区西营镇五沟村	凉州区西营镇五沟村	省级	2019 年	西营镇人民政府
11	凉州区康宁镇西湾村	凉州区康宁镇西湾村	省级	2019 年	康宁镇人民政府
12	古浪县古丰镇古丰村	古浪县古丰镇古丰村	省级	2019 年	古浪县文体广电和旅游局
13	古浪县西靖镇阳光新村	古浪县西靖镇阳光新村	省级	2019 年	古浪县文体广电和旅游局
14	天祝县天堂镇本康村	天祝县天堂镇本康村	省级	2020 年	天堂镇人民政府
15	古浪县黑松驿镇黑松驿村	古浪县黑松驿镇黑松驿村	省级	2020 年	古浪县文体广电和旅游局
16	凉州区清水镇河西村	凉州区清水镇河西村	省级	2020 年	清水镇人民政府
17	民勤县南湖镇麻莲井村	民勤县南湖镇麻莲井村	省级	2020 年	南湖镇人民政府
18	天祝县石门镇大塘村	天祝县石门镇大塘村	省级	2020 年	石门镇人民政府
19	古浪县黄羊川镇菜子口村	古浪县黄羊川镇菜子口村	省级	2020 年	古浪县文体广电和旅游局
20	凉州区羊下坝镇四沟村	凉州区羊下坝镇四沟村	省级	2020 年	羊下坝镇人民政府

旅游规划建设

【概况】 2022 年，制定《武威市文化旅游产业链发展实施方案》，召开文旅产业链推进会议和全市文旅产业链重大项目建设观摩活动，成立重大项目办和凉州会盟纪念地等 5 个项目工作专班，形成大抓项目的浓厚氛围。实施河西都会、凉州十七巷等重大项目，推出历史文化、科普研学、红色励志、康养休闲等特色文化旅游产品。依托丰厚独特的资源禀赋，把文化旅游产业作为支柱项目打造，进一步丰富旅游业态、延伸产业链条、完善旅游要素、推进景区建设、创新旅游产品、开拓旅游市场。全年实施重点文旅项目 22 项，完成投资 19.07 亿元。

【规划内容】 结合武威市旅游业发展实际，制定《武威市“十四五”旅游业发展实施方案》。围绕武威独特的历史文化、自然资源和人文遗产，全区域规划、全要素配套、全产业链打造、全天候全季节拓展、全社会参与，构建“一核五星三带四区”的文旅产业发展新格局，促进形成多点支撑、各具特色、优势互补、协调发展的文旅产业发展布局。力争创建 AAAAA 级旅游景区 1 家，省级乡村旅游样板村 20 个，省级旅游休闲街区1至2条，省级旅游度假区1至2家，五星级标准宾馆1至2家，接待游客量达到3800万人次以上，旅游综合收入达到460亿元以上。

【雷台文化旅游综合体项目】 武威雷台文化旅游综合体项目是创建AAAAA级铜奔马文化旅游景区的主要载体，也是集遗址保护、历史教育、旅游休闲和文创基地等配套公共服务设施于一体的综合型城市中央文化观光景区。项目于2018年10月开工，2022年12月完工，项目总投资近60亿元。项目建设主要包括雷台观和汉墓遗址保护性修建和提升改造工程、游客综合服务接待中心、演艺中心、文创孵化中心、天马文创孵化产业园、非物质文化遗产展厅、民俗节庆广场、河西文化旅游步行街、葡萄美酒文化产业街区、天马漫步园、天马歌体验馆、大汉符体验馆、凉州词体验馆、凉州诗词园、天马文化博览因等。项目实施对打造武威城市形象、创造就业岗位、提升经济发展、促进区域经济一体化发展具有重要的作用，对促进武威产业结构的重塑再造提供有力支撑，为推动武威经济社会高质量发展注入强大活力。

【武威历史文化街区项目】 项目包括文庙、古钟楼、罗什寺三大历史文化街区和东巷子商业街区。规划以保护街区的历史文化价值为首要前提，修缮现有传统建筑，恢复原有传统民居，依托三大历史文化街区旅游资源，形成凉州古城内“L”型的金腰带。2022年，投资进行街区文物保护修缮工作，完成文庙北侧的黄土古民居保护修缮21处。古民居作为传统建筑体系中最庞大的一支，具有鲜明的文化特色和地域风格，是中国传统文化的物质表现。完成鸠摩罗什、古钟楼历史文化街区的黄土古民居建设。历史文化街区项目充分体现儒家文化思想和风水布局，以四合院大门采用屋宇门形式，将倒座东侧稍间辟作门道，并在倒座后墙上开

图76 武威雷台文化旅游综合体项目三馆全景（市发展和改革委员会供图 2022年6月摄）

门，门框、门扇坚实厚重，造型简约朴素。

【武威沙漠绿舟生态旅游示范区（沙漠公园）建设项目】 项目位于凉州区清源镇，项目总投资 58300 万元，项目分三期建设。一期建设中小学示范性综合实践基地、沙生植物科普基地，室内实弹射击馆、飞碟射击场、户外拓展、自驾营地及娱乐设施；改造新驿站·漠迹漫居酒店，改建室外景观工程；建设供热站 1 座，污水处理厂 1 座，配套道路、管网工程。二期建设马术训练场、水上娱乐、帐篷酒店、房车露营地、梦幻乐园综合体、农业实践研学基地等，配套建设停车场、景观工程等。三期建设游客服务中心、商业街、民宿区、演艺大厅等，配套附属工程。

【神州荒漠野生动物园品质提升改造及改扩建项目】 项目位于凉州区清源镇，总投资 2.29 亿元，建成景区大门及游客服务中心、猛禽馆、灵长类场馆、卫生间；沙产业馆、标本馆、中心办公楼、长颈鹿餐厅、塑木栈道、动物围栏及动物棚舍、污水处理站锅炉房、鹦鹉孔雀馆、人工湖等展区。

图 77 神州荒漠野生动物园品质提升改造及改扩建项目中央广场（市文旅集团供图 2022 年 8 月摄）

【凉州会盟纪念馆基础设施建设项目】 项目为文化保护传承利用工程 2021 年中央预算内投资项目，总投资 3980 万元，主要建设西入口游客服务中心、观景平台及游客驿站、景区道路、停车场、旅游厕所、绿化以及配套附属设施等。

旅游业态

【概况】 武威境内风景名胜众多，因拥有“齐家文化”“沙井文化”“马家窑文化”“马厂文化遗址”“汉文化遗址”而享有盛名，更因中国旅游标志铜奔马的出土地而著称于世。雪域高原、绿洲风光和大漠戈壁等自然景观与历史文化、民族风情交相辉映，形成魅力独具的特色旅游资源。2022 年，武威建成 A 级旅游景区、景点 22 处。形成武威历史文化名城观光、雪域高原藏地民俗风情、“红色古浪”生态风光、最美大漠风情线等特色旅游精品线。

【武威历史文化名城观光游】 设置“海藏寺（海藏湿地公园）→植物园→雷台→鸠摩罗什寺→西郊公园→南城门广场→文庙→西夏博物馆→白塔寺→天梯山石窟”景区景点线路，以“历史文化名城”为主线，将市区景点和“石窟鼻祖”天梯山连接起来，游览者在游览铜奔马出土地、西夏辅郡历史遗迹、鸠摩罗什舌舍利塔和西藏回归祖国版图见证地各景点中，对武威汉唐文化、五凉文化、西夏文化、佛教文化等历史渊薮形成直观而鲜明的印象。

【天祝雪域高原藏地民俗风情游】 设置“华藏寺→石门寺→石门沟度假旅游区（华锐帐篷城、月亮岛度假村）→石门峡（药水神泉）→天祝三峡景区（金沙峡、朱岔峡、先明峡）→天堂寺”等景区景点路线。这里分布着岩峰怪石与丹霞地貌，有幽壑深林，冰川瀑流。草原上牛羊成群，牧民的歌声回响天际，青稞酒、锅庄舞、酥油奶茶，让人流连忘返。线路串联起华藏寺、石门寺、天堂寺等景点，让游客在旅途中感受佛教圣地的宗教气息，萌生慈悲喜舍的虔敬心意。

【古浪红色文化游】 设置红军西路军古浪战役纪念馆→金水源丝路驿红军西路军古浪战役纪念馆展厅站→八步沙六老汉治沙纪念馆→大漠绿洲旅游文化影视基地”景区景点路线。该线路依托武南公路和凉古公路，以红军西路军血战河西和生态文明建设成果展示为主题，融合红色文化遗迹、时代楷模精神及大漠生态建设景点，使游客既能感受到自然风光的绮丽迷人，又能感受到革命先烈及时代楷模的精神洗礼，是一条具有强烈的视觉冲击与心灵震撼的旅游线路。

【民勤沙海绿洲风光游】 民勤沙海绿洲风光游的景点包括民勤防沙治沙纪念馆→陶中现代农业示范园区→瑞安堡→民勤乡村记忆博物馆→青土湖→东湖体育公园→民勤苏武沙羊美食街→生态文化广场景点。该线路依托民武公路、民东公路和民湖公路，串联民勤石羊河国家湿地公园、红旗谷生态旅游村、红崖山水库、民

图 78　古浪战役纪念馆多功能红色文化主题公园（张文灿　2022 年 9 月摄）

勤防沙治沙纪念馆、民勤陶中现代农业示范园区、沙漠雕塑国际创作营、大井湾苏山客栈、民勤乡村记忆博物馆、瑞安堡、青土湖、民勤苏武沙羊美食街等景点，大漠风情独具，可感受“人沙一体，和谐共生”的生态奇迹，领略沙海绿洲民勤独特的民俗风情及大漠平湖的旖旎风光。

旅游营销

【旅游节会活动】 举办“甘肃文旅杯”王者荣耀电子竞赛河西赛区（武威站）邀请赛、首届如意甘肃文旅产业运营高端论坛、获得“云端甘肃冬春旅游直播季流量聚合奖”“2022最具文化魅力城市”等荣誉。举办2022年“中国旅游日”武威市分会场主题宣传活动，武威雷台、文庙、天梯山石窟、凉州会盟纪念馆、五凉文化博物馆、博物馆、图书馆和体育馆等景区景点和公共文化体育场所举办14项特色活动。活动其间开展免门票、免费讲解、抽奖游园、大礼品放送等活动，让广大人民群众共享文旅成果，树立文化自信。

【节会会展推介】 主动融入全省旅游大战略和大环线，着力打造“5+N”文化旅游产业链，培育新业态、新产品、新模式，加快推进文化旅游名市建设，为建设文化旅游强省作出更大贡献。举办首届如意甘肃文旅产业运营高端论坛等宣传推介活动，发布精品旅游线路18条，其中武威星辰沙海生态绿洲体验之旅入选全国乡村旅游线路。举办武威文旅资源踩线推介暨合作协议签约活动，推介展示武威文化和旅游的独特魅力。来自省内的250家旅行社代表在古浪县八步沙“两山”实践创新基地、武威天梯山石窟景区、武威天乙生态园等文化旅游景点的参观体验活动。甘肃兰神国际旅行社、敦煌旅游协会、甘肃丝绸之路国际旅行社、甘肃龙行天下国际旅行社、甘肃易游天下国际旅行社与甘肃文旅运营集团签订合作协议。通过文化旅游资源推介宣传，吸引更多游客来武威休闲度假、观光旅游，推动武威文旅事业高质量发展。

【旅游宣传推广】 多措并举打响“天马行空·自在武威”文旅品牌，与今日头条、抖音、快手等新媒体、知名IP平台合作，宣推武威文旅资源。吐谷浑王族墓葬群入选2021年度全国十大考古新发现，纪录片《梦幻凉州》在中央广播电视台科教频道播出，并入选2022年第二季度优秀国产纪录片推荐目录。话剧《八步沙》入围第十三届中国艺术节暨第十七届文华奖参评剧目演出，《凉州攻鼓子》获第十五届中国民间文艺“山花奖”。牢固树立文化旅游融合发展理念，打造凉州文化论坛、讲坛和沙龙等一批文化“名片”。加强与新媒体平台的合作，打造海外传播网红工作室，组织参加各级各类宣传营销、主题展会和路演等活动，擦亮打响“天马行空·自在武威”品牌形象。

【旅游商品开发】 举办第二届“天马行空·自在武威”文化旅游创意产品设计大赛，研发推出五福献瑞不倒杯、牡丹丝巾、文创手提袋、指甲刀、水杯等特色文创产品，铜奔马、鸠鸟等文创雪糕受到广大游客青睐。民勤县陇原巧手联盟设计研发的特色文化旅游商品《丝路金驼》，荣获甘肃省工艺品大赛金奖。《苏武传说》《苏武牧羊》等剪纸连环画文创产品相继面世，对传承与弘扬传统文化有着深远的意义。古浪战役纪念馆举行文创产品纪念币首发仪式，纪念币以丰富的设计元素、独特的审美意蕴，展现红西路军奋斗的光辉历程，具有极高的收藏价值。天祝县着力打造“天祝八景”“天祝八俗”“天祝八珍”“天祝八艺”旅游形象品牌，开发以陈立鹏雕塑馆、吉焕陇原巧手绣坊、巧红绣等企业为主的30多种文创产品，着力提升旅游的知名度和美誉度。

【旅游联盟建设】 参加甘新蒙青“四省十二城”区域文化旅游联盟大会，武威市文体广电和旅游局组织文旅集团负责人、旅行社代表、A级旅游景区代表、星级饭店代表以及推介演职人员20余人参加。结合武威的景区资源优势和特色项目，以视频为背景介绍武威的自然风光、历史文化和民俗风情，通过“古今对话”向广大与会嘉宾推介武威底蕴深厚的历史文化旅游资源。创新旅游宣传营销模式，实施“四省十二城”联合行动计划，推进“百家旅行社互联”“百家景区互动”“百家酒店互惠”“百条线路互通”“百万游客互游”的“五百计划”联合营销行动，共同推出引客优惠奖励政策，放大政策叠加效应。

旅游管理和服务

【概况】 2022年，武威市不断优化市场供给，规范推动文旅市场建设。深化文化旅游供需两端结构优化升级，持续推进铜奔马AAAAA级旅游景区创建，民勤沙井文化旅游景区创建为AAAA级旅游景区，天堂镇和张义灯山村入选全国乡村旅游重点村镇名录，民勤乡村记忆博物馆成功创建省级文明旅游示范单位，天祝哈溪镇双龙村等4个行政村创建为省级文旅振兴样板村，组织评定市级研学基地3家。开展“文化进万家旅游迎新春”百日攻坚行动和“武威人游武威”活动，推广短线游、周末游、休闲游、近地游，提振旅游消费，全力以赴激活旅游市场，促进游客接待量和旅游综合收入的提高与发展。

【旅游市场监管】 制定《武威市文化旅游产业链发展扶持奖励办法》，加强旅游项目监督管理工作，严格落实河西都会、凉州十七巷开园运营，建成文庙儒学院，开工建设凉州会盟纪念地项目的建设目标。落实科学精准实施跨省旅游“熔断”机制，整治“不合理低价游”、未经许可经营旅行社业务、导游强迫或变相强迫购物等违法违规现象，保护游客合法权益，进一步规范旅游市场秩序。制定实施《武威市“十四五”旅游业发展实施方案》，充分发挥旅游业在全市经济社会发展中的重要作用，加强旅游市场监管工作，促进全市旅游业发展水平不断提升，现代旅游业体系更加健全。

【文明旅游创建】 广泛宣传文明旅游知识，围绕“5·19”中国旅游日等刊播文明旅游公益广告，加大对《中国公民国内旅游文明行为公约》《中国公民出国（境）旅游文明行为指南》《文明旅游十大提醒语》宣传力度。举办“感悟中华文化·享受美好旅程——赋能乡村振兴·畅游自在武威”宣传活动，展示展销带有武威文化元素的百余种特色文创产品、文旅商品，开展文明旅游及“天马行空 自在武威”品牌形象宣传活动。倡导文明出行理念，在车站和窗口服务大厅等设立文明旅游宣传点，倡导文明旅游理念及文明用语。发挥全市“文明旅游景区”“文明旅行社”“文明旅游饭店”及“文明员工”等先进典型的示范引领作用，形成崇尚社会公德、自觉践行文明旅游理念的共识。

【导游管理】 督促旅行社加强对导游进行管理和导游业务，做好导游年检、培训工作。改革导服中心管理体制，方便旅行社的业务需要和导游了解需求信息。突出服务功能，要通过良好服务来实现收益。按照属地管理的要求，做好机构设置和职能划分，更好地发挥其作用和服务于旅游业发展。加强和相关单位联系，扩大对公众宣传力度，使导游服务中心更好地服务市场。充分利用网络优势，尽可能在网上供求信息，为供求双方提供便利。

【旅行社管理】 2022年，武威市登记营业旅行社25家，其中凉州区20家，民勤县3家，天祝县2家。加强对旅行社的管理，保障旅游者和旅行社的合法权益，维护旅游市场秩序，促进旅游业的健康发展。指导旅行社落实团队旅游管理各项制度和规范，不以不实价格招徕游客。督促旅行社依法投保旅行社责任保险，提高防范和化解旅游安全事故的能力，切实保障游客的人身安全，维护游客合法权益。督促旅行社加强导游管理和督导，优先选派服务质量好、业内认可度高的导游，严格落实“诚信为本、服务至诚”的理念，不断提升服务水平。

【旅游酒店管理】 加强旅游旅店业务指导管理工作，集中组织旅店行业场所从业人员学习《旅馆业治安管理办法》《中华人民共和国消防法》等法律法规，加强法律法规的宣传和行业人员的培训教育，引导旅店业主、从业人员自觉遵纪、守法经营。按照旅游酒店业务管理相关规定，进一步细化、完善旅店业管理细则。健全业主治安管理责任机制，严格按照“谁主管、谁负责”和“谁经营、谁负责”的原则，与旅游酒店签订《旅馆业治安管理责任书》，明确旅馆业主、服务员的治安管理职责，形成旅馆内部管理责任锁链网络。

【旅游安全管理】 加强旅游安全管理，提高应对旅游突发事件的能力，保障旅游者的人身、财产安全。对新建景区的旅游设施安全进行实地检查验收，结合天气预报及时发布旅游气象风险提示，确保游客出行安全。

图79　天祝县大红沟镇打造以雪山、草原、梯田为主题的生态观光乡村旅游　（赵世鹏　2022年8月摄）

督促旅游景区经营者承担旅游安全的主体责任，加强安全管理，建立、健全安全管理制度，关注安全风险预警和提示，妥善应对旅游突发事件。

【旅游基础设施建设】 贯彻落实全国文化和旅游产业发展工作会议精神，武威市加强项目建设认证，拓展有效投资，着力提升项目建设质量，丰富项目内容业态。将重大项目作为推动文化和旅游产业发展的发力点，谋划新建凉州会盟纪念馆、天祝县华藏景区和抓喜秀龙旅游基础设施建设等一批大项目，项目投资均在2000万元以上，为武威文旅产业提质增效打好打牢基础。多方衔接争取、论证储备文旅产业项目，2022年实施项目22个，其中续建11项，新建9项，前期2项，概算投资22.78亿元，景区建设和提质改造类6个、历史文化类5个、休闲度假类4个、体育类3个，基础设施类3个，文物保护类1个。

【智慧旅游】 实施智慧文旅平台建设项目，对接武威移动公司建设武威文旅综合服务平台。充分利用小程序、平台直播、3D建模等技术，整合景区、美食、酒店等全要素旅游资源，为游客、用户提供智慧化服务。时促进文化推广，为文旅产业提供良好的发展基础。加快制定武威智慧文旅顶层设计方案，找准武威智慧文旅建设的发展方向，建立完善覆盖全域、服务全域的智慧旅游体系，充分利用VR、AR技术对天梯山石窟、武威文庙等重点文保单位进行数字化再现，提供沉浸式游览体验，为文旅融合发展、开辟智慧文旅产业发展新赛道探索新路径。

【旅游年卡】 为广大旅游者提供领域更广的旅游服务，联合科研部门设计微电子技术和射频识别技术相结合的旅游年卡。极大地方便旅游者的消费支付，扩大武威本土旅游文化的影响力，变短期拉动旅游市场为长期营销措施。2022年，神州荒漠野生动物园率先推出旅游年卡，实行一次办卡全年不限次游园的优惠活动。包括单人年卡和合家欢年卡，销售达到10万张以上。

（市文体广电和旅游局）

金融业

综　述

【概况】 武威市贯彻落实党中央国务院和省委省政府、市委市政府关于金融工作的安排部署，切实履行地方金融工作部门责任，强化沟通联系和配合协作，紧盯目标任务，全力推动各项金融指标稳中有进。2022 年，全市金融机构本外币存款余额 1340.82 亿元、比 2021 年增长 20.62%，其中住户存款 988.17 亿元、增长 12.86%。各项贷款余额 967.14 亿元、增长 3.85%。

2022 年武威市金融机构本外币存贷款余额及增长速度表

表 10

指　标	年末数（亿元）	比 2021 年末增长（%）
各项存款	1340.82	20.62
# 境内存款	1340.80	20.62
# 住户存款	988.17	12.86
各项贷款	967.14	3.85
# 境内贷款	967.14	3.85
# 住户贷款	355.55	-0.93
企（事业）单位贷款	611.58	6.84

【金融综合服务】 完成全省小贷公司数据审核工作，开展“法人金融机构基础数据质量专项治理两年行动”。落实留抵退税惠企利民政策，为市场主体留抵退税 18.19 亿元。推进民勤县国库会计核算业务集约化试点，国债下乡销售额增长 817.28%。推广应用“中征”“陇信通”平台，“中征”平台融资实现突破。推进支付手续费减免政策的落实，全市金融机构减免各类支付手续费约 984.47 万元。聚焦“新市民”群体，发放购房贷款等 27.35

亿元。实现保险保费收入34.53亿元，赔付支出10.49亿元。全市农业保险承保品种49个，赔付支出2.09亿元，受益农户7.92万户次。

【金融纾困政策】 推动金融助企纾困，扎实推进稳经济一揽子金融支持政策落实落细，引导和推动金融机构实施延期还本付息政策，落实普惠小微支持政策，持续加大信贷投放力度，2022年，无还本续贷余额44.42亿元，促进小微企业、个体工商户等小微市场主体稳定经营，增强活力。

【小额信贷】 压实县区贷款主体责任和承贷银行主业责任，促进小额信贷工作规范开展。2022年，小额信贷余额3.8万户19.02亿元，基本实现“应贷尽贷”；逾期率0.32%，基本实现“应收尽收”。

【金融助农】 围绕巩固拓展脱贫攻坚成果同乡村振兴有效衔接，疏通货币传导机制，多措并举推进涉农信贷投放。全市涉农贷款余额达到518.41亿元，不断满足乡村振兴有效信贷需求。建成农村金融综合服务室1062个，基础金融服务行政村覆盖率100%。“甘农贷”金融助力乡村振兴示范工程贷款余额2.12亿元。脱贫人口小额信贷投放59.5亿元，支持脱贫户、边缘易致贫户12.33万户。

（人民银行武威分行、武威银保监分局）

银行业

【概况】 2022年，全辖银行业金融机构各项贷款余额967.14亿元，比年初增加35.85亿元，增长3.85%。涉农贷款余额达到518.41亿元。全辖小微企业贷款余额393.54亿元，增长5.66%，高于全市贷款增速1.81个百分点，普惠型小微企业贷款总体实现“两增”目标。

【银企合作】 加强银企对接，优化融资环境，常态化开展“普惠金融大讲堂”宣传活动，做好信贷融资需求摸排推介工作，分批次向金融机构推介融资项目需求，确保银企信息畅通，努力破解融资难问题。2022年，全市小微企业贷款余额321.96亿元，比2021年增长4.44%，占各项贷款余额的33.29%。辖内银行业金融机构单户授信1000万元以下（含）的普惠性小微企业贷款余额95.01亿元，增长9.78%；有贷款余额户数21155户，较年初增加3704户，融资获得率进一步提高。普惠性小微企业新发放贷款利率5.35%，较年初下降0.25个百分点，小微企业融资成本进一步降低。

图80 金融消费者诉讼纠纷调解（张文俊 2022年2月摄）

【中国银行武威分行】 2022年,中国银行武威分行资产总额30.84亿元,较年初增加1.63亿元,增长5.59%。其中,各项贷款余额30.72亿元,较年初增加1.02亿元,增长3.44%。负债总额30.98亿元,较年初增加2.29亿元,增长7.98%。其中,各项存款余额30.03亿元,较年初增加5.08亿元,增长20.38%。2022年实现利润-0.22亿元,比2021年减少0.66亿元,主要是受不良增提拨备影响。表外业务余额3.16亿元,较年初减少0.18亿元,比2021年降低5.49%,主要是保函业务减少。拨备覆盖率90.83%,较年初下降622.06个百分点。不良贷款余额持续攀升。2022年年末,不良贷款余额1.7亿元,较年初增加1.5亿元。不良率5.57%,较年初增加5.03个百分点。

【中国工商银行武威分行】 2022年,中国工商银行武威分行拓展个人客户63.2万户,较年初新增1.6万户。新开对公账户1196户,完成任务的147.65%;新开工商通账户407户,完成任务的86.60%。净增日均金融资产1万元以上机构客户43户。实现拨备前利润14330万元,完成任务的103%;实现净利润7042万元,完成任务77%,同比减少686万元;实现中间业务收入4941万元,完成计划92%;实现营业收入22065万元,同比增加505万元。全部存款时点和日均均超额完成省行序时计划,本外币各项存款余额93.66亿元,较年初增加16.08亿元。各项贷款余额68.9亿元,较年初增加17.02亿元。不良贷款(含信用卡)4841.47万元,较年初增加219万元,不良贷款率0.66%。

【中国建设银行武威分行】 2022年,中国建设银行武威分行一般性存款日均余额92.87亿元,本年新增6.05亿元,完成省分行计划任务的75.86%。一般性存款时点余额97.48亿元,当年新增9.15亿元,余额当地四行占比22.83%。对公有效客户8306户,本年新增483户,完成省分行计划任务的96.6%;个人有效客户503470户,2022年新增20719户,完成省分行计划任务的74.0%;全面关系客户23435户,本年新增1474户,完成省分行计划任务的73.7%。各项贷款余额55.30亿元,2022年新增0.41亿元,完成省分行计划任务的7.57%,当地四行占比16.95%。不良贷款余额0.57亿元,不良贷款率1.03%,较年初下降0.29%。当年处置化解不良贷款0.86亿元,完成省分行处置计划的72.3%。

【中国农业银行武威分行】 2022年,中国农业银行武威分行存款、贷款"四行"存量、增量份额分别为48.3%、46.1%、51.2%和50.4%。营业收入7亿元,年计划完成率116.3%;净利润7.5亿元,年计划完成率1248%。信贷投放提速增量,发放各类贷款53.9亿元,同比多投11亿元,较年初增加18亿元。持续加大小微企业信贷支持力度,银保监口径普惠贷款余额14.6亿元,较年初增加1.6亿元,完成年度计划。对公有效客户净增580户,人日均存款1万元以上折效客户新增2.9万户,信用卡有效激活客户净增7300户。成功中标武威市市级财政统发工资代理项目和武威市财政局部分社保基金专户资金竞争性存放采购项目。重大风险有效化解,民勤航天新能源贷款风险得到有效化解,资产减值回拨7.3亿元;收回潜在风险客户贷款9607万元,不良贷款余额减少16.6亿元,占比下降11.2个百分点。

【邮储银行武威市分行】 2022年,邮储银行武威市分行各项存款时点余额29.09亿元,年增3.6亿元。各项贷款21.35亿元，年增1.22亿元。不良率1.27%，不良额3004万元，其中个人经营性贷款、小企业贷款资产质量在系统内全省最优。涉农贷款净增1.57亿元，高标准完成涉农领域各项任务指标，线上信用户贷款完成年计划的174%。服务民生行业客户和小微企业客户，支持实体经济发展，投放实体贷款12.2亿元。通过各类线上贷款产品，推动创业担保贷款发放，全年发放创业担保贷款1.58亿元。

（中国银行武威分行、中国工商银行武威分行、中国建设银行武威分行、中国农业银行武威分行、邮储银行武威市分行）

保险业

【概况】 2022年，全市有人民银行和银保监分局2家金融业监管机构，有14家银行业金融机构、24家保险公司及6家保险专业代理机构，425个营业网点。

【保险保费收入】 2022年，实现保险保费收入34.53亿元，赔付支出10.49亿元。全市农业保险承保品种49个，赔付支出2.09亿元，受益农户7.92万户次。

2022年武威市保险业务情况及增长速度表

表11

指　标	绝对数（亿元）	比2021年增长（%）
原保险保费收入	34.53	–2.73
财产险	11.27	2.25
人身险	23.26	–4.98
支付各类赔款及给付	10.49	–4.89
财产险	6.99	–7.97
人身险	3.50	1.92

【人保财险武威市分公司】 2022年，人保财险武威市分公司全险种实现保费收入4.49亿元，保费下降1.8%，市场份额39.84%，比2021年下降0.73%。其中车险保费收入1.57亿，保费占比34.97%，保费下降1.34%，市场份额28.5%，比2021年下降1.47%；商业非车险保费收入7940.83万元，保费占比17.59%，保费增速1.68%，市场份额40.11%，比2021年提升0.5%。农业保险保费收入8548.83万元，保费占比18.93%，保费增速25.95%，市场份额34.23%，比2021年提升2.92%；社保业务保费收入1.26亿，保费占比28.06%，保费下降16.52%。公司全险种赔款3.13亿元，其中车险赔款9142.19万元，非车险赔款4918.18万元，农业保险赔款6779.58万元，大病保险赔款10449.42万元。

【人寿保险武威分公司】 2022年，公司应对宏观经济下行压力增大、保险市场发展速度放缓、疫情防控形势复杂多变等诸多困难挑战，坚持稳中求进总基调，紧紧围绕“重价值、强队伍、稳增长、兴科技、优服务、防风险”的经营方针，持续推动高质量发展走深走实，经营发展总体形势稳中向好。全年实现总保费6.35亿元，其中首年期交保费9881.47万元，短期险保费3360.05万元，续期保费4.88亿元。年末公司总保费市场份额27.95%。

（人保财险武威市分公司、人寿保险武威分公司）

证　券

【概况】 2022年，武威市有华龙证券、海通证券、华安证券3家证券营业部。全市证券机构当年营业收入2293万元，比2021年下降24.99%；交易额313.34亿元，比2021年下降32.92%；当年开户数6228户，开户数6.1万户。

【海通证券】 2022年，营业部以持续推进财富管理转型为主要目标，通过夯实基础工作，组织产品销售活动，强化财富客户服务等方式推进全年各项经营指标。以客户经理制考核为抓手，配套各项工作专项方案，着力抓好经纪业务基础工作。以产品保有量提升为主要工作目标，通过组织劳动竞赛活动推进产品营销服务工作。在权益类产品销售较为困难的阶段，通过海通资管的固收＋产品条线，对客户进行资产配置，提升客户体验，确保产品保有量的正增长。不断创新和丰富投教工作形式，投教覆盖人数，投教工作效果都有明显提升。结合公司“合规内控文化年”建设，加强合规与风险管理培训宣导，狠抓制度落实，开展风险隐患排查，员工的合规意识不断加强。

【华龙证券】 2022年，营业部总面积635平方米，散户大厅配备自助交易查询设备20余台，可同时供数量较多的投资者进行查询、委托等操作。为方便服务投资者专门在营业大厅内设立咨询台并派专人解答投资者各种疑问及投资咨询，为投资者提供投资建议，重要客户由客户经理进行一对一服务。

【华安证券】 2022年，营业部以经济业务为主的经营方式向全方位的金融财富管理进行转型，以理财带动营销，从而提高营业部经营效益与非通道收入的业务占比。全年组织员工合规与适当性学习12次，在客户开发、业务拓展、产品销售时严把合规管理与适当性匹配原则，确保营业部合规经营。

2022年12月末全市证券公司情况统计表

表12　　单位：万元、户、%

指标／机构	营业收入			交易额			托管资产		开户数量		
	当月	当年累计	同比增速	当月	当年累计	同比增速	余额	同比增速	当月新增	当年累计	总开户数
华龙证券	78	735	-27.39	65770	704264	-22.70	40057	1.31	6	196	2549
海通证券	151	1464	-25.01	119265	1250995	-38.32	84889	4.28	103	2158	47048
华安证券	11	94	1.71	14223	178177	-26.17	7991	-6.85	29	3874	11542
合　计	240	2293	-24.99	199258	2133436	-32.92	132937	2.64	138	6228	61139

【企业上市融资】 动态摸排意向上市挂牌企业和债券、票据融资企业情况，建立意向企业库，部门合力加强企业培育引导工作，提升企业发展水平，帮助企业与证券机构、证券监管部门、区域股权交易中心联系，推进上市进程。筛选预备板及交易板具有投资价值企业，向甘肃股交中心推荐参加路演活动，促进企业了解资本市场，掌握上市、新三板挂牌、债券融资等各类直接融资手段，增强企业上市的主动性和信心。至2022年年底，全市有在主板挂牌企业2家，新三板挂牌企业1家。

其他非银行金融机构

【概况】 2022年，强化融资增信作用发挥，协调政府性融资担保机构持续降低担保门槛和担保费率，扩大担保范围和覆盖面，强化融资增信作用发挥。全市有小额贷款公司、融资性担保公司、典当行3大类类金融机构16家，其中小额贷款公司5家，融资性担保公司8家，典当行3家。

【小额贷款公司】 全市有小额贷款公司5家，其中凉州区4家，民勤县1家。2022年，5家公司均未开展放贷业务，以清收贷款为主。至2022年12月底，全市小额贷款公司贷款余额1.94亿元，未新增贷款业务。对照小额信贷工作职责分工，会同银保监、财政、乡村振兴、人行等部门，压实县区贷款主体责任和承贷银行主业责任，促进贷款工作规范开展。

【融资性担保公司】 全市融资担保机构在保户数216户，担保余额13.41亿元。全市融资担保公司总注册资本10.44亿元，净资产8.23亿元，在保户数216户，在保余额13.41亿元，代偿金额2.57亿元。

【典当行】 全市有该类机构3家，其中："A"类企业2家，另有1家处于失联状态未进行年审。至2022年12月底，注册资本4500万元，典当余额1359万元。

（市政府金融办）

开放型经济

综　述

【概况】2022年，挖掘武威“七大”重点产业链资源禀赋和比较优势，分类建立《洽谈跟进重点项目清单》和《谋划引进重点项目清单》，绘制产业链图谱，谋划引进重点产业项目158个、总投资1098亿元。

【外向型经济平台建设】推进产业链招商、以商招商、乡情招商工作，聚焦全市7条重点产业链及陆港外向型经济平台，制定《武威市产业链精准招商工作方案》，组建8个招商专班，建立“目标”企业信息库，邀请天津食品集团、京能集团、侨界企业考察团、山东甘肃商会等企业商协会到武威考察52批次，举办项目对接会25场次，对接目标企业、商会65家，签约引进了一批产业链项目。

【“一带一路”经贸合作】武威市将甘肃（武威）国际陆港建设发展作为全市外向型经济发展的重要引擎和抓手，推进中欧班列常态化运行。甘肃（武威）国际陆港货运班列已打通四向五条运行线路，实现中亚、欧洲全覆盖，主要贸易地区为德国杜伊斯堡、汉堡，英国伦敦，格鲁吉亚第比利斯，俄罗斯莫斯科等“一带一路”欧洲主要港口与城市。发送货运班列13列，主要发运防疫物资、日用百货、品牌鞋、家具建材等货物。同时，利用保税集货和“天马号”中欧班列南向辐射中东欧的通道优势，鼓励外贸企业和班列运营企业开拓格鲁吉亚、阿塞拜疆、土耳其、波兰等中亚、中东欧国家市场，助力更多自主品牌开拓“一带一路”沿线国家市场，提升市场主体活跃度。

【保障体系建设】制定《武威市支持招商引资项目若干措施》，提出“30条”扶持措施，形成“1+N”（即1个招商专项扶持措施、多个产业专项扶持措施）招商引资政策保障体系，招商吸引力和竞争力不断增强。制定《县区招商引资工作考核评价实施细则》，科学分解县区任务，明确考核内容和方式，实行

“季通报、半年督查、年度考核”制度，推动招商引资责任落实。严格落实《甘肃省招商引资统计调查制度》，规范项目申报入库、到位资金认定等工作流程，切实做到签约项目应纳尽纳、应统尽统。

【展会成效】 筹办第二十八届中国兰州投资贸易洽谈会，组织伊利乳业等20多家优势企业、300多种特色产品参会参展。展馆设计制作利用高科技，采用声光电、图文物相结合的方式重点突出展示奶产业和葡萄酒产业，并涵盖八步沙、天马号、马踏飞燕、沙漠、绿洲以及风、光、电等武威独有元素。组织甘肃泰康制药、甘肃蓉宝、黄羊河集团等8家企业参加第85届全国药品交易会、第132届广交会线上展会和甘肃商品出口韩国线上对接交易会，为企业对接拓展国际市场提供支持。

对外及对港澳台贸易

【概况】 2022年，武威市建成粤港澳大湾区“菜篮子”生产基地4个，农产品外销量达70%以上。支持台资企业享受武威市扶持企业发展30条政策，正林瓜子、正文菌业等台企享受奖补资金270余万元。协调解决外贸企业在原料购进、产品运输、用工等方面存在的困难和问题。组织企业参加线上线下对接会、各类展会，帮助企业增加订单、开拓市场，对欧美日韩和东南亚以及“一带一路”沿线国家出口实现稳定增长。全年实现外贸进出口总额6.99亿元，比2021年增长50.36%。

【外贸平台建设】 建立重点进出口企业

图81　1月6日，75027次中欧班列发运，是2022年发运的首趟中欧班列　（甘曜毓　摄）

"周监测、月通报、季调度"工作制度,定期实地走访,加强指导服务,宣传落实助企纾困稳外贸政策,协调解决企业发展中存在困难和问题,稳定发展预期。组织企业参加区域全面经济伙伴关系协定(RCEP)系列专题培训、商务部外贸新业态培训、促进外贸经济平稳发展等线上线下稳外贸政策培训10场次,培训300多人次,帮助企业提升应对贸易摩擦和开拓市场的能力水平。实施外贸保稳提质行动,用足用好稳外贸支持政策和项目资金,持续扶持和培育产业优势明显、带动能力强的骨干企业,扩大跨境电商贸易规模。

【利用外资】 发挥甘肃(武威)国际陆港"两中心两口岸一场站"优势,支持国际货运班列运营企业拓宽货源组织渠道,多向开行国际货运班列,推动中欧班列、中俄木材班列和中亚回程班列常态化稳定运营。培育壮大经营主体,外贸进出口稳步增长,争取到位中央、省级外经贸专项资金414.1万元,帮助企业稳供应、降成本、拓市场。培育新增甘肃实穗农业、甘肃纳波旺化工2家有外贸进出口实绩的企业,分别实现首次出口1693万元和1071万元,甘肃籽农首次实现跨境电商出口。支持国际货运班列扩面增量,争取到位支持资金400万元。

【出口贸易】 协助开展出口业务的企业上门服务帮助办理手续,跟踪盯办落实,进出口业绩快速提升。组织企业参加广交会、进博会等重大展会,指导企业用好"展会+活动""展会+推介""展会+招商"等融合参展模式,线上线下相结合,拓展对外交流合作新载体新途径,多元化开拓国际市场。全年实现出口总额69784.2万元、增长53.4%。

【进口贸易】 持续发挥进口展会平台作用,使外国企业有更多机会向武威展示产品和服务。不断培育进口贸易促进创新示范区,提升进口便利化水平。推动拓展"单一窗口"服务功能,提高进口货物流转效率,减轻企业负担。由于疫情及国内政策调整变化,2022年武威市进口贸易业务呈现负增长,全年进口总额192.7万元,下降81.8%。

(市商务局)

国际陆港建设

【概况】 甘肃(武威)国际陆港积极融入"双循环"新发展格局,建成以保税物流中心、进境木材指定监管场地、进口肉类指定监管场地、铁路国际集装箱场站、辐照中心为支撑的"两中心两口岸一场站"外向型经济发展平台。相继开通中欧班列"天马号"(中亚线、中欧线)、中俄木材班列和西部陆海新通道班列,发运范围覆盖中亚五国、俄罗斯、德国、英国、格鲁吉亚等"一带一路"沿线国家。统筹利用国际国内两个市场、两种资源,重点发展木材加工、食品加工和通道物流、生产性服务、智能制造等外向型经济特色产业。

【铁路国际集装箱场站项目】 铁路国际集装箱场站项目于2020年8月2日开工建设,于2022年8月通过中铁兰州局集团公司验收,主要建设园墩车站站改增加到发线3条、新建园墩车站至集装箱场站铁路走行线2.18千米,新建集装箱场站装卸线3条、机走线1条,有效长度1050米,配套建设机务、车辆、电气化、给排水、通信信号以及技术业务用房等附属工程。

图 82　铁路集装箱场站卡口［甘肃（武威）国际陆港管委会供图　7 月摄］

【口岸经济】 做好俄罗斯全境小麦进口政策机遇，为武威 46 户粮食、饲料加工企业从中亚、俄罗斯进口小麦、麸皮、苜蓿颗粒等原料 1.4 万吨，有效缓解粮食、饲料加工企业原料供应紧张和价格高位运行的问题。开通甘肃省首列单一品名跨境电商国际货运专列和武威—莫斯科国际货运班列，发运 21 列，货运总值约 2.3 亿元，班列数量和货运总值实现双提升，同比增长 110%、37.6%。

【通道物流产业发展】 开拓哈萨克斯坦—格鲁吉亚—土耳其—欧洲的跨里海、黑海新线路（“两海”通道），开辟甘肃省跨境海铁联运新通道。开展甘肃省首次新能源汽车搭乘中欧班列出口业务和武威市首批跨境电商 B2B 直接出口（9710）通关业务，货物总值约 2060 万元，开启全市对外经贸新业态和新模式。在第比利斯、布达佩斯等地设立启用甘肃省首批保税海外仓，共建“武威—布达佩斯”数字供应链服务体系，搭建中国—格鲁吉亚—土耳其—匈牙利的快速国际保税仓储和物流通道。

【招商引资】 与市招商局共同举办武威市绿色生态产业暨国际陆港外向型经济云招商推介会，引进一批国际贸易、国际物流、跨境电商、木材加工方面的产业项目，签约金额达 20 亿元。组织赴外招商 4 批次，对接项目 22 个，达成合作意向 6 项。发挥木材口岸全省独一无二的资源优势，引进临沂凤凰国际贸易公司作为木材产业链“链主”企业，投资建设陆港进境木材加工贸易项目，为木材产业建链强链。

【陆港基础设施建设】 举办全省重大项目开工活动，加快建设木材加工产业园，建成标准化厂房 1.5 万平方米，完成投资 8000 万元。解决污水处理厂投运各项问题并启动运行。谋划中心区基础设施、集中供热供蒸汽、110 千伏变电站、公铁多式联运物流中心等 4 项重大项目，总投资约 8 亿元，补齐基础设施短板弱项。

保税物流中心

【概况】 2022 年，武威保税物流中心常态化、稳定开行 TIR 国际公路运输，对接新疆各地公路口岸、境外保税仓储、TIR 运输车队资源等各类要素资源，适时开通武威—莫斯科、武威—匈牙利布达佩斯、武威—比利时列日等中欧卡航往返 TIR 国际公路运输线路。致力于完善甘肃（武威）国际陆港在国际多式联运体系和双循环商贸流通枢纽港建设。

【跨境电商业务】 开展跨境电商业务，与中欧卡航的结合，武威鼓励和奖励商业模式，对中欧班列运营给予支持。天津、河北、四川、山东、广东、江浙等地客商陆续把货物运输到武威保税物流中心仓储、集结，销售到中亚和俄罗斯、欧洲市场，为甘肃（武威）国际陆港开展跨境电商业务奠定坚实的发展基础。

【开通“渝新欧”“长安号”中欧班列】 开通“渝新欧”“长安号”等多趟中欧班列，通过横跨宁夏、内蒙古、甘肃 3 省区的干武铁路（东起包兰铁路的干塘站，西至兰新铁路的武威南站），联通兰新铁路（兰州至新疆），成为亚欧大陆桥国际大通道的咽喉和必经之地。

【对外合作】 高度重视与格鲁吉亚的友好合作，在共商共建共享“一带一路”理念下，与格鲁吉亚伙伴基金会就双方合作达成多项共识。格鲁吉亚打造物流中心和交通中转枢纽的国家发展战略，同甘肃加快形成内外兼顾、陆海联动、向西为主、多向并进的开放新格局高度契合。保税物流中心利用区位优势、资源禀赋、产业基础，不断深化与格鲁吉亚在贸易投资、传统医药、文化教育等领域的友好交流与务实合作。

［甘肃（武威）国际陆港管委会］

园区建设

【概况】 2022 年，推进“一带一路”建设、西部大开发国家战略，制定《2022 年西部大开发工作要点》《“十四五”深度融入共建“一带一路”加快构建全面开放新格局的实施方案》。发挥园区“主平台”作用，持续完善园区基础设施，“一园一策”培育首位产业，7 个工业园区入驻规上工业企业 158 家，占全市规上工业户数的 75%，实现工业增加值占规上工业的 80% 以上。民勤红沙岗和古浪工业集

图 83　武威保税物流中心　［甘肃（武威）国际陆港管委会供图　2022 年 6 月摄］

中区升级认定为省级开发区。全市十大生态产业增加值占地区生产总值的比重达26.7%。

【园区项目建设】 规划实施易地扶贫搬迁后续扶持重点项目54个，古浪县现代丝路寒旱农业产业园、天祝县国家农村产业融合发展示范园基础设施提升等52个项目建成投运，完成投资28.18亿元。发展新能源产业，"十四五"第一批200万千瓦风光电、国家第一批大基地160万千瓦光伏治沙工程及7座330千伏汇集升压站加快建设，75万千瓦光伏发电项目并网发电。引进实施新能源协同产业项目12项、总投资63亿元，嘉寓清洁能源产业基地、远景智能风机等产业链项目相继建成投产。黄羊抽水蓄能电站项目完成核准，陇电入浙±800千伏特高压直流输电及配套2×100万千瓦调峰火电、750千伏输变电工程前期工作推进顺利。

【武威工业园区】 立足农业资源优势，发展生态工业，加快推进绿色园区、智能园区、生态园区、科技园区建设，构建起以农副产品加工、食品及饮料制造等主导优势产业为基础，新型建材、综合加工、包装印刷产业为补充，配套发展商业商贸、物流仓储等产业。园区先后被认定为省级农业产业化示范基地、循环经济示范园区、新型工业化示范基地、国家级中小企业公共服务平台和"绿色园区"。园区持续优化营商环境，先后引进伊利乳业、福建达利、青岛啤酒、甘肃电投、新疆天康、亿利洁能等一批知名企业入驻园区。围绕武威伊利乳业形成的"1+6+N"百亿级奶产业集群，为促进全市经济结构根本性调整、巩固脱贫攻坚成果、推动区域经济高质量发展注入了强劲动能。园区现有规上工业企业32户。2022年，园区规上工业企业实现工业总产值76.5亿元，比2021年增长11%。

【武威黄羊工业园区】 依托甘肃红太阳面业集团、甘肃黄羊河集团等骨干企业，先后引进四川铁骑力士集团、东方希望集团、北京中进物流、南京众远实业、天水众兴菌业、北京德青源、新疆泰昆、广州海大等国内知名企业和项目，培育"黄羊河""普安康""羲皇"3项中国驰名商标，形成"食品加工、生物医药、现代物流"三大主导产业。被认定为国家级循环化改造示范试点园区、国家农业产业化示范基地、全国农产品加工创业基地、省级新型工业化产业示范基地。2022年，入驻企业99家，其中规模以上工业企业21家，高新技术企业5家，省级农业产业化重点龙头企业8家，国家级农业产业化重点龙头企业1家，省级生产性服务示范企业1家，从业人数达6500多人。至2022年12月，规模以上工业企业实现产值36.75亿元，规模以上工业增加值5.09亿元，实现税收1.3亿元，完成固定资产投资2.81亿元。

【凉州工业园区】 重点发展装备制造产业、新能源产业、新材料及硅基产业3大主导产业。培育发展静脉产业、农副食品加工业、生产性服务业3大辅助产业。北区重点发展新材料（新型建材）产业，南区重点发展装备制造产业、新材料（新型建材）产业、农副食品加工业及生产性服务业上下游配套，东区重点发展新能源产业（包括新型煤炭加工）、硅基产业（包括工业硅）、静脉产业和生产性服务业。2022年，形成以重通成飞风机叶片、甘肃建投风电塔筒、特变电工光伏逆变器、东控一道光伏组件为代表的风光电装备制造产业。以中节能、甘电投、中电国际光伏发电为代表的清洁能源产业。

以凯帝斯电梯、甘肃建投立体固沙车为代表的专用装备制造产业。以承威专用车、牛电森祥、珠峰大江电动三轮车为代表的交通运输装备制造产业。以贝斯特岩棉、松树建材为代表的新型建材产业。以荣华公司工业硅为代表的硅基产业。以光大环保为代表的静脉产业;以农机装配、工程机械、金属材料、木材、石材、煤炭六大产业园为代表的生产性服务业。至 2022 年 12 月,园区规划面积 29.26 平方千米,辖北区、南区、东区 3 个园区。入驻企业 128 家,从业人员 5200 余人,建成投产 62 家,规上企业 35 家。

【民勤红沙岗能源化工工业集中区】 集中区应急救援、制汽供热、消防、通信、污水固废处置等功能齐备,化工园区安全风险等级为 C 级。园区矿产资源丰富,已探明的煤炭储量 5 亿吨、油页岩储量 6 亿吨以上。原盐储量 2100 万吨、芒硝储量 736 万吨。区内探明矿体 8 个、资源量 7178.56 万吨。石墨探明控制储量 667.7 万吨。石灰石储量 3800 万吨以上。境内年平均风功率密度 258 ~ 300 瓦 / 平方米,年均日照时数 3300 小时。集中区重点发展新能源与新材料、绿色精细化工和农畜产品精深加工。巩固发展装备制造、资源深加工和综合利用,引导发展物流、综合服务。至 2022 年 12 月,集中区入驻企业 216 家,规模以上企业 33 家,从业人员 5000 多人。实现工业增加值 12.62 亿元,实现销售收入 35 亿元,实现税收 3.57 亿元。

【古浪工业集中区】 2022 年 11 月,集中区被省政府认定为省级开发区,辖双塔、土门两个园区,规划面积 13.67 平方千米,其中双塔园区面积 10.57 平方千米,土门园区面积 3.1 平方千米。集中区完成基础设施投资 8.9 亿元,建成日供水 3 万立方米净水厂、日处理 5000 立方米污水处理厂和 5 万吨一般工业固废处置场。建成创业孵化基地暨中小企业服务平台 2657 平方米,标准化厂房 8 栋 3.08 万

图 84　凉州工业园区 （市招商局　供图）

平方米，为企业生产经营奠定坚实基础。双塔园区定位主导产业为装备制造、新材料、农副产品精深加工。土门园区定位主导产业为循环化工、新型建材。形成以嘉寓清洁能源、阳光新能源等为主的新能源装备制造，以达华节水、日科兴电子铝箔为主的新材料，以正林瓜子、傲农饲料等为主的农副产品精深加工，以柏柠化工、海伦化工为主的循环化工等产业，产业聚集明显。至2022年12月，园区入驻企业53家，其中规上企业11家。其中规上企业完成工业产值16.47亿元，实现工业增加值1.83亿元，完成工业固定资产投资2.85亿元，吸纳社会就业人员2000多人。

【天祝金强工业集中区】 集中区辖宽沟工业园和石门产业园两个功能区。宽沟工业园重点发展碳化硅及深加工、新型建材、工业硅等产业；石门产业园主要规划建设以原生食品、藏医药、白牦牛制品为主的现代化农业产业园区。2022年，入驻企业57家（规划管理企业35家、辐射管理企业22家）。其中，碳化硅及深加工企业22家，建材企业8家，化工企业4家，冶金企业2家，其他企业21家。

（市发展和改革委员会）

经贸促进

【概况】 制定印发《促进内外贸一体化发展的实施方案》，参与申报国家内外贸一体化试点，为促进内外贸融合发展发挥示范带动作用。支持骨干企业提升市场开拓能力，逐步融入贸易供应链、产业链。印发《武威市支持招商引资项目若干措施》，加大招商引资工作力度，优化营商环境，吸引和鼓励外来投资者到武威投资兴业，促进全市产业培育，推动经济社会高质量发展。

【经贸交流活动】 武威市承办“创业中华·筑梦陇原——侨领侨商走进甘肃（武威）”经贸促进活动，以侨为“桥”、以网为“媒”开展招商引资，举办武威市绿色生态产业暨国际陆港外向型经济云招商推介会、侨领侨商武威行主体活动大会等招商活动，签约项目涵盖现代农业、生态工业、旅游基础设施和生态环保等多个领域。积极参加第一届甘肃中药材土特产马来西亚推介会、在济南举办的甘肃特色优势产业招商推介活动等，推介重点产业项目，加强合作交流。

【国际经贸合作】 甘肃（武威）国际陆港持续深化国际经贸合作，扩大高水平对外开放，加大与“一带一路”沿线国家经贸合作，提升中欧班列运营效益，不断开辟外向型经济高质量发展新领域新赛道。2月，武威铁路国际集装箱场站一期工程建成并投入试运行，打通陆港铁路运输“最后一公里”。构建“陆港+海港”“口岸+枢纽+产业”发展模式，加速打造全省跨境海铁联运中转枢纽，4月17日，成功发运全省首列海铁联运木材班列。

招商引资

【概况】 2022年，武威市实施招商引资项目234项，落实到位资金299.04亿元、比2021年增长27.6%，其中省外到位资金258.49亿元、增长51.0%。

【外出招商工作】 组建招商考察团队，实地考察对接青岛港自动化码头、烟台港国际集装箱公司等重点企业，参加甘肃特色优势产业招商推介会，成功签约青岛天能重工风机塔筒制造、临沂凤凰国际进境木材加工贸易等项目5项，总投资14.38亿元。

【“点对点”精准招商】 以重点产业链、重点节会、在武企业、乡贤人士等资源搭建招商平台，线上线下相结合，加大“走出去、请进来”力度，“点对点”开展对接洽谈，全年签约招商引资项目180项，总投资373.49亿元。

【重点节会招商】 拓展节会平台招商，依托第二十八届中国兰州投资贸易洽谈会平台，借助海内外侨界人士力量，举办“绿色生态产业暨国际陆港云招商推介会”“侨领侨商武威行”主体活动大会等招商推介活动，成功签约项目97项，总投资300.5亿元，其中纳入第二十八届中国兰州投资贸易洽谈会签约项目46项，总投资219.5亿元。

【优化营商环境】 健全完善招商引资项目投诉服务、代办服务机制，协调解决群众反映项目建设欠款等问题，协调兑现落实金宇浩睿2万头奶牛养殖项目奖补资金1.33万元，着力打造亲商安商的营商环境。紧盯重点招商引资项目，分类管理，精准调度，抓好落地保障，着力提升招商工作成效。紧盯意向项目抓对接，主动登门拜访，加强跟踪落实，争取尽快正式签约。紧盯签约项目抓落地，加强与县区、园区及市直相关部门协同联动，协调办理前置手续，解决项目落地中的困难和问题，确保尽快开工建设。紧盯在建项目抓进度，包抓项目安排专人负责为重点招商引资项目提供手续代办、政策咨询服务，坚持“月跟进、季走访”，实行挂图作战、精准施策，凉州区优质奶源基地、伊利乳业（二期）、亿利光伏治沙等项目进展良好。

【宣传推介】 编印《武威投资服务指南》《重点招商引资项目册》，同步制作“天马行空·逐梦武威”招商宣传片，更新完善“投资武威”微信小程序，实现全部招商资料电子化。借助“投资武威”微信小程序、“武威招商”微信公众号及政府网站“投资武威”栏目等新媒体平台，宣传推介武威市资源禀赋、产业优势和重点招商项目，吸引企业到武威投资。

（市招商局）

房地产业

房地产开发

【概况】 2022年，武威市房地产开发投资下降14.62%，其中住宅投资下降13.12%。房屋施工面积542.44万平方米、下降17.11%；新开工面积99.69万平方米、下降54.24%；商品房销售面积56.97万平方米、下降30.12%。

【房地产市场】 房地产市场体系不断完善，坚持“房住不炒”，全市房地产开发施工面积538.2万平方米，凉州区商品住宅去化周期17.5个月，保持在合理区间。

【专项借款资金管理】 利用国家“保交楼”专项借款政策机遇，争取国家首批专项借款6.53亿元，涉及5个项目、6526套住房，拨付使用资金2.32亿元，完成交付1232套。获得第二批专项借款预额度3720万元，涉及住房372，协调释放按揭贷款保证金2550万元，解封冻结预售资金87万元。

房地产中介和租赁服务

【概况】 武威市备案房地产中介服务机构有50家，房地产评估机构有4家，经营门店达110余处。房地产评估机构从业人员60余人，房地产经纪咨询服务机构的从业人员220余人。2022年，进一步规范房地产中介市场秩序，优房汇、我爱我家等稍有规模的中介机构建立较为完善的业务流程及管理体制、培训机制，提升从业人员业务能力和水平。

【房地产中介管理】 开展督导调研，深入市场调研房地产中介行业的现状，摸清从业公司及门店情况、从业人员状况、市场情况等。组织专项巡查，对房地产中介服务机构逐一上门，宣讲有关法律法规，重点对全市房地产经纪服务机构备案情况、业务开展情况、现场信息公示情况、从业人员的资格情况以及企业诚信服务等方面中介服务和经营情况进行风险排查，对不符合要求的下发整改通知书，限期整改。在经营场所和醒目位置均悬挂宣传标语，宣传揭露非法集资活动的危害，增强群众识别、防范、抵御非法集资活动的能力。

【公租房入户】 凉州区办理城区公租房入住手续1080户，其中城区各小区新增办理入住525户，皇台二区复审555户。东城嘉园公租房申请住房困难家庭223户，办理入住101户，其中困难家庭99户，企业续租5家。公租房信息管理系统已录入公租房项目信息227条，房源信息60886套，人员信息40480条。

【租赁补贴】 规范发展公共租赁住房，通过公租房实物保障和租赁补贴，解决困难群众的住房问题，发放公共租赁住房租赁补贴232户、31.36万元，凉州区困难家庭租金补贴发放租赁补贴160户320人65.96万元。

【租金管理】 收取公租房房款及租金2148.35万元，其中收取乡镇公租房出售收入315.06万元，城区1806.18万元，东城嘉园租金27.1124万元。整理收缴退出公租房廉租房住户15户，退款120.84万元；退还皇台二区公租房住户设施保证金46户9.2万元。

房地产市场监管

【房地产企业资质审查备案】 根据《关于房地产开发企业资质申办有关事宜的通知》精神，针对房屋建造、土地开发、旧房改造，承接各类建设工程等事项，对房地产开发公司业务相关资质严格审查，要求企业提高自身的管理水平和技术能力，确保房地产开发市场准入条件的公开、公正和公平合法。贯彻落实《中华人民共和国资产评估法》《房地产估价机构管理办法》《甘肃省住房和城乡建设厅关于进一步加强房地产估价行业管理的通知》有关规定，严格审核程序，对申请备案的武威昊宇房地产评估咨询有限责任公司（标注三级）房地产估价机构予以审核公示。

【建筑工程监管】 全市具有资质的建筑施工总承包和专业承包企业308个，入库222个，新增入库企业24个。组建武威市建筑市场专家库，入库专家282名。完成81个建筑施工项目和230家建筑施工企业安全风险分级管控动态评级，指导51个在建项目实行安责险制度。

图85 蓬勃发展的武威房地产产业 （市住房和建设局供图 2022年7月摄）

【房地产工程质量监管】 健全住建领域安全责任体系，开展建筑施工安全专项整治，检查在建工程793项（次），清理注销超期起重机械675台，整改隐患问题3675个，整改大气污染问题2368个，工程质量问题346个。逐步靠实行业安全生产监管责任，落实企业全员责任制和项目专职安全员企业委任制，排查自建房73.3万栋，全覆盖排查经营性自建房1.61万栋，分级分类处置初判存在隐患的经营性自建房74栋，被住建部确定为工作成效“优秀案例”。开展房屋建筑和市政设施调查，调查城乡房屋建筑149.54万栋、供水管线57条、供水厂站6座、市政桥梁48座、市政道路199条。修订住建领域应急预案13个，组建专业性应急救援队伍7个、952人，准备重型工程救援机械287台。

物业管理

【概况】 2022年，建立健全规范物业服务秩序的长效机制，提升工作成效。规范物业服务企业依法经营行为，依据《物业管理条例》《甘肃省物业管理条例》等有关法律法规，结合全区物业管理实际，制订《住宅小区物业服务企业监督考核管理办法（征求意见稿）》。开展等级评定，行业经营行为趋于规范。

【日常管理】 逐步完善城市物业管理制度，规范日常物业管理工作行为和作业流程，提高工作效率和质量，提高物业的管理效力。对武威城区8个街道，34个社区的174个有物业企业管理的住宅小区进行合理划分，明确责任主体，实行网格化管理，建立物业服务企业网格化考核责任制，重点对小区内“飞线充电”“高空置物”，车辆乱停乱放堵塞消防通道，环境卫生，绿化养护及信访投诉问题进行巡查。组织开展“物业管理年”活动，开展物业管理服务提升年、物业服务市场秩序整治、文明物业创建等行动，坚持党建引领，推动物业服务深度融入基层社会治理，物业企业党建覆盖率提高13.4个百分点。

【物业服务监督管理】 完善信访投诉处理答复机制，设立信访室并向社会公布物业管理投诉举报电话。对各类信访答复件层级审核，确保信访答复质量，做到群众投诉事事有回音，件件都满意。加大日常巡查监管力度，发现矛盾纠纷苗头，现场协调处理，最大程度降低信访投诉率。2022年，收到信访件1594件，办结1431件，办结率89.7%；受理电话投诉1226件，处理1201件，处理回复率98%。联合市司法局、市发展改革委、市市场监管局组成立专项督查组，开展物业服务市场秩序专项执法监督活动。

【新建小区前期物业备案】 根据《物业管理条例》《前期物业管理招标投标管理暂行办法》《商品房销售管理办法》等法律法规，督促新建住宅小区建设单位严格落实商品房销（预）售备案前，前期物业服务企业选聘和前期物业服务合同、临时管理规约等备案工作，从源头上为物业管理创造良好条件。2022年办理新建小区前期物业企业备案10家，新增物业管理小区10个，新增物业管理面积601830.41平方米。对武威城区219个住宅小区公共配套设施建设、移交和使用等情况进行核查整改。其中38个住宅小区未全面完工，126个住宅小区公共配套设施移交并正常使用，55个住宅小区未按规划用途全部移交和达不到最低配建标准。

（市住房和城乡建设局）

交通　水利

公　路

【概况】 2022年,全市公路总里程13243.61千米,其中等级公路12939.96千米(含高速公路612.19千米)。建成公路2292千米,改造危桥18座,完成安全生命防护工程348千米,建成农村公路2252.09千米,争取省级公路养护资金4530万元,市级公路养护资金1124万元。

【公路建设】 G569线北仙公路(西渠至民勤段)通车运营。路线起点位于民勤县西渠镇,终点与G569线北仙公路(民勤至武威段)相接,全长55千米,采用一级公路技术标准建设。民勤县S584西渠——收成公路建成通车,路线起点位于西渠镇与G569公路K219+600处相交,终点位于收成镇与裕东公路K46+690处相交,全长20.3千米,按三级公路技术标准建设。武威至下双公路建成通车,起点位于凉州区发放镇,与荣华北路平交,经过发放镇、大柳镇和下双镇,终点至G569线K356+316平交处,路线全长22.05千米,按三级公路技术标准建设。实施国道569线白塔河桥等2座危旧桥改造工程、G30连霍高速公路古永段养护工程、G569线K157+337至K220+000段养护工程、G569线K329+000至K369+200段养护工程、G338线K1925+000至K1997+362段养护工程、S308线K160+718至K189+800段养护工程。实施养护维修工程6项,总投资15620.82万元。

【日常养护】 管养11条国省干线,养护总里程1354.29千米。其中,高速公路319.41千米、一级公路31.38千米、二级公路664.6千米、三级公路263.34千米、四级公路75.56千米;养护桥梁34500.55延米/618座(大桥15115.71延米/66座、中桥12103.36延米/197座、小桥7281.48延米/355座);养护隧道52393.4延米/17座(特长隧道39185.4延米/7座、长隧道8828延米/4座、中隧道3454延米/4座、短隧道926延米/2座)。2022年,完善养护生产组织模式,形成以1个中心、7个养护生产单位、33个养护生产作业单元为主框架,以“专业化养护工

区 + 日常养护站 + 专业化养护队”为主的养护生产组织模式。对现有养护工区（养管站）进行重新划分，设置一类养护工区 2 个，二类养护工区 4 个，养护站 9 个，购置 10 辆养护巡查车，完成边沟清扫机、便携式钢丝强力清扫刷等小改小革 14 项，接养国道 471 千米、省道 282 千米，移交城市道路及农村公路 97 千米。

【国省干线公路养护】 普通干线总体 MQI 值 88.04，PQI 值 86.74，优良路率 89.8%；高速公路总体 MQI 值 94.72，PQI 值 94.50，优良路率 100%。推进科学养护，组织开展“大干 70 天、公路换新颜”路况提升专项行动。完成微表处 51 万平方米 /135 千米、油路修补 11 万平方米、路面灌缝 47 万延米、铣刨罩面 5.8 万平方米，实施碎石封层 11.7 万平方米 /15 千米，重铺 4.5 万平方米 /7.9 千米，公路通行能力不断提升。

【桥涵养护】 组织开展公路桥梁管养能力提升专项行动，对辖养桥隧涵进行全方位普查，建立完善桥梁端头与隧道洞口过渡段搭接问题台账，完成 17 座桥梁预防性养护，有效保障桥隧涵安全运营。通过改进养护工艺、应用新技术、观摩竞赛等措施，组织开展示范创建。创建示范路 249 千米，示范桥梁 5 座，示范隧道 2 座，示范工程 1 项。

图 86　5 月 11 日，武威公路事业发展中心工作人员在 S308 线 K227+150 处八步沙古兰公路段开展油路修补作业　（刘常赟　摄）

【预防养护】 围绕乌鞘岭隧道群、昌岭隧道、五台岭隧道等重点路段，践行“出行即服务”理念，更好保障人民群众多元化、高品质出行需求。加强“一路四方”协同联动，建立 6 支应急抢险队伍，采取信息化手段组织开展作业区紧急避险、防汛抢险、地震应急疏散演练等不同科目的应急演练 6 次；修订完善 11 个专项应急预案，制作印发《应急管理手册》，高质量完成“应急使命·2022”抗震救灾演习，完成较大规模的除雪防滑保畅 9 次，撒布融雪剂 695 吨、防滑料 403 立方米；成功应对路基坍塌、冲毁等水毁灾害 5 次，清理泥石流 3.4 万立方米，填筑路基土方 2.5 万立方米，有效提升应对突发事件的反应速度和水平。

【客货运输】 完成公路运输总周转量 251.06 亿吨千米、比 2021 年增长 7.64%。其中客运量 1052 万人、下降 37.23%，客运周转量 6.1 亿人千米、下降 41.86%；货运量 6931 万吨、增长 1.15%，货运周转量 250.45 亿吨千米、增长 7.86%。办理道路运输各类许可事项 251 件，其中，道路游客（包车）客运运输企业许可事项 6 件、旅游客运车辆许可事项 107 件，危货运输企业许可事项 3 件，危货运输车辆许可事项 42 件，省、市、县际客运班线延续经营许可事项

图 87　2 月 7 日，武威公路事业发展中心工作人员清扫公路上的积雪
（赵东晓　王　舸　摄）

93 件。

【路域环境整治】 加大改善路容路貌力度，开展“整治路域环境、维护路产路权”专项行动，整修路肩边坡 490 千米、清理疏通边沟 1813 千米、清理垃圾 9243 立方米。加大公路绿化养护力度，在辖养公路沿线补植苗木 3787 棵，绿化面积 2.49 万平方米，营造干净整洁的路域环境。

【科技创新应用】 以加快新技术转化应用，提高公路养护质量为目标，开展小型课题研究和“四新”技术推广应用。在 G2012 营双高速和 G3017 武金高速实施纤维微表 21 千米，在 G569 线应用橡塑复合改性沥青实施碎石封层 6570 平方米，养护质量和效率不断提升。开展节能宣传活动，引导干部职工树立全方位节能减排意识，加强路面材料循环利用，路面旧材料 100% 回收，高速公路利用率 98.93%，普通干线公路利用率 86.63%。推行养护车辆“油改气”，实现养护管理降本增效。

【路产路权维护】 出动巡查人员 2930 人 /1041 次，巡查里程 10.9 万千米。发生路损赔偿案件 80 起，查处 70 起，查处率 87.5%，结案 67 起，结案率 95.7%，收缴路产损坏赔偿费 69.4 万元。配合市局公路科现场勘验涉路许可 8 件、大件运输许可 416 件。

【专项整治】 落实路警联合治超执法工作机制，青林超限检测站坚持 24 小时车辆监控检测，开展路面流动治超执法，不定时开展夜间流动联合治理。全年检测货运车辆 54.62 万辆，查处违法超限货运车辆 346 辆，行政处罚 346 起，收缴罚款 208.66 万元；卸（转）载货物 4156.68 吨，超限率控制在 2 % 以内。

【交通运输执法】 深入辖区企业执法检查 103 次，监督检查客运车辆 452 辆，运输企业 97 家，客运站场 2 家。加强对网络监控、巡查通报的非法营运行为执法检查，重点整治火车站、客运站出入站口及学校、医院等周边道路运输市场秩序。利用公安交通集成指挥平台等信息化手段，精准打击非法经营行为，查处非法营运车辆 13 辆，收缴罚款 7.97 万元。与公安交警等部门联合执法检查 8 次，重点打击非法营运、超限运输等违法行为。办结网民留言、电话投诉举报、来人来访 25 件，纠治各类违法违规经营行为 20 余起。

（市交通运输局、武威公路事业发展中心）

铁　路

【概况】 2022年，武威南车务段管辖区域横跨甘肃、内蒙古、宁夏三省（区），普速铁路东起兰新线打柴沟车站，西至兰新线许三湾车站，北至干武线乌兰敖包车站。主要担负着列车解编、接发、会让及武威市、金昌市、张掖市各区县旅客运输和货运取送车任务。高速铁路自西向东有高台南、临泽南、张掖西、民乐、山丹马场站5个车站，管辖总里程829千米，其中普速铁路里程639千米（兰新线468千米，干武线171千米），高速铁路里程190千米，有40个车站，设置武威南等9个三等以上车站和龙沟等31个四等以下车站，普速客运营业站9个、高铁客运营业站5个，专用线33条，专用铁道2条。

【兰张四线武威段建设】 兰张铁路由兰州市兰州西站引出，经过武威市、金昌市、最终引入张掖市张掖西站，全线长439.25千米。兰张三四线铁路兰武段ZQ5标项目线路全长49.1千米，横跨武威市凉州区、古浪县，包含路基11段、特大桥6座、中小桥涵92座，其中凉州区境内39.4千米，包含武威东站1处。2022年11月，中川机场至武威段项目控制性工程新乌鞘岭隧道于全面贯通，正线工程建设进度正常。武威东站站房工程和站前广场项目全部开工建设，站房主体结构建设完成，全线工程按照国铁集团施工计划有序推进。

【铁路安全生产】 将普速铁路安全隐患综合治理列入安全生产工作重要议程，超前部署，强化督查，有序推进，确保综合治理取得实效。贯彻落实最高检“八号检察建议”，有效预防安全生产犯罪，促进安全生产溯源治理，助推第二十一个“安全生产月”活动开展，武威铁路运输深入各地车务段、车辆段、机务段、工务段、供电段、电务段，送达高检院“八号检察建议”书，开展安全生产和铁路线下安全隐患整治工作，筑牢安全生产防火墙。降雪天气时启动应急预案，加强运输组织，密切关注列车运行动态，采取有力措施，确保兰新铁路运输安全畅通。

（武威南车务段）

图88　7月18日，兰张三四线铁路项目首次进隧道口架设箱梁任务顺利完成（赵世鹏　逄邓军　摄）

民勤通用机场建设

【概况】 民勤通用机场项目是甘肃省“十三五”规划建设的A1类通用机场。至2022年12月,项目总投资2.1亿元,总建筑面积10010平方米。配套建设综合业务楼、机库、空管、供油、动力中心及各类生产辅助设施,由省公航旅集团投资建设。项目建设对于实现石羊河景区、苏武沙漠景区和民勤县城文化景区之间低空串飞,形成集观光游览、商务飞行、航空摄影、短途运输、通航接待、飞行体验等产品为一体的低空旅游金三角格局,逐步打造高品质通用航空产业综合体。

【项目建设情况】 2022年3月,民勤通用机场建设开工建设。项目公司紧盯施工现场,严把质量关口,严守安全底线,严格进度管控。坚持科学调度、严格管理,克服疫情影响等诸多不利因素,保障项目建设有序推进。机场综合业务楼、机库、场道等主体工程已全部完工,加快进行综合业务楼室内装修和空管助航灯光、气象设备施工。通用机场场道工程完成跑道站坪施工,附属工程基本完成。非民航专业已进行装饰装修工程施工,完成建设内容的90%。

图89 民勤通用机场建设现场 (张福民 2022年8月摄)

【机场场道工程建设】 2022年6月10日,机场场道工程完成招标。科学制定施工组织计划,紧盯工序环节,调配施工力量,投入施工人员180余人,调配机械50余台套,完成土方挖方35.8万立方米,填方30万立方米,铺筑砂砾垫层2.1万立方米,铺筑水稳碎石基层1.7万立方米,浇筑混凝土1.4万立方米。9月28日,机场场道工程跑道顺利完工,项目建设取得阶段性成果。

(市交通运输局)

西气东输四线武威段工程

【概况】 武威市压实工作责任,在国家“十四五”规划重点项目西气东输四线天然气管道工程建设中,坚持上下联动,强化协调动员,加快项目临时用地审批进度,切实提高西气东输四线天然气管道工程临时用地保障能力。2022年,建成古浪至河口天然气联络管道,实施西气东输古浪开口供气工程、液化天然气调峰储备中心项目,加快推进西气东输四线武威段建设。

【临时用地征用工作】 先后组织涉及县区专题召开西气东输四线管道工程项目临时用地推进会议,研究解决当前西气东输四线管道工程项目临时用地的困难和问题。推行“容缺办理”工作机制，加快重大项目临时用地审批，确保项目落地实施。进一步优化管道线路，尽量不占或者少占耕地，严格控制占用耕地数量，节约集约使用临时用地。落实临时用地复垦责任，加强批后监管力度，督促用地单位足额缴纳土地复垦保证金并履行土地复垦义务，确保复垦后耕地数量不减少、质量不下降。

【临时使用林地草原工作】 根据《中华人民共和国草原法》《甘肃省草原条例》和《草原征占用审核审批管理规范》等规定和要求，批准西气东输四线天然气管道工程武威段项目临时占用市石羊河林业总场小西沟分场其他草地1.2463公顷。督促施工单位采取有效措施，严格按照现场勘验的四至进行施工作业，严禁超范围占用草原。石羊河林业总场负责该项目临时占用草原的监督检查工作，严格按照《甘肃省发展和改革委员会甘肃省财政厅关于甘肃省草原植被恢复费收费标准的批复》有关规定，负责监督草原植被恢复费上缴省级财政并负责做好草原植被恢复工作。

（市自然资源局）

水利建设

【概况】 2022年，凉州区调蓄工程计划建设调蓄水池11座，总调蓄容积1265万立方米，完成投资5.4亿元。景电二期古浪灌区水资源节约集约利用暨生态保护工程计划新建水资源节约集约利用水池4座，总容积1240万立方米，配套建设相关附属设施，已完成投资1.3亿元，年度投资完成率100%。实施红崖山大型灌区和永昌中型灌区续建配套与现代化改造项目，完成投资1.48亿元，年度投资完成率100%。督促指导县区对标对表，开展星级水厂创建活动，全市10个千吨万人水厂已上报省水利厅参加全省的星级水厂遴选。

【水资源综合利用】 全市用水总量14.37亿立方米，占控制总量的91.7%，地下水量控制在5.107亿立方米以内，平水年份民勤蔡旗断面过水量3.31亿立方米，连续13年稳定实现《石羊河流域重点治理规划》目标，红崖山水库向青土湖下泄水量4000万立方米，青土湖水域面积26.7平方千米，旱区湿地面积106平方千米。统筹使用增加武威市的6000万立方米黄河调水量（1700万立方米用于保障古浪黄花滩移民区生态、生产用水，4300万立方米用于青土湖生态补水）。

【农村供水保障】 制定《关于实现巩固拓展水利扶贫成果同乡村振兴水利保障有效

图90 古浪县黄花滩移民区水厂工程（蒋锦鹏 2022年3月摄）

衔接实施意见》《2022年全市水利乡村振兴工作要点》，成立工作领导小组，对重点工作进行督促落实。4项为民实事农村供水保障工程提前完成建设任务，完成投资5055万元，完成率100%。全市53个行政村、9万农村人口的供水保障水平得到提升。开展农村供水问题隐患排查整改，畅通群众反映投诉问题渠道，全年受理办结群众监督投诉281件，有效化解农村供水问题。强化农村供水工程运行管理，落实农村集中供水工程养护经费931.3万元、完成139处农村集中工程维修养护，服务人口73.9万人，有效保障农村供水工程的正常运行。

【凉州区调蓄水池（PPP）项目】 2020年10月立项，主要建设内容为新建调蓄水池11座，容积1265万立方米；输水工程6项，总长63.3千米；配套水利机械、电气及结构设备等。2022年10月开工建设，11处调蓄水池已成型封顶，池体水泥土铺筑完成75.6万立方米（91%），土工膜铺设完成145.6万平方米（80%），预制块衬砌完成6.2万立方米（84%），池底盖重层铺筑、池周绿化、护栏安装及工程道路等有序推进；管道工程69.9千米，开挖、安装已全部完成；渠道工程30.4千米，完成开挖25.3千米（83%），浇筑22.2米（73%）；沟道治理工程进行生态砖、路缘石预制等工程备料；完成投资11.05亿元，投资完成率83.6%。

【凉州区西营五干片区调蓄水池工程】 2020年9月批复立项，主要建设内容为新建调蓄水池2座，容积733.82万立方米，配套管理房、泵房各1座；新建引水渠、输配水管道，配套分水闸及闸阀井类建筑物。2021年1月开工建设，2022年4月完成建设任务，建成调蓄水池2座，总容积733.82万立方米，供水管道30.3千米。

【凉州区永昌灌区续建配套与现代化改造项目】 2021年1月批复实施，主要建设内容

图91　凉州区西营五干片区调蓄水池工程　（市发展和改革委员会供图　2022年5月摄）

为新建总控、分控中心各1处，计量设施管理房842座，改造井口842座，更新计量设施842套，建设灌溉示范区1000亩，配套建设灌区信息化管理系统。2021年3月开工建设，2022年6月完成全部建设任务。

【甘肃省红崖山大型灌区“十四五”续建配套与现代化改造项目】 2021年11月批复立项，主要建设内容为改造红崖山灌区骨干渠道231.021千米；渠系建筑物970座；新建干、支渠巡渠路91.234千米；总干及七干灌区配套安装视频监控系统280套、量测水系统216套及业务应用平台建设等。2021年10月开工建设，完成投19944万元，完成渠道改建89千米，渠系建筑物184座，干、支渠巡渠路60千米，总干渠通信线路铺设104千米，视频监控系统77套等。

【古浪县生态保护和抗旱应急供水保障工程】 2021年10月批复立项，主要建设内容为在古浪河灌区、八步沙修建4座调蓄水池，容积约870万立方米，其中1#调蓄水池容积约330万立方米、2#调蓄水池容积约230万立方米、3#调蓄水池容积约80万立方米、4#调蓄水池容积约230万立方米；修建泵站1处，管理房700平方米，铺设球墨铸铁管24500米，各类建筑物72座。2#池和3#池工程于2022年6月开工建设，完成土方开挖、坝体填筑、土工膜铺设、面板浇筑、管道安装等施工内容，已具备蓄水条件。

【景电二期古浪灌区调蓄供水工程】 2022年1月批复立项，主要建设内容为新建水资源节约集约利用水池4座，总容积1240万立方米，管理房5座、泵站2座、引水枢纽4座、引水渠1.868千米，埋设各类节水管道13.378千米，修建各类闸阀井22座、镇墩29座，穿越建筑物13处；水源涵养绿化造林3100亩。2022年6月13日开工建设，完成22831万元。

【古浪县黄花滩移民区水厂工程】 2020年9月批复立项，主要建设内容为埋设引水管617米，埋设配水管64.27千米，3000立方米清水池2座、架设10KV输电线路2.29千米、各类阀门井85座、管材配件及闸阀井闸阀、穿越建筑物8处。2021年6月开工建设，2022年7月完成全部建设任务。

【天祝县大红沟镇抗旱应急水源工程】 2020年11月批复立项，主要建设内容为铺设输水管道25.6千米，修建分水阀井9座，检修阀井6座，放空阀井12座，空气阀井33座，调流调压井11座，调蓄水池5座，维修水源工程1处。2021年9月开工建设，2022年10月20日完成全部建设任务。工程从黄花滩河一级支流直沟河引水至大红沟镇，有效解决管线沿途大红沟镇1.5万亩基本口粮田以及哈溪镇西滩、友爱、大红沟镇大红沟、马连沟、大沟等5个行政村0.9万人干旱时期生产生活用水，进一步完善大红沟镇抗旱应急供水体系。

【黄河流域庄浪河天祝县城段水生态治理项目】 2020年11月批复立项，主要建设内容包括河道生态治理工程、林草湿地行洪滞洪功能恢复工程、小沙沟生态滞洪湿地工程3部分。庄浪河干流整治长度9.735千米，新建及改造堤防护岸11.54千米，新建生态堰27座，恢复植被面积8.76公顷，恢复庄浪河右岸林草湿地滞洪功能，面积67.5公顷，疏通林下沟渠4.95千米，建设1处分洪涵洞，2处穿路涵管，修复植被面积6.11公顷；修复小沙沟生态

图 92、93　黄河流域庄浪河天祝县城段水生态综合治理工程项目　（蒋锦鹏　2022 年 7 月摄）

滞洪湿地 8.7 公顷，估算总投资 26500 万元。2022 年 2 月开工建设，2023 年 6 月 30 日完成全部建设任务，项目的实施有效助推天祝县新老城区融合发展，推动区域乡村振兴和高质量发展。

【天祝县石门河水资源综合利用及峡口段水生态治理项目】 2020 年 10 月批复立项，主要建设内容为新建输水管道 35.89 千米，配套附属建筑物各类阀井 81 座；治理石门河峡口段河道 4 千米，估算总投资 20425 万元。2022 年 4 月开工建设，2023 年 6 月 30 日完成全部建设任务，建成输水管道 1 条 36.22 千米，配套石门农业产业园区供水管线 1 条 6.24 千米。建成松山镇农业产业园区 3000 座大棚配水管网，干支管长度 52.25 千米。

【水利工程质量监管】 落实水利工程建设质量终身责任制，强化日常监督管理。组织开展工程竣工验收工作，严把竣工验收质量关，完成重点水利工程天祝县石门调蓄供水工程、二道墩水库工程竣工验收工作，确保重点水利工程发挥效益。强化重点水利工程安全鉴定工作，组织开展红崖山水库、西营水库震后安全鉴定，填报水库、水闸、堤防系统数据，确保基础信息准确率和完整度，完成省水利厅对天祝县柏林水库除险加固工程项目稽查反馈问题整改工作。落实根治欠薪工作各项责任，兜住基本民主底线，切实保障农民工合法权益。

（市水务局）

信息服务业

综　述

【概况】 2022年，武威市加强信息基础设施建设，深化农村光纤网络、移动通信网络、数字电视和下一代互联网覆盖，进一步提升农村通信网络质量和覆盖水平，保障数字乡村发展网络通信需求，助力乡村振兴。全年建成4G通信基站7961个，建成光缆13.09万皮长千米，移动宽带用户数达143.35万户，互联网宽带接入用户65.31万户，4G网络覆盖率达到99.3%，家庭有线宽带覆盖率达到97.2%，企业有线宽带覆盖率达到100%，平均接入速率达到200Mbps，互联网市级出口总带宽达到1800G以上。

【大数据建设】 按照政府主导、统一规划的原则，落实甘肃省大数据中心建设"一核两翼六中心"总体布局要求，打造武威市大数据中心集聚区，按照《国家信息系统机房设计规范》A级标准，建成武威电信云计算中心、武威移动大数据云计算中心、武威联通云计算数据中心等3个大数据中心，总面积达到3500平方米，机架数满配可达1200个，可承载高端服务器4000台以上。装机682个，应用服务器超过2000台，总存储能力达2PB，实现1000M光纤直连，可实时实现数据交互与共享。

【区块链服务网络建设】 移动大数据中心具备全国区块链服务网络发展联盟区块链服务网络BSN入网条件，成为西北首批BSN节点服务提供商，具备各领域区块链应用的承载能力。数据中心已建成国产化云平台，具备国产化适配项目服务保障能力。

【互联网信息服务】 全市所有行政村、A级旅游景区、乡村旅游示范点、20户以上自然村组实现光纤宽带、4G网络全覆盖。制定实施《武威市5G通信基站建设及应用规划（2021—2025年）》，签定5G网络建设项目服务保障协议，协同推进5G网络建设，计划"十四五"期间在市域范围内统一规划建设5G站址5312个，建成5G基站1883个，实现市县城区、重点乡镇热点区域、工业园区 5G 网络覆盖。实施宽带提速工程，宽带网络升级改造和千兆宽带建设加快推进，全市千兆端口数量达到 8.3 万个，千兆宽带用户超过 31 万户。

（市工业和信息化局）

智慧武威建设

【概况】 2022 年，发挥市信息产业链主企业，坚持以数字赋能经济社会为发展目标，以数字技术推动经济社会数字化转型为主线，发挥着链主企业作用，重点以大数据应用开发为核心，统筹链上企业发展优势，形成整体合力，助推武威市全产业链快速发展。推进政府数据开放共享，提升社会数据资源价值，牵引大数据产业发展，推动数字经济发展，培育本地技术团队，赋能社会治理现代化和经济高质量发展。

【数据资源整合】 以大数据为支撑，政府、金融、企业联动，为企业和市民提供金融一站式大数据整合服务，助力中小企业、创业团队纾困解忧，提供线上一揽子信用贷款及其他金融增值服务。建设武威“文旅通”平台，整合吃、住、行、游、购、娱六大旅游服务要素，利用大数据赋能创新武威文旅消费模式，创建新兴智慧文旅服务、消费、管理等业态。建设“数字民族”铸牢中华民族共同体意识宣传平台。联合肿瘤医院建设重离子医院的线上宣传、咨询服务平台，联合公安局针对反诈工作建设“反诈头条”平台，针对电商、商 务、营商环境、工业园区、社区治理、工会等领域开展调研摸底，探索可落地的政务信息化服务新模式。

【“大数据+”服务】 推进“大数据+”服务入口建设，通过统一的平台底座，先后为 20 多家政府、企业单位提供信息化服务及保障工作。建设上线的数字民族平台助力创建民族宗教示范市成功申报，上线反诈宣传专区配合公安反诈部门打通反诈宣传“最后一公里”，重

图 94　8 月 16 日，武威市“金融通”“文旅通”上线开通　（市政府国资委　供图）

离子医院专区为重离子产业发展提供宣传并辅助重离子医院尝试打通与国内优质医疗资源的共享互通，考试服务能力平台得到司法、市场监管等部门认可。“金融通”“文旅通”上线开通运行，以天马行市民云 App 为依托，打造普惠金融、智慧文旅一站式服务入口，促进数字产业链链长制，创建万达信息市民云与地方政府、企业通过政企协同推进数字经济健康发展的典范案例。

【天马行市民云建设】 建设天马行市民云综合性城市服务平台。“天马行市民云”作为城市服务“总入口”，坚持以人民为中心的发展理念，围绕市民衣、食、住、行、查、缴、办各环节流程提供“一城、一生、一平台”全生命周期服务。平台提供各类城市服务 128 项，注册用户数达到 134 万，平均月活数为 47.6 万。“天马行”市民云项目入选中国信息协会“2022 年度数字政府创新成果与实践案例”，为甘肃省唯一入选项目。在第二届中国新型智慧城市创新应用大赛中获得“智成奖”，在第二届中国新型智慧城市建设峰会入选“标准化支撑政府数字化转型典型案例 50 强”。

【建设成果应用】 打造武威“文旅通”平台，整合吃住行、游购娱六大旅游服务要素，利用大数据赋能武威文旅消费模式，与 7 家景区对接票务系统，发放 99 元亮豁游文旅消费券，助力武威市文旅产业快速回暖。建设“金融通”平台，以大数据赋能金融行业，为金融机构提供大数据服务产品。公司接入银行、保险等金融机构，完成个人开户 16551 户，营业收入 24.83 万元。完成创业贷款担保申请 198 户，对接人寿、人保、平安等保险机构保险业务。

（市天马行大数据运营有限公司）

电　信

【概况】 2022 年，完成收入 4.48 亿元，移动份额达到 42.4%，移动用户规模超过 71 万户，2022 年与主要友商份额差距缩小 1.02PP；宽带用户规模超过 33 万户，份额达到 52.1%。产数收入规模达到 5235 万元，增长 14.1%；天翼云收入规模 4386 万元，增长 66.8%；云底座收入规模 1155 万元，增长 28%。基础板块收入规模占全业务收入比例 87%，收入增幅 4.9%，拉动整体收入增长 2.7%；产数收入占全业务收入占比 13%，收入增幅 14.1%，拉动整体收入增长 4.8%，基本实现“双轮驱动”的发展格局。

【数字化综合风格建设】 在云网运营方面，做好基础网络能力建设，全年新建光端口 1.97 万个，达到 60.65 万个，端口占用率 71.86%。新建千兆端口 6231 个，建设完成率 144.9%，千兆端口下挂用户 39 万户。加快移动网络提质增效，其中 4G 网络基站载扇达到 6115 个，4G 网络覆盖率 95.01%，5G 网络基站载扇达到 2223 个，5G 网络覆盖率 78.54%。以云资源池能力打造提升新主业支撑能力，天翼云武威 X 节点资源池 VCPU 容量 4752 核、使用率 37%；内存 7449G、使用率 53%。存储 542T、使用率 35%。组织全员参与云业务和项目结对营销，其中中层管理人员签约重大项目 9 个 2100 万元、云业务 9290 核。城乡支局“一支局一单”签约项目 436 个 2130 万元、云业务 9792 核。

【拓展短板市场】 坚持“市场是守不住的，进攻是最好的防守”以及“异网优势区域就是我网进攻区域”的积极进攻策略，启动“异网中高值分流”活动，发展移动8万户、宽带1万户。精耕细作“三房一舍”、二宽加装、洼地提渗、校园营销四类传统宽带市场，扩大销售路径，持续打造以宽带为核心的基础业务攻防体系。坚持以收入环比考核、宽带净增月度负向考核、10元副卡资费、活跃用户核算发展量等举措，有效保障基础业务的发展质量。

【新型业务发展】 优化项目全流程管理、商机丢单及奖励等机制，调整云中台和万维分公司职责，解决项目售前、售中及交付流程不畅的问题，分公司签约项目数量比2021年增长1.66%，金额增长15.57%，中标数量增长100%。以1.2亿元高目标牵引产数项目签约，聚焦优势领域持续发力，紧抓低渗行业猛攻快进，先后中标武威市政务内网、凉州区风险普查及凉州区教育局一键报警、凉州医院云灾备等标杆项目，扩长补短成效显著。坚持“12369”云翻番发展战略，以全业务融云、全客户用云、全渠道售云、全平台上云，做实云业务拓展。聚焦城乡市场转型发展、贴近市场、销售组织三大需求，以“五长营销”为切入，实现数字乡镇、智慧酒店等签约2865万元，强力推进城乡市场转型。

（中国电信武威分公司）

移动通信

【概况】 2022年，建成覆盖范围广、通信质量高、业务品类丰富、服务水平一流的移动通信网络。移动4G网络已实现100%连续覆盖，5G基站1000余座，5G网络实现城区、乡镇区域连续覆盖，5G用户数近50万。完善安全生产责任体系，常态化组织安全生产、消防安全等赋能培训，现场检查厅店、施工现场等45天次纠正隐患132项。

【信息化建设】 承建武威数字政府，完成上线运营工作。建成雷台智慧旅游、肿瘤医院智慧医院等一系列重点项目，有效发挥行业优势助力产业升级。培育5G+智慧银行、智慧矿山、智慧教育、智慧医疗、智慧园区等行业应用项目，千兆宽带覆盖商户、住户超30万户。大数据、云计算、物联网、区块链广泛布局，大数据云计算中心软硬件不断更新升级，并取得区块链服务网络BSN公共城市节点入网认证。

【服务社会】 承担乡村振兴责任，建成武威市防返贫大数据平台，协助采录相关信息100万余条，有效为乡村振兴工作注智赋能，派出5名干部驻村开展工作，村委赠送锦旗。推进“平安乡村”建设，建成市、县、乡、村四级视频监控管理平台，纳管视频监控超过5万路。履行网络信息安全主体责任，坚决落实“断卡行动”，配合公安机关开展号码核查溯源和网站核查清理。

（中国移动武威分公司）

联合网络通信

【概况】 2022年，围绕市委经济工作会议决策部署，以5G双千兆网络引领新型基础设施建设，打造武威云计算数据中心，推进“智慧武威”重点项目加速实施，提升基础通信网络能力，发挥中国联通在云计算、大数据、物联网、人工智能等方面的技术优势，紧跟数字政府、智慧武威建设项目，先后在智慧城市、政务、党建、医疗、消防、交通、教育、水利等行业实施数字信息化项目建设，完成5G智慧城市、5G智慧教育两个行业应用项目。

【网络服务】 聚力打造全光接入、全域千兆、全屋Wi-Fi、全天候服务的宽带精品网。从光纤入户到全屋覆盖，从宽带接入服务到全方位智慧家庭服务，宽带精品网持续满足用户的多样、弹性、融合需求。光纤入户覆盖10万家庭，正在加快推进千兆升级，打造千兆光网城市。为用户提供家庭组网服务，百名智家工程师提供2万多次免费上门测速，实现全屋千兆无缝覆盖，让更多用户对千兆光网可感、可知、可及。升级扩容武威云计算数据中心，加快部署边缘计算节点。有云计算数据中心参照国际主流虚拟化机房标准建设，数据中心建有8个标准微模块机房，19英寸标准机架192个，出口总带宽1440G，部署资源服务器96台，建成政务云、医疗云两个行业云池，通过国家安全等级保护三级2.0测评，具备异地数据灾备能力。

【联通服务社会】 运营商之间逐步开放管道、光缆、机房等基础设施的资源共享，开放管道84千米，杆路1540千米，机房60个。支撑智慧城市、数字政府、智慧党建、智慧水利、智慧交通、工程项目审批、智慧云医院等多个信息化项目的部署应用。提升5G业务服务质量，规范实体渠道5G业务服务动作，提升5G业务服务质量。开展科技助老适老服务，4家“智慧助老服务中心”授牌营业厅开展40余场“老年人手机小课堂”“教您用App买菜”等助老适老活动，12家自有营业厅向老年客户提供“面对面”服务模式，提供无障碍通道，不断提升老年客户群体服务满意度。

【通信基础设施建设】 聚力打造覆盖更广、能力更强、品质更佳、体验更好的4/5G精品网。不断深化4/5G网络共建共享，全年新增5G基站217个，共建共享率100%。其中，室外基站146个，完成率100%；室分系统71套，完成率100%，人口覆盖率达到59%，5G网络实现乡镇及以上区域的连续覆盖、行政村有效覆盖。推进利用共享拆除、调拨设备优化4G网络覆盖，全年新建4G基站70个、900M升级56个、共享电信4G基站188个，4G基站规模达到2016个，并向其他运营商开放共享。关注线上线下各服务触点反馈的移网网络、宽带故障等网络投诉热点，开展网络提质惠客户、宽带服务进万家专项攻坚活动，全年解决网络投诉1225件，解决满意率超过90%。

（中国联通武威市分公司）

广电网络

【概况】 2022年，经营任务3578.35万元，实现收入3732.51万元，占年度目标任务的104.31%，较2021年同期增收1413.11万元。

【保用户促回网】 建立用户台账，制定用户回网奖励措施，激励员工促回网挽流失保用户，实行网格片区个人承包，挽流失保续费等措施保传统用户。实施天祝县民族地区高清交普及项目，利用甘小果无网不通的优势，内外网共同发展甘小果终端，新发展“甘小果”用户12563户。优化网络持续拓展广电宽带用户，组织对城农网部分光节点实施光纤入户改造和网络优化，进一步提升用户体验，拓展宽带用户。启动全国范围广电5G友好用户192号码预约活动，5G 192放号工作运营正常，全年办理192业务2528户，收入10.95万元。2022年12月，实际保有有效客户63454户，用户基数较2021年年底增加11879户。

【多元化经营】 争取项目和政策性补贴，市县分公司落实留抵退税资金1700.03万元，落实户户通运维补助资金。成功中标民勤县应急广播项目。如期完成天祝县“民族地区高清机顶盒普及项目”的安装任务。开展多种经营增营收，盘活现有资源增加收入，向移动公司出租市本级农村闲置网络。向联通公司出租农村闲置纤芯资源。盘活广告业务资源，广告收入1.5万元。

【安全运营工作】 成立5G工作专班，做好700MHz清频、10099客服、营业厅门头改造等工作，推进5G业务由建设转向运营。强化管控降成本，排查整改电费支出过高的光节点，解决设备漏电、搭载等各种耗电过高原因，降低网络设备电费刚性支出。排查风险隐患、化解矛盾纠纷，全力应对各类法律诉讼，有序清偿各类历史债务317.08万元。

（甘肃广电武威分公司）

无线电管理

【概况】 2022年，做好常规监测与专向监测，突出对重点频段和重点地区的监测，强化监测数据分析研判，全年监测频段24个，监测时长9091小时，主动排除发现干扰12起，查处干扰投诉12起，用时125小时，出动监测人员104人次，设备40台套，车辆23辆次，较好的服务设台用户，为省、国家无线电频率指配和规划夯实坚实的数据基础。

【台站管理】 新增无线电经营主体备案84家，新增无线电设备备案886条。加强无线电台站管理，核查广播电视发射台站83个，无线电发射设备116套，完成无线电发射设备销售备案工作。对公众移动通信基站的管理中（重点5G），抽查基站数据100多套，部分存在问题数据资料驳回重新申报。业余无线电台（站），办理无线电设台审批49件。出动人员40人次，出动车辆10余次，总行车里程约1680千米。

【无线电管理执法】 联合召开专项行动联席会议，开展专项检查工作。针对广播电视频段、航空专用频段、铁路专用频段，开展重点监测，特别是天祝藏区，发挥固定站布点优势进行重点监测，完善监测制度，确保安全保障工作落到实处。保障人社、教育、司法等部门考试27次43天，使用无线电监测、压制设备136套次，监测车81辆次，出动人员341人次，对不明信号均做查处和压制，保证考试的公平、公正。

（市无线电管理处）

城市建设与管理

城市规划

【概况】 2022年，全市贯彻落实国家《关于进一步加强城市规划建设管理工作的若干意见》，强化城市规划的前瞻性、严肃性、强制性和公开性。加强和改进城市规划建设管理工作，突出城市建筑的域特色、文化传承和节约集约特征，武威城市规划法律法规和实施机制基本形成，基础设施明显改善。

【中心城区控制性详细规划】 编制《武威市中心城区控制性详细规划》，对武威市中心城区部分地块控制性详细规划进行局部调整。规划调整内容涉及《武威市国土空间总体规划（2021—2035年）》及中心城区内《武威市天马湖两岸控制性详细规划》《武威市中心城西北部地区控制性详细规划》《武威市南片区控制性详细规划》《武威市河东片区控制性详细规划》《凉州工业园区控制性详细规划》《甘肃武威工业园区控制性详细规划》9宗地块，规划建设用地面积359.29亩。中心城区控制性详细规划更加适应不断发展变化的规划实施外部条件，凸显历史文化名城的文化禀赋，解决制约城市科学发展的突出矛盾和深层次问题，开创城市现代化建设新局面。

【历史文化街区保护规划】 制定《武威市历史文化街区保护规划》，规划项目位于武威老城区，主要包括文庙、古钟楼、罗什寺3个历史街区及再就业市场片区。项目依托历史文化街区的旅游资源，贯通3个历史文化街区，形成凉州古城“L”型金腰带，以弘扬文庙、古钟楼、罗什寺历史文化街区特色为重点，将现代建筑工艺和历史建筑特色相结合，着力打造以凉州不夜城、凉州葡萄酒城、新雍凉书院为主要内容的丝绸之路历史文化旅游名城。规划包括范围内的建筑、市政设施和景观进行保护、恢复和更新以及建设相应的其他配套设施，有效保护历史文化的传承和历史风貌的重现，促进经济转型升级，改善人居环境，助力武威历史文化名城保护。

城市更新

【老旧小区改造】 2022年，持续实施城市更新行动，加强城市基础设施建设，打造宜居、韧性、智慧城市。不断改造提升老旧小区、老旧厂区、老旧街区和城中村等存量片区功能。落实“保交楼、稳民生”专项借款6.53亿元，老旧小区改造补助资金1.7亿元，棚户区改造补助资金1.69亿元。全年改造老旧小区193个12739户，改造棚户区4179户。

【老楼加改电梯】 为切实改善和服务民生，不断提高群众的幸福指数，以城市更新为契机，推进老旧小区加装电梯工作。老旧住宅小区项目完成10部电梯加装，项目总投资430万元。电梯基础、主体工程和电梯设备安装工程及电梯连廊装修工程全部完工。

【优化城市环境】 开展城区小广告等专项整治行动，清理城区“牛皮癣”小广告1.9万处。开展文明居住细胞、文明公园细胞、文明工地细胞创建活动，文明细胞创建率达到50%。建设文明小区建设标准化示范点位236个，督促整改问题616个。

图95　武威市实施城区老旧小区改造，工人正在粉刷外墙（蒋锦鹏　牛　蔓　2022年6月摄）

图96　武威市实施城区老旧小区改造，凉州区西苑小区焕然一新　（蒋锦鹏　牛　蔓　2022年6月摄）

【项目建设】 武威东站综合客运枢纽及停车场项目启动建设。全市新增节能建筑137.7万平方米，城镇新建绿色建筑竣工面积占比达到100%，新开工装配式建筑28.8万平方米，装配式建筑竣工面积比例达到16.9%（省上目标任务16%）。减免城市基础设施配套费411.7万元。抽查在建施工项目154项，在建项目受监率达到100%。

城市基础设施建设

【道路建设】 实施城市基础设施改造提升，聚焦短板弱项，打通“断头路”，改善市民出行环境。按照“先中心城区、后其它区域，先主次干道、后背街小巷”原则，加大城市道路建设力度，续建雷台东路、钟楼巷等10条市政道路。全年新建续建市政道路14条，打通“断头路”9条，整治提升背街小巷28条。

【公共交通】 全市有公交车546辆，其中，纯电动公交车372辆、燃气公交车170辆，清洁能源占公交车总数的99.2%。出租车2320辆，其中，纯电动出租车203辆，油气两用2117辆。武威公共交通（集团）有限公司运营公交车340辆，其中，纯电动公交车260辆，燃气车80辆，运营公交线路27条。运营新能源电动出租车200辆，租赁车97辆。全年优化调整公交路线9条、站点20处，淘汰下线故障率高、运维成本高的燃气车90辆，减少运营成本。

【停车场建设】 制定《武威市推动城乡建设绿色发展实施方案》《武威市停车设施建设管理“一难两乱”专项整治实施方案》，新建城市（县城）停车场16个，新增盘活停车泊位3.3万个，小型客车保有量与停车泊位比值达到1∶1.2。

【供排水】 按照《生活饮水卫生标准》规定，确保城市供水管网改造项目所需资金按工程建设进度足额保障到位，为城乡建设和经济发展提供安全可靠的供水保障。武威城市第二水源工程向城区实行双水并网供水，解决城市供需水矛盾，改善人民群众的生活用水条件。全年新建改造供排水管网84.64千米，污水收集率达到75%以上，城市再生水利用率达到50%以上。

【供电】 开展机井用电线路、配电变压器等排查工作，确保供电设备正常运行，做全市用电服务，切实保障群众用电需求。武威市供电面积

图97 3月21日，武威市城区集中供热有限公司工作人员查看供暖设备运行情况
（市融媒中心 供图）

3.3万平方千米，供电人口183万。全市用电量73.17亿千瓦时，售电量完成70.45亿千瓦时。

【供气】 推进管道燃气入户工作，细化目标任务，强化网格管理加强城市管网建设，着力实现天然气供应“户户通”。2022年，凉州区颐安美居、夏润金座、宇峰家园等小区6027户居民用上管道天然气，至12月底，武威城区居民天然气入户率达到95%。

【供热】 成功申报实施北方地区清洁取暖项目，获得中央预算内奖补资金9亿元，实施清洁取暖项目35项，新建改造供热管网84.4千米、换热站19座，城区集中供热面积2321.3万平方米。连续5年提前供暖，民生温度持续提升，收缴基础设施配套费2366万元。

【污水处理】 将城市污水处理纳入城市经济发展规划和社会长期发展计划，加大污水处理投入资金力度，建立科学收费机制，推进城市排水经营管理工作。不断增加城市污水处理的融资渠道，从根本上保证污水建设资金的来源。采取强化措施保持城市、县城建成区范围内无黑臭水体，提高污水治理效率，城市污水处理厂日处理能力9万立方米，城市污水处理率98.61%。全年落实排水设施建设补助资金1045万元，污水收集率达到75%以上，城市再生水利用率达到50%以上。

【园林绿化】 制定《武威市推动城乡建设绿色发展实施方案》，城市植绿增绿工作逐年有效推进，相继建成开放大量的绿地广场、街头绿地、绿化交通要道等，绿色赋能改善城市生活环境，给居民带来更多的休闲场所。2022年，新

图98 凉州城区南城门广场小游园（王 丽 2022年5月摄）

增城市（县城）绿地109万平方米、提质改造绿地47.04万平方米，建成城市（县城）小游园15个，城市建成区绿地率达到36.66%，城乡人均公园绿地面积达到12.92平方米。

城市管理

【概况】 2022年，持续做好城市管理服务保障工作，工程建设项目审批制度改革领跑全省，受理审批事项3444项（次），涉及项目1095项。在全省率先推行“竣工验收备案”电子证照、“建设项目发包备案”全流程线上办理。办好民生实事，市列10件为民办实事中市住建局牵头办理4件，全面完成任务。

【数字化城市管理】 完成已公布13处历史建筑测绘和挂牌工作，有力推动历史文化名城保护。率先建成市、县区数字化城市管理平台，2022年受理案件3.04万件，办结率100%。以数字化促进文明城市创建工作，完成7项网上申报、14项实地考察创建任务，建设标准化示范点位236个，督促整改创城问题616个。

【房屋建筑和市政设施调查】 开展房屋建筑和市政设施调查，调查城乡房屋建筑149.54万栋、供水管线57条、供水厂站6座、市政桥梁48座、市政道路199条。修订住建领域应急预案13个，组建专业性应急救援队伍7个、952人，准备重型工程救援机械287台。完成81个建筑施工项目和230家建筑施工企业安全风险分级管控动态评级，指导51个在建项目实行安责险制度。开展城市物业小区消防安全排查整治，消除安全隐患246个。

【城市问题排查整改】 办理城乡建设住房历史遗留问题，完成房屋质量结构安全性鉴定17栋、5.7万平方米。解决国有土地已售城镇住宅历史遗留“登记难”消防、工程竣工验收等问题1.9万套。排查城市小区整改燃气安全隐患428个，督促餐饮企业全覆盖安装报警器4037个。

【城区自建房排查整改】 排查自建房录入房屋信息141.68万栋，录入率100%；排查自建房73.29万栋、排查率100%；全覆盖排查经营性自建房1.62万栋，排查率100%、信息录入率100%；全市排查存在隐患的自建房242栋。

（市住房和城乡建设局）

乡村振兴

综　述

【概况】 2022年，武威市认真贯彻落实中央、省委省政府关于巩固拓展脱贫攻坚成果同乡村振兴有效衔接的一系列决策部署，推进乡村产业发展，健全完善利益联结机制，助推乡村振兴。聚焦特色优势产业，强龙头、补链条、聚集群，初步构建起了农业特色优势产业体系，全市实现第一产业增加值215.1亿元，农村居民人均可支配收入15899元，脱贫人口人均纯收入达到13941元。

【产业振兴】 坚持把产业发展作为促进脱贫人口稳定增收的根本举措，衔接资金用于产业比重达58.21%。2022年，全市种植蔬菜74.55万亩、增长15.6%，食用菌10.6万吨、增长12.1%，畜禽饲养量3611万头只、增长11.3%。特别是奶牛存栏10万头、增长41%，呈现出倍增式发展的良好态势。坚持以工业思维发展现代农业，突出龙头企业带动，新引培涉农企业9家。打造特色农产品及食品加工产业链、奶产业链，伊利乳业被列入全省第一批产业链链主企业，乳制品产值达到12亿元，带动“1+6+N”奶业全链产值突破60亿元。加强品牌建设，陇上兄弟牛肉、春晓熏醋等11个企业商标品牌入选2022年度“甘味”品牌目录。持续加强农产品质量安全监管，主要农产品监测总体合格率达到99.5%。

【人才振兴】 完成东西部干部交流14人、专技人才交流157人。举办乡村振兴专题培训班3期，培训党政干部、专技人才、电商专干131人次。开展“雨露计划+”就业促进行动，通过线上线下专场招聘，发布148家企业7800个岗位需求，向1600名毕业生推送了就业信息和岗位。推进光伏帮扶，通过2022年光伏收益设置公益岗位4379个。帮助弱劳力就近就地就业，全市乡村公益性岗位6426人。推动183家扶贫车间向乡村就业工厂转型升级，吸纳劳动力9400人，其中脱贫劳动力2673人。加强乡村振兴人才队伍建设，新培育高素质农民396名，评审农业系列职称和农村实用技术人才职称 190 人。

【科技振兴】 实施种业振兴行动，组织开展种质资源普查与收集，谋划建设河西走廊种质资源库与农牧业研发基地，全市日光温室种苗统供率达到 97% 以上，优质种苗生产供应能力居全省首位，牛、羊、猪、鸡良种化率达到 95% 以上。以正高级专家为首席专家，成立优势主导产业督导服务专家组 13 个，争取实施农业科技项目 40 多项，建立农业科技创新示范基点 52 个，引进新品种新技术新装备新模式 80 多项，指导培训农牧民 20 多万人次，审定玉米、春小麦等农作物新品种 10 个，争取设立市农业农村项目服务中心、市农科院食用菌研究所。

【文化振兴】 贯彻落实《新时代公民道德建设实施纲要》，传承弘扬中华民族传统美德，加强“四德”建设。组织开展“美丽乡村、文明家园”乡村文明行动，深化农民群众对“中国梦”的认识，弘扬社会主义核心价值观。推行“婚事新办、喜事廉办、白事简办、小事不办”为切入点，引导群众自觉抵制高价彩礼不良社会风气，培育文明乡风、纯朴民风、良好家风，挖掘乡土文化，配备体育文化活动器材，努力提高农民精神素养，丰富群众精神文化生活，加强农村精神文明建设。

【生态振兴】 学习贯彻习近平生态文明思想，不断夯实农业绿色发展底蕴。推广测土配方施肥技术 382 万亩、有机肥 457.1 万亩、新型肥料 72.2 万亩、水肥一体化技术 108 万亩，推广高效农业节水技术 250 万亩、旱作农业技术 45.6 万亩，农业灌溉区实现高效节水技术全覆盖。强化农业面源污染治理，实施凉州区绿色种养循环农业试点、凉州区和古浪县畜禽粪污资源化利用整县推进、地膜科学使用等项

图 99　凉州区优质奶源基地（万头奶牛）养殖场　（李政阳　2022 年 4 月摄）

目，推动投入品减量化、生产清洁化、废弃物资源化、产业模式生态化，全市推广高强度地膜32.6万亩，秸秆综合利用率、畜禽粪污综合利用率、废旧农膜回收率、尾菜处理利用率分别达到86%、89.9%、83.6%、53.6%，农药化肥使用量实现“零增长”，完成农业外来入侵物种年度普查任务。

【组织振兴】 推进抓党建促乡村振兴、促基层治理、促高质量发展活动，实施古浪县富民新村产业发展、凉州区上庄村美丽乡村建设、民勤县红旗村乡风文明、天祝县德吉新村基层治理“四种模式”提质增效扩面行动和党建引领发展壮大村集体经济五年行动计划，全市村集体经济收入村均实现15.8万元，全部达到5万元以上，收入最高的村达244.5万元。建立党建引领基层治理领导协调机制，优化设置基层治理网格8911个，构建党建引领、各方协同、全民参与的基层治理新格局。聚焦“四强”行动和七条重点产业链延链补链强链，成立生态环保产业链党委，选派139名优秀干部到重点工作一线挂职任职，引进25名契合产业发展的高层次人才。

【农村关爱行动】 开展“一活动一行动”，全市摸排出留守老人4433人，留守妇女1441人，留守儿童3091人，特殊困难群众8321人，投入资金2.92亿元，帮办实事2.55万件，解决群众“急难愁盼”问题9100多件。开展“岗位大练兵、业务大比武、能力大提升”活动，开展“村内练”“乡内比”“县内赛”“市内晒”1.66万场次。组织开展“情暖童心相伴成长”农村留守儿童关爱活动，全市“一活动一行动”典型做法和特色亮点被新华网、新甘肃、今日头条等网络媒体转载80多条。

（市乡村振兴局）

脱贫攻坚成果巩固

【创建防贫监测帮扶智慧大数据系统】 开发武威市防贫监测帮扶智慧大数据系统，健全落实易返贫人口快速发现、评估响应、精准帮扶、风险消除、动态监测五项机制。组织开展防止返贫监测帮扶集中排查与专项排查，排查35.83万户130.22万人，申请风险消除回退168户266人，再次标注风险1户4人，整户清退38户53人。全市新识别监测对象312户1180人，5144户16949人，其中脱贫不稳定户2755户9953人，边缘易致贫户2191户6266人，突发严重困难户198户730人。对纳入监测范围的农户，精准制定“一户一策”帮扶计划，创

图100　12月3日，群众参观凉州区高坝镇蜻蜓村村史馆（王　丽　摄）

新建立防返贫保险切实兜牢防返贫底线。按照风险“七不消”要求，规范退出标准和程序，3673户12768人已标注风险消除，风险消除率71.4%。

【社会帮扶】 动员引导天津市、蓟州区50家企业、商会结对帮扶6个乡村振兴示范村；实施“津陇慈善情·助力乡村振兴”系列项目8项，引进社会帮扶资金201万元，在示范村完成弱电入地改造、旅游路修建等产业基础设施配套和“一老一小”关爱服务中心建设等公共服务设施，补齐示范村发展短板。落实东西部协作和中央单位定点帮扶资金1.17亿元。落实协作帮扶事项43项，携手共建产业园区2个，共同打造乡村振兴示范村6个；引进中化现代农业（宁夏）有限公司撬动社会资金5800万元实施现代农业MAP全产业链建设项目，引进中通国源（河北）咨询服务集团有限公司投资2000万元实施天祝大酒店项目，古浪县天津溢佳同惠公司年产20万吨牛羊饲料等项目2022年新增投资1576万元。协作帮扶单位通过“以购代帮”等方式完成消费帮扶2.52亿元。对接天津市和中国中化控股有限责任公司用工需求，输转劳动力7961名。

【易地扶贫搬迁后续扶持工作】 制定《武威市各县区2022年易地扶贫搬迁后续扶持重点工作推进方案和项目清单》，聚焦古浪黄花滩、天祝南阳山、凉州区邓马营湖等大型集中安置区，实施重点项目54项，总投资39.08亿元。落实以工代赈资金4830万元，支持建设小型农田水利、乡村道路、河道治理、农村人居环境改善等项目7项，吸纳980名低收入群众就近务工，发放劳动报酬1073万元。

图101　古浪县八步沙蓟州帮扶林（张文灿　甘曜毓　2022年8月摄）

【完善驻村帮扶工作机制】 调整充实帮扶工作领导小组、定点帮扶专责工作组，健全帮扶“六项制度”，构建“五大工作体系”，制定印发帮扶工作责任清单，修订完善帮扶工作成效考核评价办法、驻村帮扶工作队管理办法等制度性文件，推动帮扶责任、政策和工作落实。严格落实“3+4”驻村帮扶干部管理机制，靠实县区日常管理、乡镇属地管理、帮扶单位跟踪管理三方责任，常态化开展钉钉视频点名 620 人次、电话抽查 700 人次，开展调研督导 56 次，调整轮换驻村期满队员 152 名。各级帮扶干部进村入户 20.28 万人次，组织宣传政策宣讲 20549 场次，帮办实事 3472 件，化解矛盾纠纷 1647 件。

（市乡村振兴局）

乡村建设

【概况】 2022 年，准确把握村庄分类标准，开展调查摸底，逐村分析、因村施策，科学布局生态、生产、生活空间，确定集中收缩、原址改造、易地搬迁、城郊融合、维修加固、风貌提升等农房改造模式，编制示范村“多规合一”实用性村庄规划 147 个，编制 755 个。

【基础设施建设】 坚持规划引领，统筹资源要素，动员各方力量，加强农村基础设施和公共服务体系建设，着力打造宜居宜业和美乡村，硬化村组道路 623.9 千米，农电线路 385 千米。建成物流网点 26 个、村民文化广场 21 个、新时代文明实践中心 7 个、红白事服务场所 17 个。

【农村住房建设】 落实“四个不摘”（摘帽不摘政策、不摘责任、不摘帮扶、不摘监管）要求，持续关注 6 类农村低收入群体住房安全，推进乡村振兴农村住房建设，完成动态新增危房改造 45 户，实施农房抗震改造 1 万户。落实国家《关于加快农房和村庄建设现代化的指导意见》和《关于开展农村住房建设试点工作的通知》文件精神，依据《农村村民个人建房管理办法》要求，指导各县（区）推动新农村建设、加快农房和村庄现代化建设。坚持把农房改造作为推进乡村振兴的重要战略之一，实施农房改造项目 2804 户。

【农村居民供水保障】 优化完善农村居民供水工程应急预案，确保农村居民管网通畅、供水稳定。按照城乡融合发展和推进乡村振兴的要求，统筹兼顾改厕、洗浴、环境卫生、乡村旅游和农村二三产业发展等用水需求，努力构建农

图 102 凉州区发放镇新兴村集中收缩点住房建设项目

（管金钰 2022 年 7 月摄）

村供水发展新格局。先后实施为民办实事4项农村供水保障工程，计划投资5055万元，完成4609万元，进一步提升全市53个行政村、9万农村人口的供水保障水平。

【示范村镇建设】 在统筹抓好1个省级示范县、3个省级示范镇的基础上，同步建设147个乡村建设示范村（省级34个、市级42个、县区级71个），总投资15.6亿元。民勤县被列入2022年国家乡村振兴示范县创建名单。

【全域无垃圾革命】 启动实施农村人居环境整治提升五年行动，新建续建农村生活污水处理站20座，全市农村生活污水治理率达到36.6%，全市城乡无黑臭水体；清理临时堆放垃圾13.98万吨，农业生产废弃物20万吨，依法拆除厂房棚圈1.23万处。建成无害化垃圾处理设施17座、转运站场29个，配备垃圾收集运输车辆3964辆，保持农村生活垃圾无害化处理行政村覆盖率100%。

【农村厕所革命】 扎实推进农村厕所革命，建成户用卫生厕所6768座，建成行政村公厕1083座。建立健全定期督查工作机制，完成农村人居环境管理系统数据录入工作，完成20303座问题厕所“回头看”摸排整改。加强和改进乡村治理，民勤县3个镇21个村省级乡村治理体系建设试点和凉州区、古浪县、天祝县6个乡镇9个村县级试点进展顺利。

（市农业农村局）

乡村文化

【乡村精神文明建设】 实施精神文明建设“十大提升行动”，开展“两富一美”（富脑袋、富口袋，建设美丽乡村）活动，引导群众涵养淳朴民风、良好家风、文明乡风。创建文明村镇689个，评选推荐市级以上道德模范及群体138个（人），凉州区“文明家庭档案”、民勤县“乡里乡亲·小善大爱”、古浪县精神文明建设“文明股”、天祝县“道德储蓄所＋道德红黑榜”等一批乡风治理模式深得认可，有效激发群众参与弘扬文明新风的积极性和主动性。

【乡村法治文化建设】 推进“法治、德治、自治。“三治”融合，创新村民自治实现形式，提升农村治理能力。实施“八五”普法规划，落实“谁执法谁普法”普法责任制，坚持定期学法，党组会议“学法一刻”专题讲法律23次。深化“放管服”改革，落实乡村法治建设措施，办结行政审批事项19件。结合法治教育活动，开展农资打假等行动，立案查处案件81件，结案75件，罚没款34.49万元。

【乡村大舞台】 打造公共文化体育服务体系，加大乡镇综合文化站等基层文化阵地标准化、数字化建设力度，将人文历史文化、农耕文化融入乡村文化广场建设中。将乡村大舞台与村中文化长廊、健身广场、小游园、活动室等巧妙结合，绘就独具人文特色的乡村舞台。结合美丽乡村建设，推进乡村文化事业发展，重点以农村文化广场建设为着力点，多措并举兴建群众文化活动舞台，把乡村大舞台打造成为望得见山、看得见水、记得住乡愁的精神家园。

【农家书屋建设】 推进农家书屋规范化、制度化建设，解决乡村“买书难、借书难、看书难”问题，使农家书屋成为传播先进文化的窗口。优化图书配置，选择真正贴近农村读者生

图 103　8 月 16 日，凉州区五和镇支寨村村民在农家书屋阅读书籍
（党延晶　王　丽　摄）

产生活需求、阅读爱好的图书。从农民群众的实际阅读水平出发，以农村读者所盼、所需为导向，有针对性地配置满足农民群众文化需求、丰富精神生活、符合农村读者阅读兴趣的图书。配足与农业生产密切相关的科技类实用图书手册，帮助农民群众提高发展现代农业技能。发挥“文化能人”管理书屋、组织活动等方面的作用，使农家书屋活跃起来。要求乡村干部肩负起促进农村精神文明建设责任，督促农家书屋在引领社会风尚、传播文明思想、纾解社会矛盾、促进基层治理中发挥积极作用，助力乡村振兴。

（市农业农村局）

乡村治理

【概况】 2022 年，不断完善保障机制，以自治、治强、德治、善治为治理措施，持续做好乡村治理工作。统筹推进乡村发展、乡村建设、乡村治理工作，聚焦产业发展，加快推动武威由农业大市向农业强市转变。开展“六大行动”、落实“六个机制”，把推进乡村治理和精神文明建设与农村人居环境整治等重点工作统筹谋划、一体实施，加速乡村治理向纵深推进。开展文明镇村建设，全市 1054 个行政村、78 个社区已全覆盖村规民约、居民公约。建成市级以上文明乡镇 73 个、文明村 230 个。

【基层党组织建设】 坚持党建引领，通过开展“基层党建质量提升年”、党支部“达标创星、整体创优”等活动，培育市级“五星级”村党支部 168 个，整顿软弱涣散村党组织 397 个。民勤县红旗村、天祝县安家河村等 23 个村党支部被评为省级标准化先进党支部，古浪县富民新村党总支、凉州区发放镇党委、民勤县收成镇党委被评为“全省先进基层党组织”。

【乡村新时代文明实践中心建设】 按照有场所、有队伍、有活动、有项目、有机制的“五有”标准，采取“建设样板 + 对标超赶 + 品牌引领”的方式，持续深化拓展新时代文明实践所（站）建设。对各新时代文明实践所（站）任务完成情况按照“示范级”“达标级”“创建级”的“三级创建”标准进行赋分评定，推动形成可持续、可复制的新时代文明实践示范所（站）创建模式，实现新时代文明实践所（站）提质扩面、提档升级。建立完善区、镇（街道）、村（社区）三级联动和中心、所、站三级贯通的运行机制，压紧靠实党委（党工委）主体责任，落实“一把手”负责制，搭建由镇（街道）党（工）委书记担任新时代文明实践所长、村（社区）党组织书记担任新时代文明实践站站长的组织架构。2022 年 12 月，新时代文明实践中心建设农村实现全覆盖。

【基层平安建设】 牢牢把握“党建引领、共治共享、提升标准、注重实效”的原则，坚持以人民为中心的发展思想，聚焦重点行业、重点领域最突出的问题，以各县区各部门（单位）各行业最基层的社会细胞为基本元素，从最基础的环节防起，把好基层平安第一道关口。制定《武威市平安细胞工程创建方案》，明确首批次“平安乡镇”“平安家庭”“平安单位”“平安网络”等 20 个创建内容。推行一体化运行、“一站式”办理矛盾纠纷预防调处化解机制，调解成功率达 99%。加强基层综合治理机构建设，全年建成市县乡村四级综治中心 1250 个。

（市农业农村局）

农村经营管理

【新型农村集体经济发展】 完成土地确权 431.2 万亩，带动家庭承包耕地流转面积 128.4 万亩，增长 28.1%。推进农村“三变”改革，以 45 个示范村创建为引领，村集体和农户入股耕地 10.3 万亩、资金 4.8 亿元，分红 2.56 亿元、增长 8%，将高标准农田项目新增 1.37 万亩耕地纳入村集体资产由村级股份合作社管理，带动村集体增收 863 万元。加强农村宅基地管理，争取到位宅改资金 1200 万元，完成基础信息调查 16.8 万宗。推进农业保险“增品、扩面、提标”改革，签单实施保险品种 29 个，投保农户 6.57 万户，实现签单保费 2.25 亿元，直接受益农户 2.93 万户次。

【农民专业合作社发展】 组建农民合作社 6994 家，投入资金 5.78 亿元建设现代农业产业园，新增入园企业 11 家。全市建成种植标准

图 104　4 月 15 日，市民在凉州区新时代文明实践中心植物园读书驿站阅读　（王　丽　摄）

园41个、规模养殖场（小区）1777个、日光温室22.5万亩、养殖暖棚4388万平方米，引领带动产业规模持续扩张。凉州区国家现代农业产业园顺利通过中期绩效评估，凉州区生猪、民勤县肉羊、古浪县牛羊、天祝县食用菌及藜麦省级产业园创建有序推进，园区聚集效应愈发显现。陇上兄弟牛肉、春晓熏醋等11个企业商标品牌列入“甘味”品牌目录，认证“三品一标”农产品332个、居全省第3位，新增“甘味”品牌11个。建成粤港澳大湾区“菜篮子”生产基地4个，农产品影响力和知名度持续提升。

图105　7月5日，农户在凉州区祥瑞种植农民专业合作社日光温室大棚内劳作　　（孙丽娟　摄）

【家庭农场培育】 发展家庭农场6563家，把利益分配重点向产业链上游倾斜，让农民获得更多收益。推进农业保险“增品、扩面、提标”，全市农业保险签单保费2.25亿元，参保农户6.57万户，其中脱贫户4.7万户，受理理赔案件2.5万件，兑付资金1.14亿元，受益农户2.93万户次。

【高素质农民培育】 在全市农业生产、交通水利、文化旅游等领域推广以工代赈方式，实施项目47项，带动5408名群众就地就近就业，开展就业技能培训830人次。强化社区管理，促进社会融入，在安置区成立各级党组织65个，社区自治组织56个，发挥党员先锋模范作用，与搬迁群众建立“一对一”“一对多”结对联络帮扶机制，搬迁群众归属感、获得感和幸福感不断提升。开展职业技能培训2.92万人，其中脱贫劳动力4951人，输转脱贫劳动力14.8万人。

（市农业农村局）

生态环境质量

【概况】 2022年，武威市贯彻执行中央和省级生态环境保护督察制度，统一行使生态和城乡各类污染排放监管与行政执法职责，切实履行监管责任，落实大气、水、土壤污染防治行动计划，制定《“十四五”生态环境保护规划》。构建以政府为主导、企业为主体、社会组织和公众共同参与的生态环境治理体系，实行最严格的生态环境保护制度，严守生态保护红线和环境质量底线，坚决打好污染防治攻坚战，保障国家生态安全屏障安全。2022年全市生态环境满意度监测评价得分90.71。

【环境空气质量】 2022年，凉州城区优良天数289天，剔除沙尘天气后优良比率95.7%；可吸入颗粒物（PM_{10}）年均浓度69微克/立方米，细颗粒物（$PM_{2.5}$）年均浓度30微克/立方米，二氧化硫（SO_2）年均浓度7微克/立方米，二氧化氮（NO_2）年均浓度22微克/立方米，一氧化碳（CO）日平均第95百分位浓度值1.0毫克/立方米，臭氧（O_3）日最大8小时滑动平均第90百分位浓度值138微克/立方米，六项污染物浓度均达到或优于国家环境空气质量二级标准。2022年，民勤县剔除沙尘天气后优良比率94.7%；古浪县剔除沙尘天气后优良比率97.5%；天祝县剔除沙尘天气后优良比率98.3%。

【水环境质量】 布设地表水监测断面15个，其中河流型监测断面9个，湖库型监测断面6个，地表水水质达标率100%，综合评价水质状况为“优”。2022年，设置7个县级及以上集中式饮用水水源地监测断面。其中地表水型饮用水水源地5个，地下水型饮用水水源地2个，水质达标率100%。全市有84个乡镇级集中式饮用水水源地，82个水质达标，达标率97.6%，2个天然背景值超标，其中：直滩乡饮用水水源地硫酸盐超标，裴家营村饮用水水源地总硬度、硫酸盐、溶解性总固体超标（已于2019年2月停用）。全市乡镇级集中式饮用水水源地重金属锌、镉、铅、汞和有机特征污染物未检出，乡镇饮用水水源水质安全稳定。

【声环境质量】 在城市建成区内，优化设置各类声环境功能区区域有效网格点位 149 个，声级面积全覆盖，昼间区域环境噪声平均等效声级为 54.2 分贝。城市区域环境噪声总体水平达到“一级”标准，评价为“好”等次。在市区内主次交通干线布设道路交通噪声监测点位 58 个，监测路段总长度 64790 米，城市道路交通噪声昼间等效声级加权均值为 63.4 分贝，道路交通噪声强度等级达到“一级”标准，评价为“好”等次。布设城市各类声环境功能区定点监测点位 10 个，全年监测 80 点次，其中昼、夜间各监测 40 点次，全年昼间监测达标 40 点次，达标率 100%，夜间监测达标 38 点次，达标率 95%。其中，1 类区昼间监测达标率 100%、夜间 83.3%；2 类区昼间、夜间监测达标率均为 100%；3 类区昼间、夜间监测达标率均为 100%；4a 类区昼间监测达标率 100%、夜间 83.3%。

图 106 古浪县城东西两山造林绿化工程（许吉年 2022 年 5 月摄）

【土壤环境质量】 加强农用地土壤污染源头防控，开展摸底排查，全市无涉镉重金属重点行业企业。更新调整土壤污染重点监管企业 12 家，全部完成土壤环境监测。严格建设用地准入管理，完成 126 宗“一住两公”等重点建设用地土壤污染状况调查。全市无受污染耕地，重点建设用地安全利用，土壤环境质量总体稳定。

【生态环保产业项目建设】 不断提升环境治理能力，推进生态环保产业链提质增效，“十四五”期间谋划实施的生态环保产业延链补链强链项目 56 个，开工建设 35 个、完成投资 16.1 亿元。严把项目准入关，坚决遏制“两高”项目盲目发展，审批建设项目环评文件 107 个。完善生态环境资金投入机制，争取到位专项资金项目 20 个、5.79 亿元。核发排污许可证 394 张，登记管理 1776 家，实现固定污染源排污许可全覆盖。

（市生态环境局）

防风治沙生态带建设

【概况】 2022 年，印发《武威市“十四五”防沙治沙实施方案》，修正《武威市防沙治沙条例》。加快八步沙区域生态治理和民勤生态建设，实施武威市石羊河中下游防沙治沙林草综合治理、凉州区东北部沙区治理及沙产业建设等重大项目，推进全国防沙治沙综合示范区建设，完成治沙造林 15.88 万亩，压沙 22.47 万亩。

【义务压沙造林】 坚持“方便群众、重在参与、不拘形式、灵活多样”的原则，精心谋划公益属性强、影响面广的“互联网＋全民义务植树”线下项目，动员社会公众通过全民义务植树网站参与植树。全民义务植树网募捐资金 99 万元，干部职工义务植树尽责率达到 99.8%。坚持探索发展“互联网＋防沙治沙”、众筹治沙造林等模式，鼓励国内外企业、社团组织等在武威建设义务植树基地，石羊河国家湿地公园获首批全国“互联网＋全民义务植树”基地称号。2022 年，全市新建义务植树基地 9 个，完成义务植树面积 2 万亩。

【科学治沙】 坚持创新机制，着力提升防沙治沙水平，强化科技支撑，建成“钱学森沙产业中心实验室”，推广“草沙障＋沙生苗木”“固身削顶、前挡后拉”等治沙模式和机械压沙等治沙技术，探索新材料、新技术、新品种试验示范 20 多项，建立工程与生物装备治沙试验基地。

【沙产业示范建设】 坚持治沙、生态、产业相结合，发展沙漠种植、沙漠养殖、沙漠旅游、光伏治沙等特色沙产业。利用东北部沙区资源，按照“专业合作社＋基地＋农户”的发展模式，以示范带动为抓手，培育以梭梭接种肉苁蓉为主的沙生药用植物，培育以枸杞、红枣、肉苁蓉等沙生药用植物为主的特色医药产业链，发展肉苁蓉 8.16 万亩，红枣 0.31 万亩，锁阳 1 万亩。建成肉苁蓉、红枣示范园 2 个，示范面积 130 亩。

【全国防沙治沙综合示范区建设】 启动国家对市级示范区每年投资 1000 万元建设全国防沙治沙综合示范区建设工程，根据国家林草局《创建全国防沙治沙综合示范区实施方案》要求，沙区县（区）结合各自实际编制项目实施方案，民勤县以系统治理为主，凉州区以技术模式为主，古浪县以政策机制为主，突出自身特色，发挥良好示范带动效益。自 2013 年批准设立全国防沙治沙综合示范区以来，全市完成治沙造林 267.8 万亩，封育 186.1 万亩，退化林修

图 107　8 月 4 日，凉州区九墩滩光伏治沙示范园区项目建设现场　（市融媒体中心　供图）

复 23.36 万亩，全市森林覆盖率由 12.06% 提高到现在的 19.01%。

（市林业和草原局）

祁连山生态保护和治理

【概况】 祁连山生态环境保护区在武威境内总面积 41.47 万公顷，其中核心区 9.34 万公顷、缓冲区 7.25 万公顷、实验区 24.88 万公顷，设立外围保护带 6.47 万公顷。至 2022 年 12 月，武威境内有 9 个保护站，涉及天祝县、古浪县、凉州区 3 个县区、27 个乡镇。其中天祝县 17 个乡镇、古浪县 7 个乡镇、凉州区 3 个乡镇。各功能区常住人口 12015 户 44603 人，其中核心区 59 户 217 人，缓冲区 301 户 1080 人，实验区 11655 户 43306 人。核心区 59 户 217 人已全部完成搬迁工作。整合优化后，祁连山自然保护区在武威境内剩余面积 9.52 万公顷。其中凉州段 1829.08 公顷，天祝段 84232.16 公顷，古浪段 9103.37 公顷。

【山水林田湖草生态保护修复】 统筹实施祁连山山水林田湖草生态保护修复工程项目，按照“南护水源、中调结构、北治风沙”的总体布局，规划实施林草植被恢复、矿山环境治理恢复、生态移民安置、小流域综合治理、水生态环境保护、湿地保护治理、重点区域生态治理等 65 个建设项目，稳步推进祁连山国家公园建设工作，创建“省级森林城市”和古浪县黑松驿镇、天祝县天堂镇 2 个“省级森林小镇”获省上批复，有 11 个村被评为国家森林乡村。民勤县青土湖芦苇等旱湿生植物逐年增加，连片封育面积达到 20 多万亩，植被覆盖度达到 40% 以上。黄案滩自然封育区芦苇、白刺、梭梭、沙枣等 10 万亩植被群落逐步恢复，植被覆盖度提高到 45%；古浪县民调渠沿线植被覆盖度提高到现在的 45% 以上。

【生态保护红线监管调查】 贯彻落实省生态环境厅对祁连山地区生态保护红线监管（试点）的工作部署，召开祁连山地区生态保护红线监管基础调查工作培训会。依托甘肃省生态保护红线监管平台，开展天祝县生态保护红线内典型人类活动点位的现场核查，对天祝县相关工作人员进行了核查工作的实操培训。开展生态保护红线监管基础调查工作，摸清祁连山地区生态保护红线生态状况和人类活动基础现状。

（市生态环境局）

石羊河流域综合治理

【概况】 围绕上游祁连山水源涵养保护、中游水资源集约节约利用、下游水生态治理、外流域调水补给的思路，实施山水林田湖草沙统筹的石羊河流域综合治理，构建国家西部生态屏障区和高效节水示范样板区、生态农业及循环经济示范区，实现流域生态环境的良性循环，将石羊河建成真正造福人民的幸福河。坚持山水林田湖草综合治理、系统治理、源头治理，统筹做好水土保持、生态保护、水量调度、节水灌溉等工作，使人与自然和谐共生理念落到实处。

【统筹水资源调度管理】 统筹石羊河流域上下游水资源调度管理，合理配置和制定用水、调水计划，强化节水工程体系建设，加快高标准农田建设，实施大中型灌区续建配套和现代化改造。加强校地合作，发挥国家野外科学观测研究站、院士专家工作站及中国农业大学石羊河实验站作用,推进水利科研和节水技术成果转化应用。普及节水知识,推广节水技术,发展高效节水农业、旱作农业和设施农业。至2022年12月,全市建成高标准农田143万亩,推广膜下滴管、垄膜沟灌、垄作沟灌等高效农业节水技术252万亩,农业配水比重下降至64.8%,节水效果逐步显现。

【流域节水农业设施建设】 在石羊河流域生态环境治理中,武威市前后关闭农业灌溉机井3318眼,压减农田灌溉配水面积66.3万亩。至2022年12月,全市改建干支渠道1085千米,配套田间节水面积234万亩,安装地下水智能化计量设施1.64万套。蔡旗断面过水量、民勤盆地地下水开采量两大约束性目标和北部湖区出现旱区湿地的生态治理目标分别提前8年、6年实现。

【青土湖生态环境改善】 红崖山水库持续向青土湖注入生态用水,持续向青土湖输入至少3000万立方米的生态用水。2022年,石羊河尾闾湖青土湖水域面积扩大至26.7平方千米,旱区湿地达到106平方千米。结合青土湖生态环境实际,统一规划,采取压沙造林、滩地造林、移民搬迁、退耕还林、封禁保护等措施综合治理。至2022年12月,完成压沙造林14.3万亩、滩地造林2.8万亩,形成旱区湿地106平方千米。

图108 民勤蔡旗断面,河水中的水鸟
(张文灿 张福民 王 舸 2022年6月摄)

图109 民勤蔡旗断面(张文灿 张福民 王 舸 2022年6月摄)

引大入秦延伸增效工程

【概况】 引大入秦延伸增效工程石羊河生态补水项目列入《国家“十四五”水安全保障规划》《甘肃省国民经济和社会发展第十四个五年规划和二〇三五年远景目标纲要》《甘肃省水安全保障规划》和《甘肃水利“四抓一打通”实施方案》重点水利工程。通过申请中央资金、省级资金、地方政府债券、受益区市县自筹等多渠道筹措解决。2022年，完成引大入秦延伸增效工程石羊河生态补水项目勘察设计。项目从大通河干流引大入秦工程总干渠引水，自流向石羊河流域的武威、金昌、张掖三市生产生活供水，通过水源置换遏制当地地下水超采、减小当地河流开发利用、改善绿洲生态、缓解流域缺水危机，推进区域经济社会高质量发展和生态修复的重要供水工程。工程供水范围包括凉州区、民勤县、古浪县、金昌市金川区和张掖市山丹县，建设内容主要包括新建引水总干渠、新建调蓄工程和输水工程等。

【生态补水可行性研究报告】 武威市推进实施引大延伸增效工项目前期工作，促进利用引大工程节余水权指标向石羊河流域进行生态补水工作进度，完成项目可行性研究报告初步成果。工程已列入国家发展改革委、水利部联合印发的《“十四五”水安全保障规划》。制定工作文案，争取国家发展改革委、水利部批复立项实施引大延伸增效工程，并将该项目列入新一轮国家重点水利工程，参照172项节水供水重大水利项目和150项重点水利项目投资政策，给予中央资金补助。

【隧洞工程】 引大入秦延伸增效供水工程总投资2.8亿元，于2022年6月开工建设，由渡槽、隧洞、明暗渠、倒虹吸等部分组成，其中隧洞29处，属于超小断面隧洞，开挖工作空间受限，且围岩不稳定、有夹层，施工难度较大。隧洞29处、12.93千米，完成3.92千米，共通9处。明暗渠2180米，完成开挖1314米。倒虹吸2339米，完成1581米。建成后每年可提供城镇、农村生活用水及灌溉用水2700万立方米，惠及14.6万亩生态农田。

土地资源保护

【概况】 武威重视耕地保护工作，把耕地保护作为一项重大政治任务，从严夯实耕地保护新防线，推进耕地数量、质量、生态“三位一体”保护，全市耕地保护工作成效明显，土地节约集约利用持续强化。坚持“宜建则建、宜耕则耕、宜林则林”的原则，发展生态工业和特色农业，实施生态避险搬迁和土地开发整理，实现未利用地综合治理与高效利用。2022年，全市农用地面积3081.95万亩（耕地面积642.86万亩），建设用地面积122.99万亩。全市后备土地资源充足，未利用地1647.81万亩，占土地总面积的33.96%。

【节约集约用地】 坚持最严格的耕地保护制度和节约集约用地制度，坚持严控增量、盘活存量、管住总量，认真落实“增存挂钩”机制，扎实推进节约集约用地，促进土地利用方式由“数量供给”向“质量提升”转变，从“规模扩张”向“结构升级”转变。把节约集约用地贯穿于国土空间规划编制的全过程，坚持保护耕地和保障发展，科学划定生态保护红线、永久基本农田、城镇开发边界三条控制线，以统筹区域、城乡和各类土地利用布局为切入点，合理安排和优先保障重大建设项目，将耕地保有量、永久基本农田保护面积、建设用地规模等约束性指标层层分解落实，严格控制总量不突破。

图 110　9月5日，古浪县生态及地质灾害避险搬迁首批住户交房　（鲁河山　摄）

【建设项目用地管理】 完善建设用地使用权转让、出租、抵押二级市场，有序推进农村集体经营性建设用地入市，建立城乡统一的建设用地市场，深化资源要素市场化配置改革。严把建设项目用地“入口”关，从严控制新增建设用地和农用地转用总量，严格执行禁止、限制供地目录和行业用地标准，把好产业政策、规划计划、安置补偿、节约集约、占补平衡五个关口。

【闲置低效用地清理处置】 制定《武威市企业投资工业项目“标准地”改革工作实施方案》，推进工业项目“标准地”改革，实现工业用地“交地即发证、拿地即开工、竣工即登记”。落实建设用地“增存挂钩”机制，通过开展“五未”土地清理处置、全市工业园区用地清查整治等专项活动，通过产业更新、增容技改、综合整治等多种模式，盘活存量低效用地；通过加大供地力度、批文撤销、规划调整等方式盘活批

图 111　民勤县西渠镇北沟村生态及地质灾害避险搬迁安置和乡村建设示范点　（张福民　2022年8月摄）

而未供土地。鼓励土地使用权人自主再开发,或以转让、入股、联营等方式开发低效工业用地。2022 年,全市清理处置批而未供和闲置低效用地 8.7 万亩。

【土地资源保护宣传】 结合第 32 个“全国土地日”宣传活动,引导人们树立保护耕地、节约用地、依法依规用地意识,开展“节约集约用地 严守耕地红线”主题系列宣传活动。活动通过现场咨询、悬挂宣传标语、发放宣传资料等方式,向群众宣传解读自然资源国情国策、节约集约用地、耕地保护、安全生产和自然资源政策法律法规等内容,并现场解答土地征收、不动产确权登记等与群众切身利益相关的热点问题。

(市自然资源局)

水资源保护

【河湖长制落实】 2022 年,武威市立足新发展阶段,贯彻新发展理念,构建新发展格局,从推动黄河流域生态保护和高质量发展、落实国家“江河战略”的高度,强化河湖长制,树牢上游意识、担好上游责任、展示上游作为,落实党政主导、部门协同、上下联动、社会参与的河湖长制工作机制。市级总河长以上率下带头巡河湖,组织召开河湖长述职会议,跟踪督导问题整改和工作推进,督促各级河湖长履职尽责,推动河湖长巡河湖常态化、制度化。各级河湖长开展巡河湖 4.19 万人次,督导解决问题 185 个。换届期间调整更替各级河湖长 80 人次,保障各级河湖长责任落实无“空档”。

【全国示范河湖建设】 建成金强河省级美丽幸福河湖和柳条河、杂木河市级美丽幸福河湖。召开全市美丽幸福河湖“五赋两转一打造”动员会议,创新实施美丽幸福河湖“五赋两转一打造”工程,实施河湖“五赋”(赋魂、赋文、赋美、赋能、赋制)“两转”(有名有责转向有能有效)“一打造”(打造武威市全流域幸福美丽河湖),着力打造水安于民、兴于业、美于村、富于民的美丽幸福河湖样板。

【河湖管理工作】 开展河湖“清四乱”(乱占、乱建、乱采、乱堆)常态化、规范化专项行动,自查自纠河湖“四乱”问题 13 个,完成整改 13 个,清理河湖垃圾 3400 余吨,拆除违建 1.23 万平方米,47 个妨碍河道行洪突出问题全部完成整改。推行与检察、公安、生态环境、自然资源等部门联合巡查模式,全年巡查 23 次,立案 37 件,发出检察建议 30 件,开展河道非法采砂专项巡查 2000 余人次、巡查河道 5000 余千米。13 座水电站综合评价和古浪河、杂木河健康评价工作全面完成,河湖岸线视频监控覆盖率达 30%。完成 178 座水闸、2.7 千米堤防确权划界工作。完成杂木河等 7 条市级河流、19 条支流和青土湖、南营水库等 6 座湖库的内业数据整理、工作底图制作等工作。

【节约用水监管】 强化节水监督检查和考核评价,兑现节水奖补资金 160 万元,激励引导节水重点任务落实。民勤县红崖山灌区、凉州区永昌灌区、天祝县朱岔灌区被水利部认定为节水型灌区;青岛啤酒、达利食品等节水型企业发挥标杆作用;武威市三县一区全部被水利部确定为全国县域节水型社会建设达标县(区),县域节水型社会建设达标率 100%,节水示范效应逐步拓展。

【实施节水行动】 印发《武威市深入实施

国家节水行动促进水资源节约集约利用实施方案》,建立"十四五"武威市用水总量和强度双控指标体系,落实落细 8 个方面 35 项节水措施,统筹推进农业节水增效、工业节水减排、城镇节水降损。全市推广高效农业节水技术 250 万亩, 2022 年建成高标准农田 47 万亩,达到 226.4 万亩。加强对 47 个重点监控用水单位监管,推动完成 1 万立方米以上 258 个工业和服务业单位计划用水管理全覆盖。联合开展高校节水专项行动,建成水利行业节水型单位 14 个,市、县区水利单位全部建成行业节水型单位,发挥行业示范引领作用。

【水资源管理】 制定《武威市 2022 年水资源配置及用水总量控制方案》,严控全市用水总量在 15.67 亿立方米以内,前三季度全市用水总量 12.32 亿立方米。开展大中型灌区取水许可排查整治,加快在线检测计量设施安装进度,全市 55 个取水管理单位 16264 个取水口全部安装计量设施,取水量在线计量率达到 80%。加强水资源统筹调度,协调景电增加动态水量指标 6000 万立方米用于生态补给及抗旱应急保灌, 2022 年通过外河向青土湖输送生态水 3850 万立方米。截至 10 月 25 日,民勤蔡旗断面过水总量超过 2.9 亿立方米。加强地下水开采监管,随机抽样确定 200 眼农业灌溉机井跟踪监测,督促取用水户按许可量取用,前三季度全市地下水开采量 4.21 亿立方米。严格落实《地下水管理条例》,印发《关于进一步加强地下水管理的通知》《关于加强机井管理工作的通知》,加强水资源管理执法检查。

【水资源费征缴】 实施全市 200 眼农业灌溉机井取用水跟踪监测,加强计量管理,对灌区地下水智能化计量设施进行维修更换。对凉州区 9 处建设项目抽排地下水、10 处涉水单位

图 112　民勤县薛百镇张麻村特色蔬菜种植基地推广以滴灌为主的节水农业技术 （张文灿　2022 年 6 月摄）

和个人利用地下水营造水面景观工程整改情况进行现场排查和“回头看”。2022年依法征缴市级取用水户水资源费402万元。

【河湖执法监督】加强执法装备保障，配备执法记录仪、复印机等执法装备。对重点河道、重点区域开展“三长联合巡查”执法检查。加强河道管理及采砂的执法监督，常态化开展河湖执法监督巡查。全市水政执法人员巡查河道长度10467千米，出动人员1465人次、出动车辆564台次，现场制止违法行为74次。加强水土保持执法监督。对G569线北仙公路项目水土保持方面存在问题跟踪督办。深入现场对2022年省市级生产建设项目水土保持监督检查任务清单中所列120个建设项目随机抽取60个项目开展水保专项执法检查，下发意见建议书20份，督促整改存在的问题。

【节水宣传教育】落实《武威市节约用水条例》，加强节水监督检查与考核评价，强化节水宣传教育与交流合作，开展节水“五进”“节水中国 你我同行”主题宣传，联合开展高校节水专项行动，学习贯彻《公民节约用水行为规范》，制作宣传展板60块，悬挂宣传标语220幅，制作发放宣传资料5000册，发放各种宣传折页、彩页10万份，营造全社会节水惜水护水浓厚氛围。

【水事案件处理】开展防汛保安和地下水超采治理专项执法行动，全市依法查处凉州区供排水集团公司超许可取水等违法违规案件31起，结案29起，收缴罚款40.1万元。市、县区水政执法与检察院、公安机关等部门开展联合执法行动4次。开展生态环境问题警示片披露问题整改督导检查，督促完成问题整改7个。开展民勤、古浪涉水生态环境问题排查整治和重点生态环境涉水问题“回头看”。对全市18家化工企业水资源利用情况进行全面排查，整改问题13个。

水土保持

【概 况】2022年，印发实施《武威市“十四五”水利发展规划》《武威水利“四抓一打通”实施方案》《武威市黄河流域生态保护和高质量发展水土流失综合治理专项规划》等规划。联合市发展改革、财政、自然资源、生态环境、农业农村、林草等部门，完成各县区水土保持目标责任内业资料审核和市级水土保持目标责任自评成果汇总，完成全市2022年水土保持保持目标责任考核工作。

【重点水利工程建设】续建新建水利项目75项，完工35项，完成投资18.59亿元，较2021年增长96.10%。争取水利项目资金13.66亿元，增长85.32%。红崖山和永昌2个灌区续建配套和现代化改造工程完成投资1.33亿元，投资完成率99%。西营、柏林、龙泉寺、直岔等4座病险水库除险加固工程正在加快建设，完成投资5876万元，占年度投资计划的83%。金强河河道治理工程等4项中小河流治理项目加快推进，治理河道58千米，完成投资1.7亿元。民勤县跃进总干沿线等国家水土保持工程建设进度加快，计划治理水土流失面积13.67平方千米，前三季度全市征收水土保持补偿费6820万元，增长75%。2022年，建设调蓄水池100座3138万立方米，建成后全市调蓄水池440座4937万立方米。

【水库移民】 2022年下达全市大中型水库移民后期扶持资金1728.12万元。凉州区新建渠道9.39千米，修建村级混凝土道路4.98千米，完成投资543万元；民勤县硬化村级道路3.72千米，实施大田滴灌面积1900亩，更新农灌机井2眼，完成投资526.12万元；古浪县改建渠道3.431千米，配套附属建筑物140座，完成投资43.86万元；天祝县铺设管道21.11千米，新建各类建筑物25座，完成投资281.3万元。

【河流河道治理工程】 实施凉州区金塔河（南营水库—连霍高速桥段）、古浪县古浪河柳条河、天祝县祁连镇南岔河、天祝县金强河（安门—抓喜段）等4条中小河流河道治理工程，完成投资17347万元，治理河长58千米。开展凉州区西营、古浪县龙泉寺、天祝县柏林、龙潭河、直岔等5座中小型水库除险加固和维修养护工程，工程完成投资5934万元。2021年度小型水库雨水情和大坝安全监测设施建设项目全面完工。2022年度天祝县鞍子山、科拉小型水库雨水情和大坝安全监测设施项目已经批复开始建设。完成4座水库、188座水闸确权划界任务。

【水土治理监管】 水土流失治理监管同步推进，年度目标高质量完成。民勤县水土跃进总干渠龙王庙段工程、古浪黄泥岗小流域治理建设任务全面完成，新增水土流失治理12.33平方千米，完成投资468万元。完成水土保持方案审批36项、验收报备12项、扰动图斑复核118个，征收水土保持补偿费6821.42万元。

（市水务局）

林草资源保护

【概况】 2022年，完成人工造林24.11万亩，其中，南部山区水源涵养林6.36万亩，中部绿洲防护林1.87万亩，北部沙区防风固沙林15.88万亩；封育8.5万亩，退化林修复4万亩，国土绿化提质增效12.72万亩，建设碳汇林5.04万亩，新增城市绿地109万平方米。

【森林资源保护】 常态化开展森林防火宣传，开展安全生产专项整治、输配电设施火灾隐患排查、野外火源治理和查处违规用火等行动，排查整改火灾隐患107处，查处、制止违规用火8起。完成森林火灾风险普查要素调查和数据质检工作，健全完善县区、乡镇和祁连山自然保护区管护站之间联防联动机制，273个进山入林卡口全部启用“防火码”。建立健全林业有害生物防控体系，开展松材线虫病专项普查和排查，突出抓好光肩星天牛、榆绿毛萤叶甲、鼠兔害等重点林草有害生物防治，完成林业有害生物防治20.54万亩，无公害防治率达98%，森林有害生物成灾率控制在4‰以下。

【林草业项目建设】 争取全国防沙治沙综合示范区建设、石羊河中下游防沙治沙林草综合治理、祁连山北麓水源涵养与生态保护修复、草原生态修复治理、沙化土地封禁保护等中央、省级项目资金7.72亿元。武威市国土绿化（荒漠化治理）试点示范列入国家林草局项目储备库。武威市森林、草原火灾高风险区综合治理工程建设项目可行性研究报告通过国家林草局复核。《武威市国家储备林项目建设方案》通过省林草局专家评审。列入2022年全市高质量发展重大项目清单的凉州区南部山区国家储备林和东北部沙区治理及沙产业建设等7个重大项目完成投资4.02亿元，占计划任务的111.3%。

【草原生态保护】 印发《武威市“十四五”草原保护发展规划》，落实草原禁牧和草畜平衡制度，划定第三轮草原生态保护补助奖励政策面积2255.7万亩，完成无人机草原生态监测及禁牧、草畜平衡监管3万亩。完成监测区草原植被盖度、鲜草产量、草原禁牧监管、草原退化情况、鼠害及毒害草分布等指标的监测。开展以“依法保护草原建设生态文明”为主题的草原普法宣传，扩大宣传覆盖面、提高社会知晓率，增强公众草原保护意识，努力营造保护草原、建设草原、保护生态环境的良好氛围。全市草原植被盖度达到42.99%。

【林草资源管护】 编制实施《武威市“十四五”湿地保护》《武威市“十四五”自然保护地建设及野生动植物保护规划》，完成林草湿数据与国土“三调”数据对接融合、国家公益林优化和林草湿荒综合调查监测。开展林草领域生态环境问题排查整治、“清风行动”、森林督查、破坏森林资源违法案件查处清零等专项行动，排查整改生态环境问题2个。审核转报永久使用林地草原项目45项、草畜服务设施占用草原手续2项；审批办理临时占用林地草原项目18项、林业生产和草畜服务设施占用林地草原手续54项；审核发放林木采伐许可证61份。全市受理林草行政案件46起，结案率100%，2018—2021年全市森林督查暨林政执法综合管理系统84个违法图斑全部查处整改到位。

【生态护林员】 实施生态护林员项目，围绕以林养人、以护林脱贫目标，严格生态护林员选聘程序，选（续）聘生态护林员2973名、村级草管员382名，落实补助资金2454.8万元，

图113 6月28日，天祝县林草局工作人员在抓喜秀龙草原喷洒药剂治理毒害草 （甘曜毓 摄）

森林、草原资源得到有效管护，当地群众生态保护意识逐步提高。

【林长制落实】 建立由党委、政府主要负责人担任总林长的“双林长”工作机制和全域覆盖的市、县、乡、村四级林长责任体系，设立四级林长4247名，巡林2.8万余次。发布总林长令3个，出台林长制考核办法等规章制度10项，建立“林长+警长+检察长”协同工作机制，逐步构建齐抓共管、资源整合、同向发力林草治理新格局。设置各级林长公示牌1075块，在各类媒体刊发宣传稿件385篇，公开信息1492次，编发工作简报565期。

【石羊河林业总场】 武威市石羊河林业总场始建于1964年，位于甘肃省民勤县境内，下设10个分场，总经营面积91.7万亩。2022年推进国土绿化倍增行动，落实造林绿化项目5个，实施退化林分修复1.5万亩，封沙育林草1.5万亩，沙木蓼示范推广0.02万亩，森林保险理赔资金补植造林0.02万亩，工程压沙0.018万亩，终期验收造林平均成活率达到了90%。以未达标造林绿化项目为重点，组织开展补植补造，完成补植补造718141穴，折合0.86万亩，占下达任务0.8万亩的107.5%，终期验收平均成活率87%。借助森林生态效益补偿资金，对盖度较低或开“天窗”的国家级公益林实施补植补造0.13万亩，占计划任务的100%，终期验收平均成活率87%。履行法定植树义务，组织干部职工义务植树32997株。采伐残败林网林带树木2946株，更新造林4392株，拆合面积5.4889公顷，成活率92%以上。推广花绒寄甲防治天牛技术，在苏武山分场实施天牛危害杨树截干复壮1.5万株，释放花绒寄甲1.5万头。与市生态建设（集团）有限公司建立有效协作机制，对269千米林网林带及通道绿化实施有效管理。稳步推进美丽宜居林场建设。争取落地国有林场基础设施建设项目5个。统筹用好欠发达国有林场巩固提升任务资金和森林生态效益补偿资金，安排基础设施建设资金578.26万元。完成防沙林试验场沙井子中心管护站续建、扎子沟分场中心管护站改造、大滩分场莱菔山管护站新建、小坝口分场防火道路建设任务。完成义粮滩分场中心管护站主体工程建设。

（市林业和草原局）

自然保护地保护

【概况】 2022年，武威市加强对重要的自然生态系统、自然遗迹、自然景观及其所承载的自然资源、生态功能和文化价值实施重点保护。建立自然保护地，保护生物多样性与地质地貌景观多样性，维护自然生态系统健康稳定，提高生态系统服务功能。树立为人民提供优质生态产品，为全社会提供科研、教育、体验、游憩等公共服务。维持人与自然和谐共生并永续发展，将生态功能重要、生态环境敏感脆弱以及其他有必要严格保护的各类自然保护地纳入生态保护红线管控范围。

【草原自然生态保护】 落实草原自然生态保护各项制度，不断强化草原监管执法和草原生态修复治理，促进草产业健康发展，着力做好草原保护、修复、利用措施，提升草原管理水平和保障能力，实现草原质量明显提升，草原生态总体状况进一步好转，草原保障体系逐步完善。2022年，草原自然保护区综合植被盖度达到42.99%。落实禁牧和草畜平衡制度，严禁超载过牧、违禁放牧，全市划定第三轮草原生态保护补助奖励政策面积2255.7万亩，其中禁牧草原面积1033.32万亩，草畜平衡草原面积1226.87万亩。

【民勤连古城国家级自然保护区】 位于民勤县境内的荒漠区域东北被腾格里沙漠包围，西北有巴丹吉林沙漠环绕，北、西、南三面蔽着民勤绿洲，2002年7月经国务院批准晋升为国家级自然保护区。保护区以保护极端脆弱的荒漠生态系统、荒漠天然植被群落、珍稀濒危动植物和古人类文化遗址为主要对象。是中国面积最大的荒漠生态类型国家级自然保护区。2022年，开展国家科技支撑项目“民勤沙漠化防治与生态修复技术集成试验示范研究”的支项目“民勤连古城雨养白刺沙堆生物生态系统建设技术示范”，省科技支撑项目“石羊河下游白刺资源调查与繁育技术研究”“石羊河下游干旱荒漠区退化植被修复重建技术研究与示范”“石羊河下游干旱荒漠区森林病虫害综合治理技术研究”及自列项目等13个科研项目。“石羊河下游白刺资源调查与繁育技术研究”等2个项目获甘肃省科技进步二等奖，发表科技论文59篇，获得实用新型专利10项，制定甘肃省技术标准4项。

生物多样性保护

【概况】 2022年，武威市高度重视野生动植物保护工作，持之以恒抓好野生动植物保护，生态环境显著改善，野生动植物种群数量不断增加，濒危珍稀动物从少到多，逐年增加，取得明显成效。根据监测数据显示，武威境内有雪豹、西藏野驴、白唇鹿、野牦牛、普氏原羚、金雕、白肩雕、遗鸥、玉带海雕、白尾海雕、胡兀鹫、斑尾榛鸡、雉鸡等国家级保护野生动物51种。同时，管护普氏野马、野生双峰驼、西藏野驴、金丝猴、非洲狮、金钱豹、东北虎、棕熊、灰狼、孔雀等95种1125头（只）珍稀濒危野生动物。野生植物涉及3门8纲44目108科499属1611种，有国家重点保护野生植物23种。

【国家级保护动物】 祁连山国家级自然保护区有国家Ⅰ级保护野生动物13种、国家Ⅱ级保护动物38种。连古城国家级自然保护区有国家Ⅰ级保护动物1种、国家Ⅱ级保护动物13种。武威市现有神州荒漠野生动物园1家，管护各类珍稀濒危野生动物。武威已成为野生动物栖息繁衍的家园，在红崖山水库越冬的水鸟有80多种2万多只，特别是监测到由日本专家环志放飞的1T46和1T37环志大天鹅已接连6年在红崖山水库越冬，其中出现多年未见的国家Ⅰ级保护动物黑鹳、白尾海雕，Ⅱ级保护动物白琵鹭、灰鹤等珍稀鸟类。

【野生动物饲养繁育】 加大野生动物巡查频次。依托甘肃濒危动物保护中心、民勤石羊河湿地公园管理局和各林场（保护站），在祁连山保护区、民勤石羊河、青土湖、黄案滩等野生动物迁徙地、繁衍地、活动区域设置监测站（点）21个，组织森林公安、生态护林员、湿地管理人员在野生动物主要活动区域和取食集中地常态化开展动态巡护监测和疫源疫病监测，使监测工作科学化、规范化、制度化。在民勤县红崖山水库3号岛建设观鸟塔1座、投食广场1处、鸟类救助站1座，开展鸟类监测、救助工作。每年开展投食救助活动5次以上，救助水鸟120多只。

【病源疫病监测】 设置4个陆生野生动物疫源疫病监测站，在甘肃濒危动物保护中心设立甘肃武威野生动物救护站，具体负责武威辖区内因受伤、受困、依法没收或移交的国家级、省级重点保护野生动物的救治、饲养和放生。林草部门发挥职能作用，与市场监管、公安、交通运输等部门联合开展“清风行动”“昆仑2020”破坏野生动物等违法行为专项整治，加强对农（集）贸市场、商场超市、餐饮单位、电商平台、花鸟鱼虫市场等经营场所的监管，从饲养繁育、交通运输、市场交易、网络交易、广告发布等各个环节加强执法检查，建立常态化打击和整治野生动物违法活动工作机制，有效形成执法合力。

【野生植物保护】 全市实施祁连山山水林田湖草生态保护修复、天然林保护、生态公益林管护等重点生态建设项目及废旧宅基地复绿等生态工程，保护与恢复野生植物生存环境。建立信息共享、联防联治的长效联动执法机制，组成联合执法队伍，严厉打击危害珍贵野生植物，非法收购、运输、出售、滥挖野生植物，在中药材市场等重点部位非法交易野生植物及其制品的违法犯罪行为。对全市境内的花鸟宠物市场、中药材店、高速公路、汽车客运站、邮政快递公司等重点场所展开“地毯式”摸底排查，对排查出的问题及时进行整治整改，并开展野生植物保护宣传教育活动，对从业人员加强宣传教育，提高保护野生植物的意识。

（市林业和草原局）

生态修复

【概况】 武威市把退化草原综合治理作为守护青山绿水、构筑生态屏障的基础性工作来抓，坚持保护、修复、利用三管齐下。统筹推进山水林田湖草沙系统治理，加快草原生态修复，改善草原生态状况，推动草原绿色发展，坚决筑牢草原生态安全屏障，完成退化草原综合治理89.66万亩，防治草原鼠虫害77.11万亩。

【生态修复治理措施】 以“三化”（沙化、碱化、退化）草原为主攻对象，以退牧还草、草原生态修复治理等重点工程为抓手，统筹推进草原生态治理与修复，分级恢复治理退化草原，对轻度退化的草地采用自然恢复手段，对中度退化草原采取人工补播的手段恢复，重度退化草地进行人工改良或重建等综合性治理措施，促进植被恢复，提高水源涵养功能。

【生态修复治理项目】 谋划申报草原生态修复治理重大项目，组织实施河西走廊生态保护和修复、祁连山生态保护和修复、石羊河中下游防沙治沙林草综合治理、祁连山北麓水源涵养与生态保护修复、沙化土地封禁保护等重点项目，采取草原围栏封育、补播改良、毒害草治理、黑土滩治理等措施，推动草原生态修复治理。

【重点区域保护修复】 严把草原征占用审核审批关口，严格控制草原转为建设用地，加强重点生态功能区和生态环境敏感脆弱区域的草原资源保护和修复，禁止开垦草原，严禁擅自改变草原用途。强化草原执法监督制度，严厉打击各种人为破坏草原、非法侵占草原等违法违规行为。

【草原生态修复产业化发展】 在保护好草原资源的前提下，探索草原生态修复产业化发展，科学合理利用草原资源，鼓励农牧民以个人、合作社的形式参与草原生态修复工程建设，支持引导农牧民和社会人士参与草原生态产品和草原旅游产业的开发、运营，挖掘草原历史文化、草原民俗和独特的草原自然风光，让农牧民身边的“绿水青山”真正变成“金山银山”。

节能减排

【概况】 武威市优化完善能耗双控制度，实行能源消费总量弹性管理和能耗强度年度弹性管理，强化能耗强度降低约束性指标管理，加大节能形势预警分析，突出抓好重点领域节能降耗，因地制宜完善节能减排工作机制，坚决遏制“两高一低”（高能耗、高污染、低水平）项目盲目发展，不断提升能源利用效率，助推实现“双碳”目标，推动经济社会发展全面绿色转型。

【节能政策扶持】 制定《关于加快建立健全绿色低碳循环发展经济体系实施方案》《武威市“十四五”节约能源与循环经济发展规划》，推动建立健全绿色低碳循环发展经济体系。实施《武威市“十四五”节能减排综合工作方案》，提出推进重点领域节能降耗的工作措施、政策机制等。贯彻执行《甘肃省固定资产投资项目节能审查实施办法》，对年综合能耗1000吨标准煤以上的项目开展节能审查，并委托第三方专业机构开展节能审查意见落实监督检查工作，强化事中事后监管。制定《关于加强工业节能降耗推进工业绿色发展工作的通知》，对规模以上工业企业能耗情况按月进行分析研判，对能耗过快增长的县区进行约谈，督促企业采取针对性措施降低能耗。制定《关于铁合金等八个高耗能行业执行差别电价的通知》，组织高耗能行业落实差别电价政策。推进落实发电、输配电、售用电各环节电价政策，推动优化电力中长期交易组织方式。落实新能源上网电价与燃烧基准价脱钩机制，推动建立促进新能源健康发展和有利于新能源消纳的市场化电价机制。

【工业节能减排】 实施“强工业”行动，推进工业绿色转型升级。组织实施重点用能单位“百千万”行动计划，对年综合能源消费量5000吨标准煤以上的24家规模以上工业企业开展摸底调查，建立高耗能企业能效清单目录。推行能耗在线实时监测，重点对碳化硅等高耗能产品生产企业进行监测，开展重点用能企业节能监察，综合运用行政手段推进企业节能降耗，防止高耗能行业企业能耗过快增长。配合省节能监察中心对祁连山水泥进行专项节能监察，在古浪县西泰电冶开展“节能服务进企业”活动。组织达华节水、傲农饲料等8家企业开展2021年工业企业节能诊断服务，指导企业做好节能降耗工作。2022年，全市规模以上工业消费能源153.42万吨标煤，万元工业增加值能耗下降7.12%。推进绿色制造体系创建，全市认定国家级绿色园区1个，国家级绿色工厂2家，国家级绿色设计产品1个，省级绿色工厂5家，省级绿色设计产品1个，工业节水型企业3家。

【建筑节能减排】 严格贯彻执行建筑节能政策及标准，通过推行建筑节能强制性标准、加大既有建筑节能改造力度、推广建筑节能技术和节能产品、发展装配式建筑等措施，推进建筑领域节能。新建民用建筑100%执行节能强制性标准，城镇绿色建筑占新建建筑比例达到50%。

【交通节能减排】 制定《武威市"十四五"综合交通运输发展规划》,以推动交通运输节能降碳为重点,优化调整交通运输结构、推进交通领域污染防治、推广节能低碳型交通工具、加快交通运输绿色转型。贯彻落实《武威市机动车排气污染防治管理暂行办法》,严把营运车辆入口关,推进城市公交、出租、物流配送等领域新能源汽车推广应用。至2022年年底,全市有公交车546辆,其中,纯电动公交车372辆、燃气公交车170辆,清洁能源占公交车总数的99.2%;出租车2320辆,其中,纯电动出租车203辆,油气两用2117辆,清洁能源使用率达到100%。全市公路客运场站、城市公共交通停车场、城乡交通枢纽、农村公路沿线乡镇等建成充电桩402座、充电接口701个,凉州区主城区352座公交候车亭安装智能电子站牌。办理城市公交"一卡通"30.52万张,实现318个城市互联互通,城市公共交通分担率达34.12%,全市绿色出行比例达74.7%。

【公共机构节能减排】 2022年,全市公共机构人均综合能耗371.70千克标煤,下降1.47%;单位建筑面积能耗23.86千克标准煤,下降3.09%。市级财政将公共机构节能工作经费纳入财政预算。审批市公安局等单位办公及业务用房节能维修改造项目24个,下达资金121万元。强化目标责任考核,对各县区及市直公共机构节能工作开展情况进行考核。将反食品浪费纳入公共机构节能考核和节约型机关创建活动内容。制定《武威市节约型机关创

图114 武威市公交车充电桩
(市文明办供图 2022年9月摄)

图115 武威智慧公交停车场 (市文明办供图 2022年9月摄)

建行动实施方案》，全市72个县级以上党政机关带头创建节约型机关，采购环保办公用品，推行无纸化办公，节约型机关创建率达到70%以上。推进绿色大数据中心建设，按照国标A级机房行业高标准设计建成市、县区绿色节能大数据中心。

【碳排放管理】 持续推进清洁能源改造，2022年，完成凉州区城郊镇土炕改造5000户、农村分散农户清洁取暖改造856户；古浪县农村清洁能源取暖改造330户。积极争取实施北方地区冬季清洁取暖项目，完成清洁取暖改造431.03万平方米、4.24万户。深入推进锅炉综合整治，完成城北热源厂、市人民医院锅炉超低排放改造。

（市发展和改革委员会）

污染防治

【大气污染防治】 集中开展大气污染防治“百日攻坚”和“冬防”行动，建立“日调度、周分析、月通报”工作机制，常态化开展巡查检查、专项督查、驻厂督导、监测溯源等，深化扬尘、燃煤、移动源、挥发性有机物等污染源治理，落实精准管控措施，持续改善环境空气质量。

【水污染防治】 坚持“水岸统筹、三水统筹”综合治理，加快实施入河排污口调查，开展石羊河流域上下游横向生态补偿试点，按期完成7个县级及以上集中式饮用水水源地环境状况评估和保护区风险源核查整治。加快水污染防治项目建设，民勤县污水处理厂生态湿地、古浪县水源地规范化建设等重点工程建成投运。全市城乡无黑臭水体。

【土壤污染防治】 加强农用地土壤污染源头防控，全市无涉镉重金属重点行业企业。更新调整土壤污染重点监管企业12家，全部完成土壤环境监测。严格建设用地准入管理，完成126宗“一住两公”等重点建设用地土壤污染状况调查。全市无受污染耕地，重点建设用地安全利用，土壤环境质量总体稳定。加大农业农村污染治理力度，建成行政村环境整治项目21个，新建续建农村生活污水处理站20座，全市农村生活污水治理率达到36.8%，高于全省平均水平。

【噪声污染防治】 加大城市降噪基础设施建设。在城市道路和交通干线两侧，建设生态隔离带、安装隔音门窗等。倡导绿色出行，发展公共交通，鼓励发展公共自行车租赁系统，引导市民选择绿色出行方式，解决“最后一公里”出行问题，有效防治交通噪声污染。实施二环路改建工程并建成投用，分散交通噪声源。妥善处理噪声扰民投诉，对涉及多个监管部门的问题开展联合执法检查。选定城市功能区环境噪声点位10个、道路交通噪声点位1个，安装自动监测设备，开展自动监测。

【机动车污染防治】 落实柴油货车禁限行要求，开展逾期未报废、未检验重点车辆隐患消除专项行动，清理整顿“大吨小标”、非法改装等隐患车辆。加强卡口管控，在全市进出口或主要城区路口建设11套黑烟车抓拍系统，其中凉州区2套，民勤县、古浪县、天祝藏族自治县各3套，有效遏制尾气超标、“冒黑烟”柴油车上路行驶。2022年，拦截违法车辆2568辆，查处货车超载1.07万起。建立健全联合路检路查机制，综合治理机动车违法行驶和超标排放问题，开展联合整治行动104次，报废注销各类机动车4885辆。加强对机动车安全技术检测机构的监管，督促检测站加大检测力度，对安全技术性能和尾气排放检测不合格的车辆，督促车主进行整改，经多次整改仍不符合标准的，依法强制报废。加大非道路移动机械污染治理，检测喷码非道路移动机械1512台，合格1386台，合格率92%。

【农业面源污染整治】 实施《武威市"十四五"畜禽养殖污染防治规划》《武威市农业农村污染治理攻坚战实施方案（2022—2025年）》《武威市农业面源污染治理与监督指导实施方案》等规划方案，推进农业投入品减量增效，促进农林废弃物资源化利用，全市主要农作物肥料、农药、畜禽粪污资源化利用率、秸秆综合利用率、废旧农膜回收率分别达到41%、42.09%、89.9%、89.14%、83.6%。

【建筑施工扬尘治理】 常态化开展凉州城区建筑工地、拆迁工地和市政道路扬尘污染防治督查检查，开展渣土车专项督查检查。2022年，检查建筑工地4023次，下发问题整改通知书1327份，移交执法部门立案查处15项，责令停工整改7项，立案查处建筑工地扬尘污染违法案件37起，违法渣土车辆3021辆，罚款65万元。

【农村环境污染防治】 争取下达省级农村环境整治项目资金520万元，完成21个农村环境整治任务。因地制宜实施农村生活污水收集处理设施建设工程，2022年新建续建农村生活污水处理站20座，农村污水治理率达到36.8%，高于全省平均水平12.65个百分点。凉州区金山崖湾社区人工湿地污水处理项目入选全省农村生活污水典型案例。将日处理20吨及以上农村生活污水处理站排水全部纳入例行监测范围，均达到《农村生活污水处理设施水污染物排放标准》（DB62/T 4014—2019）标准限值。

【城乡生活垃圾处理】 探索垃圾减量化和资源化的途径措施，实施垃圾分类回收利用工作，采取分类投放、分类收集措施，提高垃圾资源利用水平，减少垃圾处置量。统筹推进农村生活垃圾分类减量，整治非正规垃圾堆放点2866个。落实城市生活垃圾分类奖补资金197万元，全年建成垃圾分类试点单位及小区18个，率先实现垃圾分类末端综合处理，生活垃圾跨县区、跨区域集中处理模式逐步推行，城市生活垃圾无害化处理率100%。

【固体废物监管】 遵循固体废物污染环境防治"减量化、资源化和无害化"原则，进一步提升危险废物环境监管能力、利用处置能力和环境风险防范能力，危险废物依法安全处置。2022年，全市172家重点工业企业一般工业固体废物产生量121.03万吨，综合利用量116.45万吨，综合利用率达到96.22%。通过固体废物环境监管平台，审批转移危险废物1070批次，向市外安全转移处置（利用）危险废物1.13万吨。全市医疗废物处理能力16.2吨/日，全年收集处置医疗废物2313.21吨，收处率100%。

生态环境监管

【概况】 2022年持续加大环境监管力度，祁连山生态环境保护顺利通过省级年度考核，委托中国科学院西北资源环境研究院开展祁连山、连古城自然保护区生态质量状况调查评估，天祝县生态文明建设示范县创建通过省级预审，加快编制《武威市国家级生态文明建设示范市规划》。落实环保督察问题整改各项机制，第二轮省级督察反馈的55项问题已整改45项，整改率81%。加强行政执法与刑事司法衔接，开展异地交叉执法检查，严厉打击环境违法行为，全年查处环境违法案件40起、罚款181.4万元。

【环境执法检查】 单部门抽查重点涉水排污单位、危险废物产生等企事业单位45家，联合卫健、商务等部门抽查医疗卫生机构、机动车拆解等行业企业40家，发现问题27个，现已督促整改25个，正在整改2个。按照《武威市2022年生态环境问题排查整治工作方案》确定的6类27项排查整治重点内容和工作要求，开展生态环境问题排查整治工作。全市排查发现各类生态环境问题237个，已督促整改235个，正在整改2个，整改率99%。在省生态环境监测大数据管理平台在线填报重点问题3个、典型案例3例。对规模以上畜禽养殖场（养殖小区）、储油库、加油站和油罐车、20张以上床位医疗卫生机构、城镇及农村社区污水处理厂（站）以及重点信访问题和涉环保设施安全风险隐患方面进行交叉检查。检查企事业单位209家，发现问题249个，查处违法行为1起。

【环境信访投诉】 全市受理环境信访投诉149件，办结149件，办结率100%。全市立案查处环境违法行为38起（市级23起，县级15起），处罚金额180.7万元；上报典型案例6起。全市立案查处环境违法行为38起（市级23起，县级15起），处罚金额180.7万元。

【专项执法行动】 组织开展打击危险废物及在线监测数据弄虚造假环境污染犯罪、化工企业排查整治、城镇和工业园区污水处理厂、危险废物、医疗污水及医疗废物专项执法检查等10项专项执法行动。检查化工企业14家，发现问题104个，完成整改；检查城镇和工业园区污水处理厂16家，发现问题15个，督促整改13个；检查危险废物产生、经营及处置单位142家，发现问题40个，完成整改；检查医疗卫生机构146家，发现问题113个，完成整改102个；检查涉挥发性有机物单位181家，发现问题10个，完成整改；检查核与辐射利用单位137家，发现问题20个，完成整改。

【环境风险隐患排查】 采取驻厂检查、日常巡查、专项检查等方式，对全市化工行业、工业园区、重点环境风险源企业开展风险隐患排查整治。检查重点风险源企业129家，环保设施262台（套），发现环境安全隐患14个，督促整改，发现生态环境问题52个，督促整改48个，整改率92.3%。督促指导48家重点污染源企业开展环保设施安全风险评估，完成评估27家。

（市生态环境局）

科学技术

综　述

【概况】 2022年，武威市实施“强科技”行动，注重科技创新赋能，强化战略科技力量培育，推进创新资源的集聚力、创新成果的支撑力、生态产业的驱动力、创新环境的吸引力“四力”提升，推动创新链与产业链、资金链、人才链、政策链相互融合。根据《甘肃省区域科技评价报告》，武威市综合科技进步水平指数达到49.61%，较2021年提高6.69个百分点，增幅达到15.6%。

【科技创新政策】 实施强科技行动，制定《武威市强科技行动实施方案（2022—2025年）》，从激发科技创新活力、加强创新主体培育、强化创新平台建设、推动科技成果转化应用、激励科技人才创新创业5个方面提出19条支持政策，构建更加高效的创新政策体系。加大投入力度，全市财政科技支出近2亿元，市本级财政科技支出占一般公共预算支出的比重达到1.55%，四县区均达到0.5%以上。

【体制机制改革】 深化科技体制机制改革，深入推进科研项目管理、科技成果转化、科研诚信建设等改革举措，首次设立市级科技计划项目经费，制订《武威市市级科技计划项目管理办法（试行）》《武威市科技成果登记办法（试行）》，赋予科研人员更大的技术路线决定权和经费使用权，激发各类创新主体活力，营造良好科研生态。加强科研单位创新能力建设，新入库纳统科学研究与技术推广单位8家，达到51家。

【高新技术企业倍增】 实施高新技术企业倍增计划，建立高新技术企业培育库，形成“科技型中小企业——省级科技创新型企业——高新技术企业”梯次培育体系，新认定高新技术企业14家，总数达到69家；新认定省级科技创新型企业29家，总数达到73家，入库评价科技部科技型中小企业149家。

【技能培训】 组织农技协和广大科技工作

者开展科技培训，提升群众发展特色产业的能力和水平。深入民勤东湖、古浪黄花滩等17个乡镇举办“肉羊养殖疫病防治培训班”“高原夏菜种植技术”等培训班27场次，在凉州区西营等镇皇冠梨、核桃种植基地，培训皇冠梨、核桃管理技术5场次，受益群众达6万余人。

【科技特派员能力建设】 先后选派科技特派员612名，组建“8+N”产业科技特派员专家小分队14支，开展“进百企入千户”科技服务活动213场次，服务村镇259个、培训农牧民4.68万人次。为180名市级科技特派员每人每年落实1万元工作经费。实行企业科技专员制度，为6家企业选派省市高层次专家人才担任企业科技专员，开展技术指导服务。对接国家科技特派团服务国家乡村振兴重点帮扶县古浪县产业发展活动，开展产业科技指导服务38次，培养帮带本土人才99人，培训农民群众440人次。开展“科技支撑绿洲农业和玉米种业可持续发展院士行”活动，举办科技特派员培训班5期，参训科技人才达1.16万人次。

（市科学技术局）

科技平台

【概况】 坚持外引内育，完善区域创新体系，加强创新平台培育力度，围绕重点产业、重点领域和重大项目，谋划和培育争取省级高水平科技创新平台，聚集各类创新资源，增强高质量科技供给。

【农业科技园区】 有国家农业科技园区1个，即甘肃武威国家农业科技园区。有省级农业科技园区4家，即凉州区省级农业科技园区、民勤县省级农业科技园区、古浪县省级农业科技园区、天祝县省级农业科技园区。

【野外科学观测研究站】 有国家级野外科学观测研究站1个，即中国农业大学甘肃武威绿洲农业高效用水国家野外科学观测研究站（中国农业大学）。有省级野外科学观测研究站7个，即中国科学院西北生态环境资源研究院干旱区盐渍化研究站（中国科学院西北生态环境资源研究院）、兰州大学石羊河流域野外科学观测研究站（兰州大学）、兰州大学青土湖沙尘暴野外科学观测研究站（兰州大学）、甘肃省农业科学院土壤肥料与节水农业研究所武威绿洲农业试验站（甘肃省农业科学院土壤肥料与节水农业研究所）、甘肃省治沙研究所甘肃民勤荒漠草地生态系统国家野外科学观测研究站（甘肃省治沙研究所）、甘肃农业大学祁连山草原生态系统野外科学观测研究站（甘肃农业大学）、甘肃省水利科学研究院民勤野外科学观测研究站（甘肃省水利科学研究院）。

【试验站（室）】 有国家级试验站2个，即国家中药材产业技术体系河西综合试验站（甘肃省农业工程技术研究院）、国家大麦（青稞）产业技术体系武威综合试验站（甘肃省农业工程技术研究院）。国家重点实验室培育基地1家，即甘肃省荒漠化与风沙灾害防治重点实验室——省部共建国家重点实验室培育基地（甘肃省治沙研究所）。有省级重点实验室2家，即甘肃省荒漠化防治重点实验室（甘肃省治沙研究所）、甘肃省特种药源植物种质创新与安全利用重点实验室（甘肃省农业工程技术研究院）。省级联合实验室1家，即甘肃新天马制药股份有限公司实验室（甘肃新天马制药股份有限公司）。省级新型研发机构2家，即甘肃重离子医院股份有限公司（甘肃武威肿瘤医院）、甘肃汇瑞发酵技术研究院有限公司（甘肃汇瑞发酵技术研究院有限公司）。省级孵化器1家，即武威市电子商务创业孵化基地（武威瑞逸智能科技有限公司）。

【星创天地】 有星创天地8家，即甘肃沙产业星创天地（甘肃天盛生物科技有限公司）、甘肃武威国家农业科技园区农业信息化星创天地（甘肃武威国家农业科技园区管委会）、绿洲e农星创天地（甘肃省农业工程技术研究院）、沙漠绿洲肉羊产业星创天地（民勤中天羊业有限公司）、高原羊业星创天地（天祝藏族自治县三洋盛生物工程有限公司）、甘肃名仁庄园开心农场星创天地（甘肃名仁生态农业发展有限公司）、至胜空间星创天地（甘肃至胜电子商务有限公司）、甘肃普康农业科技星创天地（甘肃普康现代农业产业化集团有限公司）。

【科普示范基地】 有省级科普示范基地7家，即武威师范学校附属小学科普教育与宣传中心（武威师范学校附属小学）、武威市凉州区科技馆（武威市凉州区科技馆）、武威市林业科学研究院林业植物发展研究与展示馆（武威市林业科学研究院）、甘肃省民族地区青少年科普基地（天祝藏族自治县第二中学）、摘星小镇天文特色科普基地（民勤大漠田园农业科技有限责任公司）、武威重离子水幕数字化健康教育科普基地（甘肃省武威肿瘤医院）、民勤县红旗谷现代智慧农业科普基地（民勤县农业发展有限责任公司）。

【众创空间】 有省级众创空间4家，即武威市电子商务创业孵化基地（武威瑞逸智能科技有限公司）、酿造原料专业化众创空间（甘肃省农业工程技术研究院）、武威职业学院创业空间（武威职业学院）、银科思远创业谷孵化基地（甘肃银科思远创业谷电子商务有限公司）。

图116 民勤县红旗谷现代智慧农业示范园 （市融媒体中心供图 2022年6月摄）

【技术创新中心】 有省级技术创新中心4家，即甘肃省啤酒花工程技术研究中心（甘肃省农业工程技术研究院）、甘肃省原料药工程技术研究中心（甘肃省药物碱厂）、甘肃省天然无壳瓜籽工程技术研究中心（武威金苹果有限责任公司）、甘肃省葡萄苗木快繁工程技术研究中心（武威市林业科学研究院）。有省级产业技术创新战略联盟3家，即甘肃省兽药产业技术创新战略联盟（武威牛满加药业有限责任公司）、甘肃省祖师麻产业技术创新战略联盟（天祝瑞香药材种植有限责任公司）、甘肃省肉苁蓉产业技术创新战略联盟（甘肃天盛生物科技有限公司）。

【省级技术转移中心】 有省级技术转移中心5家，即甘肃汇能生物工程有限公司技术转移中心（甘肃汇能生物工程有限公司）、甘肃天盛生物科技有限公司技术转移中心（甘肃天盛生物科技有限公司）、甘肃海纳塑业有限公司技术转移中心（甘肃海纳塑业有限公司）、武威金苹果农业股份有限公司技术转移中心（武威金苹果农业股份有限公司）、甘肃傲农饲料科技有限公司技术转移中心（甘肃傲农饲料科技有限公司）。

（市科学技术局）

科研项目

【概况】 2022年，组织实施科技项目147项，其中省级49项。争取科技项目和资金，均衡性转移支付资金3373万元。其中，市本级436万元、凉州区1000万元、民勤县301万元、古浪县784万元、天祝县852万元。首次获批中央引导地方科技发展专项2项、工业类科技重大专项1项。

【农业科研项目】 申报各级农业科研项目15项，获批立项7项，新增科研经费60万元，在研项目（课题）15项；6个项目结题验收，2个项目通过省科技厅成果登记；编制发布实施甘肃省地方标准4项；取得国家植物新品种权3项；通过院企合作，实现科技成果转化2项，转化收入达到33.5万元。落实绿色防控面积187.10万亩，化学农药使用量377.40吨、降低0.6%，农药利用率达到42.09%、提高2.4%。

【畜牧业科研项目】 深入落实强科技行动，开展“8+N”农业优势主导产业包抓技术服务工作，组织申报科研项目16项，获批5项，在建的8项试验研究项目全部完成现场试验任务，围绕湖羊与藏羊杂交、羊布鲁氏菌病流行病学检测方法及防控、粪污无害化处理和资源化利用模式、凉州黄白花牛良种繁育等课题开展试验研究。

【林业科研项目】 完成11个项目的实施、4个项目的验收准备及34个项目的申报工作，实施《耐寒月季引种选育及栽培繁育技术研究项目》《武威市沙木蓼技术推广示范》等林草科技项目22个，落实到位资金491万元。实施河西走廊葡萄调质及病虫害精准预报技术研发项目应用，明确河西地区葡萄生产的最佳灌水及施肥量、施肥方式，掌握葡萄主要病虫害的发生规律及防治关键期，研发改善葡萄果实品质的关键技术，发表论文10篇，授权实用新型专利3项。项目集成葡萄调亏灌溉、配方施肥、病虫害绿色防控、果品提质增效等葡萄精准化水肥调控及病虫害防治技术，推广应用5581公顷，新增利润4590.37万元。

【水利科技项目】 组织实施甘肃武威国家农业科技园区财政扶持资金项目“武威市坚守耕地红线目标下粮食作物限额灌溉模式研究”和“基于品质改善的设施农业精准灌溉技术研究与应用”，2 个项目均于 11 月 22 日通过武威国家农业科技园区管委会考核验收。

科技创新

【企业创新能力提升】 宣传高新技术企业税收优惠、研发费用加计扣除税收优惠等政策措施。推动科技创新政策不来即享，落实省级科技创新奖补资金 550 万元、市级 435 万元。全市申报享受研发费用加计扣除企业达到 173 家，加计额达到 2.14 亿元。逐户深入企业开展指导培训，一企一策提供“保姆式”服务。加强产学研联合，组织企业与省内外高校、科研单位开展科技合作，形成产学研协同创新机制化、常态化。推动企业加大研发投入力度，开展新技术新产品研发，全市规上工业企业中有研发活动企业达到 71 家，企业研发经费投入达到 2.2 亿元，占全社会研发经费投入总量的比重达到 63%。实施高新技术企业倍增计划，建立高新技术企业培育库。

【农业新品种选育】 注重关键技术，开展攻关研究试验 79 项次，引进小麦、玉米、豆类、果菜、食用菌等作物新品种 154 个，新技术 8 项、新材料 24 个。开展玉米种质资源创新及新品种选育试验研究，在凉州区良种场建设玉米种质资源创新与新品种选育试验示范基地 80 亩。开展甘肃省科技重大专项联合攻关项目“高产抗旱粮饲兼用及青贮玉米新品种选育”等玉米试验项目 11 项。开展优质春小麦新品种选育，在凉州区良种场种植高代新品系材料 28 份，品种比较试验材料 24 份，种植优异种质资源材料 570 多份。开展高产优质抗旱粒用高粱新品种

图 117 民勤县发泽种业有限公司人参果脱毒育苗中心 （张文灿 杨 宝 2022 年 6 月摄）

引进选育，在凉州区下双镇、清源镇建设高粱新品种引进选育试验示范基地40亩。开展马铃薯新品种引进比较试验。从甘肃省农业科学院马铃薯研究所和武威当地种苗企业引进9个菜用型马铃薯新品种、5个加工型马铃薯新品种开展新品种引进试验示范，以期筛选出适宜全市种植的高产、优质、高抗的菜用型、加工型马铃薯新品种各1～2个，为马铃薯产业实现产量和品种提升提供优良新品种。

【畜牧业新品种培育】 开展天华肉用美利奴新品种4世代肉羊生产性能测定和湖藏杂交改良等9项试验研究，推广初产母羊早配、经产母羊高频繁殖等先进技术，开展“普康羊”新品种和湖羊“小尾系”“高繁系”2个新品系培育工作，新投放种公羊200只，开展同期发情、人工授精1.5万只，推广杂交肉羊2万只。

【林木新品种培育】 引进新品种119个、新技术3项、新材料5个，实施林木良种培育项目4项，培育林木良种145万株，收集葡萄、梨、杨树等种质资源509份，建设试验示范园3处，收集沙木蓼优良单株80个，依托种质资源优势，开展高抗优质经济林等植物选育工作。与中国农业大学等高校联合申报2022年甘肃省重大科技专项1项，与甘肃农业大学园艺学院合作，联合申报甘肃省高等学校产业支撑计划项目1项，并联合申报研究生联合培养基地，与石羊河林业总场合作，联合攻关超旱生植物沙木蓼的育苗技术，建立沙生植物柽柳种质资源库。

科技成果

【概况】 武威市制定《武威市科技成果登记办法（试行）》，首次将成果转移转化作为成果登记的必备条件，2022年登记科技成果85项，完成技术合同成交额21.1亿元，登记成果转化率达67%。规范技术合同认定管理，定期将技术信息在政府公共信息服务平台进行公示，登记技术合同742份，技术合同成交额21.1亿元。

【农业科技示范点建设】 聚焦“8+N”农业优势主导产业发展，同各县区农技推广单位、新型农业经营主体协作建立农业科技示范基点13个，示范面积2.44万亩。开展攻关研究试验79项次，引进小麦、玉米、豆类、果菜、食用菌等作物新品种154个，新技术8项、新材料24个。天祝县打柴沟镇高山寒旱区高原夏菜新品种引进及水肥一体化示范点，引进莴笋、甘蓝、生菜、西蓝花、贡菜、白草莓等新品种31个。古浪移

图118 4月4日，古浪越海农业有限公司现代智能温室工业化栽培生态示范项目基地，工人在进行植保作业 （张志华 摄）

民区食用菌新品种引进试验示范点，引进羊肚菌、白灵菇、榆红菇、榆黄菇、双孢菇等食用菌品种7种，开展试验研究6项次。凉州区韩佐镇大豆玉米带状复合种植示范点，在主要粮油作物单一种植基础上，研究、示范大豆玉米复合种植模式筛选、品种搭配、水肥管理、杂草防控和全程机械作业等关键技术，严把土壤处理、种子处理、播种保苗、病虫草害防控、水肥管理和适时收获关，开展试验研究12项，初步确定适宜种植模式3个、大豆新品种4个、粮用型玉米品种3个、播前土壤处理除草剂2个。

【畜牧业示范基地建设】 推进畜牧业三年倍增行动计划，新建续建肉牛、肉羊、马标准化养殖示范基地、产学研深度融合示范基地和技术成果转化示范基地14个，系统开展新品种选育、饲草料加工、疫病综合防治、粪污资源化利用等服务。

【林业科技成果】 抓好11项科技成果的推广应用，引进示范新技术3项、新材料5个。抓好3个市级林业科技示范园建设工作，示范新品种10个、新材料4个，建立示范园210亩，辐射推广3240亩，发放价值18万元生产资料。抓好3个“三区”科技人才示范点建设，示范葡萄品种2个，建立示范棚10座，辐射推广50座，辐射推广2050亩。

【水利科技推广】 制定《武威市2022年农田灌溉水有效利用系数测算分析工作方案》，汇总各县区相关数据，分析测算市级2022年农田灌溉水有效利用系数。完成武威市2022年农田灌溉水有效利用系数测算分析工作。开展水旱灾害致灾调查、洪水灾害隐患调查等，对涉及武威市的20个水库（水电站）、26个水闸、473个堤防数据录入全国自然灾害综合风险普查数据采集系统水旱灾害调查分系统，编制完成《武威市水旱灾害风险普查调查成果质检审核报告》《武威市干旱灾害致灾调查工作总结报告》，完成全市第一次水旱灾害风险普查。

科技服务

【概况】 2022年，以科技特派员专家小分队“进百企入千户”科技服务活动为契机，采取“集中培训、线上解答、现场指导”等服务方式，扎实开展“8+N”农业优势主导产业新品种新技术引进示范、关键种植养殖技术、病虫害防治、共性关键技术攻关等科技服务。围绕特色农产品及食品加工、奶产业、新能源及装备制造等7条重点产业链，建立健全“链长制”科技支撑服务体系，靶向扶持“链主”企业和骨干企业。实行企业科技专员制度，为企业选派省市高层次专家人才担任企业科技专员，开展技术指导服务。

【农业科技服务】 搭建平台和基地，服务“8+N”优势主导产业，指导规范农事操作流程。指导培训农业企业、农民专业组织、种植大户及农民2000多场次，发放技术资料5000多份，培训人数2.13万人次。现场指导面积2.03万亩，亩均纯收入达到2000元以上。印发《武威市2022年农作物重大病虫防控方案》《武威市2022年“两增两减”虫口夺粮促丰收行动方案》。针对自然灾害防范，制定《武威市抗灾促春管技术措施》《武威市农作物抗旱减灾预案》等，3月针对蓝色寒潮预警信息，对大柳、发放、吴家井等乡镇的钢架拱棚、小拱棚西瓜、娃娃菜、芹菜等蔬菜寒潮预防进行指导。集成推广垄膜沟灌、膜下滴灌、管灌、小畦灌灌溉模式和顶凌覆膜、免耕、免冬灌、干播湿出、地膜连年利用、土壤保水、作物蒸腾调控等节水技术251万亩。

【畜牧科技服务】 围绕“三区”（边远贫困地区、边疆民族地区和革命老区）科技支持计划、市级科技特派员等工作开展技术培训，提升产业园区、养殖企业（合作社）、养殖场（户）技术培训的针对性、时效性和持续性。培训县乡技术人员、村级动物防疫员、养殖场（户）2100余人次，发放技术培训资料2500余份（册）。

【林业科技服务】 实施河西走廊葡萄调质及病虫害精准预报技术研发项目应用，有效减少葡萄生产中水肥及农药投入、降低生产成本，助推地方特色优势产业的发展。举现场培训132场次，培训人员2733人次，举办沙旱生植物收集保存与创新利用专题培训班。

【水利科技服务】 结合2022年武威市全国科普日系列活动，举办武威市2022年水土保持业务技术培训班，对市县区水务系统水土保持业务工作人员进行培训。组织对武威市2018、2019年度大中型水库库区移民技能培训项目通过法人验收，项目培训汽车驾驶员、挖掘机操作员、装载机操作员、钢筋工、电焊工、家政保洁员、月嫂456人，培训后取得资格证书398人。

科学技术普及

【概况】 2022年，常态化开展科普宣传、科技咨询、科普展示、科学互动活动，先后在古浪黄羊川、民勤昌宁等30余个乡镇开展“三进”活动50多场次，展出科普展品600余件、展板1000余块，发送科普资料3万余份，受众达5.8万人次。

【科技馆建设】 武威科技馆·空间规划馆布展主题为“科技·城市·生活”，主体建筑共三层，一层为规划馆“城市之光”，二层为“科学乐园”，三层为“特色武威·应急·气象科普”。布展工程于2021年9月开始施工，一层规划馆完成基础装修布展，二三层科技馆展区完成基础装修布展、展品安装调试及试运行以及工程预验收工作。

图119　5月26日，农业气象技术人员开展农田墒情检测服务　（丁文魁　摄）

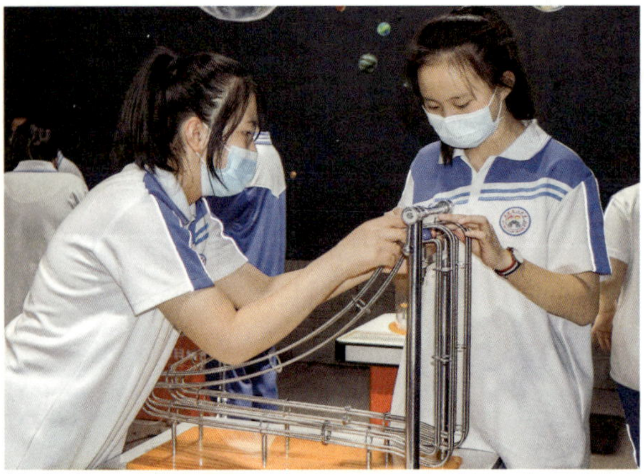

图 120　5 月 25 日，武威第十中学组织师生走进武威金帆农业科教田园综合体进行科普实践活动
（王　丽　摄）

图 121　5 月 21 日，武威市开展科普大篷车“进乡村、进校园、进社区”活动，让市民参与科普活动
（韩筱蓓　摄）

【科普基地建设】 新建科普益民服务站 3 个，科技宣传普及栏或橱窗 7 个；新增省级科普教育基地 5 个、市级 12 个。争取实施“基层科普行动计划”，1 个农技协联合会、2 个农技协、2 个科普示范基地、2 个科普示范社区申报成功。市农技协联合会创建农产品研发生产销售品牌运营示范基地 3 个，打造具有武威特色的鲜明地域标识度和较强竞争力的拳头产品品牌，成功申报“甘西凉”公用商标。中国农业大学石羊河实验站、民勤县彭颖林果技术研发中心被认定为全国科普教育基地。

【科技活动周】 5 月 21 日，武威市 2022 年科技活动周在古浪县启动。此次科技活动周以“走进科技　你我同行”为主题，聚焦“双碳”、疫情防控、粮食安全等国家重大战略，通过宣传车、视频、展板、实物、宣传资料和互动体验、现场咨询等方式，广泛宣传展示全市取得的科技创新成果。通过组织群众性科技活动，推动在全社会形成讲科学、爱科学、学科学、用科学的良好氛围，加快推进科技政策扎实落地。各县区同步举办科技活动周、“进百企入千户”科技服务等活动。

【科普活动】 举办科技活动周、科普“进社区、进校园、进企业”“进百企入千户”科技服务等活动 16 场次，发放各类科普宣传资料 2 万多份，接受咨询 1000 多人次，受益群众达 2000 多人次。举办 2022 年科技活动周、2022 年全国科普讲解大赛武威预选赛、甘肃省第十六届中小学生科学知识网络竞答活动。

（市科学技术局、市农业科学研究院、市林业科学研究院、市畜牧兽医科学研究院、市水利科技推广中心）

教　育

综　述

【概况】 2022年，全市有各级各类学校和幼儿园948所，在校（园）学生（幼儿）271616人。其中，高职院校2所，在校学生23957人；中等职业学校12所，在校学生15778人；教师进修学校1所；普通高中20所，在校学生30309人；初级中学109所，在校学生48388人；小学444所，在校学生102781人；特殊教育学校3所，在校学生163人；幼儿园357所，在园幼儿50240人。小学适龄儿童入学率、巩固率、毕业率均达100%；初中在校学生巩固率、毕业率均达100%；初中毕业生升入高中阶段的比率为96.42%。九年义务教育巩固率达100%。学前三年毛入园率96.17%。

【教师队伍建设】 全市补充教师553人，其中招录中小学教师240人、引进教育类急需紧缺人才123名，补充“特岗计划”教师113名，招录“三支一扶”教师2名，临聘未就业大学生教师75名。市级以上培训教师1.2万人次。专任教师学历小学合格率100%，大专以上占98.63%；初中合格率100%，本科以上占91.49%；普通高中合格率99.54%，研究生占14.12%；中职学校合格率96.74%，“双师型”教师占39.12%。取得中小学正高级教师职务任职资格123人、副高级教师职务任职资格578人，中等职业学校正高级讲师3人、副高级讲师37人。

【教育建设项目】 全市基本建设投资6.86亿元，新改建中小学、幼儿园12所，新建农村中小学教师周转宿舍57套，新改扩建84所农村中小学食堂，改造22所农村中小学非卫生厕所，完成校舍建设类项目单体126个、设备采购类项目单体109个。图书小学生均21.21册、初中46.33册、普通高中48.95册。生机比小学8.04∶1、初中5.23∶1、普通高中6.9∶1。接入互联网的学校小学占100%、初中占100%、普通高中占100%。

【教研教改工作】 全市立项省级课题215

项、市级课题 367 项，516 项省级课题、140 项市级课题成果通过鉴定。开展基础教育优秀科研成果评选活动，20 项成果在全省基础教育教学成果评选中获奖。举办武威市第五届学前教育教师技能大赛、初中历史优质课竞赛、义务教育阶段学科作业设计比赛和“三新”背景下普通高中新高一学生综合素养提升培训会。开展市级专兼职教研员定期联系基层学校工作和中小学群文阅读教学优质课评选及研讨交流活动。成立寇永升高中语文武威名师工作室，组织陇原名师工作室开展研修培训活动。

【教育信息化建设】 实施教育信息化 2.0 行动计划，9 所学校启动“智慧校园”创建工作，11 所学校开展国家中小学智慧教育平台应用试点工作。推进网络学习空间应用普及，教师覆盖率 95.9%，学生覆盖率 94.5%，2 个县区被教育部确定为全国网络学习空间应用普及活动优秀区域，4 所学校被确定为优秀学校。

【校园文化建设】 推进社会主义核心价值观进教材、进课堂、进头脑，将社会主义核心价值观教育融入学校升旗仪式、入团入队仪式、校园文化活动和各类教育实践活动。开展“我们的节日”系列主题实践活动和“三爱、三节”主题教育。开展“中小学德育工作星级校”创建工作，创建成甘肃省“中小学德育工作五星校”8 所、“中小学德育工作四星校”29 所。举办武威市第三届中小学生运动会。民勤县实验中学被评为 2022 年全省中小学劳动实践基地。

【资助政策落实】 落实各项资助政策，全市发放资助资金 1.43 亿元，惠及学生（幼儿）21.44 万人次。落实农村义务教育学生营养改善计划专项资金 4504.62 万元，惠及学生 900.92 万人次。办理生源地助学贷款 2.13 亿元，惠及学生 2.58 万人。

【教育管理】 推进依法治教，制定《全市教育系统开展法治宣传教育的第八个五年规划（2021—2025 年）》，全市配备法治副校长 769 名。深化新时代教育督导体制机制改革，制定《武威市人民政府督导委员会工作规程》《武威市人民政府督学管理办法》《武威市教育督导问责实施细则（试行）》，开展“双减”工作专项督导和学生餐饮保障突出问题专项整治。深化新时代教育评价改革，开展幼儿园办园行为和中小学办学行为督导评价，完成 2022 年国家义务教育质量监测任务。深化高考综合改革，落实普通高中国家课程方案和课程标准，合理安排教学进度，有序推进选课走班，加强学生生涯

图 122　5 月 9 日，凉州区牌楼小学组织学生进行阅读分享　（董丽俊　摄）

规划指导，制定学校综合素质评价实施细则，完成学生综合素质评价。

【语言文字工作】 开展“新时代好少年 强国有我”主题教育征文朗诵演讲系列活动，45 件征文、28 件朗诵、24 件演讲作品获得省级优秀奖。开展第四届中华经典诵写讲大赛，39 件作品在省级初赛中获奖。开展新时代语言示范校创建工作，武威一中等 27 所学校创建为“武威市新时代语言文字示范学校”。

学前教育

【概况】 2022 年，武威市有幼儿园 357 所，在园幼儿 5.02 万人，教职工 5553 人。制定《武威市“十四五”学前教育发展提升计划》，推动普及学前三年教育。新增公立幼儿园园位 2090 个，幼儿“入园难”问题得到有效缓解。创建成甘肃省一类幼儿园 7 所、甘肃省示范性幼儿园 1 所。

【学前教育普及】 创建甘肃省一类幼儿园 8 所，甘肃省示范性幼儿园 1 所。深化幼小衔接和安吉游戏试点工作，组织开展普惠性民办幼儿园认定和幼儿园结对帮扶工作。全市普惠性幼儿园达 99.31%，学前三年毛入园率达 96.17%。

【宣传月活动】 举办学前教育宣传月活动，在天祝县举办以“幼小衔接 我们在行动”为主题的学前教育宣传月启动仪式，200 多名园长、老师及幼儿参加了活动。

【武威市实验幼儿园】 2022 年，市实验幼儿园严格落实班主任负责制，推行“四教共保”模式，建立日巡查制度，加强一日常规、教学、户外活动、进餐、午休巡查管理。严格落实幼儿疾病预防、因病缺勤追踪、晨午晚检等幼儿健康管理制度，坚持不懈做好常态化疫情防控工作。持续推进中央电教馆“家园共育”百所数字化试验园项目，通过召开钉钉家长会、推荐五大领域亲子活动等线上线下相结合的方式，深化“紧抓一条线 同唱四部曲”家园共育模式。有序推进“安吉游戏”试点园建设，投资 7.5 万元购置户外组合体能训练器械，分学龄段推进安吉游戏，切实将“投入、冒险、喜悦、反思、爱心”五个关键词展现在幼儿成长的全过程。创建“天马名师工作室”，1 名教师担任首席导师，2 名教师担任团队导师，8 名教师为团队学员，为全市学前教育高质量发展提供智力支撑和人才支撑。

【武威市第二实验幼儿园】 2022 年，市第二实验幼儿园优化学前教育资源布局，提升幼儿教育办学条件和保教质量，完善办园条件。秋季学期新增 2 间幼儿活动室、对食堂及配套设施进行改造。开发智力的活动效果，购置大型体智能游戏器材、安吉游戏器材等。以智能化的基础设施建设为重点，为各班安装智慧班牌，搭建家园联系直通车。成功申报市级标准化幼儿园，改善幼儿园办园条件，规范幼儿园的教育教学管理，深化幼儿园的教育教学改革。成功申报创建全国足球特色园，被市教育局评为“市级标准化幼儿园”“武威市新时代语言文字示范校”“武威市教学研究基地”。

义务教育

【概况】 2022年，武威市义务教育学校553所，其中小学444所，初中30所，九年一贯制学校79所。在校学生15.12万人，其中小学生10.28万人，初中生4.84万人。教职工1.35万人，其中小学6758人，初中2497人，九年一贯制学校4235人。新增义务教育学位3140个，消除义务教育"大班额"13个。严格落实免试就近入学和"公民同招"制度，简化入学流程，畅通入学通道，取消非必要入学证明材料。

【义务教育优质均衡发展】 推进集团化办学、学区化治理和城乡学校共同体建设，推进义务教育优质均衡发展，促进新优质学校成长，激发办学活力，整体提升办学水平。凉州区统筹规划农村基础教育学校布局，加强"两类学校"（乡村小规模和乡镇寄宿制学校）建设，实施《乡村教师支持计划》，不断改善乡村教师工作和生活条件。天祝县着眼解决"城挤、镇弱、村空"问题，确定"一年打基础，两年见成效，三年大提升"目标，对72所乡村学校进行布局调整，使学校空间分布和容量配置更趋合理。

【教学管理】 指导各学校健全教学管理规程，优化教学方式，强化教学管理。推进"互联网＋教育"发展，逐步建立覆盖义务教育各年级各学科的数字教育资源体系，促进信息技术与教育教学融合应用。坚持因材施教，精准分析学情，重视差异化和个别化指导，培养学生自主学习能力。倡导启发式、互动式、情景式教学，引导学生主动思考、自主探究，注重培养学生的创新能力。加强对课堂教学常规指导检查，了解教师的教学常态、教学水平，提升课堂教学效率。

【学生减负工作】 印发《关于进一步加强中小学生作业管理减轻学生课业负担的通知》，规定义务教育阶段各年级作业总量与时长。各学校推行一、二年级不布置家庭书面作业，在校内适当安排巩固练习；三至六年级书面作业平均完成时间不超过60分钟；初中书面作业平均完成时间不超过90分钟，周末、寒暑假、法定节假日控制书面作业时间总量。落实《教育部办公厅关于加强义务教育学校考试管理的通知》要求，压减考试次数，合理控制考试难度，增强考试"效度"。全市332所义务教育学校出台作业管理办法，建立作业公示制度，制定教学管理规程，实施"零起点"教学和考试次数符

图123　6月1日，武威新城区第一小学学生欢度"六一"国际儿童节
（市融媒体中心　供图）

合规定的学校达100%。

【课后服务】 制定《武威市中小学生课后服务工作实施方案（试行）》《武威市义务教育阶段学校课后服务经费保障实施细则（试行）》，合理配置教育资源，健全协同育人机制，扎实开展课后服务。各县区突出德育实效、深化体教融合、增强美育熏陶、加强劳动教育，注重提升学生综合素质。

【武威师范学校附属小学】 2022年，武威师范学校附属小学组织开展“我们的节日系列活动”、学雷锋争做新时代最美少年、武威市博物馆感受凉州文化参观学习等活动。开展各类少先队活动，组织全校少先队员参加“新时代好少年 强国有我”主题征文朗诵演讲展示活动，推荐报送优秀作品10余部；组织全校2145名学生参加第七届全国学生“学宪法 讲宪法”活动和“宪法卫士”2022年行动计划。在省教育厅组织的各类评选活动中，有1个课例获得特等奖、7个课例获得一等奖；6个课件获得一、二等奖；6节微课获得一、二等奖；4个教学案例获得一等奖。在教育部“精品课”遴选中，5节“精品课”均被推送参加省级遴选。小学数学论文评选活动中获得特等奖3项，一等奖1项，二等奖2项。1项课题获武威市基础教育科研优秀成果一等奖；1项省级课题、7项市级课题成功立项；2项省级课题、1项市级课题结题并通过鉴定。完善校园建设规划，完成3号教学楼及附属工程建设项目，配备100套学生课桌椅，学校基础建设进一步提升。

普通高中教育

【概况】 2022年，武威市印发《武威市“十四五”县域普通高中发展提升行动计划》，推动形成具有鲜明县域特色的普通高中育人模式，促进区域普通高中协调发展。全市有普通高中20所，其中完全中学7所、高级中学10所、十二年一贯制学校3所。在校学生3.03万人，其中完全中学6393人，高级中学2.33万人，十二年一贯制学校651人。教职工3731人，其中完全中学1017人，高级中学2427人，十二年一贯制学校287人。

【职普融通试点工作】 制定《武威市高中阶段职普融通工作实施方案（试行）》，3所学校开展职普融通试点工作。确定古浪县职专和河西成功学校分别试办职普融通普高班和职普融通中职班。支持天祝职业中专与陇南师范高等专科学校签订中高职一体化（五年一贯制）合作办学协议，开展电子商务、学前教育、计算机应用等专业“2+3”贯通培养。推进“1+X”证书试点工作，高职试点专业达60个，中职学校试点专业45个。

【示范创建】 落实省教育厅《关于做好普通高中新课程新教材实施省级示范区和示范校建设工作的通知》，统一采购新课程标准书籍，举行新教材学习研讨活动，组织教师对新课程方案和课程标准进行研读，研读悟透课程标准和方案。确定普通高中新课程新教材实施示范区和示范校，武威一中被列入示范校名单，创建甘肃省卓越高中和甘肃省普通高中新课程新教材实施示范校有序推进。

【高考工作】 2022年，武威市14372名考生参加高考。普通高考本科一批、二批上线率分别达28.38%、71.21%，分别比2021年提高2.38、4.21个百分点。全市高中阶段毛入学率达96.42%。

【武威第一中学】 2022年，武威一中进一步完善《武威一中学生综合素质评价办法及操作细则》，强化德育评价、体育评价、美育评价、劳动教育评价，形成学生综合素质档案。实施班主任“结对培养”工程，促进青年班主任快速成长。严格落实《武威一中班主任（班级）量化考核办法》要求，推进班级量化管理和考核。实施“甘肃省卓越高中”和“普通高中新课程新教材省级示范校”的创建方案，稳步推进创建工作。探索并落实走班教学制度，高二实行6种组合、三级分层分班、走班设置。在人数基本保持不变的基础上，一本上线人数增加92人，达1018人，文理合计一本上线率68.26%，比2021年提升4.9个百分点。600分以上人数仍达到29人，其中理科23人，文科6人。5名考生进入全省理科前100名，9名考生进入全省文科前100名。学校被清华大学、中国人民大学、南开大学、中国科学技术大学、国防科学技术大学、西安交通大学、武汉大学、同济大学、四川大学、北京交通大学、中南大学等50多所知名大学确定为优秀生源基地。

【武威第二中学】 2022年，武威二中构建家校社一体化工作体系，形成“以学校教育为主体、家庭教育为基础、社会教育为依托”的协同育人模式。利用班主任例会、德育经验交流、榜样示范引领等，将实践、研究和反思作为常态，推进班主任队伍建设。探索建立培养核心素养的课堂教学模式和评价方式，完善综合素质评价体系，提高新课程新教材改革的实施能力。组织参加“三区支教”、组团帮扶，在实践锻炼中提升师技师能。开展年轻教师拜师结对活动，为12名新入职的教师选派师德好、师能强的“师傅”，帮助年轻教师尽快站稳讲台、

图124 9月29日，武威第十中学举行校园广播操比赛，增强学生身体素质（董丽俊 吴积文 摄）

图 125　6 月 25 日，武威二中举办“奋进新时代 喜迎二十大”红歌合唱比赛暨第十六届校园艺术节　（石　磊　摄）

拔节成长。参加教材教法培训 16 次，开展高效课堂讨论 10 次。1 项党建课题被省委组织部列为重点课题，8 项教研课题通过省市级鉴定，18 项省市级课题成功立项，其中 1 项被列为省级重点课题，在省级期刊上发表论文 30 余篇。在第十九届“叶圣陶杯”全国中学生新作文大赛中，学校获优秀团体奖，21 名教师获作文教学成果奖。

【武威第十五中学】 2022 年，武威十五中通过多层次、多角度的师德师风培训、青年教师培养、听评课活动、教研活动和校本培训，促进教职工教育教学能力的提升。组织完成信息技术提升工程 2.0 培训工作，制定《学校“整校推进”信息化建设校本研究方案》《信息化建设校本应用考核方案》《信息化发展诊断与建设规划》，促进教师信息技术教学应用能力提升。借助中央电化教育馆关于在线教育创新项目评选活动，提炼形成新时代高中教师研究能力提升实务、高中教师科研生涯规划、教育规划课题申报与研究指导、教育论文写作规范等 4 项课程。组织教师申报省市“十四五”教育科学规划 2022 年度课题，申报省级课题 7 项，其中 2 项立项为重点课题，申报市级课题 13 项，全部成功立项。2022 年参加中考 392 人，600 分以上 12 人，550—599 分 35 人，500—549 分 50 人，450—499 分 49 人，400—449 分 52 人，400 分以下 199 人。2022 年参加高考 231 人，文化课一本上线 3 人，二本上线 20 人；艺体专业学生文化课专业成绩一本双上线 26 人，二本双上线 5 人；各类学生合计一本上线 29 人，二本上线 25 人。一本综合上线率 13%，二本综合上线率 23.4%。文化课学生本科上线率 15%，艺体专业学生本科上线率 40.3%。

【武威第十八中学】 2022 年，武威十八中通过推门听课、跟踪听课、行政听课、查课表、查课堂、查自习辅导等多种途径，加强对课堂教学的管理。在优化教师资源配置、开齐开足各类课程的同时，对各年级空堂课、自习课及晚自习作具体的安排。统筹学校艺术生培养资源，加大对艺术生的专业训练管理力度。开展分析研判，优化专业生选拔招生，促进艺术教育持续发展。组织开展微课制作比赛、专技天下继续教育培训、示范课、教学技能大赛、青年教师读书交流、35 岁以下青年教师教案作业展评等活动，落实听评课、师徒结对等制度，形成促进新教师站稳讲台、老教师站好讲台的教学机制。按照《甘肃省高考综合改革工作推进方案》精神，做好关于新课程、新教材、新高考的各级各类培训。完成高二年级学生的选科分班及教师配备工作和高一年级师生的高考综合改革相关培训。完成各类教育科研项目和课题的立项和结题工作。

【武威铁路中学】 2022年，武威铁路中学把思政课堂和课堂思政有机结合，形成“人人讲思政、课课是思政”的浓厚氛围。开展课程设置、生涯规划、选课走班、学分管理、教育评价研究推进，做生涯规划讲座4次，模拟选课走班4次。聘请专家对新高一学生开展生涯规划讲座。1个教研课题被确定为甘肃省“十四五”规划重点课题，2个教研课题被确定为甘肃省“十四五”规划一般课题，4个教研课题被确定为市级立项课题。与武威一中对接组成教育发展联盟，组织开展公开课6节，教研活动6次，会议交流3次。适时加强校园花木的修理和灌溉，绿化美化校园3800平方米。综合实验楼项目建设如期开工，运动场项目入库立项。5人被评定为武威市学科带头人、市骨干教师、市农村骨干教师，3人被推选为武威名师工作室成员，1人获武威市优秀教师。

特殊教育

【概况】 2022年，逐步完善特殊教育体系，落实残疾儿童少年“一生一案”和留守儿童、单亲家庭儿童等特殊群体帮扶机制，做好随迁子女就学。推进集团化办学和“大学区制”管理模式，扩大优质教育资源辐射效应。全市适龄残疾儿童少年入学率96.21%，九年义务教育巩固率保持在100%。

【特殊教育学校建设】 推进标准化特殊教育学校建设评估，支持各县区对现有特殊教育学校实施标准化改造，配齐配足教育教学和康复设备。鼓励支持20万人口以上且残疾儿童人数较多的县区建设一所达到标准的特殊教育学校。20万人口以下的县区要因地制宜合理配置特殊教育资源，鼓励在九年一贯制学校或寄宿制学校设立特教班。推动特殊教育学校在本地儿童福利机构设立特教班。

【教育教学】 制定《武威市“十四五”特殊教育发展提升行动方案》，提高特殊教育质量。按照拓展学段服务、推进融合教育、提升支持能力的总体思路，坚持政府主导、精准施策、促进公平、尊重差异的基本原则，加快健全特殊教育体系，不断完善特殊教育保障机制。建立高质量特殊教育体系，力争全市适龄残疾儿童义务教育入学率达到97%。残疾儿童入园人数持续增长，高中阶段职业教育规模显著扩大。

中等职业教育

【概况】 2022年，全市中等职业学校12所，在校学生1.58万人，教职工1105人。招生5835人，毕业4518人。承接技能培训项目11个，培训8816人次，就业率达96%以上。

【专业建设】 开设16个专业大类46个专业，建成省级骨干专业5个，新增智慧健康养老服务、数控技术应用等专业4个，调整停办铁道运输服务等专业4个。

【技能大赛】 开展中等职业学校技能大赛，参与学生5846名，涉及专业10大类56个赛项，在全省中等职业学校技能大赛和教学比赛活动，学生获奖率达51%，教师获奖率达66.7%。13名教师参加2022年全省中职学校

图 126　6 月 21 日，武威市总工会、市人社局联合举办“劳动创造幸福实干成就伟业”职业技能大赛　　（市总工会　供图）

教研室（课程组）2 个、先进班集体 9 个、优秀个人 28 人次。举办“涵养高尚师德·践行育人使命——喜迎二十大庆祝教师节”师德师风主题演讲比赛；举办“青蓝工程”说课、汇报课展示活动。突出课程思政和学科德育，建成省级骨干（重点）专业 3 个，打造“优质校”高水平专业 6 个，建成省级职业教育“课程思政”示范专业 1 个。编制完成 12 个专业的人才培养方案。改善办学条件，加强教育教学管理，强化招生宣传，争取项目建设资金 1300 多万元，实施骨干专业建设、党建思政实训中心、实验实训楼维修改造等项目 12 项。

教师技能大赛，获得一等奖 2 人，三等奖 4 人，获奖率 46.2%。举办以“技能让生活更美好”为主题的武威市暨凉州区 2022 年职业教育活动周，开展集观摩学习、新职教法推广、职教成果展示等系列宣传活动。

【职业学校“1+X”证书试点工作】 落实教育部办公厅等四部门《关于进一步做好在院校实施“1+X”证书制度试点有关经费使用管理工作的通知》，实施教育教学管理模式变革，加强模块化教学、学分制、弹性学制等人才培养模式和教学管理制度的试点工作，应对职业教育现行办学模式和教育教学管理的挑战，推动职业学校“1+X”证书试点工作，建成中等职业学校证书试点 45 个。

【甘肃省理工中等专业学校】 2022 年省理工中专招生近 900 人，在校生人数达到近 3000 人。对接争取项目资金 148 万元，高质量建成学校党史教育馆，为全校师生开展政治理论学习提供有力支撑。加强教师师德师风建设和能力素质提升，表彰先进处室 2 个、先进

普通高等教育

【概况】 2022 年，全市高等职业学校 2 所，在校学生 2.37 万人，教职工 1022 人。印发实施《关于推动现代职业教育高质量发展加快“技能武威”建设实施方案》《“技能武威”2022 年工作任务清单》等文件，打造“技能武威”。武威职业学院开设 15 大类 59 个专业，甘肃畜牧工程职业技术学院开设 9 大类 51 个专业，分别与 100 多家企业签订校企合作协议。推动职业学校“1+X”证书试点工作，建成高等职业院校证书试点 77 个。

【“双高计划”学校建设】 推进省级“双高计划”学校建设，推动产教融合，落实“文化素质 + 职业技能”职教高考制度。武威生物制

药技术学校整体搬迁，与甘肃畜牧工程职业技术学院联合办学。9月28日，甘肃广播电视大学武威分校更名转型成立武威开放大学，主动适应数字化、智能化、终身化、融合化教育发展趋势，依托优质的开放教育资源，服务全民终身学习。

【武威职业技术大学申办工作】 市级财政落实投入5000万元，专项支持申办武威职业技术大学工作。按照《本科层次职业学校设置标准（试行）》和《武威职业技术大学筹建工作实施方案》，有序推进本科层次职业学校申办工作，启用新增编制200个，引进硕士及以上学位人才86人，柔性引进中国科学院上海应用物理研究所博士研究生17人纳入学校专任教师队伍。

【武威职业学院】 2022年，武威职业学院有教学机构11个，开设高职专业62个。教职工995人（含附属中医医院），其中，专任教师662人，专任教师中正高级职称40人、副高级职称214人，博士、硕士研究生305人，双师型教师379人，外聘兼职教师232人。全日制在校生13567人、继续教育学生2320人。馆藏图书154万册（包含电子图书59.2万册），有135个校内实训室和188个校外实训基地。在双高校建设、教学成果奖培育、"1+X"证书制度试点、国际合作与交流、技能大赛等方面有明显突破。学院对标"双高计划"建设方案和任务书，投入经费3035.3944万元，学校层面中期任务完成99.38%。光伏工程技术专业群中期任务完成99.12%，旅游管理专业群中期任务完成99.18%，形成省级及以上标志性成果567项，其中国家级64项。录取全日制专科新生4642名，报到4292名，报到率92.46%。毕业全日制高职学生3757人，毕业生就业去向落实率95.5%。"专升本"考试中有518名学生被本科院校录取，就业率和就业质量稳步提升。开展"德国职教4.0"教师发展能力提升计划，418名参训教师取得培训证书。3名教师考取国际中文教师资格证书。通过中非职业教育合作项目第二批"坦桑尼亚国家职业标准开发项目"评审，"新能源工程技术员（太阳能）""旅游管理服务技术员""食品检验检测技术员"3个职业标准进入立项建设阶段，国际合作交流取得新突破。

图127　2月28日，武威职业学院应用化工技术（新能源方向）专业学生进行实验课程　（甘曜毓　摄）

【甘肃畜牧工程职业技术学院】 2022年，甘肃畜牧工程职业技术学院设畜牧科技学院、宠物科技学院等13个教学及直属机构，开设51个专业。附设国家农业行业特有工种职业技能鉴定站——013站、甘肃省第84国家职业技能鉴定所、甘肃省语言文字培训测试站、甘肃威龙葡萄酒专修学院、甘肃畜牧工程干部培训学

图 128 7月2日，甘肃畜牧工程职业技术学院组织学生开展“优化农机服务、培养农机人才、助力乡村振兴”主题“三下乡”社会实践活动
（焦永红 摄）

院、甘肃省专业技术人员继续教育基地、甘肃省农民教育培训示范基地。在校学生 10390 人，教职工 330 人，其中教师 308 人，有教授 25 人、副教授 116 人、“双师型”教师 179 人，享受甘肃高层次专业技术人才津贴人员 7 人。动物医院、汽车驾驶员培训学校等校内实训基地 110 个。2022 年，改写校歌《飞扬》，编写校史，制作学校形象宣传片《工农才俊　弦歌不辍》，制作校徽、庆徽、VR 校园、VR 校史馆、印象画册、文创宣传品。改建校史馆，建成咖啡书吧，新建畜牧文化馆、兽医标本馆、葡萄酒文化馆、大学生“挑战杯”作品展示馆、雅南艺术训练中心、北辰演艺中心等蕴含学校内涵气质的标志性基地，校园文化品质大幅度提升。16 个项目被评为甘肃省职业院校特色文化品牌。

民办教育

【概况】 武威市有民办学校（含民办中等职业学校、普通中学、幼儿园）158 所，其中，中职学校 5 所，普通中学 8 所，幼儿园 145 所。

【教育教学】 制定实施《武威市规范民办义务教育发展的实施方案》，严格落实民办义务教育 3 个“只减不增”，民办义务教育学生占比较 2021 年下降 0.45 个百分点。规范民办学校办学行为，开展民办义务教育学校规范办学观摩评比活动，评选先进单位 4 个，先进个人 16 名，优质课 64 节。

【年检工作】 修订完善《武威市民办学校年检办法》，组织 426 所民办学校（包括校外培训机构）接受年检。全市民办学校 2021 年度年检等次“优秀”115 个，“合格”305 个，“基本合格”4 个，“不合格”2 个。未接受年检 20 所，停办 7 所（幼儿园 3 所，校外培训机构 4 所）。

【民办教育双减工作】 推进“双减”由“指标落地”向“质量提升”转变，制定《武威市中小学生课后服务工作实施方案》《武威市义务教育阶段学校课后服务经费保障实施细则（试行）》，健全完善课后服务保障机制，制定作业管理办法，开展“双减”政策落实情况县区交互专项检查，全市中小学生课后服务实现义务教育学校、有需求的学生两个“全覆盖”。持续开展校外培训机构整治，全市 296 家义务教育阶段学科类校外培训机构全部转型或停办，压减率 100%。

（市教育局、甘肃省理工中等专业学校、武威职业学院、甘肃畜牧工程职业技术学院）

文　化

文化场馆

【概况】 2022年，武威市有图书馆5个，国有博物馆纪念馆11个，文化馆5个，乡镇文化站101个。村（社区）综合性文化服务中心建成率达100%。市博物馆被评为国家三级博物馆，市博物馆、凉州战役纪念馆成功纳入国家免费开放博物馆序列，市博物馆天梯山石窟专题展获全省博物馆陈列展览“精品奖”，雷台汉文化博物馆社教活动入选年度全国百强案例。

【图书馆】 市图书馆按照采购程序新增馆藏图书12048册，其中包括红色书籍629种、735册，高效加工编目新购和捐赠图书41465册，修复破损书籍2800多册，做到及时上架流通。为图书分馆和流动图书站配送图书8700多册、捐赠图书杂志2862册。在第七次全国公共图书馆评估定级中有近5000人参与图书馆满意度测评，取得满意度为95%的好成绩。围绕“世界读书日”“阅读服务宣传周”“全民阅读月”等主题，开展各类线上阅读推广活动127场次，线上线下活动服务读者15万多人次。创造性的实施为期5年的全民阅读“双百”工程（即从2020年开始的五年内创建100家流动图书站、每年开展100场线上线下名人、名家、名师面对面阅读推广和社教活动），建立6个图书分馆、30个流动图书站，配备图书3.2万余册。

【博物馆】 市博物馆实施馆藏大藏经（藏文版）保护修复项目、可移动文物预防性保护项目、国家版本馆征集展品数字化保护项目；馆藏书画保护修复项目通过评审。完成馆藏青铜器、陶器保护修复项目方案申报。馆藏大藏经保护修复项目获“全国十佳文物修复项目”。自主举办展览2个（亲亲爱物——武威市博物馆藏文物动物印象展、陶然小器——武威市博物馆汉代明器展）；引进展览3个（融和之路——拓跋鲜卑迁徙与发展历程展、契约中国——马鞍山市博物馆藏契约展、大道攸归——五凉文化展）；联合办展3个（石榴杯——民族团结进步书法美术摄影展、喜迎二十大奋进新时代——武威市美术书法作品展、图写家山——李江年河西走廊写生展）；对外推出3个（大夏辅郡——武威西夏文物展先后赴哈密、大连、嘉兴展出）。6名讲解员全部经过省博物馆礼仪、讲解技能培训后上岗，为观众提供汉、英，汉、西班牙双语讲解服务。招募志愿者65人，线上线下培训45次，服务时长3900小时。严格落实博物馆免费开放要求，接待观众12.8万人次、研学团队22个，开展义务讲解795次。

【西夏博物馆】 西夏博物馆不断完善《大夏辅郡——武威西夏历史文物陈列》展览，建筑面积2840平方米，展厅面积1900平方米。馆内收藏西夏文物1000多件，通过“大夏辅郡”“西部天府”“文化中心”“研究成果”四个单元展示西夏时期武威历史文化及民俗风情风貌。加强馆藏品活化利用，展示中华文明优秀成果，实施文物展览“走出去”与“请进来”的举措。举办“金石拓片 活化文物——武威市西夏博物馆金石拓片展”活动，精选馆藏书法拓印作品20余幅及西夏碑翻刻副版拓片，促进文明交流互鉴，让人民群众了解书法、碑铭及非遗拓片的艺术魅力。

【雷台汉文化博物馆】 雷台汉文化博物馆完成文物库房提升改造、汉墓周围环境整治及雷台观周边墙体粉刷、氛围营造等工作，完成雷台汉墓整体保护修缮项目、雷台观配殿及厢房修缮项目、旅游厕所提升改造项目设计方案及可研报告。开展“迎冬奥·庆元宵”“月儿圆圆话中秋”“东方乐器延音律，源远流长奏古诗”等主题社教活动27次，开展“我来讲，您来听，争当小小讲解员”活动7期、利用传统节假日开展汉服展演等大型文艺活动3场、围绕“5·18”“5·19”及重要时间节点开展各类“四进”活动26次、发放各类宣传资料7000余份、新增宣传展板及标识220余幅、发布各类信

图129 8月，武威市博物馆“石窟密语”暑期大本营系列活动，工作人员为孩子们讲解石窟壁画知识 （达 丽 摄）

图130 工作人员指导孩子在泥板上创作壁画（达 丽 摄）

息近2000条、推出各类微视频544条。

【五凉文化博物馆】 持续办好五凉历史文化展展览，提炼独具五凉特色的元素符号，利用3D立体成像、多媒体投影等高科技手段，全面、立体展示五凉文化的考古成果和遗产价值。《五凉历史文化展图文集》图书编撰出版工作有序推进，配合凉州区政协，做好《凉州文史资料（第十五辑）》资料的整理编辑工作，完成博物馆备案工作，纳入全省自行免费博物馆序列，争取博物馆自行免费开放省级补助资金100万元。对馆域内标识标牌、亮化景观灯等基础设备进行改造提升，完成南城门楼亮化景观灯维修项目；对全馆标识系统进行提升改造，更换和新设指示牌22块，新增安全警示牌、温馨提示牌17块。

图131 1月8日，市五凉文化博物馆与市文化馆（市非遗中心）联合举办“温馨腊八好粥到”主题社教活动 （韩慧文 摄）

【李铭汉故居】 李铭汉故居经申报被公布为省级文物保护单位，故居再现李铭汉祖孙三代著书立说育人的生活场景。各展厅陈列有李铭汉后裔捐献的老旧家具和征集的晚清至民国时期家具、学习用品及藏书323件。展示李氏三代100多年来优良的家风学风、严谨的治学精神以及深厚炽热的家国情怀，正直立身的可贵品行，成为彰显武威历史文化名城深厚文化底蕴的一张亮丽新名片。

【文化馆】 市文化馆发挥政策宣传教育、文化艺术普及、文化遗产保护主要职能，立足群众文艺创作、活动组织、艺术培训、基层辅导、展示展览、群众文化理论研究等职责，开设有书画、音乐、舞蹈、戏曲、曲艺、非遗等各类培训教室和书画摄影展厅、多功能厅、资料室、会议室及其他业务活动场所，活动总面积达4600多平方米。采取“市馆组织、县馆落实”的工作方法，将群众文化活动的重心向县、区、乡镇下移，向贫困村倾斜，进一步拓展群文工作的新路子。推进数字文化馆建设。

【书画院】 市书画院举办“彩绘新时代，谱写新篇章——武威市书画院（武威美术馆）学习宣传省第十四次党代会精神专题书画线上展”，举办“‘喜迎二十大 奋进新时代’——武威市书画院（武威美术馆）美术书法作品展”，并赴三县一区巡展。举办“图写家山——李江年河西走廊写生作品展”“奋进新征程 建设新武威——武威市学习宣传贯彻党的二十大精神书画作品线上展”，选送11幅作品参加“喜迎二十大 展现新风貌‘丝路·长城——河西五市书画联展’”。开展书画家“送文化下乡”活动，完成美术书法创作、研究、收藏、陈列、展示、交流等各项工作。

群众文化

【文艺演出及送文化下乡】 完成新春大拜年、戏曲《满园春色齐开放》、歌曲串烧《欢乐中国年》、舞蹈《花开中国年》《万疆》和《虎娃闹新春》、年俗RAP《虎虎生威的中国年》等节目的视频拍摄并在公众号上推出。参加2022年全市春晚节目小品《守护》、音乐快板《点赞新武威》、经典永流传《凉州词》、流行串烧《你好2022》等节目的拍摄。赴应急救援中心、为民新村、康宁乡、雷台综合体等单位书写赠送春联3万余幅并帮扶书画卷轴600余幅。组织非遗项目参加省2022年"文化和自然遗产日"非遗宣传展示主会场系列活动。配合中央广播电视台在普康田园综合体拍摄专题片《凉州攻鼓子》。完成舞蹈《家园》《万紫千红》《一杯美酒》，小品《逆行出征》，小合唱《凉州词》，表演唱《追梦八步沙》，歌伴舞《老百姓赶上了好年头》，男女声二重唱《千古凉州》8个节目的创作、编排和录制，并报送参加省第十九届群星艺术节。完成音乐快板《武威儿女多壮志　献礼二十大创辉煌》。参加"喜迎二十大　走进冰沟河"文艺采风。

【文化展览】 承办全市"石榴杯"美术作品展、"武威市美术书法新锐提名展"、"青春童心，永跟党走"武威青少年艺术风采云大赛"，承办"武威市首届美术作品临创展"，并举办4期讲座及作品见面会。举办"武威市女画家美术作品线上展"。组织书画爱好者采风创作，对古浪大靖镇明珠社区非遗艺术团编创的省级非遗项目《甘冬儿和杨达尔》舞台剧进行辅导。

图132　5月21日，天祝藏族自治县锅庄舞艺术团演员在和谐公园表演锅庄舞　（甘曜毓　摄）

【文化作品】 摄影《石门瑞雪》参加大河上下第十三届黄河流域九省区摄影作品展并获优秀奖。配乐诗朗诵《又见映山红》在团市委举办的“百年团情 永跟党走”红色经典诵读比赛中获优秀奖。国画《城市灵感》《苍翠远山有妙音》入选“喜迎二十大 奋进新时代——武威市美术书法作品展”,并获三等奖。国画《露气》《雨过家山》入选由省文旅厅主办的“春绿陇原——红色基因代代传全省艺术系列职称评审艺术成果展”。摄影《旭日东升》入选由企业家摄影协会主办的首届“适马”杯寻找全国优秀摄影师大展。创作诗朗诵《平凡的我们》、国画《抗疫卫士》、《最可爱的人》、《战疫》、《检测核酸》、《坚守》、《致敬逆行者》等反映抗疫事迹的作品。

【数字文化馆建设】 完成《武威市数字文化馆数字文化资源库建设方案》并开始实施,完成文化馆网站首页封面的设计、替换。在公众号上发布信息292条,其中原创124条;收获粉丝1021个,阅读38042次,主页点击2677次。在抖音平台发布作品126个,其中原创68个,浏览量89.4万。在快手平台发布作品169个,其中原创83个,浏览量16.9万。

(市文体广电和旅游局)

文学艺术

【文艺精品】 创作一批主题鲜明、题材广泛、艺术性强的精品佳作。歌曲《年画》、散文集《苶苡在野》、书法《凉州词十五首》获甘肃省第十届敦煌文艺奖。长篇小说《塞上曲》在《芳草》杂志推出,诗歌《丝绸的路上》、散文《骆驼庄园》获第八届黄河文学奖。杨永禄书法作品入展“2022‘中国书法·年展’全国篆书、隶书、篆刻作品展”,杨永禄、肖兵、李天智书法作品获甘肃省第七届“张芝奖”。严君、冯旺朝美术作品获第四届甘肃省美术“金驼奖”,刘林昌、满建国美术作品入围文化和旅游部主办的“喜迎党的二十大·黄河之滨也很美——中国山水画展”。白发明摄影作品获甘肃省第六届摄影“奔马奖”。《凉州攻鼓子》获第十五届中国民间文艺山花奖,受到市委表扬。《民勤民俗》获第五届甘肃民间文艺百合花奖·学术著作奖。

【文艺活动】 组织读书诵读系列活动,举办“书香文联、诗书传香”朗诵会、武威市2022年“4·23”世界读书日全民阅读活动启动仪式暨“书城不夜、德润武威”诵读活动、“颂歌献给党、喜迎二十大”中秋诵读会。举办“纪念延安文艺座谈会80周年全市书法美术新锐提名展”“武威市书画小品展”等4个专题展览,开展“喜迎二十大艺术成果展”“二十大金句展”等5场线上展览,展出作品3000多件。组织文艺界开展学术交流活动,举办“遇见最美春色”“喜迎二十大 走进冰沟河”“天马行空 自在武威·中华藏酒杯”等采风活动,创作文艺作品1600多件,促进各门类艺术的交流学习和整体创作水平的提升。

(市文学艺术界联合会)

文化遗产保护

【概况】 抓住长城、长征、黄河国家文化公园等文化设施和文化平台建设契机,争取文物保护资金2500多万元,组织实施大云寺、山陕

图 133　5 月 18 日，市博物馆工作人员对古籍进行数字扫描
（蒋锦鹏　达　丽　虎晓娟　摄）

会馆等文物保护工程 7 个，天祝唐代吐谷浑王族墓葬群入选 2021 年度全国十大考古新发现。申报“武威近年来新出汉晋墓资料整理与研究”“武威大水河、冰沟河流域史前遗址考古调查”两项省文物保护科学和技术研究课题，推动专业研究工作向前发展。

【考古发掘与研究】 市文物考古研究所在凉州区武威十中、丽达华府、柏树镇牌楼村、建隆紫云台等建设工地抢救性清理发掘 9 座汉晋时期墓葬，出土陶器、铜器、玉器、金银器、石器、铁器等文物 110 余件。对部分出土文物进行修复，有效保护建设工地出土文物安全。编辑出版《武威考古研究文集》，精选近百年来武威考古相关的发掘报告及研究性文章 90 篇，分为史前考古、汉代考古、魏晋考古、隋唐考古、宋元明清考古 5 个板块。

【物质文化遗产保护】 实施“武威境内 5 处古建筑壁画和 4 处岩画数字化保护项目”。该项目对凉州区延寿寺、伍圣宫、永清寺、王家祠堂、陈春堡等 5 处壁画，以及凉州区莲花山、甘泉沟，古浪县昭子山、裴家营等 4 处岩画进行数字化保护。

【非物质文化遗产保护】 推荐河西宝卷·武威、曲子戏（民勤曲子戏）、藏族民歌（华锐民歌）3 个项目完成申报 2022 年度国家级非物质文化遗产保护资金 494.735 万元。完成雷台文旅综合体非遗博览园展陈大纲、设计方案评审。推荐申报第六批国家级非遗项目代表性传承人，组织非遗项目代表性传承人在“世界读书日”“六一”儿童节期间创作并推出“当阅读遇见剪纸”“剪纸庆六一”两组剪纸。对第五批市级非遗项目进行评审，56 个项目进入第五批市级非遗项目公示名单。在文旅部非遗司、中央网信办“文化进万家——视频直

图 134　12 月 5 日，弹唱非物质文化遗产凉州贤孝　（市文明办　供图）

播家乡年”活动中推出“武威非遗”视频。

（市文体广电和旅游局）

凉州文化研究

【概况】2022年，围绕“文化兴”目标，深入挖掘、系统研究、科学阐释，打响凉州文化品牌。制定名誉研究员和兼职研究员“一对一”联系服务方案，加强日常沟通联系，为研究工作开展搭好“桥梁”。开展“笔墨凝书香 春联进万家”活动，向群众赠送春联、“福”字600多幅，书画作品30多幅。

【文化研究】开展“我为武威文旅发展献一策”研究活动，汇聚对武威文旅产业高质量发展具有借鉴意义的文章，有17篇文章获奖。与西北师范大学传媒学院联合出版发行《斯文凉州》英文版，系列文化短视频《话说五凉》英文字幕版在中国日报网等开播。《话说五凉》短视频在慕课、甘肃文旅等平台持续热播。联合甘肃省社科院专家学者共同编写《甘肃蓝皮书·武威文旅产业发展蓝皮书》，梳理武威市文化与旅游发展成效与进展，提出推动武威文化事业繁荣、文化旅游产业提质增效、旅游业强劲复苏的对策建议。开展武威建设长城、长征、黄河国家文化公园的调研，撰写资政报告，4篇被《甘肃省社会科学院要报》刊载。

【学术交流】与中国社科院古代史研究所共同举办“古代河西走廊的地缘与社会”学术研讨会，邀请50位专家学者参加会议，研讨凉州文化的丰富内涵。做好市政府与中国社科院古代史研究所共建凉州文化研究基地合作协议续签相关工作。举办凉州讲坛3期，邀请中国社科院研究员、兰州大学和西北师范大学教授作线上线下专题讲座，持续打响凉州文化品牌。建立兰州大学历史文化学院教学研究基地，协调推进西北师范大学凉州文化研究院的建立，开拓新的合作交流平台。聘请11位名誉研究员和兼职研究员，壮大凉州文化研究力量。

【研究成果】出版《武威历史文化研究》《凉州府志备考校注》《武威西夏碑整理研究》《凉州民歌选》等。编印《凉州文化研究》4期，重点对凉州会盟与铸牢中华民族共同体意识、武威文庙匾额文化等，进行深入挖掘、整理和研究。编撰完成《武威唐代吐谷浑王族墓葬研究》学术专著，在《中国社会科学报》刊发研究文章3篇，编印《凉州文化研究》吐谷浑文化专辑1期，申报的“武威吐谷浑文化研究及开发利用”被省社科院立项，院内外专兼职研究员在新媒体刊发吐谷浑文化研究文章30多篇。借助中国社科院国情调研专项项目对6位非遗项目传承人进行访谈，采录珍贵的影像资料，编撰完成《武威历史文化访谈录》学术成果。开展课题研究，申请立项省级和厅局级项目22项，其中省社科规划青年课题项目1项、省社科联课题项目1项、省社科院项目17项。有18项课题顺利结项。在《中国社会科学报》等报纸发表学术文章3篇，在《甘肃日报》《文化月刊》《发展》等省级报刊发表学术文章20多篇。

（市凉州文化研究院）

长城文化保护研究

【概况】武威境内长城全长629千米，单体建筑385座，关堡26座。修筑时间主要集中在汉、明两个时期。因多为黄土夯筑且历史久远，汉代长城相关遗迹保存较少。保存较好，遗存丰富的主要为明代长城。武威境内汉长城全长198千米，单体建筑87座，关堡7座。始筑于西汉元狩二年（前121），修筑令居（甘肃永登）至酒泉连绵数百千米长城，沿长城设障、塞、烽燧和壕沟。武威境内明长城全长431千米，单体建筑298座，关堡19座，相关遗存2处。主要有两条线路：一条是大致呈南北走向的“旧边”长城，另一条是大致呈东西走向的“新边”长城，新旧边长城交汇于凉州区黄羊河农场大门西侧。武威境内的长城以黄土夯筑为主，建筑形制囊括墙体、关堡、烽燧、壕堑、天险等各种长城类型。尤以天祝藏族自治县境内的雪域高原长城和民勤县境内的沙漠长城最具特色。

【长城文化保护项目】 按照《长城保护条例》要求和长城国家文化公园甘肃段建设规划，编制《武威长城国家文化公园建设方案》，鼓励引导各县区开展长城文化公园建设“十四五”项目申报和谋划储备工作。凉州区黄羊河农场段长城展示利用项目、民勤县城西滩故城保护修缮项目、古浪县3处烽火台保护修缮项目等7个项目已经立项并推进实施。新发现明代所筑西湾烽火台长城遗址，按照“属地管理”原则，督促指导凉州区长城文化保护站完成第九批省保单位申报工作。

【日常巡查】 按照长城保护“属地管理”原则，严格落实监管责任，督促和指导各县区常态化开展长城安全巡查检查。全年开展巡查检查38次，检查长城点段235个，梳理各辖区内长城本体安全隐患和长城周边环境问题16条，要求各县区长城文化保护站对巡查出的问题即知即改。

【课题研究】 为发挥“保护传承长城文化遗产”的职能和作用，开展长城历史、科学文化、艺术价值等方面的研究，《历代咏河西长城诗词校注》项目初稿基本完成。完成《河西长城研究论文集》论文收集及整理工作，收录国内著名长城专家论文20余篇，共计20余万字，分为“考古调查”“遗址保护”“文化研究”等三方面内容。按照《中华人民共和国全国重点文物保护单位记录档案》要求，补充完善和建立健全武威市长城国保档案590份。

【宣传推广】 实施《长城保护条例》和《甘肃省长城保护条例》，开展长城保护相关法规政策宣传。组织开展长城文化遗产的调查发掘、传承保护，对长城历史、科学、艺术价值进行

图135　凉州区农垦原种场长城（市长城文化研究院供图　2022年4月摄）

研究。开展长城展示利用、宣传推广,策划主办各类长城文化学术研讨交流会议和活动,促进长城与旅游融合发展。

（市长城文化保护研究院）

社会科学

【社科理论宣传研究】 把学习宣传研究习近平新时代中国特色社会主义思想作为社科工作的重中之重,深入研究阐释其中所蕴含的深刻道理学理哲理,深刻阐明其丰富内涵、思想体系、实践要求和贯穿其中的马克思主义世界观、方法论。注重加强对党的路线方针政策和党的创新理论成果的学习宣传研究。围绕经济高质量发展、生态环境保护、巩固拓展脱贫攻坚成果同乡村振兴有效衔接、保障和改善民生、党的建设等重点领域,以及干部群众关心关注的社会热点难点问题,组织开展专题研究。开展红色文化、旅游文化、长城文化、民俗文化、农耕文化、五凉文化等具有地方特色的文化研究。市凉州文化研究院编撰出版《凉州文化概览》《武威故事（第一辑）》《中国国家人文地理·武威》《雄心一片在西凉:历代咏凉诗词选》《武威历史文化研究》《凉州府志备考校注》等研究成果。

【社科项目】 坚持社科研究与时代主题相结合、与具体实践相呼应,争取实施国家社科基金项目、省社科规划项目、省人文社会科学项目等一些重大社科项目。在做好武威历史文化、祁连山生态环保、“凉州会盟”等研究的基础上,加大新兴学科和交叉学科的研究力度,设定研究选题,突出思想内涵、地方特色和社会效益。武威市博物馆利用新馆陈列展览、流动展览“五进”活动、馆际交流、青少年社教活动、学术研究等科普活动,开展社科普及活动。2022 年, 2 个青年项目被省社科规划办立项。

【社科普及示范基地建设】 建成省级社科普及示范基地 6 个,包括武威市凉州文化研究院、古浪县八步沙六老汉治沙纪念馆、武威市西夏博物馆、武威市博物馆、民勤县防沙治沙纪念馆和天祝县图书馆。各社科基地始终把宣传普及习近平新时代中国特色社会主义思想作为首要政治任务,以实施社科宣传普及工程为载体,将开展社科宣传普及周活动与日常宣传普及相结合,构建传统媒体新媒体互为补充、线上线下同步推进的全方位宣传普及平台。

【社科普及示范周活动】 组织“奋进时代新征程　喜迎党的二十大”为主题的“社科普及示范周”活动,武威市西夏博物馆、武威市博物馆,利用重大时间节点,向公众广泛宣传普及相关社科知识;天祝县图书馆组织“全民阅读”活动,着力打造“书香天祝”特色文化品牌。八步沙六老汉治沙纪念馆接待全国各地干部群众 1500 多批次 5 万多人学习参观。借助新时代文明实践中心（所、站）、市县融媒体中心等场所,将科学理论通俗化、具体化、形象化,推动党的创新理论“飞入寻常百姓家”。

（市委宣传部）

党史研究

【党史编审】 在中共甘肃省委党史研究室、甘肃省中共党史学会组织主办的“2016—2022 年全省党史部门著作类优秀科研成果奖”评奖中,《中国共产党武威历史第二卷（1949—1978）》获特别奖,《中国共产党甘肃省武威历史第一卷（1924—1949）》获二等奖。组织征集改革开放时期武威党史资料 60 余篇。《中国共产党凉州历史》《中国共产党天祝历史》完成初稿，《中国共产党古浪历史》完成审读稿。

【课题研究】 中央宣传专项引导资金重点课题《中国工农红军西路军征战武威》完成结项，向中央党史和文献研究院提交申请出版发行的请示。《中国工农红军西路军征战武威》课题研究工作，是深入贯彻落实习近平总书记对甘肃重要讲话和指示精神的具体举措，通过对西路军在武威征战历程进行调查研究，追溯西路军武威征战在西路军战史中的地位，填补西路军在武威史料研究的空白，讴歌西路军将士为革命事业顾全大局、忍辱负重的崇高精神和不怕牺牲、浴血奋战的英雄气概，缅怀那些为人民解放而血洒武威的西路军烈士，表达对革命先烈的无比崇敬和深切怀念，总结西路军历史的经验，也为读者了解研究这段历史提供一部全面系统、真实权威的党史读本。

【红色资源挖掘】 市委党史和地方志研究中心配合市委组织部做好武威市共产党员党性教育基地建设工作，负责新民主主义革命时期、社会主义革命和建设时期及改革开放和社会主义现代化建设新时期武威党史布展大纲文稿撰写，配合做好展览讲解词撰写、实物展品征集及展览版面复尺审核。2022 年 8 月 19 日，武威市共产党员党性教育基地建成运行，是甘肃省首个以地方党史为主线的党性教育基地。持续推进全省不可移动革命文物调查工作，审核文物史实资料数据 15 条。

（市委党史和地方志研究中心）

地方志编纂

【《武威年鉴》编纂出版】《武威年鉴》自 2003 年开始编纂，连续编纂出版 18 部，是由中共武威市委、武威市人民政府主管，中共武威市委党史和地方志研究中心编纂的年度资料性文献。2022 年，《武威年鉴（2022）》由方志出版社出版。该卷年鉴设特载、大事记等 35 个类目，收录图片 136 幅，约 63 万字。全面、客观、真实地记述武威市 2021 年经济、政治、文化、社会、生态文明等方面发展情况，重点突出全市脱贫攻坚、生态文明建设、文化旅游名市建设等方面的新举措、新成效，为社会各界认识武威、了解武威、建设武威提供市情资料。《武威年鉴（2022）》申报全国精品工程，编纂经验作为“服务新时代优秀年鉴故事”在全国宣传推广。

【“两志”编纂】《武威市全面小康志》和《武威市扶贫志》完成第一轮资料征集，完成初稿编纂工作，进入书稿修改完善和审查阶段。申报中国扶贫志、中国全面小康志编纂试点工程。掌握县区全面小康志、扶贫志编纂工作情况，指导督促市、县区“两志”编纂工作有序推进。

【业务指导】 组织县区地方志部门进行地方综合年鉴互学互鉴工作，提高县区年鉴编纂质量，提升县区工作人员业务能力和水平。指导、审读和批准县区综合年鉴 4 部、300 多万字，县区 2022 卷年鉴全部完成出版。指导县区启动并有序推进名村（镇）志编纂工作，古浪县大靖镇启动编纂《大靖镇志》。

【史志宣教】 利用“4·23”世界读书日、“七一”、省第十四次党代会、市第五次党代会等重要时间节点，组织开展史志宣教活动。持续举办武威革命历史展览，参展人数3.5万人次。交流史志书籍100余册，向全市社会各界提供武威史志书籍1000余册。抽调2人配合市委组织部做好党性教育基地建设工作，并顺利开馆运行。

（市委党史和地方志研究中心）

档案管理

【概况】 2022年，开展综合档案馆业务建设评价工作，成立业务评价工作专班，对照四大方面139个评价指标项，制定《业务建设评价工作实施方案》和任务分解表，定期听取工作落实情况汇报。整理完善考核周期内（2017—2021年）的业务建设迎评佐证资料190盒。

【丰富馆藏档案资源】 建立完善脱贫攻坚和疫情防控“两类档案”专题目录数据库，接收脱贫攻坚文书档案电子目录2575条，疫情防控文书档案电子目录3466条，疫情防控电子照片1736张。加快推进市直立档单位到期档案“双套”移交进馆，对移交进馆的档案质量及数字化成果进行规范性验收，做到账物相符。接收到期文书档案、习近平总书记视察武威、祁连山自然保护区生态环境整改整治项目档案、党史学习教育等重大活动档案资料1597卷57480件，光盘150张，照片档案4574张，实物档案13件。

【档案信息化建设】 开展馆藏传统载体档案数字化，规范档案数字化标准，数字化场所实行分区管理，监控记录实现全覆盖。按照“存量数字化”要求，完成馆藏档案全文扫描、去污、审核44.5万画幅，档案目录核对修改3000卷，著录照片档案目录257条。实现“增量电子化”，严把新进馆档案数字化副本质量关，接收新进馆档案数字化成果81.5万画幅。完成2019—2021年度馆藏档案数字化数据异地备份。

【档案利用服务工作】 编制完成《武威市档案馆指南》《武威市档案馆全宗指南》《武威市大事记》等编研材料。挖掘馆藏档案，布置馆藏精品档案陈列室。设政府公开信息查阅中心，对接省档案信息资源共享服务系统，成功接入全国档案查询利用服务平台，实现全国档案查阅“一网通办”。设置接待区、阅览区和档案查阅大厅，公开档案查阅利用工作流程，全

图136　6月10日，市档案馆举办“6·9”国际档案日系列宣传活动“档案红色研学实践活动”

（市档案馆　供图）

年接待查档人员1200余人次，提供档案资料3500卷。

【档案法治宣传教育】 制定《武威市档案馆"八五"法治宣传教育规划》，开展"4·15"国家安全教育日和"12·4"国家宪法日暨宪法宣传周活动。开展"喜迎二十大·档案颂辉煌"为主题"6·9"国际档案日集中宣传活动，现场发放档案宣传彩页3000余份，赠送宣传品4000个。举办"档案开放日"活动，被团市委授予"武威市少先队校外实践教育基地"，增强社会公众的档案法治意识。

【档案安全管理】 严格落实档案安全工作责任制，健全《档案库房管理制度》《档案开放制度》《档案数字化安全管理制度》等制度，定期开展档案安全保密教育培训和安全风险隐患排查整治，组织消防安全知识培训和应急演练。加强档案接收和保管利用过程中电子信息数据管理，对馆藏重要档案进行异地备份，确保档案实体和数据安全。

（市档案馆）

新闻出版

【概况】 2022年，武威市融媒体中心按照中央、省委加快推进媒体深度融合发展的部署要求，全力推动媒体深度融合发展，坚持导向为魂、移动为先、内容为王、创新为要，在体制机制、流程管理、人才技术等方面全面融合，打造端、网、微、视、报、台同频共振的新媒体矩阵，形成一体策划、一次采集、多种生成、全媒传播的采编播新格局。

【新闻传媒机构改革】 2022年3月18日，市融媒体中心挂牌成立。制定《内部协调机构设置方案》和《内部岗位聘任工作实施方案》，按照全媒体策、采、编、发、播、转流程要求，启动内部改革，设置全媒体指挥调度、全媒体采集、新媒体、报纸编发、电视编发、广播编发、技术保障、综合服务、经营等九大中心，部门从原来的18个减少到9个；择优选配人员，打破人员身份界限，通过公开演讲、民主推荐、党组会议研究等程序，聘任中层干部42名，职工岗位采取双向选择方式调整，岗位调整率达到30%，采编一线力量由95人增加到112人，增加18%。

【武威市融媒体中心项目建设】 通过《武威市融媒体中心建设方案》《武威市融媒文化传播有限公司组建方案》，推进融媒体中心项目建设。5月24日项目开工建设，建筑面积5200平方米，主要包括大楼土建改造提升工程和融媒体信息建设工程。项目依托"新甘肃云"平台建设全媒体采编系统，建成"新武威"客户端和武威新闻网，实现与"新甘肃"技术平台全面对接。2023年1月4日，武威市融媒体中心项目建成启用。

【全媒体采编系统建设】 依托"新甘肃云"云平台建设全媒体采编系统，于7月建成"新武威"客户端App和新闻网站，并实现与"新甘肃"的全面对接，9月21日"新武威"客户端正式上线启动运行。实现信息集中、资源共享，"策、采、编、发、传"一体化融合业务生产格局，建成"一体策划、一次采集、多种生成、多元发布、全天滚动、全域覆盖"的市级融媒体平台，形成以客户端为中心，微信、抖音、微博等新媒体平台为主力，报纸、电视、广播等传统媒体为基础的全媒体传播格局。

【《武威日报》全新改版】 为适应融媒体时代新闻传播变化趋势，经市委同意、省新闻出版局批准，从 10 月 1 日起，《武威日报》全新改版，由周日刊调整为周六刊，周一至周五为正常版，周六周日为周末版。正常版《武威日报》强化党报政治属性，体现本土独特优势，打造新型主流媒体，用心讲好武威故事。周末版《武威日报》突出厚题薄文、大图小文、多图少文，增加图片、减少文字，增强读者的兴趣关注度。

【新华书店工作】 书店对党的十九大以来的各种重点主题出版物，特别是《习近平谈治国理政》（第三卷）等书籍进行重点宣传和陈列，让读者能够在第一时间学习党的新思想、新理论。门店设立专门区域集中展示展销重点出版物，并组织形式多样的推广活动。开展图书宣传及"公益读书"主题活动，向社会展示书店良好形象，扩大新华书店图书销售的品牌影响力。线上线下齐发力，为读者提供安全读书购书环境。通过公司抖音平台、微信群、QQ 群、朋友圈等方式宣传图书新品种，形成良好的社会氛围。完成新教材发行中心办公楼主体结构、消防水池、库房、室内设施的建设工程。

（市融媒体中心、新华书店）

广播影视

【武威电视台】 2022 年，《武威新闻》播出新闻 4879 条。配合中央广播电视台完成《焦点访谈》《你的名字》《2022 开学第一课堂》等专题栏目采访拍摄，配合新华社拍摄《行走甘肃——我的 VLOG》，配合省广电总台广播频率《那山那水那代言》拍摄凉州区特色农产品馆直播带货，配合省广播电视台拍摄《一把手谈落实》《市长说亮点》。拍摄完成理论宣讲短视频《八步沙：红色信仰铸就绿色丰碑》。采制网络纪录片《奋斗中国 幸福甘肃之武威篇》，制作全市十年变迁、招商引资等专题片 55 部。全年采制自办节目栏目 102 期。联合开办《党旗飘扬新武威》《与法同行》《健康武威》。常态化开展"主播说武威"活动，编辑侧重短视频深加工，全年采制短视频 275 个。

【武威广播电台】 制作播出广播《武威新闻》365 期，播发新闻 4201 条，其中《武威新闻》3248 条，"今日微讯"953 条。在省电台新闻综合广播《甘肃新闻》发稿 252 条。制作播出自办栏目 2278

图 137　10 月 1 日，市新华书店举办"百米画卷庆国庆"活动（王　丽　摄）

期，其中直播栏目692期，录播栏目1586期，播出广播剧、评书1095集（期）。播发社会主义核心价值观、创建文明城市、交通安全等各类公益广告29000条次以上，播发学习贯彻党的二十大精神、社会主义核心价值观、党史学习教育、节水、创城、疫情防控、勤俭节约、平安武威建设等宣传标语14600条次以上。在“武威之声”微信公众号推送图文音频信息1869条，总阅读量34万人次。

【宣传报道】 推进党的二十大精神宣传，分别制定会前、会中、会后宣传报道方案，先后开设《奋进新征程 建功新时代·我们这十年》《二十大时光》《聚焦党的二十大》《深入学习宣传贯彻党的二十大精神》《奋进新征程 创造新伟业》《学习二十大 主播读报告》等专题专栏，组织6支报道队伍开展“党的二十大精神在武威”系列采访报道，以丰富多彩的形式采访报道全市广大党员干部群众学习贯彻中共二十大精神的生动场景。中心新媒体、报纸、电视、广播等宣传平台刊播稿件5.5万多条（篇），外宣发稿3020条，其中中央广播电视台《新闻联播》3条、《焦点访谈》1条、省广播电视台《甘肃新闻》283条、新甘肃703条、视听甘肃536条、人民号1174条、学习强国320条。

（市融媒体中心）

文化产业

【概况】 2022年，制定文化旅游产业链发展实施方案，提升文化旅游要素品质，打造“5+N”文化旅游产业链。坚持以项目攻坚为核心，加大重点景区建设，以引进培育骨干链主企业为抓手，打造精品文旅产业链条，以品牌塑造为桥梁，加大品牌宣传推荐力度，做优文旅产业链，重塑旅游产业发展模式。

【优化产业布局】 制定文化旅游产业链发展实施方案，组织召开文旅产业链推进会议和全市文旅产业链重大项目建设观摩活动，成立重大项目办和凉州会盟纪念地等5个项目工作专班，形成大抓项目的浓厚氛围。全年实施重点文旅项目21项，完成投资22.39亿元。多种渠道开展招商活动，雷台文化旅游综合体完成意向签约品牌27家，与甘肃文旅产业集团签订“1+10”战略合作、托管运营和引客引流协议，拓展市场深度，不断提升景区运维水平。

【文创产品开发】 加强武威元素宣传推广力度，举办第二届“天马行空·自在武威”文化旅游创意产品设计大赛，研发推出五福献瑞不倒杯、牡丹丝巾、文创手提袋、指甲刀、水杯等特色文创产品，铜奔马、鸠鸟等文创雪糕，使历史文化元素的印记融入现代生活中，让文物“活”起来。持续与高校“文创研发基地”开展多方面的合作研究，开发马家窑彩陶、西夏瓷器、汉代木雕等系列文创产品30多种，不断探索地域特色鲜明的文创产品开发路径，推动文创产业快速发展。

【文化产业建设项目】 武威雷台景区文化旅游综合体项目总投资58.03亿元，项目规划总占地面积1299亩，总建筑面积40.7万平方米。对原有雷台观和汉墓遗址保护性修建和提升改造，建设大汉赋、天马歌、凉州词、西凉大剧院、民俗节庆广场和凉州非遗广场、姑臧合市、葡萄美酒文化街、综合接待服务中心、天马文创中心等，配套道路及管网系统、停车场、人工湖、园林景观及智慧旅游系统等设施。武威历史文化街区保护建设项目总投资38.86亿元，总占地面积473.52亩，重点对规划范围内的建筑、市政设施和景观进行保护、恢复和更新，建设其他配套设施，贯通3个历史文化街区的复古型建筑，展现凉州古韵，弘扬武威悠久的历史文化。市体育场建设项目概算总投资1.57亿元，占地面积26980平方米，主要建设内容为8条400米标准环形塑胶跑道及人工草坪、看台、室内跑廊、足球场等设施。凉州会盟纪念馆基础设施建设项目是文化保护传承利用工程总投资3980万元，西入口游客服务中心、观景平台及游客驿站、景区道路、停车场、旅游厕所、绿化以及配套附属设施等全面建成。

（市文体广电和旅游局）

文化市场管理

【概况】 2022年，开展文化、文物、出版、广电、旅游等市场领域的行政处罚与检查，指导监督全市文化市场执法工作，组织开展网吧假期专项整治、校园周边环境治理工作，打击各类违法违规经营行为。

【规范执法检查】 组织开展网吧假期专项整治、校园周边环境治理、2022雷霆行动等，持续打击网吧违规接纳未成年人、歌舞娱乐场所无证经营等各类违法违规经营行为。2022年，办理行政处罚案件9起，没收违法所得2.8万元，罚款1万余元。开展私设“景点”专项整治工作，组织力量对全市22个A级景区及沿祁连山、沿石羊河、沿腾格里沙漠重点区域开展整治工作，摸排整治问题1个。开展打击整治养老诈骗专项行动，排查文旅各行业内存在的涉养老诈骗有关的违法犯罪行为。

【文化市场检查】 严格落实国务院安委会十五条硬措施和省市实施意见，抓实文化市场安全生产工作。开展安全生产专项整治三年行动和自建房安全隐患排查整治，在元旦春节、国庆中秋等节假日期间持续开展安全生产隐患排查整治，排查并整改各类消防安全隐患35处。开展出版印刷行业专项整治行动，依法查处各类非法出版物，依法查处印刷企业无证经营、不落实“五项制度”等行为，收缴非法出版物510册，取缔游商地摊5处。

（市文化市场综合行政执法队）

卫生健康

综　述

【概况】 2022年，全市有医疗卫生机构1930个。其中公立医院12个，综合医院6个，中藏医院5个，专科医院1个；基层医疗卫生机构1340个，其中社区卫生服务中心（站）20个，卫生院103个，村卫生室1217个；专业公共卫生机构33个，其中疾病预防控制中心5个，妇幼保健院（所、站）4个，卫生监督所（中心）4个，计划生育技术服务机构20个。全市有卫生技术人员14206人，其中执业医师和执业助理医师4994人，注册护士6803人。医疗卫生机构床位14481张，其中医院10295张，卫生院3114张。全年总诊疗人次901.34万人次，出院人数30.5万人。

【医药卫生体制改革】 推进凉州区区域综合医改、市人民医院现代医院管理制度、武威肿瘤医院公立医院薪酬制度改革、古浪县紧密型医共体试点工作。全市4家三级医院组建医联体，三县一区全部建立县域医共体，二级以上医院全部加入已建成的专科和技术联盟，实现专科（技术）联盟覆盖的30种大病、250个分级诊疗病种在县级联盟成员单位救治及联盟内同质化检查、同质化诊断、同质化治疗的目标。推进分级诊疗制度实施，严格分级诊疗病种临床路径管理，大医院“愿意放”、基层“接得住”、群众“愿意去”的分级诊疗机制建立并逐步完善。推进公立医院绩效考核工作，二级以上公立医院开展绩效考核，以考核促发展、以考核促提升的“指挥棒”作用有效发挥，公立医院的公益性和公立医院提供优质医疗卫生服务的主阵地作用日益凸显。

【卫生健康基础设施建设】 实施基础设施建设项目23项，总投资24.3亿元，完成投资16.55亿元。其中，市妇计中心妇幼健康服务能力提升项目、天祝县人民医院医疗能力提升项目、民勤县人民医院慢病管理中心项目完成并投入使用。武威重离子治疗中心收治患者651例。市二院医养康复楼项目、天祝县人民医院异地迁建项目、民勤县中医院住院部大楼建设项目等公共卫生服务体系建设项目加快实施。依托2022年为民实事提升公共卫生服务能力项目，分别建成武威市疾控中心和凉州区疾控中心移动核酸检测实验室，移动核酸检测能力达到2万管/日。

【城乡居民健康档案管理】 加强健康档案的管理使用和日常维护完整规范，及时将医疗机构服务过程中填写的接诊、会诊、转诊、随访、体检等相关服务记录表和检查报告单归入健康档案，及时补充、更新电子档案信息。多渠道、多形式深入宣传和指导使用“健康甘肃”App，有效提高App使用率和知晓率。建立电子健康档案1446426份，电子健康档案建档率98.74%。

【健康扶贫与乡村振兴衔接机制建立】 持续对县、乡、村三级健康帮扶指标持续开展动态监测，及时发现并整改各级医疗机构科室设置、设备配备和人员配置等方面影响群众看病就医的问题短板和风险隐患。各级医疗机构均按要求开展精细化管理、推进精准化救治。按照大病专项救治要求，救治脱贫人口35种大病患者5832人，救治覆盖率100%。持续做好重点人群慢性病家庭医生签约服务管理，脱贫人口高血压患者19056人、糖尿病患者3670人、重性精神障碍患者1655人、结核病患者241人全部签订家庭医生服务协议，由家庭医生团队定期上门提供免费的家庭医生签约服务，做到应签尽签。在县、乡医疗机构继续落实脱贫人口、脱贫不稳定人口、边缘易致贫人口和突发严重困难人口县域内住院“先诊疗后付费”政策，切实降低群众就医负担。

【医疗卫生服务能力建设】 督促指导各级医疗机构加快临床重点专科建设不断推动各医院学科发展，切实提高医疗卫生服务能力和

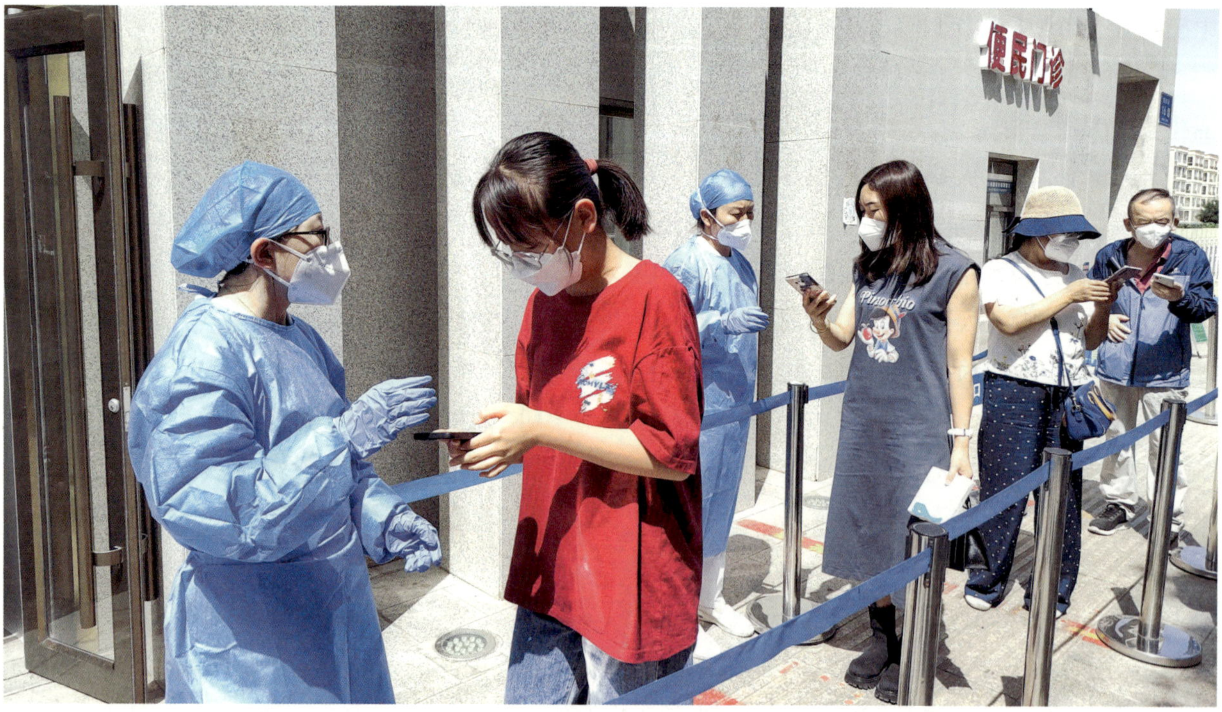

图138 7月19日，武威肿瘤医院医护人员对前来看病的市民进行体温检测和健康码、行程码、场所码检查
（孙丽娟 戴声桥 摄）

公众健康保障水平。建成省级重点专科2个，市县级重点专科5个，全市省级重点专科达到11个，市县级重点专科达到50个。各县区五大区域医学中心和五大急危重症救治中心全部建成使用，县级医院技术水平明显加强，危重症病人诊治及急救能力得到提升，全市县域内就诊率提高到91%。完善全市"120"指挥调度系统，实现了县级以上医院全覆盖，医院院前急救、院内急诊医疗服务实现无缝衔接。

图139 9月25日，武威市中医医院科技特派员医疗服务小分队开展义诊
（董丽俊 戴声桥 摄）

【公共卫生工作】 提升慢病规范化管理水平，稳步推进村（居）民委员会公共卫生委员会创建工作，全市成立公共卫生委员会1229个，全市65岁及以上老年人高血压、糖尿病、严重精神障碍患者规范管理率分别达82.35%、78.35%、95.01%，慢阻肺高危人群筛查率98.79%，脑卒中干预人群规范随访率98.15%。组织实施妇幼健康项目，完成5500名妇女"两癌"检查任务。健全完善全市医疗卫生行业综合监管机制，深入开展医疗乱象专项整治，严厉打击各类非法行医活动，规范诊疗行为，医疗机构依法执业自查率和依法执业承诺率100%，依法查处各类违法违规行为205起，违法案件查处率100%。全面开展食品安全风险监测、水质卫生监测工作。扎实推进农村环境卫生监测、健康危害因素监测、学校卫生监测等工作。

【卫生健康人才队伍建设】 多渠道引进高学历卫生健康专业人才，2022年全市引进卫生健康专业人才75人，其中市直单位45人，县区30人。各医疗卫生单位自行引进招聘卫生专业技术人员428人。严格落实《甘肃省卫生健康职称评定标准》，印发《武威市卫生专业技术人员满意度测评工作方案》，人才评价使用机制不断创新，为各类人才搭建和谐宽松的发展平台，为全市卫生健康事业发展提供坚实的人才保障。

疾病预防控制

【新冠疫情防控】 落实二十条优化措施，靠实工作责任，发挥疫情防控主力军作用和专业团队优势，不断提升流调溯源、核酸检测、医疗救治和应急处置四项能力。全市确定凉州医院（市传染病医院）为新冠定点救治医院，设置救治床位1000张，重症床位100张，可转换重症床位100张；设置亚定点医院4个，设置床位660张。建立由呼吸、传染、感控等专业284人组成4个梯次启用的医疗救治梯队和1个由41人组成的重症病区梯队，成立20人的市级专家救治组。市方舱医院规划床位2000张，1、

2号舱投入使用。全年派出30余人次支援新疆、西藏、青海、兰州等地疫情防控。

【新冠病毒核酸检测】 对重点场所和单位进行消毒指导培训86次，保障大型活动、考试64次，消毒出动660人次，消毒面积11万平方米。

【重点传染病防治】 2022年，武威市规范传染病疫情报告，加强重点传染病防控。全市报告法定传染病21种5310例，死亡12例，报告发病率为362.47/10万，死亡率为0.82/10万，无甲类传染病报告。全市通过网络报告传染病卡片8946张，及时报告率99.95%，及时审核率100%。收到传染病预警信号291条，2小时及时响应率96.56%。开展艾滋病毒抗体检测275754人次，全人群检测率为18.80%，对各类高危人群干预2.7万人次，对283例感染者或病例进行随访管理治疗，发现率82.8%、治疗率87.7%、治疗成功率95.3%。实施遏制结核病策略，全市网络报告肺结核患者和疑似患者3637例，总体到位率97.84%、阳性检出率57.94%，耐药筛查率96.86%，成功治疗率95.54%。规范处置30例学校肺结核病例。持续开展动物间鼠疫疫情监测。在天祝县祁连、旦马鼠疫自然疫源地旱獭密度调查监测面积500公顷。指导各县区持续开展碘缺乏病监测、布病防治、饮水型地方性砷中毒、土源性线虫病监测以及包虫病、麻风病、疟疾防治工作。

【慢性病防治】 全市65岁及以上老年人管理17万人，健康管理率为116.05%，高血压患者16.22万人，糖尿病患者4.54万人，规范管理严重精神障碍患者9707人、规范管理率94.09%、服药率85.88%、精神分裂症患者服药率84.73%。慢病重点人群健康管理率稳步提高。

【预防接种信息化和冷链建设】 全市各预防接种管理单位和接种单位冷链设备均完成更新，实现免疫规划四级信息化建设。报告接种率98.71%，单苗报告接种率保持在90%以上。完成全年急性弛缓性麻痹（AFP）病例报告发病率监测指标，排除麻疹风疹报告发病率为2.25/10万，疑似预防接种异常反应及时处置。

图140　8月13日，甘肃疾控援藏流调队出征，其中武威2人参加
（市疾控中心　供图）

【健康知识宣传】 充分利用新媒体对新冠肺炎、常见传染病、预防接种等防治知识进行宣传。微信公众号推送疫情防控信息1531条、阅读154.01万人次，抖音发布210条、今日头条推送295条。制作播放电视宣传片7期，报纸宣传9篇，印制《工作简报》4期，全民防病意识和健康生活方式得到进一步普及。

基层医疗卫生

【基层医务人员水平建设】 组织培训乡镇卫生院和社区卫生服务中心临床业务骨干专科36人，乡镇卫生院和社区卫生服务中心骨干全科医生8人，乡村医生50人。组织全市3843名乡村两级医疗机构医务人员参加省级远程线上培训。全市4家三级医院选派23名优秀骨干支援6家县级医院。

【基层医疗服务能力建设】 抓好常态化分级分层分流医疗卫生体系建设，推进基本公共卫生服务均等化，推动医疗资源下沉，提高基层医疗机构医疗救治能力。推进乡村一体化管理，提升基层医疗卫生机构管理水平。至2022年年底，创建优质服务基层行推荐标准机构15个，基本标准43个，社区医院11个。

【城市医疗机构对口帮扶基层医疗机构】 2022年，选派100名城市医疗机构医师对口帮扶乡镇卫生院，发挥城市医疗机构专业技术人员的经验优势和专业优势，帮扶基层医疗机构“解决一项医疗急需、突破一个薄弱环节、带出一支技术队伍、新增一个服务项目”，通过为期一年的帮扶，进一步提升基层医疗机构专业技术水平和服务能力，缩小城乡医疗服务差距。

（市卫生健康委员会）

妇幼保健

【概况】 2022年，全市活产9092人，比2021年减少1206人，减幅11.71%；产妇9006人，住院分娩率99.97%，孕产妇系统管理率90.93%；0—6岁儿童健康管理率92.63%。全市婚前医学检查10154人，婚检率91.73%，疾病检出712人，疾病检出率7.01%。2022年门诊服务3.6万人次，住院人次633人次，住院手术48人次，新建产科LDR病房改善孕产妇分娩体验，儿科NICU应用无创呼吸机成功救治2例新生儿，成功管理低体重儿1例，无痛人流、无痛分娩（PAC）、盆底康复及术后康复项目开展良好。

【妇幼健康项目】 2022年，农村妇女“两癌”检查项目完成7835人，查出原位腺癌3例，浸润癌3例，宫颈癌前病变检出率382.9/10万，宫颈癌检出率38.29/10万；查出乳腺癌7例，乳腺癌检出率89.34/10万，早期乳腺癌检出比

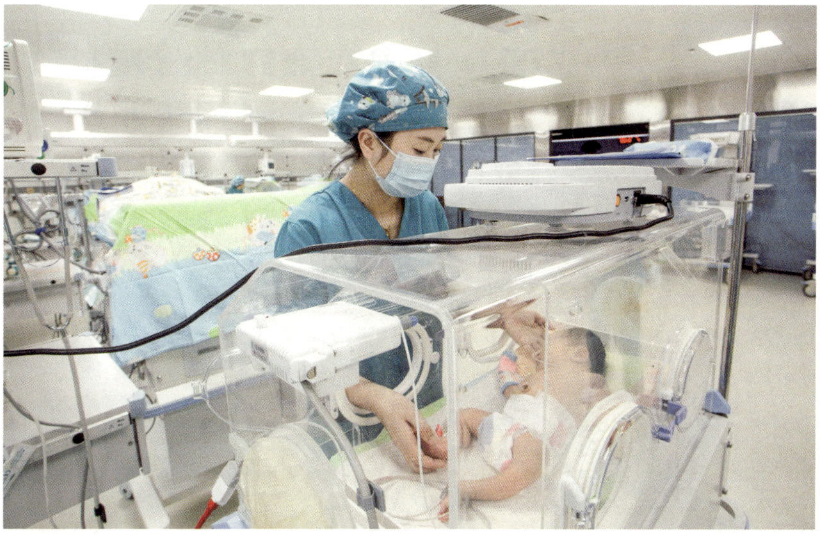

图141 5月12日，凉州医院小儿重症医学科护士在护理新生儿
（韩筱蓓 甘曜毓 王 丽 供图）

例 85.71%。新生儿多种遗传代谢性疾病筛查项目任务数 1950 人，筛查 1995 例，任务完成率 102%，新生儿苯丙酮尿症及先天性甲状腺功能减低症筛查 9578 例，筛查率 97.44%，确诊苯丙酮尿症（PKU）1 例，先天性甲状腺功能减低症（CH）2 例，听力筛查 9626 例，筛查率 97.88%。

【产前筛查】 农村孕产妇产前筛查补助项目对 1001 名妊娠孕妇进行筛查，筛查出临界风险孕妇 163 人，高风险 82 人，对高风险人群和临界风险人群进一步做了无创 DNA 检测或者羊水穿刺。新生儿先天性心脏病筛查项目筛查 6389 人，筛查率 90.96%，确诊先天性心脏病 15 人。国家免费孕前优生健康检查项目任务数 8450 人，检查 3865 人，完成率 70.92%。

【优生优育】 农村妇女孕前和孕早期增补叶酸预防神经管缺陷项目目标人群服用叶酸人数为 9059 人，服用率 97.78%，依从率 87.20%。预防艾滋病、梅毒和乙肝母婴传播项目检测产妇 9741 人，检测率 100%，孕早期检测率 95.4%，梅毒、乙肝感染产妇及所生婴儿均得到追踪管理和规范诊疗。

【母婴安全工作】 对孕产妇进行妊娠风险筛查，建立孕产妇保健档案，对孕产妇按风险严重程度分别以绿（低风险）、黄（一级风险）、橙（较高风险）、红（高风险）、紫（传染病）5 种颜色实行分级管理。2022 年武威市发放母子健康手册 8030 本，其中评估为黄色 2300 人次，评估为橙色 1142 人次，评估为红色 12 人次，评估为紫色 307 人次。实施贫困地区儿童营养改善项目，为 6—24 月龄 1131 名婴幼儿发放营养包，有效服用人数 1060 人，有效服用率 93.7%。

【医疗保健服务】 拓展“三大”健康管理，创新妇女、孕产妇、儿童保健服务模式，谋划提升服务数量和覆盖率，新增妇女保健科住院科室，开展妇女常见病、多发病住院服务，确立

图 142　武威市妇幼保健计划生育服务中心新建院区（市妇幼保健计划生育服务中心供图　2022 年 10 月摄）

完善了孕妇学校、新生儿洗浴、孕妇营养分析指导、儿童早教、高危儿筛查、中医康复、心脏彩超、颅脑超声、X线钼靶检查、X线造影、微生物检测、产前筛查、PCR检测等新服务项目，提升综合服务水平。

【新院区异地迁建项目】 2022年9月10日启动整体搬迁工作，并顺利投入使用，新建PCR实验室、中医馆、儿童早教中心和医疗废弃物暂存点，购置医疗、信息化等各类设施设备，医院异地迁建项目完成，改善医院基础设施陈旧、业务用房面积不足问题，提升妇女儿童就医体验。

【医院等级评审】 严格按照二甲妇幼保健院标准强化辖区管理以及医疗质量与安全持续改进，逐步实现“以评促建，以评促改”。强化内审员工作制度，建立医疗质量管理体系，定期或者不定期进行检查考核，将等级评审工作纳入绩效管理，2022年内完成市级初审，上报省级等待进行复审。

（武威市妇幼保健计划生育服务中心）

职业健康

【职业病防治监测】 开展职业病防治监测，完成595名职业性尘肺病患者随访调查，完成率98.51%；完成10家职业健康检查机构6657名劳动者职业健康检查常规监测；完成147名劳动者职业健康素养调查和75家企业职业病危害因素现场监测；完成101家机构放射性危害调查，对9家机构25台设备开展放射性危害检测。

【职业健康卫生监督】 开展职业病防治监管效能提升、职业病防治重点问题、职业病危害等专项整治，着力深化拓展“一核心二强化三同时五重点”工作品牌。全市监督检查职业卫生机构526户次，发出卫生监督意见书278份，查处违法行为56起。

【职业健康执法工作】 全市监管用人单位151家，按属地划分凉州区56家，民勤县19家，古浪26家，天祝50家；按行业划分，建材55家，化工11家，其他85家。职业健康检查机构10家（凉州区7家、民勤1家、古浪1家、天祝1家），职业病诊断机构1家（甘肃省武威肿瘤医院）。放射诊疗机构107家（凉州区65家、民勤7家、古浪21家、天祝14家）。监督检查用人单位300户次，发出卫生监督意见书206份，对41家存在违法行为的用人单位给予警告的行政处罚，并将检查结果建立问题台账，整理问题数996条，及时督促用人单位整改，实现闭环管理。开展职业病危害专项治理，根据省卫健委《关于全省职业病危害专项治理工作方案（2022—2025）通知》要求，围绕以存在粉尘、化学毒物、噪声危害因素浓（强）度超标且从业人员10人及以上的工业企业为重点，按照“一企一策”的要求开展专项整治。

【《职业病防治法》宣传活动】 4月25日至5月1日是第20个《中华人民共和国职业病防治法》宣传周，集中开展主题为“一切为了劳动者的健康”的《中华人民共和国职业病防治法》宣传周活动。武威市卫生部门深入凉州区工业园区甘肃重通成飞新材料有限公司和武威森宝建材有限公司2家企业，针对重点职业病危害、重点人群和重点岗位，开展《中华人民共和国职业病防治法》宣传周活动启动仪式。走进万嘉国际广场、武威伊利乳业有限责任公司和青岛啤酒武威有限责任公司，采取入户宣传与现场咨询相结合的方式，就常见职业病防治、《中国劳动者健康素养60条》和职业病危害因素监测等内容进行宣传咨询。民勤县在梅园、天祝县在宽沟工业园区天祝县玉通碳化硅有限责任公司开展《中华人民共和国职业病防治法》宣传周活动。古浪县深入石岛玻璃、达华节水、傲农饲料等企业开展宣传活动。

老龄健康

【完善医养结合政策体系】 制定《武威市加快推进医疗卫生与养老服务机构相结合实施方案》《武威市促进医养结合事业快速发展专项行动计划（2020—2022年）》《武威市医养结合机构服务质量提升行动方案》《武威市加强老年人居家医疗服务工作实施方案》《关于加强老年健康服务体系建设的实施方案》《武威市加快构建居家社区机构相协调医养康养相结合的养老服务体系实施方案》《武威市社区医养结合能力提升行动方案》《关于做好2022年医养结合机构服务质量提升行动的通知》等政策文件，进一步完善医养结合政策体系，不断深化医养结合服务。

【推进医养结合工作】 督促不同等级、不同类型的医疗、养老机构开展多种形式合作。较大规模养老机构设立医疗机构，较小规模养老机构可按规范开设医务室，或与附近的医疗机构协议合作，为入住老人提供医疗健康服务。养老机构和协议合作的医疗卫生机构普遍开通双向转诊绿色通道，所有养老机构能够以不同形式为入住老年人提供医疗卫生服务，医养结合服务质量得到明显提高。各二级以上医院与敬老院签订医疗救治协议，就近医院为敬老院老年患者住院定点医疗机构。至2022年年底，全市有养老机构27所，10家公办养老机构内设医疗机构，开展医养结合服务；其余未设医疗机构的17家养老机构均与邻近医疗机构（卫生院）签订服务协议，开展医养结合签约服务。全市二级以上12家医院均设立老年病科。65岁以上老年人健康管理率达到70%以上，基本满足老年人健康养老服务需求。

【居家养老家庭医生签约服务】 制定《武威市加强老年人居家医疗服务工作实施方案》，加大家庭医生签约老年人的力度，实现应签尽签，主动开展预约和上门服务。通过家庭医生签约服务和老年人健康管理、老年健康服务信息平台建设等形式，将医疗、护理、保健等服务

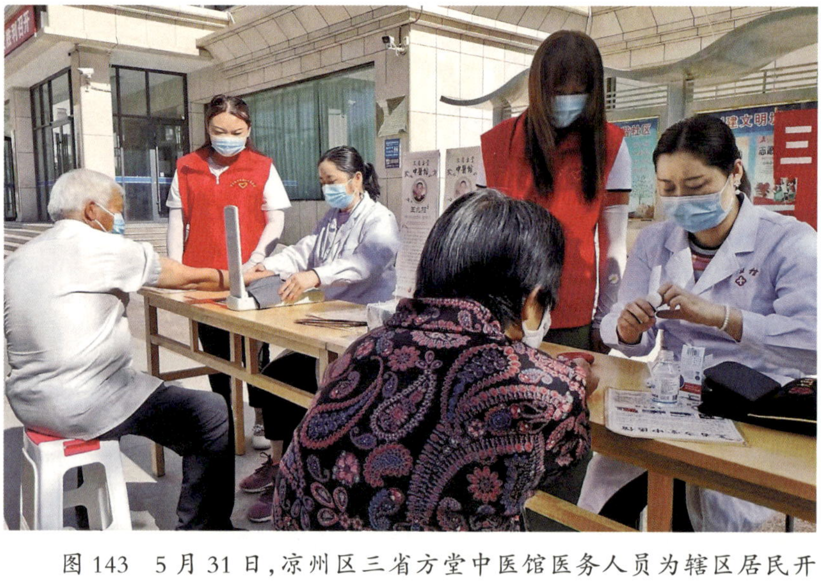

图143　5月31日，凉州区三省方堂中医馆医务人员为辖区居民开展义诊服务活动
（管金钰　摄）

延伸至城乡居民家庭，提高社区（乡村）为老年人提供日常护理、慢性病管理、康复、健康教育和咨询、中医保健等服务的能力，强化对患有高血压、糖尿病、结核病、严重精神障碍以及其他慢性病失能贫困老年人的签约管理，结合实际制定个性化服务方案，保障老年人健康需求服务。

【失能老人综合评估与健康指导】 开展失能老人的综合评估与健康指导，各医疗机构为辖区内65岁以上老年人每年进行2次医养结合服务，65岁及以上失能老年人提供1次综合评估与健康指导。

【老年健康服务信息化管理】 依托全市基本公共卫生服务网络和甘肃省老年健康服务信息系统，建立完善武威市老年人个案信息档案，基层医疗卫生机构将开展综合评估与健康指导的失能老年人信息及时录入信息系统，做好数据信息的及时更新、上报等工作。加强老年人健康管理，建立失能老年人个案信息，提升老年健康信息化管理水平。

（市卫健委）

爱国卫生

【概况】 落实人居环境整治提升工作，发挥爱国卫生运动的组织优势和群众动员优势，督促各县区和市爱卫会成员单位开展环境卫生整治，清理卫生死角，及时清运垃圾。依托新时代文明实践中心（所、站），常态化开展环境卫生志愿服务活动，开展环境卫生整治等各类志愿服务活动1.6万余场次，建立健全环境卫生管理长效机制。强化环境卫生督导检查，对老旧小区、集贸市场、交通站点的环境卫生开展联合督导检查10多次，营造卫生整洁、美丽健康的生活环境。

【倡导文明健康生活方式】 印发《关于持续推进倡导文明健康绿色环保生活方式活动的通知》，督促各县区、市爱卫会各成员单位加大宣传力度，利用广播、电视、报刊等传统媒体和各类新媒体广泛宣传报道文明健康绿色环保生活方式内容，在全社会营造倡导文明健康绿色环保生活方式的浓厚氛围。围绕“低盐、少油、合理膳食，戒烟、限酒、适量运动，生活规律、心态平和，充足睡眠、定期体检”等10项健康生活方式，结合常态化疫情防控工作，制作“养成文明健康生活方式做自己健康第一责任人”等宣传海报49期，引导广大人民群众践行文明健康的生活方式。开展武威市倡导文明健康生活方式进农村、进学校、进社区、进家庭、进市场等宣传活动120多场次，开展文明健康绿色环保生活方式线上问卷调查活动，全市约1万人参与问卷答题，引导广大群众牢固树立健康“第一责任人”理念。依托新时代文明实践中心（所、站），市爱卫会相关成员单位开展绿色出行、文明餐桌、光盘行动、垃圾分类、健康乐跑等主题活动，通过体验式活动传播文明健康绿色环保的理念。

【爱国卫生主题宣传】 印发《武威市第34个爱国卫生月活动方案》，以“文明健康绿色环保”为主题，组织举办第34个爱国卫生月宣传活动，通过悬挂横幅、摆放宣传展板、发放宣传手册等多种方式，向群众宣讲疫情防控、文明健康生活方式、垃圾分类等相关知识，市区医疗单位开展健康咨询和义诊服务，为群众测量血压，解答疾病预防常识，增强广大群众的卫生

图 144　4 月 26 日，市爱卫开展第 34 个爱国卫生月进学校宣传活动
（韩筱蓓　摄）

健康意识。开展第 34 个爱国卫生月进社区、进学校、进农村等活动，以健康知识讲座和发放文明健康生活方式海报、挂历、健康工具包等形式，号召全社会参与爱国卫生月活动，共建美好家园，共享健康武威。各县区、市爱卫会成员单位同步开展环境卫生整治、健康科普宣传、健康知识巡讲、绿色出行等活动。组织开展纪念爱国卫生运动 70 周年进图书馆、进学校等活动，深入推进新时代爱国卫生运动蓬勃发展。

【卫生健康乡镇村建设】 制定《省级卫生乡镇村创建工作方案》，依托乡村振兴战略实施，按照全省全域开展创建卫生乡镇村的要求，开展省级卫生乡镇村创建工作。督促各县区对照《甘肃省卫生城镇评审管理办法》《甘肃省卫生城市和卫生县（市、区）、卫生乡镇（街道）、卫生村、卫生社区、卫生单位标准》（2022 年版），制订创建计划，推进创建进度。同时组织人员对各县区创建的省级卫生乡镇村进行实地督查指导，督查 11 个镇，15 个村。2022 年全市申报创建省级卫生乡镇 24 个，省级卫生村 54，省级卫生社区 11 个，省级卫生单位 18 个。

【无烟环境建设】 印发《关于加强无烟环境建设助推全国文明城市创建的通知》，将控烟工作纳入文明城市、卫生城市创建测评体系，联合市文明办对申报创建无烟党政机关的单位进行评估验收。2022 年，市直创建无烟党政机关（单位）36 家，各县区创建无烟党政机关（单位）285 家。全市建成无烟党政机关 361 家，实现全市无烟党政机关全覆盖的目标。举办第 35 个世界无烟日主题宣传活动，督促市爱卫会各成员单位、医疗卫生单位开展控烟宣传活动，广泛普及烟草危害知识，强化控烟宣传教育。推进无烟环境建设，对城区 16 个便民市场、30 家大型超市、商场、宾馆饭店的无烟环境建设进行实地督查，确保全市无烟草广告，室内公共场所、工作场所和公共交通工具等有明显禁烟标识，无烟环境建设规范。

卫生监督

【概况】 2022 年，全市办结案件 496 起，处罚金额 20.62 万元，办案率 10.63%。受理和接受群众投诉信访件 1227 件，办结 1213 件，办结率 98.8%。坚持依法行政，加强依法治理，全市监督检查各类服务对象 15498 户次，发出卫生监督意见书 6063 份；其中市本级 8263 户次、3644 份。抽调 4 名干部配合市防疫办连续下沉一线实地督查，督促 2209 家单位整改 795 条问题。1名卫生监督员疫情防控先进事迹被省卫生监督中心宣传报道。全市举办服务对象培训班16场次，开展法治宣传活动16场次，受众3000余人。

【医疗机构监督】 开展第二轮检查检验结果互认暨诊疗行为规范、医疗卫生机构院内感染防控、打击非法行医、过度医疗、传染病防治等专项整治，着力打造升级“三抓三促一清单”工作品牌。全市监督检查医疗机构6390户次，发出卫生监督意见书2160份，查处涉及医疗机构的违法行为334起，其中医疗卫生类128起、传染病防治类206起。

【生活饮用水卫生监督】 结合市检察院加强现制现售饮用水联合监管的检察建议，起草《关于进一步加强现制现售饮用水管理工作的通知》《武威市现制现售饮用水管理指引（试行）》，提请市卫生健康委会同市住建局、市市场监管局、市水务局联合发文部署。采取“二维码”方式实现售水机“户籍管理”，进一步提升行业综合监管效能。全市监督检查现制现售水机435户次，发出卫生监督意见书280份；水质抽检率66.2%，抽检合格率100%坚持全覆盖监督检查集中式供水单位，加大二次供水单位整治力度，提炼形成“三查三对三提升”工作模式。全市监督检查生活饮用水供水单位342户次，发出卫生监督意见书278份，查处违法行为6起。

【放射卫生监督】 2022年，开展放射防护专项整治，全市监督检查放射诊疗机构229户次，发出卫生监督意见书160份，查处违法行为33起。

【学校卫生监督】 开展中小学教室采光照明监管效能提升、学校和托幼机构传染病防控专项整治，全市监督检查学校和托幼机构661户次，发出卫生监督意见书532份，查处违法行为11起。

【公共卫生监督】 主动衔接做好乡镇街道赋权背景下公共场所卫生监督工作，全市监督检查公共场所单位3282户次，发出卫生监督意见书1244份，查处违法行为48起。会同市市场监管、生态、医保、教育等部门开展相关领域的联合执法检查31次，监督检查各类市场主体465户次，发出卫生监督意见书119份。开展不合格消毒产品专项整治，全市监督检查消毒产品生产经营使用单位3127户次，发出卫生监督意见书985份，查处违法行为7起。

中医药事业

【中医药基础建设】 制定《武威市基层中医药服务能力提升工程“十四五”行动计划》，立足武威中医药特色优势，推进中医药事业传承创新发展。开展“三中心一专科”建设，年内完成14个乡镇卫生院中医馆建设，基层医疗机构中医馆实现全覆盖。开展中医药适宜技术推广普及，确保县级中医院能够开展45项中医适宜技术，乡镇卫生院开展10项中医适宜技术，村卫生室开展6项中医适宜技术。武威市4家县级中（藏）医医院均达到二级甲等医院标准。

【中医药人才建设】 完成全市第四批四级中医药师承教育年度考核工作，有157名继承人考核合格。开展第七批全国老中医药专家学术经验继承工作，推荐武威市中医医院2名指导老师，4名学术继承人。

【中医药助力疫情防控】 坚持中西医结合、中西药并用的思路，中医药深度参与新冠肺炎预防、治疗、康复各个环节，组织中医药专家查房、会诊，对确诊病例和无症状感染者分类施治，精准用药，所有患者均使用中医药治疗。同时，加强重点人群中药干预，为所有集中隔离点隔离人员、高风险区管控人员提供中药预防汤药，安排中医医师巡诊，确保用药安全。推广使用"甘肃方剂"，免费发放中药预防汤剂112740付。

【中医药服务健康养老】 加强中医医院老年病诊疗能力建设，在中医医院设立老年病科，新建以中医药健康养老为主的护理院、疗养院，逐步增加老年病床位，开展针对老年人慢病防治、养生保健、饮食起居、临床诊疗、康复护理、心理干预等服务。鼓励中医医院与养老机构建立合作关系，把中医诊疗、中医治未病、中医药养生保健、中医药康复医疗融入健康养老全过程，提升老年人身心健康和生活质量。市中医医院和凉州区康德颐养院把中医药服务纳入康复和诊疗服务。

【中医药治疗肿瘤工作】 建立裴正学教授中西医结合临床经验传承基地，率先推出重离子精准治疗和中医整体辨证施治的肿瘤治疗的"甘肃方案"。推进"生物+社会+心理"的新型医学模式，促进肿瘤患者身心康复。

医政药政管理

【医政管理】 2022年，全市三级医院组建医联体，三县一区全部建立县域医共体。推进分级诊疗制度实施，严格分级诊疗病种临床路径管理，建立大医院"愿意放"、基层"接得住"、群众"愿意去"的分级诊疗机制。督促指导各级医疗机构加快临床重点专科建设不断推动各医院学科发展，提高医疗卫生服务能力和公众健康保障水平。

【药政管理】 制定《武威市全面加强药品监管能力建设促进医药产业高质量发展的具体措施》，切实履行药品安全监管责任，强化"三医联动"，实现信息资源共享，形成药品安全治理合力，建立健全各级药品行政执法、稽查办案与公安、检察、法院等部门行刑衔接机制。

【药品集采管理】 多举措推进药品和耗材集中带量采购政策落地落实，督促各县区、相关医疗机构对标各批次药品集采任务量，实时监测采购情况。推进谈判药品"双通道"管理，确保定点医药机构应配尽配、合理使用，满足患者用药需求。督促和指导全市各级定点医药机构严格落实医保目录，及时完成药品目录、医用耗材、诊疗项目等信息业务编码在系统中映射贯标，定期对诊疗项目等服务价格动态调整。

【药品追溯体系信息化建设】 推广应用国家和省级药品监管系统，监督药品经营企业和医疗机构落实追溯责任，从疫苗、国家组织药品集中采购中选产品逐步对接药品追溯平台，实现药品来源可查、去向可追。发挥追溯数据在日常监管、风险防控、产品召回、应急处置等工作中的作用，提升药品监管精准性、靶向性。

【法规制度宣传】 持续深入宣传贯彻《中华人民共和国药品管理法》《中华人民共和国疫苗管理法》《中华人民共和国中医药法》《医疗器械监督管理条例》《化妆品监督管理条例》等法律、法规以及药品、医疗器械等配套规章制度、规范性文件和相关技术指南，聚焦保障和促进药品产业发展、深化“放管服”改革、优化营商环境等重点工作。

医疗机构选介

【武威市人民医院】 武威市人民医院是武威市政府所属的集医疗、科研、教学、预防、急救、康复和保健为一体的现代化综合性三级医院，属公益二类事业单位。2020 年 12 月被甘肃省卫生健康委评定为三级甲等综合医院。医院现有科室 100 个，其中综合管理科室 16 个；业务管理科室 19 个；临床医技科室 65 个。有 4 个省级重点学科，18 个市级重点学科，6 个市级疾病研究所，3 个市级重点实验室。医院现有职工 1535 人，其中卫生专业技术人员 1396 人，正高职称 31 人，副高职称 99 人，中级职称 400 人，硕士 44 人，享受国务院特殊津贴专家 1 人，中华中医药学会专业委员会副主任委员 1 人，中国老年医学会北方慢病防治分会委员 1 人，甘肃省省级优秀专家 1 人，甘肃省卫生厅领军人才 2 人，甘肃省医学会专业委员会副主任委员 3 人，常务委员 9 人，甘肃省名中医 3 人，武威市学术技术带头人 1 人，武威市市级领军人才 4 人，享受甘肃高层次专业技术人才津贴人员 7 人，甘肃省卫生行业优秀青年人才 2 人，陇原青年英才 2 人。医院有在用各类医疗设备 6363 台件，其中 1 万元以上医疗设备 1746 台件；50 万元以上大型医疗设备 119 台件；有飞利浦 128 排螺旋 CT、西门子超高端 64 排双源螺旋 CT，西门子 3.0T 磁共振成像系统、GE1.5T 磁共振成像系统，飞利浦悬吊式大平板数字减影血管造影系统（DSA），奥林巴斯 4K 超高清腹腔镜系统，CV-290 电子内窥镜系统，卡尔史托斯荧光腹腔镜、高清鼻窦内窥镜、准分子视力矫正系统，玻璃体视网膜手术切割仪，2400 测速全自动生化分析仪，流式细胞仪，三维标测系统，血管内超声诊断仪，数字化医用 X 线摄影系统，彩色多普勒超声诊断仪等百万元以上高、精、尖大型诊疗设备和生命支持系统 64 台套。加强临床专科、五大医学中心建设，高级卒中中心开展溶栓 73 例，AIS 介入再通 16 例，动脉瘤栓塞 13 例，CAS3 例，脑出血 66 例，脑血管造影 139 例。完成 2022 年度脑卒中高危人群筛查与干预项目，院外干预（筛查）4371 例，院内干预 2240 例，随访 1200 例。胸痛中心（标准版）成功创建国家级的“房颤中心”，获批国家标准版心脏康复中心、“高血压达标中心”建设单位，全年救治急性胸痛患者 841 人。危重孕产妇救治中心全年门诊量 35338 人次，出院量 2370 人次，分娩人数 2071 人次，剖宫产 746 人次，危重孕产妇 115 人次。危重新生儿救治中心全年门诊量 14863 人次，出院量 968 人次，其中危重新生儿 147 人次，死亡 3 人。创伤中心收治创伤患者 1280 人，其中 ISS 评分≥ 16 分患者 112 人，患者从就诊到完成全身快速检查平均时间 24 分钟，救治效率明显提速；加快推进肿瘤诊疗体系建设，印发实施方案，肿瘤诊疗能力有效提升。科研教学水平持续提升，获得甘肃省科技进步奖二等奖 1 项，完成甘肃中医药大学非直属附属医院的创建初审工作。配合做好国家三级公立医院绩效考核工作，公立医院绩效考核国家监测指标排名821名，同比提升13个名次，获“2022年新甘肃最具满意度三甲医院”和“武威市卫生健康工作先进集体”等荣誉称号。

【武威市第二人民医院】 2022年，医院有职工420人，在编189人，聘用231人，高级职称人员38名，中级职称人员81名。床位419张，医师137人，医技50人，注册护士197人。全年门急诊诊次76883人次，住院5121人次，业务收入4322.54万元。武南院区医养康复楼建设项目经发改委批复，完成各项前期手续后于2022年7月顺利开工建设。项目总建筑面积15009.4平方米，其中：新建医养康复楼地上11301.6平方米，地下3707.8平方米。项目概算总投资8875.19万元，2022年度申请到位地方政府债券资金5400万元。项目建设年限为2022年7月至2023年12月。严格对照《甘肃省二级综合医院评审标准实施细则》，顺利通过等级医院复审，为创建三级综合性医院奠定基础。

【甘肃省武威肿瘤医院】 2022年，门诊就诊人次35.07万，住院收住2.71万人次，平均住院天数8.4天，医疗业务增长率达到1.07%。综合医疗技术实力实现新突破，手术机器人、西门子光子双源CT、国产3.0T高端核磁、飞龙血管造影系统等高新设备投入使用。准入开展人工辅助治疗技术在外科手术中的临床应用、原位杂交技术在临床病理诊断中的应用、腹腔镜下甲状腺肿瘤切除技术等74项新技术、新项目。呼吸内科成功申报甘肃省临床重点学科。成功创建甘肃省Ⅲ级创伤中心、卒中中心，国家级胸痛中心建设通过专家网审。完成2022年国家重大公共卫生专项全国农村上消化道癌早诊早治项目任务筛查3000人，完成2022年甘肃省城市癌症早诊早治项目前期初筛5853人，完成国家级“心血管病高危人群早期筛查与综合干预”项目800人次，高危199人次，短随122人次，长随1490人次。承担的国家重大专项“武威乙肝示范区建设项目”随访1564人。中国慢乙肝临床治愈（珠峰）工程项目示范基地医院入组785人，名列全国第三名，中国降低乙肝患者肝癌发生率研究（绿洲）工程项目基地医院入组患者795人，名列全国第六名，并被评为全国先进单位，6人员被评为全国先进个人。武威重离子中心自2020年3月26日开诊，收治患者656名。治疗病种有脊索瘤、肺癌、肝癌、胰腺癌、前列腺癌等40余个病种。重离子1号治疗室完成临床试验，于2022年12月7日完成变更注册，正式投用。先后获批甘肃省“高端外国专家引进

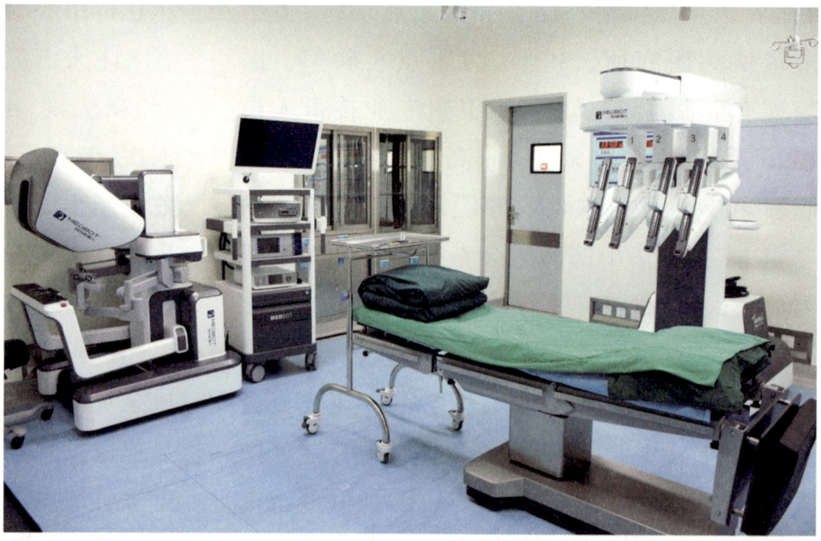

图145 国产首台四臂手术机器人、全省地州市医院第一台手术机器人在甘肃肿瘤医院正式上岗
（甘肃武威肿瘤医院 供图）

计划”、甘肃省中央引导地方科技发展项目、甘肃省科普作品专项项目、甘肃省科普基地、甘肃省博士后创新实践基地。通过省级科技计划项目3项，其中自然科学基金项目2项，中医药科研项目1项；市级科技计划项目9项；开展院内新技术新项目60余项，发表论文150余篇，其中SCI8篇，各级各类专利10余项。

【武威市中医医院】2022年，门诊诊疗40万人次，住院诊疗2.73万人次，药占比22.83%，与2021年相比下降1.15%，耗占比8%，与2021年相比增长1.25%；门诊次均费用226.8元，与2021年相比增长25.3%，医疗业务收入达到3.01亿元。加快发展消化内科学科，改造升级内镜中心，提升基础设施、硬件配置、设备。依托中医药康复服务能力提升建设项目、重点专科“扶幼固强”建设项目，做大做强康复专科，不断提升中医药重点专科诊疗技术水平。使用财政贴息贷款更新改造医疗设备，有效补齐设备配置低、设备陈旧的短板。加快推进人才引进和培养力度，通过市上引才、事业单位公开招录等方式引进急需紧缺卫生类人才6人，自主引进9人。选送61名专业技术人员赴省内外知名医院、专科进修学习。完成省级成果登记5项，组织验收市级科技项目5项，申报武威市科技计划项目9项。发表国家级论文4篇，省级论文50篇。举办省级中医继续教育项目3项，市级继续教育项目9项。成功申报第七批全国老中医药专家学术经验继承工作指导老师2人，继承人4人，圆满完成全省第五批四级师承教育指导老师16人，继承人32人的年度考核工作。加强医院感染监测与控制，监测住院病人10591例。

【武威市中心血站】2022年，全年采血9668人次，采集全血量14487单位，机采血小板1013单位；供应临床红细胞类15247单位，血浆类20106.5单位，血小板1004单位，全年采供血7.6吨，有效保障了新冠疫情常态化防控期间临床用血需求，武威市连续第六次荣获“全国无偿献血先进市”称号。选派2名业务骨干参加“武威市城市医疗机构医师对口帮扶农村卫生工作”行动，帮助基层医疗机构提高技术水平和服务能力。承办《武威市经血传播疾病与输血安全培训班》，提高临床用血安全保障能力，促进武威市临床用血更安全合理，输血操作更规范严格。通过报刊、电台专栏、QQ群、公众微信平台、电子屏宣传无偿献血。利用“5·8”“6·14”“10·1”等节点组织开展无偿献血进机关、进企事业单位、进学校、进社区、进工厂等大型宣传活动50余次。组织开展2022年“6·14”世界献血者日主题活动，对武威市2021年度无偿献血工作中作出突出成绩集体和个人进行表扬。联系市直、中央省属驻武威各单位和县区落实《武威市无偿献血工作计划（2021—2025年）》，发挥公职人员示范引领作用。与新闻传媒集团合作，录制无偿献血专题访谈类节目两期，制作无偿献血宣传片一部，并与电信公司合作，制作使用无偿献血宣传彩铃，做到宣传工作全覆盖。保障临床供血质量，严格落实质控管理制度，开展质量体系内审、管理评审和国家省级实验室室间质评。

（市卫生健康委员会）

体　育

体育设施

【概况】 2022 年，全市有各级各类体育场地 5655 个，体育场地面积 355.22 万平方米，人均体育场地面积 2.4 平方米。市体育中心服务保障各类赛事及活动参与人数 7.3 万人次，健身广场及外围健身中心全年免费或低收费接待健身人次达 20.6 万人次。

【对外开放工作】 根据《公共体育场馆免费低收费开放服务评价指引（试行）》要求，从功能设置、场地布局、机构建立等方面对体育场馆进行全面优化。体育馆免费和低收费场地开放率达 100%，体育馆举办省级以下体育赛事活动率达 100%，常驻体育馆青少年体育训练项目 11 个。

【体育场馆建设】 争取中央、省级补助资金 585 万元，实施 21 个多功能运动场、40 套健身路径、2 套智能健身路径、1 个笼式足球场、2 个行政村农民体育健身工程。更好地将“体育 +”理念融入城市建设、道路建设、公园建设，最大限度拓展全民健身运动区域，努力营造“随时随处都可以健身”的良好环境。建成武威市体育场，体育场位于武威职业学院西北侧，占地面积 34401 平方米，可容纳 2.2 万人，为乙级中型体育场，建设 8 条 400 米标准环形塑胶跑道及人工草坪足球场，跳高、跳远场，百米直跑道，障碍水池，室内跑廊等设施，进一步丰富城市功能，推进武威全民健身事业发展。市体校迁建项目、市游泳馆项目分别获得市发改委项目建议书批复及项目可行性研究报告批复。

【体育场馆信息化管理】 武威市体育场馆与国家全民健身信息服务平台对接，实现场馆客流数据实时动态监管，建成投用的 7 个公共体育场馆完成信息化建设工作。市体育馆、民勤县体育馆、民勤县体育场、民勤县体育中心（全民健身中心）、天祝县体育馆、古浪县体育场、古浪县全民健身中心，全部完成公共体育场馆信息化建设工作。指导场馆做好年度平台信息填报工作，争取公共体育场馆免费或低收费开放补助资金474万元，保障场馆正常运营，不断提升场馆对外开放服务水平。

【武威市体育中心】 武威市体育中心为全额拨款科级事业单位。主要职能职责是负责市级体育场馆和场地的建设、管理、运营工作；负责承办各类竞技体育赛事、群众性文化体育活动及运动技能培训等工作；负责市级体育场馆、体育健身广场的日常管理维护工作；负责做好国民体质监测工作，引导市民科学健身；配合做好体育后备人才发现、培养和输送工作及青少年体育培训服务工作。市体育中心用地面积48282.7平方米，地上建有体育馆1座，建筑面积18462.1平方米，设6150个座席。建有体育健身广场1处，建筑面积26937平方米，是全市开展竞技体育赛事、群众性文化体育活动及运动技能培训等服务的多功能、综合性体育场馆。

群众体育

【概况】 2022年，秉持“开放、共享、融合、创新”理念，着眼于高质量发展，着力于群众身边，制定印发《武威市全民健身实施计划（2021—2025年）》，打造城市社区“15分钟健身圈”，科学布局场地设施，将“体育+”理念融入城市建设、道路建设、公园建设，最大限度拓展全民健身运动区域。全市有市级单项体育协会14个。

【体育活动】 举办武威市文体广电和旅游局“铭记百年史 奋进新时代”机关干部职工运动会、第二届广场舞大赛、“寅虎闹元宵”三人制男子篮球比赛、武威市市直单位气排球比赛、市委组织部“汇聚正能量展现新风貌”机关干部职工运动会、大数据中心“中国梦·劳动美”喜迎二十大、奋斗新征程干部职工运动会、2022年凉州区群众广场舞提升培训班、

图146　武威市体育馆　（市体育中心供图　2022年6月摄）

“5·19”中国旅游日全民健身项目展示、市文明办“我们的节日·端午节”干部职工运动会、天祝县“二月二”“六月六”赛马会、“喜迎二十大·志愿我先行”全民健身项目示范展演系列活动、民勤县庆“三八”女子健身运动会、古浪县广场舞大赛、“奔跑吧少年”儿童青少年主题健身系列活动，充分发挥公共体育场馆在开展全民健身活动、发展群众体育事业上的支撑作用。

图 147 8月8日，凉州区举行第十四个全民健身日活动（蒋新文 摄）

【全民健身活动】 市体育场、古浪县全民健身中心、古浪县海子滩镇多功能运动场、凉州植物园北园智能健身路径等项目的建成，为群众参与健身提供更多场所，实现市民在家门口就能享受优质健身服务的愿望。开展第14个“全民健身日”活动，组织开展“喜迎二十大 健康我先行”2022年“全民健身日”主题活动，同时开展新修订的《中华人民共和国体育法》《全民健身条例》的宣传推广活动，让更多的群众参与到全民健身大队伍中，不断提高群众科学有效健身水平。

【群众性健身站点建设】 加大城市社区、公园全民健身设施配建工作力度，全民健身组织不断增强。群众性健身站点和队伍总数达227个，基本形成“单项体育协会＋体育俱乐部＋健身站点”的多元体育格局，全民健身公共体育服务体系的日趋完善。

【服务保障】 建立学雷锋志愿者服务岗，配齐设施设备，增设无障碍通道及残疾人专用卫生间，制定志愿者服务管理制度，设置残疾人停车位。增设入馆前台服务人员，设立国民体质监测站，优化入馆流程和低收费环境，开设免费淋浴间2处，增设储物柜120个、增加饮用热

图 148 6月3日，“喜迎二十大·志愿我先行”武威市体育中心全民健身项目示范展演活动在市体育馆举行（市体育中心 供图）

水设备2个，努力提高服务水平，不断完善场地健身服务功能，提升场馆管理运行水平，营造安全舒适的全民健身环境。

竞技体育

【概况】 2022年，武威市体育运动学校选拔招生新生36人，学生总人数达381人。武威市在省级以上体育比赛中，荣获奖牌85枚，其中金牌36枚、银牌20枚、铜牌29枚。

【体育教育】 市体校坚持“读训并重、全面发展”办学方针，秉承“勤奋学习、刻苦训练、立德树人、勇夺金牌”的良好校训，设置田径、篮球、足球、乒乓球、拳击、武术、跆拳道、摔跤、柔道9个运动项目，设置中专部，附设初中部和小学班7个教学班。

【运动员培育】 2022年，市体校输送到省优秀运动队的运动员达12人，8人通过“2+3”专段考试，分别被酒泉职业技术学院录取和被庆阳职业技术学院录取。毕业学生37人，高考录取学生达23人，6人被高等院校录取，17人被高职学院录取。根据国家体育总局《运动员技术等级管理办法》和甘肃省体育局《关于做好2022年运动员技术等级称号授予工作的通知》精神，经市文体广电和旅游局审核，授予32人二级运动员技术等级称号。

图149　7月5—10日，甘肃省第十五届运动会青少年组武术套路比赛在兰州市体育运动学校举行，武威市参赛运动员上台领奖　（市体校　供图）

图150　武威市运动员参加比赛　（市体校　供图）

【体育指导员培育】 根据《社会体育指导员技术等级制度》等有关规定，经武威市社会体育指导员评审委员会评审，授予 43 人 2021 年度国家二级社会体育指导员称号。6 月 16 日，举办“发展体育运动，增强人民体质”2022 年全市二级社会体育指导员培训，进一步增强社会体育指导员队伍建设，提高社会体育指导员的理论水平和实际指导能力，促进全民健身活动深入开展。全市现有登记注册社会体育指导员 4459 人，每千人拥有社会体育指导员 3 人。

【参加甘肃省第十五届运动会】 甘肃省第十五届运动会于2022年5—9月在兰州市举行，武威市代表团 583 人参加大众组和青少组两个组别 33 个大项、284 个小项的比赛，成功斩获金牌 36 枚、银牌 20 枚、铜牌 29 枚。10 个参赛队伍获得团体体育道德风尚奖，33 名运动员获得“体育道德风尚奖运动员”，15 名教练员获得“优秀教练员”。全市 26 名运动员获得国家一级运动员技术等级称号，32 名运动员获得国家二级运动员技术等级称号。

【体教融合试点工作】 为贯彻落实党的二十大关于“加强青少年体育工作”的任务要求，推动武威市体教融合工作发展，经过前期培育，2022 年 12 月，甘肃省体育局、甘肃省教育厅联合印发《关于确定兰州市城关区等 10 个县（区）为甘肃省体教融合试点县的通知》，确定民勤县为甘肃省体教融合试点县。通过试点引路，进一步带动全市其他县区更好地开展体教融合工作，不断推动武威市青少年体育训练竞赛与开齐开足学校体育课，培养体育后备人才与落实学校体育教练员，加强少儿体校与体育传统校建设等方面协调发展。

体育产业

【概况】 2022 年，武威市贯彻落实国务院办公厅《关于促进全民健身和体育消费推动体育产业高质量发展的意见》，着力开发体育无形资产，拓展体育商业竞赛市场，通过冠名、赞助、广告等形式，带动体育赛事服务、中介、传媒、健身休闲等业态进一步发展，体育产业消费新热点正在形成。

【体育产业管理】 紧盯体育产业规模化、集聚化，不断提高全民健身和体育消费水平，进一步推动“体育 + 文化旅游”融合高质量发展。在全国体育产业机构名录管理系统录入体育产业法人单位 85 家、个体户 134 家，实现体育产业规范化统计与管理。

【体彩销售】 武威体彩坚持规模与质量并重原则，创新形式，突出重点，加大宣传，不断推动网点健康持久发展。紧抓世界杯契机，开展各类营销活动，体育彩票销售市场发展活跃，2022 年，全市体彩销售终端 193 台，体育彩票销售额达 2.79 亿元。

（市文体广电和旅游局）

社会生活

人口家庭

【概况】 2022年,武威市积极落实户籍制度改革政策,增加就业、教育、医疗、养老等公共服务供给,促进农业转移人口就近城镇化。全市常住人口144.51万人,比2021年年末增加0.18万人。其中,城镇人口71.31万人,占常住人口比重为49.35%,比2021年年末提高1.13个百分点。全年出生人口1.13万人,出生率为7.84‰;死亡人口1.52万人,死亡率为10.55‰;人口自然增长率为-2.72‰。

【人口管理】 认真贯彻落实新修订的《甘肃省人口与计划生育条例》,邀请有关专家对条例重点条文进行解读学习,调整人口与计划生育相关奖励与保障政策。深入推进户籍制度改革,严格规范人口户籍管理,深入推进居住证办证全覆盖。

【婚姻登记】 规范婚姻服务行为,加强婚姻登记规范化建设。不断完善工作体制,强化保障措施,全力做好规范登记流程,加快档案整理、改善硬件设施等工作。对婚姻登记历史

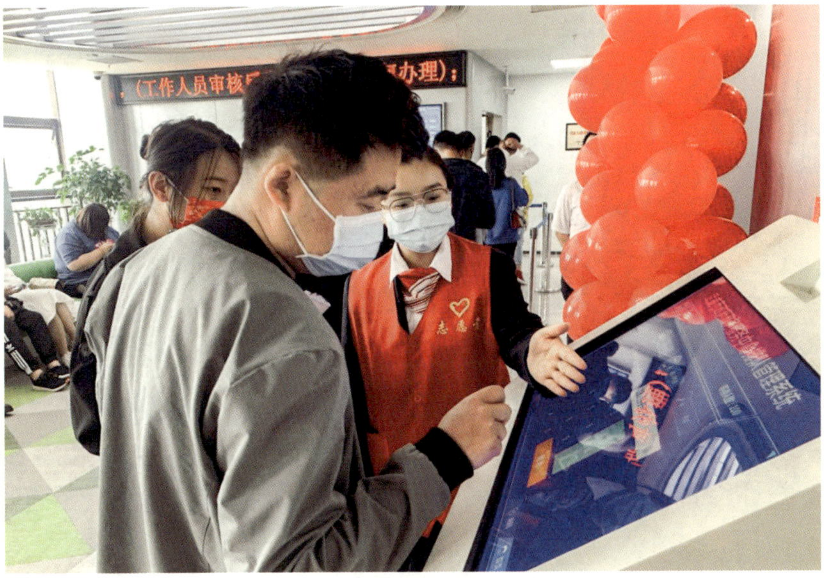

图151　5月20日,武威市婚姻登记服务区迎来群众结婚登记高峰
（董丽俊　王　舸　摄）

档案进行全面清理、采集和补录，组织专人对婚姻登记档案电子化采集录入42万余条，实现婚姻登记档案数据的全面采集和共享。全面提升婚姻登记智能化水平，更换11台一体化智能设备，积极开展结婚登记“市内通办”工作，办理66对。

【殡葬管理】 落实惠民殡葬服务政策，持续推进殡葬制度生态改革。争取中央预算内投资项目、中央、省级福彩公益资金支持，完善殡葬服务设施，不断提升为民服务水平，建成殡仪服务中心1个，公益性公墓3个。切实履行政府对城乡困难群众基本殡葬服务兜底保障职责，为符合条件火化对象免费提供基本殡葬服务，实行殡仪馆“一站式”结算。为59名符合条件对象减免殡葬费用6万元。

（市民政局）

劳动就业

【概况】 2022年，落实“放、管、服”改革关于“一网办”“一窗办”“一站式”办理工作要求，梳理分析创业担保贷款工作中的难点、堵点，研究制定工作措施，简化程序，提高工作效率。深入推进“互联网+政务服务”，在全省率先建设创业担保贷款受理平台。全年发放创业担保贷款2.68亿元，吸纳带动就业5172人。实施乡村振兴就业帮扶，全市乡村就业工厂转型认定23家，乡村就业帮扶车间新建6家。全市有乡村就业工厂（乡村就业帮扶车间）183家，吸纳就业9288人，其中：98家乡村就业工厂，吸纳就业7979人；85家就业帮扶车间，吸纳就业1309人。

图152　3月11日，民勤县惠民殡仪服务中心建设现场。该项目占地面积40000平方米，设置吊唁祭祀、业务办理、后勤保障、遗体暂存、餐饮服务、丧葬用品等六大功能区

（李政阳　摄）

【公共就业】 加强创业就业孵化示范基地建设，建成省级创业就业孵化示范基地11个，市级基地13个。组织开展“百千万”创业引领工程创业创新大赛暨第五届“中国创翼”创业大赛武威市选拔赛。做好“陇原惠岗贷”工作，为10户企业投放贷款2300万元。通过促就业“敲门行动”、就业直播带岗“天天播”等活动，帮助返乡回流人员稳岗就业4786人。组织举办就业援助月、春风行动、民营企业招聘月、残疾人就业帮扶、金秋招聘月等公共就业服务活动，以及人社局长“直播带岗”暖心行动、七条产业链用工保障“直播带岗”、重大项目和重点企业用工保障等抖音“直播带岗”活动45场次，提供就业岗位2.8万多个。

【招聘服务】 走访调研重大项目和重点企业150余个，为12家有用工需求的企业在武威人力资源市场微信公众号和“武威就业”抖音号上发布招聘信息26期，招聘人员396人。推出“产业链+企业”“省市+基层”“线上+线下”等招聘新模式，重点保障产业链企业用人，开展12个专题线上招聘活动，发布招聘信息318期1761条7.26万个岗位，促成就业意向1.12万人次。围绕高校毕业生等归巢学子群体，举办线下大型招聘活动3场次，188家用人单位提供优质就业岗位3230个，发放政策清单1万份，吸引1500名人才入场求职，达成就业意向1000余人次。深入基层、企业举办“流动招聘”“零工招聘”服务活动，发布“零工招聘”信息116期，提供岗位8100个，解决用工3200多人。全年推送1082家企业8.4万个岗位，达成就业意向1.37万人次，推送人社政策780条、发放人社政策清单2.5万份。组织专项招聘工作，解决1083名民生实事就业项目人员入编问题。完成1.7万余人事业单位公开招聘考试。

图153 1月10日，古浪县横梁乡绿洲产业园内，工人正在甘肃精诚金榜实业有限公司加工服装。该公司一期项目共投入设备450台，提供就业岗位600余个 （李政阳 摄）

【劳务输转】 2022年，输转城乡富余劳动力40.31万人，创劳务收入116.9亿元。通过专列、专车等方式“点对点”输送务工人员1699人。输转有意愿的脱贫劳动力11.51万人，创劳务收入29.9亿元。天津市蓟州区帮助武威市7970人就业。培育打造劳务品牌、返乡创业示范基地，天祝县被列为“省级重点返乡创业示范县”，成为全省确定的两个省级重点返乡创业示范县之一；古浪县“昌灵焊工”被认定为省级劳务品牌；凉州区厚道人家主食食品加工厂被认定为“省级农民工返乡创业示范基地”。

（市就业局）

收入消费

【概况】 2022年,武威市坚持以人民为中心的发展思想,始终把让老百姓过上好日子作为政府工作的出发点和落脚点,加大投入力度,着力提高人民群众生活水平。全年居民消费价格指数101.5%,商品零售价格总指数104.3%。

【居民收入】 武威市多措并举保障居民收入稳步增长,扩大中等收入群体,包括提高职工工资收入、健全劳动合同、健全工资合理增长机制,着力提高职工居民收入水平。全年城镇居民人均可支配收入35244元、比2021年增长4.3%。农村居民人均消费支出13403元、增长8.7%。

【居民消费】 2022年,全力对冲疫情影响,提振消费信心,出台促进服务业领域、困难行业恢复发展41条政策措施,投入资金1025万元开展消费促进活动。发展线上线下融合消费,完成电商交易35.8亿元、增长19.3%。全年城镇居民人均消费支出27412元、增长6%;农村居民人均消费支出13403元、增长8.7%。

(市统计局)

图154 1月11日,农历虎年即将到来,市民在武威城区超市选购新春礼物

(孙煜东 摄)

社会保险

【概况】 2022年,全市企业职工养老保险、机关事业单位养老保险、城乡居民养老保险、失业保险、工伤保险参保人数分别达180899人、74336人、907270人、117464人、158681人。企业职工基本养老保险基金收入116564万元,基金支出174110万元。机关事业单位养老保险基金支出148770万元。失业保险基金收入7430万元。全市社保基金收入55.49亿元,支出60.55亿元,基金收支规模116.04亿元。推进快递业等特殊行业群体参保,推动实现法定人群全覆盖,全市各项社会保险参保人数较2021年增加1.51万人次。

【职工基本养老保险】 完成机关企事业单位退休人员基本养老金调整工作,机关事业单位退休人员月人均增加178元,企业养老保险退休人员月人均增加126元。全年为2.16万名机关事业单位退休人员发放养老金14.88亿元,为5.5万名企业退休人员发放养老金16.64亿元。

【居民养老保险】 促进居民养老保险费代缴政策落实,落实政府对致贫返贫人口、低保对象、重度残疾人、特困人员和计划生育“两证户”等困难群体代缴居民养老保险政策，为 8.73 万人代缴养老保险费 563.53 万元。完成居民省级基础养老金调标工作，60 岁以上城乡居民月人均增加 5 元。为 26.14 万城乡居民发放养老金 4.74 亿元。

【失业保险】 帮助企业减压力增活力，为 4346 户参保单位降低失业保险费 2791 万元，为 1787 户企业返还失业保险稳岗资金 2053.63 万元，为 1856 户企业发放一次性留工培训补助和扩岗补助 1922.25 万元，为 79 户企业缓缴社保费 1478.8 万元。完成失业金调标，月人均增加 180 元，为 2444 名失业人员支付失业保险待遇 0.17 亿元。

【工伤保险】 工伤保险新开工项目参保率为 100%，农民工参保率达 100%。完成工伤长期待遇调整，月人均增加 90 元。为 1638 名工伤人员发放工伤待遇 0.61 亿元。

【医疗保险】 武威市基本医疗保险参保 1576578 人，其中职工参保 161114 人，城乡居民参保 1415464 人。收缴城镇职工医保费用 83641 万元，支付 69909 万元，当期结余 13732 万元，结余 89698 万元。筹集城乡居民基本医保基金 131010 万元，支付 103326 万元，当期结余 27684 万元，结余 90092 万元。全市参保人员激活医保电子凭证 644755 人，激活率 39.73%。

【基金风险防控】 扎实开展社会保险基金管理提升年行动及社保领域侵害群众利益突出问题专项整治行动，用心用力守护好老百姓的“养老钱”“保命钱”。积极构建人防、制防、技防、群防“四防”协同的风险防控机制。坚持社保政策、经办、信息、监督“四位一体”综合发力，开展县区互查、经办管理风险专项排查、虚构劳动关系骗取失业保险待遇问题专项行动和工伤保险基金专项检查，建立疑点数据派发、核查、审核、反馈机制，认真开展“局科长走流程”活动，排查问题隐患，堵塞经办漏洞。

（市社会保险事业服务中心、市医疗保障局）

社会救助

【概况】 2022 年，印发《关于做好 2022 年提高城乡低保、特困供养、孤儿和事实无人抚养儿童保障标准的通知》，城市低保市级指导标准提高 8%，由年人均 7476 元提高到 8076 元；农村低保市级指导标准提高 10%，由年人均 4788 元提高到 5268 元，其中农村低保一、二类对象年人均补助水平分别提高到 5268 元和 5004 元；城乡特困人员基本生活标准年人均分别提高到 10500 元和 6852 元。为全市 13078 名城市低保对象发放保障金 8691.81 万元；为 53313 名农村低保对象发放保障金 21931.85 万元；为 242 名城市特困对象发放供养金 321.27 万元；为 5820 名农村特困对象发放供养金 5012.98 万元。

【日常救助】 运用“甘肃省社会救助综合信息管理平台——预警监测子系统”，及时开展实时数据共享比对。发出风险预警信息 16186 条，对符合条件的家庭及时纳入相应救助范围。加大临时救助力度，做到凡困必帮、有难必救，为 89987 名临时困难对象发放救助金 13345.74 万元。对无法外出务工、经营、就业导致基本生活出现严重困难的家庭，及时给予急难救助，发放救助金449.17万元，惠及困难群众2970人次。

【低保】 对脱贫人口中完全丧失劳动能力或部分丧失劳动能力，且无法通过产业就业获得稳定收入的人口，按规定纳入农村低保救助供养范围。制定《全市民政领域2021年度国家巩固拓展脱贫攻坚成果同乡村振兴有效衔接考核评估反馈问题整改实施方案》。2021年度中央预算执行和其他财政支出审计指出的48个问题全部整改到位。

【未成年人救助】 开展孤儿助医项目，对10名患有疑难病症的孤儿赴上海3家医疗机构救治费用进行全额资助。配备乡镇督导员107名、儿童主任1151名，为2998名留守儿童签订监护协议。推进儿童福利机构优化提质和创新转型高质量发展，确定市儿童福利院负责集中养育全市由民政部门担任监护人的儿童，各县区儿童福利机构全部转型为未成年人救助保护机构。建立孤儿、事实无人抚养儿童基本生活最低养育标准自然增长机制，为603名孤儿、1068名事实无人抚养儿童发放生活补贴1665.01万元，其中集中供养月标准由1360元提高到1470元，社会散居月标准由1000元提高到1080元。

【慈善救助】 动员社会力量参与“创业中华·筑梦陇原”侨领侨商武威行公益捐赠，对接公益捐赠项目356项，捐赠款物达3243.37万元。争取天津市和蓟州区社会组织帮扶款物333.5万元、争取本地社会组织帮扶乡村振兴重点帮扶县款物381.98万元。抓好乡镇（街道）社工站建设，建成社工站23个，天祝县率先在全省建成社工服务总站。开展社会救助、儿童关爱、村（社区）治理、乡村振兴、社会组织培育、社会事务等7项服务996次、服务人次达10088人次。全市持证社工人员、社工服务机构分别增加到214人和25家。

（市民政局）

社会福利

【孤残儿童福利】 为1315名残疾儿童发放残疾人“两项补贴”47.77万元，为473名视力、听力、言语、智力、肢体残疾儿童和孤独症儿童实施“孤儿助医”“福彩助残”等康复救助项目。开展为流浪乞讨人员“送温暖”、接流浪乞讨人员“回家”活动，寻找、救助、周转接送生活无着的流浪乞讨人员158人次，发放御寒物品、衣服等62件。

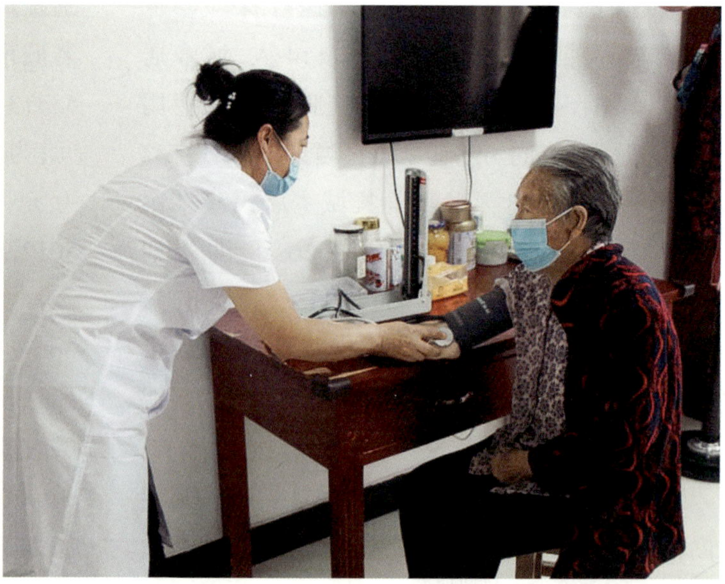

图155 8月26日，市社会福利院工作人员为老人测量血压
（王瑾 达丽 摄）

【福利院建设】 2022年，维修启用儿童食堂，在院内架设10盏太阳能路灯。改造提升院内老人洗澡中央热水系统。在养老中心七楼设立特教教室，对32名能够接受特殊教育的残疾儿童，按照特殊教育教学大纲因材施教。设立全市残疾儿童定点康复机构，利用院内康复器械和训练室，开展对残疾儿童更加专业的康复训练。在院内增设教育社工科，增加3个编制。坚持医养融合，开展运动疗法和大健康教育，每天组织老人开展八段锦等各类体育活动、文艺活动和室外健身活动。利用新设立的康复理疗室，为收养老人开展按摩针灸等健康服务。为院内33名60岁以上老人办理城镇居民养老保险，每月领取养老金130多元。

【福利彩票】 武威市在销电脑福利彩票4种，即开型福利彩票29种。全年维护保养投注设备52次，检修智慧投注站点41次。全市共销售福利彩票1.45亿元。其中，电脑票销售1.25亿元，即开票销售2011万元。筹集市县级福彩公益金998.8万元。其中，市级331.6万元、县级667.2万元。中500万元以上大奖3个，兑付万元以上大奖3183.6万元。

（市社会福利院、市福利彩票发行管理中心）

住房保障

【概况】 2022年，武威市在全省率先推行“互联网+不动产登记”，7.5万户群众拿到期盼已久的不动产权证。进行老旧小区改造，完成保障性住房建设任务。全年为1490名职工发放住房公积金贷款5.62亿元，解决住房面积16.9万平方米。成功争取实施北方地区冬季清洁取暖项目，获中央预算内补助资金9亿元支持，将有效改善17.8万户城乡居民的供暖条件。

【保障性住房建设】 逐步健全全市保障性住房建设体系，改造老旧小区193个、1.3万户，老旧住宅加装电梯10部，改造棚户区4179户。关注农村低收入群体住房安全，巩固脱贫攻坚住房安全保障成果，完成动态新增危房改造45户，实施农房抗震改造1万户。

【公共租赁住房保障】 加大公共租赁住房保障管理工作力度，全年发放租赁补贴232户、66万元，整改保障性安居工程审计发现问题43个。

【住房公积金管理】 2022年，新建自愿缴存者4050人，比2021年增长18%。自愿缴存者建缴达到1万人以上，归集资金1亿元，落实政府补贴资金310.71万元。全年归集住房公积金16.34亿元，比2021年增长3.2%，缴存人数达到10.2万人，比2021年增长3%，缴存余额达到63.26亿元，比2021年增长12.67%。为38家欠缴企业下发整改通知书38份，补缴职工978人，补缴资金395.64万元，切实维护职工合法权益。全年办理住房公积金提取9亿元，其中，为500多名职工办理租房提取780万元。为13949名借款人办理月对冲还贷38832.16万元，切实减轻职工还款压力。

【“数字公积金”建设】 完成数据机房改造、网络安全三级等保、智能档案库房等硬件基础建设和电子档案管理系统、业务信息系统升级等软件项目上线。住房公积金档案数字化项目，被列为全市档案数字化建设试点。依托住房公积金综合服务平台，开通网厅、微信公众号、支付宝动账通知，手机App等9大线上服务渠道，全面推行“掌上公积金”“指尖公积金”。实现所有业务全流程上线，业务线上办理率达到94%，三项高频提取事项线上办理率达到98%。完成全省一体化平台上线、智慧公积金数据汇聚、省自助终端和“甘快办”App对接等工作。

（市住房和城乡建设局
市住房公积金管理中心）

社区建设

【概况】 武威市有城市社区78个，农村社区111个。城市社区100%搭建“党委领导—社区支部负责—物业管理者实施—楼宇员配合—单元长补充”的“5级网格”管理模式，充分利用党员活动室、社区服务中心、综治中心等现有资源，创建“好商量”协商议事平台87个。全市社区开展民主协商290场次，解决各类问题376项。

【城乡社区治理】 打造智慧社区，充分依托互联网、手机App、微信等载体，实施“互联网+社区”行动计划，为不同居民提供个性化精细服务，收集民意300余条，走访家庭358户，办理服务事项67件。常态化开展易地扶贫搬迁遗留问题集中解决专项行动、依法治理不赡养老人专项行动、婚姻家庭纠纷排查调处专项行动等，引导群众从“信访”向“信法”转变，实现小事不出社区、大事不出乡镇。

【社区示范建设】 深化“片长+街长+网格”城市管理模式，建成投运智慧武威“城市大脑”，开展爱国卫生运动，持续开展拆违拆临治乱行动，城市环境卫生、交通秩序逐步好转，法治化精细化智能化管理水平不断提高。推进

图156 凉州区西关街九矿社区职工扫码学习（党延晶 王 丽 2022年8月摄）

全省城乡社区治理创新实验区创建工作，探索“完整社区”建设，配套完善教育、医疗、购物、娱乐、健身等社区服务功能。确定6个城乡社区示范点，做好基层治理创建任务。搭建“好商量”睦邻中心等平台，2022年，全市社区开展民主协商95场次，协商解决社区环境卫生问题62项、调处楼院矛盾12项、化解物业管理难题26项，解决其他事项22项。

【文化场馆建设】 推进文化场馆建设项目，建成各类体育场地2279个、全民健身站点400多个，人均体育场面积达1.83平方米，基本实现城市社区“10～15分钟健身圈”建设目标。

【社区教育管理】 依托甘肃电大武威分校成立武威市社区教育指导服务中心，统筹指导全市社区教育工作。建立健全县（区）、镇（街道）、村（社区）城乡一体的社区教育体系。各级社区教育机构配备从事社区教育的专职管理人员与专兼职教师。利用甘肃省社区教育公共服务平台和微信公众号，建设区域内的学习管理平台和社区教育资源。利用现代远程教育体系，依托社区公共服务综合信息平台建设，建立覆盖城乡、开放便捷的社区数字化学习公共服务平台及体系，开发本土化课程资源。

【精神文明教育】 重点开展社会主义核心价值观、党的路线方针政策、时代精神、社区政策等教育，加强青少年道德教育。各街道开展“和谐家庭”、和谐邻里”评选活动。开展市民文明素养提升行动，大力弘扬新时代武威精神，开展群众性精神文明创建活动，先后组织开展主题宣传教育活动910余场次，涌现出“中国好人”、第八届全国道德模范、“最美武威人”等先进模范26名，评选市级“百姓学习之星”12名、“终身学习品牌”项目2个。开展“文明细胞”创建工程，抓实、抓细、抓牢以文明单位、文明村镇、文明校园、文明家庭、文明小区等为主要内容的群众性精神文明创建活动。健全志愿服务体系，完善志愿服务工作机制，加强志愿服务队伍建设。

【系列惠民活动】 突出“以文化人”主题，组织开展“文化之旅·风情武威”“你是人间四月天”、送文化下乡惠民演出、戏曲进校园进乡村等活动520余场次，惠及城乡群众30万人次。开展民主法治教育，让居民及时掌握新的法律条例，能够正确使用法律武器维护自身合法权益。开展科学思想教育和科普知识、医疗保健知识、安全知识等教育，开展健康教育、

图157　2月15日，凉州区东关街东关花园社区开展“浓浓邻里情·欢乐闹元宵”主题活动
（孙丽娟　摄）

开展科普教育，通过科学文化教育，提高居民的科学文化素养。组织开展生态环境宣传、环境卫生整治及安全生产检查等新时代文明实践系列活动。引导社区通过“互联网+科普”信息普惠社区居民，结合开展全国科技活动周、科普大篷车进校园等活动，努力营造浓厚科普氛围，不断提升群众参与科普活动的兴趣。先后开展科普培训和宣传活动10场次，参与群众1200多人。

（市民政局、市教育局）

社会组织管理

【概况】 严格规范社会组织登记管理服务水平，对全市社会组织开展行业协会商会乱收费专项清理整治“回头看”、社会组织领域重大风险防范化解、社会服务机构非营利监管、引导社会组织积极参与乡村振兴、“僵尸型”社会组织整治等专项行动。印发《关于进一步加强社会组织登记管理做好全市社会组织领域重大风险防范化解工作的通知》，系统梳理在开展年检、执法监督、“双随机、一公开”、举报投诉和信访处理等工作中掌握的社会组织相关信息，逐一跟进了解可能存在重点风险的情况。按照“谁主管、谁负责、管行业必须管安全”的原则，提醒、督促业务主管单位（行业管理部门）做好所属社会组织的重大风险排查，压实业务主管单位（行业管理部门）主体责任。

【社会组织登记管理】 印发《武威市社会组织登记管理2022年工作要点》，2022年市级新登记成立社会组织6家，变更8家，注销1家。截至2022年年底，全市有社会组织2006家（社团1419家，民非587家），其中城乡社区社会组织456家（城市社区社会组织74家，农村社区社会组织382家）。

【行业协会商会乱收费整治】 印发《关于开展行业协会商会乱收费专项清理整治“回头看”工作的通知》，从强制或变相强制入会并收取会费等15个方面对全市行业协会商会乱收费问题开展专项清理整治。设立行业协会商会违规收费投诉举报电话，做到投诉必查、查必答复。武威市有行业协会商会193家（协会178家、商会15家），未发现行业协会商会违规乱收费情况。持续开展“我为企业减负担”专项行动，为企业减免费用16.5万元。

老年事务

【概况】 2022年，全市有60岁及以上老年人27.94万人，老年人口占全市总人口的19.33%，其中65岁及以上人口20.96万人，占全市常住人口的14.51%。建成养老机构25所，设置床位7248张，入住老人2891人；建成城乡日间照料中心443处；建成居家养老信息平台5处；乡镇（街道）综合养老服务中心13个；在建乡镇综合养老服务中心10个、村级互助幸福院20个。

【养老服务体系建设】 编制《武威市“十四五”养老服务体系建设规划》，制定《加快发展养老服务业实施方案》《“十四五”老龄事业发展和养老服务体系建设实施方案》《武威市推进基本养老服务体系建设实施方案》等政策文件。在县乡村建成三级养老服务网络，对社区老人实行网格化为老孝老服务，探索建立道德银行孝老积分制度，完善居家养老服务体系建设，拓展“互联网+养老”服务内容，以居家为基础、社区为依托、机构为补充、医养康养相结合的养老服务体系初步形成。

【老年人服务工作】 建成社区日间照料中心443个。实施特殊困难老年人家庭居家适老化改造，年内改造955户。实施“津陇慈善情”项目，建成老年活动站4个，电子阅览室10个。建成覆盖全市的居家养老服务信息平台5处，服务69万人次，实现“15分钟养老服务圈”。投入养老机构建设资金约3.95亿元。市县区将本级福彩公益金60%用于养老事业发展。落实机构运营补贴1973.8万元，支持社会办养老机构争取城企联动项目资金2800万元。

【老年人权益保护】 广泛学习宣传《中华人民共和国老年人权益保障法》《甘肃省养老服务条例》，组织开展“陇原护老”“银企护老”专项行动和不赡养老人问题专项整治，及时协调调解老年人赡养矛盾，查处侵害老年人权益的行为，有效保护老年人合法权益。办理老年人赡养法律援助案件56件，提供法律咨询3000多人次，市县两级法院审结赡养等养老纠纷案件13件。全市1225家村级卫生室、82家定点医疗机构、2家医养结合定点医疗机构全部实现“一站式”即时结报。

区划与地名管理

【行政区划设置管理】 加强行政区域界线管理，稳步推进平安边界创建，分别召开白银市与武威市、张掖市与武威市、武威市与兰州市行政区域界线第四轮联合检查第一次联席会议，对损坏或丢失的界桩，全部进行重新设置。稳慎优化行政区划设置，截至2022年年底，武威市辖3县1区，有乡镇、街道102个，其中乡镇93个（84个镇、9个乡），街道办事处9个。凉州区：37个镇，9个街道办事处；民勤县：18个镇；古浪县15个镇，4个乡；天祝县：14个镇，5个乡。

【地名管理服务工作】 指导各县区建立民政、公安、自然资源、住房和城乡建设、交通、水务、文旅、市场监管、林草等部门协调联动的地名管理工作协调机制，明确各部门职责分工，形成各司其职、各负其责、齐抓共管、统筹推进的工作合力。结合第二次全国地名普查，对全市乡村标准地名进行普查、整理、建档，并录入地名信息库。积极推进标准地名信息服务供给，推动有关部门在标志设置、证件审批、出版物编纂、地图标注、产业区开发等工作中共建共享标准地名。

（市民政局）

民族宗教事务

【概况】 2022年，以铸牢中华民族共同体意识为主线，深入开展民族团结进步创建，依法管理宗教事务，民族宗教领域各项工作取得新成效。开展第19个民族团结进步宣传月活动，同步开展民族政策法规宣传和文艺演出。全力做好全省2022年党的民族宗教理论政策下基层“百场万人”大宣讲武威报告会工作。先后举办全市学懂弄通做实习近平新时代中国特色社会主义思想交流研讨班、学习贯彻中央民族工作会议精神培训班、铸牢中华民族共同体意识等培训班，受训2万多人次。市、县区、乡镇组织开展各类宣传活动1500余场次，各族群众参与互动超过 100 万人次。

【民族工作】 全面贯彻落实中央、省委民族工作会议精神，市委主要领导带头宣讲党的民族宗教理论政策，市委、市政府出台推进新时代党的民族工作高质量发展的实施方案，“凉州会盟”纪念馆列入全省首批铸牢中华民族共同体意识教育基地，在全省率先设立铸牢中华民族共同体意识暨“数字民族”手机 App 服务平台，武威市、凉州区被命名为第十批全国民族团结进步示范区。

图 158　5 月 17 日，市民在凉州植物园内阅览民族团结宣传牌

（王　丽　摄）

【宗教工作】 全面贯彻落实全国、全省宗教工作会议精神，深化“党亲国好法大”教育活动，组织宗教界人士参观红色教育基地、爱国主义教育基地，支持宗教界全面推进从严治教，落实“一月一政治学习”制度，有效化解风险隐患，天祝县藏传佛教寺庙财税管理试点工作取得积极成效。

【全国民族团结进步示范市创建】 设立首批武威市铸牢中华民族共同体意识教育、培训、研究基地 14 家。印发《关于深入推进民族团结进步创建进宗教活动场所的通知》，开展民族团结进步创建进宗教活动场所。立足“紧扣主线、筑强阵地、创新载体、建好品牌、促进融合、突出重点”的“123456”民族团结进步创建思路，持续深入开展创建工作，完成国家民委对武威市创建“全国民族团结进步示范市”迎检工作。

（市民族宗教事务委员会）

应急管理

综　述

【概况】 2022年,武威市发生各类生产安全事故18起,比2021年下降14.29%;直接经济损失627.34万元,下降12.95%;亿元地区生产总值生产安全事故死亡人数为0.03人、下降30.23%;工矿商贸企业就业人员10万人生产安全事故死亡人数1.89人、下降25.14%;煤矿百万吨死亡人数0.23人。

【自然灾害普查】 完成11046条自然灾害数据的调查、核查工作。汲取古浪"7·10"、天祝"8·13"暴雨洪灾教训,指导基层修订完善村级防汛救灾"一张图""一张表",排查洪涝灾害风险隐患2902条。全年发生2起地震灾害、1起干旱灾害、5起洪涝灾害。灾害造成三县一区225个乡镇、1372个村、9.4万户、3.2万人受灾。因灾死亡7人,直接经济损失5.5亿元。

【应急执法机构改革】 调整市减灾委、防汛抗旱、森林草原防火指挥部等"一委四部"成员单位及职责,组建市县(区)5支应急管理综合行政执法队伍。持续深化"放管服"改革工作,受理并办结审批事项125项。邀请专家92人次开展执法检查及指导服务36轮次,全面完成行政执法改革任务。

【应急物资储备】 争取市级专项资金770万元,采购救灾物资16196件,协调督促各县区采购救灾物资63716件。疫情防控期间,向各经营网点供应馒头、花卷、面条等,有效保障疫情防控期间食品供应。

【应急基础设施建设】 总投资3130万元的凉州区粮食和应急物资储备中心,268万元的凉州区救灾物资储备库建成运行,武威军分区在市救灾物资储备中心设立"民兵应急装备保障基地"。

【避灾安置场所建设】 加快全市应急保障体系建设,提高应对突发事件综合应急处理能力。天祝县实施了城北区应急避难场建设项目。该项目总投资4945万元，规划设计为Ⅲ级应急避难场，总占地面积43.27亩，配建长205米、宽12米的出入道路1条。广场地面设棚宿、医疗、应急、公共卫生间等功能区域，硬化铺装近1.2万平方米；地下建设9000平方米人防工程，配套建设管理用房、卫生间及应急供水、供电、排水等附属设施。人防工程平时用作停车场，设置停车位240个，遇到突发公共事件时用作避难场，设置防护单元4个。

【监测预警体系建设】 编制“十四五”应急管理、安全生产、防灾减灾规划，制定《武威市突发事件总体应急预案》和26部市级专项应急预案。制定防汛抗洪、破坏性地震等7类突发事件应急处置方案。开发建成防灾减灾气象服务系统和预警信息平台，发布预警信息262.5万条。将覆盖1.45万路重点部位的“雪亮工程”平台、水利、森林防火、地质灾害监控预警系统接入应急指挥中心，预警发布、应急响应和指挥能力不断提升。

【应急演练】 围绕“高低大化”等重点课题，开展联合拉动演练等856次，出色完成“应急使命·2022”武威分演习场三个科目和“砺剑陇原·誓保平安”地震演练任务，高效处置“4·29”杰达公司厂房火灾、“6·9”二甲基甲酰胺泄漏、“11·26”定武高速多车连撞和“7·10”抗洪抢险等11起急难险重任务、古浪“7·10”、天祝“8·13”洪涝灾害等抢险救援任务。

（市应急管理局、市粮食和物资储备局）

防灾减灾

【抗旱防汛】 印发《安全生产职责清单和市水务局领导安全生产工作责任清单》《2022年度消防任务清单和市水务局领导消防安全工作责任清单》。先后7次对各县区防汛责任制落实、应急预案修订、防汛物资储备、山洪灾害监测预警、河流重点段防洪工程等进行检查，整改消除各类问题36个。编制《武威市水务局水旱灾害防御应急预案》《武威市水务局“七下八上”防汛关键期水旱灾害防御工作方案》，逐级落实并公示防汛责任人。紧盯山洪易发区和强降雨落区，开展防洪安全隐患整治，严格落实叫应叫醒、叫全叫走，涉险区域内房屋、工地、养殖场、路面、河道、山野田间无人的“四叫”“六无”机制，整改各县区防汛安全问题36个。组织应急、气象、水文等部门联合会商6次，启动洪水防御Ⅲ级、Ⅳ级应急响应3次，开展应急演练15场次1200余人，发布山洪灾害气象预警46期，发布山洪灾害预警233次，发送预警信息9.04万条，争取中央、省级年度水利救灾资金650万元。

【气象预报】 全市国家级气象自动站传输及时率99.99%，业务可用性99.92%，区域站传输及时率99.66%、业务可用性99.92%。所有站点20时起24小时网格订正预报质量：晴雨84.6%、最高温度87.1%、最低温度68.7%，其中最高温度准确率排名全省第一。年内发布各类预警信号80次。古浪一般站迁站对比观测有序进行，完成新站探测环境保护专项规划。民勤酸雨自动观测系统于2022年6月1日开始单轨运行。国家级气象观测站基准气候观测能力提升项目有序推进，全固态Ka波段云雷达投入业务试运行。完成“提升观象台气候及气候变化观测能力建设”和“X波段双偏振天气雷达系统建设”可研报告编制。

【农业气象服务】 制作天气气候分析及拉尼娜气候影响评估专题材料6期。制定高影响天气灾害气象服务指标体系10种，对酿酒葡萄、设施农业和粮食作物开展高影响天气预报预警服务。与黄河财险签订战略合作协议，农业保险气象服务取得有效进展。组织农业气象服务专家团成员联合开展农业病虫害调查，联合发布病虫害防治服务产品12期。

【生态气象服务】 继续强化特色生态遥感应用业务研究与服务，全力推进武威卫星遥感与生态气象中心建设。承接兰州干旱所项目，在武威国家气候观象台建设作物水分高效利用试验场。应用高分卫星开展石羊河流域生态变化遥感监测，每月发布遥感监测生态服务产品，每季度、年度发布《生态监测公报》。

【人工增雨雪作业】 编制2022年人影标准化作业点建设方案。全市人影弹药物联网覆盖率100%。开展人工增雨雪作业431点次，发射火箭弹1505枚、高炮287发，燃烧焰条96根。人工影响天气经费纳入市县（区）政府财政预算，全市到位地方各类经费1382.7万元。

【震情监测预报】 加强地震监测网络建设，强化监测台站管理，做好仪器维修保养，设备运行稳定，数据产出连续可靠。强化震情跟踪，认真及时做好各观测资料的分析处理，全年上报地震安全保障专报52期、宏微观异常零报告31期、周月会商52期、紧急会商2期，研究制定年中、年度地震趋势报告。做好国家地震烈度速报与预警工程项目甘肃子项目相关工作，完成62个基准站、基本站和1个市级预警信息发布中心的建设。健全全市群测群防队伍，调整完善以61个地震宏观观测点（哨）为主的宏观测报网。

【震害风险防御】 完成《武威市地震应急预案》修订。加强24小时应急值班值守和震情值班。开展地震系统地震应急演练，深刻总结青海门源6.9级、武威民勤3.0级地震应急工作。推进地震灾害风险普查、房屋抽样详查工作，完成3个县区7个乡镇建筑物现状调查。建立房屋信息更新机制，采集全市房屋设施抗震设防加固工程信息1364条、新建工程信息1426条。组织实施武威市活动断层探测与地震危险性评价项目，完成1∶5万活动断层避让区划图等。成功创建武威六中、民勤一中为首批中国地震局命名的防震减灾科普示范学校。

（市应急管理局、市水务局
市气象局、市地震局）

安全生产监管

【概况】 2022年，全面统筹强化安全生产监管，深入贯彻落实国务院15条、甘肃省35条安全监管措施，细化实化武威市40条监管措施。市委常委会会议5次、市政府常务会议8次专题研究安全生产、防灾减灾工作。市安委会组织召开4次全体会议，4次专题工作会议，安排部署安全防灾工作。开展安全生产领域侵害群众利益突出问题专项整治，查改安全生产培训考试领域问题101条，立案查处4起，行政罚款4.45万元。

【安全生产责任制】 不断健全安全生产责任机制，制定《2022年度消防任务清单和市政府领导消防安全工作责任清单》，编制3部规范性文件，督促指导18个行业部门编制消防安全责任清单。扛牢平安建设公共安全责任，对直接监管的13家危化企业、2个油库和12家煤矿实行包抓联系制度，现场驻点盯守。举办全市应急管理工作专题研讨班，着力提升党政领导干部抓安全生产履职能力。

【安全生产风险管控】 扎实开展安全生产大检查，检查各类生产经营单位1239家，查改隐患问题2873条，罚款53.77万元。持续深化安全生产专项整治三年行动，检查各类单位1.4万家次，排查整治隐患问题3.5万余条，制定市、县级制度措施178项。统筹疫情防控和消防安全监管，督促330家重点单位、477幢高层建筑全部接入物联网监控平台并签订维保合同，开展“线上”巡查1810家次，抽查消控室值班情况1280家次。

【城镇燃气专项整治】 深入开展“百日攻坚”行动，检查各类生产经营单位764家次，整改隐患问题2287条。开展城镇燃气安全整治，全面排查整治城镇燃气安全隐患问题，进一步靠实部门监管责任和企业主体责任，提高政治站位，切实把燃气安全工作抓实、抓好、抓出成效，保障人民群众生命财产安全。

【危险化学品专项整治】 为认真贯彻落实应急管理部和省应急管理厅关于开展危险化学品重大危险源企业专项检查督导工作要求，市应急管理局及时安排部署、制定工作方案和检查计划，迅速组成专项检查组，先后深入中国石油天然气股份有限公司甘肃武威销售分公司武威油库、中国石化销售有限公司甘肃石油分公司武威成品油配送中心、武威杰达科技有限公司等涉及危险化学品重大危险源的10家危险化学品企业，对照专项检查督导的16项重点内容，对10家企业的11处重大危险源罐区和储存单元的安全及消防设施运行、监管措施落实、应急处置演练等情况进行实地检查。对查出的问题隐患，各企业制定整改方案，进行整改。

【工矿商贸专项整治】 开展全市工矿商贸行业重大事故隐患专项排查整治，从根本上提升全市工矿商贸行业企业风险防控意识、消除事故隐患，有效防范遏制安全生产事故。切实抓牢企业负责人这一关键少数，充分发挥在事故隐患排查整治中作为第一责任人的主导和辐射作用，领导企业全员落实安全生产岗位职责，切实提高企业隐患排查和整改的质量。

【电动车火灾防范专项整治】 认真落实市安委会《关于加强电动自行车火灾防控工作的通知》。加强电动自行车消防安全源头管理，按照电动自行车通用技术标准要求，组织开展专项检查，依法查处相关违法行为。加强电动车停放充电管理，组织乡镇政府、街道办事处定期开展专项检查，及时发现和制止在居民住宅的楼梯间、楼道、疏散通道、安全出口等区域违规停放电动车及充电行为。

【道路交通安全监管】 抓好道路交通安全态势研判，精细化分析问题，增强工作的主动性和预见性。抓好源头隐患清剿，深入排查整改隐患大客车，整改道路安全隐患。抓好交通安全专项整治，切实提高路面见警率、管事率，形成高压严管态势。加强部门协调联动，提升应急处置能力，强化宣传警示，整改整治安全隐患。

【安全生产宣教】 广泛开展“5·12”防灾减灾日、6月“安全生产月”“11·9”消防安全日集中宣传活动。积极创新宣传方式，以“安全相伴、守护你我”为主题，在《武威日报》、FM89.9武威新闻综合广播开播专栏，开展安全防灾宣传，安全防灾宣传覆盖面和影响力不断提升。组织安全生产“三项岗位”人员培训考证4005人次，核发证件3165个。

（市应急管理局）

消防救援

【概况】2022年，武威市消防救援队伍接警出动1422起，其中火灾扑救1167起，抢险救援181起，社会救助71起，公务执勤3起，出动消防车辆1958辆次，出动消防救援人员11545人次，抢救被困人员175人，疏散被困人员1149人，抢救和保护财产价值6683万元。

【消防安全治理】率先制定消防责任制“两个清单”，印发《“十四五”消防事业发展规划任务实施方案》，指导民政、教育、住建等18个行业部门编制消防安全责任清单。全市103个乡镇、街道全部挂牌成立消防工作站，扎实开展高层建筑、城镇燃气、自建房等10个专项整治。建成消防科普教育基地5个，消防科普点8处，成立“四位一体”市级消防监管调度中心。精准开展消防安全治理和监督执法工作，检查单位3685家，帮助整改火灾隐患2889处。全市连续17年未发生较大以上火灾事故。

【消防设施建设】争取省消防救援总队配备980万元远程供水系统1套（含2辆车）、城市大功率排涝车1辆。全市2个新建队站、1个物资储备库建设项目全部进入实质性实施阶段，采购登高平台车、水罐消防车及重型泡沫车4辆，储备各类救援物资5310件套、灭火药剂7.5吨，组建6支涉疫勤务队，疫情防控期间常态化开展前置备勤和消毒消杀。

【救援队伍建设】坚持实战导向，率先建立雪山救援队，建实“高低大化”等10支专业救援队伍，118人次取得冰面、水域、山岳等专业培训资质认证。全面完成智能接处警系统建设，完善“一图一地一视频”的警情跟踪和遂行出动机制，将城市监控、道路交通、自然灾害等7个预警信息平台接入支队指挥中心。

图159 1月28日，上房寺林场职工进行森林草原防火实战演练

（戴声桥 虎晓娟 摄）

【森林防火】着力防范林草火灾，先后3次组织召开全市森林草原防火工作会议，周密部署林草防灭火工作，加大火患管控力度，确保森林草原防火形势稳定。突出“高原高寒地区救援”特色，圆满完成国家“应急使命·2022”武威分演习。

（市消防救援支队）

凉州区

【概况】 凉州区地处甘肃省西北部，河西走廊东端，祁连山北麓，武威市中部。位于北纬37° 23′～38° 12′，东经101° 59′～103° 23′。东与内蒙古自治区接壤，西邻张掖市肃南裕固族自治县，南连天祝藏族自治县和古浪县，北与民勤县和金昌市永昌县相接，全区总面积4907.01平方千米。成功入选2022年中国西部百强区。

【行政区划】 全区辖张义镇、黄羊镇、谢河镇、河东镇、武南镇、古城镇、韩佐镇、金河镇、高坝镇、新华镇、清源镇、清水镇、长城镇、吴家井镇、发放镇、大柳镇、金羊镇、金沙镇、中坝镇、羊下坝镇、下双镇、九墩镇、四坝镇、永昌镇、双城镇、洪祥镇、丰乐镇、康宁镇、五和镇、永丰镇、怀安镇、西营镇、金山镇、松树镇、和平镇、金塔镇、柏树镇37个镇，九墩滩生态建设指挥部、邓马营湖生态建设指挥部2个生态建设指挥部，东大街、东关街、西大街、西关街、荣华街、火车站街、宣武街、黄羊河街、地质新村街9个街道办事处。

【人口民族】 2022年年末，常住人口88.14万人，比2021年年末增加0.28万人。有汉族、回族、藏族、满族等36个民族。

【经济发展】 2022年，实现生产总值403.5亿元，比2021年增长4.6%。其中，第一产业增加值110.6亿元、增长6.1%，第二产业增加值71亿元、增长1.1%，第三产业增加值221.8亿元、增长5.1%。三次产业结构比为由2021年的26.2∶18.1∶55.7调整为27.4∶17.6∶55。完成一般公共预算收入12.72亿元、增长3.1%。其中，税收收入5.9亿元、下降29%；非税收入6.8亿元、增长21.6%。一般公共预算支出72.98亿元、增长21.7%。年末金融机构本外币存款余额894.4亿元、增长20%。金融机构本外币贷款余额610.5亿元、增长6.0%。

【特色产业】 凉州区因地制宜打造沿山、沿川、沿沙三大特色产业带，大力发展"牛羊猪鸡菜果菌薯药草"十大特色产业和肉鸽产业，形成特色鲜明、优势突出、产出高效的产业集群。推出覆盖全区域、全品类、全产业链的农产品区域公用品牌——凉州农鲜。完成"凉州农鲜"品牌基础应用、包装应用和周边文创设计，设计品牌辅助图形、核心价值图案、品牌包装、专营店门牌、太阳帽、手提袋等8件文创产品。

【生态建设】 深入实施大气、水、土壤污染防治，争取中央财政北方地区冬季清洁取暖项目资金3亿元，年内实施分散农户清洁取暖改造3000户、清洁暖炕改造5000个，淘汰10蒸吨及以下燃煤锅炉74台。加强重点涉水污染源监管，1个国控、4个省控地表水监测断面水质均达到100%。新建续建农村生活污水处理站5座、建成43座，粪污还田10万亩。全面实施林长制，国土绿化倍增行动扎实推进，完成人工造林11.5万亩。围绕"双碳"目标，新建南部山区国家储备林1.11万亩，修复治理草原22.68万亩，打造"一村万树"示范点41个，完成北部压沙30万亩。严格落实河湖长制，启动全域美丽幸福河湖"五赋两转一打造"创建工作，石羊河全国美丽示范河湖成果巩固提升。西营五干片区2座733万立方米调蓄水池蓄水运行。推广高效农业节水面积110万亩，创建节水型企业10家，新改建城镇供排水管网60千米，建成城乡雨水收集利用示范点26个。

【社会事业】 认定国家高新技术企业7家。争取国家和省、市级科技项目35项、项目资金591万元，认定国家和省、市级各类科技创新平台6家、市级科技创新型企业5家，省级科技创新型企业16家，争取省、市、区科技创新扶持资金1834.5万元。指导评价入库科技型中小企业75家。完成技术合同交易额8.2亿元。全区有各类学校和幼儿园409所，比2021年减少6所，在校（园）学生（幼儿）159043人，比2021年增加813人。有文化馆1个，公共图

图160 凉州区古城镇麦田俯瞰 （甘曜毓 张福民 2022年7月摄）

书馆7个,乡镇文化站37个。数字有线电视入户率和广播电视无线覆盖率分别达到89%和99.98%。有卫生机构951个,其中医院、卫生院45个。社区卫生服务中心(站)9个;全区拥有床位7734张、卫生技术人员9721人。有各类运动场所3176个,室外全民健身路径162条,新建成农民体育健身工程行政村15个;全年经常性体育锻炼人数达到32.9万人次。

图161 凉州区深入挖掘传统文化,引导食品企业开发"凉州八景"等文创月饼。图为凉州区春晓手工场工人制作月饼

(张文灿 杨 宝 2022年8月摄)

【居民生活】 全区城镇居民人均可支配收入37535元,比2021年增长4.5%;农村居民人均可支配收入19352元,比2021年增长6.7%。年末全区城镇职工和城乡居民基本医疗保险参保人数分别达61521人和785018人。全区企业职工、机关事业单位、城乡居民基本养老保险参保人数分别达102716人、24804人、418498人。参加失业和工伤保险人员分别达51246人和70678人。全区保障城市低保对象2761户6020人,保障农村低保对象10991户22893人,全年发放各类城乡低保资金1285.74万元;保障农村特困供养对象2389人,发放资金1951.67万元。有养老机构10所,床位2421张。城镇新增就业10012人;职业技能提升行动培训12135人;年末城镇登记失业率为3.72%。

【文化旅游】 深入挖掘文化旅游资源,抢抓长城、长征、黄河等国家文化公园建设和华夏文明传承创新区建设政策机遇,谋划储备武南镇白塔村民宿、清水大槐树文旅康养、汉长城(凉州段)保护利用等一批重点文化旅游项目。利用葡萄美酒节、冰雪文化旅游节等各类文化旅游节会会展,通过线上线下多种形式,生动展示凉州文化旅游独特魅力。持续加快旅游标准化建设,壮大旅游市场主体,提升旅游接待能力,着力打造服务质量品牌。

【重大项目】 实施高质量发展重大项目174个,完成投资149亿元,比2021年增加29亿元,增长24%。制定工业主导型县域经济发展规划,实施工业项目58项,完成工业固定资产投资49.88亿元,较2021年增加20.1亿元,增长140%。德斯威光伏、武晟新能源实现当年开工、当年建成、当年投产、当年入规。实施招商引资项目94项,实现到位资金145亿元,增长26%。

【城市建设】 改造老旧小区149个、累计达301个,惠及居民3.5万户。新建续建市政道路10条,打通断头路8条,整治背街小巷48条,建成区路网密度达到8.12千米/平方千米;

新建小游园9个，新增绿化面积69.25万平方米，人均公园绿地面积12.93平方米，建成区绿地率达到36.66%。排查整治探头经营、高空掷物等各类乱象2.9万个。建设地下停车场6个、生态停车场42个，新增停车泊位16569个。开展"一道门"便捷出行行动试点，将35个小区46栋楼"拆小建大"合并为8个小区，倾力打造"15分钟便民服务圈"。城区生活垃圾分类覆盖率达到100%。

【乡村振兴】 新建高标准农田17万亩，累计达到45万亩，整治撂荒地1.91万亩，完成粮播面积120.4万亩，粮食产量达到71万吨，大豆玉米带状复合种植"机收模式"被树为全国典型。推进"三沿"产业带建设，"10+N"特色优势产业产值占农业总产值的80%，增长2个百分点，农民人均可支配收入的五成来自特色优势产业。建成标准化种养示范基地153个，新建日光温室10381座8510亩，种植瓜菜43.3万亩、产量达210万吨。建成食用菌产业园6个，全区食用菌产量达5万吨、产值3.46亿元。牛、羊、猪、鸡存栏量分别达49.87万头、162.5万只、79万头、424.1万只，同比增长12.3%、16%、20%、8%。认定"三品一标"产品143个、"甘味"农产品品牌21个。编制完成"多规合一"实用性村庄规划345个，创建乡村建设省级示范镇1个、示范村10个，市级示范村10个，打造金山镇崖湾村整镇集中收缩、永丰镇四十里红色美丽村庄等各具特色的示范村。建设集中收缩安置点11个1011户，实施生态及地质灾害避险搬迁875户3139人，改造土坯房5454户，新改建农村公路1230千米，改造农户厕所1263座。推进农村宅基地改革试点工作，开发启用凉州区农村宅基地管理信息系统。全年流转土地38.9万亩，培育农民专业合作社2860家、家庭农场1691家，村集体经济收入均达到5万元以上。

（凉州区委党史和地方志研究中心）

民勤县

【概况】 民勤县地处河西走廊东北部，石羊河流域下游，位于北纬38°04′07″～39°27′38″、东经101°49′38″～104°11′55″。县域南邻凉州区，西南与金昌市连接，东西北三面被巴丹吉林和腾格里两大沙漠包围。东西长206千米，南北宽156千米，总面积1.6016万平方千米。

【行政区划】 全县辖昌宁镇、蔡旗镇、重兴镇、薛百镇、大坝镇、三雷镇、苏武镇、东坝镇、夹河镇、大滩镇、双茨科镇、泉山镇、红沙梁镇、西渠镇、东湖镇、收成镇、南湖镇、红砂岗镇等18个镇和1个街道办事处。有248个行政村和7个社区1794个村民小组。

【人口民族】 2022年年末，全县户籍人口25.58万人，常住人口17.33万人。其中城镇人口7.38万人。全年出生人口0.1万人，出生率5.76‰；死亡人口0.25万人，死亡率14.4‰；人口自然增长率-8.46‰。有回族、藏族、蒙古族、土族、东乡族、彝族、满族等14个少数民族。

【经济发展】 现代农业扩规提质，培育壮大"3+1"主导产业，实施优势特色产业三年倍增行动，制定出台种植业、畜牧业两个扶持办法，千亩以上种植基地25个，供港蔬菜等"万元田"5.22万亩，温室人参果等"十万元棚"3622座，肉羊饲养量406万只。绿色工业蓬勃发展，抢抓"陇电入浙"和国家以沙漠戈壁荒漠为重点规划建设大型风光电基地机遇，推进新能源产业三年倍增行动，航天日泽等3个存量项目建成并网，远景风机制造填补新能源装备制造业的空白，推进"十四五"第一批80万千瓦风光电等项目，青岛天能重工等5个协同配套产业项目开工建设，"±800千伏换流站""2×100万千瓦调峰煤电"项目完成预可研和初步选址，碳中和综合创新试点先行区初具规模。红砂岗工业集中区升级为省级开发区，全年原煤总产量356万吨，带动实现工业税收4亿元，较2021年翻一番。

【特色产业】 建成15万只肉羊精分割生产线，与京东集团联合举办第五届民勤蜜瓜全网发售仪式，组织开展"护航民勤蜜瓜、服务天下客商"专项行动，推动蜜瓜在疫情防控期间实现市场占有率和销售价格的逆势双上扬。实施品牌提升"五个一"工程，新认证"三品一标"农产品11个，东坝镇人参果产业园被认定为粤港澳大湾区"菜篮子"生产基地，东一村入选第十二批全国"一村一品"示范村镇，民勤蜜瓜入选2022年"甘味"系列十大地方公用精品品牌。

【生态建设】 实施《民勤生态建设示范区规划》，开展防沙治沙和国土绿化行动，依托河西走廊生态保护和修复、全国防沙治沙示范区建设等重点项目，完成人工造林3.2万亩、封沙育林草4.5万亩、退化草原治理4.5万亩、义务植树225万株、通道绿化100千米，石羊河中下游防沙治沙林草综合治理项目按进度推进。落实林长制，加强林草资源保护修复，以"林长制"促进"林长治"。从严管水节水，完成地下水机井智能化计量设施改造，推广普及膜下滴灌、垄膜沟灌、水肥一体化等节水技术，农业灌溉用水总量较2021年减少1亿立方米、降幅22.9%。向青土湖生态补水较2021年增

图162　民勤县西渠镇千亩连体拱棚蜜瓜示范园　（蒋锦鹏　2022年6月摄）

加33%、首次达到4000万立方米，青土湖地下水位再次上升0.04米。启动建设全流域美丽幸福河湖，实施“五赋两转一打造”工程，红崖山水库国控断面水质稳定达标，石羊河全国示范河湖创建成果得到巩固。县城污水处理人工湿地建成投用，城区建成区无黑臭水体。

【社会事业】 启动实施优化城区教育布局五年行动，义务教育薄改与能力提升等项目建成投用，“双减”成效持续巩固，普通高考再创佳绩。健全公共卫生服务体系，县医院慢病管理中心建成投用，13家基层医疗机构与县医院实现远程对接。实施“强科技”行动，推进高新技术企业倍增计划，认定高新技术企业25家、省市创新型企业24家，民勤被确定为国家知识产权强县建设试点县。

【居民生活】 落实稳就业政策措施，开发城乡公益性岗位1969个，新增城镇就业2724人，输转城乡富余劳动力6万人。推动养老事业发展，县康养医养中心开工建设，东湖镇综合养老服务中心、重兴镇上案村等14个养老服务驿站建成运行。化解国有土地上已售城镇住宅历史遗留“登记难”问题，7853套登记房屋完成办证7644套，登记发证率97%。

【文化旅游】 打好“沙漠风情”特色牌，完善景区景点基础设施，加快推进文旅重点项目建设，投资11.69亿元的通航小镇、通用机场等重大项目基本建成。红崖山水库入选国家《红色基因水利风景区名录》，苏武沙漠景区入选“甘肃文旅100个美好目的地”名单，沙井文化民俗旅游景区成功创建为AAAA级旅游景区。红旗谷生态旅游村、瑞安堡、沙漠雕塑国际创作营、摘星小镇等景点入选全国乡村旅游精品线路。深化与省公航旅集团全方位合作，投资20.6亿元的智慧综合物流园等4个项目加快推进。

图163 民勤县南湖镇万亩马铃薯高标准生产基地机械化作业现场。该基地与甘肃达利食品有限公司采取订单种植模式合作，亩产4吨左右
（蒋锦鹏 2022年6月摄）

【重大项目】 落实重大项目协调推进机制，138个在库项目完成投资44.4亿元，比2021年增加10.8亿元、增速32.3%。争取到位中央预算内资金4.02亿元、专项债券资金28.62亿元，分别是2021年的2.4倍、9.6倍。组织参加“侨领侨商武威行”等招商活动，北京京能集团等一批风光电产业链项目落户民勤，实施招商引资项目50项，落实到位资金52.72亿元，增长26.91%。

【城市建设】 推进城市更新行动，增强县城综合承载能力，供水管网暨蓄水池、供热管网改造、道路更新改造等项目完工，人防综合训练基地、殡仪服务中心等建成投用，完成老旧小区改造44个，城区新增绿地3万平方米，建成区绿地率32%。新改建停车场6个，新增停车位963个。

【乡村振兴】 实施种业振兴五大行动，民勤纯种湖羊种羊场入选国家核心育种场。实施藏粮于技、藏粮于地战略，实行最严格的耕地保护制度，新建蔡旗镇麻家湾村等高标准农田高效节水示范点3个，以点带面建成高标准农田10万亩，整治撂荒耕地2.16万亩。粮播面积40.18万亩，粮食产量21.47万吨。发放“富民贷”及小额信贷7585万元，农民经营性收入70%以上来自“3+1”主导产业。采取易地集聚收缩的模式，高标准建成集中安置点10个，875户群众告别旧房搬入新居。实施农村人居环境整治提升行动，深化拆临拆危等8个专项整治行动，完成农户改厕717座，拆除残垣断壁4.9万平方米、危旧房屋2896间。

（民勤县委党史和地方志研究中心）

古浪县

【概况】 古浪县位于甘肃省中部，河西走廊东端，乌鞘岭北麓，腾格里沙漠南缘，位于北纬37°09′18″～37°54′48″，东经103°51′34″～102°43′30″。境域东接景泰县，南依天祝藏族自治县，西北与凉州区毗邻，东北与内蒙古自治区阿拉善盟左旗接壤。境内地势南高北低，南依祁连山东段余脉，北邻腾格里沙漠南缘，从南到北依次为南部中高山地、低山丘陵沟壑区、倾斜平原绿洲区和北部干旱荒漠区，平均海拔2500米左右。东西长约102千米，南北宽约88千米，全县总面积5046.54平方千米。

【行政区划】 全县辖古浪、泗水、定宁、土门、大靖、裴家营、海子滩、黑松驿、黄羊川、黄花滩、西靖、永丰滩、民权、直滩、古丰15个镇，十八里铺、横梁、干城、新堡4个乡，1个街道办事处（古浪县城关街道办事处）；有244个行政村，7个社区。

【人口民族】 2022年年末，全县常住人口24.3万人，比2021年年末减少0.04万人。其中，城镇人口8.24万人，占常住人口比重为33.93%，比2021年年末提高1.14个百分点。全年出生人口0.20万人，出生率为8.22‰；死亡人口0.28万人，死亡率为11.51‰；人口自然增长率为-3.29‰。有回族、藏族、蒙古族、苗族、满族、东乡族等25个少数民族。

【经济发展】 全县地区生产总值80.9亿元，增长6.5%。其中：第一产业增加值37.36亿元，增长6.8%；第二产业增加值8.6亿元，增长

9.7%;第三产业增加值34.94亿元,增长5.6%。三次产业结构比为46.18∶10.63∶43.19。实现外贸进出口总额5134万元、增长82%。完成一般公共预算收入3.06亿元、增长24.18%,其中:税收收入1.4亿元、增长11.09%,非税收入1.66亿元、增长40.67%。完成一般公共预算支出51.31亿元、增长20.25%。年末全县金融机构本外币存款余额137.83亿元、增长18.63%。各项贷款余额116.85亿元、增长11.37%。

【特色产业】 实施优势特色产业三年倍增行动,推进农业大县向农业强县转变。投资9.03亿元实施重点农业项目35项,羊如祥良种肉羊繁育场等28个项目建成投用。引进实施中化现代农业MAP全产业链项目,提供产销信息和技术服务,建设西北地区功能最全、规模最大的现代农业技术服务中心。落实农业补助资金5300万元,扶持群众新建日光温室1000座、养殖暖棚5200座,改造提升日光温室1270座,蔬菜产量达到40.75万吨,发放肉羊价格临时补贴1853万元,羊存栏量连续两年全省第一。进场奶牛5万头,日产鲜奶400多吨,奶牛存栏量全省第二。创建省级现代农业(牛羊)产业园。古浪沙葱、红枣、沙地西红柿、小乳瓜认证为有机蔬菜,7个农产品通过“三品一标”认证。

【生态建设】 投入资金2.3亿元,完成造林面积17.6万亩。栽植苗木3142万株,完成治沙造林9.53万亩,义务压沙4000亩,草原改良3.8万亩。推行“一村万树”绿化模式,建成乡村森林小游园42个,打造路边皆景、花树相间的凉古路、古哈路等8条生态长廊。黑松驿镇创建为省级森林小镇。森林覆盖率(含保护区)达到12.75%。投资2736万元,实施县城东西两山生态修复工程,栽植各类苗木23.9

图164 古浪县现代丝路寒旱农业菇视界羊肚菌产业园 (蒋锦鹏 2022年3月摄)

万株。投资1300万元，建成县城小游园3个，改造提升县城公园绿地，新增城市绿地35万平方米，绿化覆盖率达到35%。

【社会事业】 组织实施科技项目10项，其中省级4项。新认定高新技术企业1家，累计达到6家；新认定省级科技创新型企业3家，累计达到7家，入库评价科技型中小企业17家。全县共有各级各类学校和幼儿园250所，在校（园）学生（幼儿）45680人。小学适龄儿童入学率、巩固率、毕业率均达100%；初中在校学生巩固率、毕业率均达100%；初中毕业生升入高中阶段的比率为97.07%。年末共有医疗卫生机构328个，卫生技术人员1588人，医疗卫生机构床位2523张。全年总诊疗人次66.07万人次，出院人数4.06万人。共建体育场地18个，场地面积9200平方米。

【居民生活】 全年城镇居民人均可支配收入28451.15元、增长4.22%，城镇居民人均消费支出19174.6元、增长5.18%；农村居民人均可支配收入9682.24元、增长8%，农村居民人均消费支出8804.33元、增长11.49%。年末城乡居民基本养老保险参保人数21.49万人，全县失业保险参保人数1.2万人，领取失业金人数47人，领取失业补助金人数46人。全县工伤保险参保人数1.65万人，享受工伤保险待遇人数171人。全年城镇居民最低生活保障救助人数0.16万人，农村最低生活保障救助人数1.73万人，农村特困供养0.15万人。

【文化旅游】 黑松驿特色旅游小镇、八步沙"两山"实践创新基地创建为国家AAA级旅游景区，古浪战役纪念馆入选"甘肃文旅100个美好目的地"，古丰"名芍之约"花海等景点成为"网红打卡地"。全年接待游客

图165 古浪县古丰镇周边群山绵延起伏、树木苍翠葱茏，生态得到治理 （甘曜毓 2022年6月摄）

114.41 万人次、比 2021 年增长 5.03%，实现旅游综合收入 6.45 亿元、比 2021 年增长 6.12%。

【重大项目】 全年固定资产投资比 2021 年增长 21.1%。实施 500 万元及以上项目 127 项，完成投资比 2021 年增长 15.0%，其中 5000 万元及以上项目 36 项，完成投资增长 23.3%。实施房地产开发项目 3 项，完成投资比 2021 年增长 242.6%。工业在建项目 17 项，完成投资增长 572.3%。其中制造业投资下降 21.35%，电力、热力、燃气及水生产和供应业投资增长 1370.25%。实施招商引资项目 59 项，落实到位资金 53.48 亿元、增长 31.89%，其中省外到位资金 47.81 亿元、增长 57.43%。

【城市建设】 打通城关一小至五幼断头路，改扩建公园路等 3 条市政路；建成陈家沟排洪工程，县城区排洪安全得到有效保障；新开工建设商品房 1369 套，提升改造老旧小区 10 个 470 户，建成智慧安防小区 35 个；建成县城小游园 3 个，新增城市绿地 35 万平方米，美化电表箱 260 个；新增车位 1640 个，实现机动车"一车一位"。创新城市建设投资模式，引入社会资本建设古浪战役纪念馆红色景区，建成仿古四合院 16 座。

【乡村振兴】 全年实现农业总产值 68.4 亿元、比 2021 年增长 8%。大力发展家门口的富民产业，63 家乡村就业工厂、就业帮扶车间吸纳 1919 人就近就地就业，乡村公益岗安置 3862 人。实现村集体经济收入 6116 万元、较 2021 年增加 810 万元，村均达到 32.9 万元。产业到户扶持资金入股分红 1086 万元，惠及群众 1.25 万户。统筹整合财政涉农资金 8.4 亿元，68 个项目全部完工，资金支出率达到 95.1%。落实东西部协作和中央单位定点帮扶资金 7365 万元，实施帮扶项目 23 项。创新发放全省首笔"云上乡村农业资源交易平台"集群客户贷款 100 万元。创新发放全省首笔"活畜抵押贷款"4800 万元。

（古浪县县志办）

天祝藏族自治县

【概况】 天祝，藏语称华锐，意为英雄之地，地处甘肃省中部、武威市南部、祁连山东端，素有河西走廊"门户"之称。1936 年，以境内天堂寺、祝贡寺首字"天祝"命名。1950 年设立天祝自治区（县级），1955 年改为天祝藏族自治县，是周恩来总理命名的全国第一个少数民族自治县，是中国高原藜麦之都、中国白牦牛之乡、中国高原食用菌之乡、中国高原夏菜之乡、中国高原走马之乡。境内海拔 2040 ～ 4874 米，年平均气温 0.3℃，年降水量 397.4 毫米，总面积 7149.8 平方千米。

【行政区划】 2022 年，全县辖华藏寺镇、哈溪镇、安远镇、天堂镇、打柴沟镇、石门镇、炭山岭镇、赛什斯镇、松山镇、朵什镇、西大滩镇、抓喜秀龙镇、大红沟镇、祁连镇和毛藏乡、旦马乡、东大滩乡、赛拉隆乡、东坪乡 14 镇 5 乡，178 个行政村，20 个居委会。

【人口民族】 2022 年，全县常住人口 14.74 万人。其中，城镇人口 7.16 万人，占常住人口比重为 48.61%。全年出生人口 0.10 万人，出生率为 6.78‰；死亡人口 0.16 万人，死亡率为 10.85‰；人口自然增长率为 -4.07‰。有汉族、藏族、土族、回族、蒙古族等 28 个民族。

【经济发展】 2022年，全县地区生产总值71.11亿元，增长8.2%。其中，第一产业增加值17.37亿元，增长6.8%；第二产业增加值19.88亿元，增长16.8%；第三产业增加值33.86亿元，增长5.1%。三次产业结构比为24.4∶28.0∶47.6。完成一般公共预算收入4.23亿元，同口径增长23.08%，其中：税收收入1.90亿元，同口径增长27.63%；非税收入2.33亿元，同比增长18.88%。完成一般公共预算支出45.7亿元，增长11.18%。金融机构存款余额111.08亿元，较2021年增长9.83%；各项贷款余额104.47亿元，较2021年增长0.44%。

【特色产业】 深入实施特色优势产业三年倍增行动，全力打造南阳山片1万座食用菌棚示范点、安远镇1万亩高原夏菜示范点、抓喜秀龙镇1万亩高效节水技术示范点，带动特色产业集群发展。2022年，全县种植高原夏菜12.3万亩、藜麦10.6万亩、中药材5万亩；袋栽食用菌规模达到5000万袋以上；特色养殖牛达到23.4万头、羊达到172万只、岔口驿马达到8058匹。

【生态建设】 持续深入打好蓝天、碧水、净土保卫战，完成10蒸吨以下燃煤锅炉淘汰整治，天然气入户1.85万户，全年空气质量优良率92%。全面落实河湖长制，投资9.7亿元实施黄河流域庄浪河县城段水生态综合治理（一期）、石门河水资源综合利用等项目26项，国控、市控断面及集中式饮用水水源地水质全部达标，金强河成功创建为省级美丽幸福河湖。强化农业面源污染治理和土壤污染风险管控，畜禽粪污资源化利用率达87.6%，废旧地膜回收率达84.5%，重点建设用地安全利用率达100%。大力推进国土绿化行动，完成人工造林6230亩，通道绿化400千米，

图166 天祝县松山镇藜麦（赵世鹏 2022年9月摄）

义务植树106万株；实施草原禁牧160万亩、草畜平衡427万亩，建设景观围栏710千米，全县林木绿化率和草原综合植被盖度分别达34.6%、94.5%，天堂镇荣获“省级森林小镇”称号。天祝煤矿创建为省级绿色矿山。

【社会事业】 全年组织实施科技项目10项，其中省级5项，市级5项；登记各类科技成果9项；新增授权专利121件。发明专利拥有量29件，每万人口发明专利拥有量1.97件。共有各级各类学校和幼儿园79所，在校（园）学生（幼儿）23635人。小学适龄儿童入学率、巩固率、毕业率均达100%；初中在校学生巩固率、毕业率均达100%；初中毕业生升入高中阶段的比率为97.18%。2022年高考录取考生1314人，总录取率93.19%。本科录取830人，录取率63.8%。有各级各类卫生健康单位235个，在职人员1749人，医疗卫生机构拥有床位数1775张。

【居民生活】 全年城镇居民人均可支配收入31023元、增长4.3%，城镇居民人均消费支出24697元、增长6.11%；农村居民人均可支配收入10525元、增长7.8%，农村居民人均消费支出10111元、增长7.79%。城镇新增就业2632人，城镇登记失业率为3.22%。输转城乡富余劳动力4.24万人，实现劳务收入12.23亿元。城乡居民基本养老保险参保缴费73760人，参保率98.4%，待遇享受29739人。机关事业单位养老保险参保缴费8239人，参保人员缴费率100%，待遇享受2675人。企业职工基本养老保险缴费5374人，待遇支付4025人。城镇居民最低生活保障对象776户1607人，发放保障金1326.55万元；农村最低生活保障对象2925户6826人，发放保障金3196.94万元。有公办养老机构1所，“公建民营”养老机构

图167　天祝县朵什镇旱泉沟村乡村建设示范村新貌（蒋锦鹏　2022年7月摄）

6所，设置床位904张，在院人数443人。互助幸福院园13个（村级）。

【文化旅游】 全县有文艺团体187个，文化馆2个，博物馆、图书馆、电影院各1个，图书总藏量26.55万册。境内有景色瑰丽的天祝三峡、静谧幽美的冰沟山水、雄奇险峻的马牙雪山，祁连冰沟河景区创建为国家AAAA级旅游景区。具有多民族文化融合发展的独特魅力，万人锅庄舞、华锐藏族民歌、土族格萨尔说唱等，展现出浓郁的藏土民俗风情。出产“唯独天祝有”的高原珍珠白牦牛、健康美丽的“粮食之母”藜麦、肉质鲜美的手抓羊肉。全年接待旅游人数109.66万人次，实现旅游综合收入7.22亿元，增长10.42%。

【重大项目】 全年固定资产投资比2021年增长20.4%。实施500万元及以上项目194项，完成投资比2021年增长23.9%，其中5000万元及以上项目32项，完成投资同比增长29.4%。在建工业项目27项，完成投资增长47.6%。民间投资项目29项，完成投资比2021年增长1.4%。招商引资项目40项，落实到位资金45.3亿元，增长23.9%；其中省外到位资金39.9亿元，增长41.2%。

【城市建设】 加快推进城市更新行动，新建城市广场2个、市政道路8条，打通“断头路”2条，改造供热管线12千米，建成便民市场2个、公共停车场2个、城乡有机废弃物综合利用处理场1座，生活垃圾无害化处理率达到100%，全力打造市政设施完善、环境卫生清洁、绿化整齐美观、市容环境整洁、广告牌匾规范的美丽城市。

【乡村振兴】 高质量实施乡村建设行动，投资5.56亿元建成“美丽乡村”63个，受益群众1.14万户4.28万人。实施的489户生态及地质灾害避险搬迁工程全部完工。完成农村抗震房改造3500户。新建农村卫生户厕1868座，农村卫生厕所普及率达87.8%，178个行政村全部完成清洁村庄创建工作。整合财政涉农资金6.25亿元，实施有效衔接项目127项，其中产业投入资金比重达60%。持续深化东西部协作和定点帮扶，落实帮扶资金4350万元，完成消费帮扶1.3亿元。全县村集体经济收入3005万元，村均收入17.2万元，175个村集体经济收入全部达到5万元以上。

（天祝藏族自治县县志办）

人物与荣誉

先进人物

【姜莉玲】 女，汉族，1979年5月出生，甘肃民勤人，民勤县退耕还林办公室主任、助理工程师。2022年8月，被中共中央、国务院授予“全国人民满意的公务员”称号。

【狄世俊】 男，汉族，1985年11月出生，中共党员，天祝藏族自治县公安局打柴沟派出所所长。2022年1月，被中共中央宣传部、公安部授予“全国最美基层民警”称号。

【尹　虎】 1987年7月参加工作，市农村集体经济经营指导站站长。2022年12月，被农业农村部授予“全国农村集体产权制度改革工作先进个人”称号。

【蒋菊芳】 女，汉族，1979年6月出生，甘肃武威人，大学学历，武威荒漠生态与农业气象试验站工作。2022年6月，被中国气象局党组授予“全国气象部门2022年优秀共产党员”称号，被中国气象局授予“全国春耕春播气象服务优秀个人”称号。

【李光霞】 女，1979年4月出生，甘肃古浪人，中共党员，古浪县大靖镇三台村党支部书记兼村委会主任、大靖河大靖镇三台村段村级河长。2022年11月，被水利部、全国总工会、全国妇联评选为“最美巾帼河湖卫士”。

【王德伟】 男，汉族，1986年1月出生，甘肃武威人，大学本科学历，工学学士，市信访局网络信访科科长。2022年5月，被国家信访局授予“全国信访系统优秀投诉办理员”称号。

【程忠鹏】 男，汉族，1979年6月出生，甘肃凉州人，中国共产党，大专学历，市基础地理勘测技术服务中心航测室主任。2022年12月，被国务院第三次全国国土调查办公室、自然资源部授予“第三次全国国土调查先进工作者”称号。

【王亮亮】 男，汉族，1982年8月出生，甘肃民勤人，武威师范学校附属小学教师。2022年3月，被全国关工委、中央政法委、司法部、共青团中央、中国法学会授予“全国青少年普法教育优秀辅导员”称号。

【李　琦】 女，汉族，1973年11月出生，甘肃武威人，中共党员，教育硕士，1997年8月参加工作，武威铁路中学妇委会主任，兼任学校少先队大队辅导员。2022年，被评为“全国优秀少先队辅导员”。

【孙永华】 男，汉族，1972年6月出生，甘肃民勤人，中共党员，党校大专学历，武威市市场监管综合行政执法队执法五科科长。2022年8月，被国家知识产权局、国家市场监督管理总局、北京2022年冬奥会和冬残奥会组织委员会授予“北京2022年冬奥会和冬残奥会奥林匹克标志知识产权保护突出贡献个人”称号。

【曾　东】 男，汉族，1975年8月出生，甘肃民勤人，大学学历，2000年7月参加工作，中共党员，民勤县人民检察院第二检察部主任。2022年3月，被省人民检察院授予“全省检察机关优秀法治副校长”称号。

【田晓庆】 女，汉族，1983年11月出生，甘肃民勤人，中共党员，省委党校研究生学历，2008年7月参加工作，武威市人民检察院第七检察部二级检察官助理。2022年3月，被省人民检察院授予“全省检察机关优秀法治副校长”称号。

【迭目江明】 男，藏族，1972年7月出生，甘肃天祝人，中共党员，党校研究生，市委政法委副书记。2022年4月，荣获“2017—2020年度平安甘肃建设先进个人”称号。

【李晓玲】 女，汉族，1977年4月出生，甘肃凉州人，中共党员，党校大学学历，市妇联权益部部长。2022年4月，荣获“2017—2020年度平安甘肃建设先进个人”称号。

【沈国生】 男，汉族，1977年12月出生，甘肃凉州人，中共党员，大学学历，凉州区社会治安综合治理中心副主任。2022年4月，荣获“2017—2020年度平安甘肃建设先进个人”称号。

【查银花】 女，汉族，1979年1月出生，甘肃凉州人，中共党员，党校研究生学历，凉州区人民法院双城人民法庭负责人。2022年4月，荣获“2017—2020年度平安甘肃建设先进个人”称号。

【董海霞】 女，汉族，1984年5月出生，甘肃民勤人，中共党员，大学学历，民勤县蔡旗镇社会治安综合治理中心主任。2022年4月，荣获“2017—2020年度平安甘肃建设先进个人”称号。

【张延堂】 男，汉族，1966年2月出生，甘肃古浪人，中共党员，大专学历，古浪县干城乡富民新村党总支书记兼村委会主任。2022年4月，荣获“2017—2020年度平安甘肃建设先进个人”称号。

【郭金英】 男，藏族，1972年10月出生，甘肃天祝人，中共党员，大学学历，天祝县公安局副局长。2022年4月，荣获“2017—2020年度平安甘肃建设先进个人”称号。

先进集体及殊荣

【全国人民满意的公务员集体】 2022年8月，市政府政务服务中心被中共中央、国务院授予“全国人民满意的公务员集体”称号。

【国务院河长制湖长制督查激励县】 2022年，天祝县被水利部评为“2022年度国务院河长制湖长制督查激励县”。

【全国工人先锋号】 2022年4月，武威市凉州区税务局第一税务分局被全国总工会评为“全国工人先锋号”。

【最美工会户外劳动者服务站点】 2022年12月，市政府政务服务中心工会户外劳动者驿站被全国总工会评为“2022年最美工会户外劳动者服务站点”。

【全国气象工作先进单位】 2022年，市气象局气象台被中国气象局评为“全国气象工作先进单位”。

【全国住房和城乡建设系统先进集体】 2022年，市住建局被评为“全国住房和城乡建设系统先进集体”。

【节约型机关】 2022年10月，市民族宗教事务委员会、市粮食和物资储备局、市医疗保障局、市农业农村局、市司法局、国家税务总局武威市税务局被国家机关事务管理局、中共中央直属机关事务管理局、国家发展改革委、财政部评为“节约型机关”。

【平安甘肃建设示范市】 2022年4月，武威市被评为“2017—2020年度平安甘肃建设示范市”。

【平安甘肃建设示范县】 2022年4月，古浪县、天祝县被评为“2017—2020年度平安甘肃建设示范县”。

【平安甘肃建设先进集体】 2022年4月，市公安局指挥中心、市水务局、古浪县人民检察院派驻城关街道检察室、凉州区黄羊镇上庄村、民勤县司法局、古浪县第一中学、天祝县社会治安综合治理中心被评为“2017—2020年度平安甘肃建设先进集体”。

（相关单位）

2022年度取得正高级职称人物表

表13

序号	姓　名	工作单位	取得资格名称	取得资格时间	备注
1	来锡福	武威市林业综合服务中心	正高级工程师	2022.12.29	
2	王小平	武威市人民医院	主任护师	2022.12.30	

续表 13

序号	姓　名	工作单位	取得资格名称	取得资格时间	备注
3	殷秀萍	武威市人民医院	研究员	2022.12.30	
4	马存福	武威市人民医院	主任医师	2022.12.30	
5	李正国	甘肃省武威肿瘤医院	主任医师	2022.12.30	
6	张世龙	甘肃省武威肿瘤医院	主任医师	2022.12.30	
7	马金宝	武威市畜牧兽医科学研究院	正高级工程师	2022.12.29	
8	张玉花	武威市中医医院	主任医师	2022.12.30	
9	刘　刚	武威市中医医院	主任医师	2022.12.30	破格
10	赵宝元	武威市中医医院	主任医师	2022.12.30	
11	张开礼	武威职业学院	教授	2022.12.16	自主评审
12	黄述杰	武威职业学院	教授	2022.12.16	自主评审
13	颜鲁薪	武威职业学院	教授	2022.12.16	自主评审
14	晋艺波	武威职业学院	教授	2022.12.16	自主评审
15	魏显文	武威职业学院	教授	2022.12.16	自主评审
16	梁殿哲	武威市凉州医院	主任医师	2022.12.30	
17	严培虎	武威市凉州医院	主任医师	2022.12.30	
18	陈树萍	武威市凉州医院	主任医师	2022.12.30	
19	查高刚	凉州区西关街社区卫生服务中心	主任药师	2022.12.30	破格
20	杨志华	凉州区怀安镇卫生院	主任医师	2022.12.30	
21	周正善	凉州区西营河水利管理处	正高级工程师	2022.12.29	
22	李兴斌	凉州区疾病预防控制中心	主任医师	2022.12.30	

续表 13

序号	姓　名	工作单位	取得资格名称	取得资格时间	备注
23	满世军	凉州区疾病预防控制中心	主任医师	2022.12.30	
24	张玉存	凉州区水电勘测设计队	正高级工程师	2022.12.29	
25	徐青霞	民勤县水土保持工作站	正高级工程师	2022.12.29	破格
26	王兆武	民勤县水土保持工作站	正高级工程师	2022.12.29	破格
27	樊泽民	民勤县文化馆	研究馆员	2022.12.30	破格
28	薛永盛	民勤县规划技术保障中心	正高级工程师	2022.12.30	破格
29	王银香	民勤县中医院	主任医师	2022.12.30	
30	王开琦	民勤县中医院	主任医师	2022.12.30	
31	李世忠	古浪县水务技术推广中心	正高级工程师	2022.12.29	
32	张荣华	古浪县人民医院	主任医师	2022.12.30	
33	祁俊堂	天祝藏族自治县华藏林场	正高级工程师	2022.12.29	
34	崔德荣	天祝藏族自治县交通运输综合行政执法队	正高级工程师	2022.12.27	
35	马福昌	天祝藏族自治县交通运输综合行政执法队	正高级工程师	2022.12.27	破格
36	孔宪寿	天祝藏族自治县人民医院	主任医师	2022.12.30	
37	王战民	天祝藏族自治县疾病预防控制中心	主任医师	2022.12.30	
38	托有德	天祝藏族自治县农牧业机械技术推广站	正高级工程师	2022.12.29	破格
39	李　玉	天祝藏族自治县石门镇卫生院	主任医师	2022.12.30	

（市人社局）

附　录

武威市组织机构及主要负责人名录

（2022 年 1 月 1 日至 12 月 31 日）

中共武威市委员会

书　记：柳　鹏
副书记：王国斌
　　　　曾国俊
常　委：白振海（2022 年 7 月免）
　　　　朱斯炜
　　　　关维斌
　　　　赵有翼（2022 年 11 月任）
　　　　姜旭云（女，挂职，2022 年 5 月免）
　　　　孙光慧（女）
　　　　李万岳（藏族）
　　　　王玉真（2022 年 11 月免）
　　　　周　勇（侗族）
　　　　李宏伟
　　　　景　瀚（2022 年 6 月挂职）
　　　　华　伟（2022 年 11 月任）
秘书长：李宏伟（2022 年 11 月免）
　　　　华　伟（2022 年 11 月任）

武威市人民代表大会常务委员会

主　任：马得明
副主任：陈福萍（女，2022 年 7 月免）
　　　　蔡宗鑫
　　　　邵新革
　　　　刘光美（女）
　　　　李天忠（2022 年 12 月任）

秘书长:杨青山

武威市人民政府

市　长:王国斌
副市长:白振海(2022年7月免)
李宏伟(2022年11月任)
景　瀚(2022年8月挂职)
姜旭云(女,挂职,2022年5月免)
陆世平
贾福祥
柳生坠(女)
陈一夫
刘爱君
秘书长:丁　煦(2022年3月免)
高加志(2022年7月任)

中国人民政治协商会议武威市委员会

主　席:鞠　毅
副主席:张浚潭
达文明
马扎西(藏族)
赵晓晖(女)
李昌廉(女)
秘书长:戴继春(2022年9月免)
马生威(2022年12月任)

市中级人民法院、检察院

市中级人民法院:党组书记、院长
张　瑗(女)
市人民检察院:党组书记、检察长　赵德金

县区党委、人大、政府、政协

凉州区委书记:李万岳(藏族)
凉州区人大常委会主任:俞天平
凉州区政府区长:崔振华
凉州区政协主席:徐兴平

民勤县委书记:李万权
民勤县人大常委会主任:李新润
民勤县政府县长:焦三牛
民勤县政协主席:王　军

古浪县委书记:苏国波
古浪县人大常委会主任:赵彦民
古浪县政府县长:杨琦玮(女)
古浪县政协主席:单俊阳

天祝县委书记:沈忠道
天祝县人大常委会主任:汪佐秀(女,东乡族)
天祝县政府县长:杨豪杰(藏族)
天祝县政协主席:孟寿堂

市纪委监委及市委工作部门、有关单位

市纪律检查委员会:书　记　孙光慧(女)
副书记　李元国(2022年4月逝世)
王永东(2022年8月任)
俞中山
张瑞良(女)
市监察委员会:主　任　孙光慧(女)
副主任　李元国(2022年4月逝世)
王永东(2022年9月任)
俞中山
张瑞良(女)
市委办公室:主任　谢宏杰
市党政专用通信局:局长　韩吉永
市委组织部:部　长　关维斌
常务副部长　李长禄
市委宣传部:部　长　周　勇(侗族)
常务副部长　林艳军(女,2022年1月任)
市委讲师团:团长　张生龙(2022年11月免)
蔡生菊(女,藏族,2022年11月任)
武威日报社(2022年3月,因推进全省媒体深度融合发展需要,设立市融媒体中心,撤销武威日报社):
总编辑　苏积锐(2022年1月免)
孟胜虎(2022年1月任,2022年7月免)
市委统战部:部　长　王玉真(2022年11月免)
赵有翼(2022年11月任)
常务副部长　于兴虎
市委政法委:书　记　曾国俊
常务副书记　连林中
市社会治安综合治理中心:
主任　席海俊(藏族)
市委政策研究室:
主任　雷会民(2022年1月任)
市委网络安全和信息化委员会办公室(市互联网信息办公室):主任　靳平生
市委机构编制委员会办公室:主任　刘景鹏
市委直属机关工作委员会:
书　记　关维斌(兼)
常务副书记　严忠山
市信访局:局长　盛国忠
市委巡察工作领导小组办公室:主任　刘俊涛
市委机要和保密局:局长　李全锦
市委老干部局:局长　辛舜尧(2022年7月免)
李慧林(女,2022年7月任)
市精神文明建设指导委员会办公室:
主任　王　晓(女)
市档案馆:馆长　赵玉梅(女,2022年1月任)
市委党校(市行政学院):
校　长(院　长)　关维斌(兼)
常务副校长(副院长)
王明德(2022年9月免)
王仕元(2022年9月任)
市委党史和地方志研究中心:主任　罗文擘
市新时代文明实践中心办公室(2022年3月设立):
主　任　周　勇(侗族,2022年7月任)
副主任　仲述祥(主持日常工作,2022年7月任)

人民团体

市总工会：

主　席　陈福萍（女，2022 年 7 月免）
　　　　邵新革（2022 年 8 月任）

党组书记、常务副主席
　　　　高小华（女，2022 年 7 月免）
　　　　康金莲（女，2022 年 8 月任）

共青团武威市委：书记　马维斌

市妇女联合会：

党组书记、主席　康金莲（女，2022 年 7 月免）
　　　　　　　　刘玉华（女，2022 年 8 月任）

市科学技术协会：党组书记、主席　魏家仁

市文学艺术界联合会：

党组书记、主席　林艳军（女，2022 年 1 月免）
　　　　　　　　李　红（女，2022 年 1 月任党组书记，2022 年 2 月选举为主席）

市工商业联合会（民间商会）：

主席（会长）　陈一夫［2022 年 4 月选举为主席（会长）］

党组书记、常务副主席（副会长）　赵卫忠

市归侨侨眷联合会：党组书记　马　昆（兼）
　　　　　　　　　　主　　席　赵永庆

市人大常委会工作机构

市人大常委会办公室（研究室）：

主任　高加志（2022 年 7 月免）
　　　孙立成（2022 年 7 月任）

市人大常委会法制工作委员会：主任　张　栋

市人大常委会财经预算工作委员会：

主任　马忠民

市人大常委会民侨内务司法工作委员会：

主任　邹英俊（女）

市人大常委会城建环境资源工作委员会：

主任　王秀丽（女，2022 年 7 月免）
　　　王明德（2022 年 9 月任）

市人大常委会农业农村工作委员会：

主任　杨世龙

市人大常委会教育科学文化卫生工作委员会：

主任　马尚杰

市人大常委会代表人事工作委员会：

主任　施永祥

市政府工作部门及事业单位

市政府办公室（市委外事工作委员会办公室、市政府外事办公室、市大数据管理局）：

市政府机关党组书记　丁　煦（2022 年 3 月免）
　　　　　　　　　　高加志（2022 年 7 月任）

市政府办公室主任　　孙立成（2022 年 7 月免）
　　　　　　　　　　张　彦（2022 年 7 月任）

市政府政务服务中心：主任　党　红（女）

市政府驻北京联络处：主任　王　辉（女）

市政府驻兰州办事处：

主任　马旭斌（2022 年 1 月任）

市政府驻新疆办事处：主任　（空缺）

市发展和改革委员会（市能源局、市政府国防动员办公室）：党组书记、主任　马世友

市信息中心：

主任　安万秀（2022 年 11 月免）

市区域经济发展研究中心：

主任　冯硕安（女）

市教育局：党组书记、局长

马生威（2022 年 9 月免）
王　娟（女，2022 年 9 月任）

市教育考试院：院长　徐胜文

市教育科学研究所：所长　赵文强

武威一中：

党委书记　李建民（2022 年 11 月任）

校　　长　李建民（2022 年 11 月免）
何鹏国（2022 年 11 月任）

武威二中：

党委书记　潘发吉（2022 年 11 月任）

校　　长　潘发吉（2022 年 11 月免）

武威十五中：

党委书记　马　勇（2022 年 11 月任）

校　　长　马　勇（2022 年 11 月免）
张　斌（2022 年 11 月任）

武威十八中：

党委书记　祁子烈（2022 年 11 月任）

校　　长　祁子烈（2022 年 11 月免）
王　磊（2022 年 11 月任）

武威铁路中学：

党总支书记　王士斌（2022 年 11 月任）

校　　长　王士斌（2022 年 11 月免）
王兴科（2022 年 11 月任）

市科学技术局（市外国专家局）：

党组书记、局长　宁生国（2022 年 7 月免）
高小华（女，2022 年 7 月任）

市工业和信息化局：党组书记、局长　刘立新

市民族宗教事务委员会：

党组书记、主任　王贤德

市公安局：党委书记、局长　贾福祥
常务副局长　胡生永

市公安局交通警察支队：

支队长　胡生永（2022 年 2 月免）
胡兆勇（2022 年 2 月任）

政　委　尚忠元（2022 年 7 月免）
银耀邦（2022 年 7 月任）

市公安局森林分局（市公安局森林警察支队）：

局长（支队长）　赵长龙（2022 年 9 月免）
刘武德（2022 年 9 月任）

市民政局：党组书记、局长　付德永

市社会福利院：院长　韩应平

市司法局：党组书记、局长　姜立新

市财政局：党组书记、局长　杜国万

市财政投资绩效评价中心：主任　杨财林

市人力资源和社会保障局：

党组书记、局长　陈昱川

市人才交流开发服务中心：

主任　赵　磊（兼）

市就业服务局：局长　魏　斌

市社会保险事业服务中心：主任　朱海清

市自然资源局（市不动产登记管理局）：

党组书记、局长　杨　璐

市不动产登记事务中心：

主任　方学儒（2022 年 1 月任）

市生态环境局：党组书记、局长　张有恒

市生态环境保护综合行政执法队：

队长　袁得功

市住房和城乡建设局（市人民防空办公室、市城市管理执法局）：党组书记、局长　仲生爱

市园林绿化服务中心：主任　侯世泽

市房产服务中心：

主任　胡永新（2022 年 7 月免）
文丰年（2022 年 7 月任）

市交通运输局：党组书记、局长　陈德义

市交通运输综合行政执法队：队长　韩世泰

市道路运输管理局：局长　徐生贵

市水务局：党组书记、局长　张兴芳

市水政执法支队：支队长　曹军元

市水利科技推广中心（市中心灌溉实验站）

（2022 年 9 月原市水利综合事务中心更名为

市水利科技推广中心）：主任　毕文涛
市农业农村局：
党组书记、局长　李天忠（2022年12月免）
市农业技术推广中心：主任　穆连军
市农业综合行政执法队：队长　刘光胜
市畜牧兽医总站：站长　赵咏中
市农业科学研究院：院长　任成梁（藏族）
市畜牧兽医科学研究院：
院长　张金学（2022年1月任）
市农产品质量安全监督管理站：
站长　陆国文（2022年11月任）
市商务局：
党组书记、局长　张　彦（2022年7月免）
潘多民（2022年7月任）
市对外经济贸易发展服务中心：
主任　田玉和（2022年9月免）
宋志隽（2022年9月任）
市文体广电和旅游局（市文物局）：
党组书记、局长　魏红霞（女）
市书画院：院长　齐泽山（2022年2月任）
市文化市场综合行政执法队：队长　李天伟
市体育运动学校：校长　王　栋
市文物考古研究所：所长　郭　祥
市"金色大道·马踏飞燕"大景区管委会：
主任　许建武
市卫生健康委员会（市中医药管理局）：
党组书记、主任　李　召
市计划生育协会：会长　（空缺）
市人民医院：党委书记　杨天琳（女）
院　　长　王世中
甘肃省武威肿瘤医院（武威医学科学研究院）：
党委书记　张伟鸿（女）
院　　长　叶延程
市第二人民医院：
党委书记　张建喜（2022年7月免）
唐兴文（2022年7月任）
院　　长　张建喜（2022年7月免）
杨峻山（2022年7月任）
市中医医院（武威职业学院附属中医医院）：
党委书记　牛玉森
院　　长　张天德
市疾病预防控制中心：主任　陈　钢
市中心血站：
站长　蔡清华（女，2022年2月免）
王　磊（2022年2月任）
市卫生计生委综合监督执法局：局长　周　镕
市保健局：局长　唐兴文（2022年7月免）
张建喜（2022年7月任）
市红十字会：会长　（空缺）
市爱国卫生运动委员会办公室：主任　（空缺）
市退役军人事务局：党组书记、局长　付　国
市应急管理局：党委书记、局长　王　举
市安全生产执法监察支队（2022年4月组建市应急管理综合行政执法队，撤销市安全生产执法监察支队）：
支队长　王国栋（2022年7月免）
市应急管理综合行政执法队（2022年4月设立）：队长　王　举（2022年7月兼任）
市审计局：党组书记、局长　李林山
市政府国有资产监督管理委员会：
党委书记、主任　赵玉忠
市林业和草原局（市绿化委员会办公室）：
党组书记、局长　王　峥
市林业综合服务中心：主任　王多文
市石羊河林业总场：党委书记、场长　高柏山
国家林业局甘肃濒危动物保护中心（钱学森沙产业中心实验室）：主任　张强威
市林业科学研究院：院长　张勤德
市市场监督管理局（市食品安全委员会办公室、市知识产权局）：党组书记、局长　韩永生

市市场监督综合行政执法队：
队长　王照陆（2022 年 1 月免）
　　　赵玉年（2022 年 1 月任）
市食品检验检测中心：主任　陈春林
市药品检验检测中心：主任　张吉鸿
市统计局：党组书记、局长　丁锡斌
市乡村振兴局：
党组书记、主任　王仕元（2022 年 9 月免）
　　　　　　　　杨昆山（2022 年 9 月任）
市政府金融工作办公室：
　　　　　　　　党组书记、主任　朱红艳（女）
市机关事务管理局：
党组书记、局长　刘玉华（女，2022 年 7 月免）
　　　　　　　　辛舜尧（2022 年 7 月任）
市医疗保障局：党组书记、局长　张浩晓
市粮食和物资储备局：党组书记、局长　王　宏
市政府研究室：
党组书记、主任　秦建山（2022 年 1 月免）
　　　　　　　　杨书元（2022 年 1 月任）
市招商局：
党组书记、局长　潘多民（2022 年 7 月免）
　　　　　　　　宁生国（2022 年 7 月任）
市地震局：党组书记、局长　陈万能
市供销社：党组书记、主任　刘向东
市残疾人联合会：党组书记、理事长　王才甲
市住房公积金管理中心：
党组书记、主任　董建国
市公共资源交易中心：
党组书记、主任　王　力（2022 年 7 月免）
　　　　　　　　李志杰（2022 年 7 月任）
甘肃武威国家农业科技园区：
党工委书记兼管委会主任　刘建明
甘肃（武威）国际陆港：
党工委书记、管委会主任　（空缺）
市凉州文化研究院：党组书记、主任　张国才
市广播电视台（2022 年 3 月，因推进全省媒体深度融合发展需要，设立市融媒体中心，撤销市广播电视台）：
台长　苏积锐（2022 年 1 月免）
　　　孟胜虎（2022 年 1 月任，2022 年 7 月免）
甘肃武威工业园区：
党工委书记兼管委会主任　潘多明（2022 年 2 月免）
　杨昆山（2022 年 2 月任，2022 年 11 月免）
　丁国珍（2022 年 11 月任）
市大数据中心（2022 年 5 月原市大数据服务中心更名为市大数据中心）：主任　胡斌彦
市融媒体中心（2022 年 3 月设立）：
党组书记、主任（总编辑）
　孟胜虎（2022 年 7 月任，2022 年 11 月免）
　陈国锋（2022 年 11 月任）
市长城文化保护研究中心（2022 年 10 月设立）：主任　（空缺）
武威职业学院：党委书记、院长　赵　明

市政协工作机构

市政协办公室：主任　张生春
市政协经济委员会：主任　李健斌
市政协提案社会法制委员会：主任　吴子胜
市政协民族宗教和三胞联谊委员会：
主任　李万德（藏族）
市政协农业和农村委员会：主任　赵德斌
市政协教科卫体委员会：
主任　李忠民（2022 年 7 月免）
　　　王　力（2022 年 7 月任）
市政协文化文史资料和学习委员会：
主任　陶志会（2020 年 11 月免）
　　　田　茂（2022 年 11 月任）

市政协委员工作委员会：主任　楼　晖（女）
市政协环境资源委员会：主任　梁开军

民主党派

中国国民党革命委员会武威市委员会：
主委　严世明
中国民主同盟武威市委员会：
主委　牛生葆（女）
中国民主建国会武威市委员会：
主委　刘光美（女）
中国民主促进会武威市委员会：主委　王守荣
中国农工民主党武威市委员会：
主委　李昌廉（女）
九三学社武威市委员会：主委　胡斌彦

县区管理县级单位

甘肃武威黄羊工业园区：
党工委书记　丁国珍（2022 年 11 月免）
　　　　　　麻再辉（2022 年 11 月任）
管委会主任　祁永军
凉州工业园区：
党工委书记兼管委会主任　梁宗贤
景电二期延伸工程民勤指挥部：
指挥　刘　英（女，2022 年 2 月免）
　　　赵新民（2022 年 2 月任）
武威民勤红沙岗能源化工工业集中区：
党工委书记兼管委会主任
　麻再辉（2022 年 11 月免）
　张晓宏（藏族，2022 年 11 月任）
景电二期工程古浪灌区指挥部：指挥　齐　强
武威古浪工业集中区：
党工委书记兼管委会主任　白玉春
天祝三峡国家森林公园管委会：
主任　王　娟（女，兼，2022 年 9 月免）
　　　朱武林（2022 年 9 月任）
武威天祝金强工业集中区：
党工委书记兼管委会主任　赵永福（藏族）

市属国有企业

市新闻传媒集团有限公司（2022 年 3 月撤销）：
党委书记、董事长　苏积锐（2022 年 1 月免）
　　　　　　　　　孟胜虎（2022 年 1 月任，
　　　　　　　　　2022 年 7 月免）
　　　　总经理　蔡　龙（2022 年 7 月免）
市文化旅游发展（集团）股份有限公司：
董事长　宋志隽（2022 年 9 月免）
总经理　吕吉贵
市经济发展投资（集团）有限公司：
党委书记、董事长　崔国斌
　　　　总经理　陶　明
武威交通投资（集团）有限公司：
董事长　赵永年
武威国有资产投资经营有限公司：
董事长　许国瑞
市第二粮油储备库有限公司：
董事长　马　诚（2022 年 9 月免）
　　　　李国栋（2022 年 9 月任）
市中小企业融资担保有限公司：
董事长　张万禄（2022 年 9 月免）
总经理　单利年
市生态建设（集团）有限公司：
董事长　李元臻（2022 年 11 月免）
　　　　李兴波（2022 年 11 月任）
总经理　张晓华（2022 年 2 月免）

丁虎武（2022年9月任）

市特种设备检验所有限责任公司：

董事长 （空缺）

市质量计量检验检测有限责任公司：

董事长 （空缺）

市天马行大数据运营有限公司：

董事长 （空缺）

市规划测绘设计研究院有限公司：

董事长 李万奎

市融媒文化传播有限公司（2022年3月设立）：

董事长兼总经理 蔡 龙（2022年11月任）

（市委组织部）

政府工作报告

——2022 年 12 月 13 日在武威市第五届人民代表大会第二次会议上

武威市市长　王国斌

各位代表：

现在，我代表市人民政府，向大会报告工作，请予审议，并请市政协委员和列席人员提出意见。

2022 年工作回顾

今年是新一届政府依法履职的第一年，也是我们凝心聚力、奋发进取的一年。面对严峻复杂的发展环境和疫情影响，我们坚持以习近平新时代中国特色社会主义思想为指导，全面贯彻党的十九大和十九届历次全会精神，深入学习宣传贯彻党的二十大精神，认真贯彻落实省第十四次党代会和市第五次党代会部署，坚持“三新一高”导向，坚决落实“疫情要防住、经济要稳住、发展要安全”的要求，坚定不移走生态优先、绿色发展之路，奋力拼搏、埋头苦干，全市经济社会高质量发展取得新成效。

一年来，我们全力以赴保主体、稳增长，经济运行逆势而进。统筹疫情防控和经济社会发展，认真落实国家和省上稳经济一揽子政策，细化制定 11 个方面 55 条具体措施，把保市场主体作为稳经济的关键，配套出台组合式税费支持细则，为市场主体留抵退税 18.1 亿元，延缓缴纳税费 1.9 亿元，减免税费 6221 万元，发放和减免稳岗返还补助资金 8900 万元，支持 3.5 万户市场主体获得“甘肃信易贷”融资 52.9 亿元，竭尽全力惠企纾困。新增市场主体 1.8 万户、规上工业企业 21 户、服务业企业 62 户。实施强科技、强工业、强县域行动，努力引入增量、增强能量、做大总量，推动经济运行逆势而进、稳步提质。上半年获省政府高质量发展重点工作“进步奖”。前三季度，全市实现生产总值 461.8 亿元，增长 5.6%、居全省第 6 位；一产增加值增长 6.4%、居第 1 位；规上工业增加值增长 9%、居第 5 位；固定资产投资增长 15.6%、居第 2 位；社会消费品零售总额增长 4.3%、居第 6 位；一般公共预算收入同口径增长 12.1%、居第 7 位；一般公共预算支出增长 24.2%、居第 3 位；城镇居民人均可支配收入增长 4.7%、居第 5 位；农村居民人均可支配收入增长 6.5%、居第 7 位。预计全年实现生产总值 650 亿元以上、增长 5.5%，固定资产投资增长 15%，一般公共预算收入同口径增长 5%，城乡居民人均可支配收入分别增长 5%、7%。

一年来，我们发挥优势锻长板、强产业，集群效应加速释放。发挥风光资源富集、特色农业领先、文旅资源丰厚等比较优势，确定 7 条重点产业链，攻坚突破引培“链主”，持续发力打造“链条”，不断完善“链长”机制，推动形成更具竞争力的现代产业格局。新能源蓬勃发展。实施新能源及装备制造产业链项目 38 项、总投资226亿元。开工建设风光电项目360万千瓦，年底并网125万千瓦，装机规模累计达到465万千瓦。创新“板上发电、板下种植、板间养殖、治沙改土、特色旅游”光伏治沙模式，治理沙漠8万亩。90米级大兆瓦风机叶片、智能风机总装、光伏组件等项目建成投产，风机整装全套生产能力初步形成。新能源及装备制造产业实现产值62亿元，是去年的3倍。奶产业集群成势。依托龙头企业，招大引强，延伸带动上下游关联产业，初步形成乳制品、奶牛养殖、饲料加工、生物医药、彩印包装、物流物联等奶产业集群，奶牛存栏达到10万头、增长41%，居全省第1位，奶业全产业链产值突破60亿元、增长71%。食品工业延链拓展。坚持前端抓规模夯基础、中端抓加工促增值、后端抓市场提效益，深化拓展肉牛、肉羊、生猪、食用菌、粮食、蔬菜6个分产业链，食品工业全产业链产值达到318亿元，增长16.9%。特色医药补链加速。从药源基地建设、中药材加工、市场流通、品牌培育等方面发力，实施10万亩中药材种植产业园、5000万盒宣肺止嗽合剂生产线项目，与甘肃药投集团合作建立医药物流配送体系，祖师麻膏药、宫瘤宁片等3个品种被列为陇药大品种大品牌目录。生态环保成链增效。坚持生态产业化方向，实施污染防治、垃圾资源化利用等项目35个，完成投资16.1亿元。以凉州静脉产业园为龙头的生活垃圾焚烧发电、建筑垃圾资源化利用全链条，以畜禽粪污、尾菜秸秆资源化利用为重点的农业废弃物循环产业链初步构建。文旅产业蓄势待发。雷台文旅综合体、历史文化街区即将建成，“凉州会盟”纪念地项目前期工作加快推进。实施重点文旅项目22个、完成投资19.2亿元，优势资源“布点串线”“串珠成链”。我市被新华网评为“最具文化魅力城市”。数字经济赋能聚力。围绕民生服务、产业发展、城市治理等领域，构建数字经济发展体系。新建5G基站645个、累计建成1784个，建成现代农业技术服务中心（MAP）、数字化车间、万头智慧牧场，“天马行”“金融通”“文旅通”上线运营，应用场景不断拓展。

一年来，我们千方百计扩投资、促消费，发展基础夯实加固。确定高质量发展重大项目248个，完成投资320亿元、比去年增加140亿元，11个省列重大项目超额完成年度目标任务。资金争取成效明显。深研国家政策，紧盯资金投向，提高项目储备质量，争取中央预算内资金18.5亿元、增长20.1%，争取专项债券资金39.9亿元、增长81.5%，有力支持学校、医院、养老服务中心、城市基础设施等152个民生项目建设。重大项目快速推进。兰张三四线铁路中川机场至武威段控制性工程新乌鞘岭隧道提前2个月贯通，路基、桥梁工程提前完成计划进度，武威东、古浪北、天祝西3个高铁站房全部开工。北仙高速西渠至武威段通车运行，武威至仙米寺段完成投资13.5亿元，路基拉通80%。民勤通用机场站坪和跑道工程基本完工。引大入秦延伸增效工程列入国家《“十四五”水安全保障规划》，可研报告编制、现场勘察设计等前期工作加快推进。总投资18亿元、总容积2000万方的凉州区调蓄水池工程进展顺利，其中西营五干片区2座调蓄水池建成蓄水，全部建成后可形成4河13池水系连通网，实现丰蓄枯用、跨灌区调剂。总投资15.4亿元的西气东输四线武威段工程完成年度建设任务。招商引资创新突破。拓展招商渠道，开展产业链精准招商，发挥新能源指标竞配政策撬动效应，引进落地一批新能源产业链项目。借助海内外侨界人士力量，成功举办外向型经济云招商推介会，组织“侨领侨商武威行”活动，全年招商引资签约金额300.5亿元，是去年的2.2倍，落实招商引资到位资金295亿元、增长26%。社会消费企稳回升。全力对冲疫情影响，提振消费信心，出台促进服务业领域困难行业恢复发展41条政策措施，投入资金1025万元开展消费促进活动。发展线上线下融合消费，完成电商交易35.8亿元、增长19.3%。我市入选“全国绿色货运配送示范工程”创建城市。

一年来，我们乘势而上强根基、促增收，乡村振兴奋力推进。现代农业量质齐升。“8+N”优势主导产业产值占农业总产值的比重达75%，同比提高5个百分点。牛、羊、猪饲养量增长10.6%，蔬菜产量增长6.6%。新认证“三品一标”7个，累计达332个、居全省第3位，新增“甘味”品牌11个，建成粤港澳大湾区“菜篮子”生产基地4个，农产品外销量达70%以上。农业增加值连续9年稳居全省第一。农村居民人均可支配收入的近六成来自特色产业。粮食安全保障有力。新建高标准农田47万亩、累计建成226.4万亩，整治撂荒地42万亩；粮播面积达到241万亩，粮食产量124万吨，超额完成年度任务。大豆玉米带状复合种植机械化技术被树为全国典型。乡村建设全面推进。编制实用性村庄规划747个，坚持典型示范、面上推广，建设省级示范村34个，完成农房抗震改造1万户，实施生态及地质灾害避险搬迁3343户，新改建农村公路2054千米，农村集中供水率达到93%。坚持党建引领，加强乡村治理，农村社会和谐有序。民勤县入选创建国家乡村振兴示范县。脱贫成果巩固提升。加强动态监测和精准帮扶，返贫致贫风险动态清零。落实各级财政衔接资金15.8亿元、耕地占补平衡指标交易资金3.1亿元，东西部协作和中央单位定点帮扶资金1.2亿元，易地扶贫搬迁后续成效明显，获国务院大督查通报表扬。

一年来，我们久久为功增绿色、筑屏障，生态建设纵深推进。认真践行习近平生态文明思想，统筹山水林田湖草沙系统治理，保护祁连山，呵护石羊河，美丽武威建设取得新进展。绿色底蕴厚植显效。加快民勤生态示范区建设、八步沙区域生态治理，天祝县纳入全省青藏高原生态保护和可持续发展先行区。完成防沙治沙15.9万亩、人工造林24.1万亩，建设碳汇储备林5.1万亩，实施国土绿化提质增效12.7万亩，治理退化草原89万亩，我市成功创建省级森林城市。凉州城区空气质量达到国家标准，国控、省控断面及集中式饮用水水源地水质全部达标，土壤环境质量总体良好。河湖管护创新升级。全面启动建设全流域美丽幸福河湖，实施“五赋两转一打造”工程，完成79条市级河流、18座湖库划界和岸线规划编制，开展水生态综合治理、妨碍河道行洪突出问题整治、河湖“清四乱”和健康评价工作，金强河成功创建为省级美丽幸福河湖，石羊河全国示范河湖成果巩固拓展。

一年来，我们坚定不移抓改革、扩开放，发展活力竞相迸发。关键改革持续推进。国企改革三年行动任务基本完成。农村土地“三权分置”、集体产权制度改革不断深化。行政复议体制改革走在全省前列。营商环境持续优化。武威工业园区获评国家级绿色工业园区，民勤红沙岗工业集中区、古浪工业集中区升级为省级开发区。数字政府12个系统平台在全省率先上线，政务服务事项全程网办率达到95%，企业开办压缩至1个工作日，设立登记事项即来即办。及时协调解决企业用工、用能、融资、保通保畅等问题，积极为企业排忧解难。城市信用监测排名跃居全国第33位。市政务服务中心荣获全国“人民满意的公务员集体”。开放空间持续拓展。武威国际陆港铁路集装箱场站建成投运。木材产业园开始“筑巢引凤”。开辟哈萨克斯坦（跨里海）—格鲁吉亚—土耳其—欧洲海铁联运南线新线路，开行武威—莫斯科国际货运班列，发运“天马号”21列，货运总值增长37.6%。新增外贸备案登记企业43家，累计达到387家，助推进出口总额快速增长。

一年来，我们用心用力惠民生、增福祉，社会大局和谐稳定。坚持以人民为中心的发展思想，始终把让老百姓过上好日子作为政府工作的出发点和落脚点，加大投入力度，着力为群众办实事办好事。为民实事高效办结。民生支出占一般公共预算支出的84.3%，高于全省4.3个百分点。市、县区投入财政资金17.8亿元，有力支持省市列教育医疗、乡村道路、农房改造、城市建设等为民实事。在全省率先推行“互联网+不动产登记”，7.5万户群众拿到了期盼已久的不动产权证，“登记难”问题将成为历史。成功争取实施北方地区冬季清洁取暖项目，获中央预算内补助资金9亿元支持，将有效改善17.8万户城乡居民的供暖条件。连续5年提前供暖，民生温度持续提升。就业社保稳中有升。落实稳就业政策，发放就业补助1.2亿元，开展职业技能培训3.1万人次，城镇新增就业1.8万人，富余劳动力转移就业40.3万人。兜底保障水平巩固提升，城乡低保、居民养老保险待遇逐年提标，建成乡镇（街道）综合养老服务中心13个、托幼机构5所。教育事业全面发展。全力保障教育用地，倾斜安排资金，加大校舍建设力度，新增园位、学位5200个，基础教育扩容提质步伐加快。“双减”政策全面落实，义务教育阶段学科类培训机构全部压减。教育教学质量明显提升，高考“双一流”大学和本科总体录取率稳步提高。加强校企合作，加大技能型人才培养力度，职业教育发展取得新成效。卫生服务公平可及。健全公共卫生服务体系，市妇幼健康服务中心、方舱医院建成投用，市、县区综合医院区域医学中心、急危重症救治中心全部建成，医疗服务能力明显提升。完善中医药服务体系，基层医疗机构中医馆实现全覆盖。重离子中心累计治疗患者656例，品牌效应日益扩大。基本医保按病种分值付费全国试点工作获评“优秀”等次。文体发展成果丰硕。《梦幻凉州》央视首播、入选优秀国产纪录片推荐目录，舞蹈《凉州攻鼓子》获中国民间文艺“山花奖”，电影《八步沙》获第34届金鸡奖提名。市博物馆天梯山石窟专题展获全省博物馆陈列展览“精品奖”。成立长城文化保护研究中心。市融媒体中心挂牌运营。市体育场建成投用。我市运动健儿在十五届省运会上取得佳绩。城市建设成色提升。着力打造德城、文城、绿城、清城、智城“五城”品牌，深入开展群众性精神文明创建活动，颁布实施《武威市文明行为促进条例》，全国文明城市创建深入推进。改造老旧小区193个、1.3万户，建设保障性住房4179套。新建城市小游园15个，新增和提质改造城市绿地156万平方米。打通“断头路”、整治背街小巷37条。新建停车场16个，开展“一难两乱”专项整治，新增盘活停车泊位3.3万个。社会治理全面加强。安全生产专项整治三年行动成效明显。食品药品安全监管进一步加强。以铸牢中华民族共同体意识为主线，促进各民族交往交流交融，全国民族团结进步示范市创建工作取得阶段性成效。宗教事务管理法治化水平不断提升。扫黑除恶、反恐防暴、信访维稳有力推进，我市获评平安甘肃建设示范市。

国防动员和后备力量“三项基础”建设得到加强。人民防空、双拥共建、退役军人工作持续强化。老龄、工会、青少年、妇女儿童、残疾人、红十字、慈善、关心下一代等事业成效明显。

统计调查、外事、侨务、气象、地震预防、机关事务管理、邮政、档案、保密、供销、科协、工商联、地方志等工作取得新进展。

今年，面对两轮疫情冲击，我们坚持“人民至上、生命至上”，坚持“外防输入、内防反弹”总策略和“动态清零”总方针不动摇，坚决贯彻第九版防控方案，认真落实二十条优化措施和新十条措施，统筹全市资源，众志成城、齐心抗疫，坚决果断、以快制快，科学精准做好核检、筛查、流调、转运、隔离、治疗等工作，最大程度保护人民群众生命安全和身体健康，最大限度减少疫情对经济社会发展的影响，疫情防控取得阶段性胜利。广大医护人员、公安民警、社区工作者、志愿者坚守一线、日夜奋战，市、县区15000多名党员干部下沉社区、助力抗疫，2000多名医护人员向疫而行，支援省内外疫情防控。他们舍小家、顾大家，顶酷暑、冒严寒，付出了艰辛努力，体现了责任担当。在此，我代表市人民政府向他们表示衷心的感谢！

一年来，我们旗帜鲜明讲政治、重法治，自身建设不断加强。认真学习宣传贯彻党的二十大精神，扎实推进党史学习教育常态化长效化，从百年党史中汲取智慧力量，从新时代十年伟大变革中深刻领悟“两个确立”的决定性意义，政府系统各级干部增强“四个意识”、坚定“四个自信”、做到“两个维护”，贯彻落实党中央决策部署更加有力。加强法治政府建设，坚持“学法一刻”制度，落实重大行政决策法定程序，提请市人大常委会审议《武威市城市绿化条例》、修正《武威市防沙治沙条例》，制定《武威市城市垃圾分类管理办法》。自觉接受市人大及其常委会法律监督、工作监督和市政协民主监督，向市人大常委会提请审议国有资产、财政预算、节约用水、高质量发展等15个专题工作报告，认真落实市人大调研视察、执法检查反馈意见，市政协参政议政、基层民主协商意见，73件人大代表建议、110件政协提案全部办复。强化审计监督，促进增收节支1960万元。认真履行全面从严治党主体责任，严格落实中央八项规定精神及省委、市委实施细则，力戒形式主义、官僚主义，有效整改涉粮专项巡视、生态环保督察、安全生产督导检查等反馈问题，干部作风持续转变。

各位代表，奋斗伴随艰辛，汗水凝结收获。这些成绩的取得，得益于以习近平同志为核心的党中央掌舵领航，得益于习近平新时代中国特色社会主义思想科学指引，得益于省委、省政府和市委的坚强领导，得益于市人大和市政协的监督支持，也是全市广大干部群众团结一心，拼出来、干出来、奋斗出来的！在此，我谨代表市人民政府，向全市各族人民，向人大代表、政协委员、离退休老干部，向各民主党派、工商联、无党派人士、各人民团体，向驻武人民解放军、武警官兵、消防救援队伍、中央和省属在武单位，向所有关心支持武威发展的社会各界和媒体朋友，表示衷心感谢和崇高敬意！

同时，我们也清醒地认识到，经济社会发展中还存在一些问题。生态环境脆弱，资源性、结构性缺水问题依然突出；县域发展不够充分，地方财力薄弱，政府债务负担较重；受疫情反复冲击影响，产业链供应链持续承压，稳定经济增长压力较大；政府一些部门工作作风不够实、担当精神不够强，与高质量发展的要求还不相适应。对这些问题，我们将高度重视，认真加以解决。

2023年工作目标和重点任务

2023年是全面贯彻落实党的二十大精神的开局之年，也是实施“十四五”规划的关键之年，做好经济社会发展工作，意义特殊而重要。党的二十大擘画了中国式现代化宏伟蓝图，发出为全面推进中华民族伟大复兴而团结奋斗的动员令，为加快建设现代化新武威指明了前进方向，提供了行动指南。我们要把深入学习宣传贯彻党的二十大精神作为首要政治任务，全面学习、全面把握、全面落实，扛起新使命、彰显新作为，在新的赶考路上交出优异答卷。

根据市委部署，政府工作的总体要求是：坚持以习近平新时代中国特色社会主义思想为指导，全面学习贯彻党的二十大精神，深入贯彻落实习近平总书记对甘肃重要讲话和重要指示批示精神，统筹推进"五位一体"总体布局、协调推进"四个全面"战略布局，坚持稳中求进工作总基调，准确把握"三新一高"要求，把高质量发展作为现代化建设首要任务，积极融入"一核三带"区域发展格局，深入实施强科技、强工业、强县域行动，坚定不移走生态优先、绿色发展之路，突出做好稳增长、稳就业、稳物价工作，加快建设经济强市、生态大市、文化旅游名市，全力打造生态美、产业优、文化兴、百姓富的幸福美好新武威，努力构筑河西走廊经济社会高质量发展桥头堡，奋力谱写全面建设社会主义现代化武威新篇章。

经济社会发展的主要预期目标是：地区生产总值增长6.5%以上。规上工业增加值增长7%，固定资产投资增长11%，社会消费品零售总额增长6.5%，一般公共预算收入增长6%左右，城乡居民人均可支配收入分别增长6.5%、8%，居民消费价格指数涨幅控制在3%以内。单位生产总值能耗及主要污染物总量减排控制在省上下达的目标之内。

经过多年的不懈奋斗，武威已经站在新的发展起点，进入国家重大战略叠加和自身发展势能增强的交汇期，经济社会发展的方位和特征、基础和条件、氛围和态势发生明显变化，处于赶超进位的关键阶段，迎来了大有可为、加快发展的重要窗口期。我们战略机遇利好叠加，随着新时代推进西部大开发形成新格局、黄河流域生态保护和高质量发展、共建"一带一路"等重大战略深入实施，国家在沙漠、戈壁、荒漠地区布局建设大型风光电基地，实施陇电入浙工程，省上支持河西走廊经济带建设等政策效应加快释放，我市作为生态屏障、能源基地、开放枢纽、战略通道的特殊功能定位愈发凸显，有利于我们拓展发展新空间、塑造竞争新优势、融入发展新格局。我们发展动能显著增强，近年来，我市新能源产业异军突起，奶产业和食品工业蓄势勃发，规上工业连续两年保持强劲增长，工业对经济发展的支撑作用明显增强，步入百亿产业集聚成势、新兴产业扩能崛起、传统产业转型升级、外向型经济快速发展的重要时期。面对新形势新任务，我们要以实干抢抓机遇，用担当书写精彩，奋力在现代化建设新征程上抢先机、开新局、赢未来。

2023年，重点抓好以下8个方面工作：

（一）坚持绿色工业引领，加快构建现代产业体系。实施绿色工业突破行动，用三年时间，加快推进工业经济扩量提质、转型升级、绿色低碳发展，到2025年实现"12345"目标。"1"即实现一个翻番，绿色工业总产值在2021年290亿元的基础上达到600亿元以上；"2"即推动两个下降，单位工业能耗和碳排放两个约束性指标比"十三五"末分别下降13.5%、18%；"3"即建成武威工业园区、民勤红沙岗工业集中区、凉州工业园区三个百亿级园区；"4"即培育新能源及装备制造、奶产业、特色农产品及食品加工、新材料四个百亿级产业集群；"5"即打造多能互补综合能源、河西走廊黄金奶源、优质绿色食品生产加工、河西地区重要新材料、特色医药制造五大产业基地。

加速新能源产业崛起。围绕打造多能互补综合能源示范基地，充分发挥我市7000万千瓦风光资源优势，按照三年建成2000万千瓦以上新能源发电装机目标，以凉州九墩滩、古浪黄花滩、民勤红沙岗、天祝松山滩为重点，统筹新能源开发和产业链构建，培育壮大百亿级新能源产业集群。2023年实施新能源续建项目235万千瓦，新开工220万千瓦，新增并网300万千瓦以上，“绿电”达到160亿千瓦时。开工建设黄羊抽水蓄能电站、陇电入浙 ±800千伏特高压直流输电工程、2×100万千瓦调峰煤电及配套750千伏武威北输变电工程，建成土门330千伏变电站，提高电网整体配送能力。引进实施新能源高端装备制造项目，推动已建成的风机总装、大兆瓦级叶片、光伏组件、逆变器等项目达产达标，力争新能源全产业链产值达到120亿元以上。

壮大奶产业集群规模。围绕打造河西走廊黄金奶源基地，坚持园区化、标准化、品牌化发展方向，支持凉州区、古浪县已建成牧场加大奶牛引进和繁育力度，支持民勤县引进龙头企业发展奶牛养殖，扩大优质饲草种植规模，2023年奶牛存栏达到14万头以上。坚持全环节提升、全链条增值，聚力打造百亿级奶产业集群。支持乳制品企业增线扩能，实现日加工鲜奶1800吨目标，带动饲料加工、彩印包装等上下游企业快速发展，力争奶业全产业链产值达到80亿元以上。

提升食品工业能级。围绕打造优质绿色食品生产加工基地，以精深加工为牵引，扩产能、增品种、提品质，大力发展休闲食品、肉制品、预制菜、啤酒精酿、甜菊糖、饲料加工产业，提高农畜产品加工转化增值能力，促进流通业和服务业繁荣活跃，推动一二三产融合发展，壮大百亿级特色农产品及食品加工产业集群，力争全产业链产值达到350亿元以上。

培优新材料产业集群。围绕打造河西地区重要的新材料生产基地，引进战略投资者，开发储能、可降解材料等高技术高附加值产品，加快碳化硅、电石等材料产业转型升级，形成百亿级新材料产业集群。2023年实施12万吨工业硅、3万片碳化硅衬底等项目，完成15条碳基材料生产线技改，盘活80万吨电石产能，续建年产200万吨水泥机质骨料生产线。

挖掘特色医药潜力。围绕打造特色医药制造基地，依托特药资源优势，建设绿色标准化药源种植基地7个，发展中药材20万亩以上，引进中药配方颗粒企业，做大做强药材加工产业。做强特药品牌，2023年建成5000万盒宣肺止嗽合剂生产线，实施祖师麻膏药二次开发项目，积极研发肉苁蓉、锁阳、藏药等新产品。发挥重离子医院辐射带动作用，谋划引进医疗装备制造项目，实现医疗装备制造“零”的突破。

（二）坚持农业农村优先发展，全面推进乡村振兴。统筹“五个振兴”，抓好乡村发展、乡村建设、乡村治理，建设宜居宜业和美乡村，推动农业农村现代化迈出新步伐。

守牢粮食安全底线。深入实施“藏粮于地、藏粮于技”战略，突出良种良法良技配套，确保粮食播种面积稳定在240万亩以上、总产量122万吨以上。落实最严格的耕地保护制度，推进撂荒地整治，争取实施整县域高标准农田建设试点，新建高标准农田40万亩以上，逐步把永久基本农田全部建成高标准农田。

巩固拓展脱贫成果。完善动态监测和精准帮扶机制，提升“三保障”和饮水安全水平，强化产业就业帮扶，发挥经营性帮扶项目联农带农效应，守牢不发生规模性返贫底线。争取落实财政衔接补助资金15亿元、城乡建设用地增减挂钩节余指标跨省调剂交易资金9亿元，支持产业做大做强。深化东西部协作和中央单位定点帮扶，推进“一县一园”建设，强化产业、劳务、消费、人才协作，促进脱贫人口持续增收。

壮大乡村特色产业。深入实施优势特色产业倍增行动，持续打造三大特色产业带，发展壮大“8+N”优势主导产业。以养殖业牵引农业产业结构优化升级，加快建设河西走廊百万头肉牛、百万头生猪、千万只肉羊示范区，健全完善畜禽疫病防控体系，畜牧业产值占农业总产值比重提高到40%以上。加快创建凉州区国家现代农业产业园和凉州生猪、民勤肉羊、古浪牛羊、天祝食用菌及藜麦4个省级产业园。新认证“三品一标”9个、“甘味”品牌5个，持续增加优质农产品供给。推动建设河西走廊种质资源库与农牧业研发基地项目，加强玉米、肉牛、肉羊新品种选育。推进农业与加工、流通、文旅等产业融合，不断提升产业增值收益，让群众的“钱袋子”更鼓、“家底子”更厚。

扎实推进乡村建设。统筹考虑土地利用、村落形态、文化传承等因素，加快规划编制，实现发展类村庄规划全覆盖。一体化推进生态及地质灾害避险搬迁、农房抗震改造、公共服务布局和基础设施建设，积极创建民勤国家乡村振兴示范县、省级乡村建设示范县，建成省级示范村25个、市县级示范村100个。鼓励发展庭院经济，推进村庄绿化美化，加强生活垃圾和污水治理，持续改善农村人居环境。健全自治、法治、德治相结合的乡村治理体系，深入开展文明村镇建设，培育文明乡风、良好家风、淳朴民风。

（三）坚持双轮驱动牵引，增强高质量发展动能。更好发挥投资的关键作用和消费的基础性作用，聚力扩大有效投资，多措并举促进消费，筑牢经济发展的坚实底座。

精心谋划实施项目。围绕特色产业、基础设施、生态保护、民生保障等领域，谋划储备重大项目800个以上，实施高质量发展重大项目260个以上、完成投资370亿元以上，省列重大项目12个以上、完成投资80亿元以上。争取中央和省级预算内投资20亿元以上，力争政府专项债券项目在数量和质量上实现新突破。

加强基础设施建设。围绕破解缺水难题，加大引水调水力度，完善水系水网布局，加快推进引大入秦延伸增效、景电三期向石羊河补水、河西生态补水三大引调水工程前期工作，全力争取、尽早启动实施，形成“两横八纵”水系网络。加快实施凉州区、古浪县调蓄水池和红崖山大型灌区续建配套及现代化改造项目，开工建设景电生态供水武威调蓄工程。兰张三四线铁路中川机场至武威段主线完成铺轨、达到校验条件，开工建设武张段。建成高铁武威东站综合客运枢纽及停车场、古浪和天祝高铁站前广场、民勤通用机场。加快建设武威至仙米寺高速、G312线天祝界牌至安门公路等项目，推进S308线直滩至古浪前期工作。谋划建设高坝至冰沟河、雷台至国际陆港等快速通道。加强能源设施建设，建成古浪至河口天然气联络管道，实施西气东输古浪开口供气工程、液化天然气调峰储备中心项目，加快推进西气东输四线武威段建设。完善数字服务网络，新建5G基站1000个以上，实现重点区域全覆盖。

提升招商引资质效。实施招商引资突破行动，锁定“高精新”，突出“链群配”，坚持“缺什么引什么、弱什么补什么”，开展链长制招商、精准招商、以商招商，盯住目标行业、目标企业，着力引进产业链关键环节、上下游配套企业，加快构建核心产业链条，做大做强主导产业链，形成更加稳固的“链主企业+合作伙伴链网”。抓好节会招商，精心谋划储备兰洽会签约项目，办好河西走廊有机葡萄美酒节，扩大招商成果。

强化跟踪对接，建立项目从签约到投产的全生命周期服务机制，优化绩效考评，争取招商引资到位资金315亿元、增长7%以上。

全域发展文旅产业。做强核心景区，做好招商入驻工作，启动运营雷台文旅综合体、历史文化街区，开工建设凉州会盟纪念地项目，擦亮全国历史文化名城金字招牌。以创建铜奔马AAAAA级景区为龙头，“链”通天祝雪域高原、古浪红色旅游、民勤沙漠风光大环线，打造特色精品旅游线路，建设省级全域旅游示范区。全面落实与省公航旅、省文旅集团战略合作协议，提升重点景区运营水平，发挥文旅产业综合带动效应。

促进服务业加速回暖。加强市场流通体系建设，开工建设高原夏菜冷链物流、农产品交易市场二期项目，建成花卉、特色农产品市场。开展消费提振行动，促进汽车、家电等大宗商品消费，发展假日经济、夜间经济、路衔经济，营造更多消费场景，促进消费复苏回补。提升特色餐饮、便民消费等服务业态品质，打造城市一刻钟便民生活圈。完善电商服务体系，促进电商经济快速发展。

（四）坚持城乡协调联动，提升县域经济综合实力。深入实施强县域行动，坚持区域联动、错位发展，构建功能明显、优势互补的县域经济发展格局。

激发县域发展活力。聚焦县域主导产业发展类型，抓好产业培育根本，突出项目建设支撑，强化招商引资引擎，加速将资源禀赋、独特优势、区位条件转化为现实生产力，力促工业主导创增量、城市服务拓体量、农业优先提质量、生态功能增容量，提升县域经济综合实力。建立县域经济发展综合评价机制，开展季度亮底晒单观摩活动，加大考评奖励力度，激励县区竞相发展、争先进位。

夯实县域发展基础。把园区作为县域经济发展的龙头和载体，实施园区提档升级突破行动，打造百亿级产业园区。完善园区规划体系，适度超前布局基础设施，引进培育“链主”企业，吸引集聚关联企业，着力打造产业集群效应好的代表性开发区和专业化特色精品园区。加快推进园区工业项目“标准地”改革，实现“交地即交证，拿地即开工”，每个园区新引进投资亿元项目3个以上，新增产值亿元龙头企业2家以上。

加快推进城乡融合。高质量编制完成市县国土空间总体规划，发挥战略引领和刚性约束作用。加快推进以县城为重要载体的城镇化建设，常住人口城镇化率提高1.6个百分点。实施老旧小区、棚户区改造和保障性租赁住房建设，新建改造市政道路7条、供排水管网40千米，建设停车场13个，新增和提质改造城市绿地70万平方米。以县域为基本单元促进城乡融合发展，推动更多公共服务向农村延伸、发展要素向乡村流动。

创建全国文明城市。广泛践行社会主义核心价值观，实施公民道德建设工程，统筹推动文明培育、文明实践、文明创建，开展“精神文明建设十大提升行动”。注重常态长效，开展“城市环境风貌十大整治行动”，持续提高设施建设质量、城市管理水平、公共服务能力、群众参与率，在共建共享中提升文明水平，争取优异成绩，力争创建成功。

（五）坚持保护治理并重，筑牢生态坚实本底。牢固树立和践行绿水青山就是金山银山理念，协同推进降碳、减污、扩绿、增长，加快建设人与自然和谐共生的美丽武威。

全力打好生态建设持久战。加快自然保护地体系建设，推进祁连山国家公园武威片区建设，提升生态系统多样性稳定性持续性。完成第二轮省级环保督察反馈问题整改。科学开展大规模防沙治沙和国土绿化，完成防沙治沙35万亩、人工造林40万亩、封育22万亩，治理退化草原76万亩、水土流失面积27平方千米。高效实施“五赋两转一打造”工程，开展水生态综合治理。严控地下水开采，用水总量控制在15.67亿立方米以内。推进深度节水极限节水，争创国家节水型城市。

深入打好污染防治攻坚战。聚焦天更蓝，深化扬尘、燃煤、移动源污染防治，推进城乡集中供热和分散农户供热改造，加快工业炉窑煤改气，实现优良天数比率持续上升。聚焦水更清，持续加强饮用水水源地保护，加大入河排污口整治。聚焦土更净，加强农业面源污染防治，推进垃圾分类、生活垃圾集中焚烧发电，提升资源化利用水平。

积极打好绿色低碳主动战。分领域、分行业制定碳达峰实施方案，加强重点用能单位能耗监测，推进武威热电厂煤电机组节能改造，建设一批绿色企业、绿色车间。探索“储备林+”发展模式，发展林下经济、森林碳汇等绿色产业。深化公共机构节能示范创建，加快形成简约适度、绿色低碳的生产生活方式。

（六）坚持深化改革开放，激发经济发展活力。坚持以改革解难题、以科技强支撑、以环境引投资、以开放促合作，为高质量发展赋能增势。

推进重点领域改革。完善现代企业制度，提升国有企业实体化运营水平，促进国有资本保值增值。推进省以下财政体制改革，增强基层公共服务保障能力。稳妥推进农村集体经营性建设用地入市试点，盘活农村存量建设用地。积极发展新型农村集体经济，力争全市所有行政村集体经济年收入达到5万元以上。推行新建商品房“交房即交证”，健全房地产规范管理机制。

强化科技支撑引领。深入实施强科技行动，聚焦重点产业和领域，组织实施一批关键技术研发项目，提升科技创新能力。依托武威绿洲国家野外观测研究站暨院士工作站，开展旱区高效节水技术研究，打造全国农业节水科技示范基地。加快推进重离子应用示范，组建省级重离子临床医学研究中心。加大科技创新型企业培育力度，新增高新技术企业8户以上、省级科技创新型企业10户以上。开展产学研一体化人才“订单式”培养，激发各类人才创新创造活力。

持续优化营商环境。深化投资审批、招投标等领域改革，实施企业投资项目承诺制，吸引各类要素汇聚、产业转移、企业投资。加快数字政府建设，深入推进政务服务事项全程网办、跨省通办、一件事一次办，提升一体化政务服务水平，实现“一键政务通、一云全服务”。认真践行亲清政商关系，大力支持民营经济发展，依法保护市场主体合法权益，落实提升中小企业竞争力、促进个体工商户发展等政策措施，加大财税扶持和有效信贷支持，确保政策红利直达快享，激发民间投资活力。

打造对外开放高地。完善提升武威国际陆港平台功能，稳定运营铁路集装箱场站，加快建设公铁联运物流中心，加强基础设施配套，增强陆港综合承载能力。发挥木材口岸独特优势，加快建设进境木材加工贸易产业园区，招引更多企业入驻，促进实体化运营。积极开展跨境电商综合试验区试点。争取发运“天马号”国际货运班列30列以上，支持外贸企业开拓市场，全市进出口总额增长10%以上。

（七）坚持共享发展理念，持续增进民生福祉。坚持发展为民的价值取向，突出民生优先的实践导向，做到民生投入只增不减、民生实事只多不少，让群众获得感成色更足、幸福感更可持续、安全感更有保障。

做好就业和社会保障。突出抓好高校毕业生、退役军人、农民工等重点群体就业创业，完成职业技能培训 2.5 万人，多渠道稳定和扩大就业。完善根治欠薪机制，构建和谐劳动关系。落实救助供养、大病救治等政策，健全基本养老保险筹资和待遇调整机制。持续加强儿童关爱服务，维护好妇女、未成年人合法权益和残疾人平等权益。进一步优化街道乡镇、城乡社区两级养老服务网络，新建乡镇综合养老服务中心 12 个、村级幸福互助院 16 个。

办好人民满意教育。坚持教育优先发展，优化教育资源配置，实施公办幼儿园扩容、城区义务教育学位增建工程，加快义务教育优质均衡发展，推进高中教育多样化特色化发展。深化职普融通、产教融合、科教融汇，实施职业学校办学条件达标工程，强力推进武威职业技术大学申办工作。规范民办教育发展。认真落实基础教育强师计划，加强中小学校长和高素质教师队伍建设，大力发展素质教育，让每个孩子都享有公平而高质量的教育。

推进健康武威建设。深化医药卫生体制改革，健全公共卫生服务体系，巩固完善基层医疗卫生服务网底，促进医保、医疗、医药协同发展和治理。完成武威肿瘤医院整体搬迁，建成武威传染病医院、市二院医养康复楼，推进基层医疗机构分级诊疗，提高应对突发公共卫生事件和医疗救治能力。开展爱国卫生运动，倡导文明生活新风尚。

强化公共文化服务。大力推进“书香武威”建设，实施戏曲进乡村、农家书屋数字化等文化惠民工程。推进长城国家文化公园（武威段）项目，完成文庙儒学院提升改造，规划实施天梯山生态文化旅游基础设施、萨班灵骨塔保护修缮等项目，开放运营科技规划馆。整合资源启动市体校迁建项目，建设市游泳馆，促进全民健身，丰富群众文化体育生活。

倾心办好民生实事。聚焦群众关心关切，全力办好 10 件实事。1. 城镇新增就业 1.5 万人。2. 新建幼儿园 7 所、中小学 2 所，新增公办幼儿园园位 2000 个、中小学学位 3000 个。3. 资助困难家庭子女接受高等教育，录取到本科院校、专科（高职高专）院校的，一次性分别补助 1 万元、8000 元。4. 完成妇女“两癌”免费筛查 13000 名。5. 建成调蓄水池 17 座，新增库容 2000 万立方米，受益耕地面积 73 万亩，受益群众 30 万人。6. 改造老旧小区 119 个 7500 户，开工建设保障性租赁住房 1000 套，新建智慧安防小区 500 个。7. 实施农房抗震改造 5000 户，完成生态及地质灾害避险搬迁 3000 户以上。8. 建设农村公路 1200 千米。9. 完成中心城区居民天然气入户通气 4000 户。10. 实施清洁取暖改造工程 600 万平方米，惠及城乡群众 5.7 万户。

（八）坚持底线思维，更好统筹发展和安全。全面践行总体国家安全观，统筹防风险、保安全、护稳定，建设更高水平的平安武威，实现高质量发展和高水平安全良性互动。

优化新冠肺炎防治。始终把群众生命安全和身体健康放在第一位，完善疫情防控应急处置机制，加强公立医院医疗资源储备，科学分类做好患者救治，保障社会正常运转和基本医疗服务。加强重点人群健康管理，加快推进老年人新冠病毒疫苗接种，引导群众做好自我防护，养成健康生活习惯。

守牢安全生产底线。牢固树立大安全大应急系统观念，严格落实安全生产责任制，大力提升企业本质安全水平，推动安全生产治理模式向事前预防转型，着力防范化解风险隐患，坚决遏制重特大事故发生。加强应急救援能力建设，不断提升防灾减灾救灾水平。加强食品药品监管，保障群众饮食用药安全。

防范化解各类风险。“一行一策”推进高风险机构化险，加大金融机构不良资产清收处置力度，守住不发生系统性区域性金融风险底线。加强政府债务管理，坚决遏制新增隐性债务，依法依规化解存量债务。优化完善房地产调控政策，促进房地产平稳健康发展。

创新加强社会治理。推进市域社会治理现代化，完善矛盾纠纷多元化解机制，妥善解决群众合理诉求。常态化开展扫黑除恶，严厉打击电信网络诈骗等各类违法犯罪行为。深化国防动员体制改革和双拥工作。扎实做好民族宗教工作，深入开展民族团结进步创建，持续巩固民族和睦、宗教和顺、社会和谐的良好局面。

各位代表，适应发展新要求，顺应人民新期待，对政府自身建设提出了新的更高要求。我们要始终坚持党的全面领导，把人民放在心中最高位置，忠诚履职、锐意进取，着力建设人民满意的服务型政府。

永葆绝对忠诚，筑牢政治之魂。我们要坚持把政治建设摆在首位，认真学习宣传贯彻党的二十大精神，深学笃用习近平新时代中国特色社会主义思想，忠诚捍卫“两个确立”，增强“四个意识”、坚定“四个自信”、做到“两个维护”。坚持学思用贯通、知信行合一，推动党中央决策部署件件落地、事事见效，切实把对党忠诚落实在实际行动中、体现在高质量发展成效上。

坚持依法行政，增强公信之力。我们要深入践行习近平法治思想，忠实履行宪法法律赋予的职责，扎实开展“八五”普法，加强重点领域政府立法，落实权责清单制度，提高科学、民主、依法决策水平，全面推进严格规范公正文明执法，推动政府各项工作始终在法治轨道上运行。认真办理人大代表建议、审议意见和政协委员提案，依法接受市人大及其常委会监督，自觉接受市政协民主监督和社会舆论监督，强化审计监督，让权力在阳光下运行。

笃定担当实干，提升落实之效。我们要始终知责于心、担责于身、履责于行，保持开拓创新、敢闯敢试的干事创业劲头，把全部心思和精力用在推动发展上。把真抓实干作为一切工作的生命线，全面构建抓落实完整闭环，做到工作项目化、项目清单化、清单责任化。强化“件件落实到位”的执行力，保持快节奏、追求高标准，以笃行不怠的韧劲、攻坚克难的锐气，高效推动各项任务落实。

勇于自我革命，涵育清廉之风。我们要坚决贯彻全面从严治党要求，牢记“三个务必”，坚持刀刃向内，深入推进政府系统党风廉政建设和反腐败斗争。锲而不舍落实中央八项规定精神，驰而不息纠治“四风”。严控“三公”经费和非刚性支出，以政府的“紧日子”换来群众的“好日子”。强化权力运行制约监督，聚焦工程建设、项目审批、招投标等重点环节和领域，加强廉政风险管控，坚决整治群众身边的腐败和作风问题，让秉公廉洁用权、勤勉干净干事蔚然成风。

各位代表！新征程时不我待，新使命催人奋进。让我们更加紧密地团结在以习近平同志为核心的党中央周围，在省委、省政府和市委的坚强领导下，踔厉奋发、勇毅前行，闯出一片新天地、干出一番新事业，无愧今天的使命担当，不负明天的伟大梦想，为全面建设社会主义现代化幸福美好新武威而努力奋斗！

（市政府办公室）

武威市防沙治沙条例

（2018年10月13日武威市第四届人民代表大会常务委员会第十四次会议通过　2018年11月29日甘肃省第十三届人民代表大会常务委员会第七次会议批准　根据2022年4月21日武威市第五届人民代表大会常务委员会第三次会议通过　2022年6月2日甘肃省第十三届人民代表大会常务委员会第三十一次会议批准的《武威市人民代表大会常务委员会关于修改〈武威市防沙治沙条例〉的决定》修正）

目　录

第一章　总　则

第一条　为预防土地沙化，治理沙化土地，维护生态安全，促进经济社会可持续发展，根据《中华人民共和国防沙治沙法》《甘肃省实施〈中华人民共和国防沙治沙法〉办法》等有关法律、法规，结合本市实际，制定本条例。

第二条　在本市行政区域内从事土地沙化预防，沙化土地治理、利用及监督管理活动，适用本条例。

第三条　防沙治沙工作应当遵循生态规律，坚持生态优先、绿色发展理念，坚持统一规划、分类管理，预防为主、保护优先，综合治理、合理利用的原则。

第四条　市、县（区）人民政府统一领导本行政区域内防沙治沙工作，应当将防沙治沙工作纳入国民经济和社会发展规划及年度计划，实行行政领导任期目标责任制，建立考核奖惩制度。

市、县（区）人民政府应当每年向同级人民代表大会及其常务委员会报告防沙治沙工作。

第五条　市、县（区）人民政府林业草原行政主管部门负责组织、协调、指导、监督本行政区域内的防沙治沙工作。

市、县（区）人民政府发改、农业农村、水利、自然资源、生态环境、科技等行政主管部门和气象主管机构，按照部门职责和分工，各负其责，密切配合，共同做好防沙治沙工作。

第六条　使用土地的单位和个人，有防止该土地沙化的义务。使用已经沙化土地的单位和个人，有治理该沙化土地的义务。任何单位、组织和个人不得损害防沙治沙者的合法权益。

第七条　市、县（区）人民政府应当鼓励和支持防沙治沙科技创新，研究、引进和推广新技术、新模式，加快培养防沙治沙专业技术人才。

第八条　市、县（区）人民政府应当采取多种形式，积极开展防沙治沙知识宣传教育，增强公民防沙治沙意识，提高公民防沙治沙自觉性。

第二章 规划与管理

第九条 市人民政府林业草原行政主管部门依据省防沙治沙规划，会同发改、农业农村、水利、自然资源、生态环境等行政主管部门和气象主管机构，编制市防沙治沙规划，经市人民政府审核，报省人民政府批准。

沙化土地所在地县（区）人民政府林业草原行政主管部门依据市防沙治沙规划，编制本县（区）防沙治沙规划，经县（区）人民政府审核，报市人民政府批准。

防沙治沙规划一经批准，任何单位和个人不得擅自修改和调整。确需修改和调整的，应当报原批准机关批准。

第十条 防沙治沙规划应当与国民经济和社会发展规划、国土空间规划、水利发展改革规划和生态环境保护规划等相衔接。

防沙治沙规划由市、县（区）人民政府林业草原行政主管部门负责实施。

第十一条 在沙化土地范围内禁止下列行为：

（一）砍挖灌木、药材及其他固沙植物；

（二）放牧；

（三）焚烧秸秆、垃圾、林草植被；

（四）其他破坏生态植被的行为。

第十二条 在规划期内不具备治理条件以及因保护生态需要不宜开发利用的连片沙化土地，应当规划为沙化土地封禁保护区，实行封禁保护。

封禁保护区所在地县（区）人民政府应当在封禁保护区设立标牌，明示封禁保护区的范围、界限和保护措施。

第十三条 在沙化土地封禁保护区范围内，禁止一切破坏植被的活动。

禁止在沙化土地封禁保护区范围内安置移民。对沙化土地封禁保护区范围内的农牧民，县（区）人民政府应当有计划地组织迁出，并妥善安置。尚未迁出的农牧民的生产生活，由所在地县（区）人民政府妥善安排。

禁止在沙化土地封禁保护区范围内进行修建铁路、公路、机场等建设活动。确需修建的，建设单位应当依法报批。

第三章 土地沙化预防

第十四条 市、县（区）人民政府林业草原行政主管部门或者其他有关行政主管部门应当定期对本行政区域内土地的沙化程度和发展趋势进行监测，水行政主管部门应当定期对本行政区域内的水资源变化情况和发展趋势进行监测，并将监测结果向本级人民政府及上一级相关行政主管部门报告。发现土地发生沙化或者沙化程度加重的，应当及时报告本级人民政府。收到报告的人民政府应当组织有关部门及时采取措施分类进行治理。

第十五条 市、县（区）人民政府应当制定重大沙尘暴灾害应急预案，建立健全灾害应急组织管理和应急处置机制。气象主管机构应当对大风、沙尘暴天气进行监测、预报、预警，并及时向本级人民政府报告。收到报告的人民政府应当采取有效预防措施，必要时启动应急预案，避免或者减轻风沙危害。

第十六条 市、县（区）人民政府应当加强沙区植被管护，制定沙区植被保护制度，严格保护植被，并根据需要在乡（镇）、村建立植被管护组织，确定管护人员。逐步建立以政府购买服务为主的管护机制，通过委托管理等方式面向社会购买管护服务。

第十七条 市、县（区）人民政府应当按照防沙治沙规划，因地制宜营造防风固沙林网、林带。

除了抚育更新性质的采伐外，不得批准对防风固沙林网、林带进行采伐。在对防风固沙林网、林带进行抚育更新性质的采伐之前，必须在其附近预先形成接替林网和林带。

对林木更新困难地区已有的防风固沙林网、林带不得批准采伐。

第十八条 市、县（区）人民政府应当禁止乱垦沙荒地行为，保护沙区生态环境；已经开垦的，应当有计划地组织实施退耕还林还草。

第十九条 市、县（区）人民政府应当加强水资源管理，推广节水技术，实施节水灌溉工程，提高水资源利用率。禁止超采、超用水资源，防止因水资源配置不合理和过度利用导致的自然植被退化和土地沙化。

第二十条 市、县（区）人民政府林业草原行政主管部门应当按照草原保护建设利用规划和防沙治沙规划开展草原治理，保护草原植被，防止草原退化、沙化、盐碱化。

第二十一条 市、县（区）人民政府林业草原行政主管部门及有关湿地保护管理机构应当加强沙区湿地保护和建设，组织开展退化湿地恢复工作，恢复湿地功能，扩大湿地面积。

第二十二条 市、县（区）人民政府林业草原行政主管部门应当加强对林草有害生物的监测预警、调查和防治工作，采取不污染环境及人畜和各种有益生物安全的防治措施，防止重大有害生物发生，保护沙区生物多样性。

第四章　沙化土地治理

第二十三条 沙化土地治理应当按照防沙治沙规划，因地制宜采取人工造林种草、飞播造林种草、封沙育林育草、退耕还林还草、退牧还草、合理调配生态用水、人工增雨雪等措施，推进沙区退化林分和草场的修复与改良，恢复和增加植被。

市、县（区）人民政府应当加强防沙治沙工程的组织实施和监管，加快防沙治沙示范区建设。

第二十四条 市、县（区）人民政府应当加强对重点设施、村庄、道路、河流等重点风沙危害区域和重点风沙口的治理，坚持工程治沙与生物治沙相结合，人工造林和封沙育林育草相结合，集中连片，规模治理，达到防风固沙效果。

第二十五条 对城镇、村庄、厂矿、农牧渔场经营区、水库周围以及铁路、公路、河流、水渠两侧的沙化土地，实行单位治理责任制，分别由责任单位负责，按照市、县（区）人民政府下达的治理责任目标进行治理。市、县（区）人民政府林业草原行政主管部门应当对沙化土地治理责任落实情况进行监督检查。

第二十六条 市、县（区）人民政府应当对严重沙化耕地有计划地实施退耕还林还草。一般沙化耕地，应当改变耕作方式，推行免耕、休耕和秸秆还田等保护性措施。

第二十七条 鼓励、支持单位、组织和个人以捐资捐物、志愿服务等形式开展公益性治沙活动。市、县（区）人民政府林业草原行政主管部门或者其他有关行政主管部门应当为公益性治沙活动提供治理地点和无偿技术指导。

鼓励、支持单位、组织和个人以承包治理方式签订合同，对沙化土地、治沙生态林进行治理管护。

从事公益性治沙的单位、组织和个人，应当按照市、县（区）人民政府林业草原行政主管部门或者其他有关行政主管部门的技术要求进行治理，并可以将所种植的林、草委托他人管护或者交由当地人民政府有关行政主管部门管护。

第五章 沙化土地利用

第二十八条 鼓励和支持单位、组织和个人从事营利性治沙活动。

从事营利性治沙的单位、组织和个人，应当依法取得土地使用权，向治理项目所在地县级林业草原行政主管部门提出治理申请和治理方案，并按照治理方案进行治理。治理方案应当符合有关法律、法规的规定。跨县区的由市人民政府林业草原行政主管部门受理。

治理任务完成后，应当向受理部门提出验收申请。验收合格的，应当发给治理合格证明文件；验收不合格的，治理者应当继续治理。

第二十九条 市、县（区）人民政府应当严格控制在沙化土地区域批准建设用地，对不具备水源条件，且有可能造成水土流失、土地沙化、污染环境、破坏生态的开发建设项目，不得批准立项。

在沙化土地上从事开发建设活动，应当提交具有防沙治沙内容的环境影响报告和水资源论证报告。

市、县（区）人民政府生态环境行政主管部门在审批环境影响报告时，应当就报告中有关防沙治沙的内容征求同级林业草原行政主管部门意见。

第三十条 在开发建设项目时，应当做到生态保护措施与开发建设同步进行。项目建设地林业草原行政主管部门应当加强对开发建设项目地表植被保护与恢复情况的监督检查。对因防治措施不力造成土地沙化或者沙化加重的，应当责令建设单位限期进行治理。对治理不合格的，不得进行竣工验收。

第三十一条 市、县（区）人民政府应当在坚持生态保护优先的基础上，鼓励、支持单位和个人在适宜开发的沙化土地上合理开发土地资源，发展沙生特色种植业、沙区养殖业、加工业、旅游业、新能源产业和其他沙产业。

第六章 保障措施

第三十二条 市、县（区）人民政府应当在本级财政预算中安排防沙治沙工程和后期管护资金，用于本级人民政府确定的防沙治沙工程和后期管护，并有计划增加防沙治沙资金投入。

防沙治沙资金应当专款专用，及时拨付，任何单位和个人不得截留、挪用。

第三十三条 市、县（区）人民政府应当保障生态用水，对按照防沙治沙规划进行治沙造林、种草的，执行水价优惠政策。

第三十四条 在已经沙化的国有土地上从事防沙治沙活动的，使用年限应当由市、县（区）人民政府依法确定，使用年限不超过七十年。

第三十五条 社会资本参与防沙治沙的，当地人民政府应当给予鼓励和支持。

第三十六条 有下列情形之一的单位、组织和个人，由市、县（区）人民政府予以表彰奖励：

（一）承包沙化土地面积一千亩以上，治理效果显著的；

（二）从事防沙治沙科研和技术推广工作，做出突出贡献的；

（三）从事防沙治沙工作十年以上，成效显著的；

（四）其他在防沙治沙工作中做出突出贡献的。

第三十七条 沙化土地治理者的合法权益受法律保护。在治理者取得合法土地权属的治理范围内，未经治理者同意，其他任何单位和个人不得从事治理或者开发利用活动。

沙化土地范围内营造的生态公益林，应当逐步纳入森林生态效益补偿范围，享受国家森林生态效益补偿。

第七章　法律责任

第三十八条　违反本条例第十一条第一项规定，在沙化土地上砍挖灌木、药材及其他固沙植物的，由相关部门责令停止违法行为，没收违法所得，限期恢复原状。

第三十九条　违反本条例第十一条第二项、第三项规定，有下列情形之一的，由市、县（区）人民政府林业草原、农业农村、生态环境行政主管部门按照各自职责，责令停止违法行为，没收违法所得，限期恢复原状，并处以相应的罚款；构成犯罪的，依法追究刑事责任。

（一）在固定沙地（丘）、半固定沙地（丘）、沙化耕地和戈壁上放牧的，按每只羊三十元，每头（匹）牛、马、驴、骆驼等牲畜一百元处罚；

（二）焚烧秸秆、垃圾、林草植被的，处五百元以上二千元以下罚款。

第四十条　违反本条例第十三条第一款规定，在沙化土地封禁保护区范围内从事破坏植被活动的，由市、县（区）人民政府林业草原行政主管部门责令停止违法行为；有违法所得的，没收其违法所得；构成犯罪的，依法追究刑事责任。

第四十一条　违反本条例第二十八条规定，从事营利性防沙治沙活动，未按照批准的治理方案进行治理或者经验收不合格且不按照要求继续治理的，由负责受理申请的林业草原行政主管部门责令限期改正，可以并处相当于治理费用一倍以上三倍以下的罚款；造成土地沙化加重的，可以并处每公顷五千元以上五万元以下的罚款。

第四十二条　违反本条例第三十七条第一款规定，未经治理者同意，擅自在他人的治理范围内从事治理或者开发利用活动的，由负责受理申请的行政主管部门责令停止违法行为；造成损失的，应当依法承担赔偿责任。

第八章　附　则

第四十三条　法律、行政法规和甘肃省地方性法规对防沙治沙已有规定的，从其规定。

第四十四条　本条例自2019年3月1日起施行。

（市人大常委会办公室）

武威市文明行为促进条例

（2022年8月9日武威市第五届人民代表大会常务委员会第五次会议通过　2022年9月23日甘肃省第十三届人民代表大会常务委员会第三十三次会议批准）

目　录

第一章　总　则

第一条　为了培育和践行社会主义核心价值观，引导和促进文明行为，提升公民文明素养和全社会文明程度，根据有关法律、法规，结合本市实际，制定本条例。

第二条　本条例适用于本市行政区域内的文明行为促进工作。

本条例所称文明行为，是指遵守宪法和法律、法规规定，符合社会主义道德要求，体现社会主义核心价值观，维护公序良俗、引领社会风尚、推动社会文明进步的行为。

第三条　本市文明行为促进工作应当弘扬新时代武威精神，坚持以人为本、统筹推进、奖惩并举、重在养成的原则，构建党委统一领导、党政齐抓共管、部门各负其责、社会协同推进、全民共同参与的机制，形成共建、共治、共享的工作格局。

第四条　市、县（区）精神文明建设指导委员会负责统筹推进本行政区域内的文明行为促进工作。

市、县（区）精神文明建设指导委员会办事机构具体负责本行政区域内文明行为促进工作的规划计划、指导协调、督促检查和评估考核。

第五条　市、县（区）人民政府应当将文明行为促进工作纳入国民经济和社会发展规划及年度计划，将所需经费列入年度同级财政预算。

市、县（区）精神文明建设指导委员会成员单位应当按照各自职责做好文明行为促进工作。

乡镇人民政府、街道办事处应当按照职责做好本辖区内文明行为促进工作。

村（居）民委员会应当加强文明行为的宣传、教育和引导，把文明行为规范纳入村规民约、居民公约，发挥村（居）民议事会、道德评议会、红白理事会、禁赌禁毒会等作用，协助做好文明行为促进相关工作。

第六条　文明行为促进工作是全社会的共同责任。

单位和个人应当积极参与文明行为促进工作，对不文明行为进行劝阻、举报和投诉。

国家工作人员、先进模范人物、社会公众人物应当在文明行为促进工作中发挥示范表率作用。

第七条　市、县（区）精神文明建设指导委员会及有关部门应当按照有关规定，对在文明行为促进工作中表现突出的单位和个人给予表彰奖励。

第二章　倡导与规范

第八条　公民应当维护公共秩序，遵守下列行为规范：

（一）着装得体，举止文明，不大声喧哗，不使用粗言秽语；

（二）等候服务、乘坐公共交通工具等依次排队，保持“一米线”距离，上下楼梯靠右通行，乘坐电梯先下后上，有序礼让，主动为需要帮助的人提供方便；

（三）遵守医疗秩序，文明就医，医患相互尊重；

（四）爱护并合理使用公共设施，不侵占、损毁或者以不恰当方式使用公共设施；

（五）观看电影、演出、比赛、展览或者参加群众性活动应当遵守秩序，服从管理，保持现场整洁；

（六）尊重宗教信仰，遵守公序良俗，传承优秀文化传统，爱护文物古迹和风景名胜；

（七）在公共场所和公共交通工具内控制手机及其他电子设备音量，开展娱乐、健身、商业宣传等活动时，合理使用场地和设施设备，避免影响他人；

（八）其他维护公共场所秩序的行为。

第九条　公民应当维护公共环境卫生，遵守下列行为规范：

（一）不随地吐痰、便溺，文明如厕，保持公共厕所环境卫生整洁；

（二）不乱扔纸屑、烟蒂、口香糖、包装袋、口罩等废弃物；

（三）不乱张贴、乱涂写、乱刻画，不随意散发广告宣传单；

（四）按照规定分类投放生活垃圾，不乱倾倒垃圾、污水及其他污秽物；

（五）不在禁烟场所吸烟，在非禁烟场所吸烟时合理避开他人；

（六）在公共场所咳嗽、打喷嚏时遮掩口鼻，患有呼吸道传染性疾病时佩戴口罩；

（七）其他维护公共环境卫生的行为。

第十条　公民应当维护公共交通安全，遵守下列行为规范：

（一）驾驶机动车规范使用灯光、喇叭，不得随意变道、穿插、加塞，不接打电话，不得向车外抛洒物品；

（二）驾驶机动车通过没有交通信号的交叉路口、行经人行横道和积水泥泞路段时，应当减速慢行，主动礼让行人；

（三）驾乘摩托车、电动自行车应当佩戴安全头盔，不得违规载人、逆向行驶、酒后驾驶，不违规加装影响交通安全的设施；

（四）公交车、出租车、网约车等营运车辆驾驶人应当文明待客，安全停靠，不拒载、不甩客、不欺客；

（五）机动车、非机动车应当在规定地点停放，不得占用无障碍设施和应急通道，不得妨碍车辆和行人通行；

（六）公共自行车等互联网租赁交通工具应当文明使用、安全骑行、规范停放；

（七）行人不得跨越、倚坐道路隔离设施，不闯红灯、不乱穿马路，通过道路时不使用手持电子设备，遇机动车礼让时应当快速通过；

（八）其他维护公共交通安全的行为。

第十一条　公民应当维护城乡社区文明，遵守下列行为规范：

（一）装饰装修及室内家庭活动应当遵守相关规定，采取降噪措施，避免干扰他人正常生活；

（二）不得从建筑物中抛掷物品，不在建筑物阳台外、窗外等空间悬挂或者堆放物品；

（三）合理使用公共区域，不在公共空间乱搭乱建、乱堆乱放，不占用、堵塞、封闭公共楼道和消防疏散通道；

（四）不得在建筑的公共门厅、疏散走道、楼梯间、安全出口停放电动车或者为电动车充电，电动车不得进入载人电梯；

（五）文明祭祀，不在非指定区域焚烧、抛洒祭奠物品；

（六）不违规饲养家畜家禽和宠物，携犬出户时使用束链（绳）牵引，及时清理粪便；

（七）邻里之间友善相待，互帮互助，尊重他人隐私和生活方式；

（八）其他维护城乡社区文明的行为。

第十二条　公民应当维护生态环境文明，遵守下列行为规范：

（一）不得在饮用水水源和备用饮用水水源保护区从事可能污染水体的活动；

（二）不侵占公共绿地，不践踏草坪，不攀折花木；

（三）不得露天焚烧秸秆荒草、枯枝落叶、垃圾、废旧农膜等产生烟尘污染的物质；

（四）不得在禁止的时段和区域燃放烟花爆竹；

（五）其他维护生态环境文明的行为。

第十三条　公民应当维护网络空间秩序，遵守下列行为规范：

（一）抵制网络谣言和不良信息，不造谣、不信谣、不传谣，不泄露他人隐私；

（二）文明互动、理性表达，不在自媒体上进行低俗媚俗表演，不进行谩骂、侮辱、诽谤、恐吓、人肉搜索、恶意诋毁等网络暴力行为；

（三）其他维护网络空间秩序的行为。

第十四条　崇尚绿色健康生活，倡导下列行为规范：

（一）节约水、电、油、气等资源，优先使用绿色新能源；

（二）绿色出行，优先选择步行、自行车和公共交通工具等出行方式；

（三）推行分餐制，使用公筷公勺公夹，减少一次性餐具使用；

（四）落实光盘行动，提倡适量点餐，鼓励提供半份餐、小份餐等不同规格服务；

（五）移风易俗，婚事新办、丧事简办，自觉抵制高额彩礼、大操大办、相互攀比、铺张浪费等不良风气；

（六）其他践行绿色健康生活的行为。

第十五条　注重家庭、家教、家风，倡导下列行为规范：

（一）家庭成员互敬互爱，自觉履行抚养、赡养和扶养义务；

（二）夫妻和睦，相互尊重，勤俭持家；

（三）尊敬长辈，经常关心、看望、照料老人；

（四）关爱未成年人身心健康，从小培养文明行为习惯；

（五）其他维护家庭和谐的行为。

第三章　促进与保障

第十六条　市、县（区）精神文明建设指导委员会及其办事机构应当建立健全文明行为促进与保障工作机制，广泛开展文明培育、文明创建和文明实践活动，提升公民思想觉悟、道德水准和文明素养，促进全社会文明行为习惯的养成。

第十七条　市、县（区）精神文明建设指导委员会应当建立健全文明行为促进工作的目标责任制和考核制度，由市、县（区）人民政府及精神文明建设指导委员会办事机构对相关单位进行检查、考核，考核结果纳入年度精神文明创建考评内容。

第十八条 市、县（区）人民政府及有关部门应当加强下列城市基础设施的规划、建设和管理，为践行文明行为提供保障：

（一）图书馆、文化馆（站）、博物馆、美术馆、纪念馆、科技馆、体育场（馆）、城市书报刊亭、公共阅报栏（屏）等公共文化设施；

（二）道路、桥梁、公交站（牌）、交通信号灯和标志标线、交通监控系统等交通管理设施；

（三）人行横道、过街天桥、地下通道、道路交通护栏、隔离墩、绿化照明、停车泊位、公共充电桩、消防栓、路边座椅等市政设施；

（四）公共卫生间、生活垃圾分类投放收集清运点、污水处理站等环卫设施和环卫工人临时休息场所；

（五）盲道、轮椅通道、扶手、缘石坡道、电梯等无障碍设施；

（六）行政区划、自然地理、居住小区、应急避难场所、街道、楼宇、门牌和文明行为引导提示牌等标识标志设施；

（七）社会主义核心价值观主题景观、宣传牌、信息发布栏等公益广告设施；

（八）公园、广场、社区、居民区等场所休闲健身文化娱乐设施；

（九）其他与文明行为促进工作相关的基础设施。

第十九条 机场、车站、政务大厅、医疗机构、商场超市、文体场馆、景点景区等人员密集公共场所应当按照规定建设母婴室、第三卫生间，设立志愿服务站点，配备便民服务设施设备。

鼓励机关单位、企业和商户向社会公众开放本单位停车场、卫生间和文化体育设施。

鼓励单位和个人利用自有场所、设施设立爱心驿站，为户外工作者和其他需要帮助的人员提供饮用茶水、餐食加热、遮风避雨等便利服务。

第二十条 市、县（区）精神文明建设指导委员会办事机构应当深化群众性精神文明创建活动，将文明行为促进工作贯穿文明城市、文明单位、文明村镇、文明校园、文明家庭等文明创建全过程。

第二十一条 国家机关、人民团体、企事业单位、社会组织应当将文明行为纳入职业规范要求，将文明行为培训纳入任职培训、岗位培训内容。

学校应当加强青少年文明行为习惯养成教育，开展文明行为教育和实践活动，提升学生文明素养。

第二十二条 市、县（区）人民政府及有关部门应当根据有关规定建立健全权益保障和激励机制，鼓励和支持见义勇为、慈善公益、志愿服务、拾金不昧、无偿献血以及其他崇德向善、奉献社会的文明行为。

第二十三条 市、县（区）人民政府应当设立文明实践志愿服务专项基金，为新时代文明实践工作和志愿服务活动提供必要保障，推动志愿服务制度化。

第二十四条 市、县（区）精神文明建设指导委员会办事机构可以会同有关部门组建文明引导员队伍，协助做好文明行为宣传教育、引导服务和不文明行为劝导等工作。

文明引导员队伍的培训、管理等具体办法，由市精神文明建设指导委员会办事机构制定。

第二十五条 建立健全道德模范、身边好人、新时代好少年、优秀志愿者等先进典型的推荐评选、表彰奖励、学习宣传、帮扶礼遇等机制，树立鲜明的时代价值取向，激励公民见贤思齐、崇德向善。

第二十六条 广播、电视、报刊、网络平台和手机客户端等大众传播媒介应当通过制作、刊播公益广告，开办宣传专栏、专题节目等方式，宣传文明行为规范，弘扬先进模范事迹，依法曝光不文明行为。

社会公共场所、公共交通工具、建筑工地围挡等显著位置和户外广告电子屏、公交候车亭、电梯间广告屏等设施平台，应当按照有关规定发布、展示公益广告。

第二十七条 市、县（区）精神文明建设指导委员会相关成员单位应当建立不文明行为监督平台，鼓励支持公民利用多种方式监督举报身边的不文明现象和行为。

第二十八条 市精神文明建设指导委员会办事机构应当建立不文明行为重点治理清单制度和部门协作联动机制，制定重点治理工作方案，对常见的、突出的不文明行为实施重点治理。

第二十九条 市精神文明建设指导委员会办事机构应当结合不文明行为重点治理，适时组织评估文明行为促进工作成效，形成文明实践指数年度测评报告，向社会公布。

第四章　法律责任

第三十条 国家工作人员在文明行为促进工作中，滥用职权、玩忽职守、徇私舞弊的，对直接负责的主管人员和其他直接责任人员依法给予处分；构成犯罪的，依法追究刑事责任。

第三十一条 违反本条例规定，法律、法规已有处罚规定的，依照其规定执行。

第五章　附　则

第三十二条 本条例自 2022 年 11 月 1 日起施行。

（市人大常委会办公室）

武威市凉州区城区、工业园区、镇区道路、桥梁、绿地（小游园）命名更名表

表 14

序号	曾用名称	标准名称	起止位置	走向	类别	位置	备注
1	检察院巷	云晓东巷	北起祁连大道，南止医药公司家属院后门	南北	巷	城区云晓尚都东侧	命名
2	规划路	云晓西巷	北起祁连大道，南止同心苑小区后门	南北	巷	城区云晓尚都西侧	命名
3	林场巷	林场巷	北起丹阳路，南止铁路林场小区	南北	巷	城区丹阳广场西侧	命名
4	糖厂巷	糖厂巷	西起迎宾路，东止糖厂家属院大门口	东西	巷	城区	命名
5	沿河南路	滨河南路	北起南关桥头，南止武威火车站货场	南北	路	城区南关桥头南	命名
6	规划三路	窑沟街	西起凉都大道，东止荣华北路	东西	街	城区窑沟小学南侧	命名
7	规划路	正阳东路	东起滨河路，西止丹阳路	东西	路	城区枣园九年制学校旁边	命名
8	规划路	正阳西路	东起迎宾路（客运中心），西止向阳路	东西	路	城区	命名
9	规划路	平苑路	南起天祝街，北止规划路	南北	路	城区碧水兰庭西侧	命名
10	西凉路	西凉路	北起南关西路，南止向阳路	南北	路	城区	起止点变更
11	武双公路	五一路	南起天祝街，北止规划路	南北	路	老武双公路	命名
12	规划路	金沙街	西起和平大道，东至飞燕路	东西	街	金厦小区	命名
13	经一路	兴园路	南起金大快速通道（S316 线），北止昌和路（纬二路）	南北	路	凉州工业园区	命名
14	经二路	兴业路	南起金大快速通道（S316 线），北止昌宁路（纬十一路）	南北	路	凉州工业园区	命名
15	承威大道（经三路）	兴平路	南起金大快速通道（S316 线），北止规划的纬六路	南北	路	凉州工业园区	更名
16	荣宝大道（经四路）	兴安路	南起金大快速通道（S316 线），北止规划的纬六路	南北	路	凉州工业园区	更名
17	海润路（经五路）	兴武路	南起金大快速通道（S316 线），北止金武高速	南北	路	凉州工业园区	更名
18	经六路	兴诚路	南起昌兴路（纬十二路），北止规划的纬一路	南北	路	凉州工业园区	命名

续表 14

序号	曾用名称	标准名称	起止位置	走向	类别	位置	备注
19	经七路	兴隆路	南起昌兴路(纬十二路),北止昌和路(纬二路)	南北	路	凉州工业园区	命名
20	经九路	兴庆路	南起金大快速通道（S316 线），北止规划的纬一路	南北	路	凉州工业园区	命名
21	中央大道	永和大道	东起武双公路，西止兴园路（经一路）	东西	大道	凉州工业园区	更名
22	顺发路（纬二路）	昌和路	东起规划的经十三路，西止兴园路（经一路）	东西	路	凉州工业园区	更名
23	金安路（纬三路）	昌泰路	东起兴武路（经五路），西止兴园路（经一路）	东西	路	凉州工业园区	更名
24	纬四路（万丰路）	昌盛路	东起规划的经十三路，西止兴园路（经一路）	东西	路	凉州工业园区	更名
25	纬九路	昌平路	东起规划的经十三路，西止兴园路（经一路）	东西	路	凉州工业园区	命名
26	纬十一路	昌宁路	东起规划的十三路，西止兴园路（经一路）	东西	路	凉州工业园区	命名
27	纬十二路	昌兴路	东起规划的经十三路，西止兴诚路（经六路）	东西	路	凉州工业园区	命名
28	一号路	金晖路	南起金大快速通道（S316 线）连接点，北止洪祥镇陈春村耕地	南北	路	凉州工业园区	命名
29	二号路	金源路	东起四干路洪祥路口，西止丰乐镇红林村铁路涵洞	东西	路	凉州工业园区	命名
30	三号路	金盛路	东起洪祥镇陈春村耕地，西止四号路和三号路什字	东西	路	凉州工业园区	命名
31	众远大道	物流大道	东起中石化配送中心，西止西环路	东西	大道	黄羊镇	更名
32	普安大道	西环路	南起 G321 线东方希望饲料公司，北止金大快速通道（S316 线）	南北	路	黄羊镇	更名
33	黄羊路	黄羊路	东起武威振兴建材公司，西止正宇物流	东西	路	黄羊镇	起止点变更
34	车站路	车站路	南起黄羊车站，北止沿河路	南北	路	黄羊镇	起止点变更
35	农大南路	农大南路	南起沿河路，北止学院路（电大门口）	南北	路	黄羊镇	命名
36	红太阳步行街	红太阳步行街	东起新镇路，西止牧校路	东西	街	黄羊镇	命名
37	康瑞步行街	康瑞步行街	东起新镇路，西止牧校路	东西	街	黄羊镇	命名
38	牧校东路	牧校东路	东起新镇路，西止牧校西校区	东西	路	黄羊镇	命名
39	牧校路	牧校路	南起地质路，北止学院路	南北	路	黄羊镇	命名

续表 14

序号	曾用名称	标准名称	起止位置	走向	类别	位置	备注
40	沿河路	沿河路	东起四支渠，西止西环路	东西	路	黄羊镇区	起止点变更
41	靖边路	靖边路	东起制杆厂，西止三干渠	东西	路	黄羊镇区	起止点变更
42	发展路	发展路	南起 G312 线黄羊岔路口，北止沿河路	南北	路	黄羊镇区	起止点变更
43	地质路	地质路	东起发展路，西止靖边路	东西	路	黄羊镇区	起止点变更
44	学院路	学院路	东起四支路，西止西环路	东西	路	黄羊镇区	起止点变更
45	纬六路	镇政府南路	东起金穗饲料厂，西止西环路	东西	路	黄羊镇政府南侧	命名
46	南六路	镇政府北路	东起四支渠，西止西环路	东西	路	黄羊镇政府北侧	命名
47	黄金大道	镇政府西路	南起镇政府南路，北止金大快速通道（S316 线）	南北	路	黄羊镇政府西侧	更名
48	农大路		南起学院路，北止政府南路	南北	路	黄羊镇	更名
49	园区路	普安路	南起学院路，北止政府南路（天源食品公司）	南北	路	黄羊镇	命名
50	纵五路	金牛路	南起原农大北门，北止政府北路（创奇科技）	南北	路	黄羊镇	命名
51	武黄公路	大河驿街	东起金大快速通道（S316 线），西止六坝河桥东头	东西	街	武南镇大河驿	命名
52	大河北路	大河北路	南起会盟大道，北止大河驿街	南北	路	武南镇区	起止点变更
53	大河南路	大河南路	南起文化巷，北止会盟大道	南北	路	武南镇区	起止点变更
54	凉古路	清源东街	西起清源镇政府，东止新地村委会路口	东西	街	清源镇	命名
55	凉古路	清源西街	东起清源镇政府，西止蔡家寨丁字路口	东西	街	清源镇	命名
56	蔡寨街	蔡家寨街	东起中沙小学路口，西止十七中学西墙	东西	街	清源镇	命名
57	小康住宅路	蔡家寨北路	北起凉古路加油站，南止蔡家寨街	南北	路	清源镇	命名
58	新地东街	新地东街	西起新地什字，东止新地村九组路口	东西	街	清源镇	命名
59	新地西街	新地西街	东起新地什字，西止新西村七组路口	东西	街	清源镇	命名
60	新地南路	新地南路	北起新地什字，南止新东村三组路口	南北	路	清源镇	命名
61	新地北路	新地北路	南起新地什字，北止清泉村五组与凉古公路交叉口	南北	路	清源镇	命名

续表 14

序号	曾用名称	标准名称	起止位置	走向	类别	位置	备注
62	东城嘉园东路	嘉园东路	南起清源村五组耕地，北止清颐佳苑社区东墙	南北	路	清源镇	命名
63	东城嘉园西路	嘉园西路	南起清源村五组耕地，北止天颐大道交叉路口	南北	路	清源镇	命名
64	东城嘉园南街	嘉园南街	东起荣华公司至武南货场运输线，西止清源村五组路口	东西	街	清源镇	命名
65	东城嘉园中街	嘉园中街	东起荣华公司至武南货场运输线，西止第二十四中学路口	东西	街	清源镇	命名
66	东城嘉园北街	嘉园北街	东起荣华公司至武南货场运输线，西止刘广村十一组路口	东西	街	清源镇	命名
67	和寨街	和寨南街	北起和寨什字，南止永昌镇中沟村五组东出口	南北	街	永昌镇	命名
68	和寨街	和寨北街	南起和寨什字，北止北仙高速高架桥	南北	街	永昌镇	命名
69	永昌街	永昌府街	东起刘沛村九组与八组交界处三岔路口，西止羊桐什字（武双路）	东西	街	永昌镇	命名
70	永昌街	元故路街	南起武双公路，北止永昌府街（永昌镇政府门口）	南北	街	永昌镇	命名
71	武双公路	石碑路	南起石碑村通往凉州工业园区路口，北止羊桐什字（武双路）	南北	路	永昌镇	命名
72	宏达东路	宏达东路	西起双城什字，东止双城公交站	东西	路	双城镇	命名
73	宏达西路	宏达西路	东起双城什字，西止幸福社区北口	东西	路	双城镇	命名
74	双城北路	双城北路	南起双城什字，北止徐信路口	南北	路	双城镇	命名
75	双城中路	双城中路	北起双城什字，南止幸福路口	南北	路	双城镇	命名
76	双城南路	双城南路	北起幸福什字，南止中山加油站	南北	路	双城镇	命名
77	幸福街	幸福街	北起宏达西路幸福社区北口，南止幸福社区南口	南北	街	双城镇	命名
78	幸福西路	幸福西路	东起双城南路幸福什字，西止幸福社区南口	东西	路	双城镇	命名
79	丰乐街	丰乐堡街	东起丰乐加油站，西止青丰路口	东西	街	丰乐镇	命名
80	花园北街	牛家花园北街	南起牛家花园什字，北止兰新铁路涵洞	南北	街	高坝镇	命名
81	花园东街	牛家花园东街	西起牛家花园什字，东止路南五组王吉生养殖场门口	东西	街	高坝镇	命名
82	花园南街	牛家花园南街	北起牛家花园什字，南止镜堂花园门口	南北	街	高坝镇	命名
83	花园西街	牛家花园西街	东起牛家花园什字，西止同益村四组雪银宾馆门口	东西	街	高坝镇	命名

续表 14

序号	曾用名称	标准名称	起止位置	走向	类别	位置	备注
84	建设街	建设街	东起建设什字，西止建设三组胡宗芳家门口	东西	街	高坝镇	命名
85	碌碡街	碌碡街	南起碌碡什字，北止凉古公路	南北	街	高坝镇	命名
86	蜻蜓街	蜻蜓街	南起金达快速通（S316 线）昊天市场路口，北止蜻蜓十二组付开浩家门口	南北	街	高坝镇	命名
87	台庄街	台庄街	北起台庄什字，南止台庄一组姜生宝家门口	南北	街	高坝镇	命名
88	同心街	同心街	北起杨家坝桥头南端，南止同心苑小区门口	南北	街	高坝镇	命名
89	达利路	杂木河南路	北起天马大道达利园什字，南止南安路兰新铁路涵洞	南北	路	高坝镇杂木三干渠东侧	更名（三干渠西侧保留达利路）
90		韩寨路	北起国道 312 线，南止西干河六支路	南北	路	和平镇	命名
91	上坝街	嘉和街	南起新鲜大桥，北止白圪垯变电所北墙	南北	街	中坝镇	命名
92	民武路	裕和路	南起白圪垯变电所北墙，北止民武路中坝路口	南北	路	中坝镇	命名
93	民武路	泰和路	南起民武路中坝路口，北止高楼村路口	南北	路	中坝镇	命名
94	中坝街	中坝街	西起民武路中坝路口，东止汪泉什字	东西	街	中坝镇	命名
95		花寨路	西起头沟社区西墙，东止汪泉什字	东西	路	中坝镇	命名
96	朵浪街	朵浪街	东起丰年煤厂门口，西止四干河桥头	东西	街	永丰镇	命名
97	四十里街	四十里堡街	东起大路村三组树林，西止三干河桥头	东西	街	永丰镇	命名
98	古城街	古城街	东起古城加油站东墙，西止古城村委会西墙	东西	街	古城镇	命名
99	古城街	古城北路	南起古城农商银行南墙，北止三坝村村民委员会北墙	南北	路	古城镇	命名
100	古城街	古城南路	北起怡和祥社区北墙，南止下古村一组和二组地界	南北	路	古城镇	命名
101	发放西街	发放西街	东起发放什字，西止发放加油站	东西	街	发放镇	命名
102	发放东街	发放东街	西起发放什字，东止发放村五组路口	东西	街	发放镇	命名
103	社区中街	社区中街	东起社区东街，西止发放梨园	东西	街	发放镇	命名
104	社区东街	社区东街	北起发放什字，南止天颐大道	南北	街	发放镇	命名

续表 14

序号	曾用名称	标准名称	起止位置	走向	类别	位置	备注
105	武下公路	双桥路	南起贾家墩村三组和发放村交界处，北止双桥四组和小路村交界处	南北	路	发放镇	命名
106	双树街	双树街	东起双树农商行，西止西沟村五组路口	东西	街	发放镇	命名
107	沙子沟街	沙子沟街	东起恒沙寺，西止沙子沟村卫生室	东西	街	发放镇	命名
108	红星街	红星东路	西起邮电什字，东止接埝畦村二组路口	东西	路	西营镇	命名
109	红星街	红星西路	东起邮电什字，西止碑岭村委会路口	东西	路	西营镇	命名
110	红星街	红星南路	北起邮电什字，南止红星村六组路口	南北	路	西营镇	命名
111	红星街	红星北路	南起邮电什字，北止双庄村二干桥头	南北	路	西营镇	命名
112	营儿街	营儿街	东起军翔幼儿园，西止茂源综合商行	东西	街	西营镇	命名
113	于蔡路	四坝南街	北起丁字路口，南止原电管站南墙	南北	街	四坝镇	命名
114	于蔡路	四坝北街	南起丁字路口，北止于蔡路四坝村岔路口	南北	街	四坝镇	命名
115	四坝街	杨家寨子街	东起丁字路口，西止品味先茶楼西墙	东西	街	四坝镇	命名
116	洪祥路	洪祥街	南起王家庄小学什字，北止中心幼儿园北墙	南北	街	洪祥镇	命名
117	谢河街	谢河街	东起谢河镇五中村一组路口，西止谢河镇五中社区西墙	东西	街	谢河镇	命名
118	倍和路	北河路	东起武九岔路口，西止太西商品混泥土有限公司西墙	东西	路	怀安镇	命名
119	312 国道	怀安路	东起镇政府东墙，西止怀洪路口	东西	路	怀安镇	命名
120	下双街	下双东街	西起镇政府什字，东止四海种苗中心（房主高占朋）门口	东西	街	下双镇	命名
121	下双街	下双西街	东起镇政府什字，西止畜牧兽医站门口	东西	街	下双镇	命名
122	下双街	下双南街	北起镇政府什字，南止下双村六组赵尔华门口	南北	街	下双镇	命名
123	下双街	下双北街	南起下双镇政府什字，北止园区服务中心门口	南北	街	下双镇	命名
124	清水街	清水东街	西起镇政府，东止菖蒲沟村三组张全清院子	东西	街	清水镇	命名
125	清水街	清水西街	东起镇政府，西止菖盛佳苑社区西墙	东西	街	清水镇	命名
126	汪家寨街	汪家寨东街	西起镇政府，东止祥运聚农家乐	东西	街	河东镇	命名

续表 14

序号	曾用名称	标准名称	起止位置	走向	类别	位置	备注
127	汪家寨街	汪家寨西街	东起镇政府，西止红山餐饮园	东西	街	河东镇	命名
128	五和街	五和街	东起五和加油站，西止五和社区	东西	街	五和镇	命名
129	侯吉路	侯吉路	南起侯吉二组丁字路口，北止侯吉村委会门口	南北	路	五和镇	命名
130	支寨路	支寨路	南起支寨供销社，北止威力特磷肥厂门口	南北	路	五和镇	命名
131	西湖路	西湖东路	西起西湖小学什字，东止西湖八组张国善院子	东西	路	长城镇	命名
132	西湖路	西湖西路	东起西湖小学什字，西止西湖村十四组上井	东西	路	长城镇	命名
133	西湖路	西湖南路	北起西湖小学什字，南止红水村与西湖村凉古路新旧路交叉处	南北	路	长城镇	命名
134	西湖路	西湖北路	南起起西湖小学什字，北止赵德成永盛餐饮园	南北	路	长城镇	命名
135	大湾路	大湾东路	西起大湾什字，东止大湾村一组张保永院子	东西	路	长城镇	命名
136	大湾路	大湾西路	东起大湾什字，西止大湾村二组与清源镇新地村二组交界处	东西	路	长城镇	命名
137	大湾路	大湾南路	北起大湾什字，南止赵德成永盛餐饮园北	南北	路	长城镇	命名
138	大湾路	大湾北路	南起大湾什字，北止汉明新城社区胡宝商铺南	南北	路	长城镇	命名
139	长城路	长城东路	西起长城镇集镇什字，东止新庄五组到新红路交界处	东西	路	长城镇	命名
140	长城路	长城西路	东起长城镇集镇什字，西止张国伟养殖场门口	东西	路	长城镇	命名
141	长城路	长城南路	北起长城镇集镇什字，南止汉明新城社区胡宝商铺	南北	路	长城镇	命名
142	长城路	长城北路	南起长城镇集镇什字，北止岸门村三组李永章院落	南北	路	长城镇	命名
143	十二墩路	十二墩东路	西起十二墩什字，东止十二墩三组王学吉院落	东西	路	长城镇	命名
144	十二墩路	十二墩西路	东起十二墩什字，西止十二墩六组赵伟院落	东西	路	长城镇	命名
145	十二墩路	十二墩南路	北起十二墩什字，南止高沟村委会门口	南北	路	长城镇	命名
146	十二墩路	十二墩北路	南起十二墩什字，北止长城小学门口	南北	路	长城镇	命名

续表 14

序号	曾用名称	标准名称	起止位置	走向	类别	位置	备注
147	吴黄街	吴家井东街	西起吴家井什字，东止吴家井村二组耕地	东西	街	吴家井镇	命名
148	吴民路	吴家井西街	东起吴家井什字，西止力达汽修厂西墙	东西	街	吴家井镇	命名
149	吴永路	吴家井南街	北起吴家井什字，南止邮电所	南北	街	吴家井镇	命名
150	吴长路	吴家井北街	南起吴家井什字，北止什字向北 300 米	南北	街	吴家井镇	命名
151	金河街	金河街	东起武南供电所金河供电站东墙，西止金河镇中心社区西墙	东西	街	金河镇	命名
152	韩佐街	韩佐街	东起韩佐镇头畦村拐弯处，西止韩佐镇中心幼儿园	东西	街	韩佐镇	命名
153	柳苑街	大柳街	南起十二中学，北止柳苑中心社区（二期）转弯	南北	街	大柳镇	命名
154	烟房街	柳苑街	西起柳苑中心社区（二期）转弯，东止大柳卫生院	东西	街	大柳镇	命名
155	王城街	王城堡街	南起大柳卫生院，北止王城什字	南北	街	大柳镇	命名
156	金荣路	绿洲路	北起邓马营湖大道与新村东路交叉口，南止自来水厂	南北	路	邓马营湖生态建设指挥部	命名
157	荣生路	邓马营湖大道	西起荣华铜矿大门，东止指挥部	东西	大道	邓马营湖生态建设指挥部	命名
158	新村东路	新村东路	南起绿洲路，北止养殖场东北角	南北	路	邓马营湖生态建设指挥部	命名
159	新村西路	新村西路	南起荣华新村派出所南墙，北止富强新村十二组 68 号北墙	南北	路	邓马营湖生态建设指挥部	命名
160	新村南路	新村南路	东起荣华新村东一区 1 号东墙，西止荣华新村西一区 13 号西墙	东西	路	邓马营湖生态建设指挥部	命名
161	新村北路	新村北路	东起富强新村四组 57 号东墙，西止富强新村十二组 68 号北墙，	东西	路	邓马营湖生态建设指挥部	命名
162	新村中路	新村中路	南起荣华新村大门口，北止邓马营湖卫生院北墙	南北	路	邓马营湖生态建设指挥部	命名
163	十墩东路	十墩东路	西起指挥部什字，东止沿河村村委会门口	东西	路	九墩滩生态建设指挥部	命名
164	十墩北路	十墩北路	南起指挥部什字，北止 149 农场路口	南北	路	九墩滩生态建设指挥部	命名
165	十墩西路	十墩西路	东起指挥部什字，西止民武路史家湖路口	东西	路	九墩滩生态建设指挥部	命名
166	十墩南路	十墩南路	北起指挥部什字，南止十墩村村委会	南北	路	九墩滩生态建设指挥部	命名

续表 14

序号	曾用名称	标准名称	起止位置	走向	类别	位置	备注
167	黄花路	黄花村路	南起九墩滩黄花路 1 号（王海庆家），北止黄花村五组岔路口	南北	路	九墩滩生态建设指挥部	命名
168	丰西路	西湾街	北起镇政府门前桥头，南止西湾村一组小康点路口	南北	街	康宁镇	命名
169	龙泉街	龙泉街	南起镇政府门前桥头，北止五干渠龙泉闸楼	南北	街	康宁镇	命名
170	康宁街	康宁路	西起镇政府门前桥头，东止畜牧站门口	东西	路	康宁镇	命名
171	康寨街	康宁寨街	北起康宁村小康点路口，南止康宁村桥头东	南北	街	康宁镇	命名
172	炭山街	炭山堡街	北起镇政府，南止碳山村二组什字	南北	街	金山镇	命名
173	金山街	金山东路	西起镇政府，东止炭山村四组周学财养殖场东墙	东西	路	金山镇	命名
174	金山街	金山西路	东起镇政府，西止邮储代办点	东西	路	金山镇	命名
175	金华南路	金华南路	北起金塔什字，南止金塔水厂门口	南北	路	金塔镇	命名
176	金华北路	金华北路	南起金塔什字，北止右五坝村委会门口	南北	路	金塔镇	命名
177	金塔街	金塔街	西起金塔什字，东止湾子村一组道路	东西	街	金塔镇	命名
178	光明街	光明街	东起光明村委会，西止李德红家磨坊	东西	街	九墩镇	命名
179	九墩街	九墩南路	北起镇政府岔路口，南止民武路俞兆元家	南北	路	九墩镇	命名
180	九墩街	九墩北路	南起镇政府岔路口，北止下窝村一组路口	南北	路	九墩镇	命名
181	九墩街	九墩西路	东起起镇政府岔路口，西止九墩司法所	东西	路	九墩镇	命名
182	平乐街	平乐街	东起平乐村委会，西止张开明养殖场	东西	街	九墩镇	命名
183	史家湖街	史家湖东路	西起起史子龙家，东止止史家湖七组路口	东西	路	九墩镇	命名
184	史家湖街	史家湖西路	北起史家湖村委会驻地，南止史万会养殖场门口	南北	路	九墩镇	命名
185	下窝街	下窝村街	南起下窝村一组路口，北止天伟农家乐（查天水家）	南北	街	九墩镇	命名
186	小泉街	小泉街	南起小泉社区南侧丁军山家，北止民武路吉祥餐厅	南北	街	九墩镇	命名
187	羊下坝街	上二沟路	东起镇政府岔路口，西止上二沟村五组马成仁院子西墙	东西	路	羊下坝镇	命名
188	羊下坝街	羊下坝街	南起加油站南墙，北止 G569 高架桥	南北	街	羊下坝镇	命名

续表 14

序号	曾用名称	标准名称	起止位置	走向	类别	位置	备注
189	中南街	松树街	东起河西达板皮毛交易市场门口，西止智信达产业园门口	东西	街	松树镇	命名
190	团结路	中堡南路	北起松树镇什字，南止供销社团庄综合商店	南北	路	松树镇	命名
191	中铺北路	中堡北路	南起松树镇什字，北止垃圾中转站	南北	路	松树镇	命名
192	堡子街	堡子街	北起起新店门丁字路口，东止上横路口	南北折东西	街	张义镇	命名
193	中路街	灯山街	北起灯山村二组最北端，南止灯山村四组最南端	南北	街	张义镇	命名
194	柏树东路	柏树东路	西起贸易什字，东止杨寨村二组	东西	路	柏树镇	命名
195	柏树西路	柏树西路	东起贸易什字，西止小寨村四组	东西	路	柏树镇	命名
196	柏树南路	柏树南路	北起贸易什字，南止张寨村一组	南北	路	柏树镇	命名
197	柏树北路	柏树北路	南起贸易什字，北止右三村五组	南北	路	柏树镇	命名
198	新华街	新华东路	西起深沟什字路口，东止红崖支渠	东西	路	新华镇	命名
199	新华街	新华西路	东起深沟什字路口，西止头坝六组	东西	路	新华镇	命名
200		崇文苑	东至图书馆、博物馆，南至宣武街，西至科技馆、天马剧院，北至天丰街		小游园	城区	命名
201		署东园	东至署东巷，南至市政府，西至市政府，北至住宅楼		绿地	城区	命名
202		翰林园	东至居民楼及南城门楼，南至运通巷及居民楼，西至李铭汉故居，北至达府街		小游园	城区	命名
203		清风苑	东至规划用地，南至市委党校，西至书城路，北至理工街		小游园	城区	命名
204		汉武桥	汉武大道东端跨杨家坝河位置		桥	城区	命名
205		学府桥	学府路跨小沙河与海藏湿地湖交接位置		桥	城区	命名

（凉州区人民政府 2020 年 8 月公布，补录入鉴）

统计资料

2022年武威市基本情况一览表

表15

指标名称	单位	全市	凉州区	民勤县	古浪县	天祝藏族自治县
土地面积	平方千米	32351.67	4907.93	15838.33	5046.67	6558.73
耕地面积	万亩	642.86	223.37	180.61	146.24	92.64
乡镇政府	个	93	37	18	19	19
#镇政府	个	84	37	18	15	14
村民委员会	个	1054	442	248	186	178
村民小组	个	8245	3802	1794	1865	784
街道办事处	个	9	9	—	—	—
居民委员会	个	78	44	7	7	20

2022年武威市地区生产总值一览表

表16

指标名称	单位	2022年	2021年	增速（%）
生产总值	亿元	663.35	600.10	6.0
第一产业增加值	亿元	215.13	187.37	6.5
第二产业增加值	亿元	121.25	105.16	7.5
全部工业增加值	亿元	88.23	73.39	9.4
建筑业增加值	亿元	33.05	31.80	3.5
第三产业增加值	亿元	326.97	307.57	5.2
人均生产总值	元	45932	41352	6.5

2022年武威市生产总值、第一产业增加值一览表

表17

指标名称	单位	2022年	2021年	增速（%）
生产总值	亿元	663.35	600.10	6.0

续表 17

指标名称	单位	2022 年	2021 年	增速（%）
凉州区	亿元	403.49	375.79	4.6
民勤县	亿元	107.85	91.65	9.4
古浪县	亿元	80.90	71.92	6.5
天祝县	亿元	71.11	60.74	8.2
第一产业增加值	亿元	215.13	187.37	6.5
凉州区	亿元	110.63	98.63	6.1
民勤县	亿元	49.77	42.17	7.0
古浪县	亿元	37.36	31.82	6.8
天祝藏族自治县	亿元	17.37	14.75	6.8

2022 年武威市第二产业增加值、工业增加值一览表

表 18

指标名称	单位	2022 年	2021 年	增速（%）
第二产业增加值	亿元	121.25	105.16	7.5
凉州区	亿元	71.04	67.89	1.1
民勤县	亿元	21.73	14.43	30.3
古浪县	亿元	8.60	7.43	9.7
天祝藏族自治县	亿元	19.88	15.33	16.8
工业增加值	亿元	88.23	73.39	9.4
凉州区	亿元	47.10	43.23	4.0
民勤县	亿元	19.26	12.04	36.5
古浪县	亿元	5.20	4.38	8.8
天祝藏族自治县	亿元	16.67	13.73	5.1

2022 年武威市建筑业增加值、第三产业增加值一览表

表 19

指标名称	单位	2022 年	2021 年	增速（%）
建筑业增加值	亿元	33.05	31.80	3.5
凉州区	亿元	23.96	24.76	-3.8

续表 19

指标名称	单位	2022 年	2021 年	增速（%）
民勤县	亿元	2.48	2.39	3.0
古浪县	亿元	3.40	3.05	11.0
天祝藏族自治县	亿元	3.21	1.30	99.7
第三产业增加值	亿元	326.97	307.57	5.2
凉州区	亿元	221.82	209.19	5.1
民勤县	亿元	36.35	35.05	5.4
古浪县	亿元	34.94	32.67	5.6
天祝藏族自治县	亿元	33.86	30.66	5.1

武威市社会消费品零售总额

表 20

指标名称	单位	2022 年	2021 年	增速（%）
社会消费品零售总额	亿元	167.01	162.00	3.1
凉州区	亿元	100.77	97.53	3.3
民勤县	亿元	21.73	21.16	2.7
古浪县	亿元	21.69	21.15	2.5
天祝藏族自治县	亿元	22.83	22.16	3.0

武威市常住人口、自增率、城镇化率

表 21

指标	2022 年			2021 年		
	常住人口（万人）	自增率（‰）	城镇化率（%）	常住人口（万人）	自增率（‰）	城镇化率（%）
全　市	144.51	−2.72	49.35	144.33	−1.28	48.22
凉州区	88.14	−1.14	55.05	87.86	0.23	53.94
民勤县	17.33	−8.64	42.58	17.39	−6.83	41.45
古浪县	24.30	−3.29	33.93	24.34	−1.63	32.79
天祝藏族自治县	14.74	−4.07	48.61	14.75	−2.68	47.60

武威市城镇居民人均可支配收入、农村居民人均可支配收入

表 22

指标名称	单位	2022 年	2021 年	增速（%）
城镇居民人均可支配收入	元	35244	33791	4.3
凉州区	元	37535	35912	4.5
民勤县	元	25171	23790	5.8
古浪县	元	19175	18230	5.2
天祝藏族自治县	元	24697	23274	6.1
农村居民人均可支配收入	元	13403	12336	8.7
凉州区	元	15227	14086	8.1
民勤县	元	16898	15549	8.7
古浪县	元	8804	7897	11.5
天祝藏族自治县	元	10111	9380	7.8

2022 年武威市粮食总产量、猪牛羊禽肉产量一览表

表 23

指标名称	单位	2022 年	2021 年	增速（%）
粮食总产量	万吨	123.99	122.13	1.52
凉州区	万吨	71.15	70.27	1.26
民勤县	万吨	21.47	21.06	1.95
古浪县	万吨	25.97	25.51	1.8
天祝藏族自治县	万吨	5.40	5.30	1.89
猪牛羊禽肉产量	万吨	25.63	27.34	-6.28
凉州区	万吨	13.17	15.45	-14.74
民勤县	万吨	4.20	3.87	8.34
古浪县	万吨	6.38	5.90	8.07
天祝藏族自治县	万吨	1.88	2.12	-11.33

（市统计局）

索　引

说明：

1. 本索引为综合性主题索引。
2. 索引款目按汉语拼音字母（同音字按声调）顺序排列。
3. 款目后的阿拉伯数字表示内容所在的页码。
4. 同一主题的内容在文中多处出现的，在其款目后用不同的页码标明。

数字及其他

A

B

武威年鉴 2023 WUWEI YEARBOOK

C

D

F

G

H

J

K

L

M

N

P

Q

R

S

T

W

X

Z